21世纪全国高等院校应用型人才培养规划教材

国际商法实验教程

郭双焦　李　钊　万克夫　主　编
杨　晴　刘　勇　罗蓉蓉　副主编
李法兵　主　审

内 容 简 介

本书为适应我国高等教育必须加快课程体系改革和教材建设步伐的要求，针对大学本科法学专业和经贸专业的教学特点和人才培养目标，在借鉴、吸收国际商法最新研究成果和国际经贸实践的基础上编写而成。本书对国际商法课程的研究对象与范围进行了科学界定，对其内容及框架体系进行了改革与重构，力求做到内容新颖、体例科学、文字精炼、深入浅出，以提高学生的学习能力和创新能力。本书是一本集国际商法法理、规则和实例为一体的精品教程。

图书在版编目(CIP)数据

国际商法实验教程/郭双焦，李钊，万克夫主编．—北京：北京大学出版社，2010.2
(21 世纪全国高等院校应用型人才培养规划教材)
ISBN 978-7-301-16444-0

Ⅰ．国… Ⅱ．①郭…②李…③万… Ⅲ．国际商法-教材 Ⅳ．D996.1

中国版本图书馆 CIP 数据核字（2009）第 227348 号

书　　名：国际商法实验教程
著作责任者：郭双焦　李　钊　万克夫　主编
策 划 编 辑：胡伟晔
责 任 编 辑：胡伟晔
标 准 书 号：ISBN 978-7-301-16444-0/D・2518
出　版　者：北京大学出版社
地　　址：北京市海淀区成府路 205 号　100871
网　　址：http://www.pup.cn
电　　话：邮购部 62752015　发行部 62750672　编辑部 62765126　出版部 62754962
电 子 信 箱：zyjy@pup.cn，huweiye73@sina.com
印　刷　者：三河市北燕印装有限公司
发　行　者：北京大学出版社
经　销　者：新华书店
787 毫米×1092 毫米　16 开本　28.75 印张　679 千字
2010 年 2 月第 1 版　2011 年 6 月第 2 次印刷
定　　价：48.00 元

前 言

“国际商法”能否作为单独的部门法（或法律部门），以及能否作为一门独立学科，即“国际商法学”，目前学术界是存有争议的，但作为一门课程却是不争的事实。国际商法作为一门大学课程，自 20 世纪 60 年代以来在国外的一些大学已开设多年。我国改革开放以来，随着对外经贸交往的增多，基于市场的需要，国内的大学也陆续开设了“国际商法”课程。该课程始设于 20 世纪 70 年代末 80 年代初，目前主要作为国际经贸的专业课程。与此同时，国际商法还作为许多行业和部门人员学习法律的重要内容而受到普遍重视。

国际商法（International Business Law 或 International Commercial Law）的概念来自于国外，我国法学界最早由对外经济贸易大学法学院沈达明、冯大同两位教授于 20 世纪 70 年代末提出。但是，由于各国法律传统不同，对国际商法的概念有不同的表述，从而对国际商事范围的界定以及国际商法调整范围的界定也不同，导致目前出版的国际商法教材的框架体系以及研究范围存在不同。归纳起来，主要有三种代表性观点。

第一，广义说。广义说从商业实践出发，认为国际商法是国际商事活动有关的法律规范的总称。其范围除了包括国际商事主体法和商事行为法之外，还包括了国际商事管理法，将涉及商事活动的国内法和国际法、公法和私法作为一个整体来研究。持这种观点的主要是一些秉承英美法传统的学者，其优点在于能够全面把握国际商事活动中所涉及的法律问题，顾全了实践中法律的整体性，具有明显的实用主义特点。但存在明显的不足，因为一方面广义说使国际商法与国际经济法、国际私法及国内商法的界限淡化，不利于对不同种类、不同功能的法律规范的把握。另一方面，广义说将不同性质的法律规范并存，难以形成适用于所有规范的基本范畴和共同的原则，不利于构建一个结构明晰的国际商法体系。

第二，狭义说。较之前述“广义说”，狭义说的国际商法范围则较小。据此，国际商法特指国际商事交易和商事组织以及国际商事仲裁的法律规范，国际商法的主体是公司、企业等商事组织，构成国际商法制度和规范的只是国际条约和国际商事惯例。狭义说重视的是商法的历史传统，即国际商法相对于国内商法的独立性，坚持其私法性和统一性，同时强调国际商法渊源的跨国性。其优点在于可以明确地将国际商法与国内商法、国际经济法、国际私法区别开，将国际商法作为一个独立的法律部门，并且有助于国际商法学体系的建立。其不足是，在注重历史传统的同时却忽视了历史的变迁。当前，国家之间缔结了大量商事条约（如 WTO 条约），协调相互之间的经济利益，并管理国际商事活动，这些具有公法性质的国际条约的某些条款是可以直接适用并调整当事人之间的国际商事关系的。所以，研究国际商法，不能忽视这些国际经济条约的存在。

第三，折中说（本教程采纳此观点）。认为国际商法主要是调整私人之间跨国商事交易关系的法律规范，同时也包含一部分调整国际商事管理关系的法律规范。国际商法是实体法和程序法的统一，国际商法的渊源，即制度和规范构成是国际法和国内法的统一。

本教程具有如下特点。

一、本书对国际商法课程的研究对象与范围进行了科学界定，对其内容及框架体系进行了重构。全书共分为四篇，以国际商事交易的基本行为“买卖”为核心来构建框架体系。除第一篇“国际商法导论”简述国际商法的基本理论问题之外，第二篇“国际商事主体法”、第三篇“国际商事行为法”、第四篇“国际商事争议解决法”分别从买卖行为的主体、买卖行为各方权利义务内容以及买卖行为出现纠纷时所寻求的国际化解决方法等方面来构建国际商法的逻辑结构体系。第三篇“国际商事行为法”是国际商法课程的核心内容，本教程坚持折中论观点，遵循“以国际商事交易法为主、以商事交易中所涉及的商事管理法为补充”的原则，着重介绍国际货物买卖法及其所涉及的法律（如运输法、保险法、产品责任法、知识产权的国际保护等），而不包括国际服务贸易法、国际投资法等商事管理色彩较浓的公法内容，将国际商法与国际经济法的界限区分开来。第二篇“国际商事主体法”中除了传统的商事组织法内容之外，还增加了“代理法”等与商事主体密切相关的内容，以体现课程框架体系的科学性。

二、本书在内容编写方面提升了学生自学的比重，教师讲授的内容大大少于自学的内容，以提高教学效率和效果。据此，在编写内容上注重将法理、法规与实例解答的紧密结合，疑难章节均穿插、融贯相关典型案例及精析，旨在帮助学生对知识点的消化和吸收，加深对教材内容的理解，最终系统地掌握国际商法中涉及的基本法理与基本规则，并转变为专业性的技能技巧，培养其解决和处理实际法律问题的综合能力。

三、本书在体例安排方面突出能力培养，加大技能训练的比重。每章前设有“学习目的与要求”、“学习重点与难点”等栏目，涵盖每章的重要知识点，章后附有“能力测试”（这些试题均是考核将知识转化为能力的试题，主要是案例分析题，限于篇幅，删除了其中的选择题），并对其中的判断试题给出了参考答案，以便学生进行自学、自练与自测，全面复习和掌握所学知识，综合评判自己对知识的掌握程度，巩固学习成果。

本教程的同步配套能力测试题可在网站 http://www.pup.cn/dl/的“课件下载”中下载，欢迎参观访问。

本教程在编写中参考了众多现行国际商法教材及相关书籍，吸收了许多中外学者的研究成果，得到了北京大学出版社胡伟晔编辑的鼎力支持，谨在此表达诚挚的谢意。由于编者学识水平所限，书中错误和不当之处还请专家和读者批评指正。

郭双焦

2010 年 11 月

目　录

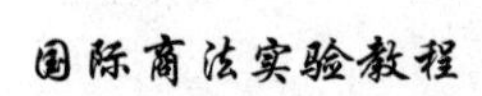

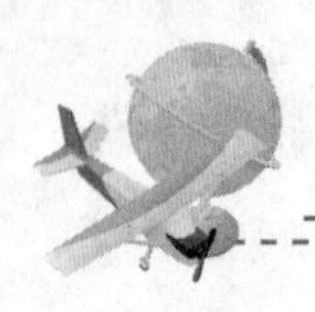
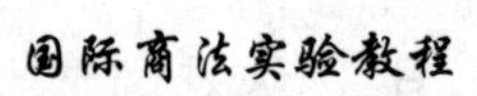

第四篇 国际商事争议解决法

第一篇

国际商法导论

本篇主要介绍“国际商法”的基本理论。包括国际商法的概念与特征、国际商法的历史、国际商法的渊源、国际商法与相关法律部门的区别、国际商法的研究内容体系以及研究方法等。针对商科学生的知识结构，还介绍了两大法系下的商法结构与特点。

第一章 国际商法的基本理论

学习目的与要求

通过本章的学习，掌握国际商法的基本概念、本质特征、调整对象、调整范围以及本课程的内容体系。

学习重点与难点

(1) 国际商法的概念与特征。

(2) 国际商法的历史与渊源。

(3) 国际商法与相关法律的区别。

(4) 国际商法课程的内容体系。

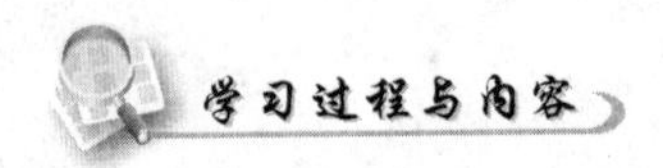

第一节 国际商法的调整对象与调整范围

一、国际商法的概念与特征

国际商法（International Business Law 或 International Commercial Law），主要是调整国际商事交易和商事组织的各种法律规范的总称。国际商法的调整对象是国际商事法律关系（具体指国际商事交易关系）。此处的“国际”（International）一词，不应简单地理解为“国家之间”，而是指“跨越国界”（Transnational）的意思，即商事关系的主体、客体和法律事实三个要素中，至少一个要素须具有“跨越国界”的事实并与外国构成了某种实质上的联系。此外，“商法”一词在大陆法系和英美法系各国法律制度中的含义不同，大陆法系各国的“商法”是调整平等主体间的商事交易关系的法律规范，与调整国家管理私人关系的经济法规范泾渭分明；英美法系各国没有设立独立的商法部门，往往从实用角度出发制定所谓的“商法规范”，使其内容设置比较繁杂，甚至与经济法规范也没有严格的区分。

所以，我们还是应当基于该类法律规范的本质，并且参照大陆法的传统来解释“商法”一词。据此，国际商法则应当是主要调整跨国商事交易关系的法律规范。其本质特征如下。

（一）国际商法的调整对象及社会关系的主体

国际商法的调整对象是私人跨国商事交易活动。这种社会关系的主体主要是私人，包括自然人、法人和其他商事组织，在国家等实体作为商事主体参与跨国商业流转活动的情况下也可以包括这些主体。

（二）国际商法的调整范围

法学界关于国际商法的调整范围存有争议，有广义说、狭义说和折中说三种代表性观点。本教程采纳折中说，认为国际商法的调整范围应是“以调整跨国商事交易关系的法律规范为主，以商事交易中所涉及的国际商事管理法律规范为补充”。

（三）国际商法的调整方法

（1）国际商法的实体规范主要是大量的国际商事惯例和国际商事条约，在性质上是私法规范，涵盖国际贸易术语、国际货物买卖、国际货物运输、国际货物运输保险、国际票据与支付、国际商事仲裁等领域，这些统一的实体规范有效地调整着这些领域的商事交易关系，是一种直接调整的方法。

（2）国际商法以意思自治、诚实信用、公平交易等理念为基础。

（3）国际商法以要求承担民商事责任为救济方法，以国际商事诉讼和国际商事仲裁为救济程序。

二、国际商法的历史

国际商法是随着商品经济的产生和发展而产生和发展起来的。国际商法经历了“国际性—国内法—国际性”的发展过程，但前后的“国际性”却有着实质的区别。

国际商法的形成来源于实践，它的系统化过程不是由于国家的立法或学者的传播，而是由于其适用者兼推行者的努力。国际商法最初的形式是商人习惯法，它在 11 世纪出现于威尼斯，后来随着航海贸易的发展逐步扩大到西班牙、法国、德国及英国，甚至北欧各国和非洲北部。这种以从事两国或多国间贸易的商人为规范对象的商法规范属于商人习惯法，是以当事人自治原则为最高原则，经由交易常例、习尚、习惯而形成的法律规范。这时的“商人习惯”是一个独立于国家法的体系，是商人间的“自治法”，也不属于任何“国际法”体系，而是调整在欧洲进行商事交易的商人间关系的“民间法”。

从 15 世纪开始至 18、19 世纪，欧洲商人习惯法被纳入各民族国家的国内法体系。当时欧洲一些国家封建割据势力日益衰弱，逐渐形成统一的民族国家，与此相适应，一些封建法和寺院法被废弃，国家统治阶级开始注意对商事的立法，行使立法权，把商人习惯法变为国内法。欧洲各国早期的商事成文法实质上仅仅是对中世纪商人习惯法的一种确认。到了 19 世纪末 20 世纪初，各国之间的经济联系日益密切，客观上要求建立统一的国际商事法律，在调整跨国商事活动的法律领域中，冲突法不再一统天下，规范国际商事活动的国际统一实体法（即各种国际商事公约和商事惯例）不断形成和增多。这样，商法进入了

一个新的发展阶段，最主要的特点是恢复了商法的国际性和统一性。

事实上，早期的商人习惯法与现代的国际商法都具有国际性的特征，但这两种国际性是有明显区别的：第一，两者产生的社会背景不同。早期的商人习惯法产生于欧洲的封建割据时期，与当时的封建政治相脱离，是顺应商业自身发展产生的，属于行业自治法；而现代国际商法是在各国商法较为完善的基础上产生的，它与各独立国家的商事法律规范相关联。第二，国家对待两者国际性的态度不同。早期的商人习惯法也具有国际性，但由于它游离于国家之外，国家对这种商人习惯法持限制的态度；而现代商法产生于独立国家内部，是国家对外发展所必需的，国家对国际商法的制定持积极的态度。

三、国际商法的渊源

国际商法的渊源是指国际商法规范的具体表现形式。国际商法的渊源主要有三个。

（一）国际商事公约

国际商事公约是国际法主体之间就国际商事交易等方面确定其相互权利与义务而缔结的书面协议，是国际商法的主要表现形式。其特征是：①主体是国家或类似于国家的政治实体，国家与自然人、法人及其他实体间就商事活动达成的协议不构成条约。②是缔约主体双方或多方协商谈判的结果。③书面形式，仅对缔约国或参加国具有约束力，实践中可能得到非缔约国的承认和遵守。作为国际商法渊源的国际条约包括国际商事公约和含有商事条款的一般国际条约，以前者为主，其数量众多、内容广泛且通常参加方较为普遍。其中主要的国际商事公约如下：

1. 调整国际货物买卖关系的公约

1964 年《国际货物买卖合同成立统一法公约》

1964 年《国际货物买卖统一法公约》

1974 年《国际货物买卖时效期限公约》

1980 年《联合国国际货物销售合同公约》

2. 调整代理关系的国际公约

1983 年《国际货物销售代理公约》

1978 年《代理法律适用公约》

3. 调整国际货物运输关系的公约

1924 年《海牙规则》

1968 年《维斯比规则》

1978 年《汉堡规则》

1929 年《华沙公约》

1955 年《海牙议定书》

1961 年《瓜达拉哈拉公约》

1980 年《联合国国际货物多式联运公约》

4. 调整国际票据关系的公约

1930 年《日内瓦统一汇票本票法公约》

1930 年《解决汇票和本票的若干法律冲突的日内瓦公约》

1931 年《日内瓦统一支票法公约》

1931 年《解决支票的若干法律冲突的日内瓦公约》

1987 年《联合国汇票和本票公约》

5. 调整产品责任的国际公约

1977 年《关于产品责任的法律适用公约》

6. 保护知识产权的公约

1883 年《保护工业产权巴黎公约》

1886 年《保护文学和艺术作品伯尔尼公约》

1891 年《商标国际注册马德里协定》

1952 年《世界版权公约》

7. 承认与执行外国仲裁裁决的公约

1923 年《日内瓦仲裁条款议定书》

1927 年《关于执行外国仲裁裁决的公约》

1958 年《承认与执行外国仲裁裁决公约》

（二）国际商事惯例

所谓国际商事惯例，即在国际商事交往中，由于长期反复的国际实践而逐渐形成并得到遵守的一些商事原则和规则。其中影响较大的国际商事惯例有《INCOTERMS 2000》、《UCP 600》等。国际商事惯例虽然不是法律，不具普遍的法律约束力，但当国际惯例被一个国际公约、国际条约、国内立法、法院判例或诸如声明、宣言等法律行为所接受时，它就对有关国家具有约束力。并且，若破坏公认的国际商事惯例，往往会受到国际舆论的谴责乃至有关国家的报复。因此，在当今国际商事活动中，绝大多数国家都允许当事人有选择采用国际商事惯例的自由。一旦某项国际商事惯例被当事人引用于合同之中，它对双方当事人就具有相当于法律的约束力。

（三）各国有关商事的国内立法

由于现行的有关商事的国际条约和惯例还远远不能包括国际商事各个领域中的一切问题，并且现有的国际条约和惯例，也尚未被所有国家和地区一致承认和采用。因此，在许多场合下尚须借助于有关国家的国内商事立法来处理有关的国际商事争议。可以说，各国有关商事交易的国内法是国际商法渊源的重要补充。

四、国际商法与相关法律部门的区别

关于国际商法、国际私法、国际经济法、国际公法等法律部门的外延界定，学术界存在争议，以下仅从狭义角度进行扼要比较。

（一）国际商法与国内商法的区别

国际商法和国内商法的区别在于跨国性，国内商法调整的是私人之间的国内商事关系，当事人的国籍、法律事实和标的都在一国国内，因此与国际商法不同。具体表现在：

（1）制定的主体不同。国内商法是在主权国家产生之后，把商人法纳入国内法的结果。

各国为了规范商业秩序，促进商业发展，都制定自己的商事法律，因此，国内商法是统一的和普遍适用的，同时也呈现出多样化的特征；与此相反，国际商法并没有统一的立法机构，主要是国际组织和参与国际商事活动的商人努力的结果。

（2）表现形式不同。在民商合一的国家，国内商法作为民法的特别法存在，在民商分立的国家，国内商法主要表现为商法典；国际商法的表现形式主要是国际立法和国际商事惯例、一般法律原则。同时，由于国际立法和国际商事惯例适用范围的有限性，有时必须借助冲突法而适用国内法。因此，国内商法是国际商法渊源的一部分。

（3）国际商法与国内商法适用的主体不同。首先，国际商法适用的主体更为广泛。而在国内商法中，对商事主体有不同的规范原则，有主观主义、客观主义和折中主义之别。但是国际商法消除了这种不同国家之间立法的差异，凡是具有营业能力并参与国际商事活动者均是国际商法的主体。其次，国际商法与国内商法对商事主体规定的侧重点不同。国内商法对商事主体的规定不仅包括商事主体的资格，而且还包括商事主体内部交易关系。但是国际商法中的商事主体法侧重对商事主体资格的认定，即是否具有相应的权利能力和行为能力，不关注商事主体的内部交易关系。因为在国际商事活动中，交易的一方需要考虑的是对方是否具有交易的资格，不需要考虑其内部组织如何。

（4）国际商法与国内商法中的商事行为范围不同。商法中的商事行为因国别的差异呈现多样化的特点，因为各国商法对商的界定不同。而国际商法由于跨国性，因而具有统一性。国际商法中商事行为的范围往往大于国内商法中规定的商事行为的范围。

（二）国际商法与比较民商法的区别

国际商法如何与比较民商法（比较合同法、比较公司法等）相区分？国际商法的着眼点和最终目的应该是国际商事规范的统一化或协调化。在国际商法中，对比较民商法的研究成果是可以借鉴的，但必须在此基础上再进一步，而不能仅仅作为“各国的比较商法”而存在。在国际商法的研究中，必须特别注意各法律体系的社会、文化背景和传统，注意人类社会整体发展的大致趋向，注意各种规则背后隐藏着的内在理念（Underlying Assumptions）。不同的具体规则当然往往有不同的理念支持，而一些表面效果相似的规则背后的理念也同样可能是不同的。只有考察清楚这些因素，才能使抽象出的规则具有在国际层面协调使用的基础。国际商法主在促成、深化和维持商事法律的统一化或协调化来达到便利国际商事活动的进行，这是国际商法区别于比较民商法的主要理由。

（三）国际商法与国际私法的区别

国际私法作为一个调整涉外民事关系的法律部门，其范围包括冲突规范、外国人民事法律地位规范、统一实体规范、国际民事诉讼程序规范和国际商事仲裁规范。其中，直接调整涉外商事关系的实体规范以及国际商事仲裁规范都属于国际商法的范围，因此可以说，国际商法包含在国际私法的范围当中。但国际商法又不完全等同于国际私法，而具有其自身的特点。从调整对象上看，似乎二者相同，但国际私法所调整的社会关系中包含许多传统的民事关系，如婚姻家庭关系等，这些即不属于国际商法的范围。即使就商事关系而言，国际私法与国际商法对这部分关系的调整方法也有根本的区别。国际私法的调整方法主要是间接调整方法，即通过冲突规范所援引的准据法来调整具体的国际民商事关系。而国际商法则具有直接调整国际商事关系的特点，是一种直接的调整方法。

（四）国际商法与国际经济法的区别

目前多数观点以为国际经济法应该是指有关国际经济活动的法律。这是一种对国际经济法的最广义理解。在这样定义的国际经济法中，按照有关学者的观点，又可以分成“规制性的规则”（Regulatory Rules）和“交易性的规则”（Transactional Rules），其中“规制性的规则”体现的是各个国家及整个国际社会在国际经济交往中为干预、控制和管理国际经济活动而形成的纵向的经济管理关系。国际商法就属于其中的交易性规则，从这点来看，国际商法是广义的国际经济法中的一个部分。但国际经济法应以调整国际经济管理关系为主，具有公法的性质。而国际商法则以调整国际商事交易关系为主，以调整国际商事管理关系为辅，具有私法的性质。

（五）国际商法与国际公法的区别

国际公法是主要调整国家之间的社会、政治、军事、外交等方面关系的各种法律规范的总和。它是平等的国际公法主体之间在政治、军事等领域交往中所形成的各种横向的平等关系，具有典型的公法性质。其范围主要涉及国际海洋法、国际空间法、国际条约法、国际组织法、外交法、战争法等方面。国际商法调整的是商事关系，与国际公法调整的非商事关系（即政治关系）有本质区别。国际公法注意运用外交和政治手段解决国与国之间的经济利益冲突，而国际商法注意用法律和经济手段解决商人之间的跨国利益冲突。

第二节　国际商法的体系和研究方法

一、国际商法的体系

一般认为，法学是“以法这一社会现象为研究对象的科学活动及其认识成果的总称”。以此类推，国际商法学就是以国际商法这一社会现象为研究对象的科学活动及其认识成果的总称。尽管如此，我们还应进一步探究上述概念中的“科学活动”具体指什么，以便明确国际商法学研究的任务。追溯法学的缘起，不难发现，尽管民法并非是最早的法，但大陆法系的民法学却是最早的法学。民法学家最初从解释古罗马时代的《民法大全》开始，在法典的空白处添加注释，之后又在前人注解的基础上解释注解，最后经过抽象化和系统化，演进到潘德克顿民法学的高级科学形态。民法学的诸多法理学成果极大地影响了大陆法系其他部门法学的研究形态和措辞用语。但在英美法系，由于历史的原因，实用主义哲学始终处于理论上风，英美国家的法学偏重实践，没有过渡到更加理论化的科学形态。美国大法官霍尔姆斯曾公开宣称：“法律的生命不在于逻辑，而在于经验。”尽管两大法系的法学存在截然不同的形式，但从本质而言，解读与应用现存的法律规范都是二者最基本的学科任务。

国际商法是从实践中产生和发展起来的，法学家在国际商法的历史进程中，并没有扮演如同大陆法系民法学家那样的角色。国际商法由于主要是商人之间使用的法律，对实用性的追求超过了对体系形态的追求。我们认为，国际商法学的首要任务仍然是归纳、解释

现存的国际商法诸规范，将深奥的法言法语转化为通俗易懂的语言，揭示法律适用的后果，归纳过于分散并调整同一法律关系的国际公约和国际惯例。只有在此基础之上，再具备一定的历史条件，国际商法学才有可能出现更高级的理论形态。国际商法学是解释国际商法的学科，其理论体系根据国际商法的构成而划分。笔者认为，国际商法学的理论体系可以包括以下四个组成部分：

第一部分为国际商法导论。这部分介绍国际商法的基本理论，包括国际商法的概念与特征、国际商法的历史、国际商法与相关法律部门的区别、国际商法的渊源、国际商法的研究内容体系以及研究方法等。针对商学院学生的知识结构，这部分还特别介绍了两大法系下的商法结构与特点。

第二部分为国际商事主体法。一切国际商事法律关系都是通过商事主体来建立并完成的，不同的商事主体在国际商事关系中扮演着不同的角色。传统的国际商事主体为商自然人和商事组织。其中商事组织的发展经历了早期的家族共同体到无限公司、两合公司、股份有限公司、有限责任公司的发展过程。而在现代国际商事活动中，跨国公司逐渐占据主导地位，日趋成为国际商事活动的重要主体。另外，国家也越来越多地参与到国际商事活动中，从而成为国际商法的主体，这些都是现代国际商法应予以着重关注并加以研究的。

在国际法层面，没有关于国际商法主体的统一规则，而是主要由国内法来完成，所以，研究国际商法的主体应当注意各国法律的不同规定。除此之外，国际商事主体在其他国家进行商事活动时的准入和待遇问题也应属其中的内容。因此，本教程认为，国际商事主体法应包括外国商事主体的资格认定与待遇制度、商事组织法（公司法、合伙法等）、代理法、破产法等内容。由于篇幅所限，本书没有将外国商事主体的资格认定与待遇制度等内容编写进来。

第三部分为国际商事行为法。一般认为，传统国际商法所涉及的范围比较狭窄，只包括合同法、票据法、海商法与保险法等内容，而现代国际商法所包含的内容比传统国际商法的内容广泛得多，不仅涉及有形的货物交易，而且涉及无形的技术、服务和投资方面的新型国际商事交易和贸易实践。国际商事行为法随着国际商事活动的发展内容日趋增多。在英美法系中“商法”的内容既包括（如大陆法系所称的）私法内容，也包括公法内容。英美法的这种态度既跟其传统的实用思路有关（所有与商事交易有关者都归到一起），也跟其法学中没有所谓“经济法”的概念有关。因此，本教程认为，国际商事行为法应以国际商事交易法为主，以商事交易中所涉及的商事管理法为补充。其内容包括：调整货物买卖合同的国际公约与国际惯例、国际货物买卖所涉及的运输法、保险法、票据法、支付法、产品责任法，以及知识产权的国际保护与贸易等。而将国际服务贸易法、与贸易有关的投资法等商事管理色彩较浓的公法内容排除在外。

第四部分为国际商事争议解决法。国际商事纠纷的解决有多种方式，包括当事人双方解决，主要是协商，以及在第三方参与下解决，主要有调解、仲裁和诉讼，属于法律调整范围的是仲裁和诉讼。国际商事纠纷解决的法律规范就是国际商法中的程序法，包括国际商事仲裁和诉讼。无论是在中世纪的商人法中，还是在现代国际商法的发展过程中，程序法都是国际商法不可分割的一部分。

二、国际商法的研究方法

任何部门法学可以使用的研究方法，都可以被用于国际商法学的研究之中。与此同时，由于国际商法源自古老的商业实践，厚重的历史积淀常常会阻碍对现存法律的理解。因此，哲学的、历史的方法和比较的方法特别有助于解释国际商法上的特殊现象。比较分析法有助于认识把握不同民族国家和社会法律制度之间的共同与差异、进步与滞后，从而逐步实现个别民族国家和整个人类社会法律秩序的进步，最终走向整个人类社会法律制度的和谐与统一。语义分析的方法也是国际商法学最基本的研究方法，在解释某一具体的国际商法规范时，对其字词用语进行解释的重要性超过了其他任何方面。除此之外，还有案例法、经济学工具分析法、心理和行为分析法等更为实用、更有针对性的研究方法。

国际商法是一门兼有很强的理论性和实践性的课程，其内容也同时涉及经济和法律两个学科。这两个特点既增加了国际商法研究的难度，也为其持续发展提供了足够的支持。

【能力测试·国际商法的基本理论】

一、判断题

1. 国际商法包含在国际公法的范围之内。 （ ）
2. 国内商法是国际商法的最主要渊源。 （ ）
3. 国际商事惯例具有法律约束力。 （ ）
4. 国际商法在性质上主要是公法。 （ ）
5. 国际商法的“国际”一词是“国家与国家”的意思。 （ ）

二、名词解释

1. 国际商法　　2. 国际商事公约　　3. 国际商事惯例

三、问答题

1. 简述国际商法的渊源。
2. 国际商法与国际经济法有哪些区别？
3. 简述国际商法的发展历史。
4. 结合国际商法的调整对象与调整范围，谈谈国际商法的部门法性质与学科独立性。

第二章 两大法系的商法结构与特点

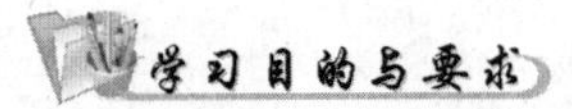

通过本章的学习，了解大陆法系和英美法系的结构、渊源及其特点，掌握两大法系下的商法体系与特点。

学习重点与难点

(1) 罗马法及其历史影响。

(2) 大陆法系与英美法系的区别。

(3) 大陆法系中的商法特点。

(4) 英美法系中的商法特点。

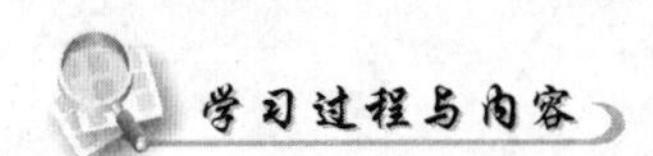

第一节 法 系

一、法系的概念

法系的含义和划分标准并无一致的观点，一般认为法系是根据法的历史传统对法所作的分类，凡属于同一历史传统的法就构成一个法系，因此法系是某些国家和地区的法的总称。西方法学界通常认为，当代世界主要法系有三个：大陆法系、英美法系、以苏联和东欧国家的法律为代表的社会主义法系。其他的法系还有伊斯兰法系、印度法系、中华法系、犹太法系、非洲法系等。对资本主义法影响最大的是大陆法系和英美法系。

二、大陆法系

大陆法系，又称民法法系、罗马法系、法典法系、罗马—德意志法系，是以罗马法为基础而发展起来的法律的总称。大陆法系最先产生于欧洲大陆，以民法为典型，以法典化的成文法为主要形式。

大陆法系包括两个支系，即法国法系和德国法系。法国法系是以1804年《法国民法典》为蓝本建立起来的，它以强调个人权利为主导思想，反映了自由资本主义时期社会经济的特点。德国法系是以1896年《德国民法典》为基础建立起来的，强调社会利益，是垄断资本主义时期法的典型。

属于大陆法系的国家和地区除了法国、德国外，还包括意大利、西班牙、荷兰、日本、埃及、阿尔及利亚、埃塞俄比亚等，中美洲的一些国家和国民党统治时期的旧中国也属于这一法系。

三、英美法系

英美法系，又称普通法法系、英国法系，是以英国自中世纪以来的法律，特别是它的普通法为基础而发展起来的法律的总称。英美法系首先导源于11世纪诺曼人入侵英国后逐步形成的以判例形式出现的普通法。

英美法系包括英国法系和美国法系。英国法系采取不成文宪法制和单一制，法院没有“司法审查权”。美国法系采用成文宪法制和联邦制，法院有通过具体案件确定是否符合宪法的“司法审查权”，公民权利主要通过宪法规定。

英美法系的范围，除英国（不包括苏格兰）、美国外，主要是原英国殖民地、附属国的国家和地区，如印度、巴基斯坦、新加坡、缅甸、加拿大、澳大利亚、新西兰、马来西亚等。

四、两大法系的比较

大陆法系和英美法系由于形成的历史渊源不同，所以在形式和内容方面都有很多差别。

第一，法的渊源不同。在大陆法系国家，正式的法的渊源只是指制定法，即宪法、法律、行政法等，法院的判例、法理等没有正式的法律效力。在英美法系国家，制定法和判例法都是正式的法的渊源，遵循前例是英美法系的一个重要原则，承认法官有创制法的职能。

第二，法的分类不同。大陆法系国家法的基本分类是公法和私法，私法主要指民法和商法，公法主要指宪法、行政法、刑法、诉讼程序法，进入20世纪后又出现了社会法、经济法、劳动法等有公私法两种成分的法。英美法系国家无公法和私法之分，法的基本分类是普通法和衡平法。普通法是在普通法院判决基础上形成的全国适用的法律，衡平法是由大法官法院的申诉案件的判例形成的。

第三，法典编纂的不同。大陆法系国家一般采用法典形式，而英美法系国家通常不倾向法典形式，制定法往往是单行法律、法规。即使后来英美法系国家逐步采用法典形式，也主要是判例法的规范化。

第四，诉讼程序和判决程式不同。大陆法系国家一般采用审理方式，奉行干涉主义；诉讼中法官居于主导地位；法官审理案件除了案件事实外，首先考虑制定法如何规定，随后按照有关规定来判决案件。英美法系国家采用对抗制，实行当事人主义，法官一般充当消极的、中立的裁定者的角色；法官首先要考虑以前类似案件的判例，将本案的事实与以前案件事实加以比较，然后从以前判例中概括出可以适用于本案的法律规则。

第五，在法律术语、概念上也有许多差别。

需要指出的是，两大法系之间的差别是相对的。进入20世纪后，这两种法系已相互靠拢，它们之间的差别已逐渐缩小，但某些历史上形成的不同传统还将长期地存在。

第二节　大陆法系的商法结构与特点

一、罗马法及其历史影响

大陆法系直接源于古罗马法，所谓罗马法，一般泛指罗马奴隶制国家法律的总称，存在于罗马奴隶制国家的整个历史时期。它既包括自罗马国家产生至西罗马帝国灭亡时期的法律，也包括公元6世纪中叶以前东罗马帝国的法律。

（一）罗马法的产生和《十二表法》的制定

1. 罗马法的产生

古罗马奴隶制国家发源于意大利。公元前8世纪以前，罗马处于氏族公社时期。传说罗慕路斯于公元前754年至公元前753年创建罗马城。公元前8世纪至公元前6世纪的罗马，称为王政时期，此时的罗马尚处于氏族社会向阶级社会过渡时期。公元前7世纪后，随着生产力的发展、私有制的出现，罗马社会产生了奴隶主和奴隶两个基本对立的阶级，氏族制度趋于解体。与此同时，“平民”阶层逐渐形成。平民承担罗马大部分的税收和军事义务，但因其不是氏族公社成员，不能享有政治权利，不能与贵族通婚，也不能占有公地。正是平民为争取权利同贵族进行的长期斗争，客观上加速了罗马氏族制度的瓦解，促进了罗马奴隶制国家与法律的形成。公元前6世纪中叶，罗马贵族被迫让步，第六代王塞尔维乌斯·图利乌斯对罗马社会进行了改革，废除了原来以血缘关系为基础的氏族部落，以地域关系来划分居民，并按照财产的多少将居民划分为五个等级。这次改革标志着罗马氏族制度的彻底瓦解，罗马奴隶制国家正式产生，罗马从此步入共和国时期。随着罗马奴隶制国家的最终形成，罗马法也随之产生。当然，共和国早期的法律渊源主要是习惯法。

2.《十二表法》的制定

（1）制定背景。《十二表法》是罗马法发展史上的一个重要里程碑。在此之前由于使用习惯法，司法权又操纵于贵族，任其解释，大行司法专横，引起平民不满。结果元老院被迫于公元前454年成立了十人立法委员会，并于公元前451年制定法律十表公布于罗马广场。次年，又制定法律两表，作为对前者的补充。

（2）结构与内容。《十二表法》的篇目依次为传唤、审理、索债、家长权、继承和监护、所有权和占有、土地和房屋、私犯、公法、宗教法、前五表的追补及后五表的追补。其特点为诸法合体、私法为主，程序法优于实体法。《十二表法》的某些规定虽反映了平

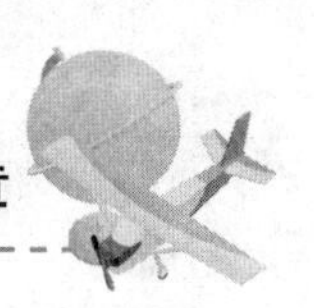

民的要求，但其主要目的在于严格维护奴隶主阶级的利益及其统治秩序，保护奴隶主贵族的私有财产权和人身安全不受侵犯。

（3）历史地位。《十二表法》是罗马国家的第一部成文法，它总结了前一阶段的习惯法，并为罗马法的发展奠定了基础。一直以来，《十二表法》被认为是罗马法的主要渊源。

（二）罗马法的发展

1. 市民法和万民法两个体系的形成

罗马共和国前期，形成了一个仅适用于罗马市民的法律体系——市民法。其内容主要是国家行政管理、诉讼程序、财产、婚姻家庭和继承等方面的规范。其渊源包括罗马议会制定的法律（如《十二表法》）、元老院的决议、裁判官的告示以及罗马法学家对法律的解释等。随着商品经济的发展和外来人口的增多，共和国后期形成了适用于罗马市民与外来人以及外来人与外来人之间关系的万民法。万民法是外事裁判官在司法活动中逐步创制的法律。它吸收了市民法和外来法的合理因素，但又有所发展和突破。它的基本内容主要是关于所有权和债权方面的规范，很少涉及婚姻、家庭和继承等内容。万民法的产生，使罗马私法出现了两个不同的体系。但是市民法和万民法不是截然对立的，而是互为补充的。后来，查士丁尼将两者统一了起来。

2. 法学家活动的加强

在罗马法的发展中，法学家起过十分重要的作用，他们推动了罗马法和罗马法学的发达。公元前 1 世纪，罗马进入帝国时期。在帝国前期，法学家活动非常活跃，罗马法学的发展也进入繁荣时期。许多法学家还被皇帝授予法律解答权，其解答成为法律的重要渊源。法学家们著书立说，解释法律，形成了不同的学派：主要有普罗库尔学派和萨比努斯学派。其间出现了最著名的五大法学家：盖尤斯、伯比尼安、保罗、乌尔比安、莫迪斯蒂努斯。五大法学家的法学著作和法律解释具有同等法律效力。概括起来，罗马法学家的活动和作用是：解答法律；参与诉讼；著书立说；编纂法典，参加立法活动。

3.《国法大全》的编纂

查士丁尼皇帝（公元 527—565 年）为重建和振兴罗马帝国，成立了法典编纂委员会，进行法典编纂工作。从公元 528—534 年，先后完成了三部法律法规汇编。

第一，《查士丁尼法典》。这是公元 528—529 年编出的一部法律汇编。它将历代罗马皇帝颁布的敕令进行整理、审订和取舍而成。

第二，《查士丁尼法学总论》，又译为《法学阶梯》。它以盖尤斯的《法学阶梯》为基础加以改编而成，是阐述罗马法原理的法律简明教本，也是官方指定的“私法”教科书，具有法律效力。

第三，《查士丁尼学说汇纂》，又译为《法学汇编》，于公元 530—533 年编成。这是一部法学著作的汇编，将历代罗马著名法学家的学说著作和法律解答分门别类地汇集、整理，进行摘录，凡收入的内容，均具有法律效力。

公元 565 年，法学家又汇集了公元 535—565 年查士丁尼皇帝在位时所颁布的敕令 168 条，称为《查士丁尼新律》。

以上四部法律汇编，至公元 12 世纪统称为《国法大全》或《民法大全》。《国法大全》的问世，标志着罗马法已发展到最发达、最完备的阶段。

（三）罗马法的渊源和分类

1. 罗马法的渊源

（1）习惯法。公元前450年以前，罗马国家法律的基本渊源为习惯法。

（2）议会制定的法律。罗马共和国时期的主要立法机关是民众大会、百人团议会与平民会议，它们制定的法律是共和国时期最重要的法律。

（3）元老院决议。元老院是共和国时期罗马最高国家政权机关，并享有一定的立法职能，议会通过的法律需要经它批准方能生效。帝国时期，元老院被皇帝所控制，其本身所通过的决议具有法律效力。

（4）长官的告示。罗马高级行政长官和最高裁判官发布的告示具有法律效力，是罗马法的重要渊源之一。

（5）皇帝敕令。主要包括：敕谕、敕裁、敕示、敕答。

（6）具有法律解答权的法学家的解答与著述。

2. 罗马法的分类

罗马法学家依据不同标准，从不同角度将法律划分为以下几类：

（1）根据法律所调整的不同对象可划分为公法与私法。公法包括宗教祭祀活动和国家机关组织与活动的规范；私法包括所有权、债权、婚姻家庭与继承等方面的规范。

（2）依照法律的表现形式可划分为成文法与不成文法。成文法是指所有以书面形式发布并具有法律效力的规范，包括议会通过的法律、元老院的决议、皇帝的敕令、裁判官的告示等；不成文法是指统治阶级所认可的习惯法。

（3）根据罗马法的适用范围可划分为市民法和万民法。市民法是指仅适用于罗马市民的法律；万民法是调整外来人之间以及外来人与罗马市民之间关系的法律。

（4）根据立法方式不同可划分为市民法与长官法。长官法专指由罗马高级官吏发布的告示、命令等所构成的法律，内容多为私法。其主要是靠裁判官的司法实践活动形成的。

（5）按照权利主体、客体和私权保护为内容可划分为人法、物法、诉讼法。人法是规定人格与身份的法律；物法是涉及财产关系的法律；诉讼法是规定私权保护的方法。

（四）罗马私法的基本内容

1. 人法

人法是对在法律上作为权利和义务的主体的人的规定，包括自然人、法人的权利能力和行为能力以及婚姻家庭关系等内容。

（1）自然人。罗马法上的自然人有两种含义：一是生物学上的人，包括奴隶在内；二是法律上的人，是指享有权利并承担义务的主体。自然人必须具有人格，即享有权利和承担义务的资格。奴隶因其不具有法律人格，不能成为权利义务主体，而被视为权利客体。罗马法上的人格由自由权、市民权和家庭权三种身份权构成。只有同时具备上述三种身份权的人，才能在法律上享有完全的权利能力。上述三种身份权全部或部分丧失，人格即发生变化，罗马法称之为“人格减等”。

罗马法对自然人的行为能力，也作了详细规定。只有年满25岁的成年男子才享有完全的行为能力。

（2）法人。罗马法上虽没有明确的法人概念和术语，但已有初步的法人制度。罗马法上法人分社团法人和财团法人两种。前者以自然人的集合为成立的基础，如宗教团体；后者以财产为其成立的基础，如慈善基金会。法人的成立必须具备三个条件：①必须具有物质基础；②社团要达到最低法定人数（3 人以上），财团须拥有一定数额的财产，数额多少没有严格规定；③必须经过元老院的批准或皇帝的特许。

（3）婚姻家庭法。实行一夫一妻的家长制家庭制度。古罗马所称的家或家族是指在家父权下所支配的一切人和物的总和，包括家父、妻、子女、奴隶和土地等。家的特点是以家父权为基础。共和国后期，家父的权力逐渐受到限制。罗马法的婚姻有两种，即“有夫权婚姻”和“无夫权婚姻”。

2. 物法

物法在私法体系中占有极其重要的地位，是罗马法的主体和核心，对后世资产阶级民法的影响最大。物法由物权、继承和债三部分构成。

（1）物权。罗马法上所说的物，范围较广，泛指除自由人以外存在于自然界的一切东西，凡对人有用并能满足人所需要的东西，都称为物：不仅包括有形物体和具有金钱价值的东西，而且包括无形体的法律关系和权利。物的分类主要有要式转移物和略式转移物、有体物和无体物、动产和不动产、主物和从物、特定物和非特定物、有主物和无主物、原物和孳息等。物权是指权利人可以直接行使于物上的权利。物权的范围和种类皆由法律规定，而不能由当事人自由创设。物权主要有五种：所有权、役权（地役权、人役权）、地上权、永佃权、担保物权（质权、抵押权）。其中所有权为自物权，其他的为他物权。

（2）继承。罗马法中的继承分为遗嘱继承和法定继承，遗嘱继承优于法定继承。早期采取“概括继承”的原则，后来逐步确立了“限定继承”的原则。关于法定继承人的顺序以及遗嘱继承的方式等问题，罗马法上均有较完备的规定。

（3）债。在罗马法中，债是物法的一个重要内容。罗马法中债的发生原因主要有两类：一类是合法原因，即由双方当事人因订立契约而引起的债；一类是违法原因，即由侵权行为而引起的债，罗马法称之为私犯。此外，准契约和准私犯也是债的发生原因。罗马法根据债的标的和标的物不同，对债进行了详细的分类，主要有：特定债和种类债、可分债和不可分债、单一债和选择债、法定债和自然债。罗马法还对债的履行、债的担保、债的转移、债的消灭作了详细规定。

3. 诉讼法

诉讼分为公诉和私诉两种。公诉是对直接损害国家利益案件的审理；私诉是根据个人的申诉，对有关私人利益案件的审理。私诉是保护私权的法律手段，相当于后世的民事诉讼。在罗马法的发展过程中，诉讼程序先后呈现出三种不同的形态：法定诉讼、程式诉讼、特别诉讼。

（五）罗马法的历史地位

1. 罗马法复兴

（1）罗马法复兴的原因。

12 世纪初，西欧各国先后出现了一个研究和采用罗马法的热潮，史称罗马法复兴。罗马法的复兴不是偶然的，其根本原因在于当时西欧的法律状况同商品经济发展及社会生活

极不适应。而罗马法是资本主义社会以前调整商品生产者关系的最完备的法律，这一法律遗产可以满足当时西欧各国一般财产和契约关系的发展变化的需要。

（2）罗马法复兴的过程。

① 注释法学派与罗马法的复兴。公元1135年在意大利北部发现《查士丁尼学说汇纂》原稿，从此揭开了复兴罗马法的序幕。意大利波伦亚大学最先开始了对罗马法的研究。学者采用中世纪西欧流行的注释方法研究罗马法，因而得名为“注释法学派”。注释法学派在复兴罗马法的运动中，起了开创作用，他们使对《国法大全》的研究成为一门科学，帮助人们了解和熟悉了罗马法，为运用罗马法奠定了基础。

② 评论法学派与罗马法研究、适用的新发展。14世纪，在意大利又形成了研究罗马法的“评论法学派”。该学派的宗旨是致力于罗马法与中世纪西欧社会司法实践的结合，以改造落后的封建地方习惯法，使罗马法的研究与适用有了新的发展。罗马法在意大利复兴以后，很快扩展到西欧各主要国家。

（3）罗马法复兴的意义。

其一，罗马法的运用，使商品经济得到比较顺利的发展，市民等级的力量不断加强；同时也推动了王权的加强和扩张。这些都有利于民族统一国家的形成。其二，经过罗马法复兴，以研究《国法大全》为突破口和中心，法学蓬勃发展起来，形成了一个世俗的法学家阶层，改变了教会僧侣掌握法律知识的情况。这就为把罗马法运用于实践准备了条件，从而为正在成长中的资本主义关系提供了现成的法律形式。其三，近代自然法学说和“法律面前人人平等”的口号，是17、18世纪新兴资产阶级进行反封建斗争的主要思想武器，而近代自然法学说的思想渊源正是罗马时代的自然法思想及自由人在私法关系上地位平等的原则。

2. 罗马法对后世法律的影响

罗马法对后世法律制度的发展影响是很大的，尤其是对欧洲大陆的法律制度影响更为直接。正是在全面继承罗马法的基础上，形成了当今世界两大法系之一的大陆法系，亦称为罗马法系或者民法法系。

罗马法的有关私法体系，被西欧大陆资产阶级民事立法成功地借鉴与发展。如《法国民法典》和《德国民法典》就是对罗马法的继承和发展。法、德两国的民法体系，又为瑞士、意大利、丹麦、日本等众多国家直接或间接地加以仿效。

罗马法中许多原则和制度，也被近代以来的法制所采用，如公民在私法范围内的权利平等原则、契约自由原则以及权利主体中的法人制度。

罗马法的立法技术已具有相当的水平，它所确定的概念、术语，措辞确切，结构严谨，立论清晰，言简意赅，学理精深。

二、大陆法系框架综述

大陆法系是以罗马法为基础而发展起来的法律的总称。它首先产生在欧洲大陆，后扩大到拉丁族和日耳曼族各国。期间经过11世纪至16世纪的罗马法复兴、18世纪资产阶级革命，最后于19世纪发展成为一个世界性的法系。大陆法系以1804年的《法国民法典》和1900年的《德国民法典》为代表形成了两个支系。

（一）法国法、德国法的历史沿革

1. 法国法律制度的形成与发展

（1）封建法律制度的形成和发展。法国封建制时期的法律制度，一般指 9 世纪上半叶到 18 世纪下半叶持续近一千年的法兰西王国时期的全部法律。其起始时间的标志，是公元 843 年法兰克查理曼王国的分裂至 1789 年法国资产阶级大革命的爆发。在法国封建制法的形成和发展中，历经三个阶段，即公元 9 世纪至 13 世纪以习惯法为主时期、公元 13 世纪至 16 世纪习惯法成文化时期和公元 16 世纪至 18 世纪王室立法成为主要的法律渊源时期，它为近代法国资产阶级法律制度的形成与发展奠定了基础。

（2）资产阶级法律制度的建立。近代法国法律制度是在资产阶级革命后建立和发展起来的。在拿破仑统治时期，法国制定了《民法典》、《商法典》、《刑法典》、《民事诉讼法典》和《刑事诉讼法典》五部重要法典，再加上宪法，构成了法国“六法”体系。由于法国革命具有彻底性，有一整套成熟的思想理论作指导，所以，革命后建立起来的法律制度比较系统和完备，较典型地反映了资产阶级的利益，对其他资本主义国家法律制度的建立和发展具有重大影响。

（3）现代法国法的发展。两次世界大战之间，法国连续遭到三次经济危机的袭击，国内阶级矛盾空前尖锐、复杂。为了应付紧急形势，缩小了议会权力，加强了行政权力，政府的委托立法议案在议会中占据优势。同时，为缓和人民群众强烈的民主运动的压力，于 1919 年 4 月和 1927 年 7 月，进行了两次选举制度的改革，对原来的法典进行某些修改与补充，判例作用有所提高。法国的法律制度适应新形势的需要，继续进行变革。

2. 德国法律制度的形成与发展

（1）封建法制的形成与发展。德国原为法兰克王国的一部分。公元 919 年，东法兰克王国推举萨克森公爵为国王，开创了德意志王朝。封建时代的德意志长期处于封建割据之中，后来普鲁士邦逐渐强盛，并先后战胜奥地利和法国，为统一德意志各邦扫清了障碍。在整个封建时代，法律的分散性和法律渊源的多元化是德国法最基本的特点。习惯法、地方法、教会法、罗马法以及帝国法令长期并存。封建时代最著名的习惯法汇编是《萨克森法典》，大约编纂于 1220 年，其内容主要是关于民事、刑事问题的地方习惯法和诉讼规则，以及调整封建关系的采邑法。封建时代后期出现了一部以帝国名义颁布的刑法典——《加洛林纳法典》（公元 1532 年颁布）。该法典共 179 条，主要包括刑法和刑事诉讼法方面的内容，被多数邦国长期援用，在德国封建法的发展中具有重要影响。

（2）德意志帝国的建立与近代德国法律体系的形成。1871 年，普鲁士以“铁与血”的政策完成了统一德国的任务，建立了德意志帝国。统一后的德国以原普鲁士邦国的法律制度为基础，建立了近代法律体系，先后颁布了宪法、刑法典、刑事诉讼法典、民事诉讼法典、法院组织法、民法典和商法典，成为大陆法系的又一个典型。由于德国统一是自上而下完成的，德国革命带有不彻底性，封建专制主义没有受到根本批判，近代德国法律体系也带有很强的封建君主专制色彩。与此同时，由于德国具有“潘德克顿学派”的理论基础，德国法相对于 19 世纪大陆法系其他国家而言，结构更加严谨，逻辑更加严密，概念更加准确。

（3）魏玛共和国时期法律的发展。1919 年，战败的德国进入魏玛共和国时期。由于政体的变化和社会化思潮的影响，德国加快了民主政治的进程：在沿用原有法律的同时，颁

布了大量的"社会化"法律，如调整社会经济的法律和保障劳工利益的法律，使德国成为经济立法和劳工立法的先导。

（4）法西斯专政时期德国法的蜕变。1933 年，纳粹党头目希特勒出任总理，开始了法西斯独裁统治。希特勒颁布了一系列法律、法令，将国家政治生活全面纳入战时轨道。在宪政方面，颁布了《消除人民和国家痛苦法》、《保护德意志人民紧急条例》、《禁止组织新党法》、《德国改造法》等一系列法西斯法令，废除了资产阶级议会民主制和联邦制，维护希特勒个人独裁和纳粹一党专政。在民事法律方面，颁布了《卡特尔变更法》、《强制卡特尔法》等法令加强对垄断组织的扶持，强化垄断资产阶级对国家政治生活的控制，并且颁布了《世袭农地法》、《德意志血统及名誉保护法》等单行法律，推行种族歧视和种族灭绝政策，巩固法西斯政权的统治基础。在刑事法律方面，原先法律中的民主原则被彻底抛弃，而代之以种族主义和恐怖主义原则。

（5）第二次世界大战后德国法的变化。1945 年 5 月 8 日，纳粹德国战败投降。由于英、美、法三国和苏联对德国的分别军事占领，德国曾长期处于分裂状态，直到 1990 年 10 月 3 日才实现统一。战后西德建立了德意志联邦共和国，恢复了魏玛共和国时期的法制，并根据 1949 年波恩基本法确立的和平民主原则，对原有的法律进行了修改，使其中的封建因素大为减轻。两德统一后，基本上实行原西德的法律制度，但也根据新情况、新问题进行了若干修改。

（二）民法

1.《法国民法典》

（1）民法典的制定。拿破仑执政后，于 1800 年 8 月 12 日成立了民法典起草委员会，4 个月写出草案，交司法机关征求意见后，送立法机关审议。在拿破仑的直接干预下，立法机关通过了法典草案。1804 年 3 月 21 日，拿破仑签字正式颁布实施，定名为《法国民法典》，习惯上也称为《拿破仑法典》。

（2）民法典的特点和原则。这部法典，从内容和形式相结合来考察，具有以下特点：①它是一部典型的资产阶级早期的民法典。在法典中，与自由竞争经济条件相适应，体现了"个人最大限度的自由、法律最小限度的干涉"这一立法精神。②法典贯彻了资产阶级民法原则，具有鲜明的革命性和时代性。③法典保留了若干旧的残余，在一定程度上维护了传统法律制度。④法典在立法模式、结构和语言方面，也有特殊性。

这部法典虽然篇幅庞大、条文很多，但是作为基本原则，主要有四个：①全体公民民事权利平等的原则。这是"天赋人权"理论在民法中的体现。②资本主义私有财产权无限制和不可侵犯的原则。法典对所有权明确的定义强调了所有权具有绝对无限制的特点。③契约自由的原则，即契约一经有效成立，不得随意变动，当事人须依约定，善意履行。④过失责任原则，即承担损害赔偿责任以过失为基础。

（3）民法典的世界影响。《法国民法典》是资本主义社会第一部民法典，是大陆法系的核心和基础，对法国以及其他资本主义国家的民法产生深远影响，而且随着法国和在其影响下制定本国民法典的国家的扩张，法国民法典的影响又传播到美洲、非洲和亚洲广大地区。

2.《德国民法典》

在德国民法典的制定过程中，法学家起了重要作用。19 世纪初期的德国处于分裂状态，人们渴望建立统一的国家。在这种背景下，法学家们围绕着民法典的制定展开了激烈的争论。多数法学家提出应尽快制定全德通行的民法典，以法律的统一促进国家的统一，法律的统一被认为是国家统一的基础。但历史法学派的代表萨维尼反对匆忙制定民法典，其主要观点是：

第一，法律是民族精神的产物，每个民族都有其特有的法律制度。法律应该是被发现而不是被制定出来的。

第二，法律是分阶段发展的，最初是自然法或习惯法阶段，接着是学术法阶段，第三阶段才谈得上法典编纂。德国仍处于第二阶段，制定民法典为时尚早。

第三，法典这种法律形式本身存在局限性，任何法典都不可能涵盖全部社会生活和预知一切未来。无论编纂者如何努力，法典都会留有空白与遗漏。而且《法国民法典》没有任何创新，只是已有法律的编纂。

这场争论的实质是以何种法律学说作为编纂德国民法典的指导思想。历史法学派一度占据上风。该学派关于法律本质、法典化社会条件等问题的观念，对德国民法典的制定及技术风格有重要影响。

19 世纪中后期，制定统一民法典已是大势所趋。围绕民法典的制定，历史法学派内部又出现了日耳曼法学派（认为日耳曼习惯法是德意志民族精神的体现）和潘德克顿法学派（强调罗马法是德国历史上最重要的法律渊源）的争鸣。后一学派按照罗马法《学说汇纂》阐发的民法“五编制”体例，为德国民法典所最终采用。

前后近一个世纪的法学争论使德国民法学研究日益深入，理论更加成熟，也使德国民法典具有较高的科学性和学理性。英国法学家梅特兰（1850—1906）评价说：“从未有过如此丰富的一流智慧被投放到一次立法行为当中。”

（1）民法典的制定。德国统一以前，各邦都有自己的法律，民法尤为纷繁杂乱。直至 9 世纪初期，各地区在民法使用上仍存在很大差异。这种局面严重阻碍了德国经济的发展。1874 年，联邦议会成立了 11 人组成的法典编纂委员会，开始正式编纂民法典。委员会成员主要由法学家组成，历经 13 年于 1888 年完成民法典第一草案。这个草案受到多方批评，认为它过于追求罗马法化而忽视民族传统，注重资本家的利益而缺乏对弱者的保护，还有人认为语言过于专业化导致普通民众难以理解。在这种情况下，1890 年联邦议会又成立了新的法典编纂委员会，吸纳了经济界人士，在借鉴各方意见后，经过 5 年时间制定出第二草案。随后又经过数次争论与修改，在资产阶级和容克地主妥协的基础上，帝国国会对草案作了若干修改，于 1896 年 7 月 1 日通过，于 1900 年 1 月 1 日起正式施行。

（2）民法典的主要内容和特点。《德国民法典》是 19 世纪末自由资本主义向垄断资本主义过渡时期制定的法典，也是德国资产阶级和容克贵族相妥协的产物，具有时代的特征和特点：

① 法典适应垄断资本主义经济发展需要，在贯彻资产阶级民法基本原则方面有所变化。首先，法典肯定了公民私有财产权不受限制的原则；其次，法典肯定了资本主义“契约自由”原则，并直接保护资产阶级和容克贵族对雇佣劳动者的剥削；最后，法典在民事

责任方面，也确认了“过失责任”原则。

② 法典规定了法人制度。《德国民法典》中单独规定了法人制度，承认法人为民事权利主体，依法独立享有民事权利和承担民事义务。这是资产阶级民法史上第一部全面规定法人制度的民法典。

③ 法典保留了浓厚的封建残余。其主要表现在：第一，以大量篇幅对容克贵族的土地所有权以及基于土地私有而产生的其他权利，如对地上权、地役权等加以特别保护；第二，在亲属法方面保留中世纪家长制残余。

④ 法典在立法技术上，逻辑体系严密、概念科学、用语精确。

《德国民法典》是资产阶级民法史上的一部重要法典，它的颁行对统一德国法制作用巨大，并成为德国民法发展的基础。

（3）民法典的世界影响：德国民法典的编纂和施行，不仅在国内具有很大意义，在国外也引起了广泛的兴趣，受到各国法学界的重视，从而对许多国家的民法编纂发生了很大影响。德国民法典是德国在统一后编纂的五部法典中最成功的一部，它以独特的风格登上世界私法编纂的舞台，打破了法国民法典近一个世纪的垄断地位。德国民法典的产生，使大陆法系划分为法国支系和德国支系。

德国法是大陆法系的重要组成部分，对20世纪大陆法系的发展有重大影响。相对于法国法而言，德国法也继受了罗马法，但在很大程度上保留了较多固有的日耳曼法因素。《德国民法典》是资本主义世界出现的最有影响的民法典之一。它体系完整、用语精确，既体现了自由资本主义时期民法的基本原则，又反映了垄断时代民法的某些特征。

（三）司法制度

1. 法国的司法制度

（1）法院组织。在封建社会，法国已有独立的法院系统，即王室法院、领主法院和城市法院，后来设立了终审法院（即巴黎高等法院及其所属的省高等法院）。在诉讼程序上，先适用控告式诉讼，后采用纠问式诉讼。

（2）民事诉讼制度。1806年《法国民事诉讼法》于1807年1月1日公布实施。法典共2篇1042条。法典的特点有：第一，实行诉讼自主原则；第二，规定国家机关在某些情况下应干预诉讼；第三，对维护债权人的利益作了详细的规定；第四，在立法技术上，该法典缺乏法国民法典那样的创造力和想象力。

1806年的法国民事诉讼法典施行了长达170年之久，至1976年新民事诉讼法典正式生效。这部新法典的基本特征有：在其形成上，是在对1806年民事诉讼法不断修改的基础上成就的；在其结构上，是一般规定与特殊规定、抽象与具体的双重结构体系；在其模式上，实行的是当事人主义，诉讼主导权在诉讼当事人；在其内容和制度上，有特色的如民事裁判机构的多元化和程序多元化、诉权的制度化和具体化、事前程序与审理程序的分离、书证优先原则、审级的多元化、紧急审理程序的设置。

2. 德国的司法制度

（1）法院组织。德意志帝国建立后，于1877年1月27日颁布《法院组织法》，确认了司法独立原则。规定审判权由独立的法院行使，审判只服从法律，法官实行终身制；设

置了由区法院、地方法院、高等法院和帝国法院构成的普通法院体系，帝国法院为全国的最高司法审级。

（2）民事诉讼制度。1877 年 2 月 1 日颁行了民事诉讼法，规定了民事诉讼的程序和原则。民事诉讼法共 10 编，1084 条，主要规定了总则、第一审程序、上诉程序、再审程序、证据制度、强制执行和仲裁程序等。

三、大陆法系中的商法体系

（一）民商合一与民商分立

在对待商法的态度上，大陆法系国家有两种做法。有些大陆法系国家把民法和商法分别编成两部独立的法典，即民法典和商法典。一些国家早期公布的大陆法典，如法国和德国的法典，就采用了民法和商法分别编制的方法。另外也有一些大陆法系国家把商法并入民法，使商法成为民法典的一个组成部分。例如，1881 年瑞士债务法典，就包括了民法债篇和商法债篇；1934 年的荷兰法典和 1942 年的意大利法典都采取了民法和商法合一的形式。采取这两种做法的国家分别有自己的理由。

1. 民商合一

自从 1847 年摩坦尼利提出“民商二法统一论”后，得到了一些国家的响应，它们开始采用民商合一的立法模式。民商合一立法体制的形成，是为了适应社会经济条件变化的需要，是市场经济极大发展的结果，这种结果导致人的普遍商化。商法归于民法之中进行调整，其实质是两者同属于私法，在许多方面有着共同的原理。商法的主要主体是公司或企业，是民法中典型的法人形式，商主体的营业行为仅是经济生活中的一部分；而民法，特别是债权制度正是关于流通领域商品交换活动的一般规定。例如，在商法票据制度中，票据权利的设定、转移、担保及付款等都是债权制度的具体化。

在采取民商合一的国家，商法往往作为特别法，民法作为基本法，所以在立法中体现出这样的特点：

① 只有民法典，不制定单独的商法典，只是根据需要制定单行的商事法规。例如，西班牙商法典第二条明确规定：民法是基本法，商法是特别法，缺乏专门的商法规范时适用民法。

② 商事单行法只是民法的补充。多数商事法规都是民法的补充规定，是对民法没有规定的情况下所做的一种补充。例如，票据法、保险法中关于短期诉讼时效的规定，是对民法诉讼时效规定的补充；公司活动中的代理，保险行为中的代理，是对民法关于代理制度的补充。同样，商法也创设、变更了民法中的一些制度，如商业账簿、公司制度等。

总之，在民商合一的国家，民法与商法的关系就是基本法与特别法、基本法与补充法之间的关系。

2. 民商分立

在采取民商分立的国家，除民法典之外，另制定商法典调整国内的商事法律关系，商法是独立于民法之外的部门法。民法与商法的区别表现在：

① 商事关系有着与民事关系不同的主体、客体和内容。商主体是从事营利性活动的自然人、法人等，是抽象的经营性单位，不含有民法上自然人的身份特征。民事关系是民事

主体的公民之间、法人之间基于民事活动发生的社会关系，不仅包括财产关系，还包括人身关系，也包括不具有有偿性质的社会关系。

② 商法中所确立的一些制度，只适用于商事关系，而不适用于民事关系。如商法中的破产制度。商法中确立的许多较短的诉讼时效制度，也是针对商事关系要求更为迅捷的流通速度而特别设定的。此外，由于商行为的特殊性，许多法律形式上的要求也不一致。例如，许多国家要求民事担保必须采用书面形式，而商事担保则不做此要求（如德国）。同样，也有一些商行为的法律形式也要比民法要求严格得多。

③ 商法受习惯法和国际商业惯例影响较大。商法中的许多制度（如海商法、票据法、保险法等）是由商业习惯演变为成文法律的，如国际贸易术语的形成；而民法则受本国固有传统的影响，更多的是遵循原有的成文法律。

采用民商分立的国家有法国、德国、比利时、日本、西班牙、葡萄牙等。欧洲一些国家实行民商分立体制，也有历史的缘由。欧洲大陆各国在早期发展中曾经形成过为商人阶层创造的商事习惯法和商事法庭。德国学者托伦就曾指出，“民法和商法的划分与其说是一种科学的划分，还不如说是一种历史的沿革，传统因素对民商分立的形式有着压倒一切的影响”。

3. 民法与商法的适用原则

① 根据特别法优于普通法的原则，商法应得到优先适用，只有商法没有相应规定时，才能适用民法。

② 商法中没有做出规定的事项，则应适用民法中的一般原则，如诚信原则、行为能力等。

4. 我国民法与商法的关系

我国的立法采用民商合一的体制，以民法通则作为基本法。随着改革开放的深入，我国商事交易的规模和数量不断扩大，商事关系也日趋复杂，迫切要求一些专门的商事规范出台。我国从 20 世纪 90 年代起加大了对商事立法的力度，如 1992 年 11 月通过了《海商法》，1993 年 12 月颁布了《公司法》，1995 年 6 月通过了《保险法》，1997 年 2 月通过了《合伙企业法》，1999 年 8 月通过了《个人独资企业法》等一系列商事法律规范。目前，我国的这些商事法律规范以单行法规的形式作为民法的补充法出现，仍然是特别法。

（二）各国的商事法

现代大陆法系商法是以 1807 年的《法国商法典》和 1899 年的《德国商法典》为代表的商事法律制度，以及深受这两个法典影响的国家和地区仿效这种制度而建立起来的商事法律制度的总称。在现代大陆法系商法中，最有代表性、最有影响的是法国、德国两国的商事法。

1. 法国商事法

1789 年的法国大革命推翻了封建专制制度，建立了资产阶级共和国。革命成功和国家统一后，在全国统一法律的任务被提上了议事日程。其中，制定统一的民法典和商法典是掌握了国家政权的资产阶级首先考虑的大问题。在拿破仑的推动下，法国自 1800 年起着手其民法典的起草工作，1804 年 3 月该民法典获得通过颁行。几乎与此同时，法国在 1801 年成立了商法起草委员会，历经 6 年时间，1807 年 9 月《法国商法典》亦获通过颁行。但此

时通过颁行的《法国商法典》仅包括通则编、海商编和商事裁判编。其破产编直到1838年始获通过颁行。加上破产编共四编，各编依次为：第一编通则，第二编海商，第三编破产，第四编商事裁判，计648条。

《法国商法典》是在路易十四时期制定的《商事敕令）和《海商敕令》的基础上，经过富有创造性的编纂整理而成的。其重要意义在于：第一，它是近现代商法典的始祖。尽管在此之前已有像路易十四颁布的《商事敕令》和《海商敕令》这样的成文商法，但作为商法典，《法国商法典》却是世界上的第一部。它标志着现代商法已经形成，标志着制定商法典的条件已经成熟。第二，它开创了民商分立的立法先例。民商分立的渊源可以追溯到中世纪时期。近代资本主义国家民商法的来源主要有三个：罗马法、教会法和中世纪商法。中世纪商法出现以后，由于它形成了专门的概念和体系，因而具有与罗马法、教会法相对独立的地位。但是，民商分立的真正标志是19世纪初《法国民法典》和《法国商法典》的先后颁布施行。后者的颁布和施行，还标志着商法已取得与民法同等重要的地位，受到同等的重视。此举影响是很大的。此后，许多国家特别是欧洲国家纷纷制定了自己的商法典。在该法典影响下先后制定的商法典主要有1811年的《比利时商法典》（1850年重新制定）、1811年的《卢森堡商法典》、1829年的《西班牙商法典》、1832年的《葡萄牙商法典》、1835年的《希腊商法典》、1838年的《荷兰商法典》、1850年的《土耳其商法典》、1850年的《意大利商法典》（1883年重新制定）、1861年的《德国商法典》（1897年重新制定）和1890年的《日本商法典》。此外，乌拉圭（1865年）、埃及（1875年）、墨西哥（1889年）、阿根廷（1889年）及秘鲁（1902年）等也都先后制定了其商法典。19世纪初以来，采用民商分立立法例，先后制定颁行了商法典的共有四十多个国家。第三，改商人法为商事行为法。该法的立法原则之一是，凡实施商事行为者，不论是否为商人所为，均适用商法。前已述及，中世纪后出现的商人法，其所适用者仅为商人，即只有商人间的商事关系才归其调整。《法国商法典》改商人法为商事行为法，即以商事行为作为立法基础，它反映了资产阶级革命革除身份等级观念的思想成果，开创了商事行为主义即客观主义立法例，并为其他大陆法系国家所效仿，从而形成了法国法系商法。属于这一商法法系的国家有比利时、卢森堡、西班牙、葡萄牙、希腊、埃及、土耳其等。此外，中、南美洲诸国如阿根廷、乌拉圭、墨西哥及秘鲁等，其商法均受葡萄牙商法的影响，因此，这些国家的商法实际上也属法国商法法系。

毫无疑问，《法国商法典》是一部划时代的商法典，但由于它制定较早，难免存在缺陷。其缺陷之一是，体系不甚合理。在该法典中，既有私法的规定，又有公法的规定，既包括实体法，亦包括程序法，从中仍明显地看到罗马法那种诸法合一的痕迹。其缺陷之二是，规定的内容单薄，甚至是简陋。公司及票据制度是商法中的两项基本制度，然而，该法仅分别在通则编的第三章和第八章作了简单的规定。公司制度中最为重要的股份公司制在该法典中只有寥寥13条。其他方面的规定也颇多缺漏。故该法典的影响远不及在其之前制定的《法国民法典》。19世纪下半叶以后，法国根据其司法实践的要求，频繁地对原商法典加以修订并增加单行法作为补充，其中较重要的有1867年颁布的《股份公司法》、1919年颁布的《企业登记法》、1909年的《商业财产买卖设质法》、1925年的《有限责任公司法》、1942年的《证券交易法》、1930年的《保险契约法》、1936年的《海上货物运输法》

等。第二次世界大战以后，法国进一步组织了商法修正委员会，对其商法典、公司法和破产法再次进行系统的修正。

2. 德国商事法

《德国商法典》的颁布施行，几乎要晚于《法国商法典》一个世纪。德国未统一之前，仅普鲁士一邦制定成文商法，如1727年的《普鲁士海商法》、1751年的《普鲁士票据法》、1776年的《普鲁士保险法》和1794年的《普鲁士普通法》等，后者是一部集民商法规范于一体的综合性法典。自19世纪30年代以后，在《法国民法典》和《法国商法典》的影响下，德国的法学研究极其活跃，法学家们不仅著书立说，而且先后推出了几个商法草案，如1839年的怀特门伯格商法草案，1849年的法兰克福商法草案，1855年的奥地利商法草案及1857年普鲁士商法草案等。其间，德国于1848年和1861年先后制定了《普通票据条例》及《普通商法典》。后者正是以《普鲁士普通法》为基础，并吸收了上述商法草案的内容后制定出来的。该法典除总则外，分为商人、公司、隐名合伙及共算商事合伙、商事行为、海商5编，共911条。1861年的德国普通商法典未将票据、破产及商事诉讼列入其内，该法典被称为“德国旧商法典”。德国新的商法典是在对其旧的商法典进行多次修订之后于1897年制定出来的。新的《德国商法典》与《德国民法典》同于1900年1月1日生效。该法共分4编，31章，905条。4编依次为：商人、商事公司与隐名合伙、商事行为、海商。

作为商法重要组成部分的票据法、保险法及破产法等并未规定于《德国商法典》内，它们都是以单行的法律而独立于其商法典之外。德国的票据立法源于17世纪中叶，但由于各邦法律互有冲突和抵触，不利于各邦之间的经济交往，德意志帝国建立之后，统一了票据法，采取单行法的形式，于1871年4月3日实施。1871年的德国票据法仅包括汇票、本票两种，后于1908年6月另行制定了支票法。由于日内瓦公约的通过，德国又根据其原则于1933年6月制定了新的票据法。德国破产法是在其统一建国后于1877年2月制定颁布的，后因商法典的制定，其破产法又于1898年重新修订颁布，经多次修订后为现行破产法。该法共3卷，16章，238条，其中，第一卷为破产实体法律，第二卷为破产程序，第三卷为罚则，后者经修改后于1976年移到刑法典中，现该卷在其破产法中已不存在。德国最早的保险立法是1701年颁布的《汉堡海损及保险条例》。《德国商法典》中规定的保险，仅为海上保险。其陆上保险法，即保险契约法颁布于1908年5月，1910年施行，该法共5章，依次为：通则，损害保险，人寿保险，伤害保险，附则。1901年以后，德国陆续制定颁布了其保险业法。

在《德国商法典》中，并没有有限责任公司的具体规定，这不是疏忽，而是在商法典之前即1892年已制定《有限责任公司法》，故其商法典除无限公司、两合公司、股份公司、股份两合公司及隐名合伙外，未对有限责任公司作具体规定。德国的《有限责任公司法》共6节，85条，所设的6节依次为：公司的设立，公司和股东的法律关系，代理与业务执行，章程修改变更，公司的解散和破产，最后条款。1980年该法作了修正。20世纪以来，德国对其商法的修订主要限于其股份公司制度的修正和其他单行法的补充。相对《法国商法典》而言，《德国商法典》体现了较好的立法技术。因此，《德国商法典》颁布之后，对于大陆法系国家的商法制定和完善产生了极其重要的影响。在立法基础上，《德国商法

典》舍商事行为主义而采用商人法主义，即以商主体作为确定商事行为和商事关系的标准，从而形成了统一的有别于《法国商法典》的商事法立法例。目前属于这一法系的国家主要包括德国、奥地利、泰国、土耳其等；瑞典、挪威、丹麦等国虽然无独立的商法典，但其商法规定亦采用商人法主义。

第三节　英美法系的商法结构与特点

一、英美法系框架综述

（一）英美法的历史沿革

1. 英国法的形成与发展

英国是普通法系的发源地，其法律的发展比较平稳，分为三个时期。

（1）英国封建法律体系的形成。英国法的源头是盎格鲁·撒克逊时代的习惯法。随着王权的强大和完善的皇家司法机构的建立，逐渐形成了普通法、衡平法和制定法三大法律渊源，从而确立了英国封建法律体系。

① 普通法的形成。普通法指的是 12 世纪前后发展起来的、由普通法院创制的通行于全国的普遍适用的法律。它的形成是中央集权和司法统一的直接后果。

1066 年诺曼公爵威廉征服英国后，他和继任者为巩固统治，扩大王权，采取进行土地调查、编制“末日审判书”（始于 1086 年，又称“最终税册”/Domesday Book）等多种措施，加强中央集权。在统一司法方面，国王建立了御前会议，并从前者中逐渐分立出具有司法职能的财政法院、王座法院和普通诉讼法院；这些法院最初只在伦敦皇家威斯敏斯特教堂（Westminster Abbey）审理案件，但为了扩大王室管辖权，法官们开始到各地巡回审判。

亨利二世统治时期的司法改革对普通法的形成起了很大的推动作用。通过颁布《温莎诏令》、《克拉灵顿诏令》等一系列命令，确立了陪审制，并将巡回审判制度化。法官们进行巡回审判时，在陪审团的帮助下，依据王室法令参照当地习惯来审理案件。回到伦敦的皇家威斯敏斯特教堂后，他们互相交流参照各地习惯形成的判案意见，承认彼此的判决，并约定在以后巡回审判时使用。在此基础上，逐渐形成了通行全国的普通法，所以后人习惯称其为判例法。

体现王权的令状制也与普通法的发展有密切关系。它要求原告只在申请到特定的以国王名义签发的令状后，才能向法院主张实体权利的保护。令状成为诉权凭证，无令状就不能起诉。“程序先于权利”的普通法特点与此不无关系。

② 衡平法的兴起。由于普通法在传统令状制度下，存在着保护范围有限、内容僵化、救济方法较少的缺陷，随着社会经济的发展，已不能满足人们的需要；得不到普通法院公正保护的当事人，依照历史传统直接向国王提出的申诉越来越多，国王遂将其委托给大法官进行审理。15 世纪正式形成了大法官法院（又称“衡平法院”）。根据大法官的审判实践，逐渐发展出一套与普通法不同的法律规则，即根据“公平”、“正义”的原则形成的“衡平法”，并逐渐成为一套有别于普通法的独立法律体系。

相对于普通法，衡平法重内容而轻形式，诉讼程序简便灵活，审判时既不需要令状也不采用陪审制。凡普通法法院不予受理的案件，大法官均予接受。衡平法适应社会发展，创制出信托、禁令等许多新的权利和救济方法。一般认为，衡平法受罗马法影响较深。

普通法实施领域广泛；衡平法仅在普通法难以救济的方面发挥作用，是对普通法的补充。其实可以认为：将普通法去掉，衡平法不复存在；而将衡平法去掉，普通法仍会存在。两大法院系统的关系由于管辖范围存在交叉重叠，大量案件从普通法院转向衡平法院以及衡平法院的禁令可以干涉普通法院的判决，使两者之间矛盾日渐增多。17 世纪初，普通法院法官科克和衡平法院大法官埃尔斯密将冲突引向白热化。这场争端以国王詹姆斯一世确立“衡平法优先”的原则而告终。直到 1875 年司法改革前，普通法与衡平法的并立一直是英国法的显著特征。

③ 制定法的发展。制定法即成文法，是享有立法权的国家机关或个人明文制定并颁布实施的法律规范。1215 年的《大宪章》是制定法发展的重要进程，根据它的规定逐渐形成英国国会，随着国会立法权的加强，制定法的数量逐渐增多，地位也逐渐上升。

（2）资产阶级革命后英国法的变化。这次革命使英国古老的封建法制有所触动，主要体现为：国会立法权得到强化，确立了“议会主权”原则，制定法地位提高；内阁成为最高行政机关；普通法和衡平法在内容上得到充实，并被赋予资产阶级的含义。

（3）现代英国法的发展。两次世界大战后，英国的国际地位发生了很大变化，与此相适应，法律制度也发生了深刻的变化：立法程序简化，委托立法大增；选举制进一步完善，基本确立了普遍、秘密、平等、公正的选举制度；社会立法和科技立法活动加强；欧盟法成为英国法的重要渊源。

2. 美国法的形成和发展

美国法与英国法存在着很深的历史渊源关系，从一开始就被打上了英国法的烙印，是在继承和改造英国法的基础上形成的独具特色的法律体系。它的发展大致可分为四个时期。

（1）殖民地时期的美国法。殖民地时期，英国战胜其他列强后，殖民地各地相继使用英国普通法。但是 18 世纪中期以前，各殖民地实行的法律还是比较原始和简陋的，有的殖民地甚至以《圣经》作为判案的依据，英国法并没能在北美取得支配地位。随着英殖民者对殖民地压迫的加深以及殖民地社会条件的变化，特别是《英国法释义》的出版，英国法得到普及。到 18 世纪中期，英国普通法在北美殖民地取得了支配地位。

（2）独立战争后的美国法。这段时期，是美国法的形成时期。以英国法为基础，参照欧洲大陆的法律文献形成了独具一格的美国法。1830 年之后，《美国法释义》的问世以及各种美国法专著的出现，标志着美国法对英国法批判吸收并走上独立发展的道路。

（3）南北战争后的美国法。这是美国法的改革与发展时期。在此期间，美国法进行了民主化改革，法律体系逐步完善。其具体体现在：废除奴隶制的宪法修正案正式生效；在财产法方面确立了土地的自由转让制度；对烦琐的诉讼程序实行了改革；建立了富有美国特色的判例法理论；法学教育中心从律师事务所转到法学院校；各州法律出现统一化趋势。

（4）现代美国法。与进入垄断资本主义时期的政治经济集中相适应，美国的法律较 19 世纪末以前有了较大变化：一是制定法大量增加，法律的系统化明显加强。1923 年成立法学会，之后陆续出版了《法律重述》、《美国法律汇编》（或称《美国法典》）等重要法

律文献。二是由于以总统为首的行政机关权力的扩大，行政命令的作用和地位日益显著。三是国家干预经济的立法大量颁布，如“新政”时期颁布了一系列整顿工业、银行、农业以及劳工的法律，反垄断法成为新的法律部门。

（二）英美法的渊源

1. 英国法的渊源

（1）普通法。普通法是英国法最重要的渊源。从法源的意义来看，普通法是指由普通法院创立并发展起来的一套法律规则。“遵循先例”是普通法最基本的原则，指一个法院先前的判决对以后相应法院处理类似案件具有拘束力。普通法最重要、影响最大的特征是“程序先于权利”。

（2）衡平法。现代意义上的衡平法指的是英美法渊源中独立于普通法的另一种形式的判例法，它通过大法官法院，即衡平法院的审判活动，以法官的“良心”和“正义”为基础发展起来。其程序简便、灵活，法官判案有很大的自由裁量权，因此，衡平法被称为“大法官的脚”，可大可小，具有很大的伸缩性。与普通法相比，它只是一种“补偿性”的制度，但当二者的规则发生冲突时，衡平法优先。

（3）制定法。英国制定法在法律渊源中的重要性不如普通法和衡平法两种判例法，但其效力和地位很高，可对判例法进行调整、修改，现代一些重要的法律部门（如社会立法）是在制定法的基础上发展起来的。制定法的种类有：欧洲联盟法、国会立法、委托立法。其中国会立法是英国近现代最重要的制定法，被称为“基本立法”。

2. 美国法的渊源

（1）制定法。美国的联邦和各州都有制定法。联邦的制定法包括联邦宪法和联邦法律。各州的制定法包括各州的宪法和法律，各州享有联邦宪法所规定的联邦立法范围之外的立法权。

（2）普通法。美国以英国普通法作为建立新法律的基础，但并非全盘照搬。正如约瑟夫·斯托里大法官在“范内斯诉帕卡德”案的判例中指出的：“英国的普通法并不是全部都可以作为美国的普通法，我们祖先把英国普通法的一般原则带过来，并且以此作为他们生来就有的权利，但是他们只带来并采用了适合他们情况的那一部分。”在美国并没有一套联邦统一的普通法规则，各州的普通法自成体系。

（3）衡平法。美国独立以前，首先在英王的直辖区和特许殖民地采用了英国的衡平法，一些在英国由教会法院管辖的案件也由衡平法院管辖。美国独立之后，联邦和各州都相继采用衡平法。在绝大部分州，衡平法上的案件统一由联邦法院兼管，不另设衡平法院。

（三）英美司法制度

1. 法院组织

（1）英国法院组织。英国长期存在普通法院和衡平法院两大法院系统，19 世纪后期司法改革取消了两大法院系统的区别，统一了法院组织体系。现行的英国法院组织从层次上可分为高级法院（分为上议院、枢密院司法委员会和最高法院）、低级法院；从审理案件的性质上分民事法院、刑事法院。其中上议院由大法官、前任大法官和法律贵族组成，是实际上的最高法院，但可上诉到上议院的案件极少；最高法院名为“最高”，却并非民刑

案件的最高审级，它包括上诉法院、高等法院和皇家刑事法院三个部分。

（2）美国双轨制的法院组织。美国有两套法院组织系统：联邦法院组织系统与州法院组织系统。前者包括联邦最高法院、联邦上诉法院和联邦地区法院。其中联邦最高法院的判决对全国一切法院均有约束力。州法院组织系统不统一。一般来说，州的最高一级法院称为州最高法院，正式的初审法院是地区法院，基层法院是治安法院。

2. 美国联邦最高法院的司法审查权

此指联邦最高法院通过司法程序，审查和裁决立法和行政是否违宪的司法制度。源于1803 年的“马伯里诉麦迪逊”案，确立的司法审查的宪法原则是：宪法是最高法律，一切其他法律不得与宪法相抵触；联邦最高法院在审理案件时，有权裁定所涉及的法律或法律的某项规定是否违反宪法；经联邦最高法院裁定违宪的法律或法律规定，不再具有法律效力。

3. 陪审制度

英国是现代陪审制的发源地。这种制度在英国历史上被长期作为一种民主的象征广泛运用。但随着社会的发展，审判节奏也要求效率化，逐渐限制了陪审制的运用。陪审团的职责是就案件的事实部分进行裁决，法官则在陪审团裁决的基础上就法律问题进行判决。陪审团裁决一般不允许上诉，但当法官认为陪审团的裁决存在重大错误时，可以加以撤销，重新组织陪审团审判。

4. 辩护制度

一是对抗制，又称“辩论制”，即民事案件中的原被告以及刑事案件中的公诉人和被告律师在法庭上相互对抗，提出各自的证据，询问己方证人，盘问对方证人，并在此基础上相互辩论。法官主持开庭，并对双方的动议和异议做出裁决，但不主动调查，只充当消极仲裁人的角色。

二是英国的律师传统上分为两大类：出庭律师、事务律师。出庭律师可以在任何法院出庭辩护。事务律师主要从事一般的法律事务，可在低级法院出庭辩护，但不能在高级法院出庭。近年来，英国律师制度进行了改革，两类律师的划分已不再泾渭分明。

二、英美法系中的商法体系

英美法是当今世界的主要法系之一，其商法则被认为是英美法中的精华。商事习惯法、判例法与商事制定法作为英美商法的渊源并存，其中商事判例法居重要地位，商事制定法多是判例法规则的归纳，是源于判例法并服务于判例法的第二位法律渊源。属于这一商法体系的，除英国和美国外，还包括澳大利亚、加拿大、印度以及原英属殖民地国家，如新加坡、马来西亚等国。其中，英国和美国商法是这一法系中最具有代表性的商法。

（一）英国商法

英国是实行判例法制度的国家。在英国，只有实质商法而不存在大陆法系那种形式意义的商法。由于实行的是判例法制度，故其法律体系中法律部门的概念是模糊的。什么是商法，商法的范围包括哪些，英国历来就没有一个统一的概念，法学家们在其论著中的表述也颇不一致。尽管在英国不存在类似于大陆法系一些国家那样统一的商法典，但是“商法”或“商业法”的观念却是深入人心的。不仅是法学家们承认商法的存在，做了专门的

研究，通过一系列教科书和学术著作，构成比较完整的商法学理论体系，而且自19世纪以来，制定了一系列的商事制定法。这些制定法是英国商法在当代发展的杰出成就，标志着其商法体系的日趋完善。

英国的商事制定法，尤为突出地体现在公司、合伙、破产、票据及保险等方面。英国的公司法是由以现行有效的1948年《公司法》为主体的各种公司法律所构成。英国最早的破产法产生于1509年亨利八世统治时期。现行英国破产法是由1914年《破产法》、1976年《无力偿债法》以及其他有关法规和判例规则构成。英国票据制度起源于商业惯例，现在人们所称的英国票据法，泛指英国1882年《汇票法》、1957年《支票法》及有关修订案和判例规则的总和。其中，1882年《汇票法》是一部具有重要影响的成文法例，它不仅适用于英国，而且在多数英联邦国家中均有广泛的适用性。

早在1774年，英国就颁布了《人寿保险法》。此后，1876年制定了《保险单法》，1923年和1966年分别制定了《简易保险法》和《道路交通法》，1958年制定了《保险公司法》。但英国最有影响的保险立法是1906年《海上保险法》。该法将几百年来海上保险的立法、惯例、案例、解释等以成文法的形式确定下来，成为资本主义世界最有影响的一部海上保险法，它的产生对世界各国海上及陆上的保险立法具有重大而深远的影响。

尽管英国商法中存在着大量的制定法，但是，其商法的第一渊源，也是最为主要的渊源，依然是商事判例法。在英国，通常情况下，立法机关所创制的法律和条例，仅仅是对判例的一种补充。判例法在英国和整个英美法系中居于至高无上的地位。当然，也有例外，如英国公司制度及票据制度。与英国法律的传统渊源相异，英国公司法以成文法为主，判例仅在法院解释有关成文法时才具有重要的意义。其票据法亦主要采取成文法形式，判例法多为解释性适用规则。

（二）美国商法

美国法律与英国法律大致相同，多系习惯法和判例法所构成，其商法也是以英国的普通法为基础。与英国一样，由判例法这一历史传统所致，美国法律部门亦是个十分模糊的概念。在现代，一般人们谈起美国商法时，从狭义上是指已在美国绝大多数州适用的《美国统一商法典》；从广义上解释，对于什么是商法则众说纷纭。美国出版的具有较高权威性的《布莱克法律辞典》对商法界定为：商法是调整商事法律关系的全部法律制度的总称。而美国法学家马克斯·赖因施泰因在为《国际比较法百科全书》撰写的词条中则认为，在美国，商法是指那些与商人相关的法律。至于商人，按照《美国统一商法典》的解释，是指具有商业专门知识和技能的人。

美国虽然为判例法国家，但同样重视成文法的制定，尤其是有关商法的成文法的制定，在商事立法中，前已提及的《美国统一商法典》最具有代表性。这也是一部被看做是英美法与大陆法日趋合一的最具有代表性的法典，它于1942年起由美国统一州法律委员会和美国法学会联合起草，1952年公布。在此之前，1906年美国曾以英国的货物买卖法为蓝本制定过一个法典——《美国统一买卖法》，且被36个州所采用。但是随着时间的推移，它已很难适应美国经济发展的需要，因此有《美国统一商法典》的产生。该法于1952年公布后，又作多次修改。《美国统一商法典》不同于大陆法国家的商法典，它不是美国国会通过的

法律，而只是由一些法律团体起草，供各州自由采用的一部样板法。美国是联邦制国家，联邦和各州都在宪法规定的范围内享有立法权。根据美国宪法的规定，有关州内贸易的立法权原则上属于各州，联邦只对涉及州际或国际贸易事项享有立法权。所以，各州对于是否采用上述统一商法典有完全的自由权。但由于该法详尽完备，适用灵活，它既考虑到过去和现在，又兼顾了未来；既保持了英美法的特点，又兼采了大陆法的长处，比较能够适应当代美国资本主义经济发展的要求，因此，现在在美国 50 个州中，除保持大陆法系传统的路易斯安那州外，其他各州均已通过本州的立法采用了这部统一商法典。

《美国统一商法典》内容庞杂，既包括大陆法系民法中如买卖、合同、所有权、债权、担保等内容，也包括商法如票据、银行信贷、货栈以及提单、投资证券等内容，显然，它不是大陆法意义上的那种商法典，其中并不包括公司法和保险法等。美国公司制度由判例法和各种成文法构成。前者由各级法院在司法实践中长期形成的各种有关公司的有效判例组成，后者即成文法，主要指各州议会依照本州宪法制定并在本州实施的各种公司立法（美国国会无权制定适用全国的统一公司法）。美国的这种特殊法律制度使得其各州公司法不尽相同。为此，美国有关社会团体起草并推荐各州采用公司法样本，公司法样本主要有 1928 年的《统一商事公司法》和 1950 年的《标准商事公司法》。它们仅作为立法样本向各州议会推荐，本身没有法律约束力。但是，《标准商事公司法》已被三十多个州部分或修改后采用，它在各州公司法修订和司法实践中具有较大的影响。

美国保险制度历来是各州各行其是，没有全国统一的保险法。目前美国各州都制定了保险法。除加利福尼亚、北达克塔、南达克塔和蒙大拿四州的保险法以保险契约法为中心外，大多数州的保险立法都以对被保险人利益的保护和对保险业的监督管理为主要内容，在一定程度上均具有保险业法的性质。美国保险立法内容最完备的是纽约州制定的《保险法》，该法计 8 章，631 条，其内容几乎涉及保险业的各个方面，成为各州立法的典范。

（三）英国、美国商法之同与异

同一法系的英国、美国商法，其相同之处是：第一，商事判例法是其最主要的法律渊源。尽管英、美国一百多年来先后制定了大量的商事制定法，但是，其商法的第一渊源，亦即最主要的渊源，仍然是商事判例法，即所谓由法官所创制的法律。从整体上说，立法机关所创制的法律和条例，仅仅是对判例法的一种补充。第二，判例法在商法体系中居于至高无上的地位。虽然英国、美国的商事制定法扮演着不可忽视的角色，但其意义和法律效力都不可与大陆法系商事制定法相提并论。英国、美国商事制定法并没有系统地对商事法律领域中的各种问题做出广泛的规定，没有涉及编纂法典所应涉及的全部内容，而仅仅涉及其中的一部分，它的目的在于使法官执行判例法时更为简便，使法官从相互冲突的判例中更迅速地找到正确的法律原则。可以这样说，无论是英国还是美国，其商事制定法本身来自于判例法，又服务于判例法。因此，制定法仅仅可以以判例法为背景来理解。法官在办案时，在如何依法这个问题上，他首先要考虑的是判例法，而不是制定法。第三，英国、美国商事制定法对其法官来说并不具有绝对的权威性。因为法官对制定法享有较大的自主解释权。只有当制定法的条款十分明确，立法者又可以阻止法官对商事制定法做出任意解释的情形下，法官对制定法的自主解释权才受到限制，否则，法官可以凭以往的判例

或原则来重新解释已制定的商事法规。当然，这种情况仅对于国内制定法而言。对于国际商事条约和国际商事惯例，英国、美国法官所享有的权限仅仅局限于文字解释。

正如大陆法系中不同国家的商法彼此之间存在着一定差异一样，英国和美国商法之间的差异亦较明显。例如，在商法的概念和范围问题上，英国和美国的看法和叙述并不一致；关于商人，英国和美国的观念亦不同，美国商法中有比较明确的商人概念；英国却没有。又如，在统一商法典的制定问题上，英国和美国的做法也不同。美国创制了统一商法典，尽管这部商法典并非国家立法机关制定，尽管其意义与法律效力不可与大陆法系国家的商法典相提并论，但它毕竟被命名为《美国统一商法典》。事实上，这部法典在全美除个别州外，已先后被采用。而英国虽然制定了公司法、票据法、破产法、保险法等商事制定法，却没有一部统一的商法典。再如，在法律的适用问题上，英国和美国的做法也不同。英国商法尤其是制定法，在适用上实行的是高度统一原则，无论是公司法、票据法，还是保险法等其他法律，在全英生效适用的只能有一部，而不能有第二部；美国商法却与其相反，在商法的许多领域中，不同的州可以各行其是。因此，在美国，几乎州州有公司法、州州有保险法等。此外，商事判例法的地位在英国和美国亦有所不同。虽然判例法在英国和美国商法体系中都处于至高无上的地位，但其所受注重的程序还是有差异的。一般认为，英国商法更注重商事判例法的作用，而美国人在这方面的观念却相对淡薄一些。当然，英国和美国商法前述的这些差异，与其共性相比较，就显得微乎其微了。

【能力测试·两大法系的商法结构与特点】

一、判断题

1. 在英美法国家不存在独立的商法。 （ ）
2. 在英国，衡平法法院与普通法法院并存，没有建立统一的法院体系。 （ ）
3. 英国法是判例法，任何法院的判决都具有约束力。 （ ）
4. 在美国真正起作用的是经过法院判例予以解释的法律规则。 （ ）
5. 大陆法国家原则上都承认判例具有与法律同等效力。 （ ）
6. “遵循先例约束力原则”的基本含义是：下级法院在判决时要与上级法院过去就同一案件所作的判决保持一致。 （ ）

二、名词解释

1. 先例约束力原则　2. 大陆法系　3. 英美法系　4. 罗马法
5. 普通法　6. 衡平法

三、问答题

1. 大陆法系和英美法系有哪些区别？
2. 谈谈罗马法对后世法律的影响。
3. 简述大陆法系的商法特点。
4. 简述英美法系的商法特点。

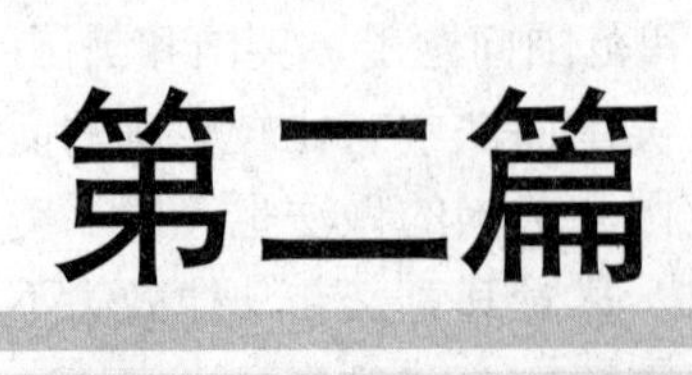

第二篇

国际商事主体法

一切国际商事法律关系都是通过商事主体来建立并完成的。传统的国际商事主体为商自然人和商事组织，商事组织的发展经历了早期的家族共同体到无限公司、两合公司、股份有限公司、有限责任公司的发展过程。而在现代国际商事活动中，跨国公司占据主导地位，另外，国家以及国际组织也越来越多地参与到国际商事活动中，从而成为国际商法的主体。在国际法层面没有关于商事主体的统一规则，而主要由其国内法来完成，但由于国家间的相互影响与传播，其间的差异不大，从而使商事主体法具有国际性。

本教程认为，国际商事主体法除了包括商事组织法（合伙法、公司法等）之外，还应包括与商事主体密切相关的内容，比如，国际商事主体在其他国家进行商事活动时的市场准入和待遇问题、国际商事主体的代理问题以及国际商事主体的破产问题等。由于篇幅所限，本篇主要介绍常用的商事组织法和代理法。

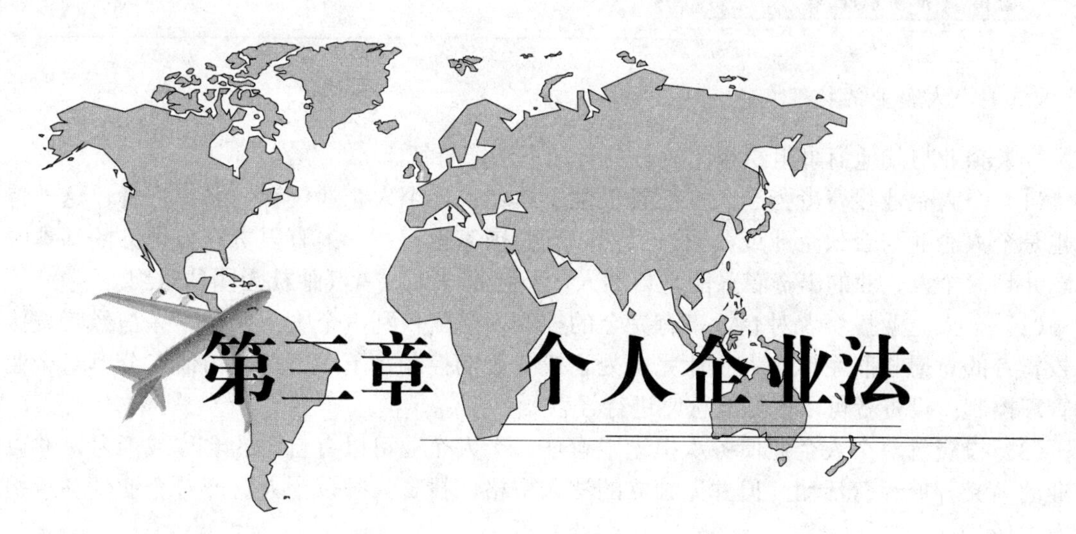

第三章 个人企业法

学习目的与要求

本章要求了解个人企业的设立、管理及解散事宜，理解个人企业与类似企业的区别，掌握个人企业的法律特征。

学习重点与难点

（1）个人企业的概念与特征。

（2）个人企业与个体工商户的区别。

（3）个人企业与一人公司的区别。

（4）个人企业与合伙企业的区别。

（5）个人企业的设立条件及解散事宜。

（6）个人企业受聘管理人员的禁止性行为。

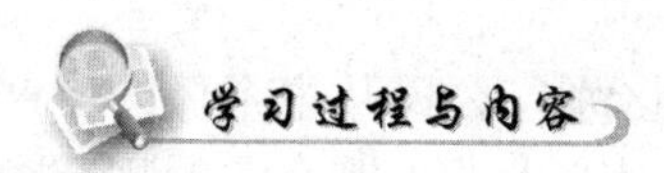

第一节 个人企业概述

一、个人企业的概念与特征

（一）个人企业的概念

个人企业（Enterprise of Sole Proprietorship），又称一人独资企业，是指由一人单独出资并且财产完全归出资者个人所有和经营管理，同时出资者对企业债务承担无限责任的企业。个人企业是一种古老的企业形式，至今仍广泛存在于商业经营中。在现代社会中，采用一人独资经营方式的企业一般为小规模经营的企业，其中有很多是家族企业。

（二）个人企业的特征

个人企业与其他商事组织相比较，具有如下法律特征。

（1）个人企业投资者为一人，而且仅限于自然人。个人企业仅有一名出资者，这一特征也是个人企业与合伙企业或公司（当然，某些国家也存在一人有限责任公司）的基本区别。并且，个人企业的出资者只能是自然人，不包括法人或者其他社会团体组织。

（2）个人企业投资者对企业享有完全的控制、支配权利。个人企业的存在与经营直接与投资者的意愿相联系，个人企业完全处于投资者的控制之下，不存在与他人分享对企业的管理控制；投资者可以根据其意愿进行经营。

（3）投资者对个人企业债务承担无限责任。个人企业可以有自己的名称或商号，并以企业的名义开展经营活动，但并无独立的法人资格，投资人须以个人财产对企业债务承担无限责任。

（4）个人企业依附于投资者的人格。企业以自己的名义进行经营活动，必须有其独立的财产、能力为独立的意思表示，并以其财产独立承担民事责任。就个人企业而言，由于投资者是一个自然人，因而个人企业的经营是同投资者个人紧密相连的，其人格依附于自然人格。自然人死亡，则其所投资的个人企业亦不复存在。从某种意义上说，个人企业只是自然人进行活动的特殊形态。

（三）各国立法简况

与我国制定了单行的《个人独资企业法》不同，各国基本上都未对个人企业进行单独立法规范。

德国是一个典型的民商分立体制的国家，个人企业是德国商法意义上的商人，受德国《商法典》的约束，一般称为个体商人、个体企业或个体户。

法国的商法也是独立于民法的一个基本法律部门，关于个人企业的法律主要体现在《商法典》中，法国《商法典》将商人分为自然人商人和法人商人，其中自然人商人就是个人企业，而法人商人是指合伙企业与公司。

美国法则认为个人业主制和公民个人并无实质区别，公民从事个体的生产经营即成为个体业主。美国各州没有个人业主制的专门立法，对个人业主制企业的规范调整主要是通过适用相关的法律实现的。

我国专门对个人企业做出法律规定，我国立法机关于 1999 年 8 月 30 日通过《中华人民共和国个人独资企业法》（简称《个人独资企业法》），自 2000 年 1 月 1 日起施行。同时，我国还在《中华人民共和国民法通则》（简称《民法通则》）及其他相关法律法规中对个人企业做了规定。

二、个人企业与类似企业的比较

（一）个人企业与个体工商户的区别

我国《民法通则》第 26 条规定："公民在法律允许的范围内，依法经核准登记，从事工商业经营的，为个体工商户。个体工商户可以起字号。"可见，个体工商户也是由个人

投资设立、投资人以个人财产承担无限清偿责任的经济实体，因此，个人企业和个体工商户在本质上是一致的。在《个人独资企业法》颁布前，对个体工商户的调整适用《民法通则》，对个人企业的调整则主要适用《私营独资企业暂行条例》，该条例以雇工人数多寡来区别个人独资企业和个体工商户，是不科学的，不利于个人投资经营的发展。实践中，无论是资金、设立、日常经营管理还是责任承担、税收征纳等方面，都没有必要对二者加以区分。一般地，个人企业应比个体工商户规模要大一些。

（二）个人企业与一人公司的区别

一人公司一般指公司股东只有一人、公司全部股份由一人拥有的公司。自20世纪中期以来，西方国家逐步确立了一人公司的法律地位，美国（大多数州）、日本、德国、丹麦均允许一人公司存在。法国《商事公司法》1966 年进行了修订，规定有限责任公司是由一人或若干人仅以其出资额为限承担损失而设立的公司，并且当公司股东仅为一人时不适用原先规定的关于公司解散的规定。德国 1980 年修改《公司法》时，允许有限公司设立后，由于股东退出而产生的“一人公司”的存在，1993 年再度修改时规定，有限责任公司可以依照该法规定，为了任何法律允许的目的由一人或数人设立。但也有国家（如英国、比利时等）不承认一人公司的法律地位。有学者认为，我国的国有独资公司和集体所有制企业也属于一人公司。

个人企业和一人公司的区别首先是性质的不同。尽管二者的投资者均为一人，但一人公司性质上属于公司，具有法人资格，是公司法的调整对象；而个人企业性质上属于非公司企业，不具有法人资格，受个人企业法的调整。一人公司具有法人资格，适用公司法的规定，尤其是在对外债务承担上仅以股东的出资为限负有限责任，投资者所承担风险较小，但为保护债权人的利益，一般都会有注册资本的要求；个人企业不具有法人资格，在对外债务承担上投资者以个人财产承担无限清偿责任，法律没有规定企业注册资本额的必要。所以，尽管个人企业投资者承担的风险较大，但因经营灵活、法律限制和政府干预都相对较少，仍受到众多投资者的青睐。

此外，一人公司与个人企业的人格不同。一人公司是公司，具有独立的人格，由公司独立享有权利和承担义务，公司股东的变化不会影响公司的人格；个人企业的人格则依附于投资者，投资者变动或消灭影响到企业的人格。

（三）个人企业与国有独资公司的区别

国有独资公司适用我国《公司法》，二者的区别如下：

（1）个人企业不具有法人资格，后者则具有。

（2）个人企业的投资人是自然人，后者为国有资产监督管理机构。

（3）个人企业的投资人对企业债务承担无限责任，后者为有限责任。

（四）外商独资企业与个人企业的区别

外商独资企业不适用《个人独资企业法》，二者的区别如下：

（1）资本来源不同。前者来自我国境外；后者来自我国境内。

（2）出资者不同。前者的出资者可以是单个自然人，也可以是单个法人；后者只能是单个的自然人。

（3）设立依据不同。前者依照《外资企业法》设立；后者依照《个人独资企业法》设立。

（4）责任承担不同。前者主要是有限责任（也可采取其他责任形式）；后者为无限责任。

（五）个人企业与合伙企业的异同

个人独资企业和合伙企业的出资人均为自然人，对企业债务都承担无限责任，这是二者的相同之处。二者的不同如下：

（1）投资人人数不同。前者的出资人仅为一人，后者为两人以上。

（2）财产归属不同。前者的财产归出资人一人所有；后者的财产由全体合伙人共有。

（3）责任承担有所不同。前者仅由出资人一人承担无限责任；后者则由全体合伙人承担无限连带责任。

第二节　个人企业的设立、管理及解散

一、个人企业的设立及事务管理

（一）个人企业的设立

根据我国《个人独资企业法》第 8 条的规定，设立个人独资企业应当具备下列条件。

（1）投资人为一个自然人。该自然人须具有中国国籍，不包括外国自然人，且须具有完全民事行为能力。法律、行政法规禁止从事营利性活动的人，不得作为投资人申请设立个人独资企业，具体包括：法官、检察官、警察及国家公务员。

（2）合法的企业名称。企业只准使用一个名称，名称中不得含有“公司”、“有限”以及“有限责任”的字样。

（3）投资人自由申报出资。个人独资企业的出资额由投资人自愿申报，投资人不必向登记机关出具验资证明，登记机关也不审核投资人的出资是否实际缴付。个人独资企业投资人应当在申请设立登记时明确是以个人财产出资还是以其家庭财产作为个人出资，出资申报方式的不同决定了其承担责任的财产范围不同。

（4）无须章程。

[例 1] 根据法律规定，下列关于个人独资企业设立条件的判断，哪些是正确的？（　　）

A. 投资人只能是自然人　　B. 投资人须具有完全民事行为能力

C. 须有企业章程　　D. 有符合规定的法定最低注册资本

[答案] A、B。

可见，独资企业的设立条件较为宽松，没有关于企业出资额的规定。尤其是在美国、加拿大，“一元企业”均属常见。由于独资企业投资者以个人财产对企业债务承担无限清偿责任，因而，对独资企业规范管理的重点应放在投资者的财产登记管理上，以防止投资

者抽逃企业财产、逃避债务。

在我国申请设立个人独资企业，应当由投资人或其委托的代理人向个人独资企业所在地的登记机关提交设立申请书、投资人身份证明、生产经营场所使用证明等文件。委托代理人申请设立登记时，应当出具投资人的委托书和代理人的合法证明。个人独资企业设立申请书应载明下列事项：企业的名称和住所、投资人的姓名和居所、投资人的出资额和出资方式以及经营范围。登记机关应当在收到设立申请文件之日起 15 日内，对符合法律规定条件的予以登记，发给营业执照；对不符合法律规定条件的，不予登记，并应当给予书面答复，说明理由。营业执照签发日即为独资企业成立日。

美国对独资企业设立程序的规定更为宽松。在美国注册成立独资企业，首先要求注册申请人交纳注册申请费，并填报投资人、企业名称、经营地点等注册登记事项，经投资经营者签名并缴纳注册费后，注册即告完成。独资企业的注册程序简单快捷，与独资企业的特点及债务承担不无关系。

个人独资企业设立分支机构，应当由投资人或其委托的代理人向分支机构所在地的登记机关申请登记，领取营业执照。分支机构核准登记后，应将登记情况报该分支机构隶属的个人独资企业的登记机关备案。分支机构的民事责任由设立该分支机构的个人独资企业承担。

（二）个人企业的事务管理

个人企业系由投资者一人投资建立，企业的全部资产由投资者所有，投资者对企业有完全的控制和支配权利，因而独资企业的事务应由投资者管理。但随着个人企业规模的扩大及事务的日益增加，投资者不可能对企业事必躬亲。更重要的是，现代市场竞争日益激烈，如何建立强有力的企业内部管理机制、完善企业的营销机制、形成职业化管理队伍成为一个重要的问题。而投资者未必就具备市场竞争所需的优势条件。因而，我国《个人独资企业法》第 19 条规定：“个人独资企业投资人可以自行管理企业事务，也可以委托或者聘用其他具有民事行为能力的人负责企业的事务管理。”这也是我国借鉴多数国家立法的结果。

投资人委托或者聘用他人管理个人独资企业事务，应当与受托人或被聘用人签订书面合同，明确委托的具体内容和授予的权利范围。在个人独资企业中，受托人或被聘用人的法律地位相当于公司中的经理，应当履行诚信、勤勉的义务，按照与投资人签订的合同负责个人独资企业的事务管理。

受托人或聘用的管理个人独资企业事务的人员不得有下列行为：利用职务上的便利，索取或收受贿赂；利用职务或工作上的便利侵占企业财产；挪用企业的资金归个人使用或借贷给他人；擅自将企业资金以个人名义或者以他人名义开立账户存储；擅自以企业财产提供担保；未经投资人同意，从事与本企业相竞争的业务；未经投资人同意，同本企业订立合同或进行交易；未经出资人同意，擅自将企业商标或其他知识产权转让给他人使用；泄露本独资企业的商业秘密；法律、行政法规禁止的其他行为。

[例 2] 下列关于个人独资企业的表述中哪些是正确的？　（　　）

A. 个人独资企业应依法缴纳企业所得税

B. 个人独资企业成立时须缴足法定最低注册资本

C. 个人独资企业对被聘用人员的限制不得对抗善意第三人

D. 个人独资企业的投资人对个人独资企业债务承担无限责任

[答案] C、D。

[例 3] 根据《个人独资企业法》的规定，投资人委托或者聘用的管理企业事务的人员不得有何种行为？（　　）

A. 未经投资人同意，同本企业订立合同或进行交易

B. 将本企业的商业秘密泄露于他人

C. 利用职务上的便利，索取或者收受贿赂

D. 挪用企业的资金归个人使用或者借贷给他人

[答案] A、B、C、D。

[例 4] 万某因出国留学将自己的独资企业委托陈某管理，并授权陈某在 5 万元以内的开支和 50 万元以内的交易可自行决定。假设第三人对此授权不知情，则陈某受托期间实施的下列哪一行为为我国法律所禁止或无效？（　　）

A. 未经万某同意与某公司签订交易额为 100 万元的合同

B. 未经万某同意将自己的房屋以 10 万元出售给本企业

C. 未经万某同意向某电视台支付广告费 8 万元

D. 未经万某同意聘用其妻为企业销售主管

[答案] B。

二、个人企业的解散与清算

关于个人企业的解散与清算，根据我国《个人独资企业法》第 4 章的相关内容介绍如下。

（一）解散

个人独资企业的解散，是指独资企业因出现某些法律事由而导致其民事主体资格消灭的行为。个人独资企业应当解散的情形有：投资人决定；投资人死亡或者被宣告死亡，无继承人或者继承人决定放弃继承；被吊销营业执照。

解散仅仅是个人独资企业消灭的原因，企业并非因解散的事实发生而立即消灭。独资企业的清算即是处理解散企业未了结的法律关系的程序。清算结束，进行注销登记，独资企业才最后消灭。

（二）清算

清算人，是指清算企业中执行清算事务及对外代表者。个人独资企业解散，由投资人自行清算或者由债权人申请人民法院指定清算人进行清算。投资人自行清算的，应当在清算前 15 日内书面通知债权人，无法通知的，应当予以公告。债权人应当在接到通知之日起 30 日内，未接到通知的应当在公告之日起 60 日内，向投资人申报其债权。

[例 5] 甲以个人财产设立一独资企业，后甲病故，其妻和其子女（均已满 18 岁）都明确表示不愿继承该企业，该企业只得解散。该企业解散时，应由谁进行清算？（　　）

A. 应由其子女进行清算　　　　　　　　　B. 应由其妻进行清算

C. 应由其妻和其子女共同进行清算

D. 应由债权人申请法院指定清算人进行清算

[答案] D。

（三）责任消灭制度

个人独资企业解散后，原投资人对个人独资企业存续期间的债务仍应承担偿还责任，但债权人在 5 年内未向债务人提出偿债请求的，该责任消灭。该 5 年为除斥期间。2006 年的修订取消了《合伙企业法》中原来对于这一期间的规定。

[例 6] 个人独资企业解散后，按照《个人独资企业法》的规定，原投资人对企业存续期间的债务是否承担责任？（　）

A. 仍应承担责任

B. 不再承担责任

C. 仍应承担责任，但债权人在 5 年内未向债务人提出偿债请求的，该责任消灭

D. 仍应承担责任，但债权人在 2 年内未向债务人提出偿债请求的，该责任消灭

[答案] C。

[例 7] 张某于 2000 年 3 月成立一家个人独资企业。同年 5 月，该企业与甲公司签订一份买卖合同，根据合同，该企业应于同年 8 月支付给甲公司货款 15 万元，后该企业一直未支付该款项。2001 年 1 月该企业解散。2003 年 5 月，甲公司起诉张某，要求张某偿还上述 15 万元债务。下列有关该案的表述哪些是错误的？（　）

A. 因该企业已经解散，甲公司的债权已经消灭

B. 甲公司可以要求张某以其个人财产承担 15 万元的债务

C. 甲公司请求张某偿还债务已超过诉讼时效，其请求不能得到支持

D. 甲公司请求张某偿还债务的期限应于 2003 年 1 月届满

[答案] A、C、D。

【能力测试·个人企业法】

一、简答题

1. 简述个人企业的概念与特征。

2. 简述个人企业与一人公司的区别。

3. 简述个人企业与合伙企业的区别。

二、案例分析题

2005 年 6 月，投资人 A 开办一家独资企业，A 将企业委托给 B 管理，并约定：金额在 5 万元以下的合同可以由 B 自行决定，金额超过 5 万元的合同必须经 A 同意后才可以签订。B 应本着诚实、忠信的原则经营、管理企业。B 接管企业的经营权后，进行了下列活动：（1）2005 年 10 月，B 认为一笔交易非常有利于企业，于是在未经 A 同意的情况下签订了一份 8 万元的订货合同；（2）2006 年 2 月，B 的朋友 P 为购房向银行贷款 5 万元，B 以该独资企业财产为 P 设定了抵押。2006 年 10 月，A 检查企业财务和经营状况时发现企业状况

不佳，很难继续经营，并发现了 B 的上述行为。A 决定关闭企业，进行清算。

根据个人企业的理论，试回答下列问题：

（1）如果 A 将企业委托给 B 管理时，仍然盈利，由于 B 管理不善导致亏损，此时企业关闭后不能清偿的债务由谁来承担？为什么？

（2）2005 年 10 月，B 在未经 A 同意的情况下签订的那份金额 8 万元的订货合同是否有效？为什么？

（3）2006 年 2 月，B 因朋友买房而以该独资企业财产设定抵押，向银行贷款 5 万元，该抵押合同是否有效？为什么？

第四章 合伙企业法

学习目的与要求

通过本章的学习，了解合伙企业的成立与解散，掌握合伙的概念、特征、分类，以及合伙企业内部各合伙人之间的关系、合伙企业对第三人的关系等基本法律知识。

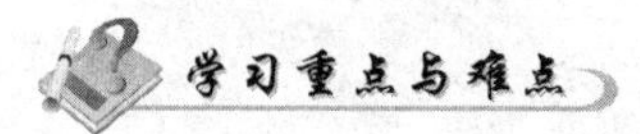

(1) 合伙的概念与特征。

(2) 合伙的分类。

(3) 合伙企业的内部关系与外部关系。

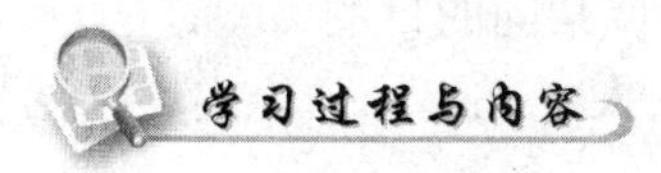

第一节 合 伙 概 述

一、合伙的概念

合伙是介于个体商人与企业法人之间的经济实体。合伙，从行为的角度观察是两个以上的民事主体共同投资、共同经营、共负盈亏的契约行为；从组织的角度观察则是各合伙人订立合伙协议，共同出资、合伙经营、共享收益、共担风险，并对合伙企业债务承担无限连带责任的营利性组织。合伙企业在我国不具有法人资格。

《法国民法典》第1832条规定：“合伙，为二人或数人约定以其财产或技艺共集一处，以便分享由此产生的利益及自经营所得利益的契约。”《德国民法典》第705条规定：“根据合伙契约，各合伙人互相负有义务，以契约规定的方式，促进达成共同事业的目的，尤其是提供约定的出资。”《日本民法典》第667条规定：“合伙契约，因各当事人约定出资以经营共同事业，而发生效力。”英国1890年《合伙法》第1条给合伙下的定义是：“为

了营利而从事业务活动的个人之间所建立的关系。”美国《统一合伙法》第 6 条给合伙下的定义是：“作为共有者从事获利性活动的两人或多人的联合。”比较而言，法、德、日的定义突出了合伙人之间的权利义务，而英、美的定义强调为营利而联合。总之，合伙是为营利而从事共同事业的二人以上的联合。

我国目前调整合伙法律关系的法律规范有：《民法通则》的相关规定，调整个人合伙及合伙联营的规定；《合伙企业法》，调整合伙企业，包括普通合伙企业与有限合伙企业。需要指出的是，个人合伙不具有企业的性质，法律也没有强行要求其必须办理工商登记才能成立，甚至没有强行要求其具备书面合伙协议这一法律文件（详见《民法通则意见》第 46 条、第 50 条）。在我国现行法上，个人合伙不具有民事主体资格，法律没有赋予其民事诉讼主体地位（《民事诉讼法意见》第 47 条）。因此，应该严格区别这两类合伙法律关系。

2006 年 8 月 27 日修订的《合伙企业法》，大大完善了我国合伙企业法律制度，并增加了新的合伙企业类型。依其规定，合伙企业是指自然人、法人和其他组织依照本法在中国境内设立的普通合伙企业和有限合伙企业。有限合伙与普通合伙在合伙人相互之间的关系、合伙人对第三人的责任等方面有非常大的差异，但基本制度层面仍是相通的，除了自己的特殊规则外，有限合伙适用普通合伙的规则，可见普通合伙提供了合伙企业的一般规则。在我国，国有独资公司、国有企业、上市公司以及公益性的事业单位、社会团体不得成为普通合伙人。

二、合伙的特征

从以上的定义中可以看出合伙有如下特征：

（1）合伙是一种契约关系。各合伙人是通过订立契约而建立起他们之间的伙伴关系的。这种契约同买卖、租赁等契约不同。买卖、租赁等契约的当事人订立契约的目的各不相同，互相履行，达到了各自的目的；而合伙契约是为了实现共同的目的而签订的。

（2）合伙是一种联合体。通过合伙契约，各合伙人建立起一个为实现共同目的而进行活动的实体。

（3）合伙的建立，主要是为营利。合伙人集合他们的资金、劳力和技术，通常是为了营利的目的。

（4）合伙人共同经营，分享权利，分担义务。每个合伙人都要按约定出资，参与合伙的经营活动；有盈余则分享利益，亏损则分担债务。

（5）合伙是介于自然人与法人之间的准民事主体，有其商号，有独立的合伙财产；但又不是独立的民事主体，合伙人对合伙的债务，仍然要承担无限或连带责任。

（6）极强的人合性。合伙企业的人合性远高于公司企业，包括有限公司。合伙人的纷争或者某一合伙人的退出、死亡、丧失行为能力都可能导致合伙企业的解散。

三、两大法系有关合伙的立法例

合伙是一种古老的商事企业组织形式，早在古希腊、罗马时代就已广泛存在，有关合伙的法律规定也随之产生。

在现代大陆法系国家，合伙主要规定在民法典和商法典的有关章节之中。如《德国民

法典》第二编第 705 条至第 740 条规定的民事合伙，《商法法典》第 105 条至第 160 条则规定了商事合伙。

在英美法系国家，合伙法大都采取单行法的形式。美国统一州法委员会于 1914 年起草制定了《统一合伙法》。该法目前已被除佐治亚州和路易斯安纳那州以外的所有州所采纳。英国 1809 年制定了《合伙法》，1907 年又制定了单行《有限合伙法》。

我国关于合伙企业法的概念有广义与狭义之分。广义的合伙企业法是指除《中华人民共和国合伙企业法》（简称《合伙企业法》）外，还包括《民法通则》和其他有权的国家机关制定的有关合伙企业的法律法规和规章等。狭义的合伙企业法仅指《合伙企业法》。根据《合伙企业法》的规定，在理解和掌握合伙企业法的适用范围时，应注意以下问题：

（1）该法不适用于不具备企业形态的契约型合伙。二者的主要区别在于：合伙企业必须具有营利目的，而契约型合伙不一定具有营利目的；合伙企业具有较为长期的稳定的营业，而契约型合伙的营业往往是临时性的；合伙企业必须有自己的名称或商号，而契约型合伙则不以具备名称为必要条件；设立合伙企业必须向企业登记机关申请登记，领取营业执照，而契约型合伙只要订立合伙合同即可成立。因此，《合伙企业法》只适用于合伙企业，而契约型合伙则适用《民法通则》和《合同法》的有关规定。

（2）该法规定的合伙企业，仅限于按照现行行政管理划分规定应由工商行政管理机关登记管理的企业。

四、合伙的法律地位

传统上一般都认为合伙属于自然人企业，没有法人资格。但是，随着社会的发展，合伙这种商事组织形式的传统特点已在有些国家有了新的突破和发展，主要就是在一些国家的民法典开始规定，合伙可以具有法人资格。例如，《法国民法典》中明确允许合伙具有法人资格。

我国立法以及理论通说均明确肯定合伙企业的民事主体资格，但同时又否定其具有法人资格，其应属于在自然人、法人之外的第三类民事主体（《民事诉讼法意见》第 40 条第（1）项）。在这一点上合伙企业区别于简易的个人合伙。依照有关司法解释和司法政策，个人合伙关系仅仅具有契约的性质，不具有民事主体资格和诉讼主体资格（《民事诉讼法意见》第 47 条）。合伙企业成为民事主体的依据如下。

（1）具有相对独立的财产。依照《合伙企业法》第 17 条、第 20 条至第 21 条，合伙人以非货币出资的应依法办理财产权转移手续；合伙人出资、以合伙企业名义取得的收益以及依法取得的其他财产，均为合伙企业的财产；且在合伙企业清算前合伙人不得请求分割。

（2）经营管理上具有相对独立性。一般而言，涉及合伙企业不动产、其他重要财产处分以及变更名称等事项，都需要全体普通合伙人一致同意的意思表示。这一意思表示区别于单个合伙人的意思，也非各个合伙人意思表示的简单相加，是一种类似的“团体意思”。

（3）在经营责任承担上具有相对独立性。由于普通合伙人对合伙企业的责任承担连带责任，说明合伙企业的责任承担与合伙人的个人责任承担存在牵连。但是，这毕竟是以合伙企业自身财产先来清偿为前提的，所以，只有在合伙企业财产不足以清偿债务时，才有普通合伙人承担责任的问题。

五、合伙的学理及立法分类

1. 商事合伙与民事合伙

以营利为目的从事商事活动的合伙为商事合伙。这种合伙以营利为目的，从事商业活动，有其商号和较多的资金。民事合伙为某种共同利益而进行活动，但主要的不是进行商事活动，如医生、鼓吹手等合伙。这种区分的意义在于：在英美法中，凡合伙都是商事合伙；而大陆法中，合伙则包括二者，对二者的法律规定略有不同。在民商分立的大陆法国家，如果合伙的设立与存在的规范基础是民法（典），合伙人的权利义务关系适用民法规范，则为民事合伙；如果合伙的设立与存在的规范基础是商法（典），合伙人的权利义务关系适用商法规范，则为商事合伙。

2. 显名合伙与隐名合伙

分类标准是合伙中是否存在不公开合伙人身份、姓名且不参与合伙事务管理的合伙人。如有，则为隐名合伙；如无，则为显名合伙。隐名合伙人只出资，不参与经营管理，也不直接对外承担责任，以出资额为限分担经营亏损。这一分类主要存在于美国的合伙法上。依照我国《合伙企业法》第 63 条的规定，我国的有限合伙人仍然要载明其身份、名称或者姓名，故不属于隐名合伙。

3. 有限合伙与普通合伙

分类标准是合伙中是否存在承担有限责任的合伙人。如所有合伙人均对合伙企业债务承担无限连带责任，则为普通合伙；如至少有 1 名普通合伙人和 1 名负有限责任的合伙人，则为有限合伙。我国《合伙企业法》承认、确立了这一分类。1907 年英国的《有限合伙法》规定的合伙就是有限合伙。这种合伙，除了负无限责任的合伙人外，其余合伙人负的责任仅限于其出资额。

第二节　合伙的成立与解散

本节内容以我国《合伙企业法》的现行规定为主进行介绍，同时结合大陆法系和英美法系国家有关合伙的法律规定。

一、合伙企业的成立

（一）成立条件

1. 有两个以上的合伙人

（1）这是合伙人数的下限规定。一个人不成其为合伙组织，一个自然人、法人或者其他组织可以设立一人公司，一个自然人还可以设立个人独资企业，但不成立合伙企业。

（2）普通合伙企业没有合伙人数的上限，但有限合伙企业不得超过 50 人（《合伙企业法》[①]第 61 条）。

（3）设立合伙人为自然人的要具有完全行为能力。这意味着无行为能力人、限制行为能力人不能成为合伙企业的设立人，即不能成为合伙企业的创始人，实际上也不能成为普

① 以下省略，而只写第某条。

通合伙人，但无行为能力人、限制行为能力人可以成为有限合伙人：

①《合伙企业法》第 48 条第 2 款规定：经其他合伙人一致同意，无行为能力人、限制行为能力人可以转为有限合伙人。

②《合伙企业法》第 50 条规定：因为继承等原因，依照合伙协议约定或经其他合伙人一致同意，无行为能力人、限制行为能力人可以成为有限合伙人。

（4）公司可以成为合伙人，但国有独资公司、国有企业、上市公司、公益性事业单位及社会团体这四类主体不能成为普通合伙人，只能为有限合伙人。

2. 要有书面合伙协议

（1）合伙协议为要式合同，经全体合伙人签字或者盖章后生效，其修改或者补充都要经过全体合伙人一致同意，除非合伙协议另有约定。

（2）书面合伙协议作为合伙企业的成立基础，必不可少，故有别于《民法通则》上的简易个人合伙。

（3）合伙协议属于民事合同，如果合伙人违反，则要对其他合伙人承担违约责任（第 103 条第 1 款）。

外国法的相关规定如下。

《日本民法典》第 667 条规定：“合伙契约，因各当事人约定出资以经营共同事业，而发生效力。”这就是说，合伙契约成立，合伙也因之而成立，因为合伙是一种契约关系。合伙契约同其他契约一样，从合伙人之间成立合伙的意思表示一致而告成立。

根据《法国民法典》规定，合伙契约订立之后，可以再制定章程。章程可以就是契约本身（可从其 1842 条第 2 款看出），也可以是契约的具体化条款或补充条款（可从其第 1835 条看出）。其 1835 条规定：“合伙章程应以书面订立。该章程除规定每个合伙人应交的份额外，尚应规定合伙的形式、目的、名称、合伙所在地、合伙资金、合伙期限及其进行的方式。”之所以规定订立章程，是因为法国一部分合伙是法人，其合伙人不负连带责任，而这种法人资格的取得，需要登记，而登记需要具备法定内容的章程。

3. 有认缴或实缴的出资

合伙企业为人合企业，其信用来自于合伙人的个人信用而非企业的资本信用，故没有法定最低资本的要求；所以，不以合伙人实缴资本为其成立条件，认缴即可。

4. 有合伙企业名称、生产经营场所

（1）合伙企业的名称中不能有“有限公司”、“股份公司”、“股份有限公司”的字样。

（2）应该名副其实：普通合伙标明“普通合伙”字样；有限合伙标明“有限合伙”字样。

（二）设立登记

（1）实行准则主义：只要符合合伙企业的设立条件，企业登记机关就应该自受理申请之日起 20 日内予以登记，发给营业执照。

（2）营业执照签发之日为其成立日（此与公司企业、个人独资企业相同）。所以，在此之前以合伙企业名义从事合伙业务的，因不具有民事主体资格而被禁止。

（3）合伙企业在运营中，登记事项发生变更的，应当及时申请变更登记；合伙事务执行人未按期办理变更登记的，应当赔偿由此带给合伙企业、其他合伙人、善意第三人的损失。

外国法的相关规定如下。

《法国民法典》第 1842 条规定："除隐名合伙以外的合伙，自登记之日起享有法人资格。"其第 1843 条规定：合伙人如在登记前以正在建立的合伙处理事务者，应对因此而订立的契约所产生的债务负责；按规定登记后的合伙得重新承担当时视为由该合伙一开始所订立的义务。从以上两条规定可以看出：①登记后方取得法人资格；②登记后所负的义务不同。登记前合伙人对合伙债务负连带责任；登记后首先由合伙财产承担其义务，并且合伙人不负连带责任。

在德国，根据其商法第 123 条规定开始了营业的，合伙就视为成立，尽管未注册登记；但这种情况不能对抗第三人。《德国民法典》对于合伙，并无登记的规定。《德国商法典》规定，如果合伙没有进行登记而进行了其第 1 条规定的某项商事活动，那么，它的存在就从此时开始。对第三人来说，只有进行登记之后，合伙才存在，在登记之前，不能以合伙事实上的存在为由对抗第三人。这就是说，不登记对合伙及合伙人是不利的。

在英美，只要契约已签订，资金已到位，合伙即告成立，不需要其他手续。根据美国《统一合伙法》的规定，如果合伙契约已经订立，但尚未开始营业，合伙应处于结业状态。在英国，虽然合伙的成立要通过合伙契约的签订，但合伙的存在是个事实问题，合伙开始了营业，就被视为存在；开始了营业，合伙关系就被视为已经形成，即使合伙契约细节尚未确定，生效日期尚未到来。

（三）税负

依照《合伙企业法》第 6 条的规定，实行单层税负制，由合伙人分别缴纳所得税（如合伙人为自然人就缴纳个人所得税），合伙企业本身不缴纳企业所得税。

二、入伙与退伙

（一）入伙

1. 条件与程序

（1）全体合伙人的同意。

（2）入伙人与原合伙人订立书面入伙协议。

（3）订立入伙协议时，原合伙人应向入伙人告知原合伙企业的经营状况和财务状况。

[例 1] 甲、乙、丙合伙经营汽车运输业务。因生意好，甲想让其弟丁参加合伙，乙同意，但丙反对。甲以多数人同意为由安排丁参与经营。后合伙经营的汽车发生交通事故，造成 5 万元损失。四人为该 5 万元损失分担问题诉至法院。本案应如何处理？（　　）

A. 由甲、乙、丁分担 5 万元　　B. 由甲、乙、丙、丁分担 5 万元

C. 由甲、乙、丙分担 5 万元　　D. 由甲、乙、丙承担大部分，丁承担小部分

[答案] C。

2. 法律效果

法律效果即入伙人取得合伙人的资格。这意味着：

（1）除入伙协议另有约定外，入伙人与合伙人享有同等权利，承担同等责任。

（2）入伙人对入伙前合伙企业的债务承担连带责任。如果因为受让某一合伙人的合伙份额而入伙，则让与人也要对退伙前的合伙债务承担连带责任。

外国法的相关规定如下。

合伙原是一种契约关系，第三人加入，也就变更了原契约，而由原契约的全部合伙人为一方，与新加入者为另一方，通过协议而变更了原契约，故非经全体合伙人的同意，不能允许他人入伙为合伙人，只要有一人不同意，即可否定第三者的加入。法、德、日民法典没有关于第三人入伙的规定，但瑞士债务法有此种规定。

英美合伙法规定，合伙成立后，非经全体合伙人之同意，不得允许他人入伙。合伙契约虽因新加入合伙人而变更，但这主要是主体方面的变更，就其基本关系而言，仍然基本上保持原契约关系。加入之后，与原合伙人一样取得合伙财产的相应份额，承担原合伙的相应债务；并根据变更后的合伙契约在合伙中享有权利、承担义务。

（二）退伙

退伙的形式包括声明退伙与法定退伙两大类，从合伙协议的角度，声明退伙是合伙协议的单方解除与协议解除；法定退伙相当于合伙协议的法定解除。

1. 声明退伙

声明退伙又称自愿退伙，可分为协议退伙和通知退伙。

（1）协议退伙。依照《合伙企业法》第45条的规定，主要指下列情形：协议约定的事由出现的；经全体合伙人一致同意的；发生合伙人难以继续参加合伙的事由的；其他合伙人严重违反合伙协议义务的。

（2）通知退伙。指合伙协议未约定合伙期限的，在不给合伙事务执行造成不利影响的前提下，合伙人可以不经其他合伙人同意而退伙，但应当提前30日通知其他合伙人。

（3）不当退伙的赔偿责任。合伙人不依照上述规定而退伙的，应当赔偿由此给合伙企业带来的损失。

外国法的相关规定如下。

《法国民法典》第1869条规定：合伙人在章程规定的条件下或经合伙人一致同意，得全部或部分退出合伙。《德国民法典》第723条规定：合伙未定有存续期间者，各合伙人均得随时声明退出；定有存续期间者，遇有重大事由，如合伙人因故意或重大过失违反合伙契约的基本义务，得于期间届满前声明退出。排除或限制声明退伙权的约定无效。《日本民法典》第678条规定："未以合伙契约定合伙存续期间或以某合伙人的终身定合伙存续期间时，各合伙人可以随时退伙。但是除有不得已事由外，不得于对合伙不利的时期退伙。"

2. 法定退伙

法定退伙，是指直接根据法律的规定而退伙，可以分为当然退伙和除名退伙。

（1）当然退伙。当然退伙是指合伙人死亡或终止，不再符合合伙人的法定条件，或者丧失了合伙份额。这一类的退伙生效日为退伙事由实际发生日。具体包括的情形有：①自然人合伙人死亡或者被依法宣告死亡；②个人丧失偿债能力；③法人或其他组织合伙人依法被吊销营业执照、责令关闭、撤销，或被宣告破产的；④法定或合伙协议约定的合伙人资格丧失的；⑤被人民法院强制执行合伙企业中的全部财产份额。

（2）除名退伙。除名退伙是指合伙人严重违反合伙人义务不应再当合伙人的，经其他合伙人一致同意，可以决议将其除名，包括的情形有：①未履行出资义务；②因故意或重

大过失给合伙企业造成损失；③执行合伙企业事务时有不正当行为，如贪污、接受商业贿赂、违反竞业禁止义务等；④合伙协议约定的事由。

决议后应以书面形式通知被除名人。被除名人自接到除名通知之日起，除名生效，被除名人退伙。被除名人有异议的，可在接到书面通知30天内，向人民法院起诉。

外国法的相关规定如下。

《法国民法典》第1870条规定：合伙人死亡，其继承人或受遗赠人继承其股份继续成为合伙人；或者他们不能成为合伙人（主要是其他合伙人不同意），死亡人自然退伙。《日本民法典》规定了退伙的原因：死亡、破产、禁治产、除名。

无论是声明退伙还是法定退伙，合伙并不因此而必然解散。退伙的后果，根据《法国民法典》第1869条规定，退伙人有权请求偿还其股份的价值。死亡的合伙人的继承人或受遗赠人可继承其股份，但若章程有规定，则须经其他合伙人的同意。如果他们不能因继承而成为合伙人，则他们有权取得被继承人的股份的价值。根据《德国民法典》第738条规定：合伙人退出合伙，其在合伙财产中的份额归其余合伙人所有，而其余合伙人负有偿付相同于退伙时退伙人应得的份额的价值；如果合伙的财产价值不足以清偿共同债务和返还出资，则退伙人对其余合伙人应按其对亏损应负担的份额的比例偿还其不足额。

3. 退伙的效力

（1）退伙人丧失合伙人身份。退伙人脱离原合伙协议约定的权利义务关系，对退伙后的合伙债务不再承担任何责任；但退伙人对退伙前已发生的合伙企业债务，与其他合伙人承担连带责任。这一责任是对外的责任，不论合伙企业内部如何在合伙人之间安排此债务。

[例2] 某合伙企业原有合伙人3人，后古某申请入伙，当时合伙企业负债20万元。入伙后，合伙企业继续亏损，古某遂申请退伙，获同意。古某退伙时，合伙企业已负债50万元，但企业尚有价值20万元的财产。后合伙企业解散，用企业财产清偿债务后，尚欠70万元不能偿还。对古某在该合伙企业中的责任，下列哪种说法是正确的？（　　）

A. 古某应对70万元债务承担连带责任

B. 古某仅对其参与合伙期间新增的30万元债务承担连带责任

C. 古某应对其退伙前的50万元债务承担连带责任

D. 古某应对其退伙前的50万元债务承担连带责任，但应扣除其应分得的财产份额

[答案] C。

（2）导致合伙财产的清理和结算。

① 按照退伙时的合伙财产状况进行结算；未了结的合伙事务待了结后结算。

② 退还退伙人的财产份额，退还办法由合伙协议约定或全体合伙人决定，但不一定退还原出资财产，可以退还货币，也可以退还实物。

③ 退伙人对合伙企业负有赔偿责任的，应相应扣减。

④ 合伙财产少于合伙债务的，退伙人应当分担相应的亏损额。

（3）并不必然导致合伙企业的解散。只有在退伙后合伙人少于2人的情况下，才会导致合伙企业的解散。

（4）一个特殊问题：合伙份额的继承。

① 合伙人死亡或被依法宣告死亡，份额归其继承人继承，任何人不得非法剥夺之，但这并不意味着其可以当然成为合伙人。

② 根据合伙协议约定或经全体合伙人一致同意，其继承人自继承开始之日起，成为合伙人。在以下三种情形之一的，只能退还被继承合伙人的财产份额：继承人不愿意成为合伙人的；继承人不具备法定、约定的合伙人资格的；协议约定的其他情形。

③ 合伙人死亡是当然退伙的原因之一，当继承人有多个时，哪个继承人能成为合伙人要看原来所有合伙人的意见，当然，他享有的权利范围应以其继承范围为限。未加入合伙企业的其他继承人可以要求合伙企业退还财产份额。

④ 合法继承人为无行为能力人、限制行为能力人的，经其他合伙人一致同意，可以转为有限合伙人；不能一致同意的，退还合伙份额给该继承人。

[例 3] 甲、乙、丙、丁设立一合伙企业，乙是合伙事务的执行人。企业存续期间，甲转让部分合伙份额给丁用于偿债并告知了乙、丙。后甲经乙同意又将部分份额送给其情人杨某。甲妻知情后与甲发生冲突，失手杀死甲而被判刑。甲死后，其妻和 16 岁的儿子要求继承甲在合伙企业中的份额，各合伙人同意甲妻和甲子的请求。下列哪些表述是正确的？（　　）

A. 丁受让甲的合伙份额为有效　　B. 杨某能够取得甲赠与的合伙份额

C. 甲妻可以取得合伙人资格　　D. 甲子可以取得合伙人资格

[答案] A、C、D。

[例 4] 甲、乙、丙为某合伙企业的合伙人；甲因车祸死亡，甲的妻子和未成年的儿子依法继承甲的遗产。在甲妻提出继承合伙份额的要求时，乙、丙的如下答复哪些不违反法律的规定？（　　）

A. 由于合伙协议没有关于继承问题的约定，我们又不愿意与你共事，所以你不能成为合伙人

B. 我们本来并不反对你的儿子成为合伙人，但是，鉴于你坚持要代他行使权利，我们因此不同意他成为合伙人。这样，现在只能按退伙处理

C. 如果按退伙处理，我们可以不退还你丈夫出资时投入的房产，而改为退还现金

D. 你丈夫突然去世后，合伙企业的管理一度陷于混乱，其间一笔生意失败，造成大量亏损。在办理退伙结算时，你们应分担其中一部分亏损

[答案] A、B、C。

[例 5] 合伙人甲因意外事故下落不明逾 4 年，被人民法院宣告死亡。对此，合伙人乙、丙提出如下主张，其中哪些符合法律规定？（　　）

A. 甲于被宣告死亡之日起视为退伙

B. 甲在下落不明期间，不享受合伙企业的利润分配

C. 甲的出资应退还给甲的继承人，但应扣除合伙企业债务中应由甲承担的份额

D. 对于甲宣告死亡前发生的合伙企业债务中应由乙、丙承担的部分，甲的继承人须承担连带清偿责任

[解析] 关于 D 选项，根据《合伙企业法》第 53 条的规定，退伙人对其退伙前已发生的合伙企业债务，与其他合伙人承担连带责任。但又根据《继承法》第 33 条的规定，继承遗产应当清偿被继承人依法应当缴纳的税款和债务，缴纳税款和清偿债务以他的遗产实际价值为限。超过遗产实际价值部分，继承人自愿偿还的不在此限，所以 D 项不符合法律规定。

[答案] A、C。

三、合伙企业的解散与清算

（一）解散事由

我国《合伙企业法》第85条规定的解散事由如下。

（1）合伙契约届满，合伙人决定不再经营；

（2）约定的解散事由出现；

（3）全体合伙人决定解散；

（4）合伙人不具备法定人数满30天；

（5）约定的合伙目的已经实现或者无法实现；

（6）依法被吊销营业执照、责令关闭、被撤销；

（7）法律、行政法规规定的其他原因。

外国法的相关规定如下。

《法国民法典》第1844—7条规定，合伙因下列情况而终止：

（1）合伙企业规定的期限届满；

（2）因标的物出卖或消灭；

（3）合伙契约被废除；

（4）合伙人决定先期解散；

（5）法院判决先期解散；

（6）合伙章程规定的解散原因出现。

根据《德国民法典》规定，合伙终止的原因包括：合伙目的已经完成或不能完成，合伙人之一死亡、合伙人破产。

（二）清算

我国《合伙企业法》规定，合伙企业解散后应当进行清算，清算程序如下。

1. 清算人的确定

（1）清算人由全体合伙人担任。

（2）未能由全体合伙人担任清算人的，经全体合伙人过半数同意，可以自合伙企业解散事由出现后15日内指定1名或者数名合伙人，或者委托第三人，担任清算人。

（3）15日内未确定清算人的，合伙人、其他利害关系人可以申请法院指定清算人。

2. 通知和公告债权人

（1）确定清算人后10日内通知债权人并于60日内公告。

（2）债权人在接到通知书30日内或公告45日内申报债权，清算人负责登记。

（3）清算期间合伙企业仍存续，但不得开展与清算无关的经营活动。

3. 清偿顺序

清算费用→劳动债权→税款→普通债务→返还合伙人的出资。

4. 清算完结与注销登记

（1）清算结束，清算人应编制清算报告，经全体合伙人签章后报送登记机关，申请注销登记。

（2）注销登记后合伙企业消灭，但原普通合伙人对合伙企业存续的债务仍应承担无限连带责任。注意：该责任在原法规定的5年的除斥期间在2006年的修订中被删除。

（3）合伙企业不能清偿到期债务的，债权人也可以申请其破产，普通合伙人仍要承担无限连带责任。这是一处新规定，见《合伙企业法》第92条、《企业破产法》第135条。

5. 清算人的法律责任

2006年修订的《合伙企业法》规定了完善的清算人的法律责任制度（《合伙企业法》第100条至第102条），值得重视。

（1）自担费用与赔偿。清算人未依法报送清算报告，或清算报告有虚假陈述的，责令改正；由此产生的费用与损失，由清算人承担和赔偿。

（2）对合伙企业的赔偿责任。清算人执行清算事务牟取不法收入或侵占合伙财产的，应将该收入、所侵占财产退还给合伙企业，造成损失的应予赔偿。

（3）对债权人的赔偿责任。清算人隐匿、转移合伙财产，对资产负债表、财产清单虚假记载，未清偿债务前分配财产的，均对债权人所受的损失予以赔偿。

外国法的相关规定如下。

《法国民法典》第1844—8条规定：合伙解散导致对合伙财产的清算。根据其1843条规定，若为商业合伙，则对合伙的债务负连带责任；若为民事合伙，则负无限责任。根据章程规定指定清算人；如章程无规定，则由合伙人选定；如合伙人未能选定，则由法院指定。合伙的主体资格为清算的需要，一直存续到清算结束为止。

《德国民法典》规定了清算的程序：除契约另有约定外，应返还给合伙人由其提供给合伙使用的物件；如意外灭失，则该合伙人不得要求赔偿；清偿共同债务，对未到期的债务应保留为清偿所需的数额；清偿债务后合伙的剩余财产应返还合伙人的出资，若合伙财产尚有剩余，则按各合伙人应受分配利益的份额分配之；若合伙财产不足以清偿共同债务，则各合伙人应按照应承担的比例负连带无限责任。

第三节　合伙的内部关系与外部关系

本节中的内容以我国《合伙企业法》的现行规定为主进行介绍，同时结合大陆法系和英美法系国家有关合伙的法律规定。

一、合伙企业的内部关系

（一）合伙人的出资与合伙企业财产

1. 出资物的种类

合伙人可以以货币、实物、知识产权、土地使用权、其他财产权利出资，也可以劳务出资，此不同于公司股东的出资。

2. 出资义务

（1）合伙人应当依约定出资，出资瑕疵履行的，要对其他合伙人承担违约责任（我国《合伙企业法》第130条第1款）；未履行出资义务即不履行的，其他合伙人一致同意可以

将其除名。

（2）按照合伙协议约定或者经全体合伙人决定，合伙人也可以增加、减少出资（我国《合伙企业法》[②]第34条）。

《法国民法典》第1843—3条规定："各合伙人应对合伙支付其曾允诺给予的实物、现款及技艺。"《德国民法典》第706条规定："如无其他约定，各合伙人应提供相等的出资。"其707条规定："合伙人于约定出资之外无增加出资的义务，亦无补充因损失致资本减少而作补充出资的义务。"《日本民法典》第669条规定："以金钱为出资标的时，如合伙人怠于其出资，则除应支付其利息外，还应赔偿损害。"

在英美法中，出资也是合伙人的义务。出资包括现金、实物、劳务和权利。

3. 合伙企业财产的组成

合伙企业的财产由两部分组成：合伙人出资；以合伙企业名义取得的收益和其他财产。

4. 合伙企业财产的性质

关于合伙企业财产的性质，理论上存在争议。可以明确的有两点：

（1）合伙企业本身仅仅具有相对独立的财产权。

（2）合伙企业财产属于合伙人共有，但究属按份共有还是共同共有，我国立法上回避了对其定性这一敏感性问题。依据我国《合伙企业法》的规定，有以下具体规则。

① 合伙人非货币财产出资的，应当依法办理财产权转移手续。

② 在企业清算前，原则上合伙人不得请求分割该财产；合伙人如果私自转移或者处分该财产，合伙企业不得对抗善意第三人。

外国法的相关规定如下。

明确合伙财产的范围，对于合伙及合伙人的债权人，以及各合伙人，有重要的利害关系。《法国民法典》第1843—2条规定："各合伙人在合伙资金中的权利，与其在成立合伙时或合伙存在过程中所作投资成正比。"按此条规定，合伙人按份共有合伙资金（财产）。按其1843—3条规定："合伙人投入合伙的现款、实物、权利，归于合伙，成为合伙的独立财产。"《德国民法典》第718条规定："各合伙人的出资以及通过为合伙执行事务而取得的物件，均为全体合伙人的共同财产。因属于合伙财产的权利而取得的物，或对灭失、毁损或侵夺属于合伙财产的物件作为赔偿而取得的物件，也都属于合伙财产。"其第719条规定："合伙人不得处分其合伙财产的份额；属于合伙财产的债权，其债务人不得以之与其对个别合伙人享有的债权抵消。"《日本民法典》第668条规定："各合伙人的出资及其他财产，属全体合伙人共有。"其676条规定："合伙人就合伙财产处分其股份时，其处分不得以之对抗合伙及与合伙交易的第三人。合伙人于清算前，不得请求分割合伙财产；合伙的债务人，不得将其债务与对合伙人的债权抵消。"这就是说，合伙人对合伙财产中的股份，虽可转让，但受让人不得要求分割其受让的份额，也不得成为合伙的债权人以对抗与合伙交易的第三人对合伙的债权；对合伙人个人的债权与合伙财产无关。大陆法国家的法律对以上规定，明确区分合伙财产和合伙人财产；合伙财产（包括权利义务）虽为合伙人按份共有，但又是独立财产，同合伙人个人的财产（包括权利义务）是分开的。

② 以下省略，而直接写第某条。

在英美法中，合伙人的投资及合伙的营业收入被视为合伙的独立财产，为各合伙人共有。合伙人可以转让他的合伙份额于他人，但除契约另有规定外（这点不同于大陆法），受让人不能成为合伙人，只能成为相应份额的债权人。合伙人不能要求分割合伙财产；只能在合伙解散时，合伙财产才被用来清偿合伙债务，所剩余额，按合伙人分享合伙利益的比例进行分配。在财产的取得上，也有不同于大陆法之处：只有自然人和法人可以取得不动产；因此，动产可以合伙名义而取得，不动产则必须以全体合伙人或个别合伙人的名义而取得。

5. 合伙份额的转让

（1）合伙人之间转让在合伙企业中的全部或部分财产份额时，应通知其他合伙人。

（2）合伙人向合伙人以外的人转让其在合伙企业中的全部或部分财产份额时，须经其他合伙人一致同意。因为这涉及合伙协议的变更和第三人入伙的问题，所以必须经全体合伙人一致同意。

（3）转让合伙份额的协议转让的是持有权，自该协议生效时起受让人即取得该份额。

[例 6] 甲将其在某合伙企业中的财产份额转让与乙且双方签订转让协议。后甲的债权人丙请求对该财产份额强制执行。以下判断中，何者为正确？（　）

A. 如果转让协议已经取得其他合伙人的一致同意，则丙无权请求强制执行

B. 如果转让协议尚未取得其他合伙人的一致同意，丙只有在其他合伙人表示不同意的情况下，才有权请求强制执行

C. 无论转让协议是否取得其他合伙人的一致同意，丙都无权请求强制执行

D. 无论转让协议是否取得其他合伙人的一致同意，丙都有权请求强制执行

[答案] A。

（4）向合伙人以外的人转让的，在同等条件下，其他合伙人有优先受让的权利，除非合伙协议排除了这一权利。

外国法的相关规定如下。

合伙人的份额可以转让，可以抵押，但合伙人相互之间的权利义务不得转让。

《法国民法典》第 1861 条规定：全体合伙人同意时，始得让与股份；但章程也可以规定由多数通过或由经理同意。其 1865 条规定：股份，得作为抵押的客体。《德国民法典》第 717 条规定：各合伙人基于合伙契约互相享有的请求权，不得转让；但合伙人因执行事务而产生的在解散前可得到偿付的请求权、对分红的请求权，以及解散时应享有的利益请求权，不在此限。

在英国，合伙人可以将他的合伙份额让与他人，受让人不能成为一个合伙人，他只能成为相应合伙份额收益的债权人；当然，若在合伙契约中做出规定，则受让人可以成为合伙人。

6. 合伙份额的出质

原法关于这一问题的规定不甚合理，2006 年《合伙企业法》修订中重新确立如下规则：

（1）合伙人以其份额出质的，经过其他合伙人一致同意的，有效；如果将来该质权被强制执行，该合伙人不再享有份额，则当然退伙（适用《合伙企业法》第 48 条第（5）项）。

（2）如果未经其他合伙人一致同意，质权无效。注意：①在这里，债权人不能以自己为善意第三人为由主张该质权有效，因为“经其他合伙人一致同意”属于法定的要件，推定第三人（债权人）应该知道该法律规定；②由此可以看出，“合伙财产份额”质押与“出资财产”质押是两码事，前者属于类似于公司股权的权利质押，后者可能属于动产质押。此处讲的就是权利质押，因此，不存在合伙份额抵押的问题。

（3）无效的质权给善意第三人造成损失的，第三人可以主张出质人对其损失承担缔约过失的损害赔偿责任（适用《担保法》第5条第2款）。

（二）合伙事务的决定与执行

1. 合伙人的权利义务分配

（1）对于合伙事务的执行，合伙人享有同等的权利。

（2）合伙企业的财产分配、亏损承担的比例确定：

① 有合伙协议约定的按协议；

② 无协议约定的由合伙人协商；

③ 协商不成的按实缴出资比例分配、负担；

④ 无法确定出资比例的均额分配、负担。

（3）禁止保底条款：合伙协议不得约定将全部利润分配给部分合伙人，也不得由部分合伙人承担全部亏损。

外国法的相关规定如下。

合伙人按其在合伙中的出资比率从合伙的经营中分享利润、分担损失是合伙人的主要权利义务。《法国民法典》第1844—1条规定：“各合伙人按其在合伙中出资份额的比率，分享利润及分担损失。仅以其技艺出资的合伙人，其分配利润及分担损失的比率，与出资额最少的合伙人的比率相同。但约定对于合伙人中的一人给予全部合伙所得利益或免除其负担全部损失；或约定完全排斥合伙人中的一人，享受利益或由其承担全部损失者，应视为未订定。”《德国民法典》第722条规定：“合伙人分配损益的份额未经约定者，各合伙人应不论其出资的种类和数额，平均分配相等的损益份额。仅就利益或仅就损失约定分配份额者，在发生疑问时，视为损益共通的分配份额。”《日本民法典》第674条规定：“当事人未定损益分配比例时，其比例按各合伙人出资的价额确定。”

英国法规定，若契约没有规定，则所有合伙人的出资与所得收益和承担损失都应是相等的；若有约定，则从其约定；但不得违背诚信原则。

2. 执行方式

合伙事务执行可以采取灵活的方式，只要合伙协议约定或经全体合伙人一致同意即可。一共有三种模式可供选择：

（1）全体合伙人共同执行；

（2）数名合伙人共同执行或者1名合伙人单独执行；

（3）各合伙人分别执行。

另外，经全体合伙人一致同意，还可以聘任合伙人以外的人担任合伙企业的经营管理人员，管理合伙企业的日常事务。

3. 几个重要的主体

（1）执行合伙人。

① 对外。

执行合伙人对外代表合伙企业执行合伙事务，作为合伙企业的负责人，与合伙企业之间属于代表关系。合伙企业对于其执行合伙事务以及对外代表权的限制，不得对抗善意第三人。换言之，即使执行人超出了合伙企业对他授权的内部权限，善意第三人也可以主张适用《合同法》第50条规定的表见代表制度，该代表行为有效。

② 对内。

a. 执行人执行合伙事务所产生的收益归合伙企业，所产生的费用、亏损当然也由合伙企业承担。

b. 执行人不按合伙人的授权执行事务的，其他合伙人可以决定撤销该委托。

c. 执行人利用职务之便侵占合伙企业利益、财产的，应当负退还责任；造成损失的，应负赔偿责任（第96条）。

（2）非执行合伙人。

① 对外。

非执行合伙人对外不再享有执行合伙事务权，但是，依照民法原理，每一个合伙人与合伙企业的对外关系本来就是代表关系（第37条）。对于非执行合伙人擅自对外执行合伙事务的，善意第三人可能凭借该合伙人的合伙人身份有理由信任其有代表权，故仍然可以主张表见代表制度。如此一来，非执行合伙人给合伙企业或者其他合伙人造成损失的，应负赔偿责任。

② 对内。

在合伙企业内部，非执行合伙人享有以下权利。

a. 监督权：有权监督执行合伙人执行事务的情况。

b. 知情权：可以主动查阅合伙企业会计账簿等财务资料；执行合伙人也有义务定期向非执行合伙人报告事务执行情况、企业经营与财务状况。

c. 异议权：非执行合伙人对执行事务提出异议的，执行合伙人应当暂停执行；由此发生争议，交付表决。

（3）经营管理人员。

这里所称的合伙企业的经营管理人员，是指由全体合伙人一致同意聘任的，代表全体合伙人的利益，管理合伙企业日常事务的合伙人以外的人。经营管理人员应当在合伙企业授权范围内履行职务，即其与合伙企业的关系属于委托代理关系。要点如下。

① 对外，在合伙企业与第三人的关系上适用有关委托代理的法律规定，根据案情适用无权代理、表见代理等规则。

② 对内，经营管理人员越权履行职务，或者因故意、重大过失致合伙企业损失的，负赔偿责任，即适用《合同法》关于委托人与受托人的关系的规定。

③ 对内，经营管理人员利用职务之便侵占合伙企业利益、财产的，应当负退还责任；造成损失的，应负赔偿责任（第96条）。

4. 合伙事务的决议

（1）表决权数。

合伙人的表决规则、权数由合伙协议自由约定，无约定的采用人头主义即每一个合伙人有一个投票权，简称一人一票。

（2）表决规则。

一般的合伙事务的决定，经全体合伙人过半数即可通过（第30条）。

重要的合伙事务，根据规定，须经全体合伙人一致同意才能决定（第31条）：

① 改变合伙企业的名称；

② 改变合伙企业的经营范围、主要经营场所的地点；

③ 处分合伙企业的不动产；

④ 转让或者处分合伙企业的知识产权和其他财产权利；

⑤ 以合伙企业名义为他人提供担保；

⑥ 聘任合伙人以外的人担任合伙企业的经营管理人员。

另外，如修改或者补充合伙协议、新合伙人入伙、自我交易、合伙份额出质等事项也需要全体合伙人一致同意。

对于上列须经全体合伙人一致同意始得执行的事项，如有合伙人擅自处理而给合伙企业或者其他合伙人造成损失的，应予以赔偿。

5. 合伙人的义务

合伙人，无论执业与否，均对合伙企业负有忠实义务，不得从事损害合伙企业利益的活动，具体包括：

（1）竞业禁止。合伙人不得自营或者同他人合作经营与本合伙企业相竞争的业务。否则，竞业交易所获收益由合伙企业行使归入权；造成合伙企业损失的，还应赔偿（第99条）。

（2）自我交易限制。除合伙协议另有约定或者经全体合伙人同意外，合伙人不得同本合伙企业进行交易；否则，自我交易所获收益由合伙企业行使归入权；造成合伙企业损失的，还应赔偿（第99条）。

外国法的相关规定如下。

合伙作为一个实体如何行动，各国法律规定有同有异。

《法国民法典》第1844条规定："一切合伙人，均有权参与集体决定。"其1846条规定："合伙由一名或数名经理经营，由代表超过半数的合伙人任命。"《德国民法典》第709条规定："合伙的事务由合伙人全体共同执行之；每一项事务须经全体合伙人的同意。如依合伙契约应由过半数表决决定者，在发生疑问时，其过半数应依合伙人的人数计算。"根据其710条规定："如合伙契约中将合伙事务委任合伙中的一人或数人执行时，其他合伙人不得参与业务的执行。"如数人执行事务者，则由此数人共同决定，或依契约规定，由过半数的执行人决定。如果合伙契约规定：每一合伙人或其中有执行权的合伙人可以单独执行业务，则每一合伙人或有执行权的合伙人可以对另一合伙人或有执行权的合伙人执行的事务提出异议，在有异议时，应停止该项事务的执行。依契约由过半数合伙人委任的执行人，当其严重失职或无能时，其余的合伙人过半数可以决定撤销其执行权。有执行权

的合伙人也可以辞去其执行职务。《日本民法典》第 670 条规定：合伙事务的执行，以合伙人过半数决定。如依契约委任数人执行业务，则以其过半数决定。日常事务由某合伙人或某执行人单独执行，但在执行前或执行中其他合伙人或执行人有异议的，应停止执行。

按英国《合伙法》规定：每个合伙人都可以参加合伙商业的经营管理活动。在合伙人之间意见分歧时，须服从合伙人多数意见。在全体一致同意下，可允许新合伙人参加；但除非契约有规定，不能以多数人来驱除个别合伙人。合伙被认为是合伙人之间的一种信托关系，合伙人不得为自己取得独占的收益。每个合伙人都是他们的合伙和其他合伙人的代理人。任何合伙人为合伙而与善意第三人所发生的业务关系，对合伙及全体合伙人都有约束力。

日本、德国民法典也都规定了合伙人对于合伙及其他合伙人的委托代理关系。

合伙人对合伙事务应当认真负责。《德国民法典》第 708 条规定："合伙人履行其负担的义务，应与处理自己的事务为同一注意。"英美法则要求合伙人以诚信态度对待合伙的事务。

二、合伙企业的外部关系

（一）合伙人的法定对外代表权

每一个合伙人，无论负责执行事务与否，都当然有权利对外代表合伙企业，企业在内部可以对合伙人的这种对外代表权做出限制，但这些限制不得对抗善意第三人（第 37 条）。

（二）与合伙企业债权人的关系

合伙企业对其债务，应先以其全部财产进行清偿；合伙企业财产不足以清偿到期债务的，各普通合伙人应当承担无限连带清偿责任。所谓"无限责任"，即其承担责任不以出资额为限。亦即：

（1）每个合伙人均须对合伙企业债务负责，债权人可以请求全体、部分或者个别合伙人清偿；被请求人即须清偿全部债务，不得以自己承担的份额为限拒绝。

（2）在合伙人内部，清偿的债务数额超过其应当承担的数额时，有权向其他合伙人追偿。

[例 7] 合伙人甲、乙、丙以合伙企业名义向丁借款 12 万元。甲、乙、丙约定该借款由甲、乙、丙各自负责偿还 4 万元。下列关于这笔债务清偿的判断中，哪些是错误的？（　　）

A. 丁有权直接向甲要求偿还 12 万元

B. 丁只能在乙、丙无力清偿的情况下才要求甲偿还 12 万元

C. 甲有权依据已经约定的清偿份额，主张自己只承担 4 万元

D. 如果丁根据合伙人的实际财产情况，请求甲偿还 8 万元，乙、丙各偿还 2 万元，法院应予支持

[答案] A、B、C。

（三）与合伙人债权人的关系

就合伙人的个人债务而言，其债权人的债权实现可以触及合伙人在合伙企业中的财产权，但应遵循以下"两可、两不可"。

1. 禁止的两类行为

某一合伙人的债权人不得向合伙企业主张以下两个权利（第41条）：

（1）以对合伙人的债权抵消其对合伙企业的债务；

（2）不得代位行使该合伙人在合伙企业中的权利。

[例 8] 江某是一合伙企业的合伙事务执行人，欠罗某个人债务 7 万元，罗某在交易中又欠合伙企业 7 万元。后合伙企业解散。清算中，罗某要求以其对江某的债权抵消其所欠合伙企业的债务，各合伙人对罗某的这一要求产生了分歧。下列哪种看法是正确的？（　　）

A. 江某的债务如同合伙企业债务，罗某可以抵消其对合伙企业的债务

B. 江某所负债务为个人债务，罗某不得以个人债权抵消其对合伙企业债务

C. 若江某可从合伙企业分得 7 万元以上的财产，则罗某可以抵消其对合伙企业的债务

D. 罗某可以抵消其债务，但江某应分得的财产不足 7 万元时，应就差额部分对其他合伙人承担赔偿责任

[答案] B。

2. 债权实现的两个途径（第 42 条第 1 款）

合伙人的个人财产不足清偿其个人债务的，该债权人的债权实现途径有二：

（1）合伙人可以从其合伙企业分取的收益用于清偿；

（2）债权人也可请求人民法院强制执行合伙企业中的财产份额用于清偿。

另须注意：强制执行该合伙人的财产份额时，应当通知全体合伙人，其他合伙人有优先受让权；不购买又不同意转让给他人的，应当办理退伙结算（《合伙企业法》第 42 条第 2 款）。这是 2006 年修订的最新规定。

[例 9] 合伙人甲因个人炒股，欠债 15 万元，鉴于甲在合伙企业中有价值 15 万元的设备出资，所以甲的债权人提出如下几种解决方案。其中哪些是合法的？（　　）

A. 订立偿债计划，以甲在合伙企业中应分得的收益，逐年还清这笔债务

B. 债权人直接取得甲在合伙企业中的财产份额

C. 债权人直接将该设备变卖后偿清全部债务

D. 可以请求人民法院强制执行甲在合伙企业中的财产份额用于清偿债务

[答案] A、D。

[例 10] 某合伙企业欠甲款项 2 万元，同时合伙人乙欠甲款项 1 万元。某日，甲向该合伙企业购买货物一批，应付货款 1 万元。甲的这一付款义务，可因下列哪些原因而消灭？（　　）

A. 甲向该企业支付 1 万元

B. 甲以对该企业享有的 2 万元债权的一半相抵消

C. 乙向该企业支付 1 万元，同时了结乙对甲的债务

D. 甲以对乙的债权与该付款义务相抵消

[答案] A、B、C。

外国法的相关规定如下。

合伙人执行合伙业务中因侵权行为而造成他人损害时，应由合伙承担赔偿责任，这如同代理人在为代理事务时致他人损害而由被代理人承担赔偿责任一样。

合伙的债务，首先以合伙财产清偿，不足时，合伙人应承担清偿责任。《法国民法典》第 1856 条规定：“债权人仅在事先对法人提出诉讼并无效之后，始得诉请合伙人偿还合伙债务。”这就是说，由合伙财产首先清偿。其第 1857 条规定：“合伙对于第三人的债务，按其在应偿还之日或在停止清偿之日，在合伙资金中所占份额的比率，合伙人负永久偿还之责。合伙人如仅以其技艺出资者，应和在合伙资金中投资份额最少的合伙人负偿还同等数额之责。”合伙人按其在合伙中投资的比例，承担合伙债务的无限责任。按《德国民法典》第 737 条规定：“合伙财产应先清偿共同债务。”其 735 条规定：“合伙财产不足清偿共同债务及返还各合伙人的出资时，各合伙人应按照各合伙人对亏损负担的比例，负担缺少的金额。如果合伙人中一人不能缴纳应负担的金额时，其余合伙人应按比例负担其不足额。”根据这条规定，合伙人对合伙的债务，不但要承担无限责任，而且还要负担连带责任。《日本民法典》第 675 条规定：“合伙的债权人，于债权发生当时不知合伙人的损失分担比例时，可以对各合伙人就均一部分行使权利。”对照其关于连带债务的规定，可知合伙人对合伙债务仅负无限而不连带的责任。

在英国，对第三人而言，每个合伙人都对合伙的债务负连带责任。自 1907 年以来，已经允许建立有限责任合伙，合伙人承担合伙债务以他们的出资额为限，但是在合伙中至少须有一个承担无限责任的合伙人。这种合伙必须在公司登记机关登记注册。每个有限责任合伙人不得参加合伙的管理，不得以其行为束约合伙，并且不得撤回其所出的资金。

由于合伙人对合伙的债务，一般要承担无限责任，当合伙及合伙人都处于资不抵债时，合伙的债权人与合伙人的债权人，谁能从合伙或合伙人的财产中优先得到清偿呢？

在英美合伙法中，合伙人个人的债权人优先于合伙的债权人从合伙人的财产中得到清偿，合伙的债权人优先于合伙人个人的债权人从合伙财产中得到清偿。换言之，合伙财产先用来清偿合伙债务，合伙个人财产先用来清偿合伙人个人的债务，这叫做“双重优先权”。

【能力测试·合伙企业法】

一、判断题

1. 合伙人必须使用金钱或实物出资，不允许使用劳务出资。 ( )
2. 有限合伙的全部合伙人都仅以出资额为限，对企业债务承担有限责任。 ( )
3. 若合伙人在合伙合同中未就利润和风险的承担做出明确规定，则合伙人应平均享有利润，平均承担风险。 ( )
4. 合伙企业对合伙人权力的限制不得对抗善意第三人。 ( )
5. 合伙企业注销后，原普通合伙人对合伙企业存续期间的债务无须承担无限连带责任。 ( )
6. 合伙人对合伙企业的债务负连带无限责任。 ( )
7. 从法律性质来说，个人企业不是法人。 ( )
8. 合伙企业是“资本的组合”。 ( )

二、名词解释

1. 合伙　　2. 有限合伙　　3. 隐名合伙　　4. 普通合伙

三、简答题

1. 什么是合伙企业？它的特点是什么？

2. 简述民事合伙与商事合伙的区别。

3. 简述显名合伙与隐名合伙的区别。

4. 简述有限合伙与普通合伙的区别。

5. 简述合伙企业中合伙人的权利和义务。

四、案例分析题

1. 麦某和詹某共同组织了一个合伙企业买卖赛马。1976 年 11 月，他们以 155 000 美元购买了一匹母马“女冠军”和它的幼驹“运动小姐”。1978 年 11 月，合伙企业对母马“女冠军”进行拍卖，詹某以 135 000 美元购得该马。尽管詹某在拍卖之前完全有可能告诉麦某他打算竞买“女冠军”，但他并没有告诉麦某。11 个月后，麦某发现是詹某买走了“女冠军”。在这期间，詹某曾告诉麦某幼驹“运动小姐”也被合伙企业卖给了第三人。麦某询问是谁买了幼驹，詹某没有告诉他的合伙人。1980 年，在一个赛马会上，幼驹“运动小姐”得了大奖，麦某发现“运动小姐”的所有人是詹某。原来在另一次出售中，买方也是詹某。麦某起诉要求法院宣布这两次交易无效，并与詹某平分“运动小姐”所得奖金。问：

（1）詹某是否违反他对麦某和合伙企业的义务？如果违反了他对合伙企业和其他合伙人的义务，则他违反的是什么义务？

（2）法院是否应支持麦某的主张？支持的理由是什么？不支持的理由又是什么？

2. 合伙企业 A 共有甲、乙、丙三名合伙人。合伙协议约定由甲执行合伙企业事务，对外代表合伙企业。但是甲必须每季度向其他合伙人报告一次合伙企业事务的执行情况以及合伙企业的经营状况、财务状况。甲在长达一年的时间内没有召开合伙人会议报告合伙企业的相关情况，并且自行聘请了合伙人以外的丁担任合伙企业的经理。甲还自行以合伙企业的名义为戊提供担保，后因戊丧失还债能力，导致合伙企业 A 被追究担保责任。问：甲的行为违反了哪些法律规定？应承担什么法律责任？

3. 甲、乙、丙、丁四人于 2004 年 1 月达成合伙协议，共同设立一合伙企业。其中甲以现金出资 3 万元，乙经全体合伙人同意以劳务出资作价 2 万元，丙以机器设备出资作价 5 万元，丁以厂房出资作价 10 万元。四人约定按出资比例分享收益、分担亏损。2004 年 8 月，因个人原因，甲提出退伙，并办理了退伙结算手续。同年 10 月戊入伙，入伙协议中约定戊对入伙前合伙企业债务不承担责任。2005 年 5 月合伙企业解散。解散时合伙企业尚有 4 万元财产，乙、丙、丁、戊四人按出资比例进行了分配。但对 2004 年 6 月所借的 8 万元 1 年期银行贷款未予偿还。2005 年 6 月，银行要求还贷，发现合伙企业已经解散。因此，银行分别找到甲、乙、丙、丁、戊要求还贷。其中甲声称自己已经退伙，不再承担责任；乙声称自己是劳务出资，不需要承担责任；丙、丁声称仅按照出资比例承担责任；戊声称自己对入伙前合伙企业的债务不承担责任。问：甲、乙、丙、丁、戊的说法成立吗？为什么？如何偿还银行的贷款？

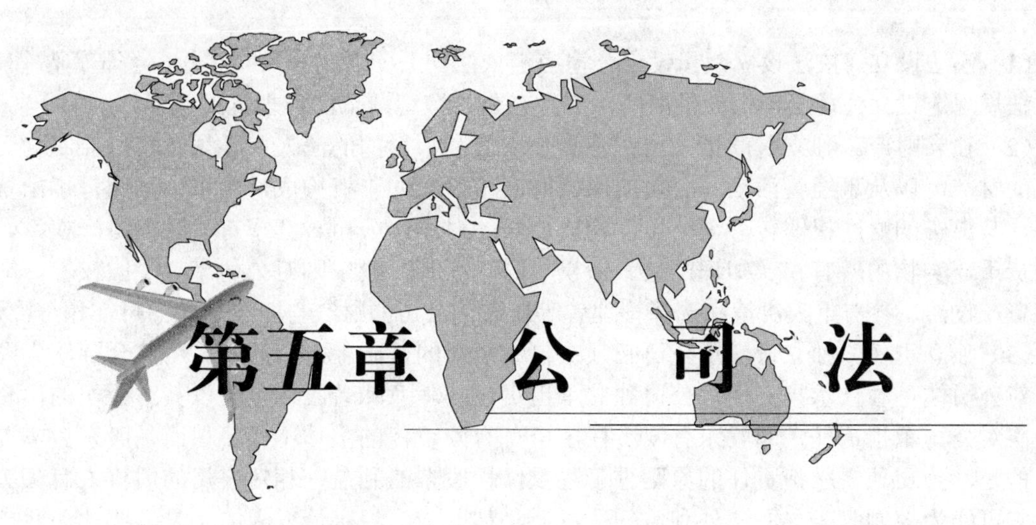

第五章 公 司 法

学习目的与要求

本章详细地讲述了公司法的基本知识和原理。通过本章的学习，要求掌握公司的概念、特征、分类，以及公司的设立与运行机制。

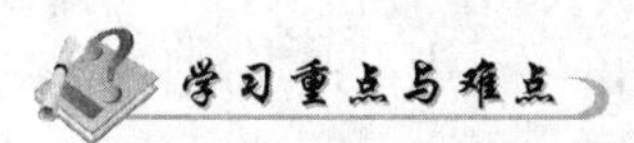

(1) 公司的概念与特征。

(2) 公司的分类。

(3) 股份有限公司的概念与特征。

(4) 股份有限公司的设立及运行机制。

(5) 有限公司的概念与特征。

(6) 有限公司的设立及运行机制。

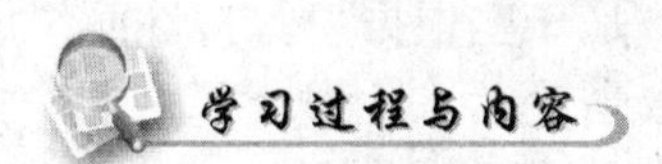

第一节 公司法概述

一、公司的概念与特征

公司，是指依照法定的条件与程序设立的、以营利为目的的社团法人、企业法人。

公司有以下特征。

1. 公司具有法人人格

法人是与自然人并列的民商事主体。我国的公司都是企业法人。公司法人资格的取得必须满足以下几点：

（1）依法设立。依法设立是指设立公司应当依法向公司登记机关申请设立登记。法律、行政法规规定设立公司必须报经批准的，应当在公司登记前依法办理批准手续。

（2）独立财产。独立财产指公司作为一个以营利为目的的法人，必须有其可控制、可支配的财产，以从事经营活动。公司的原始财产由股东的出资构成，股东一旦履行了出资义务，其出资的财产权即转移至公司，构成公司的财产，公司对其享有“法人财产权”，包括货币、实物的所有权、知识产权、债权等财产权利，股东则对公司享有“股权”，即享有资产收益、参与重大决策和选择管理者等权利。公司的财产与股东个人的财产相分离。

（3）独立责任。独立责任指公司必须在自主经营的基础上自负盈亏，用其全部法人财产，对公司债务独立承担责任。公司独立承担责任，就意味着股东仅仅以其对公司的出资额为限对公司承担责任，即股东有限责任，可见有限责任的主体不是公司而是股东。需要指出的是，公司独立承担责任的原则过于注重保护股东的利益，却对公司的债权人有失公平；它可能为控制股东牟取法外利益创造机会，从而成为侵害债权人的工具。鉴此，我国《公司法》引入了公司人格否认制度和限制关联交易制度。

公司违反法律规定，应当承担民事赔偿责任和缴纳罚款、罚金，其财产不足以支付时，先承担民事赔偿责任。

2. 公司是社团组织，具有团体性

依法人内部组织基础的不同，可将法人分为社团法人和财团法人，公司属于社团法人。公司的社团性表现为它通常由两个或两个以上的股东出资组成，通过产权的多元化实现股东间的利益制衡。我国《公司法》中的例外是一人有限公司和国有独资公司，还有根据我国《外资企业法》的规定由外商独资设立的有限公司。除上述三种情况外，不允许设立其他类型的一人公司。

3. 公司以营利为目的，具有营利性

第一，公司可以从事营利性活动；第二，公司将其营利活动所获盈利分配给其成员（即股东）。

二、公司的由来和发展

自中世纪以来，拥有法人地位的实体已经存在，是一些根据皇室特许而组成的牧师会、寺院或自治城市一类的宗教团体或公共组织。贸易公司是后来才发展起来的。17 世纪初，英国、荷兰出现了享有法人地位的商业公司。这类公司经皇室特许，经营外贸业务和殖民统治事务，如 1600 年成立的英国东印度公司和 1602 年成立的荷兰东印度公司。英国于 1856 年产生了第一个现代的公司法，根据此法，公司进行登记就可享有有限责任的法律效力。

一般认为，公司是从合伙向无限公司、两合公司、股份有限公司、股份两合公司及有限公司发展起来的。

三、公司法的立法模式

公司法是规定公司的种类、设立、组织机构、股东权利义务及解散清算的法律。目前世界各国的公司法，主要采用两种法律形式：一种为单行法规；另一种是包含在民法或商法之中，作为民商法的一个组成部分。

在多数大陆法系国家，公司法原先是作为民商法的一部分而存在的，但由于公司在整个社会经济生活中发挥了越来越大的作用，因此，公司法逐渐从民商法中分离出来而独树一帜，成为单行法规。公司法从民商法中分离出来自成一体的做法是一种历史趋势。当前，采取单行法规的国家已占绝大多数。

第一个公司立法见于1673年法国国王路易十四的《商事敕令》中，1807年《法国商法典》有所增补，1925年还另订了《有限公司法》，为大陆法系国家所仿效。

德国于1897年的《商法典》中有关于公司的规定，1892年的《有限责任公司法》是世界上第一个有限责任公司法。

日本于1890年和1899年制定的《商法典》中有关于公司的规定。1938年又制定了《有限公司法》。

但应注意的是，至今仍有少数国家的公司法是被包含在民法或商法之中的。如日本公司法就被包含在商法之中，成为商法的一个组成部分。《日本商法》的第二篇为《公司篇》，共 448 条，是商法的主要部分。意大利的公司法是包含在民法典中的；瑞士公司法被包含在契约法之中；瑞典公司法则仍包含在商法典中。

英美法系，是指以英国和美国公司法为代表，包括其他受英美公司法影响而制定的其他有关国家公司法律制度的总称。英美两国都属于判例法国家，不过，其有关公司法的规定多表现为成文法的形式。

英国的公司法立法始于1825年，以后历经社会变革和经济发展，终于形成了著名的1948年《公司法》。1967年《公司法》对1948年《公司法》又作了补充，及至1973年英国加入欧洲经济共同体后，根据共同体有关公约的规定，分别在1976年和1980年又对1967年《公司法》作了较大规模的变动。但1948年《公司法》的绝大部分原则和内容均被沿用下来。

美国公司法是受英国法影响制定的。不过根据美国宪法规定的分权立法，美国联邦议会没有公司法方面的立法权，因此美国公司法是由各州各自制定的。美国全国律师协会公司法委员会于1928年制定了《标准公司法》，以后又经5次修改，现已为35个州所采用。尽管《美国标准公司法》本身没有法律效力，但作为法律文件来说，不失为美国公司法的“标准”和“样板”。美国各州纷纷据此修订了其各自的公司法，从而使美国公司法在一定程度上得到了一定范围的统一。

中国的公司法也是受欧美国家公司法的影响而制定的，最早见于1903年清朝政府制定的《公司律》。民国建立以后，北洋政府于1914年制定颁布了《公司条例》，南京国民政府于1929年制定颁布了《公司法》，1930年又颁布了《特种有限公司条例》，以后又经过几次修改，对无限公司、两合公司、有限公司、股份有限公司、股份两合公司、外国公司等公司形式作了明确的规定，确立了国民政府时期的公司法律制度。

中华人民共和国成立以后，50年代初期曾制定颁布过一些具有公司法性质的法律规范，如1950年政务院颁布的《私营企业暂行条例》等。80年代以后，随着经济的进一步发展和法制的健全，国家有关部门先后颁布了一些专门性的公司法规和一些有关公司企业的规范性文件。为了适应市场经济的建立与发展的需要，1993年12月29日由第八届全国人民代

表大会常务委员会第五次会议讨论通过了《中华人民共和国公司法》（简称《公司法》）。在《公司法》于 1994 年 7 月 1 日开始实施时，为配合其实施，国务院又根据《公司法》的规定制定发布了《中华人民共和国公司登记管理条例》，并于发布之日起开始实施。这两个法规颁布实施以后，与其他有关的法规相配合，开始建立起较为完善的公司法律制度。

为了适应经济发展的需要和与国际接轨，2004 年 8 月 28 日第十届全国人民代表大会常务委员会第十一次会议通过了对《公司法》的第二次修正决议；2005 年 10 月 27 日第十届全国人民代表大会常务委员会第十八次会议通过了《公司法》第三次修订决议。

四、公司的学理分类

从不同的角度，可以对公司作不同的划分。

（一）以股东对公司的责任范围和组织形式为标准

据此，可将公司分为无限公司、两合公司、股份两合公司、有限公司和股份有限公司。

1. 无限公司

无限公司是指由两个以上股东组成、全体股东对公司债务负无限连带责任的公司。股东关系具有合伙性，公司组织具有封闭性。我国法上无这种公司。无限公司的股东为自然人，是一种人合公司，与合伙企业较为类似。德国法上无限公司适用《德国商法典》第 105 条至第 160 条的规定，无限公司不具备法人资格。《日本商法典》第 80 条也对无限公司作了规定。英美法视无限公司为合伙，不承认它有独立的人格。

2. 两合公司

两合公司是指由部分无限责任股东和部分有限责任股东共同组成，对于公司债务，前者负无限连带责任，后者仅以出资额为限承担责任的公司。我国法上无这种公司。这种公司是大陆法系国家所特有的类型，与英美法系中有限合伙类似，到 20 世纪 60 年代在发达国家逐渐衰落。

3. 股份两合公司

股份两合公司是指由部分对公司债务负无限连带责任的股东和部分仅以所持股份对公司债务承担有限责任的股东共同组建的公司。我国法上无这种公司。股份两合公司属于两合公司的一种特殊形式，将资本划分为等额股份后，发行股票，公开招股，有限责任股东组成股东大会，并选举出监察人，对公司的业务进行监督。

4. 有限公司

有限公司是指股东仅以其认缴的出资额为限对公司承担责任，公司以其全部资产对公司债务承担责任的公司。

5. 股份有限公司

股份有限公司是指由一定以上人数组成、公司全部资本分为等额股份、股东以其所认购的股份为限对公司承担责任，公司以其全部资产对公司的债务承担责任的公司。

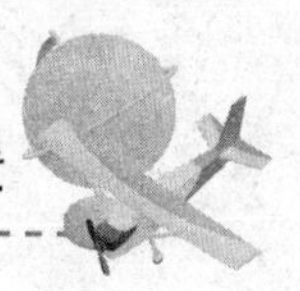

（二）以公司信用基础为标准

据此可分为人合公司、资合公司与人合兼资合公司。

1. 人合公司

人合公司是指公司的信用基础在于股东个人财产信用，这意味着股东对公司债务要承担无限责任。无限公司乃最典型的人合公司。

2. 资合公司

资合公司是指公司的信用基础在于公司的资产，与股东的资产无涉，这意味着股东对公司债务仅以出资额为限承担责任。有限公司、股份有限公司乃典型的资合公司。

3. 人合兼资合公司

此又称中间公司、折中公司，指公司信用基础兼采股东个人财产信用与公司财产信用。两合公司、股份两合公司乃属此类。

（三）以公司的国籍为标准

据此分为本国公司、外国公司。国籍如何确定各国有不同做法，依照我国《公司法》第2条、第192条的规定，采用了设立准据法主义兼设立行为地主义。

1. 本国公司

依据中国《公司法》在中国境内设立的有限公司与股份公司属于中国公司。可见中外合资经营公司、中外合作经营公司和外商投资公司都属于中国公司。

2. 外国公司

依照外国法律在中国境外设立的公司就是外国公司。在我国法上，在港、澳、台地区依照本地法设立的公司，按照外国公司对待。

（四）以公司之间的关系为标准

据此可将公司分为总公司与分公司、母公司与子公司。

1. 总公司与分公司

总公司又称本公司，是指依法设立并管辖公司全部组织的具有企业法人资格的总机构。分公司，是指在业务、资金、人事等方面受本公司管辖而不具有法人资格的分支机构，其民事责任由总公司承担。公司设立分公司的，应当向分公司所在地的公司登记机关申请登记，领取营业执照，可以在法定的范围内从事经营活动。

2. 母公司与子公司

母公司，又称控股公司，在外延上小于控制公司，是指拥有其他公司一定数额的股份，通过表决权机制来支配另一（些）公司的经营的公司，被控制者就是子公司。子公司具有企业法人资格，依法独立承担民事责任。

依照母公司拥有子公司的股份额的多少，子公司又可以分为：全资子公司，即法人一人有限公司，股份为母公司100%拥有；绝对控股子公司，母公司拥有其50%以上不足100%的股份；相对控股子公司，母公司拥有的股份低于50%，但其表决权已经足以对子公司的决议产生重大影响，因为其他股份可能比较分散。

（五）以公司股权的转让自由性和股份发行的公开性为标准

据此可分为封闭性公司（private company，closed company）与开放性公司（public company）。这是英美法上的特有分类。前者在外延上相当于我国的有限公司、非公开发行股份的股份公司（即发起设立与定向募集设立的股份公司，第78条第1款和第2款）；后者相当于我国公开发行股份的股份公司（即公开募集设立的股份公司，第78条第3款），包括上市公司在内。

（六）跨国公司

除了在本国设立总公司、母公司外，又在其他国家或地区设立分支机构或子公司，形成一种国际化的垄断组织。跨国公司也称为多国公司。跨国公司及其子公司、孙公司遍布世界各地，形成垄断能力，在经营中巧取豪夺，损害发展中民族经济的发展。随着跨国公司在世界经济中所起的作用越来越大，1974年联合国经济及社会理事会决定，成立联合国跨国公司中心和跨国公司委员会，负责协调和研究跨国公司的活动，以便把它们的活动纳入对国际社会负责、为世界发展服务的轨道上来。

五、我国公司立法上的几类公司

依照《公司法》以及《外商投资企业法》的规定，从组织形式来看，我国只有有限公司与股份有限公司两类公司，但又衍生出一些特别的亚公司类型，下面详略有当地讲述之。

（一）有限公司

有限公司与股份公司是我国仅有的公司类型，其最主要的相同点就是股东均负有限责任。股东的这种责任也是对公司的责任，而不是直接对公司债权人的责任。至于公司以其全部资产为限对公司的债务承担责任，这种责任实际上是无限责任。无限责任的意思是债务人对所负债务以其所有的全部财产为一般担保，直至财产被执行完毕。

[例 1] 下列说法正确的是 （ ）

A. 有限责任公司的股东以其个人资产为限对公司承担责任，公司以其注册资本对公司的债务承担责任

B. 有限责任公司的股东以其出资额为限对公司承担责任，公司以其注册资本对公司的债务承担责任

C. 有限责任公司的股东以其个人资产为限对公司承担责任，公司以其全部财产对公司的债务承担责任

D. 有限责任公司的股东以其出资额为限对公司承担责任，公司以其全部财产对公司的债务承担责任

[答案] D。

两类公司的最大不同点在于：有限公司的资本分成均等的份额，其资本构成通常称为出资而不称为股份，股东的权利与其出资份额相联系；股份有限公司的资本则必须划分成等额的股份，这是两类公司技术上的区别。技术上的区别还有，有限公司股东出资后，由

成立后的公司向股东签发证明其已经履行出资义务的法律文件，即出资证明书，其性质为证权证书。相应地，股份有限公司则向股东签发股票，其性质为证权证券。

二者的根本区别在于股份公司具有公众性，而有限公司具有封闭性。与股份公司相比，有限公司的人数特征在于：在上限上，有限公司股东人数有最高限即不得超出50人，股份公司无此限制；在下限上，有限公司可以为1人，即一人公司与国有独资公司，当然普通有限公司的股东人数也须在2人以上；股份公司的最低股东人数为2人（《公司法》[①]第79条）。

（二）一人公司

1. 定义

我国的一人公司属于有限公司的特殊类型。依照《公司法》第58条，一人公司仅指一人有限公司，不能设立一人股份公司，其设立人可以是一个自然人，也可以是一个法人（就是设立全资子公司）。

依照一人公司的成立情形，可以分为设立的一人公司和存续的一人公司，后者是指普通有限公司在存续期间内，股东只剩下一人的情形。由于股东只剩下一人的情形并非有限公司的法定解散事由（第181条），所以可以以一人公司的形式继续存在。

2. 组织机构

（1）不设股东会，股东行使相对于普通有限公司的股东会的权力，但应当采用书面形式且置备于公司；否则，将构成揭破法人面纱原则适用的一个有力证据（第62条）。

（2）公司章程也由股东一人制定（第61条）。

[例2] 王某依《公司法》设立了以其一人为股东的有限责任公司。公司存续期间，王某实施的下列哪一行为违反《公司法》的规定？（　　）

A. 决定由其本人担任公司执行董事兼公司经理

B. 决定公司不设立监事会，仅由其亲戚张某担任公司监事

C. 决定用公司资本的一部分投资另一公司，但未作书面记载

D. 未召开任何会议，自作主张制定公司经营计划

[答案] C。

3. 特别规制措施

以下措施专门适用于一人公司，并不适用于普通有限公司。

（1）出资：一人公司的最低注册资本被提升到10万元，且不能分期缴纳（第59条）。

（2）公示：在公司登记和营业执照中应当载明自然人或法人独资的信息（第60条）。

（3）财务监督：应在每一会计年度终了时编制财务会计报告，并经会计师事务所审计（第63条）。

（4）揭破法人面纱原则的具体适用情形与举证责任倒置：股东不能证明公司财产独立于股东自己的财产（即发生财产混同）的，即适用揭破法人面纱原则，对公司债务承担连带责任（第64条）。

① 以下省略，只写第某条。

（5）“计生”原则：一个自然人只能设立一家一人公司（“独生子女”政策），且该一人公司不得再设立一人公司（“绝育手术”）。但此举不适用法人及其设立的一人公司。

（三）国有独资公司

1. 定义

国有独资公司属于有限公司的特殊类型，但其并不是一人公司。其特殊性以及与一人公司的区别在于：投资人只能是国家，且只能为单独出资，代表国家履行出资人职责的是国务院、地方人民政府授权的国有资产监督管理机构（即“国资委”）。

2. 组织机构的特别规范

（1）股东权的分享制。

国有独资公司不设股东会，股东会的职权主要由国资委来行使，但公司董事会也可被授权行使部分职权，故称分享制。具体而言：

① 公司章程由国资委制定，或者由董事会制定报国资委批准。

② 公司的合并、分立、解散、增加注册资本、减少注册资本和发行公司债券共计6大事项，必须由国资委决定；其中，国务院规定的重要国有独资公司合并、分立、解散、申请破产共四大事项，应当由国资委审核后，报本级人民政府批准。

（2）董事会、监事会的组成。

① 董、监事的委派制与选举制：董、监事由国资委委派（不是选举）；董事会成员中应当有公司职工代表，由公司职工代表大会选举产生。

② 监事会成员不少于5人，职工监事不少于1/3。

③ 董事每届任期不超过3年。

（3）高管兼职的限制。

董事长、副董事长、董事、高级管理人员，未经国资委同意，不得在其他有限责任公司、股份有限公司或者其他经济组织兼职（第71条）。

（4）“三巨头”。

① 董事长：由国资委在董事中指定而非选举产生。

② 总经理：由董事会聘任；经国资委同意的，董事可以兼任总经理。

③ 监事会主席：也由国资委在监事中指定而非选举产生。

（四）股份公司

依照《公司法》第78条的规定，我国的股份公司依其设立方式以及股票是否在股票交易所上市交易，可以再分为以下两类。

1. 发起设立的股份公司

由发起人认购公司应发行的全部股份而设立的股份公司。这类公司的股东人数底限在2人，高限为200人，不具有公众性，属于英美法上的封闭性公司。

2. 募集设立的股份公司

由发起人认购公司应发行股份的一部分，其余股份向社会公开募集（简称公募）或者向特定对象募集（简称私募）而设立的股份公司。私募与公募的人数区别界点在200人（《证

券法》第 10 条），私募股份公司的公众性不强，仍然属于英美法上的封闭性公司；但公募股份公司就是公众性公司了，其最典型者就是上市公司。

（五）上市公司

上市公司指其股票在证券交易所交易的股份公司，是最具公众性的公司。其特殊之处主要体现在股票发行、交易与组织机构上。

（六）外商投资公司

按照我国有关外商投资企业的法律规定，中外合资经营企业一律采用有限公司形式；中外合作经营企业、外资企业也可以选择有限公司形式。此外，我国也允许外商投资中国的股份公司。采用有限公司、股份公司形式的外商投资企业就被称为外商投资公司。关于外商投资公司的法律适用，《公司法》第 128 条作了规定，即外商投资的有限公司和股份公司适用本法；有关外商投资的法律另有规定的，适用其规定。

第二节 股份有限公司

一、股份有限公司概述

（一）股份有限公司的概念及特征

股份有限公司是指由一定数目以上的人所组成的、全部资本分为若干等额股份、股东仅就其所认股份对公司债务负责的公司。

股份有限公司有以下特征：

（1）股份有限公司是法人。对于某种公司，如无限公司，有些国家并不认为是法人；而股份有限公司，各国立法都认定为法人。

（2）股份有限公司将其资本分成若干等份。每股金额相等，这是股份有限公司的一个突出的特点，以此与有限公司相区别。出资多的股东只是占有较多股份的人。

（3）股份有限公司的股东只承担有限责任。所谓“有限责任”，正是对股东而言，而非对企业而言；企业对其债务，应负全部责任（无限责任），直至破产清算。对公司内部，股东只就他所认的股份对公司负责，只交足股金，也就再没有别的责任了；对公司外部，股东仅以其股份金额对公司债务负责，并且不负直接清偿的责任。

（4）股份有限公司的股东不得少于法律规定的人数。法国的公司法规定发起人最低人数为 7 人，德国的《股份有限公司法》规定发起人最低人数为 5 人，日本的公司法规定发起人最低人数为 7 人。美国《标准公司法》规定，公司创办人为 1 人或数人，中国的公司法规定发起人为 2 人以上 200 人以下。

（5）股份有限公司是典型的资合公司。股东只是股票持有者，股东的权利完全体现于股票之上，而股票可以随时转让，因此，任何股东都只是股票的持有人，没有任何人身方面的差别。

（二）股份有限公司的经济职能

股份有限公司是现代世界上最重要的经济组织形式，是最普遍、最重要的公司形式。

股份有限公司的财产，是股东全体所有的；但对每一股东来说，对公司的财产，只享有股权而不享有所有权；所以，在股东与公司之间，两权是分离的——股东享有股权和全体股东享有所有权，公司享有公司财产的经营权；在公司本身，所有权和经营权是结合的——公司是法人，享有公司财产的所有权，公司通过其机关实现其对公司财产的经营权。这样，有钱的人投资当股东，拿红利；会经营管理的当董事、经理，经营管理企业，各得其所，增加资金（资本）的社会效益。

股份有限公司是集合巨大资金的良好形式。由于股份金额不大，而发行股份数额很大，可以吸收大小资本和生活资金，汇成巨大资本，用于科技开发、交通建筑、能源开采等巨大经营项目，提供规模效益，产生新的生产力；因而具有巨大的竞争能力。它是现代化大生产的一种社会组织形式。

由于股票可以上市自由交易，股票价格的升降和投资的流向，反映了企业或行业的盛衰，客观上反映了产业结构调整的要求；所以，股份有限公司加强了市场对于资源配置的作用。由于股东人数很多，这就便于大资本控制小资本，大公司通过购买小公司股份而控制小公司，所以股份有限公司又是便于大资本进行垄断的有利形式。

由于购买股票的人可以很多，人人可以买股票，似乎人人可以当资本家。然而，实际上一些股票持有人，他们根本不关心企业的经营。股份有限公司的股票上市自由流通，使得一些人靠投机而发财，产生社会不公平。

（三）股份有限公司的立法概况

对于公司的起源和发展，一般认为是由合伙向无限公司、两合公司、股份有限公司发展的。最早设立的股份有限公司是 16 世纪末和 17 世纪初英、荷设立的东印度公司。与公司的历史发展大致相应，公司法也是从合伙法到无限公司法再到股份有限公司法发展起来的。股份有限公司的早期立法，是 1807 年的《法国商法典》、1838 年的《荷兰商法典》、1861 年的《德意志商法典》。

现在，关于股份有限公司法的内容，法国规定于 1966 年的公司法中，德国规定于 1965 年的股份法中，日本仍规定于 1899 年的商法中，而美国的《标准公司法》，也包括了股份有限公司。欧洲九国（法、德、意、奥、比、瑞士、卢森堡、瑞典、泽西岛）的公司法，也首先规定了股份有限公司。

二、股份有限公司的设立

（一）公司设立的基本法理

1. 设立与成立的联系与区别

（1）公司设立是一种法律行为，公司成立是公司设立成功的法律后果，是公司取得法人资格的一种事实状态。公司设立成功导致公司成立，失败则公司不能成立。

（2）公司成立后则取得法人主体资格，能够以自己的名义进行法律行为，由此产生的债权债务由公司承担。但在公司设立阶段，公司尚不具有法人资格，称为“设立中公司”，属于一种非法人组织，还不能以其名义进行营业活动，只能进行与设立有关的活动。

2. 公司设立的立法原则

（1）自由主义，是指政府对公司的设立不施加任何干预，公司设立完全依设立者的主观意愿进行。

（2）特许主义，是指公司须经特别立法或基于国家元首的命令方可设立。

（3）核准主义，是指公司的设立须首先经过政府行政机关的审批许可，然后再经登记机关登记注册方可设立。

（4）准则主义，是指法律规定公司设立要件，公司只要符合这些要件，经登记机关依法登记即可成立，而无须政府行政机关的事先审批或核准。近些年对该原则也进行了完善，实行所谓的严格准则主义，如进一步严格规定公司的设立要件，加重公司发起人的设立责任，增强公示要求等。

我国《公司法》对设立有限公司和股份公司基本上采用严格准则主义，但对个别公司采用核准主义（第 6 条）。

3. 设立方式

公司设立的方式基本为两种，即发起设立和募集设立。发起设立，是指由发起人认购公司应发行的全部股份而设立公司。募集设立，是指由发起人认购公司应发行股份的一部分，其余股份向社会公开募集或者向特定对象募集而设立公司。

在我国，有限公司只能采取发起设立方式；股份公司的设立，既可以采取发起设立的方式也可以采取募集设立的方式（第 26 条、第 78 条）。

4. 设立登记

公司设立应当向公司登记机关（工商行政管理机关）提出申请，办理登记。

（二）股份有限公司的设立

股份有限公司一般规模大、股东多，对经济生活影响也大，各国政府对于股份有限公司的管理、控制和监督都比较严格；因此，在设立的程序上比其他类型的企业复杂、严格。

公司的设立，是公司取得法人资格的过程。各国公司法对设立程序的规定不完全相同，但大致要经过这样的程序：由一定人数的人作为发起人；发起人负责起草公司章程；认购一定的股份；由发起人召开公司创立大会，选出公司管理机构和法人代表；通过章程；向政府的主管部门办理注册登记；经主管机关审查认为合乎法律规定并予以注册登记，公司即告成立。

1. 公司的发起人

发起人的责任是筹建公司。他们应当具备一定的资格，各国公司法对股份有限公司的发起人的人数及应具备的资格，都作了具体的规定。

有资格当发起人的，可以是自然人，也可以是法人。大多数资本主义国家的法律规定，外国的自然人或法人，也可以充当发起人。中国《公司法》规定，发起人符合法定人数，即 2 至 200 人，其中须有半数以上的发起人在中国境内有住所，对其国籍无要求（第 79 条）。

发起人应是公司最初的股东。发起人应为公司利益服务，不得从发起公司的活动中谋取个人私利。发起人于订立章程前，以公司名义订立的设立公司的契约，在英美法，认为对于公司是无效的；而德国公司法规定，在公司登记以前以公司名义所签订的契约，由行为人负责。

2. 公司的章程

发起人应制定章程。章程是规定公司的宗旨、资本、组织机构、名称等对内对外关系的法律文件。

在大陆法国家，公司章程由单一文件构成。其内容按其重要性分为：必须记载的事项——缺少此种条款，章程无效；相对必须记载的事项——不影响章程的有效性，但缺少该项条款规定的效力；任意记载的事项——指法律不禁止的事项。

在英美法国家，公司章程由两个文件组成。

（1）公司章程，这是规定公司对外关系的法律文件。其目的在于使公司的投资者及与公司进行交易的第三者知道公司的基本情况：如公司的性质、名称、资本、经营范围等。根据美国《标准公司法》规定，发起人必须将公司章程报州政府审查备案。

（2）章程细则，这是在公司章程基础上制定的，规定公司内部的机构设置、权限、责任，调整它们之间的关系。章程细则由董事会制定、修改或废除。

公司章程由发起人制定之后，有的国家还规定由法院或公证机关认证后，呈报政府主管机关注册登记和备案，并在指定的报刊上进行公告。

公司的章程，一般应包括下列内容：

（1）公司的名称。根据各国法律规定，申报的公司的名称，不得与已经注册的公司的名称相同。凡是股份有限公司，必须在公司名称之后加上“有限责任”或“LTD”等字。

（2）公司的宗旨与经营范围。公司的宗旨是指公司成立的目的，即要从事的各项业务。公司的权利能力要受章程规定的宗旨和经营范围的限制。超越公司经营范围的行为为“越权行为”，会导致契约无效。随着社会经济活动的日益发展，这项原则已显得不适应商业交易的需要，欧洲各国已经放松这一原则。在大陆各国，经公司董事会决定的交易，而与该公司交易的是善意的第三人，其交易应被视为该公司的权利能力范围以内的行为，对该公司具有约束力。

（3）公司的注册所在地。公司章程必须载明公司的注册地点，以便确定法人的住所。在美国，凡是某州成立的公司称为本州公司；凡在外州或外国设立而在本州境内营业的公司，称为外州或外国公司。法国的公司法规定，章程必须写明公司的注册机构所在地。注册机构可以不是总部，注册机构可以在国内迁移，但应修改章程。法国的股份有限公司可以改变其国籍，把其注册机构迁移到与其订有此种条约的其他国家，并且必须经特别股东大会的2/3的多数通过。英国的公司法规定，在公司章程中必须载明公司的地址是英格兰还是苏格兰。

（4）公司资本总额及每股的金额。各国公司法都规定了公司资本的最低额。德国规定至少10万马克，法国为50万法郎，英国为5万英镑，中国为500万元人民币。美国《标准公司法》没有规定最低的资本额。各国公司法没有限制最高资本额。

（5）通知、公告、宣告的要求和方法。

（6）董事会、监事会。公司章程要记载董事会及监事会的人数、名单和住所。各国公司法对公司管理机构的组织形式有不同规定。德国采取董事会（及总经理）的单一制或双重制。英美则采取董事会的单一制。美国《标准公司法》规定，在章程中应载明：公司初始注册办事处的地址，以及当时在该地址的初始注册代理人的姓名；初始董事会的董事人数以及直至第一届年会或直至其接替者被选出并获得资格前当选董事的人员姓名及地址。

3. 股份的认购和缴纳股金

股份有限公司要筹集必要的资本才能设立。

筹集资本的办法有两种：发起设立、募集设立。由发起人认足全部股份，称为一次认股设立，也叫做发起设立；在社会上公开募集一部分股份，加上发起人认的股份，达到规定的股份，募集到必要的资本，这叫做募集设立。在资本主义国家，除德国1965年公司法规定采取一次认股成立外，其他国家对于这两种认股设立的方法不加限制。实际上，两种设立方法有其共通之处：①日本的公司法规定，第一次发行的股份，不得少于公司总股份数的1/4，因此，发起人并非认购全部股份，但发起人认购后，股金必须全部缴纳。德国的公司法规定，股份公司设立时，必须将其全部股份资本予以认足和发行；公司设立后，可以扩充股份；新的股份资本也必须在增加资本时全部认足和发行。②实际上，各国许多股份公司的设立都是采用一次认足股份的方法，这就是由银行财团充当公司的发起人，一次认足公司股份总额（认购者可以上市出让）。募集设立与日、英、美采取的授权资本制相类似。募集设立是发起人认购部分股份后，其余部分在社会招募认股，募集股份达到规定股数时，公司才能成立。对于授权资本制，公司有确定的股份和资本总额，但公司的成立与股份是否认足无关。股份只需被认购达到一定数额时，公司即可成立并开业，其未认足的部分，授权董事会根据需要随时发行新股，以募集资本。

为了保护应募者和第三人的利益，防止发起人营私舞弊，各国公司法对发起人的认股和向社会招股的程序和审批手续都有具体规定。法国的公司法要求认股和已缴纳股款要经过公证宣告。英国的公司法规定，公司向公众募集股份，必须出具招股书，每个董事在其上签字，并报注册官署备案。招股书应向公众说明实际情况，如有不实，应负法律责任。意大利的公司法规定，不论是发起设立还是募集设立，其收集的资本，都要经公证证明，并且其募集的资本必须存入意大利银行，公司成立后再返还给董事会。

股款一般以现金缴纳，但也可以现物充抵。为了防止发起人的现物作价过高，损害其他股东的利益，有的国家的公司法对现物作价规定了审查监督的具体办法。现物出资，即以现金以外的财产出资，现物包括动产与不动产、有形财产和无形财产（特许权、商标权、专利权、著作权、营业特权等）。德国的公司法规定，凡是发起人以现物作价抵作股款的，应由法院在征求商会意见后指定独立审查员进行审查。如果审查员的意见与发起人的意见不一致，则由法院裁决。法院认为现物作价有问题，可判令不准公司登记。

4. 公司的创立和注册登记

日本和法国公司法规定，在完成股份资本缴纳手续之后，发起人应召开创立全会，全会的成员为全体认股人。全会的任务是：①听取发起人所作的公司成立经过的报告；②选举董事及监察人；③修改通过公司章程。

公司的管理机构建立后，公司的法定代表人应向有关机关办理注册登记。这是公司取得法人资格的法定条件。各国公司法为防止利用创办公司从事非法活动，规定了公司设立的严格程序。

（1）法国的公司法规定，在发起人完成法律规定必须办理的手续之后，发起人必须向商事注册官署申请公司注册。注册员对公司章程和其他公司设立有关的文件进行审查，符合要求，即准予注册。公司自注册之日起成立。公司注册后，注册员负责办理公司注册的公告事宜。注册事宜在报上公告，注册登记簿应向公众公开，公众可以查阅。

（2）德国的公司法规定，发起人应准备报请注册的文件报请法院审查，合乎法律规定才进行登记。法院登记之后再向公司营业所所在的商事注册官署申请公司的注册。商事注册之后公司成立。

（3）英国的公司法规定，发起人向公司登记处申请登记，提交必要的文件（主要是公司章程和章程细则）。公司登记处的官员对申请设立公司的文件进行审查，如符合要求，即发给登记证，公司即告成立。

（4）美国的《标准公司法》规定，公司创办人将公司章程送交州务卿，经州务卿查明该公司的章程是合法的，在公司支付了规定的全部手续费用后，其章程便在州务卿办公处备案了。由其颁发公司设立证书，公司即依法成立。

由于美国没有联邦统一的公司法，在美国设立公司只能向某一个州政府的州务卿提出成立申请，经其批准备案后，便在一个州宣告成立。在其他各州只要办理简单手续即可开展营业，公司主营业所可以设在其他的州，但必须在公司的注册所在州指定一名代理人和一个注册办事处。外国投资者到美国投资，喜欢选择特拉华州申请成立公司，因为该州对公司设立程序的要求比较简便，对外国人作为股东或董事没有任何限制，对公司的年度报表要求也比较简单，公司创办费和每年交纳的费用也比较便宜，因此，许多公司都在该州办理登记手续，而其主要营业所大都不在该州，而是在其他州开展其经营活动。

三、股份有限公司的资本

（一）公司资本及其基本制度

公司的资本可分为广义的和狭义的。广义的公司资本包括从事经营活动的一切资金和财产，既包括自有资本，也包括借贷资本。狭义的公司资本，仅指公司自己所有的资金和其他财产。这里所说的公司资本，是指狭义的公司资本，即注册资本。股份有限公司的资本主要是通过发行股票从社会上募集而来的，是股份资本，简称为股本。

股份有限公司的资本，是它经营活动的物质基础，也是对公司债权人的财产保证。公司的财产独立于股东的财产，股东仅以自己已缴纳认购的股款为限，对公司的债务承担责任。公司的资本对公司自己的经营活动和对公司债权人都具有切身的利益。因此，各国公司法对公司资本都作了具体的规定：公司的资本不得低于规定的数额；公司资本必须在公司章程中载明，若有增减，要经股东大会同意并进行变更登记；公司的资本运行情况要接受主管机构的审计监督。

1. 相关概念

公司资本也称为股本，它是指由公司章程确定并载明的、由全体股东出资构成的财产

总额。公司资本的具体形态包括：

（1）注册资本，指公司在设立时筹集的、由章程载明的、经公司登记机关登记注册的资本。

有限公司的注册资本为在公司登记机关依法登记的全体股东认缴的出资额。

股份有限公司采取发起设立方式设立的，注册资本为在公司登记机关依法登记的全体发起人认购的股本总额；股份有限公司采取募集设立方式设立的，注册资本为在公司登记机关依法登记的实收股本总额。

（2）认缴资本（发行资本），指公司实际上已向股东发行的股本总额。

（3）认购资本，指出资人同意缴付的出资总额。

（4）实缴资本（实收资本），指全体股东或者发起人实际交付并经公司登记机关依法登记的出资额或者股本总额。

2. 资本三原则

有限责任公司和股份有限公司作为资合公司，其信用基础在于资本的真实和稳定，这样才能保障交易安全，维护债权人的利益。我国《公司法》对上述两类公司资本的有关规定均反映了大陆法系上“资本三原则”的要求。

（1）资本确定原则，指公司设立时应在章程中载明的公司资本总额，并由发起人认足或缴足，否则公司不能成立。我国目前对内资公司灵活地适用该原则，实行有期限的分期缴付资本制，对各种公司都规定了最低注册资本。

（2）资本维持原则，指公司在其存续过程中，应当经常保持与其资本额相当的财产。这是资本确定原则的延伸。该原则具体体现在下列规则上：

第一，禁止抽逃出资。有限公司股东在公司登记成立后不得抽逃出资（第36条）。

股份有限公司的发起人、认股人缴纳股款或者交付抵作股款的出资后，原则上不得抽回其股本，除非有以下三种情形（即设立失败）之一的：未按期募足股份的；发起人未按期召开创立大会的；创立大会决议不设立公司的。

第二，禁止折价发行股票。股票发行价格可以按票面金额，也可以超过票面金额，但不得低于票面金额（第128条）。

第三，严格限制股份回购。股份公司不得收购本公司的股票，除非有法定的特殊情形；也不得接受本公司的股票作为质押权的标的，即变相的回购也不行（详见第143条）。

（3）资本不变原则，指公司资本总额一旦确定，非经法定程序，不得任意变动。资本变动的方向有二：增资或者减资。由于增资对公司债权人有利而减资对债权人不利，所以《公司法》对公司增加注册资本实行股东自治，而对公司减少注册资本则实行严格的限制。

3. 公司增资、减资

（1）减资程序。

① 决议。公司减资，应当由董事会（执行董事）制订方案，提交股东会决议，在有限公司与股份公司，均为特别决议，需要2/3以上多数通过。减资后的注册资本不得低于法定的最低限额。

② 编制资产负债表及财产清单。

③ 通知和公告。公司应当自做出减资决议之日起10日内通知债权人，并于30日内在

报纸上公告。

④ 清偿与担保。债权人自接到通知书之日起 30 日内，未接到通知书的自公告之日起 45 日内，有权要求公司清偿债务或者提供相应担保。

⑤ 办理变更登记。

[例 3] 某有限公司的法律顾问在审查公司减少注册资本的方案时，提出以下意见，其中哪一条意见不符合《公司法》的规定？（ ）

A. 公司现有注册资本为人民币 40 万元，故减资 10 万元后，公司注册资本不低于法定的最低限额

B. 股东会同意本方案的决议，经 2/3 以上有表决权的股东通过即可

C. 公司自做出减资决议之日起，除了在 10 日内通知债权人外，还应在 30 日内登报公告

D. 如果债权人在法定期限内要求公司清偿债务或者提供相应的担保，公司有义务予以满足

[答案] B。

[例 4] 某股份公司拟减少注册资本，需要依法实施的行为是（ ）。

A. 减资决议须由出席股东大会的股东所持表决权的 2/3 以上通过

B. 自做出减资决议之日起 10 日内通知债权人，并于 30 日内在报纸上公告

C. 向所有债权人清偿债务或提供担保

D. 向公司登记机关申请变更登记

[答案] A、B、D。

（2）增资程序。

① 应当由董事会（执行董事）制订方案，提交股东会决议，在有限公司与股份公司，均为特别决议，需要 2/3 以上多数通过。

② 有限公司增加注册资本时，股东享有优先按照实缴的出资比例认缴出资的权利，除非全体股东另有约定（第 35 条）；但股份公司无此规定。

4. 资本形成制度

公司资本通过股份或者资本的发行而形成，既可以在公司设立时一次性形成，也可以在公司成立后分次形成。各国公司法对此有不同的制度选择与设计，形成了三种相对稳定成型的资本形成制度。

（1）法定资本制，指在公司设立时，必须在公司章程中明确规定公司资本总额，并一次性发行、全部募足或认足，否则公司不得成立的资本制度。其要点是：

① 公司设立时，必须在公司章程中明确规定资本总额。

② 公司设立时，必须将资本或股份一次性全部发行并募足，由发起人或股东全部认购。

③ 资本或股份经认足或募足后，各认股人应根据发行的规定缴纳股款。对于缴纳股款的，分为一次性缴纳和分期缴纳两种方式，但分期缴纳时，第一次缴纳的股款数不得少于一定比例，其余部分，可由公司另行通知缴纳。

④ 公司成立后，因经营或财务上的需要而增加资本，必须经股东（大）会决议、变更公司章程的新股发行程序。

德国、法国、意大利等国采取“法定资本制”。这种制度要求：公司章程中所载明的

公司资本额在公司设立时必须全部认购完毕；否则，公司不得成立。公司如若要增加资本，必须修改章程。法定资本制有利于保证公司拥有充实的资本，防止利用公司进行欺诈行为的发生；但是法定资本制对于资本的迅速到位要求过严，对于公司资本的调度缺少灵活性，往往耽误公司的成立；因此，不适应现代股份有限公司的需要，因而采用法定资本制的国家，也采用一些变通的办法，例如法国的公司法虽然仍规定股份资本必须全部认缴和发行，但可以先缴纳股份票面的25%以上股款，而余者在五年之内缴清。

（2）授权资本制，指在公司设立时，虽然应在章程中载明公司资本总额，但公司不必发行资本的全部，只要认足或缴足资本总额的一部分，公司即可成立。其余部分，授权董事会在认为必要时，一次或分次发行或募集。其要点如下：

① 公司设立时，必须在章程中载明资本总额，此点与法定资本制相同。但同时章程亦应载明公司首次发行资本的数额。

② 公司章程所定的资本总额不必在公司设立时全部发行，而只需认足或募足其中的一部分。

③ 公司成立后，如因经营或财务上的需要欲增加资本，仅需在授权资本数额内，由董事会决议发行新股，而无须股东会决议变更公司章程。

美国、英国、日本等国家采取“授权资本制”。这种制度使公司资本分为“发行资本”和“授权资本”。公司在章程中载明资本的总额，按规定先认购和发行一部分股份（例如日本规定不低于授权资本的1/4），其余股份留待以后根据营业需要再度发行。授权资本是公司有权通过发行股份而募集资本的最高限额，在此限额内公司可随时发行股份，减少公司在授权资本限额内增加资本的程序（修改章程和其他手续）。

授权资本制的主要特点是资本或股份的分期发行，而不是法定资本制的一次发行、分期缴纳，正是在授权资本制之下，才有了授权资本与发行资本的概念和区别，公司章程所定的只是授权资本，发行资本则取决于公司决定发行的数额。

（3）折中资本制，是在法定资本制和授权资本制基础上衍生和演变而成的资本制度。公司设立时，也要在章程中载明资本总额，并只需发行和认足部分资本或股份，公司即可成立，未发行部分授权董事会根据需要发行，但授权发行的部分不得超过公司资本的一定比例。

（4）我国公司法的选择。依照我国《公司法》第26条的规定，普通有限公司的注册资本为在公司登记机关登记的全体股东认缴的出资额。全体股东的首次出资额不得低于注册资本的20%，也不得低于法定的注册资本最低限额人民币3万元，其余部分由股东自公司成立之日起2年内缴足；其中，投资公司可以在5年内缴足。

《公司法》第81条规定：股份公司采取发起设立方式设立的，注册资本为在公司登记机关登记的全体发起人认购的股本总额。公司全体发起人的首次出资额不得低于注册资本的20%，其余部分由发起人自公司成立之日起2年内缴足；其中，投资公司可以在5年内缴足。在缴足前，不得向他人募集股份。第85条规定：采取募集方式设立的，注册资本为在公司登记机关登记的实收股本总额，其中发起人认购的股份不得少于公司股份总数的35%。

可见，我国现行《公司法》采用的还是法定资本制，只不过比1993年《公司法》的规定更自由的地方在于允许分期缴纳。

（二）股份、股东、股票

股份有限公司的资本是股份的总和，而股份是均分公司资本的单位，每股金额相同，代表一定的金额。股份是股东在公司中享受权利的单位。股份证券化为股票。因此，股份与股票成为一体，股票是股东享有股份的书面凭证。股票是财产权利的载体，是有价证券，可以转让；而且股份有限公司股份的转让，都是以交付股票的方式进行的。

股份按照不同标准，可以进行不同的划分：

（1）按照是否公示股份的所有者，可将股份分为记名的与无记名的。凡在股票上及股东名册上记载股东姓名者，称为记名股份。凡在股票上及股东名册上均不记载股东姓名者，称为无记名股份。记名股份的所有人明确，便于公司掌握；无记名股票便于流通，但不易掌握。无记名股票的持有人可享有股东的资格，行使股东权利。德、法等国，都允许发行记名的和无记名的股票。根据有些国家公司法的规定，记名股份在公司设立登记之后，虽然股款尚未缴清，仍然可以持有股份。虽然无记名股票广为流行，但各国公司法鼓励发行记名股份。美国《标准公司法》规定，每张股份证书应写明获得股份人员的姓名。无记名股票持有人行使股东权时，应将其股票提存于公司。

（2）按照票面是否记载金额可分为有票面金额股与无票面金额股。有票面金额股是在票面上记载一定金额的股份，股票上的金额是若干股金额之和。无票面金额的股，是以公司财产价值的一定比例作为划分股份的根据，票面上只记载股数而不记载金额，其价值与公司财产同向增减。有面额股，欧洲国家（如德、法）使用较多；无面额股，在美国广泛使用。

（3）按照享有财产利益的顺序，可分为普通股和优先股。普通股是与优先股相对而言的。普通股是股份有限公司最重要最常见的一种股份，是构成公司资本的基础。普通股的股东在公司把红利分派给优先股股东之后，享有从公司分红的权利；在公司解散或清算时，在公司清偿了公司债务之后，参与公司剩余财产的分配。普通股红利的多少取决于公司的经营状况。普通股的股东有表决权，参与选举公司的董事会或监事会，对公司的经营活动发生相当的影响。优先股是指在分派公司红利和公司在清算时分配公司财产这两个方面比普通股享有优先权的股份。有些国家的法律规定，在公司设立时可以同时发行优先股，有些国家规定，优先股只能在增招新股或清理债务时才可发行。但优先股股东在股东会上没有表决权，不能参与公司的经营管理。优先股的股利是固定的，一般在发行股票时予以确定。

股份有限公司能否回收自己的股票，各国公司法有不同的规定。各国公司法原则上禁止买回自己的股票。法国允许在为了减少资本而取消股份、按照利益计划分派股份给其雇员的情况下，可以买进自己的股份，但不能超过资本总数的 10%。意大利的公司法规定，根据股东大会决议并用公司盈利购买自己的股份是允许的。自有股份没有表决权。美国《标准公司法》规定：可以赎回公司的股份，赎回的股份应使该股份取消。赎回股份应作取消声明并呈报州务卿备案。这种赎回股份不能导致公司无力偿付。赎回的股份不是公司的股份资本，没有表决权。

股份有限公司的股票原则上都可转让，因为股份有限公司的性质是“财产的组合”，股票所有人的变换并不影响公司财产的总额，因而不影响公司的经营活动。但有些国家对

于股票的转让也规定了一定的限制。法国的公司法规定，对于股票的转让，可以在章程中加以规定。德国的公司法规定，公司章程可以规定股份的转让要得到董事会的同意。有的国家对股票转让给外国人作了某些限制。英国的公司法规定，把英国公司的股票转让给外国人，事先要取得财政部的同意。

通常对股份有限公司股票转让的限制，在于记名股票的转让，本公司的其他股东可以有优先购买权。股票转让手续，无记名股票只需把股票转让给受让方，就完成了转让手续，记名股票要求由出让方在股票上背书，并在公司股东名册上登记受让人的姓名、地址。

股东是股份的所有人，是股份所表现的权利主体。自然人、法人均可成为股东。自然人的行为能力如何，在所不问，均可成为股东。除了特别的公司外，对股东的国籍也无限制。由于授权资本制的实行，公司资本与股份的联系已经无力；又由于资本所有权与经营权的分离，广大股东不可能、不愿意、不必要参加资本的经营。在这种情况下，关于股东权为何物，就成为争论的一个问题。有的认为股东权是附条件的债权，有的认为股东权是由于股东地位而对公司所享有的权利，这些看法认为：股东权是股东对公司的权利，而股东不是公司资本的所有人，这反映了物权债权化的倾向。

各国对股东的权利义务的规定基本是一致的。股东的权利可分为自益权和共益权。自益权是股东从公司取得的经济利益；共益权是股东参与公司经营管理的权利。共益权的中心是表决权，还有全会决议撤销权、全会召集权、董事选任及解聘请求权、查阅账簿资料权等；共益权对于小额股份的股东，是难以行使的，而且也难发挥作用。股东对于公司的义务，只有依章程规定缴足认购股份的金额。

（三）公司债与公司债券

公司债是公司以向社会发行债券的方式所承担的债务。公司债券是表示公司所负债的有价证券。公司债规定有偿还期和利息率。债券持有人可以在规定的期限届满时收回全部债款，并按期向公司收取规定的利息。不论经营状况如何，都应按期支付所借之款和利息。

公司债有两种：一种是无抵押的公司债，债券持有人只能与公司的其他债权一样要求公司予以清偿；另一种是有抵押权的公司债，是以公司财产作抵押而发行的债券。如果公司到期无力清偿本息，债券持有人对于抵押的公司财产，有从其价金中优先受偿的权利。

发行股份（票）与公司债（券）是股份有限公司筹集资本的两项主要方式，但两者有明显的差别：

（1）股份的所有者是公司的股东，是公司的成员；而公司债的主体（债券持有人）是债权人，与公司的关系是债权债务关系。

（2）股份投资是永久性投资，投资者不能要求公司返还其股金；而公司债有一定的期限，到期应返还本息。

（3）普通股通常没有固定的红利率，只有公司盈利才能分红，而且红利率随盈利的变化而波动；而公司债有固定的利息率，无论公司是否盈利，都应按期支付利息。

（4）股东对公司的经营决策有参与权，而债券持有人则没有这种权利。

（5）当公司解散时，公司债的权利人有优先于股东的受偿权。

因此，股份投资比购买公司债券的风险大，但盈利的幅度也大。由于出现优先股，现代股份有限公司中股份与公司债的差别正在缩小。有些公司还发行“可转换公司债”。这种债券发行时，在上面载明一项条款，明确规定债券持有人可以在一定期限内把公司债转换成为股票，从而成为股东。

四、股份有限公司的机关

（一）公司的机关与管理

股份有限公司是法人，而法人的活动要通过它的机关。法人机关对内行使其经营管理的职权，对外代表法人；法人机关的意志和行为，被视为法人的意志和行为。

在股份有限公司中，有三个机关，即股东大会、董事会和监事会。股东大会是公司的最高权力机关，对公司的经营管理有决策权，有决定董事的选任、解任和报酬权；董事会是公司的执行机关，根据股东大会决议开展业务，对股东大会负责。但由于股份公司本身的特点，股东很多，在客观上出席股东大会有困难，而大部分股东，特别是小股东，只关心利益分配，并不关心公司的业务经营；同时，分散的、股份少的股东，对于股东会的决议也处于无力影响的地位，所以也不愿参加。这就是股份有限公司中出现的“所有权与经营权相分离”的趋势。股东大会的权限和作用日益缩小，董事会、经理在公司的经营管理中的权限和作用日益扩大。分散的股东利益的保护、避免少数人操纵和营私舞弊，靠的是完备的法律规定和严格的行政管理。从另一方面说，把经营管理权交由少数有经验和能力的人，这对提高公司的管理水平，为股东取得更多的红利，是有益的。

（二）股东大会

股东大会分为定期的和临时的股东大会。定期股东大会每年必须召开一次，或至少开一次，称为年会；临时股东大会由董事会在认为必要时，或由达到股份总数一定百分比的股东的要求而召开。由于议决特别重大事项，故称为特别会议。

股东大会由董事会召开，董事长是大会的主席。会前应按规定将开会的日期、地点、议题等事项通知各股东，并予以公告。

关于股东大会的职权，各国公司法的规定不完全相同。根据法国的公司法，股东大会职权大致包括：①审议年度结算，董事会、监事会和审计员的报告；②任免董事和监事，选任审计员；③决定红利的分派；④变更章程；⑤增加或减少公司资本、发行公司债；⑥决定公司的合并或解散等。在德国，由股东大会选出股东代表，与由雇员选举产生的雇员代表组成监事会，选任董事并任命董事长。股东大会除了选出代表充任监事会成员外，还包括以下职权：①审议年度结算及各种报告；②宣布股利，对利润进行分配；③对董事会、监事会成员（属股东代表部分）进行任免；④选任审计员；⑤变更章程；⑥选任特别调查人；⑦决定公司解散。法国公司的管理机构可以是单一董事会制或双重的董事会和监事会制；德国公司的管理机构实行双重制（监事会与董事会）。如采取单一的董事会制，则其成员由股东大会选任与解任；如采取双重的董事会与监事会制，则股东大会只能任命和解任一部分（如2/3）监事会的成员，不直接任命董事和董事长。董事和董事长由监事会选任并监督其活动。

各国公司法规定，股东大会必须达到规定的人数才能产生效力。美国《标准公司法》规定，除公司章程另有规定外，有表决权的股份之多数的拥有者亲自或由代理人出席会议，应构成股东会议的法定人数。但在任何情况下，法定人数不应由少于在会议上有表决权股份的 1/3 构成。由出席会议的有表决权股份的多数赞成票所决定的事项，应视为全体股东的行动。法国的公司法规定，出席股份有限公司股东大会的法定人数，普通股东大会为拥有表决权股 1/4 的股东，特别股东大会为拥有表决权股 1/2 的股东。德国的公司法没有规定股东大会的法定人数，而由章程加以规定。

股东都有权参加股东大会，但只有普通股才有表决权，一股（或一个单位股）一个表决权。优先股没有表决权。拥有零星股份的股东大都不参加股东大会，而委托代表代其在会上参加表决。为了维护少数股东的利益，德国、法国公司法都有关于少数票股东的权利和调查的规定，例如代表公司资本 10%的股东可以要求大会任命特别调查人对与公司成立和管理有关问题进行调查；又如代表公司资本 10%的股东可以否决股东大会对审计员的任命，并请法院选任其他审计员。

（三）董事会

董事会是股份有限公司的业务管理机关，对内处理公司各项事宜，对外代表公司与公民、法人建立各经济和业务关系。

（1）董事会的组成。除只有一名董事外，董事若干人组成董事会。各国法律都有关于董事会的规定。德国的公司法规定，董事会可由一人或数人组成。日本与法国公司法都规定，所有股份有限公司的董事必须在 3 人以上。法国的公司法还规定，董事人数不得超过 12 人，但合并的公司除外。美国《标准公司法》规定，公司的董事会应由一个或更多的董事组成。如董事有 9 人或 9 人以上，则分成若干组，每次股东年会，有一组任期届满，有一组被选举补上。英国的公司法规定，每一公开招股公司（上市公司）至少须有董事 2 人，每一非公开招股公司（不上市公司）至少须有董事 1 人。

关于董事应具有的资格，各国公司法规定不尽相同。法国、瑞士公司法规定，董事必须是股东。德国、意大利的董事不必是股东。美、英、日公司法也规定，董事不必是股东。法人可否当董事，法国的公司法规定，法人可以作为董事，但必须指定一个自然人作为其永久的代表。采用双重体制的公司，法人不得作为董事。德国的公司法也规定，法人不得作为公司的董事。

董事会设有董事长、副董事长。董事会中还可以设立常务董事（如英）或执行委员会（如美），负责企业的经常性事务。按英国的公司法，董事会除董事长、常务董事外，还应有一名秘书。按照法国的公司法，除了董事长外，还可由董事会任命总经理协助董事长工作，总经理不必是董事会成员。总经理对外代表公司，其权力与董事长相同。德国的公司法规定，董事会可以以公证文书任命公司代理人，这种任命要在商事注册官署注册。代理人可以与董事一起代表公司签署文件，也可以单独签署。

（2）董事会的权限。董事会作为执行机构和管理机构，具有广泛的职权。各国公司法大都规定，除法律及公司章程规定由股东大会决定的事项外，公司的全部业务都可由董事会执行。在德国，因为实行双重体制（作为管理机构的董事会和监事会并存），董事会独

立负责，对公司进行管理。它不受股东大会指示的约束，但在某种程度上受制于监事会的决议。董事会代表公司对外进行业务活动。在英国，董事会的权限由法律和公司章程加以规定，凡不属于应由股东大会行使的权力，应由董事会行使，而且凡属董事会职权范围的事务，股东大会不得加以干涉。美国的《标准公司法》也授予董事会广泛的权力，除该法及公司章程另有规定外，公司的一切权力都应由董事会行使，公司的一切业务活动和事务都应在董事会的指示下进行。

（3）董事的责任。董事对公司的关系，应是诚信服务、利益与共的关系。美国《标准公司法》要求董事应忠诚地，以其有理由认为是符合公司最高利益的方式，以智者处事的谨慎态度来履行其作为董事的职责。英国的公司法认为董事是公司的代理人和受托人。董事对于公司，应尽到代理人对于委托人的义务，也应承担受托人对于受益人（股东）应尽的义务。各国公司法和章程都对董事个人对公司的关系作了一些限制性的规定，对于董事违法或违反章程都规定了其应负的责任：①董事必须发挥自己的管理能力，尽到一个适任的营业管理者应有的注意；②禁止向董事及其亲属发放贷款；③不得从事与公司同类的商业活动；④与董事个人有利害关系的契约必须得到全体董事的同意；如果公司破产，过错的董事个人应承担超出公司财产的债务的清偿责任。

（四）监事会、监察人、审计人

监事会是监督董事业务执行的机构。德国的公司法规定，监事会根据雇员多少和不同行业由 3 至 21 名成员组成。法国的公司法规定，监事会的成员由 3 至 12 名组成。

根据德国的公司法的规定，监事会成员分为两种：由股东中选任的监事会成员；由雇员中选任的监事会成员。雇员选任的监事会成员应占 1/3。监事会由股东大会选举产生，对股东大会负责。监事会的成员必须是自然人，但对其国籍不作限制。监察人不能兼任董事。监事会对公司的经营管理实行全面监督，对董事会的工作有监督权。监事会有以下职权：①召开股东大会；②选任与解任董事会成员；③监督董事会的业务执行情况；④决定公司经营方针和其他重大事项。监事会与董事会的关系是：董事会必须定期向监事会报告关于公司的经营方针、营利能力、营业过程、资金周转、公司事务的状况。监事会可以随时向董事会了解对公司或联合公司具有重要影响的情况。监事会可以自己或通过专家对公司的账簿和记录进行检查。监事会可以规定，某些交易活动必须征得它的同意。

根据法国的公司法的规定，监事会的职权是：选任董事会成员并监督董事会进行的公司管理活动。监事会决定公司的决策。监事会可以要求董事会在它进行现金以外的交易时须得到监事会的同意。监事会的成员由股东大会选任，任期 6 年（董事任期 4 年）。监事会成员不得担任董事会的成员或公司的雇员。监事会的成员必须是股东。

根据日本的《商法特例法》，股份有限公司（株式会社）不设监事会，但一定规模的公司必须设置会计监察人。会计监察人由股东大会选任，其主要任务是监察公司的会计事务。

根据英国的公司法规定，各公司应任命审计员若干人，其目的是在股东大会上向股东们报告他们所审核的账目和公司提出的所有资产负债表、损益账以及一切集团账目。为了保护股东们的利益，有必要对董事提出的账目进行审核。公司审计员必须是英国的会计师组织的成员并经经贸部认可的。审计员由股东大会任免，报公司注册办事处备案。审计员

就他执行的任务而言，是股东的代理人，尽管没有经过股东的任命；但就其以审计师的身份为董事们工作，则又不是股东的代理人。审计员是公司的高级职员。审计员在其任期内，应在股东大会上将所审查的账目和资产负债表、损益账及集团账向股东们提出报告，并将报告提交给公司。审计员有权随时查阅公司的账册和凭证，有权要求公司的高级职员提供资料和说明。审计员有权出席公司的任何大会，凡属公司股东有权收到的一切大会通知及大会信件，亦应送达审计员。审计员在任何大会上，均得就涉及审计员任务的任何议题发言。

（五）公司的职员

在西方国家，公司职员是指公司的高级职员，包括总经理、副总经理、部门经理、司库、秘书，不包括从事具体劳务的员工。在英国，还包括审计员。职员由董事会延聘为公司服务，并在董事会授权下执行董事会的决定。有的国家最主要的职员由董事会按章程细则选举产生，其他职员由董事任命或以其他方式产生。美国《标准公司法》规定：公司职员应由总经理一人，由章程细则规定副总经理一人或若干人、秘书一人及司库一人组成。上述各人应由董事会按章程细则规定的时间和方式选举产生。被认为必要的其他职员和助理职员以及代理人可由董事会选举或任命，或按章程细则规定的其他方式做出选择。除总经理和秘书外任何两个或两个以上职位可由同一人兼任。

所有公司的职员和代理人，在他们和公司之间，都应拥有按细则规定或按照董事会不违背细则的决议所决定的权限，并在管理公司时执行（规定和决策）的义务。公司职员是公司的雇员，他们同公司之间需要签订雇佣合同。他们被选举或委任本身并不产生合同的权利义务关系，必须通过雇佣合同，建立他们同公司之间的合同关系。当公司判断撤换任何职员或代理人是符合公司的最高利益时，董事会可撤换之。但撤换不应损害被撤换者的合同权利。

五、股份有限公司的财务会计制度

公司应当依照法律的规定建立本公司的财务、会计制度。所谓财务制度，是指公司资金管理、成本费用的计算、营业收入的分配、货币的管理、公司的财务报告、公司的清算及公司纳税等方面的规程。所谓会计制度，是指会计计账、会计核算等方面的规程。公司的财务制度是通过会计制度来实现的。公司财务会计制度包括财务会计报告制度、公积金制度等方面。

（一）财务会计报告

我国的《公司法》规定，公司应当在每一会计年度终了时（公历 12 月 31 日）制作完成财务会计报告，并依法经会计师事务所审计。

有限公司应当按照公司章程规定的期限将财务会计报告送交各股东。

股份公司的财务会计报告应当在召开股东大会年会的 20 日前置备于本公司，供股东查阅；公开发行股票的股份有限公司必须公告其财务会计报告。其目的在于保证股东获得有关公司经营和财务的信息。

（二）公积金

1. 定义与分类

公司营业有盈余时，提取其中部分，用于扩充营业、弥补亏损或作为预备金，这部分盈余，就是公积金。最早规定公积金数，是1867年的法国的公司法，1966年的法国的公司法继续有此规定。大陆法各国的公司法都有关于公积金的规定。

公积金，是指企业根据法律和企业章程的规定提留备用，不作为股利分配的部分所得或收益。

（1）根据公积金的不同来源，可以将其分为盈余公积金和资本公积金。盈余公积金，是指企业依法或依企业章程从企业的利润中提取的公积金。资本公积金，是指直接由资本、资产或其受益所形成的公积金。

（2）根据公积金的提留是否为法律强制，可分为法定公积金和任意公积金。前者指根据法律的强制性规定而提取的公积金，企业章程和股东会对其提留条件和方式不得予以变更。法律对企业的积累进行规范，甚至作强制性规定，目的在于防止出资者或股东追求利润分配最大化而可能影响企业的发展，同时也损害出资者或股东的共同利益和长远利益，并可能损害债权人的利益。

2. 公积金的提取

(1) 法定公积金。这是依据公司法的规定必须提取的公积金。法国的公司法规定，在宣告股利之前，必须把年营利的至少5%留作法定公积金，直到此项基金达到公司资本的10%为止。德国的公司法也作同样的规定。美国和英国公司法没有公积金的规定，但规定若资本有亏缺，必须将盈余补其缺额；可在章程中规定营业盈余中必须保留的部分。日本法律规定提取公积金同资本的比例为10%。按各国法律规定，公积金可以转化为资本。

（2）任意公积金。公司除了依法提取公积金外，还可通过股东大会决议，从盈余中提存一部分，以备他日不时之需。美国《标准公司法》规定，公司可根据董事会决定，为任何合适之目的从其营业盈余中设立储备金。

我国《公司法》规定，公司分配当年税后利润时，应当提取利润的 10%列入公司法定公积金。公司法定公积金累计额为公司注册资本的 50%以上的，可以不再提取。公司的法定公积金不足以弥补以前年度亏损的，在依照上述规定提取法定公积金之前，应当先用当年利润弥补亏损。公司从税后利润中提取法定公积金后，经股东会或者股东大会决议，还可以从税后利润中提取任意公积金。

3. 公积金的用途

我国的《公司法》规定：

（1）公积金用于弥补公司的亏损、扩大公司生产经营或者转为增加公司资本。

[例 5] 依照《公司法》的规定，公司提取的法定公积金可以用于下列哪些项目？（　　）

A. 扩大公司生产经营　　B. 弥补公司亏损

C. 转增公司资本　　D. 改善职工福利

[答案] A、B、C。

（2）法定公积金转为资本时，所留存的该项公积金不得少于转增前公司注册资本的 25%。

[例 6] 某股份有限公司注册资本为 3000 万元，公司现有法定公积金 1000 万元，任意公积金 500 万元，现该公司拟以公积金 500 万元增资派股，下列哪些方案符合法律规定？（ ）

A. 将法定公积金 500 万元转为公司资本

B. 将任意公积金 500 万元转为公司资本

C. 将法定公积金 200 万元，任意公积金 300 万元转为公司资本

D. 将法定公积金 300 万元，任意公积金 200 万元转为公司资本

[答案] B、C。

（三）红利

红利是公司盈余中用于分配给股东的部分。股东之所以投资，其目的在于取得股息或红利；股息是按固定利率支付给优先权股持有人的公司的盈利，或者需要较长时间筹建才能开业的公司从资本资金中按一定利率支付给股东的利息（建业股息）。盈余来自两个方面：一是营业盈余，一是资本盈余。资本盈余是非营业的收入，如股票的溢价、资产的增值。各国公司法都规定，除建业股息外，不得从资本中分配股息和红利；只有获得盈余时，才可以分派红利和股息。许多国家公司法都有规定，红利只有在弥补亏损以及提存公积金之后，才可分配给股东。

红利的分配程序，通常在年度决算时由董事会提出分配方案，由股东大会通过，按股份多寡以现金分配给股东，也可以股份折抵分配给股东，即增加股东的股份。

六、股份有限公司的变更及消灭

（一）变更

法国的公司法对于股份有限公司变为有限公司和有限公司变为股份有限公司都是允许的。股份有限公司的变更涉及公司章程的变更，因此需要股东大会的决议。德国的公司法规定，股份有限公司可以变更为有限公司，有限公司也可以变更为股份有限公司，同时二者又都可能变更为其他类型的公司，特别是无限公司，而无限公司也可能变更为股份有限公司或有限公司。股份有限公司的类型变更需要特别股东大会的决议并且一般要求一致通过。对于公司类型变更情况下公司债权人利益的保护和出现违法问题，公司董事要承担法律责任。公司类型变更必须办理商事注册手续，并予以公告。

（二）合并与分立

股份有限公司可以和其他任何公司合并。公司合并有两种方式：一种是新设合并，两个公司同时解散，两公司结合成一新公司；另一种是吸收合并，两个公司中，其中一个解散，一个存续，存续公司吸收解散的公司。

法国的公司法规定，一个股份有限公司与另一股份有限公司在不经过清算的情况下可以进行合并。股份有限公司可以与有限公司合并。合并的决定须经两个公司的特别股东大会通过。合并必须办理商事注册，公司的全部资产和负债自注册之日起，移转于受让公司。

德国的公司法规定，股份有限公司可以与另一股份有限公司以及其他类型的公司合并。股份有限公司既可以是转让公司，也可以是受让公司，而有限公司则只能是转让公司。转让公司的股东将获得受让公司或新公司的股份，受让公司可以为此目的而增加自己的资本。

公司的合并需要取得转让公司和受让公司双方股东大会的同意。如果是股份有限公司，需要有3/4多数票的同意，合并必须采取公证的形式。

美国《标准公司法》规定，公司的合并，是公司财产整体转移、债权债务同时转移给存续公司或新设公司。

公司合并的步骤，由当事公司的董事会就合并的条件进行磋商，订立合并契约，按德国的公司法的要求，合并契约还要经过公证。契约订立后，由当事公司召开股东大会，做出合并决议。反对合并的股东有权要求公司以公平的价格收买其持有的股份。当事公司应进行公告，催告对合并持异议的债权人在一定时间申报其异议，对于持异议的债权人，当事公司应清偿其债务；不提异议的，视为承认合并。以上手续完毕后，召开股东大会，做出合并决议，进行合并登记，合并因登记而发生效力。

公司分立有两种方式：一种是新设分立，即原公司解散，原公司分为两个以上的新的企业法人，如A公司分立为B公司与C公司；另一种是派生分立，即原公司继续存在，由其中分离出来的部分形成新的法人，如A公司分立为B公司与A公司。

（三）消灭

公司因解散而消灭。各国公司法对股份有限公司解散的原因，分为自愿解散和强制解散。法国、德国、意大利、美国、英国公司法都有关于自愿解散的规定。自愿解散的原因有：股东大会决议自愿解散、公司章程规定的解散事由的发生、公司经营的事业已经不能继续等。强制解散的原因有：资不抵债、公司的违法行为、股东减少到不足法定人数、资本低于法定资本额、因章程的重大缺陷而被法院宣布设立无效、政府主管部门通过法院强制解散等。

公司解散时，应由清算人对公司的财产包括债权债务进行清理。按英国的公司法规定，债权人和公司可各自提名一名清算人，意见不一致时由法院确定清算人；或者由法院直接指定清算人。英国不准法人充当清算人，而美国《标准公司法》却规定：清算人应是一个被授权充当清算人的自然人或公司。清算人的职责是：①检查公司的财产状况，制作资产负债表和资产目录，以供股东、债权人和有关方面的查阅；②通过公告催促债权人在规定的期限内申报其债权；③清理公司业务、结束公司的业务活动；④收回债权，偿还债务；⑤分配公司剩余财产。清算人在履行其清算职务时，全权代表公司。清算工作完成后，将各种报表账簿提交给股东大会审查，并报法院审查，审查认可后，清算人就免除了自己的职责。

第三节　有限公司

一、有限公司概述

（一）有限公司的概念与特征

有限公司是由法律规定的、由若干股东组成的、股东仅限于其出资对公司债务负责的公司。

有限公司具有如下的特征：

（1）设立的程序简便。公司成员少，由少数人发起；其成员，法国、英国、日本的公司法规定有限公司不得超过 50 人。资本于成立时即交齐，无须向社会招股筹集。章程的制定、机构的设立都较为简易。

（2）有限公司为非公开招股公司。其股东虽也有等值而不同数额的股份证书，但那只是权利证书，并非如同股票那样的有价证券。

（3）法、德、瑞士等大陆法系允许有限公司由于股份集中到一人的一人公司存在，此人并不因此对公司债务承担个人责任；但公司的债权人可请求强制解散此种公司。

（4）有限公司的管理人可由一名或几名经理或董事担任，经理为公司的法定代表人，经理可以不是公司的成员。可以只有公司成员会，没有董事会。有限公司的管理人员精干，机构灵活。

（5）股东只负有限责任，便于吸引投资。

（二）法律人格和名称

有限公司是一种区别于其成员的法律实体，是营利法人。

按照法国的公司法的规定，有限公司名称的开头或末尾必须写有“有限公司”字样，同时还要附上公司股份资本总额。按《德国民法典》的规定，有限公司的名称必须表明企业的营业种类，或者表示出其某一成员的姓名，同时还可以添加其他的文字，包括创新的词汇等。公司的名称必须包含“有限公司”字样。

（三）沿革和意义

有限公司的最早立法，是德国 1892 年的《有限责任公司法》。由于它在德国经济生活中起了重要作用，于是被欧洲大陆各国仿效。法国于第一次世界大战后，收复阿尔萨斯和洛林两省，这两省有很多有限责任公司。依法处理这些企业的需要，就成为法国制定有限责任公司法的起因。于是法国便于 1919 年制定《有限责任公司法》，并于 1925 年施行。日本于 1933 年制定《有限公司法》，省略了“责任”二字，这便是“有限公司”名称的由来。

有限公司这种经济组织形式在市场经济中有着十分重要的意义，是很重要的市场主体。法国 1964 年统计，无限公司为 15 676 个，股份两合公司为 176 个，股份有限公司为 66 968 个，而有限公司为 117 756 个。70 年代末，德国大约有 6 000 家股份有限公司和 15 万家有限公司；奥地利有 570 家股份有限公司，而有限公司在 10 000 家以上。有限公司对中小型企业具有十分重要的实践意义，就数量而论，在欧洲各国，有限公司十倍于股份有限公司。有限公司往往是成立股份有限公司的先导，由有限公司变为股份有限公司。

二、有限公司与股份有限公司的区别

有限责任公司与股份有限公司，在法律地位上有很大的区别，这些不同点主要如下。

（1）有限责任公司的董事们通常拥有该公司的全部或主要的股份，从广义上说，管理者也就是拥有者；但在股份有限公司中，由于股权分散，股东人数众多，因此，拥有公司大量股本的股东作为公司董事的现象比较罕见，对大多数股东来说，实际上是无权参加公司管理的，从这个意义上来说，公司的大多数股东往往是与管理者相分离的。

（2）有限责任公司的内部细则往往都有规定股份转让限制的条款，一般不允许随便转让；而股份有限公司的股票在证券交易所挂号登记，通常以不固定的价格进行合理的买卖，是允许在市面上自由流通的。

（3）有限责任公司中不担任董事职务的少数股东的地位要比股份有限公司中注册过的在册股东的地位弱得多。在有限责任公司中，如果不担任董事职务的股东不满意公司的管理，不得随便出售其股份，也不能有效地反对这些董事们再选连任，因为公司内部细则通常规定他们可以担任董事终生或者他们的任期远远超过股份有限公司董事（3 年）的任期。

（4）一般来说，有限责任公司的联合或合并比股份有限公司困难得多，这是因为：有限责任公司董事手中握有公司的大多数股份，在股东大会里有决定性的发言权和决策权；有限责任公司的内部细则对股份转让的限制规定，阻止了某些股东要求公司合并的企图；而且，由于有限责任公司缺乏其股份交易市场，因而很难达到满意的价格。

根据法国的公司法的规定，有限公司与股份有限公司的主要区别是：有限公司的设立和管理比股份有限公司要简单；在少数情况（如有的股东没有交足股份资本，其他股东应予补足；现物入股作价过高，公司成员对这种资本不足，应对第三人负责）下，有限公司的成员个人要对资本的缺额承担责任；有限公司的资本只需达到 2 000 法郎，而股份有限公司如果不向公众邀约认购其股份或公司债，其最低资本额为 10 万法郎，如果向公众邀约认购的话，其最低资本则为 50 万法郎；有限公司不能发行无记名股份和无记名公司债；有限公司不能向公众邀约认购它的股份和公司债；有限公司成员的人数受到限制；有限公司股份转让受到限制，须以公证书的形式或由注册官署通知公司，并且须得到其他股东多数的同意；而股份有限公司股份转让，无记名的，只需交付证券，记名的，只需背书和交付股券，并在公司办理登记即发生效力；有限公司由经理负责管理，可以没有董事会和监事会；有限公司的年度决算不必公开。

我国有限责任公司与股份有限公司的区别主要有：股东人数限制不同；注册资本最低限额不同；资本结构不同；设立方式和程序不同；出资转让限制不同；组织机构要求不同；等等。

三、有限公司的设立

（一）设立条件

我国的《公司法》第 23 条规定，有限公司的设立条件如下：

（1）股东符合法定人数，即由 1～50 个股东出资设立。股东可以是自然人、法人或其他经济组织。

（2）达到法定资本最低限额。最低限额为人民币 3 万元；法律、行政法规对有限公司注册资本的最低限额有较高规定的，从其规定。

（3）共同制定公司章程。

（4）有符合法律规定的公司名称，建立符合有限公司要求的组织机构。

（5）有公司住所。

（二）章程的订立

1. 章程的形式

法国的公司法规定，有限公司章程可以采取书面文件的形式，也可采取公证文书的形式。日本《有限公司法》规定，章程必须经过公证，否则无效。德国《有限责任公司法》规定，章程须用公证形式，并由全体股东签名。

2. 章程的内容

根据法国、日本和德国公司法的规定，有限公司章程的内容大致有以下几项：

（1）公司名称；

（2）公司所在地（公司注册机构一总部或办事处所在地）；

（3）公司的目的（所营事业）；

（4）股份资本总额；

（5）每一成员就其股份缴纳的股款总数；

（6）股东姓名及住所。

以上为必须记载的事项。以下事项可以不记载，但记载之，则具有相应的法律效力：

（1）公司存续期限；

（2）股东除出资外，尚须承担的其他义务；

（3）现物出资折价作股的情况。

（三）设立的程序

1. 设立的程序

根据法国和德国的公司法，有限公司的设立须采取以下步骤：

（1）由全体成员签署包括公司章程在内的文件，使之生效；

（2）认足全部股份资本；

（3）以现金或现物按每股的价额缴纳股款；

（4）在刊登法律公告的报纸上予以公告；

（5）选任经理或董事。

我国《公司法》规定，有限公司的设立过程及设立人责任如下：

（1）设立过程。

订立发起协议（不是法定的要求）→制定公司章程、选举产生首届公司机关→公司名称预准→缴纳出资且经验资机构验资并出具证明→申请公司设立登记→核准登记→公告成立。

（2）设立人的法律责任。

① 设立人仅可以“设立中的法人”名义进行与设立相关的活动，这些活动所产生的法律后果在公司成立后由公司继受；如设立失败，则由设立人承担连带责任，因为设立人之间准用合伙关系。

② 设立人在设立阶段尚不能以公司法人名义进行营业活动，否则该营业行为无效，由此产生的法律后果由设立人承担连带责任。

③ 由于发起人的过错致使公司利益受到损害的，应当对成立后的公司承担赔偿责任。

2. 注册

各国公司法都规定，必须经过注册，有限公司才算成立。法国的公司法规定，公司章程和其他文件必须交主管的商事注册员备案，如果都符合要求，公司将获得商事注册。自注册之时起，公司即告成立。注册员应在政府的商事公报上发布关于公司成立的公告。

四、有限公司的机构与管理

（一）成员会议（股东大会）

根据法、德等大陆法系国家公司法的规定，成员会议可以决定所有对公司有影响的事项，但章程有其他规定（成员出资外的其他义务、章程对经理或董事的授权等）的除外。成员会议决定的事项一般有：

（1）通过年度结算和盈利分配计划。

（2）经理的任免。

（3）批准对全权代理公司事务的代理人的选任。

（4）选任审计员或监察员。

（5）关于公司资本，诸如增加资本、减少资本、额外出资问题的决定。

（6）公司类型的变更、股份转让等事项。

成员会议少数票成员遭受多数票成员压制而利益受到损害时，可以向法院提出请求，宣布决定无效，或者强制解散公司。

成员会议由公司经理或公司成员以寄发挂号信的方式召集。如果章程有规定，也可采用书面决定的方式。这种方式是：将记载决议事项的书面决议草案寄给各股东，各股东于记载决议草案上表示赞同与否，将其寄回公司，公司进行统计，多数赞同者，视为决议通过。

（二）经理（或董事）

德国的公司法规定，有限公司由 1 名或数名经理负责管理。经理由公司成员在成员会议上或根据公司章程任命。经理可以是也可以不是公司成员。经理可以随时由成员会议予以罢免。对不合理的罢免，经理可提出损害赔偿。经理应服从成员会议的指示。法国的公司法规定，经理违反法律或公司章程，或在公司管理中犯有过错，对公司和第三人承担连带责任，在破产情况下，应对超出公司财产的债务承担清偿责任。

根据德国和法国公司法，经理在对内关系中，为了公司的利益，可以实施任何行为。在对外关系中，经理享有在各种情况下以公司名义为法律行为的权利，但法律规定应由公司成员决定的问题（如处分不动产）除外。

五、有限公司的变更和消灭

（一）合并与分立

有限公司的合并，同样有两种方式：吸收合并与新设合并。

有限公司与有限公司合并，按日本的公司法的规定，合并后存续的公司或新设立的公司，必须也是有限公司。有限公司与股份有限公司合并，合并后存续的公司或新设立的公司，可以是有限公司，也可以是股份有限公司；如果二者合并后是有限公司，则原股份有

限公司必须先清偿其全部债务之后才能实行合并；如果二者合并后是股份有限公司，则合并须经法院认可。按德国的公司法规定，股份有限公司可以接管有限公司，而有限公司却不能接管股份有限公司。

有限公司的分立同股份有限公司的分立，有新设分立与派生分立两种方式。

（二）变更与消灭

法国的公司法允许有限公司变更为股份有限公司和其他类型的公司。日本和德国公司法都允许有限公司变更为股份有限公司。公司的变更要经全体股东的同意并办理商事注册手续。

有限公司的消灭与股份有限公司的消灭雷同，此处不再赘述。

【能力测试·公司法】

一、判断题

1. 所有的中外合资经营企业都是有限责任公司。（　）
2. 公司章程是公司内部的文件，一般不对外公开。（　）
3. 我国有一人有限责任公司。（　）
4. 对于股份有限公司的资本，英国、美国、荷兰等国采取“法定资本制”，德国、法国等多数大陆法系国家采取“授权资本制”。（　）
5. 普通股是股份有限公司最重要的一种股份。（　）
6. 公司是“资本的组合”。（　）
7. 公司的存续一般不受股东变化的影响。（　）
8. 股份有限公司的股款一般只能以现金缴付，不能用实物抵作股款。（　）
9. 股票是一种可以转让的有价证券。（　）
10. 大多数国家都不允许发行无记名股。（　）
11. 《关于共同体公司法的指令》它本身能对成员国的公民和法人直接发生效力。（　）
12. 对于公司资本的最高数额，各国法律都不加以限制。（　）
13. 优先股的股东一般在股东大会上没有表决权，不能参与公司的经营管理。（　）
14. 依德国法，董事会成员可以兼任公司的总经理或经理。（　）

二、名词解释

1. 公司　2. 有限责任公司　3. 股份有限公司　4. 章程
5. 公司资本　6. 股票　7. 公司债券　8. 公积金

三、简答题

1. 简述公司的概念及其法律特征。
2. 简述股份有限公司的特征。
3. 简述两大法系在公司章程上的差异。
4. 简述普通股与优先股的区别。
5. 简述授权资本制与法定资本制的区别。
6. 简述董事会及其权限。

7. 简述公司的合并及其形式。

8. 什么是公司的发起人？他们的义务有哪些？

四、案例分析题

1. 某会计公司于1998年12月设立，原告刘某系该公司的发起人和股东。2000年1月，刘某向会计公司承诺1999年11月30日放弃其在该会计公司所持的5%的股权；2000年6月，刘某将股权转让给了邓某，双方签订了股权转让协议书，刘某收取了转让费，并以3 490 560.33元利润总额取得了1999年的分红。2002年，刘某在看到会计公司1999年利润表和资产负债表后，认为会计公司出于侵占1999年原告股东权益的目的，采取了当年收入不入账和虚报支出的手段，截留了巨额利润。原告鉴于自己直到2000年8月仍为会计公司的股东、董事，而会计公司从未让原告查阅公司的财务账目，剥夺了原告作为股东的权利，于是以书面方式要求会计公司允许其查阅公司的财务账目，遭到拒绝。原告随即向法院提起诉讼，要求依法维护原告作为公司发起人、股东、董事的权利，查阅公司1999年财务账目、收费发票存根和业务报告登记簿。被告抗辩，原告已不是会计公司的股东，不再享有股东的权利，因此不能查阅公司财务账目、收费发票和业务登记簿；原告称被告截留巨额利润纯属捏造；且原告的起诉已过诉讼时效，故要求驳回原告的起诉。问法院应如何判决？为什么？

2. 甲、乙两股东投资成立了A公司，从事生产活动。甲、乙两股东又投资成立了B公司，从事商品批发与零售。A公司的部分生产原料也由B公司负责供应，某年，A公司扩大了生产经营规模，需要大量原材料，该批原材料由B公司向C银行借款购入，然后转手供应给A公司，B公司供应给A公司的该批原材料价格不但低于购入价格，而且远远低于正常市场价格，导致B公司严重亏损，资不抵债处于破产境地，C银行的债权到期后B公司无法偿还。问：如果出现上述情况，C银行可否要求甲、乙两股东承担责任？

（提示：我国《公司法》第20条规定："公司股东滥用公司法人独立地位和股东有限责任，逃避债务，严重损害公司债权人利益的，应当对公司债务承担连带责任。"）

3. A公司是从事日用百货经营的有限公司，甲是A公司的董事长，甲在担任A公司董事长期间，又与他人投资成立另一家从事日用百货经营的有限公司B公司，并担任B公司的董事，甲利用A公司董事长的职务便利，又将A公司长期使用并有良好信用的商标授权给B公司使用。A公司的股东乙认为甲的行为违法，侵犯公司与股东利益，并以自己的身份向法院起诉了甲。问：甲董事长的行为有何违法之处？股东乙的诉讼性质是什么？

（提示：当公司正当权益受到他人侵害，特别是受到董事和管理人员的侵害，公司拒绝或怠于行使诉讼手段来维护公司的利益时，法律允许股东以自己的名义为公司的利益对侵害人提起诉讼，追究侵害人的法律责任，这就是"股东代表诉讼"。）

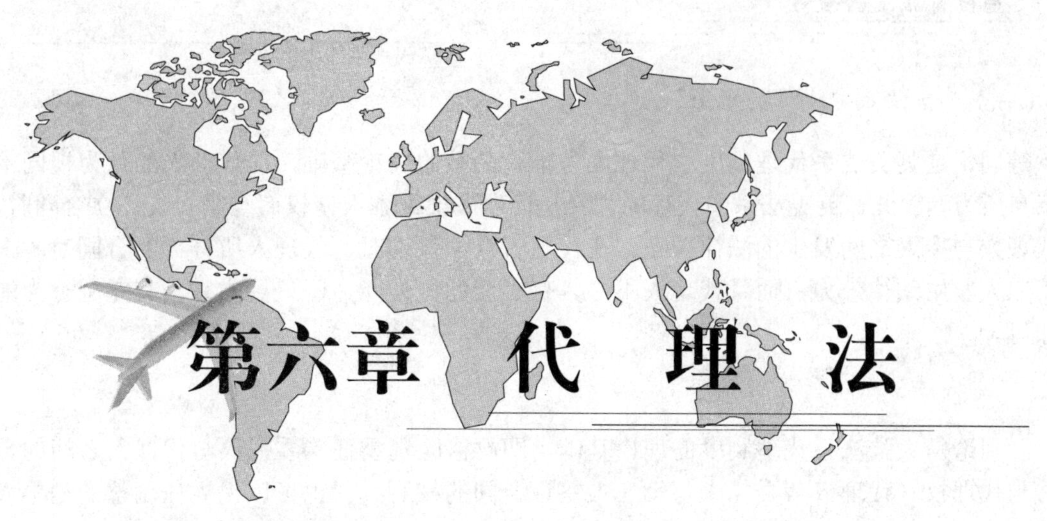

第六章　代　理　法

学习目的与要求

掌握两大法系下代理制度及国际代理法的基本内容，了解代理关系中代理人、被代理人、第三人各自的权利和义务，熟悉我国法律中关于代理的规定。

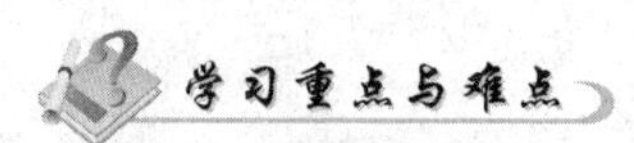

(1) 代理的特征。

(2) 大陆法系和英美法系中关于代理的规定。

(3) 代理中三方当事人的责权关系。

(4) 中国的代理制度。

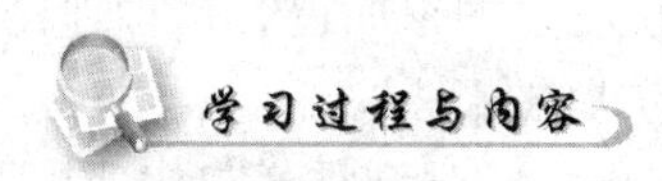

第一节　两大法系的代理制度

一、代理的概念及理论

代理是商品经济发展的产物。随着商品交换和经济流转的日益复杂化、多样化，各类民商事主体由于时间、专业知识、经验等的限制，愈来愈多地依赖代理人实施民商事法律行为，实现意思自治空间的扩展。可以说，市场交换愈频繁，市场机制愈成熟，代理也愈发达。代理是指代理人在代理权限内，代表本人与第三人为一定法律行为，由此产生的权利义务及于本人的一种法律制度。这里所说的本人，又称委托人或被代理人，即是指委托他人为自己从事某种行为的人；代理人，也称受托人，即接受本人委托替本人办事的人；第三人即是指除本人以外的所有与代理人打交道的人。但由于英美法系和大陆法系的代理有着不同的起源和发展历史，两大法系的代理在理念与制度上存在诸多区别。

（一）英美法系中代理的概念

等同论是英美法系代理制度中代理人与本人关系的理论基础，即代理人的行为视同本人亲自所为。因此，英美法系中代理的含义是代理人根据本人授权而与第三人订立合同时，该代理人与本人之间发生的法律关系。在代理人合法代理时，代理人所订立的合同对本人与第三人发生法律效力，而且代理人不必具有完全的行为能力，只要本人具有完全行为能力即可。

（二）大陆法系中代理的概念

区别论是大陆法系代理制度的理论基础，即严格区别委任（委托人与代理人之间的合同）与代理权（代理人代委托人与第三人签订合同的权利）。也可以说委任调整的是本人（委托人）与代理人之间的关系，代理权调整的是本人和代理人与第三人之间的外部关系。因为大陆法系有抽象的法律行为的概念，所以这种区别更多的是法学家们一种理性的合乎逻辑的推论，强调代理独立于内部关系，本人不能通过对委任合同中代理人代理权的限制来减轻他自己的责任，因此，大陆法系代理的含义是代理人以本人名义在代理权范围内为本人进行的法律行为。

（三）两大法系代理制度的区别

由于历史沿革、法律文化、思维方式及其他社会经济因素的不同，两大法系的代理制度存在诸多区别，主要表现在以下几个方面。

1. 理论基础的对立：等同论与区别论

英美法系的等同论笼统地把代理人的行为视同本人自己的行为，没有内部关系与外部关系之分，只是由一者引出另一者。但是代理权及代理权的授予并非不存在，而是体现在委任或其他契约关系的权利义务之中，只是没有进行法律抽象而已。这种理论基础有很大的包容性，有较强的灵活性，覆盖了实践中的多种形式的代理。

大陆法系的区别论则是概念法学家抽象创造出来的。它强调委任与代理权之间的区别、内部关系与外部关系的区别，但并不能因此否认委任作为基础关系对代理权产生的直接影响。这种重视本人和代理人与第三人之间关系的外在化的思路，更注重对第三人利益的保护。

2. 法律渊源不同

从历史沿革看，英美法系代理制度是由法院判例逐渐创立的，当代英美法系代理的法律渊源也主要表现在判例法上。大陆法系代理制度则是由高度体系化、抽象化的民法典或其他成文法建立的，当然，这并不意味着英美代理法中没有成文法，也不意味着大陆法系代理法中没有判例法。例如，英国1889年的《代理商法》、1971年的《授权委托书法》、1985年的《永久性授权委托书法》和美国不少州有关代理的成文立法都深刻地影响着英美代理法的发展历程。大陆法系也在英美法系的影响下，注重发挥判例法在补充和完善成文代理立法方面的作用。

二、代理权的产生

（一）英美法系的规定

英美法认为代理权主要基于以下四种原因产生。

（1）明示的授权。即由本人以明示的方式指定某人为他的代理人。这种指定是明示的却不要求必须是要式的，可以采用书面形式，也可以采用口头形式。

（2）默示的授权。即本人以其言论或行为使某人有权以他的名义签订合同，而且他人也相信本人已委托某人为代理人，并基于该种信赖而与某人订立了合同。此时，尽管某人没有被正式授予代理权，但本人仍要受合同的约束。英美法又称此情况下的代理为表见代理或不容否认的代理，旨在保护善意第三人的利益，维护交易安全。不容否认的代理来源于英美法系中衡平法的“不得自食其言原则”。

（3）客观必需的代理权。通常是在某人为另一人照管财产时，基于情况的紧急，为了保护该财产而必须采取某种行为时产生的代理权。这种情形在国际贸易中时常发生，如船长可以决定途中出售部分易于腐败的货物等。衡量某人是否取得客观必需的代理权，要注意某人是否是善意的，是否是兼顾了各方的利益而做出的行为，还要考察情况是否紧急到必需的程度。

（4）追认的代理权。在无权代理的情况下，代理人以本人的名义同第三人订立合同，则本人不应受该合同的约束。但是如果本人在事后予以批准或承认的，即为追认。追认的效果是溯及既往的，视为自该合同成立时起即对本人产生约束力。未经本人追认的行为视为代理人自己的行为。

（二）大陆法系的规定

大陆法系认为，代理权产生的原因主要有两种。

（1）意定代理。即由本人意思表示产生的代理权。这种意思表示可以向代理人表示，也可以向与代理人打交道的第三人表示。

（2）法定代理。即由非本人意思表示而产生的代理权。主要有以下几种情形产生法定代理权：①法律的规定，例如父母是未成年子女的法定代理人；②法院的指定，例如审理破产案件时法院指定的清算人；③私人的选任，例如亲属所选任的遗产管理人等。

三、代理的分类

（一）英美法系的规定

根据代理关系的公开程度，包括代理事实和本人身份的不同，代理可以分为以下三类。

1. 显名代理

显名代理也称被代理人身份公开的代理。即代理人明确表示其代理身份，并公开本人的姓名或名称，代表本人订立合同。在此种情况下，合同是本人与第三人之间的合同，合同对本人产生约束力。在合同签订后，代理人即退出代理关系，既不享有权利，也不承担义务。

2. 隐名代理

隐名代理也称被代理人身份部分公开的代理。即代理人在代订合同时表明了代理关系，但是不向第三人披露本人的姓名或名称。在此种情况下，代理人必须清楚表明是合同关系中哪一方当事人的代理人，须标明是“买方代理人”或“卖方代理人”。这个合同是隐名本人与第三人之间的合同，代理人免除合同责任。

3. 被代理人身份不公开的代理

即尽管存在代理关系，但代理人以自己的名义订立合同，既未向第三人说明存在代理关系，也未公开本人的姓名或名称。在这种情况下，本人、代理人、第三人之间的关系就比较复杂了，代理人对合同是应当负责的，但本人如何介入合同使之与第三人发生关系，这是英美法系与大陆法系关于代理的一个重要区别之所在。英美法系认为，未被披露的本人原则上可以直接取得这个合同的权利并承担其义务。具体讲有以下两点：

（1）不披露身份的本人可以直接介入合同，对第三人行使必要的请求权或诉权。一旦本人介入合同，便使自己对第三人承担合同义务。但在下列情形下本人不得行使介入权：①如果不披露身份的本人行使介入权会与合同的相关条款相抵触；②如果第三人是基于对代理人才能与资信的特殊信赖而与之订立合同的，本人也不得行使介入权。

（2）第三人知悉本人身份后，享有选择权。第三人可以要求代理人承担合同义务和责任，也可以要求本人承担合同义务和责任。在发生违约时，第三人可以选择代理人或本人为起诉对象。但不论是履行合同还是诉诸司法，第三人必须在代理人和本人之间作出明确而唯一的选择，这种选择要符合不得反悔原则。

（二）大陆法系的规定

根据代理的外部关系的不同，可以将其分为直接代理和间接代理两类。

（1）直接代理。即代理人以本人的名义与第三人签订合同，合同直接约束本人和第三人。在直接代理中，合同的双方当事人是本人和第三人，代理人只是代为签订合同但并不承担对合同的责任。这相当于英美法系中的显名代理。

（2）间接代理。即代理人为本人的利益以自己的名义与第三人签订合同。在间接代理中，本人与第三人不建立直接的法律关系，代理人与第三人所签订之合同仅约束该两方当事人，并不约束本人。但代理人是为本人利益以自己的名义实施的民事行为，本人是否可以加入到合同中来呢？大陆法系的代理制度认为需要代理人将合同转让给本人后，本人才可以向第三人主张权利或承担义务。也就是需要两个合同关系，才能使本人与第三人建立直接的法律关系。间接代理与被代理人身份不公开的代理有相似之处，但区别在于：被代理人身份不公开的代理只需有代理人同第三人之间的一个合同就可以建立本人与第三人之间的法律关系，本人享有介入权，第三人享有选择权；而间接代理需要两个合同关系才可在本人与第三人之间建立法律关系。

四、代理权的终止

所谓代理权的终止，是指根据代理关系中双方当事人的行为或者某些法定事由的出现，致使代理权消灭的行为。当代理权终止后，被代理人（或本人）必须通知第三人。其通知可以采用口头、书面或公告等多种形式。

（一）代理权终止的原因

代理权终止的事由通常有两种：根据代理关系中双方当事人的协议或者行为而终止和根据某些法定事由的出现而终止。

1. 根据双方当事人的协议或行为终止

根据双方当事人的协议或行为终止代理权主要有：（1）根据代理合同约定而终止；（2）根据当事人的事后协议而终止；（3）基于代理人放弃代理权而终止；（4）基于本人依法撤回代理权而终止。至于本人是否可以单方面撤回代理权的问题，根据各国法律的规定，原则上都允许本人可以在代理关系存续期间内撤回代理权。但是，本人在终止代理关系时，须事先给代理人以合理时间的通知。如果本人在代理关系存续期间不适当地撤销代理关系，本人须赔偿代理人的损失，其中包括代理人的佣金损失或其他报酬。

2. 根据法定终止事由的出现而终止

各国法律均规定，代理权得根据法定终止事由的出现而终止。一般来说，代理权依法自动终止的法定事由有：（1）本人取得或恢复民事行为能力，法定代理人或指定代理人的代理权终止。（2）本人死亡、破产或丧失行为能力。但是，根据某些大陆法系国家民商法的规定，上述情况只适用于民法上的代理权，至于商法上的代理权，则应适用商法典的特别规定，不因本人的死亡或丧失行为能力而消灭。（3）代理人的死亡、破产或丧失行为能力。当代理人死亡、破产或丧失行为能力时，无论是民事上的代理权或商事上的代理权均因之而消灭。（4）由于其他原因引起的本人与代理人之间的特定关系的解除，代理权得依法自动终止。

（二）代理权终止的法律后果

代理关系终止之后，代理人就没有代理权，如该代理人仍继续从事代理活动，即属于无权代理。这里应当注意的是，有些大陆法系国家为了保护商业代理人的利益，在商法中特别规定，在终止代理合同时，代理人对于他在代理期间为本人建立的商业信誉，有权要求本人予以赔偿。因为在代理合同终止后，这种商业信誉将为本人所享有，本人将从中得到好处，而代理人则将因此而失去一定的利益。

五、无权代理

没有代理权而进行的代理行为，或欠缺代理权的人所作的代理行为，为无权代理。

（一）无权代理产生的原因

无权代理产生的原因有：（1）代理人未经授权；（2）被代理人的授权行为无效；（3）代理人超越了被代理人的授权范围；（4）代理人的代理权已经消灭。

（二）无权代理的追认

对代理人的无权代理，被代理人有权在事后予以追认。经追认的合同自合同成立时起生效。根据各国法律的规定，无权代理人所作的代理行为，非经本人的追认，对本人是没有拘束力的。如果善意的第三人由于无权代理人的行为而遭受损失，该无权代理人应对善意的第三人负责。

1. 大陆法系的有关规定

关于无权代理问题，大陆法系各国大都在民法典中加以规定。如德国、日本民法典都规定，“无权代理人以他人名义订立合同者，非经本人追认不生效力”。在本人追认以前，无权代理人所作的代理行为处于效力不确定的状态。在这种情况下，大陆法系有两种处理办法：（1）由第三人向本人发出催告，要求本人在一定时间内答复是否予以追认；（2）允许第三人在本人追认以前，撤回他与无权代理人所订立的合同。

2. 英美法系的有关规定

在英美法系中，无权代理的追认必须遵守以下原则：（1）无权代理人在订立合同时向第三人声明是代理人；（2）追认合同的人在代理人订立合同时必须具有订立该合同的行为能力；（3）被代理人在追认合同时充分了解合同的主要内容。

（三）无权代理的法律后果

无权代理人所订立的合同，未经被代理人追认，对被代理人不发生任何效力。在这种情况下，则应由无权代理人对第三人承担责任。关于无权代理人对第三人的法律责任，大陆法系和英美法系的规定不同。

1. 大陆法系

关于无权代理人的责任，大陆法系各国法律的规定并不完全相同。从原则上来说，无权代理人对第三人是否须承担责任，主要取决于第三者是否知道该代理人没有代理权。如果第三人不知道该代理人没有代理权而与其订立了合同，无权代理人就要对第三人承担责任；反之，如果第三人明知该代理人没有代理权而与之订立了合同，无权代理人就不负责任。

2. 英美法系

英美法系把大陆法系上的无权代理称为违反有代理权的默示担保。按照英美法系的解释，当代理人同第三人订立合同时，代理人对第三人有一项默示的担保，即保证他是有代理权的。因此，如果某人冒充是别人的代理人，但实际上并没有得到本人的授权，或者是越出了他的授权范围行事，则与其订立合同的第三人就可以以其违反有代理权的默示担保对他提起诉讼，该冒牌的代理人或越权的代理人就须对第三人承担责任。

（四）表见代理的概念及其法律后果

表见代理是无权代理中的一种特殊形式，即由于某种正当理由，使善意的第三人相信无权代理人具有代理权的代理。各国法律为保护善意的第三人，一般都规定表见代理行为是有效的。构成表见代理的途径主要有两条：

（1）被代理人知道或者理应知道无权代理人为其代理时，而不表示反对；

（2）无过失的第三人凭借被代理人的言词、印章、介绍信和其他种种行为，有正当理由相信无权代理人具有代理权。

因表见代理所产生的代理行为对被代理人具有拘束力，但如果被代理人在行为上完全没有可以使人误解之处，仅由于无权代理人伪造了被代理人的印章和介绍信等，使第三人发生误解，则不能按表见代理处理，只能按普通无权代理处理。

第二节　代理中三方当事人的责权关系

一、代理人与本人（被代理人）之间的责权关系

（一）代理人的义务

1. 大陆法系中代理人的主要义务

（1）服从的义务。代理人有义务按照被代理人的指示完成代理任务。

（2）谨慎的义务。代理人应以足够的谨慎和小心履行代理职责，并运用自己所具有的技能完成代理任务。如因不遵守这些准则而造成损失，代理人就要向委托人负责。

（3）代理人须向本人申报账目。代理人有义务对一切代理交易保持正确的账目，并应根据代理合同的规定或本人提出要求向本人申报账目。代理人为本人收取的一切款项须全部交给本人。

（4）亲自履行的义务。代理人一般应亲自履行代理任务，不得转托他人，除非得到被代理人明示或默示同意。但如客观情况有此需要，或贸易习惯上允许这样做，或经征得本人的同意者，可不在此限。

（5）忠实的义务。代理人对本人应诚信、忠实，代理人应为被代理人的最大利益服务，不得从代理行为中谋取任何私利。这一义务主要包括以下内容：

① 公开一切重要事实。代理人必须向本人公开他所掌握的有关客户的一切必要的情况，以供本人考虑决定是否同该客户订立合同。

② 代理人不得以本人的名义同代理人自己订立合同，除非事先征得本人的同意。代理人非经本人的特别许可，也不能同时兼为第三人的代理人，以从两边收取佣金。当发生上述情形时，本人有权随时撤销代理合同或撤回代理权，并有权请求损害赔偿。

③ 代理人不得受贿或密谋私利，或与第三人串通损害本人的利益。代理人不得谋取超出其本人付给他的佣金或酬金以外的任何私利。如果代理人接受了贿赂，本人有权向代理人索还，并有权不经事先通知而解除代理关系，或撤销该代理人同第三人订立的合同，或拒绝支付代理人在受贿交易上的佣金，本人还可以对受贿的代理人和行贿的第三人起诉。

（6）代理人不得泄露他在代理业务中所获得的保密情报和资料。代理人在代理协议有效期间或在代理协议终止之后，都不得把代理过程中所得到的保密情报或资料向第三者泄露，也不得由他自己利用这些资料同本人进行不正当的业务竞争。但另一方面，在代理合同终止后，除经双方同意的合理的贸易上的限制外，本人也不得不适当地限制代理人使用他在代理期间所获得的技术、经验和资料。

2. 英美法系中代理人的义务

英美法系认为代理人的义务是基于以下法律关系产生的义务。

（1）产生于合同关系上的义务。

① 履行合同责任的义务，否则代理人应承担违约责任。例如，代理人必须根据所得授权行事，并在授权范围内行事；服从本人的明示指示，或必须依据所从事的代理的一般特征行事；必须全部为本人的利益行事。

② 用合理的注意和技能来履行合同。合理的注意和技能判断标准为：在本人和代理人间存在合同关系时，要求代理人承担的注意和技能的标准是一个正常的代理人在他的地位履行的一种注意。如代理人根据本人指示行事，当履行这些指示没有达到本人的最高利益时，代理人不承担责任。

③ 不得转移代理权限的义务。代理人应承担亲自履行的义务，因为代理人与本人之间存在诚信关系，除非法律或合同另有规定，如出现分代理人、次位代理人的场合。代理人若指定分代理人产生的问题是，分代理人能否起诉本人要求支付佣金，本人能否起诉分代理人未履行义务，答案是对此均不可以，原因在于本人与分代理人之间没有合同关系。

④ 尊重本人权益的义务。代理人不得就他所代表本人拥有的货物、金钱或财产否认本人的所有权。

⑤ 报账的义务。代理人应就他为本人所获取的所有金钱或财产，向本人付账，即使代理人所获金钱是出于一种无效或可撤销的交易。代理人应负责将本人的金钱或财产同自己或其他客户的金钱或财产分开，并作出恰当的账目表。

（2）基于诚信关系产生的义务。

基于诚信关系产生的义务是指由衡平法发展起来的，鉴于代理关系中诚信特点产生的义务。具体内容包括以下内容。

第一，代理人的利益不能与本人的利益相冲突的义务。代理人承担的责任和义务包括：

① 当代理人的私人利益可能影响他履行代理责任的义务，或与本人的利益发生冲突时，代理人有义务向本人披露一切重要事实，以便本人决定是否仍然让代理人代其行事，若代理人未能够全部、充分地披露他的利益，本人有权撤销代理交易，并要求代理人呈报他个人所得的利润。若代理人披露，本人仍让其代理，代理人则不承担责任。

② 代理人不得泄密，也不得利用其在代理过程中所获信息为其自身利益行事。这是指在代理关系解除之后，他不能利用在代理过程中获得的信息获利，不得把代理过程中得到的保密情报或资料向第三者泄密，也不得由他自己来和委托人进行不正当的业务竞争。在某些非常特殊的情况下，如果委托人掌握表面上证据确凿的事实证明他面临十分严重的现实或潜在的危害，并且有确凿的证据证明代理人控制着至关重要的保密资料，而他可能销毁或处置这些资料，那么法院就有权下令允许委托人的代表进入代理人的营业处所检查和转移这些保密资料。

但在另一方面，代理合同终止后，除经双方同意的合理的贸易上的限制外，本人不得不适当地限制代理人使用他在代理过程中所获得的技术和经验。另外，如委托人的保密资料的内容属于犯罪、诈骗等严重违反公众利益的情形时，代理人可向警察官方报告，甚至在报刊上发表。

③ 代理人不得同时为合同中的本人和第三人行事，除非代理人对双方当事人作出充分披露，并且双方代理人对这种双重代理表示同意。一般来说，代理人不能做双重代理人。

第二，代理人不得秘谋私利和受贿。即代理人不得在代理人职位上获取任何秘密利益，他必须上交本人他所获得的所有金钱，包括任何秘密的利润，如果代理人不上交这些利润，他就无权获得佣金，并且本人有权不予提前通知解雇代理人。秘密利润一般包括代理人所获的超出其佣金的报酬部分的任何不为本人所知的经济利益，包括由第三方给予的贿赂金、秘密佣金。但有例外，如果本人知道给予代理人的贿赂或其他金钱，本人明示同意或默许代理人保留这些钱，则代理人可以获得这些利益。

（二）被代理人的义务

1. 支付佣金

本人必须按照约定付给代理人佣金或约定的报酬。这是本人最基本的义务。若本人与代理人未就佣金作出明确规定，本人应支付代理人提供服务的合理的、应得的价值。

在此要特别注意的问题是：对于被代理人不经代理人的介绍，直接与代理人代理的地区内的第三人订立代理事项内的合同，是否仍须对代理人支付佣金？代理人所介绍的买主在代理关系终止后还连续订货时，是否仍须支付佣金？

两大法系国家的法律或判例对上述问题的规定有较大的差异。

（1）关于被代理人是否可以不支付佣金而绕过独家代理人与第三人订约的问题。

多数大陆法系国家在法律上对商业代理人取得佣金的权利和佣金的计算方法都有较详细的规定。按照一些大陆法系国家的法律规定，凡是在指定地区享有独家代理权的独家代理人，对于被代理人同指定地区的第三人所达成的一切交易，不论该代理人有否参与其事，都有权要求佣金，除非代理合同中有相反的规定。

根据英美法系国家的判例，如果当事人在代理合同中没有特别规定，那么，被代理人是否可以不支付佣金而绕过独家代理人与第三人订约，主要看该项交易达成过程中代理人是否参与。若被代理人与第三人达成的交易是代理人努力的结果，代理人就有权获得佣金。但如果被代理人没有经过代理人的介绍而直接与代理地区的第三人达成交易，代理人则一般无权索取佣金。

中国的《合同法》对此问题没有作出详细的规定，只是原则性规定为：因不可归责于受托人的事由，委托合同解除或者委托事务不能完成的，委托人应当向受托人支付相应的报酬，当事人另有约定的，按照其约定。这就是说，享有独家代理权的独家代理人，对于被代理人同指定地区的第三人所达成的一切交易，受托人原则上有权要求佣金，至于如何支付，支付多少，主要看委托人和受托人是否有约定，若有约定须按照其约定办理，若没有约定可以推定适应《合同法》第 61 条及相关条款中对有关代理合同中没有约定报酬或者约定报酬不明确的规定办理。

（2）关于代理关系终止后被代理人是否可以无偿享用代理人在代理期间所建立起来的商业信誉问题。

当代理关系终止后，代理人所介绍的买主还连续向被代理人订货时，被代理人是否应向代理人给付佣金的问题，应在代理合同中明确规定。如果代理合同中对此问题没有规定或者规定不明确，往往会造成被代理人和代理人之间的争执。由此两大法系各国的法律或判例均规定了相应的救济方法。

按照英美法系国家的判例，在代理合同无规定期限时，只要被代理人在合同终止后接到买方的再次订货，则仍须向代理人支付佣金；但如果代理合同规定了一定的期限，则在期限届满合同终止后，即使买方再次向被代理人订货，代理人最多只能要求对再次订货的佣金损失给予金钱赔偿，而不能要求取得未来每次订货的佣金。

按照德国、法国、瑞士、意大利等大陆法系国家的规定，在商业代理关系终止后，代理人所介绍的买主还连续订货时，如果被代理人从该交易中获取了重大利益，或者该交易

与代理人在代理期间的代理行为具有密不可分的联系，或者是给予代理人赔偿符合公平合理原则的其他情形，代理人均有权就其在代理期间为委托人建立起来的商业信誉请求给予赔偿。

中国的《合同法》对此问题没有作出明确规定，只是原则性规定为：合同的权利义务终止后，当事人应当遵循诚实信用的原则处理，并且不影响合同中结算和清理条款的效力。这就是说，代理关系终止后，代理人所介绍的买主还连续订货时，如果被代理人从该交易中获取了重大利益时，代理人有权基于诚信原则就其在代理期间为委托人建立的商业信誉请求给予赔偿。至于如何赔偿，赔偿多少，主要看委托人和受托人是否有约定，若有约定须按照其约定办理，若没有约定可以推定适应《合同法》中对有关代理合同中没有约定报酬或者约定报酬不明确的规定办理。

2. 弥补代理人因履行代理义务而产生的费用及损失

一般来说，除代理人与被代理人有特别约定外，代理人履行代理业务时所开支的费用是不能向被代理人要求偿还的，因为这是属于代理人的正常业务支出。但是，如果代理人在处理委托业务时，因不可归责于自己的事由而受到损失的，则可向被代理人请求赔偿损失。而对于因代理人自己的错误或者疏忽所引起的费用支出，则不得请求赔偿。例如，代理人将所有权凭证转错了人，事后进行改正，因改正而花去的费用就不能向被代理人要求赔偿。再如，代理人处理委托事项所耗费的实际工作量超过订约时预计的工作量，一般不能看成为上述损失，只能通过与被代理人商议请求适当增加劳务报酬，若此种请求遭到被代理人的拒绝，一般也不能请求法院强制增加报酬。还比如，代理人处理委托事项中支出了比预计大得多的费用，只要不属于不可抗力或被代理人的过错，一般也不属于请求被代理人赔偿的范围。

3. 本人有义务让代理人检查核对其账册

这主要是大陆法系国家的规定。有些大陆法系国家的法律中明确规定，代理人有权查对本人的账目，以便核对本人付给他的佣金是否准确无误。

二、本人与第三人之间的责权关系

本人即被代理人是代理人在代理权限内与第三人确立合同的当事人、对第三人直接承担合同的义务，享受合同的权利。在商业实践中，代理人在为被代理人的利益与第三人订立合同时，有时对第三人不揭示被代理人的存在，而以自己的名义签订合同。对此，大陆法系与英美法系有不同的法律规定。

（一）大陆法系的规定

在大陆法系中，这种情况属于“间接代理”。它是指如果代理人以他自己的名义，但是是为了本人的利益而与第三人订立合同，日后再将其权利义务通过另外一个合同移转于本人。与此相对应的是直接代理。在大陆法系国家，直接代理人称为商业代理人，间接代理人称为行纪人。行纪人虽然是受本人的委托并为本人的利益而与第三人订立合同的，但他在订约时不是以本人的名义同第三人订约而是以代理人自己的名义订约，因此，这个合同的双方当事人是代理人与第三人，而不是本人与第三人。因此，在间接代理的情况下，

本人需要经过两道合同手续才能对第三人主张权利，第一个是间接代理人与第三人订立的合同，第二个是代理人把有关权利转让于本人的合同。间接代理人作为合同的直接当事人对第三人承担合同义务和享受权利。被代理人不得直接对第三人主张权利，第三人也不得直接向被代理人主张权利。只有在代理人将合同转让给被代理人后，被代理人与第三人才能相互提出权利请求。

（二）英美法系的规定

在英美法系中，这种情况属于“未被披露的本人”。即如果代理人虽然得到本人的授权，但他在同第三人订立合同时根本不披露有代理关系一事，也就是说既不披露有本人的存在，更不指出本人是谁，这在英美法系中叫做未被披露的本人。英美法系认为，未被披露的本人原则上可以直接取得这个合同的权利并承担其义务。具体来说有以下两种方式：（1）未被披露的本人有权介入合同并直接对第三人行使请求权或在必要时对第三人起诉，如果他行使了介入权，他就使自己对第三人承担个人的义务。（2）第三人在发现了本人之后，享有选择权，他可以要求本人或代理人承担合同义务，也可以向本人或代理人起诉。但第三人一旦选定了要求本人或代理人承担义务之后，他就不能改变主意对他们当中的另一个人起诉。第三人对他们中的任何一个人提起诉讼程序就是他作出抉择的初步证据；这种证据可以被推翻，如果被推翻，则第三人仍可对他们中的另一个人起诉。但一旦法院作出了判决，便成为第三人作出抉择的决定性证据，如果第三人对判决不满意，他也不能对他们当中的另一个人再行起诉。

按照英国的法律，未被披露的本人在行使介入权时有两项限制：第一，如果未被披露的本人行使介入权会与合同的明示或默示的条款相抵触，他就不能介入合同；第二，如果第三人是基于信赖代理人的才能或清偿能力而与其订立合同，则未被披露的本人也不能介入该合同。

三、代理人与第三人之间的责权关系

一般来说，代理人对在代理权限内以被代理人的名义与第三人订立的合同不承担责任。这种情况在大陆法系中称为直接代理。合同的双方当事人是第三人与本人，合同的权利义务直接归属于本人，由本人直接对第三人负责。否则就将认为是代理人自己同第三人订立合同，代理人就应对该合同负责。

英美法系同大陆法系不同，英美法系没有直接代理与间接代理的概念。对于代理人是否应承担其代理合同的责任，英美法系的标准是，对第三人来说，究竟是谁应当对该合同承担义务，即采用所谓义务标准。这区分两种不同的情况：第一，代理人在同第三人订约时具体指出本人的姓名；第二，代理人表示出自己的代理身份，但不指出本人的姓名。代理人在订约时已指出本人的姓名，在这种情况下，这个合同就是本人与第三人之间的合同，本人应对合同负责，代理人不承担个人责任。代理人在订立合同后即退居合同之外，他既不能从合同中取得权利，也不对该合同承担义务；代理人在订约时表示有代理关系存在，但没有指出他为之代理的本人的姓名，在这种情况下，这个合同仍认为是本人与第三人之间的合同，应由本人对合同负责，代理人对该合同不承担个人责任。

但下列情况除外，即在下列情况下代理人应承担责任：（1）如果代理人以自己的名义签订合同，如大陆法系的间接代理；（2）在英美法系中，如果代理人没有表明代理人身份，又未揭示存在代理关系的事实；（3）根据有关行业习惯和惯例，代理人应对第三人承担责任。主要是一些承担特别责任的代理人，如保付代理人、运输代理人等。

第三节　国际代理法

一、国际代理制度的建立与发展

（一）国际代理的概念与特征

在代理中，如果介入了国际因素，或者从某一具体国家来看，介入了外国因素，便构成国际代理。国际代理通常包括如下几种情形：代理人、本人和第三人具有不同的国籍或者住所地在不同的国家；代理人以本人名义与第三人成立涉外民商事法律关系；代理人根据本人的委托，代理本人在另一国家或地区实施代理行为等。国际代理与一国国内的代理制度相比，具有以下特点：第一，由于国际代理法律关系涉及两个或两个以上国家，或者是主体中有外国人，或者是法律关系内容具有涉外因素，或者是法律行为发生在国外，而国际代理的成立往往不仅要符合本人所在国家的法律规定，而且要符合代理行为发生地国家的法律规定，而不同国家有关代理的法律规定差别很大，尤其是大陆法系和英美法系国家之间，因此，国际代理较国内代理更为复杂，尤其是其中的法律适用问题显得十分重要。第二，国际代理主要是委托代理，随着国际经济贸易活动的日益增多，国际代理更广泛地运用于国际商事关系中，代理的方式、种类也迅速得到发展，且代理人多为专业公司。目前，国际代理运用场合之多、内容之复杂、范围之广泛都远非国内代理所能比拟。

（二）国际代理制度建立的必要性

代理，无论是在大陆法系国家还是在普通法系国家，都是一个被普遍承认的法律制度。但是，由于历史和法律传统的差异以及人们构建代理制度的理论基础不同，不同法系甚至相同法系内的不同国家有关代理的法律规定有很大差别。在国际商事代理法产生之前，实践中的国际代理纠纷是由各国国内法来调整的。随着跨国经济关系的日益发展，代理关系已突破了一个国家的界限，并在国际经济中具有越来越重要的作用，这在客观上迫切需要一套调整国际代理关系的法律制度。同时，在国际经济交往中，要想让当事人掌握众多国家不同的法律规定和市场行情去亲自从事交易相当困难，而国际代理制度的建立却使其成为可能。此外，根据有些国家的法律规定，外国人在该国实施某些行为必须通过委托人而不能自己去完成，所有这一切都说明了国际代理制度建立的必要性和可行性。

（三）国际代理法的构成与发展

至于国际代理法的构成问题，首先，国际代理法是建立在各国国内法的基础上的，各国在实践中均将国内民商法典或单行代理法规中所规定的实体法规和有关国际商事代理法律适用的冲突法规范扩大适用于国际商事代理。其次，也是值得重视的是，有关国际组织为了统一国际商事代理法提出和公布了一些国际公约。在实体法方面，国际统一私法协会

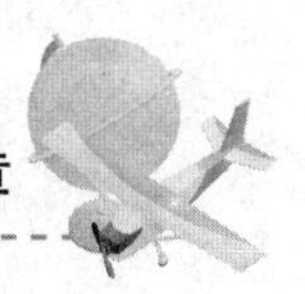

1961 年起草了《国际性私法关系中的代理统一法公约》和《国际货物买卖佣金合同统一法公约》，1967 年起草了《国际货物运输代理人代理合同公约》。国际法协会也于 1950 年和 1952 年提出过两项有关代理的公约草案，即《哥本哈根草案》和《卢塞恩草案》。国际商会于 1960 年推出了《商业代理合同起草指南》，1990 年又公布了《国际代理合同》示范格式。这些公约最终未获通过，但在国际代理制度统一方面起到了一定的促进作用。1981 年国际统一私法协会起草了《国际货物销售代理公约》并获通过。该协会起草的《国际保理公约》也已获得批准。此外，欧共体理事会也于 1986 年通过了《关于协调成员国间有关代理商法律的指令》并已获得实施。在法律适用方面，海牙国际私法会议于 1978 年制定了《代理法律适用公约》并已生效，此外欧共体、美洲国家组织也分别制定了适用于其成员国的代理法律适用的公约。本节将着重介绍《国际货物销售代理公约》。

二、《国际货物销售代理公约》

《国际货物销售代理公约》(*Convention on Agency in the International Sale of Goods*)（以下简称《公约》）是在国际私法协会的主持下拟定的，国际私法协会在 1961 年完成了《国际性私法关系中代理统一法公约》和《国际货物买卖佣金合同统一法公约》两个公约草案的起草工作，但这两个公约草案没有消除两个法系在代理问题上的固有分歧，在内容和形式上带有大陆法系的痕迹，遭到了英美法系国家的反对。1972 年在国际私法协会第四次会议上，将两个公约合并，经多次修改后，最终于 1981 年起草完成了《国际货物销售代理公约》并在 1983 年日内瓦外交会议获得通过。《公约》自 1983 年 2 月 17 日起开放签字，目前智利、摩洛哥、瑞士、意大利、法国已经签署了该公约，但依《公约》规定，《公约》应在 10 个国家核准签署一年后生效，目前《公约》距最后生效还有一段距离。《公约》试图调和大陆法和英美法对本人、代理人和第三人之间的关系上的不同规定，并为国际货物销售代理提供切实可行的规则。《公约》共 5 章 35 条，内容涉及《公约》的适用范围、代理权的设定和范围、代理人实施的行为的法律效力、代理权的终止等问题。

（一）《公约》的适用范围

《公约》的适用范围实际上也是通过《公约》对代理下定义的方式来规定的。它包括以下内容：（1）《公约》所称代理是“当某人有权或意欲有权代表另一人与第三人订立货物销售合同时”的代理。所以说，无论代理人是以自己的名义还是以本人的名义实施代理行为，不管是有权代理还是无权代理，包括表见代理均属于《公约》所说的代理，这就考虑到英美法系国家代理的规定。（2）《公约》不仅调整代理人订立货物销售合同的行为，也调整代理人旨在订约或有关履行该合同的任何行为。这表明，《公约》所说的代理行为，不仅包括法律行为，还包括非法律行为，即这里的代理行为是指具有法律意义的行为。这也突破了传统的大陆法观念。（3）《公约》适用于代理行为外部间的关系，即本人或代理人与第三人之间的关系，而不适用代理人与被代理人的内部关系。（4）《公约》所适用的代理必须符合的条件：

第一，本人和第三人的营业所必须分别处于不同的国家，并且代理人须在某一缔约国内设有营业所，或者依国际私法规则导致某一缔约国法律的适用。

第二，第三人在订立合同时如果不知道也无从知道代理人是以代理人身份行事，则只有在代理人和第三人营业所分处不同国家并符合前款规定的情况下，才构成本《公约》所规定的国际货物销售代理。

第三，当事人的国籍和当事人或销售合同的民事或商事性质并不影响《公约》所规定的货物销售代理的国际性质。此外，《公约》将几类特殊性质的代理排除在《公约》适用的范围之外：①证券交易所、商品交易所或其他交易所之交易商的代理。②拍卖商的代理。③因法律实施而创设的代理。

（二）代理权的设定与终止

由于代理权的设定与终止与代理权的密切关系，加上其对第三人利益的影响，因此《公约》对代理权的设定与终止这种应属于代理内部关系的问题也作出了规定。

在代理权的设定问题上，《公约》规定本人对代理人的授权可以明示（包括口头或书面形式），也可以默示，不一定必须采用书面形式，授权为口头或默示形式时，可以用任何方式予以证明。这较多地吸收了英美法的规定，但考虑到某些大陆法系国家的要求，《公约》也规定，当某缔约国声明公约所涉及的授与、追认或终止某代理权在任何情况下均须以书面形式作出或以文字佐证时，在该缔约国有营业所的本人和代理人不得适用其他形式。

关于代理权的终止，《公约》所规定的代理权的终止原因有两个，第一，根据当事人的行为终止，包括：①依本人与代理人之间的协议而终止；②由于为之授权的一笔或数笔交易已经完成而终止；③无论是否符合本人或代理人的协议条款，代理权因本人撤回或代理人放弃而终止。第二，代理权可依其所适用的法律的规定而终止，至于具体的终止原因要看某一国家法律的规定。至于代理权的终止对第三人的效力，《公约》规定了一条适用于所有终止情形的规则，即除非第三人知道或理应知道代理权的终止或造成终止的情形，代理权的终止不影响第三人。这样规定有利于维护第三人利益。出于同样的考虑，并且主要为了保护本人的利益，《公约》规定，代理权虽已终止，为不使本人或其继承人的利益受到损害，代理人仍有权代理本人或其继承人实施必要的行为。

（三）代理行为的法律效力

1. 代理行为只约束委托人和第三人

如果是授权范围内代理委托人做出的行为，且第三人已知道或理应知道代理人的代理身份和范围，在这种情况下，委托人和第三人都要受代理人与第三人所签订的合同的约束。除非有这样一个限制，即代理人在他与委托人所签订的佣金合同中规定，代理人的行为是约束代理人自己的。

2. 代理人的行为只约束代理人与第三人，不约束本人

如果代理人代表本人在授权范围内行事，第三人不知道这一点或不可能知道，那么，由此而签订的合同就只约束代理人与第三人，而不约束本人。

3. 对代理人行为法律效力的限制

（1）代理人因第三人不履行义务或其他原因无法履行其对委托人的义务时，委托人可行使代理人从第三人那里取得的权利，同时，他要相应地承担第三人可能对代理人提出的任何抗辩。在第三人不知道委托人的前提下，代理人以自己的名义与其订立合同，那么，

代理人应将第三人通知委托人。委托人既承受代理人在合同项下所取得的权利，又承受第三人相应地对委托人所产生的抗辩权。

（2）当代理人没有履行对第三人的义务时，第三人可以对委托人行使其从代理人那里取得的权利。第三人同时承受代理人及委托人对他提出的任何抗辩。《公约》规定委托人可享受代理人与第三人签订的合同项下的权利，同时，第三人就取得了抗辩权。代理人一旦向第三人或委托人送交拟定行使权利的通知，就不能解除第三人与代理人进行商事行为而产生的义务。另外，代理人对委托人和第三人负有通知的义务。由于委托人不履行义务，而导致代理人无法对第三人履行义务时，出现了代理外部关系中单方违约，代理人还有将委托人通知给第三人的义务，因为在订立合同时，委托人可能是隐名的，当委托人违约后，代理人应将本人姓名通知给第三人，以使第三人能进行责任追究。当第三人履行其对代理人的合同义务时，代理人从第三人处取得相应的权利。在订立合同时，第三人不知道委托人，则委托人不能对第三人行使代理人与第三人订立合同时所取得的权利，第三人若只与代理人自身订立合同并提出过声明，则委托人对代理人和第三人订立合同项下的权利也无权享受。

4. 代理人无权代理或有越权代理行为，委托人和第三人不受其约束

代理人一旦越权，委托人就不受代理行为所产生的合同的约束。由于代理人超出了代理权的行为对第三人构成欺诈，第三人和委托人是在被蒙蔽的情况下建立某种商事关系的，两方不应承担责任。《公约》为此规定了例外情况，第三人善意地相信代理人有权代理委托人为某种行为，并且相信代理人是在其授权范围内的行为，而委托人不得以代理人无代理权而对抗第三人。若代理人未经授权或超越代理权行事，事后又未能取得追认，代理人必须赔偿第三人遭受的损失，使第三人得到合理的补偿，如同代理人已经授权并在其授权范围内行事。但是，若第三人知道或理应知道该代理人未经授权或其所作的行为已超越权限范围时，代理人不承担责任。

通过以上分析可以看出，该《公约》是目前为止国际社会关于国际代理统一实体法方面最为成功、最为完备的国际公约，它对于促进国际代理法的统一，促进国际贸易的发展，都将发挥日益重要的作用。

第四节　中国的代理法

一、中国《民法通则》对代理的规定

我国《民法通则》第 4 章第 2 节对代理制度作了规定。按照《民法通则》第 63 条第 2、3 款的规定，公民、法人都可以通过代理人实施民事法律行为；代理人在代理权限内，以被代理人的名义实施民事法律行为，被代理人对其代理人的代理行为应承担民事责任。从法理上讲，这种代理制度是属于直接代理，其特点是代理人必须以被代理人的名义行事，从而才能使代理行为所产生的效力直接归属于被代理人。关于间接代理制度，我国《民法通则》没有作出规定。此外，《民法通则》对代理权的产生、无权代理、代理人与第三人的责任以及代理的终止等，都做了规定，这些规定确立了我国处理代理关系的基本原则。

二、中国《合同法》对代理的新规定

1999 年《合同法》对我国代理制度作出了许多新的规定，其中《合同法》第 402 条至第 403 条规定的间接代理制度，是对《民法通则》的重要补充，具有突出意义。

（一）关于行纪合同的规定

《合同法》第 22 章用 10 个条款专门对行纪合同作了规定，同时，“委托合同”一章的内容也适用于行纪合同。根据《合同法》的规定，行纪合同是指“行纪人以自己的名义为委托人从事贸易活动，委托人支付报酬的合同”。行纪人要按委托人的指示，妥善处理委托事务，并负有妥善保管、合理处分、转交财产以及报告委托事务处理情况的义务。行纪人有权收取费用，在一定条件下，提存委托物以及对委托物行使留置权。对此，我国《合同法》有了比较全面的规定，无疑为积极采用这一独特的商业代理方式创造了有利的条件。但由于《合同法》对如何解决因委托人的原因造成行纪人对外承担损害赔偿的问题并未作出规定，因此在国际贸易中使用行纪制度的外贸公司有时可能要承担较大的风险。

（二）关于“部分披露委托人”代理制的规定

《合同法》第 402 条规定：“受托人以自己的名义，在委托人的授权范围内与第三人订立的合同，第三人在订立合同时知道受托人与委托人之间的代理关系的，该合同直接约束委托人和第三人，但确有证据证明该合同只约束受托人和第三人的除外。”根据本条的规定，外贸公司在代理国内客户与外商订立进出口合同时，只要：（1）在客户授权范围内行事，即依据与客户签订的代理协议行事；（2）订约时，向外商声明自己仅是代理人或说明与国内某客户存在委托关系；（3）外贸公司以自己的名义与外商订立合同；（4）合同的权利和义务由国内客户和外方直接享有或承担。满足上述条件的“部分披露委托人”的外贸代理合同，直接约束委托人和第三人，外贸公司将不承担合同的实体责任，当然也不享有合同的权利。

该条有一项例外规定，如果有确切证据证明该合同只约束受托人（外贸公司）和第三方（外商）时，则合同的权利和义务就不能溯及委托人（国内客户），这通常指外贸公司不愿国内委托人出面，自愿表示合同只约束自己的情况。

（三）对未被披露本人的代理的规定

《合同法》第 403 条规定：“受托人以自己的名义与第三人订立合同时，第三人不知道受托人与委托人之间的代理关系的，受托人因第三人的原因对委托人不履行义务，受托人应当向委托人披露第三人，委托人因此可以行使受托人对第三人的权利，但第三人与受托人订立合同时如果知道该委托人就不会订立合同的除外。受托人因委托人的原因对第三人不履行义务，受托人应当向第三人披露委托人，第三人因此可以选择受托人或者委托人作为相对人主张其权利，但第三人不得变更选定的相对人。委托人行使受托人对第三人的权利的，第三人可以向委托人主张其对受托人的抗辩。第三人选定委托人作为其相对人的，委托人可以向第三人主张其对受托人的抗辩以及受托人对第三人的抗辩。”

根据此规定，构成未被披露本人的代理应具备以下要件：（1）被代理人与代理人之间

存在委托关系，代理人按委托人的指示处理委托事务；（2）订约时代理人不披露自己是代理人或与背后委托人的委托关系，即第三人不知道代理人与他人之间存在委托关系；（3）一旦出现第三人违约，或因委托人原因造成代理人违反与第三人的合同，则代理人要立即向双方披露其身份；（4）被代理人和第三人可行使介入权或选择权。

根据本条规定，介入权是指第三人违约时，经代理人的披露，被代理人行使代理人对第三人的合同权利，可以直接与第三人交涉，直至提起仲裁或诉讼，代理人可以从合同关系中退出。但是，根据代理协议以及《合同法》的诚实信用原则，代理人应负有协助的义务。选择权则指当代理人因被代理人的原因不能履行义务，经代理人的披露，第三人可以选择受托人或被代理人承担合同履行的义务，或对其选定的人提起仲裁或诉讼。根据第403条的规定，第三人只能选择代理人或选择被代理人，而不能同时选择两者承担合同义务，而且一经选定即不得再予以变更。

为了合理地保护第三人的利益，本条第 2 款规定了一种限制被代理人行使介入权，或者代理人可以退出合同关系的情况，即指第三人在与代理人订立合同时，如果第三人知道代理人背后的委托人就不会与代理人订立合同的情况。这项但书实际上是给代理人规定的一项义务。但未被披露本人的代理业务中，虽然存在介入权、选择权规定，从而使代理人避免承担不合理的责任，但代理人在选择被代理人、承揽代理业务时，对客户资信、经营范围与能力、履约品质等方面应进行认真调查与评估，否则即使属于隐名代理安排，外商仍会抓住外贸公司不放，对这一点外贸公司应予以注意。

【能力测试·代理法】

一、判断题

1. 本人与代理人之间的内部关系是代理关系中基本的法律关系。（　　）

2. 根据各国的法律都不允许本人在代理关系存续期间单方面撤回代理权。（　　）

3. 在英美法系中，第三人一经发现未被披露的本人，也可以直接对本人起诉。（　　）

4. 本人在终止代理关系时，必须事先通知代理人。（　　）

5. 代理人可以把他的代理权转委托给他人代理。（　　）

6. 关于无权代理人的责任，从原则上来说，无权代理人对第三人是否须承担责任，主要取决于第三者是否知道该代理人没有代理权。（　　）

7. 当本人撤回代理权或终止代理合同时，对第三人是否有效，主要取决于第三人是否知情。（　　）

8. 甲既然以他的行动表示乙具有代理权，而丙基于这种情况信赖乙有代理权并与之订立了合同，则甲就不能予以否认。（　　）

9. 追认是不具有溯及力的。（　　）

10. 代理人根据本人的指示在当地法院对违约的客户进行诉讼所遭受的损失或支出的费用，本人不必予以补偿。（　　）

二、名词解释

1. 代理　　2. 意定代理　　3. 法定代理　　4. 无权代理　　5. 表见代理
6. 间接代理　　7. 直接代理

三、简答题

1. 简述大陆法系规定的代理权产生原因。

2. 简述英美法系规定的代理权产生原因。

3. 简述无权代理的情形。

4. 简述大陆法系对于本人追认之前效力未确定的代理行为的处理方法。

5. 简述代理权终止后对于第三人的效力。

6. 简述未被披露的本人在行使介入权时的限制。

7. 英美法系中本人的义务主要有哪些？

8. 大陆法系中代理人的诚信、忠实的义务应包括哪些方面的内容？

9. 当代理人未披露被代理人的存在，而以自己的名义订立合同时，其法律后果在大陆法系和英美法系中有何差异。

四、案例分析题

1. 被告在利物浦经营一家珠宝店，由他的侄子负责打理，原告在伦敦经营。以前原告曾经送货物给被告的侄子，且这些货物都是经过被告授权购买的，因此，原告将货物算在被告的赊欠账目之下，然后由被告支付货款。后来，被告的侄子逃匿来到伦敦，被告的侄子向原告要了一批货，并对原告声称，货物是为被告购买的，而正好自己当天下午回利物浦，所以可以顺便将货物带回。于是原告便让被告的侄子将货物带走了。后来被告的侄子将货物据为己有。原告要求被告支付该批货物的货款，被告拒绝，原告起诉被告，要求被告承担支付货款的责任。问：法院是否应判决被告支付原告的货款？为什么？

2. 1980 年，某国一家进口商根据当地市场销售情况，建议我国 A 进出口公司生产一种成药，条件是要求作为销售该货物的独家代理，我国 A 进出口公司欣然同意，并与该商人签订了独家代理协议。后来，A 进出口公司又与某国另一家商人签订了该商品的独家代理协议，于是形成了一种商品在当地有两家“独家代理”的情况。试问：我国 A 进出口公司是否违约？为什么？

3. 某经贸公司长期委托李某为其采购某种商品，后公司改组，重编岗位，精简人员，取消了李某的代理权，但没有告知其客户。李某继续以该公司代理人的身份从事商品采购业务。面对客户的履行合同的主张，该公司以李某不具有代理权（为无权代理）为由加以拒绝。但这一抗辩没有为法庭接受，判决该公司应当承担合同履行责任。问：法院判决的依据是什么？

4. 王某和赵某是同乡，平日关系不错。后王某去其他城市打工，就委托赵某代为照管其财产，其中包括一台才购买的价值 3 000 元的 29 寸彩色电视机。一年后，王某决定留在该城市发展，就委托赵某处理其财产。听说赵某有彩色电视机处理，张某找到赵某，表示要购买。由于没有足够的钱，张某就和赵某商量，由赵某写信给王某说电视机有故障，只能低价处理。待成交后，张某付给赵某一定的好处。赵某依此行事，王某出于对赵某的信任，同意低价处理该电视机。赵某以低价将电视机出售给张某，获得了一定的好处。事后王某回该地，发现了这一情况，要求张某返还电视机，双方产生争议。问：

（1）赵某的行为是否是有权代理行为？

（2）本案应当如何处理？

5. 1988 年香港 A 公司在巴西购买了 545 吨高压聚乙烯，同年 8 月运抵上海，委托上海的 B 公司代为提货并存放于保税区仓库中。1989 年 5 月 22 日至 6 月 2 日，A 公司先后书面通知 B 公司，其已经签发发货信给其客户 C 公司，如该客户前去提货，须付清货款或者由 A 公司再次书面确认方可放货。6 月 6 日，该客户前来提货，在出示了保证付款的保函、进出口合同副本和要求提货的介绍信后，B 公司擅自放货。事后，该客户未付清货款，而货物的正本提单仍然在 A 公司处。经要求 B 公司偿付未果，A 公司向法院提起诉讼。问：B 公司和 A 公司之间是何种法律关系？在这种法律关系中 B 公司应当承担何种责任？

6. H 公司是一家经济实力很强的大型仓储公司，为扩建仓库面积。H 公司欲购买 F 的一块土地。因担心 F 乘机索要高价。同时，也担心其他不知名的竞争者介入而抬高地价，H 公司委托 B 为代理人，让 B 以自己的名义与 F 谈判，购买了该块土地。根据大陆法系与英美法系关于代理的理论，试回答下列问题：

（1）如果合同签订后，F 知道了真正的买主是经济实力很强的 H 公司，而他本来可以要更好的价格，F 是否有义务履行合同？为什么？

（2）如果 B 作为代理人，以自己名义签订合同后发现这三块土地有利可图，而拒绝将这三块土地转交给 H 公司，H 公司能否主张自己对这三块地拥有合法的权利？为什么？

第三篇

国际商事行为法

传统国际商法的商事行为仅涉及有形货物的交易，范围较窄，现代国际商事行为法随着国际商事活动的发展内容日趋增多，尤其是英美法系中“商法”的内容既包括私法内容，也包括公法内容，将所有与商事交易有关者都归进来，英美法的这种态度跟其传统的实用思路有关，但欠科学性。因此，本教程认为，国际商事行为法应以国际商事交易法为主，以商事交易中所涉及的商事管理法为补充。其内容包括国际货物买卖法及其所涉及的相关法（如运输法、保险法、票据法、支付法、产品责任法）、国际技术贸易法及其所涉及的知识产权国际保护问题，而不包括国际服务贸易法、国际投资法等商事管理色彩较浓的公法内容，这样也有利于将国际商法与相关部门法（尤其是国际经济法）区别开来。

第七章　国际商事交易的基本法——合同法

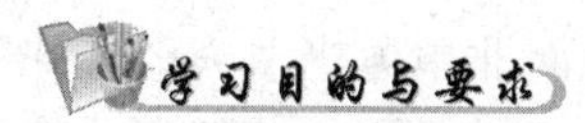

合同法是国际商事交易的基本法，本章系统地阐述合同的基本知识和理论基础。通过本章的学习，要求掌握合同的订立、履行及违约救济等基本内容。

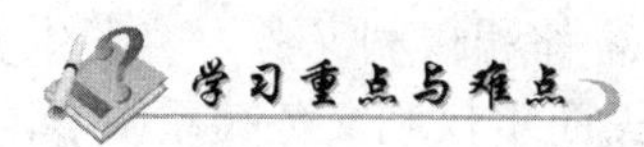

(1) 合同的特征及分类。

(2) 合同的成立。

(3) 合同有效的构件。

(4) 违约救济方法。

(5) 合同的让与。

(6) 合同终止的原因及效力。

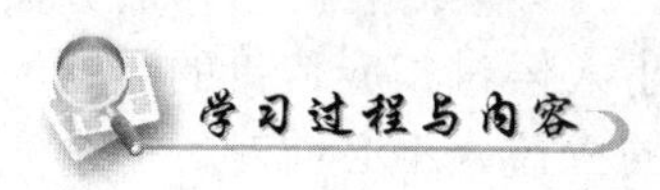

第一节　合同的概念与特征

一、合同的概念

合同是两个或两个以上的当事人，以发生、变更或者消灭民商事法律关系为目的所达成的协议。

但各国对合同所下的定义不尽相同。大陆法系的德国将合同纳入法律行为的范畴，因

而合同构成包括两个方面的内容，一是当事人的内在意思，二是当事人表示这种意思的行为，二者结合起来才能构成合同。而法国法则强调合同是指当事人之间的合意，即当事人意思表示一致，才能构成合同。英美法系强调合同的实质在于当事人所作的允诺，即当事人做出的、法律上认为有约束力的、且在法律上能够强制执行的允诺，就是合同。尽管各国对合同的概念在理论上存在着不少分歧，但实际上无论是英美法系国家还是大陆法系国家都把双方当事人的意思表示一致作为合同成立的要素。如果双方当事人不能达成协议，就不存在合同，在这一点上是没有实质性分歧的。

我国《合同法》第 2 条第 1 款规定："本法所称合同是平等主体的自然人、法人、其他组织之间设立、变更、终止民事权利义务关系的协议。"我国《合同法》规定的合同为狭义的合同，因为《合同法》第 2 条第 2 款同时规定，婚姻、收养、监护等有关身份关系的协议，适用其他法律的规定，而不属于合同法的调整范围。

二、合同的特征

合同的特征具体如下。

（1）合同是双方或多方当事人的民商事法律行为，而非单方当事人的法律行为。合同至少要有双方当事人参加，须由双方或多方当事人意思表示一致，才能形成合同关系，一个主体不可能形成合同关系。

（2）订立合同的目的是为了产生满足民事法律上的效果，包括设立、变更或终止当事人之间的民商事法律关系。设立、变更或终止民商事法律关系是指当事人依法成立合同后，在他们之间成立民商事权利义务关系，合同的主体、客体和权利义务内容发生变化，形成新的民商事权利义务关系，或者是当事人之间既有的民商事权利义务关系归于消灭。

（3）合同是当事人各方在平等、自愿基础上产生的法律行为。

（4）合同是合法行为，而不是违法行为。依法订立的合同，受法律保护；违法订立的合同在法律上是无效的。

三、合同的分类

合同的分类主要如下。

1. 有偿合同与无偿合同

这是以当事人取得权益是否需要付出相应的代价为标准对合同所作的分类。有偿合同是指当事人一方享有合同规定的权益，须向对方当事人偿付相应代价的合同，如租赁、保险等合同。无偿合同是指当事人一方享有合同规定的权益，不必向对方当事人偿付相应对价的合同。

2. 单务合同与双务合同

这是根据合同当事人双方权利、义务的分担进行划分的。单务合同是指合同一方当事人只享有权利而不承担义务，另一方当事人只承担义务而不享有权利的合同，如借用合同。双务合同是指合同双方当事人相互享有权利、相互承担义务的合同，如买卖合同。

单务合同、双务合同非常类似于无偿合同、有偿合同，但它们并非是一一对应的关系。如实践性合同，甲将 1 万元交给乙，合同方为成立，合同成立后，甲无义务，但乙对甲有义务（偿本付息），故为单务合同。

3. 诺成性合同与实践性合同

这是以合同是否交付标的物为生效要件划分的。诺成性合同是指当事人意思表示一致即告完成且立即生效的合同，如动产买卖合同。实践性合同是指除当事人意思表示一致外，还须以实际交付标的物才能生效的合同。例如，借用合同只有在出借人将借用物交付借用人时，合同才成立，因此借用合同是实践性合同。

4. 要式合同与不要式合同

要式合同是指法律要求必须具备一定形式的合同，如书面形式、批准、备案等形式。不要式合同，是指法律不要求必须具备一定形式的合同。

四、合同法的渊源

合同法是指调整当事人之间发生的各种合同关系的法律规范的总称，它包括：界定合同，订立合同，合同的无效、可撤销，合同的履行，合同权利义务的终止，合同的解释、适用，以及各类合同的法律规范等。在我国，合同法归属于民法，不是一个独立的法律部门。

合同法的渊源是指合同法的表现形式，大陆法系合同法的渊源主要为成文法。如德国、日本、法国、瑞士和意大利等国，它们的合同法都是包含在民法典或债务法典中的。大陆法系国家的民法理论将合同作为产生“债”的原因之一，把有关合同的法律规范与产生债的关系的其他原因（如侵权行为、不当得利和无因管理等）法律规范并列在一起，作为民法的一编，称为债务关系法或债编。

英美法系的合同法的渊源则主要体现在普通法中，这是几个世纪以来由法院以判例形式发展起来的判例法。英美法系各国除印度外，都没有一套系统的、成文的合同法。因此，英美法系合同法的渊源主要是判例法，而不是成文法。虽然英美等国也制定了一些有关某种具体合同的成文法，如 1893 年《英国货物买卖法》（*Sale of Goods Act*，1893），美国 1952 年公布的《美国统一商法典》（*Uniform Commercial Code*）等，但它们只是对货物买卖合同及其他一些有关商事交易合同作了具体规定，至于合同法的许多基本原则，如合同成立的各项规则等，仍须按照判例法所确定的规则来处理。

我国合同法的渊源主要体现在《民法通则》和 1999 年生效的《合同法》中。此外，我国的《中外合资经营企业法》和《中外合作经营企业法》分别对中外合资企业经营合同和中外合作企业经营合同作了某些具体规定。

应当注意的是，有关国际组织制定的有关合同法的国际条约是国际合同法的重要渊源，如联合国国际贸易法委员会组织制定，并于 1980 年维也纳外交会议通过的《联合国国际货物销售合同公约》和罗马国际私法研究所制定的《国际商事合同通则》，以及国际商会制定的有关国际贸易的国际贸易惯例，如 2000 年《国际贸易术语解释通则》等，是国际合同法的重要法律渊源。

第二节　合同的成立

合同是通过一方的要约和另一方的承诺而成立的，但各国对要约与承诺的具体规定有所不同。如果一方当事人向对方提出一项要约，而对方对该项要约表示承诺，在双方当事

人之间就成立了一项具有法律约束力的合同。

一、要约

（一）要约的概念

要约是一方向另一方提出的愿意按一定的条件同对方订立合同，并含有一旦要约被对方承诺即对提出要约的一方产生约束力的一种意思表示。

（二）一项有效的要约应具备的条件

1. 要约原则上应向一个或一个以上的受要约人发出

理解这一条件应当注意的是：第一，要约原则上应向一个或一个以上的受要约人发出。第二，受要约人的特定，不能仅仅从受要约人的数量的多少来确定，也不能仅仅以某一当事人是否收到了要约来认定，而是要结合要约人的意图来认定，也就是说，受要约人是要约人的主观意图所指向的交易对象。

2. 要约的内容必须明确、肯定，即应该包括拟将签订的合同的主要条件

一旦受要约人表示承诺，就足以成立一项对双方当事人均有约束力的合同。因此，要约人不必在要约中详细载明合同的全部内容，而只要达到足以确定合同内容的程度即可，至于某些条件，可以留待日后确定。《美国统一商法典》在这个问题上，采取了更为开放的态度。根据其规定，在货物买卖中，要约的内容最重要的是要确定货物的数量或提出确定数量的方法，至于价格、交货或付款时间等内容，均可暂不提出，留待日后按照所谓合理的标准来确定。至于何谓合理，那属于事实问题，得由法院根据案情和周围的情况做出解释。

3. 要约人必须明确表明愿意按要约的内容与对方订立合同的意思

要约的特点在于：它一经受要约人承诺，合同即告成立，无须再征求要约人同意或经其确认。这是要约和要约邀请的区别。要约邀请，其目的虽然也是为了订立合同，但效力与要约不同，它本身并不是一项要约而只是为了邀请对方向自己发出要约。主要区别在于：如果是要约，它一经对方承诺，要约人即须受到约束，合同即告成立；如果是要约邀请，则即使对方完全同意或接受该要约邀请所提出的条件，发出该项要约邀请的一方仍不受约束，除非他对此表示承诺或确认，否则合同仍不能成立。

关于在商店里把商品标价陈列是否属于要约的问题，各国法律存在分歧。英国法认为，把商品标价陈列的行为并不是要约，而只是要约邀请。但某些大陆法系国家则认为是要约，例如，瑞士《债务法》认为，商品标价陈列者，通常视为要约。

广告能否构成要约，须根据不同情况具体确定。有一种广告叫悬赏广告，是指广告人以广告的方式声明，对于完成特定行为的人，将给予一定的报酬。对于这种悬赏广告，各国法律一般都认为这是一项要约，一旦有人看到广告后完成了广告所要求做的事情即构成承诺，合同即告成立，广告人有义务支付广告中所规定的报酬。至于普通的商业广告，原则上不认为是一项要约，而仅视为要约邀请。但英美法院的一些判例认为，只要广告的文字明确、肯定，足以构成一项允诺，亦可视为要约。

4. 要约必须送达受要约人才能生效

要约是一种意思表示，按照大多数国家的法律，要约须于到达受要约人时方能生效，

从而使受要约人取得对该要约做出承诺的权利。

（三）要约的拘束力

要约的拘束力包含两个方面的含义：一是指对要约人的拘束力，二是指对受要约人的拘束力。要约对两者的拘束力是不同的。

一般来说，要约对于受要约人是没有拘束力的。受要约人接到要约，只是在法律上取得了承诺的权利，但并不受要约的拘束，并不因此而承担了必须承诺的义务。不仅如此，在通常情况下，受要约人即使不予承诺，也没有通知要约人的义务。但某些国家的法律规定，在商业交易中，在某些例外的情况下，受要约人无论承诺与否，均应通知要约人。

所谓要约对要约人的拘束力，是指要约人发出要约之后在对方承诺之前能否反悔、能否变更要约的内容或撤销要约的问题。对此，英美法系和大陆法系的法律各有不同的要求或规定：

（1）英美法系普通法认为要约对要约人原则上无拘束力，在受要约人做出承诺以前，要约人可随时撤销其要约或更改要约的内容。即使要约规定了承诺的有效期限，要约人在法律上仍然可以在期限届满之前随时撤销要约。其理由是，英美法系认为，一个人所作的允诺，之所以在法律上有约束力，是由于他取得了对方的某种“对价”，或者由于他在做出允诺时，采取了法律所要求的某种特殊形式，如“签字蜡封文书”等，否则，该允诺对允诺人就不具有拘束力。

（2）德国法认为要约原则上对要约人有拘束力，要约人一般不能随时撤销或变更其要约。《德国民法典》规定，除非要约人在要约中注明有不受要约约束的词句，否则要约人须受要约的约束。如果要约规定了有效期，则在有效期内不得撤销或更改其要约，如果要约没有规定有效期，则在依通常情况可望得到答复以前，不得撤销或更改其要约。

（3）1980 年《联合国国际货物销售合同公约》第 16 条规定，在未订立合同之前，要约得予撤销，如果撤销的通知于受要约人发出承诺之前送达受要约人，但在下列情况下，要约不得撤销：①要约写明承诺的期限，或以其他方式表示要约是不可撤销的；②受要约人有理由信赖该项要约是不可撤销的，而且受要约人已本着对该项要约的信赖行事。从第 16 条的规定可以看出，公约为了折中调和大陆法系和英美法系在要约对要约人拘束力问题上的分歧，在第 16 条第 1 款中做出了与英美法系相类似的规定，而在第 16 条第 2 款中做出了与大陆法系相类似的规定。《国际商事合同通则》第 2.4 条也作了类似的规定。

我国《合同法》第 18 条和第 19 条规定，要约可以撤销，撤销要约的通知应当在受要约人发出承诺通知之前达到要约人，但有下列情况之一的，要约不得撤销：①要约人确定了承诺的期限或者以其他形式明示要约不可撤销；②受要约人有理由认为要约是不可撤销的，并已经为履行合同做了准备工作。

（四）要约的失效

要约的失效是指要约失去效力，无论是要约人或受要约人均不再受要约的拘束。要约失效有以下几种情况。

1. 要约因期间已过而失效

如果要约规定有承诺的期间，则在该期间终了时自行失效。如果要约人在要约中没有

规定承诺的期限，则有两种情况：①如果当事人以对话方式进行交易磋商，对于此种对话，要约必须立即予以承诺，如不立时承诺，要约即失去其拘束力。所谓对话要约包括当事人之间面对面的商谈和电话等方式。②如当事人分处异地，以函电等非对话的方式发出要约，则当事人一般应当在合理的期限内做出承诺，否则要约即告失效。

2. 要约因被要约人撤回或撤销而失效

撤回要约是指要约人发出要约之后在其送达受要约人之前，将要约收回，使其不发生效力。撤销要约是指要约已经送达受要约人之后，即要约已经生效之后，要约人消灭要约效力的行为。在大陆法系中，撤回要约是允许的，而撤销要约一般是不允许的，但撤回要约的通知必须先于要约或至少必须与要约同时到达受要约人手中，才能将要约撤回。在英美法系中，一般要约人不仅可以在要约送达受要约人之前将要约撤回，而且可以在要约已经到达受要约人之后，在受要约人做出承诺之前，将要约撤销。

3. 要约因受要约人的拒绝而失效

拒绝要约是指受要约人把拒绝要约的意思表示通知要约人的行为。要约在拒绝通知送达要约人时即告失效。此后受要约人就不能改变主意再对该项要约表示承诺。如果受要约人在承诺中对要约的条款作了扩张、限制或变更，并构成了对要约内容的实质性修改，其效果也视同对要约的拒绝，在法律上也等于受要约人向要约人发出了一项反要约，须经原要约人承诺后，合同才能成立。我国《合同法》第20条第（1）、（4）项规定，拒绝要约的通知到达要约人，或受要约人对要约的内容作了实质性变更，要约失效。第30条规定，承诺对要约的内容作了实质性变更的，为新要约。

二、承诺

（一）承诺的概念

承诺是指受要约人按照要约所指定的方式，对要约的内容表示同意的一种意思表示。

（二）一项有效的承诺应具备的条件

1. 承诺必须由受要约人做出

受要约人包括其本人及其授权的代理人。除此以外，任何第三者即使知道要约的内容并对此做出同意的意思表示，也不是承诺，不能成立合同。

2. 承诺必须在要约的有效期间内进行

如果要约规定了有效期，则必须在该期限内承诺；如果要约未规定有效期，则必须在“依照常情可期待得到承诺的期间内”（大陆法系）或在“合理的时间内”（英美法系）承诺。如果承诺的时间迟于要约的有效期，则为“迟到的承诺”。迟到的承诺不是有效的承诺，而是一项新的要约，须经原要约人承诺后才能成立合同。

我国《合同法》第23条规定，承诺应当在要约确定的期限内到达要约人。要约没有确定承诺期限的，承诺应按下列规定到达：①要约以对话做出的，应当即时做出承诺，但当事人另有约定的除外；②要约以非对话方式做出的，承诺应当在合理的期限内到达。关于“迟到的承诺”，我国《合同法》借鉴了《联合国国际货物销售合同公约》第21条和《国际商事合同通则》第2.9条的规定在第28条和第29条中规定如下：受要约人超过承诺期限

发出承诺的，除要约人及时通知受要约人该承诺有效的以外，为新要约。受要约人在承诺期限内发出承诺，按照通常情形能够及时到达要约人，但因其他原因承诺在到达要约人时超过承诺期限的，除要约人及时通知受要约人因承诺超过期限不接受该承诺的以外，该承诺有效。

3. 承诺必须与要约的内容一致

如果受要约人在承诺中将要约的内容加以扩充、限制或变更，那么从原则上来说，这不是承诺而是一项反要约，它是对原要约的拒绝，不能发生承诺的效力，应视为一项新的要约或反要约。但是，在这个问题上各国的法律并不完全一致。其中，美国的法律对此采取了比较灵活的态度。按照《美国统一商法典》第二篇第 207 条的规定，在商人之间，如果受要约人在承诺中附加了某些条款，承诺仍可有效，这些附加条款得视为合同的一个组成部分，除非：要约中已明确规定承诺时不得附加任何条件；这些附加条款对要约作了重大的修改；要约人在接到承诺后在合理时间内做出拒绝这些附加条件的通知。这些规定与英美普通法的原则是不同的，普通法认为承诺应当像镜子一样反照出要约的内容，否则就不是承诺而是反要约。

我国《合同法》第 30 条和第 31 条规定，承诺的内容应当与要约的内容一致。受要约人对要约的内容做出实质性变更的，为新要约。有关合同标的、数量、质量、价款或报酬、履行期限、履行地点和方式、违约责任和解决争议方法等的变更，是对要约内容的实质性变更。承诺对要约内容做出非实质性变更的，除非要约人及时表示反对或者要约表明承诺不得对要约的内容做出任何变更的以外，该承诺有效，合同的内容以承诺的内容为准。从上述我国《合同法》的规定可看出，我国《合同法》在承诺与要约的内容一致问题上，借鉴了《联合国国际货物销售合同公约》的相关规定，放弃了镜像一致规则，采取了灵活的态度。

4. 承诺的传递方式必须符合要约所提出的要求

要约人在要约中可以对承诺的传递方式做出具体规定，例如，指定必须以电报或电传做出承诺，在这种情况下，受要约人在承诺时就必须按照规定的传递方式办理，如擅自改用平信或空邮的方式传递，承诺就不能成立。如果要约人在要约中对承诺的传递方式没有做出具体规定，承诺人在发出承诺通知时，一般应按照要约所采用的方式办理，或采用比要约更为快捷的方式。

（三）承诺的生效时间

承诺从什么时候起生效，这是合同法中一个十分重要的问题。因为承诺一旦生效，合同即告成立，双方当事人就承受了由合同所产生的权利和义务。如承诺以口头方式做出，承诺原则上应当于该承诺的意思表示传达给要约人时开始生效。当承诺以书信、电报等函电的方式做出时，其应于何时生效在大陆法系（德国法）和英美法系之间存在着很大的分歧：

（1）英美法系认为，在以书信、电报做出承诺时，承诺一经投邮，立即生效，合同即告成立。即对承诺的意思表示采取“投邮主义”，以此来调和要约人与受要约人之间的利益冲突。

（2）大陆法系特别是德国法，在承诺生效时间的问题上，采取了与英美法系不同的原则。换言之，德国法对承诺生效的时间是采取“到达主义”，即须在承诺到达相对人时始发生效力，合同亦于此时成立。

（3）《法国民法典》对承诺何时生效没有做出具体规定。但法国最高法院认为，关于承诺生效的时间完全取决于当事人的意思。因此，这是一个事实问题，应根据具体情况特别是根据当事人的意思来决定。但往往推定为适用“投邮主义”，即根据事实情况推定承诺于发出承诺通知时生效，合同亦于此时成立。

（4）我国《合同法》第26条规定，承诺通知到达要约人时生效；承诺不需要通知的，根据交易习惯或者要约的要求做出承诺的行为时生效。采用数据电文形式订立合同的，承诺到达的时间适用本法第16条第2款的规定，即采用数据电文形式订立合同时，收件人指定特定系统接收数据电文的，该数据电文进入该特定系统的时间为到达时间；未指定特定系统的，该数据电文进入收件人的任何系统的首次时间，视为到达时间。我国《合同法》采用的也是到达主义。

（四）承诺的撤回

撤回承诺是承诺人阻止承诺发生效力的一种意思表示。承诺必须在生效以前才能撤回，一旦生效，合同即告成立，承诺人就不得撤回其承诺。按照英美法系国家的审判实践，由于其认为承诺的函电一经投邮就立即生效，因此受要约人发出承诺通知后，就不能撤回其承诺。但根据德国的法律，由于其认为承诺的通知必须传达到要约人才能生效，所以受要约人在发出承诺通知之后，原则上仍可将承诺撤回，但撤回的通知必须与承诺的通知同时或先到达于要约人，才能将承诺撤回。例如，以平邮或空邮发出的承诺通知，可用电报、电传等更为快捷的传递方式将其撤回。撤回承诺有利于承诺人根据市场的交易变化及时调整自己的经营策略。我国《合同法》第27条规定，承诺可以撤回，撤回承诺的通知应当在承诺通知到达要约人之前或者与承诺通知同时到达要约人。《联合国国际货物销售合同公约》第22条和《国际商事合同通则》第2.10条也作了类似的规定。

（五）承诺的方式

承诺的方式是指回应要约的意思表示借以表达的方式。关于承诺的方式，各国法律一般规定承诺可以采取口头、书面或实际行为做出，但缄默或不行为本身不构成承诺。在一项具体的交易中，承诺的方式往往取决于要约的要求，若要约中对承诺的方式明确提出了要求，则承诺应采用要约规定的方式；若要约中没有明确提出承诺方式的要求，则承诺的表示方式应当与要约的表示方式相一致。关于承诺的方式，我国《合同法》第22条规定，承诺应当以通知的方式做出，但根据交易习惯或要约表明可以通过行为做出承诺的除外。

第三节　合同的效力

一项有效的合同应具备法律规定的实质要件和形式要件。

一、合同有效的实质要件

（一）合同的当事人必须有缔约能力

1. 自然人的缔约能力

自然人的缔约能力是指自然人订立合同的行为能力，它属于自然人民事行为能力的一

个组成部分。自然人的民事权利能力是指自然人可以以自己的名义享有民事权利承担民事责任的资格。自然人的民事行为能力是指自然人以自己的行为获取民事权利承担民事责任的能力。一般来说，未成年人和精神病患者没有订立合同的能力或者受到一定的限制，这些人所订立的合同，根据不同的情况，有的是无效的，有的是可以撤销的。这样规定的目的，是为了保护未成年人和精神病人的利益。

各国对于成年人的法定年龄规定不一。过去，大多数国家的法律，如英国、美国、德国、法国、荷兰、葡萄牙、西班牙、比利时、意大利、丹麦、瑞典、奥地利等国，都以年满 21 周岁作为成年人的标准；但近年来，有些国家的法律有把成年人的年龄标准降低的趋势，如德国、英国都把成年人的年龄标准降为 18 周岁。但也有一些国家以 20 周岁（日本、瑞士）或 21 周岁（阿根廷）为成年的标准。我国法律规定以 18 周岁为成年标准。

（1）我国法律关于自然人缔约能力的规定。

我国《民法通则》第 9 条至第 14 条将自然人的民事行为能力分为三类。

第一，完全民事行为能力人。根据《民法通则》第 11 条的规定，18 周岁的公民是成年人，具有完全民事行为能力，可以独立进行民事活动，即有能力通过自己的独立行为，取得民事权利和承担民事义务；对于 16 周岁以上不满 18 周岁的公民，如果是以自己的劳动收入为主要生活来源的，亦视为有完全民事行为能力的人。

第二，限制民事行为能力人。在我国《民法通则》中，限制民事行为能力人包括：10 周岁以上的未成年人，他们可以进行与其年龄、智力相适应的民事活动；不能完全辨认自己行为的精神病人，他们可以进行与他的精神健康状况相适应的民事活动。

第三，无民事行为能力人。无民事行为能力人包括不满 10 周岁的未成年人及不能辨认自己行为的精神病人。无民事行为能力人不能实施有效的法律行为，他们签订的合同是无效的。有的学者认为，无民事行为能力人和限制民事行为能力人纯接受利益的合同，如接受报酬、赠与等，应当认定为具有订约资格，合同有效。

（2）英美法系的规定。

英美法系采用未成年人、精神病患者和酗酒者等具体概念来判定不同的人的缔约能力。

第一，未成年人。原则上，未成年人没有订立合同的能力。未成年人对其订立的合同，在其成年之后，可以予以追认，也可以要求撤销，但属于必需品的合同除外。

第二，精神病人。精神病人在其被宣告精神错乱以后所订立的合同，一律无效；至于在宣告精神错乱以前所签订的合同，则可要求予以撤销。

第三，酗酒者。一般来说，确定酗酒者是否有订立合同的能力是比较复杂的，因为酗酒者并不一定终日烂醉如泥，也有清醒的时候。因此，在审判实践中，要确定酗酒者在订立合同的当时，头脑是否清醒、有无判断力和理解力，这是很不容易的。依照美国的法例，酗酒者订立的合同，原则上应有强制执行力，如酗酒者在订立合同时，由于醉酒而失去行为能力，则可要求撤销合同。

（3）大陆法系中德国法的规定。

德国法区分无行为能力人与限制行为能力人两种情况。依据《德国民法典》第 104 条的规定，未满 7 周岁的儿童；处于精神错乱状态，不能自由决定意志，而且按其性质此种状态并非暂时者；因患精神病被宣告为禁治产者均属于无行为能力人。禁治产是大陆法系

中的术语，指的是因精神病或因有酒癖不能处理自己的事务，或因浪费成性有败家之虞者，经其亲属向法院提出请求，由法院宣告禁止其治理财产。无行为能力人所订立的合同不产生任何法律效力。

所谓限制行为能力人，是指年满 7 周岁的未成年人，他们的行为能力受到一定的法律限制。根据《德国民法典》的规定，未成年人所作的意思表示，须取得其法定代理人的同意。凡未成年人未经其法定代理人的同意所订立的合同，须经法定代理人追认后，才能生效。未成年人达到法定的成年年龄或依照法律的其他规定取得完全的行为能力之后，对于其先前未经法定代理人同意所签订的合同，得以其自己所作的追认，替代法定代理人的追认。但是，根据《德国民法典》的规定，如未成年人的法定代理人经法院的同意，允许未成年人独立经营业务者，未成年人对在其营业范围内所做的一切法律行为有完全的行为能力，他所签订的合同无须取得法定代理人的同意即可生效。

（4）大陆法系中法国法的规定。

法国法把当事人的缔约行为能力作为合同有效成立的必要条件，如当事人没有订立合同的能力，其所签订的合同即不产生法律效力。根据《法国民法典》第 1124 条的规定，无订立合同能力的人包括：未解除亲权的未成年人；受法律保护的成年人，包括神经官能衰退者和因挥霍浪费、游手好闲以致陷入贫困者。

未成年人和受法律保护的成年人订立合同必须取得其监护人或管理人的同意，否则无效，但须经法院宣告无效。法国法有一项特殊的制度叫解除亲权，这是针对未成年人而设定的。未成年人解除亲权有两种情况：一种是未成年人因结婚而依法当然解除亲权；另一种情况是，未成年人虽未结婚，但年满 16 周岁后，得由其父母双方或其中一方向监护法官提出申请，宣告解除亲权。无父母的未成年人，依亲属会议的要求，亦可以此方法解除亲权。解除亲权的未成年人与成年人相同，有处理一切民事生活行为的能力，但解除亲权的未成年人不得经营商业。

2. 法人的缔约能力

（1）法人的缔约能力包含在法人的行为能力之中。

法人是指拥有独立的财产，能够以自己的名义享有民事权利和承担民事义务，并且依照法定程序成立的法律实体。各国法律对法人的成立都规定了一系列条件，并进行严格的管理和法律控制，如法人必须依照法定程序设立，必须拥有一定的财产和经费，有自己的名称、组织机构和场所，必须能独立承担民事责任等。这就使得法人一旦成立，就具有订立合同的能力。事实上，法人在社会经济活动中，是订立合同的主要当事人。

（2）法人缔约能力的实现——公司法人必须通过它授权的代理人才能订立合同。

根据各国公司法的规定，公司必须通过它授权的代理人才能订立合同，而且其活动范围不得超出公司章程的规定。

（3）法人缔约能力的范围。

公司法人的经营不得超出公司章程规定的经营范围，因此，缔约能力应受此制约。如果公司订立的合同超出了公司章程规定的目的，即属于越权行为，这种合同在法律上是无效的。

（二）合同的内容必须合法

无论是英美法系国家还是大陆法系国家都承认，“契约自由”和“意思自治”是合同法的基本原则。所谓契约自由，是指任何有缔约能力的人，都可以按照他们的意愿自由地订立合同，即可以自由地决定是否订立合同，自由地选择订约的对象，并可自由地同订约对方商定合同的内容。同时，西方各国的法律对契约自由都加以一定的限制。例如，要求当事人所订立的合同必须合法，并规定凡是违反法律、违反善良风俗与公共秩序的合同一律无效。

1. 大陆法系关于违法合同的规定

大陆法系各国都在民法典中对合同违法、违反公共秩序和善良风俗的情况及其后果做出明确的规定，但各国的处理方法有所不同。《法国民法典》在总则中原则性地规定，任何个人都不得以特别约定违反有关公共秩序和善良风俗的法律。然后，把违法、违反善良风俗与公共秩序的问题，同合同的原因（即约因）与标的联系在一起加以规定。按照法国法，构成合同非法的主要有两种情况：一种是交易的标的物是法律不允许进行交易的物品；另一种是合同的约因不合法，即合同所追求的目的不合法。德国法和法国法的区别在于，德国法不具体规定合同的标的违法还是合同的约因违法，而是着重了法律行为和整个合同的内容是否有违法的情事。《德国民法典》在《总则篇》第二章“法律行为”中规定，“法律行为违反法律上的禁止者，无效”，并规定违反善良风俗的法律行为亦无效。这些规定，不仅适用于合同，也适用于合同以外的其他法律行为。

上面所说的善良风俗和公共秩序是属于道德伦理和政治的范畴，是具有强烈的阶级内容的。在大陆法系国家的审判实践中，何谓违反善良风俗和公共秩序，要由法院根据每个案件的具体情况做出决定。法官有很大的自由裁量权，可以根据不同情况，做出不同的解释，以适应各国社会经济政治发展的需要。

2. 英美法系关于违法合同的规定

英美法系认为，一个有效的合同必须具有合法的目标或目的。凡是没有合法目标的合同就是非法的，因而是无效的。在英美法系中，违法合同有两种情况：一种是成文法所禁止的合同；另一种是违反普通法的合同。根据某些英美法系学者的分类，下列三类合同都是非法的：

（1）违反公共政策的合同。公共政策是英美法系的概念。所谓违反公共政策的合同，是指损害公众利益，违背某些成文法所规定的政策或目标，或旨在妨碍公众健康、安全、道德以及一般社会福利的合同。在这方面，美国的要求是特别严格的。按照美国《反托拉斯法》的规定，这些合同若是违反反托拉斯法，不仅无效，而且有关当事人要负责赔偿高额的经济损失，情节严重者，还要追究刑事责任。

（2）不道德的合同。按照英美法系的解释，所谓不道德的合同，是指那些违反社会公认的道德标准，如法院予以承认将会引起正常人的愤慨的合同。但是各国对道德标准的解释不同，因而对于某种合同是否因其不道德而无效，也有不同的看法。

（3）违法的合同。违法的合同包括的范围很广，例如，差使他人去实施犯罪行为的合同、以诈骗为目的的合同、同敌人进行贸易的合同、赌博合同等，都是违法的，因而是无效的。

3. 我国《民法通则》及《合同法》关于违法合同的规定

我国《民法通则》第 55 条规定，民事法律行为不得违反法律和社会公共利益。我国《合同法》第 7 条规定，当事人订立、履行合同应当遵守法律、行政法规，尊重社会公德，不得扰乱社会经济秩序，损害社会公共利益。《合同法》第 52 条规定，恶意串通，损害国家、集体或者第三人利益的合同，以合法的形式掩盖非法的目的的合同，违反法律、行政法规中强制性规定的合同和违反社会公共利益的合同，一律无效。

4. 违法合同的法律后果

凡是违法或不道德的合同都是无效的，既不产生权利，也不产生义务。当事人不能要求履行合同，也不能要求赔偿损失。法院原则上也不允许以无效的合同提起诉讼。至于一方当事人根据这类合同所取得的利益是否应该返还的问题是比较复杂的。英美法系认为，违法合同的一方当事人不能因对方违反这种合同而要求赔偿损失，如果一方当事人已经履行了合同，例如已把财产或货物交给了对方，原则上也不能要求对方退回。虽然其结果会使一方得到不应得的利益，但法院一般也不予纠正，其目的是为了阻止这种非法的交易。但也有例外，如一方因为受骗、被威胁或受到经济上的压力而订立了违法的合同，对其已履行的部分，可以要求对方返还。大陆法系认为，这个问题是属于“不当得利”的问题，一般都在民法典中对此加以规定。例如，《德国民法典》第 817 条规定，如给付的目的是在于使受益人因受领给付而违反法律禁止或善良风俗者，受益人应负返还义务；但给付人对于此项违反亦应负同样责任者，不得请求返还。

（三）当事人之间的合意必须真实

合同是双方当事人意思表示一致的结果，订立合同的当事人其意思表示必须是真实的。当事人意思表示的内容有错误或意思与表示不一致，或是在受诈欺或胁迫的情况下订立了合同，这时，双方当事人虽然达成了协议，但这种合意是违背其本意的意思表示。对于这种合同应当如何处理，作了错误的意思表示的一方，或受诈欺、胁迫的一方当事人能否以此为理由主张该合同无效，或要求撤销该合同，这是合同法上一个十分重要的问题。

1. 错误

错误是指合同当事人对于构成他们之间交易基础的事实在认识上发生了误会。从这一概念可以看出，错误是指合同当事人对事实认识发生的误会，并且这一误会的事实是构成当事人交易基础的事实。关于错误对合同效力的影响，各国法律都一致认为，并不是任何意思表示的错误，都足以使表意人主张合同无效或撤销合同，因为要是这样的话，交易安全就缺乏必要的保障。但与此同时，各国法律也都承认，在某些情况下，做出错误的意思表示的一方可以主张合同无效或要求撤销合同，这是为了使某些并非故意做出错误的意思表示的当事人不致因此而承担过重的义务。至于在什么情况下有错误的一方可以要求撤销合同或主张合同无效，在什么情况下则不可以，各国法律有不同的规定和要求。

（1）大陆法系中有关错误对合同效力的影响的规定。

《法国民法典》第 1110 条规定，错误只有在涉及合同标的物的本质时，才构成无效的原因。如果错误仅涉及当事人一方愿意与之订约的另一方当事人时，不能成为无效的原因；但另一方当事人个人被认为是合同的主要原因者，不在此限。按照法国法，以下两种错误

均可以构成合同无效的原因：第一是关于标的物的性质方面的错误；第二是关于涉及与其订立合同的对方当事人所产生的错误。法国法认为，动机上的错误原则上不能构成合同无效的原因。

德国法不像法国法那样区别合同的标的物、标的物的性质的错误及认定合同当事人的错误。德国法所强调的是意思表示“内容”的错误，而不管该内容是涉及合同的标的物的本质、合同的对方当事人还是意思表示的动机。德国法认为下列两种错误都可以产生撤销合同的后果：其一是关于意思表示内容的错误，即表意人在订约时是在错误的影响下做出意思表示的；其二是关于意思表示形式上的错误。法院在考虑上述两种错误是否足以撤销合同时，对第一种情形，法院将探索受错误影响的一方是否得到了他真正想得到的东西而定；对第二种情形，法院将探索表意人究竟想得到什么东西而定。

（2）英美法系中有关错误对合同效力的影响的规定。

英国普通法认为，订约当事人一方的错误，原则上不能影响合同的有效性。只有当该项错误导致当事人之间根本没有达成真正的协议，或者虽已达成协议，但双方当事人在合同的某些重大问题上都存在同样错误时，才能使合同无效。当事人对法律认知的错误不能导致合同无效。按照普通法，错误会导致合同自始无效；而按照衡平法，错误通常只是导致一方撤销合同。

在关于错误的问题上，英国法与大陆法系中法律的主要区别在于：第一，英国法的要求比大陆法系中法律的要求较为严格，一般来说，英国普通法不允许以单方面的错误为理由使合同无效；第二，因错误而引起的后果亦有区别，大陆法系对法律认定的错误或者认为合同无效，或者认为可以撤销合同；而英国普通法与衡平法却采取不同的原则，如依普通法，错误可导致合同无效，而依衡平法则是撤销合同，如衡平法在一方当事人不小心说了他不想说的话，或不小心写上他不想写的事，且合同已成立时，若要求该当事人履行合同是违背良心的，则可要求衡平法的救济，撤销合同。

美国法同样认为，单方面的错误原则上不能要求撤销合同。至于双方当事人彼此都有错误时，亦仅在该项错误涉及合同的重要条款、认定合同当事人或合同标的物的存在、性质、数量或有关交易的其他重大事项时，才可以主张合同无效或要求撤销合同。美国法院在审理涉及错误的案件时，往往考虑到各方面的情况。如果法院认为，对方由于信赖合同已有效成立而积极准备履约，从而改变了他的地位，以致难以恢复原状或不可能恢复原状时，有错误的一方就不能撤销合同。美国法院的态度是，宁愿让有错误的一方蒙受自身错误所造成的后果，也不把损失转嫁给对方。

2. 诈欺

（1）诈欺的概念。

诈欺是指以使他人发生错误为目的的故意行为。各国法律都认为，凡因受诈欺而订立合同的，蒙受欺骗的一方可以撤销合同而主张合同无效。

（2）大陆法系中德国法与法国法关于诈欺的规定。

法国法与德国法对诈欺的处理有不同的原则。按照《法国民法典》第 1116 条的规定，“如当事人一方不实行诈欺手段，他方当事人决不会签订合同者，此种诈欺构成合同无效的原因”，即诈欺的结果将导致合同无效。而按照《德国民法典》第 123 条的规定，“因被

诈欺或被胁迫而为意思表示者，表意人得撤销其意思表示”，即诈欺的结果是导致撤销合同。

（3）英美法系把诈欺称为“欺骗性的不正确说明”。

英国1976年《不正确说明法》把不正确说明分为两种：一种为非故意的不正确说明，另一种为欺骗性的不正确说明。所谓不正确说明是英美法系的术语，它指的是一方在订立合同之前，为了吸引对方订立合同而对重要事实所作的一种虚假的说明。它既不同于一般商业上的吹嘘，也不同于普通的表示意见或看法。按照英国法的解释，如果做出不正确说明的人是出于诚实地相信真有其事而做出的，那就属于非故意的不正确说明；如果做出不正确说明的人并非出于诚实地相信真有其事而作，则属于欺骗性的不正确说明。英国法律对于欺骗性的不正确说明在处理上是相当严厉的，接受诈欺的一方可以要求赔偿损失，并可撤销合同或拒绝履行其合同义务。对于非故意的不正确说明，英国法分为两种情况：一种是非故意但有疏忽的不正确说明，另一种是非故意而且没有疏忽的不正确说明。在前一种情况下，蒙受欺骗的一方有权请求损害赔偿，并可撤销合同。但法官或仲裁员有自由裁量权，他们可以宣布合同仍然存在，并裁定以损害赔偿代替撤销合同。在后一种情况下，受欺骗的一方可以撤销合同，但法官或仲裁员同样有自由裁量权，他们可以宣布维持原合同并裁定以损害赔偿代替撤销合同。两者的主要区别是：在后一种情况下，蒙受欺骗的一方无权主动要求损害赔偿，而只能由法官或仲裁员根据具体情况酌定是否可以以损害赔偿代替撤销合同。但无论在什么情况下，都只有受欺骗的一方才能要求撤销合同，至于做出不正确说明的一方则不能以其自身的错误行为作为撕毁合同的借口。

（4）沉默是否构成诈欺。

至于仅对某种事实保持沉默是否足以构成诈欺的问题，各国的处理办法略有差异。德国判例认为，只有当一方负有对某种事实提出说明的义务时，不做这种说明才构成诈欺；如果没有此种义务，则不能仅因沉默而构成诈欺；至于当事人是否有此义务，应依合同的具体情况决定。法国最高法院也持相似的观点。

英国普通法认为，单纯沉默原则上不能构成不正确说明。因为一般来说，合同当事人没有义务把各项事实向对方披露，即使他知道对方忽略了某种重要事实，或他认为对方可能有某种误会，他也没有义务向对方说明。但是，在某些情况下，英国法也认为应当加入负有披露实情的义务，主要有以下几种：第一，如果在磋商交易中，一方当事人对某种事实所作的说明原来是真实的，后来在签订合同之前发现此项事实已经发生了变化，变得不真实了，在这种情况下，即使对方没有提出询问，该当事人也有义务向对方改正其先前做出的说明。第二，凡属诚信合同，如保险合同，由于往往只有一方当事人了解全部事实真相，所以该当事人有义务向对方披露真情，否则即构成不正确说明。

（5）债权人以外的第三者实施诈欺的法律后果。

如果诈欺行为不是由债权人，而是由债权人以外的第三者所施行时，对方能否撤销合同，关于这个问题，一般认为只有当债权人知道或应该知道有诈欺情事，或者该诈欺行为应归责于债权人时，对方才可以撤销合同。德国、瑞士及英美法都基本采用这一规则。但法国法认为，只有当诈欺行为是由合同当事人或其代理人施行时，对方才能以诈欺为理由撤销合同。

（6）我国法律的规定。

我国《合同法》第52条第1款规定，一方以欺诈手段订立的合同，损害国家利益的，合同无效。第54条规定，一方以欺诈手段使对方在违背真实意思的情况下订立合同，受损害方有权请求人民法院或仲裁机构变更或撤销合同。我国《民法通则》第4条规定，民事活动应当遵循诚实信用的原则。用歪曲、隐瞒事实的手法欺骗对方，是违反民法诚信原则的违法行为，如贩卖假烟、假酒、假药等。

3. 胁迫

（1）胁迫的概念。

胁迫是指以使人发生恐怖为目的的一种故意行为。合同法中的胁迫是指一方当事人通过某种使对方当事人发生恐怖为目的的故意行为，迫使另一方当事人在不得已的情况下接受强加的合同条件的行为。各国法律都一致认为，凡在胁迫之下订立的合同，受胁迫的一方可以主张合同无效或撤销合同。

（2）大陆法系将胁迫与绝对强制加以区别。

大陆法系认为，胁迫是指对当事人施加心理压力，但不是身体的强制。因此，大陆法系将胁迫与绝对强制区别开来，二者的法律效果有所不同。在胁迫的情况下，受胁迫的一方可以撤销合同，但在绝对强制的情况下，受强制的当事人已失去了人身自由，其所订立的合同应归于无效。大陆法系中的德国法区分胁迫与乘人贫困等情况。按照德国法，因被胁迫而为意思表示者，表意人得撤销其意思表示；但如果法律行为系乘他人穷困、无经验、缺乏判断能力或意志薄弱，使其为对自己或第三人的给付作财产上利益的约定或担保，而此种财产上的利益比之于给付，显然为不相称者，该法律行为无效。高利贷就是其中的典型例子。《法国民法典》第1111条明确规定，对于订立合同承担义务的人进行胁迫，亦是构成无效的原因。

（3）英美法系则除普通法上的胁迫以外，在衡平法上有“不正当影响”的概念。

英美法系不区分胁迫和绝对强制，因为英美法系普通法认为，胁迫是指对人身施加威吓或施加暴力或监禁。任何为达到非法目的的非法监禁，或对身体构成威胁和损害，而强迫他人或引诱他人违背自己的自由意志，迫使他当时提出或接受要约，均视为胁迫，这种情形通常是受害者清醒地意识到自己行为的后果，由于其自由意志受到胁迫，他没有别的选择。至于以揭发对方的犯罪行为进行要挟，亦构成胁迫，但如以对对方提起民事诉讼为要挟，则一般不能认为是胁迫。按照英美法系的规定，受胁迫者不仅包括订约当事人本人，而且还包括该当事人的丈夫、妻子或近亲，如果对后者施加威胁，迫使当事人不得不同意订立合同，也构成胁迫，当事人可以撤销合同。

英美法系除普通法上的胁迫外，在衡平法中还有所谓“不正当影响”的概念。不正当影响是指一方当事人利用与另一方当事人的特殊关系或利用其特殊地位以订立不公平的合同为手段从中谋取分外利益的行为。“不正当影响”主要适用于滥用特殊关系以订立合同为手段从中谋取利益的场合，如父母与子女、律师与当事人、受信托人与受益人、监护人与未成年人、医生与病人之间所订立的合同，如果这类合同有不公正的地方，即可推定为有“不正当影响”，蒙受不利的一方可以撤销合同。

应当注意不正当影响和胁迫是有区别的，其区别在于：第一，在当事人之间是否存在

着诚信关系。不正当影响的当事人之间一般存在着诚信关系，而胁迫的当事人之间没有。第二，威胁和暴力的强度和程度不同。胁迫对另一方的威胁和暴力影响的程度和强度一般比不正当影响要明显、严重。第三，产生的法律后果不同。不正当影响只能导致合同可以撤销，而胁迫的法律后果为，使合同有的可以撤销，有的是无效。

（4）关于来自订约双方当事人以外的第三者所施行的胁迫的法律后果。

关于来自订约双方当事人以外的第三者所施行的胁迫，各国法律的处理略有不同。德国认为胁迫较诈欺更为严重，应当让受胁迫者更容易从合同的拘束中解脱出来。因此，德国法认为，如胁迫是第三者所为，即使合同的相对人不知情，受胁迫的一方也有权撤销合同。法国、意大利、西班牙等国的法律也有类似的规定。但英美法系则把第三人所作的胁迫与第三者所作的诈欺同样对待，也就是说，对于来自第三者的胁迫，只有合同的相对人知道有胁迫情事时，受胁迫的一方才能撤销合同。

（5）我国法律的规定。

我国《合同法》第52条第1款规定，一方以胁迫方式订立合同，损害国家利益的，合同无效。第54条规定，一方以胁迫方式，使对方在违背真实意思的情况下订立合同，受损害方有权请求人民法院或仲裁机构变更或撤销合同。

（四）合同必须有对价或约因

“对价”是英美法系中的概念，“约因”为法国法的概念。德国法认为，合同的有效成立取决于当事人之间的意思表示一致，而不以有无约因作为合同成立的要件，但在德国法中，约因这一概念在其他方面仍然有一定的作用。

1. 英美法系中的对价

（1）对价的概念。

英美普通法把合同分为两类：一类是签字蜡封的合同，这种合同是由当事人签字、加盖印鉴并把它交给对方而做成的，其有效性完全是由于它所采用的形式，不要求任何对价；另一类是简式合同，它包括口头合同和以非签字蜡封式做成的一般书面合同，这类合同必须要有对价，否则就没有拘束力。

所谓对价，是指合同一方得到的某种权利、利益、利润或好处，或是他方当事人克制自己不行使某项权利、遭受某项损失或承担某项义务。也有人把对价简单地说成是“购买某种‘允诺’的代价”。

（2）一项有效的对价必须具备的条件。

① 对价必须是合法的。凡是以法律所禁止的东西作为对价的，都是无效的。例如，贩卖毒品的合同，因为作为对价的标的物是违法的，所以这种合同是无效的。

② 对价必须是待履行的对价或者是已履行的对价，而不能是过去的对价。英美普通法把对价分为三种：一是待履行的对价，二是已履行的对价，三是过去的对价。前两种对价是有效的，第三种对价是无效的。

③ 对价必须具有某种价值，但不要求充足。对价必须是真实的，必须具有某种价值。这里所说的价值不一定是指金钱上的价值，也可以是其他东西，例如，提供某种服务或不行使某种权利等。但对价不是等价，不要求与对方的允诺相等。但是，如果对价很不充分，

足以构成诈欺或错误，当事人可以请求给予衡平法上的救济，要求撤销合同。但这是另一个问题，而不是由于对价很不充足而使合同不能执行。

④ 已经存在的义务或法律上的义务不能作为对价。例如有这样一个案例：船方雇用一批海员作一次往返于伦敦与波罗的海的航行，途中有两名海员开了小差，船长答应其余的海员，如果他们努力把船舶开回伦敦，他将把那两名海员的工资分给他们。事后船长食言，船员起诉到法院。法院判决，船长的允诺是无效的，因为缺乏对价。其理由是，船员在开船时，已承担了在航行中遇到意外情况时应尽力而为的义务。有两名船员开了小差就是属于这类意外情况。余下的船员依据其原来签订的雇佣合同有义务尽力把船舶安全开回目的港。从上述案例可以看出，凡属原来合同上已经存在的义务，不能作为一项新的允诺的对价。另外，凡属履行法律上义务的，也不能作为对价。

⑤ 对价必须来自受允诺人。所谓对价必须来自受允诺人，是指只有对某项允诺付出了对价的人，才能要求强制执行此项允诺。因此，如果甲向乙许诺，若乙为其完成某项工作，他将付给丙一笔钱。在这种情况下，如果乙完成该项工作后，甲拒绝把钱付给丙，则丙不能对甲起诉要求法院强制执行向丙付钱的许诺。因为作为甲的许诺的对价是来自于乙而不是来自于丙，丙并没有提供任何对价。

（3）对价原则的弊端与例外。

英国法关于对价的原则已经不能适应当代资本主义社会经济生活的需要，因为按照这一原则，当事人在签订合同之后，如要改变原来的合同，或者在债权人和债务人之间想要免除债务时，就会由于缺乏对价而不能成立。

为了适应当代商业发展的需要，《美国统一商法典》第二篇第 2 条至第 209 条明文规定，关于改变现存合同的协议，即使没有对价也具有约束力。此外，美国法为了防止在某些情况下由于缺乏对价而产生不公平的结果，还形成了一项所谓“不得自食诺言”的原则。其含义是，如允诺人在做出允诺时，应当合理地预料到受允诺人会信赖其允诺而做出某种实质性的行为或者放弃去做某种行为，并已在事实上引起了这种结果，只有强制执行该项允诺才能避免产生不公平的后果，那么，即使该项允诺缺乏对价，亦应予以强制执行。这项原则是衡平法上的救济方法，是从向教堂捐款的案件中发展出来的。例如，某甲答应捐赠 10 000 美元修建一座新教堂，教会信赖其允诺，开始筹建新教堂。后来某甲反悔，法院认为，此项允诺虽然没有对价，但仍具有拘束力。因为教会由于信赖某甲的允诺已经改变了它的地位，因此某甲就不得否认自己所作的许诺。

近年来，英国法院的少数判例也有朝着美国法的方向发展的趋势，以便使对价原则与现代商业的某些习惯做法协调起来。

2. 法国法中的约因

法国法把约因作为合同有效成立的要素之一。《法国民法典》设有专目，对约因的作用作了具体规定。按照法国法的解释，债的约因是指订约当事人产生该项债务所追求的最接近和直接的目的。法国法强调把约因与当事人的动机区别开来。以买卖合同为例，某甲向某乙购买汽车一辆，某甲购买汽车的动机可能是各式各样的，可能是自用，可能是出租，也可能是为了赠送给亲友。但购买汽车的直接目的却只有一个，就是为了取得汽车这个标的物。同样地，某乙出售汽车的动机也可能是各式各样的，可能是嫌原来的汽车不好，卖掉以后再买新的，也可能是因为经济困难，负担不了汽车的开销，但卖车的直接目的亦只有一个，就是为了取得一笔金钱。因此，在同一类型的合同中，其直接目的即约因往往是相同的。例如，在雇佣合同中，约因都是以金钱换取劳务。

根据《法国民法典》第1131条的规定："凡属无约因的债，基于错误约因或不法约因的债，都不发生任何效力。"这里的所谓债，包括债权和债务，它是指广义的债，不仅是指狭义的金钱债务。按照法国法的解释，任何债的产生都必须有约因，否则就不发生任何效力。

3. 德国法的规定

德国在合同成立的问题上，没有采用约因原则。德国法与法国法不同，它不以约因作为合同成立的必要条件。这是因为，许多大陆法系的学者认为，把约因作为合同成立的要件是没有什么价值的。其理由是，在双务合同，双方当事人互为允诺，互为给付，这是双务合同固有的特点，其本身就具备合同成立的条件，无须再借助于约因作为合同成立的条件。至于无偿合同和赠与合同的成立，许多国家的法律都规定有形式上的要求，如必须在公证人面前订立或依法院的裁判成立等，也无须以约因为要件。因此，1900年《德国民法典》及承袭了它的某些大陆法系国家的法典，如《瑞士债务法典》和《日本民法典》等，在有关合同成立的章目中都不再采用约因这个概念。

德国法虽然不把"原因"（即约因）作为合同成立的要件，但实际上"原因"在德国民法的其他方面仍然起着很大的作用。德国法在不当得利的情况下，存在着约因的概念。德国法的不当得利是指无法律上的原因，取得他人的财产或其他利益。在这种情况下，由于缺乏法律上的原因，取得他人财产或利益的一方无权保留这种财产或利益，而必须把它归还给真正的所有人。如《德国民法典》第812条规定，无法律上的原因，而受领他人的给付，或以其他方式由他人负担费用而受到利益者，负有返还该利益于他人的义务；或者虽有法律上的原因，但后来该原因已经消灭，或依法律行为的内容未发生给付目的所预期的结果者，亦有返还已得利益的义务。德国法上的不当得利，在英国法和法国法上称为准合同，美国法有时称为"偿还法"，其名称虽然不同，但法律效果都是一样的。

二、合同有效的形式要件

合同的形式必须符合法律的要求。

（一）合同形式的分类

合同的形式是指当事人合意、达成协议的表现形式。从订立合同的形式的角度看，合同可以分为要式合同和不要式合同两种。要式合同是指必须按照法定的形式或手续订立的合同，不要式合同是法律上不要求按特定的形式订立的合同。

各国法律在合同形式问题上都采取"不要式原则"，只是对某些合同才要求必须按照法律规定的特定形式来订立，但这种要式合同一般为数甚少，属于例外情况。

（二）合同采用要式形式的作用

法律之所以对某些合同要求必须按法定的形式来订立，其目的和作用有两个：有的是用以作为合同生效的要件；有的是用以作为证明合同存在的证据。在前一种情况下，合同

如果不依法定形式订立，就不能发生法律上的效力，该合同无效。在后一种情况下，合同虽然没按法定形式订立，但合同并非无效，只是不能强制执行，在发生诉讼时，必须以法律规定的形式（如书面形式、公证人的证明等）作为合同的存在及其内容的证据。针对合同的形式，德国法侧重于作为合同有效成立的要件，法国法偏重于作为证据要求，英美法则根据不同类型的合同有不同的要求。

（三）各国法律关于合同形式的规定

1. 法国法

法国法将要式合同分为两种情况：一种是以法定形式作为合同有效的要件。在这种情况下，法院有权不依当事人的申请，而依其职权宣告不按法定形式订立的合同无效。另一种是作为证据要求。这种情况是指将某种法定形式作为证据，用以证明合同的存在及其内容，除了法律规定的形式以外，法院不接受其他形式的证据。《法国民法典》第1341条规定："一切物件的金额或价额超过50新法郎者，即使是自愿的寄存，均须于公证人前作成证书，或双方签名作成私证书。私证书作成后，当事人不得再主张与证书内容不同或超出证书所载以外的事项而以证人证明之……"按照这项条文的精神，如果价额在50新法郎以上的合同没有采用公证人证书或私证书的形式，该合同并不是无效，而只是不能以证人作为证据，由于缺乏证据，法院将不予强制执行。但如果债务人承认，则合同仍属有效。上述原则有一个重要的例外，就是不适用于商事合同。根据法国的法律，商事合同是不要式合同，可以用口头方式，也可以用书面方式，任何证据方式都可以使用。

2. 德国法

《德国民法典》在总则中明确规定，不依法律规定方式所作的法律行为无效。德国法强调当事人的意思表示必须严肃认真，并以是否遵守法定形式作为意思表示是否严肃认真的标志，如合同没有按照法定形式办理，说明当事人缺乏严肃认真的订约意思，合同即归于无效，而不问当事人能否提出证据证明合同的存在，这是德国法与法国法的不同之处。

《德国民法典》除在总则中对形式要求作了原则性的规定外，还在民法典的其余各部分对不同类型合同所应采取的形式分别做出具体的规定，如有的合同要采取书面形式，有的要以公证人证明等。例如，《德国民法典》第518条规定，为使以赠与方式约定为给付的合同有效，其约定应由公证证之。又如第766条规定，为保证合同有效，应以书面方式表示其意思。对于转移土地所有权的合同，还要求在土地登记部门登记才能生效。

但是，这并不是说，德国法律要求一切合同都必须具备特定的形式。德国法也是以不要式合同为原则，要式合同仅属例外，只有某些合同才要求具备法定的形式，其他合同都不要求具备特定的形式。例如，在债权法方面，买卖合同不论标的物的价格多少，一律不要求法定形式，只有土地买卖合同才要求具备法定的形式。

3. 英美法

英美法把合同分为签字蜡封合同和简式合同两类。签字蜡封合同是要式合同，这种合同无须对价，但必须以特定的形式订立。简式合同必须要有对价。

签字蜡封合同的订立必须遵守特定的形式，主要是合同必须以书面作成，有当事人的签名，加盖印戳，并须把它交付给合同的对方当事人。按照英国的判例，下列三种合同必须采用签字蜡封形式订立：①没有对价的合同；②转让地产或地产权益的合同，包括租赁

土地超过 3 年的合同；③转让船舶的合同。上述三种合同，如不依签字蜡封形式订立，均属无效。但是，美国大多数州已经废止了签字蜡封式的合同。

简式合同是指必须要有对价支持的合同，但不等于完全是不要式的合同。在简式合同中，一般是不要式的，可以用口头订立，也可以用书面订立，任由当事人自由选择合同所使用的形式；但也有一些简式合同依法必须以书面形式订立，其作用有的是作为合同有效成立的条件，有的是作为证明合同存在的证据，视合同的性质而定。按照英国的判例，以下几种简式合同必须以书面形式作成，否则合同就无效或者不能强制执行：①要求以书面形式作为合同有效成立要件的合同。如汇票与本票、海上保险合同、债务承认、卖方继续保持占有的动产权益转让合同。②要求以书面文件或备忘录作为证据的合同。

美国沿用了英国的诈欺法，几乎所有的州都制定了自己的诈欺法，内容大同小异。美国的诈欺法要求一些合同必须以书面形式作为证据，如不动产买卖合同、从订约时起不能在 1 年之内履行的合同、为他人担保债务的合同和价金超过 500 美元的货物买卖合同。

4. 我国《合同法》关于合同形式的规定

根据我国《合同法》第 10 条的规定，合同的形式包括口头形式、书面形式和其他形式。

（1）口头形式。口头形式是指当事人以直接对话方式订立合同，而不用文字形式订立合同的形式。口头形式简便易行，被广泛运用于社会生活的各个领域。

（2）书面形式。书面形式是指当事人以文字方式表达协议内容所订立合同的形式。我国《合同法》第 11 条规定，书面形式是指合同书、信件和数据电文（包括电报、电传、传真、电子数据交换和电子邮件）等可以有形地表现所载内容的形式。关于书面形式的采用，《合同法》第 10 条第 2 款规定，法律、行政法规规定采用书面形式的，应当采用书面形式。当事人约定采用书面形式的，应当采用书面形式。

（3）其他形式。其他形式是指口头形式和书面形式以外的合同订立形式，是指当事人未用语言、文字表达其意思表示，而用实际行为达成具有法律效力的合同的形式。如某当事人将货币投入自动售货机，买卖合同即告成立。一般来说，其他形式只适用于交易习惯许可或要约表明时，而不能普遍适用。

第四节　合同的履行与违约

一、合同履行

（一）合同履行的概念

合同履行是指债务人全面地、适当地完成其约定义务，债权人的合同债权得到完全实现的行为。例如，在买卖合同中，卖方应按合同规定的时间、地点和质量交货，买方应按合同规定的时间、方式支付货款和受领货物等，这都是属于履行合同的行为。在不同类型合同中，合同当事人履行合同义务的形式是不同的，合同履行行为可以是作为，也可以是不作为。各国法律都认为，合同当事人在订立合同之后，都有履行合同的义务，如果违反应履行的合同义务，就要根据不同的情况，承担相应的法律责任。我国《合同法》规定，合同依法成立即具有法律约束力，当事人应当履行合同约定的义务。

（二）合同履行的原则

合同履行的原则主要有以下几个。

1. 当合同对所有条款已做出明确规定时，双方都应当按合同执行，否则即为违约

《法国民法典》第 1134 条明文规定：“依法成立的合同，在订立合同的当事人间具有相当于法律的效力。”也就是说，合同当事人都必须受合同的拘束，都必须履行合同所规定的义务。该法典第 1147 条又进一步规定，如债务人不能证明其不履行债务系由于不应归其个人负责的外来原因时，即使在其个人并无恶意，债务人对于其不履行或迟延履行义务，应支付损害赔偿。

《德国民法典》也明确规定，债权人根据债务关系，有向债务人请求给付的权利。这里的所谓给付，就是指履行合同的内容。给付可以是作为义务，也可以是不作为义务。前者是要求债务人必须作某种行为，后者是要求债务人不作某种行为，如在包销协议中要求包销商不得经营有竞争性的商品，这就是所谓不作为义务。

德国法还以诚实信用作为履行合同的一项基本原则。《德国民法典》第 242 条规定：“债务人须依诚实与信用，并照顾交易惯例，履行其给付。”所谓诚实信用是自罗马法以来资本主义各国民商法所沿袭的一项基本原则。它是一个抽象的法律概念，极富于弹性，可以由资本主义国家的法学家和法官们根据具体情况，做出不同的解释。有人认为，这是指人们可以期待的交易上的道德基础；有人认为，这是就当事人双方的利益求其公平合理而言的。例如，关于交货的时间和地点，如果合同已有明确规定，债务人原则上应当依照合同规定的时间和地点履行合同；如债务人打算提前交货，应当事先通知债权人，否则突然提交大批货物，使债权人无从准备仓栈，不能及时提货，这就有悖于诚实信用原则，债权人可以不负受领迟延的责任。

英美法系认为，当事人在订立合同之后，必须严格按照合同的条款履行合同。按照英美的法律和判例，如果合同中规定了履约的时间，而时间又是该合同的条件时，当事人就必须在规定的时间内履行合同，否则债权人有权解除合同并要求损害赔偿。至于时间是不是合同的条件，应视合同中是否做出这种规定，或依合同的情况当事人是否确有此种意图而定。

2. 当合同就履行的有关情况没有规定时，应按法律规定、行业惯例或贸易惯例履行

（1）履行时间。

大陆法系认为，在合同中没有规定合同履行时间的债叫不定期债务。这种合同可以在签订合同之后任何一个时间履行合同。债权人随时可要求债务人履行合同，债务人可以随时履行义务，债权、债务是相对的，如果一方当事人不履行合同，对方应催告，催对方履行合同，若仍不执行合同就要承担责任。

英美法系则比大陆法系规定更为严格，将合同中未规定履行时间的法律后果，分为两种情况：如果双方当事人在合同中对履约时间没有做出规定，则可解释为应在合理的时间内履行。至于什么是合理的时间，这是一个事实问题，须由法院根据具体案情做出决定。如果根据合同的规定，合同的履行时间是合同的要件，则没有按时履行，为违反合同的要件，其后果是对方可以解除合同并要求损害赔偿。若合同的履行时间是合同的担保，则未

按时履行，其法律后果是不能要求解除合同而只能要求损害赔偿。

至于如何确定履行时间是要件还是担保，一般根据合同条款中对违约后果的规定，可以看出当事人的意向；或根据交易的性质、当事人意向、具体案情由法院判决。但根据1893年《英国货物买卖法》的规定，一般关于交货时间的规定是合同要件，若违反，对方当事人可以解除合同并要求损害赔偿；而关于付款时间的规定是合同担保，若违反，不能解除合同，只能要求损害赔偿。

（2）履行地点。

如果合同中规定了履行地点，应按合同规定履行，若未规定，应依合同标的物性质的不同来确定。若是特定物的交易，应当在订立合同时该特定物所在地履行合同，如定做的鞋48码，则在该特定物的生产地交货。特定物是不能替代的物品，其对立面是种类物。若是种类物交易，通常在债权人的所在地即卖方所在地履行合同。

我国《合同法》规定的合同履行原则主要有：①按照约定全面履行的原则；②根据诚实信用原则履行合同的附属义务。

二、违约的原则

违约是指合同一方当事人，由于某种原因，完全没有履行其合同义务，或没有完全履行其合同义务的行为。对于判断构成违约责任的原则和标准，大陆法系和英美法系存在着很大的差异，归纳起来主要包括以下两方面。

（一）过失责任原则

大陆法系以过失责任作为承担民事责任的基本要件，即只有当事人有过失才能产生民事责任，也就是说，合同债务人只有当存在着可以归责于他的过失时，才承担违约的责任。如果仅仅证明债务人没有履行其合同义务，还不足以构成违约，而必须同时证明或推定债务人的上述行为有某种可以归责于他的过失，才能使其承担违约的责任。

过失责任原则来源于罗马法，罗马债务法有两项责任原则，即过失和故意。凡有上述行为致使他人的财产或人身遭到损害者，都必须承担法律责任。故意是一种恶意的行为，它比过失更为严重，行为人在任何时候都要对此承担责任，而且不得在合同中事先排除这种责任。罗马法的上述原则基本上被德国法所采取。德国法认为，构成违约的情况必须要有可得归责于该当事人的事由。《德国民法典》第276条规定，债务人除另有规定外，对故意或过失应负责任。并规定，债务人基于故意的责任，不得预先免除。德国法还区分重大过失与轻微过失。法国法也以过失责任作为民事责任的基本原则。《法国民法典》第1147条规定，凡不履行合同是由于不能归责于债务人的外来原因所造成的，债务人即可免除损害赔偿的责任。

而英美法系认为，只要允诺人没有履行其合同义务，纵使他没有任何过失，也构成违约，应承担违约的后果。因为一个人既然做出允诺，就应该兑现，否则就是违约。英美法系认为，一切合同都是“担保”，只要债务人不能达到担保的结果，就构成违约，应负损害赔偿的责任。《美国合同法重述》第314条对违约下了如下定义：“凡没有正当理由的不履行合同中的全部或部分允诺者，构成违约。”英美法系不以允诺人有无过失作为构成违约的必要条件。

但是，从实际结果来看，英美法系与大陆法系在这个问题上的差别，并不像表面看起来那么大。法国法院和学者把合同分为两种：一种叫做“提供成果合同”，即允诺人承担提供某种成果的义务的合同；另一种叫做“采取措施合同”，即债务人仅承担以合理的注意和技能处理问题的义务。在前一种情况下，只要债务人没有履行其义务，拿不出他所允诺的成果来，就可以推定他是有过失的，从而使其承担违约的责任，除非他能证明不履约是由于不应归责于他的外部原因所造成的。在后一种情况下，如果债务人的行为达不到一个正常而谨慎从事的人所应做到的水准，他就应承担责任，因为这种行为的本身就构成过失。所以，针对合同违约实际处理的结果，英美法系与大陆法系在许多情况下是相同的。

1980 年《联合国国际货物销售合同公约》、1994 年《国际商事合同通则》以及我国的《合同法》均没有采用过失责任原则。

（二）催告制度

催告是大陆法系上的一种特有的制度，《德国民法典》也规定，债务人于清偿期届至后，经债权人催告而不为给付者，自受催告时起负迟延责任。所谓催告是指债权人向债务人发出的请求履行合同的通知。

1. 当事人催告的条件

根据大陆法系的规定，关于合同履行时间的规定有以下几种情况：①若合同中有确切日期，当事人不按照合同规定履行就构成违约，无须催告。②若合同中未明确规定合同履行时间，则属于不定期债务，大陆法系要求一定要催告。产生不定期债务的情况有：合同中没有规定合同履行时间；或合同中规定以某种事件的发生作为合同履行时间或规定为一段时间。规定以某种事件的发生作为合同履行时间的，该事件必须是一定发生的，否则无效。

2. 催告的作用

催告的作用有：①自催告生效之日起，不履行的风险由违约一方承担。②债权人有权就不履行合同请求法律的救济。如果债权人在清偿期届至后，不向债务人做出催告，就表示他不拟追究债务人延迟履约的责任。③自送达催告之日起，开始计算损害赔偿及其利息。

3. 催告的方式

关于催告的方式，法国法要求必须以书面作成，并由法警送达债务人。德国法则不要求任何特定的方式，书面方式或口头方式均无不可，唯一的要求是必须把催告传达给债务人。

英美法系则没有催告这个概念。英美法系认为，如果合同规定有履行期限，债务人必须按合同规定的期限履行合同；如果合同没有规定履行期限，则应于合理的期间内履行合同，否则即构成违约，债权人无须催告即可请求债务人赔偿由于延迟履约所造成的损失。

三、违约的形式

（一）大陆法系

1. 德国法将违约分为给付不能、给付延迟与积极违约

（1）给付不能。给付不能是指债务人由于种种原因不可能履行其合同的义务，而不是指有可能履行合同而不去履行。阻碍债务人履行合同义务的原因是各种各样的，有法律上的原因、事实上的原因、主观上的原因，也有客观上的原因。《德国民法典》第 306 条规

定，凡是以不可能履行的东西为合同的标的者，该合同无效。

（2）给付延迟。给付延迟是指债务已届履行期，而且是可能履行的，但债务人没有按期履行其合同义务。给付延迟的类型及其法律后果为：①债务人没有过失的履行迟延，非因债务人过失的延迟，债务人不负延迟责任；②债务人有过失的履行迟延。凡在履行期届满后，经债权人催告仍不为给付者，债务人自受催告时起应负迟延责任，但是非由于债务人的过失而未为给付者，债务人不负延迟责任。同时，债务人在迟延中，不但要对一切过失承担责任，而且对因不可抗力发生的给付不能亦应负责，除非债务人能证明即使没有迟延履行，仍不可避免要发生损害时，他才能免除责任。

（3）积极违约。所谓积极违约是指合同的当事人作为了不应当作为的情势而引起的违约。在《德国民法典》中只规定了上述两种违约形式，因为该民法典的起草人认为，上述这两种违约形式已经把一切违约的可能性都包括了。但后来在20世纪初，德国的著名法学家斯多伯认为，《德国民法典》只对债务人由于应做而没做所引起的违约做出了规定，但除此而外，债务人还可能由于做了不应做的事而引起违约的后果，对此，《德国民法典》却没有做出任何规定，这种情况叫做"积极违约"。积极违约的表现形式有：①债务人在履行合同义务时粗心大意，使债权人受到损害；②卖方交付有瑕疵的货物，使买方遭到损失；③债务人在清偿期届满之前，明白表示不履行合同等。对于积极违约的情况，德国法院都类推适用有关给付不能和给付延迟的规定来处理，即违约的一方如有过失时，应赔偿对方因其违约所造成的损失。

2. 法国法将违约分为不履行债务与延迟履行债务

《法国民法典》把不履行债务和延迟履行债务作为违约的主要形式。《法国民法典》第1147条规定，债务人对于其不履行债务或迟延履行债务，应负损害赔偿的责任。对于双务合同，如果一方当事人不履行其合同义务，对方有权解除合同。但是，在这种情况下，合同并非当然解除，债权人可作如下选择：①如果合同仍然有可能履行，他可以要求债务人履行合同；②如果合同已不可能履行，他可以请求法院解除合同并要求赔偿损害。法国法同德国法一样承认合同履行"不能时无义务"的原则，即以不可能履行的事项为标的者，合同无效。

（二）英美法系

1. 英国法将违约分为违反条件、违反担保与违反中间条款

（1）违反条件及其法律后果。

在英国法中，"条件"大体上包括以下三种含义：

第一，条件是指双方当事人在合同中订立的重要的、根本性的条款。如在商务合同中，关于履约事件、货物的品质及数量等条款，都属于合同的条件。如果卖方不能按时、按质、按量交货，买方有权拒收货物，并可以请求损害赔偿。但合同中有关支付时间的规定，除双方当事人另有意思表示外，一般不作为合同的条件论处。至于合同规定的事项哪些构成"条件"哪些不是，这是一个法律问题，应由法官根据合同的内容和当事人的意思做出决定，而不是事实问题，不能由陪审员来决定。

第二，条件还用来指称以某种不确定事件的发生与否来决定其是否生效的合同规定。在这个意义上，可将条件分为：①对流条件，是指合同双方当事人同时履行各自的义务，

或者至少是每一方当事人同时准备并愿意履行各自的义务。如在买卖合同中，买方的付款与卖方的交货就是对流条件。②先决条件，是指以一方当事人首先履行某种行为，或以某种事件的发生，或以经过一定的时间，作为对方履行合同的前提条件。例如，在买卖合同中规定，在买方开出信用证后 1 个月内交货，这里买方开证就是卖方交货的先决条件。③后决条件，是指在合同成立以后，如发生某种事件，履行合同的义务即告消灭。

第三，条件还可以用来指合同中的约定事项。在这个意义上，条件可以分为明示条件和默示条件。前者是指双方当事人在合同中明文规定的条件，后者是指依照法律或按照解释当事人的意思理应包括在合同中的条件。

根据英国法的规定，如果一方当事人违反了条件，即违反了合同的主要条款，对方有权解除合同，并可要求赔偿损失。

（2）违反担保及其法律后果。

违反担保是指违反合同的次要条款或随附条款。在违反担保的情况下，蒙受损害的一方不能解除合同，而只能向违约的一方请求损害赔偿。

担保的类型包括：明示担保，是指双方当事人在合同中明确规定的担保；默示担保，是指按照法律或按照解释当事人的意思理应包含在合同中的担保。如《英国货物买卖法》中规定，在买卖合同中应包含卖方保证买方得以安稳地占有货物，不受任何第三者干扰的默示担保。即使双方当事人在合同中对此没有明确的规定，但只要双方当事人没有相反的意思，而且又没有与此相抵触的行业惯例，就应当认为在他们的合同中包含这项默示担保，如果卖方违反了这项默示担保，买方就有权要求赔偿损失。

还应指出的是，在英国法中，当一方当事人违反条件时，受损害的一方可以在以下两者之中做出选择：他可以按违反条件处理，即要求解除合同，拒绝履行自己的合同义务，并可要求赔偿损失；他也可以把违反条件作为违反担保看待，即不解除合同，继续履行自己的合同义务，同时就对方违反担保要求损害赔偿。

（3）违反中间条款及其法律后果。

近年来英国法院通过判例发展了新违约类型，称为“违反中间条款或无名条款”，即有别于“条件”与“担保”的条款。当一方违反这类中间性的条款时，对方能否有权解除合同，须视此种违约的性质及其后果是否严重而定。如果违反这类条款的性质及其后果严重，守约的一方就有权解除合同，否则，就不能解除合同。

如果合同中的某项条款即使遭到违反，但也仅是轻微的，而且只要采用损害赔偿的办法即可得到弥补，则这种条款就很可能被认为是中间性条款。英国法的这一新发展是符合客观实际需要的。因为按照传统的两分法，如果一方违反条件，守约的一方就有权解除合同，而不问违约的情节或后果是否严重，即使违反条件的后果仅仅使守约一方遭受很轻微的损失，甚至根本没有造成什么损失，但守约的一方仍然有权解除合同，这种处理方法显然是不适当的。

2. 美国法将违约分为轻微违约与重大违约

美国现在已经放弃使用“条件”与“担保”这两个概念。美国法将违约分为两类：一种是轻微违约，一种是重大违约。所谓轻微违约，是指债务人在履约中尽管存在一些缺点，但债权人已经从中得到该项交易的主要利益。例如，履行的时间略有延迟，交付的数量和

质量略有出入等，都属于轻微违约之列。当一方有轻微违约行为时，受损害的一方可以要求赔偿损失，但不能拒绝履行自己的合同义务。所谓重大违约，是指由于债务人没有履行合同或履行合同有缺陷，致使债权人不能得到该项交易的主要利益。在重大违约的情况下，受损害的一方可以解除合同，即解除自己对待履行的义务，同时可以要求赔偿全部损失。

美国法将违约分为轻微违约和重大违约，强调的是违约的后果和客观方面；而英国法将违约分为违反条件、违反担保和违反中间条款，强调的是合同违约形式的可预见性和主观标准。美国法的标准对于合同的当事人而言，缺乏可预见性，而英国法的违约标准则有时会产生不公平的法律后果。

3. 先期违约

所谓先期违约，又称先兆违约、提前违约，是指一方当事人在合同规定的履行期到来之前，即明确表示他届时将不履行合同。这种表示可以用行为来表示，也可以用言辞或文字来表示。

当事人对发生先期违约的处理方法包括：①当一方当事人提前违约时，对方可以解除自己的合同义务，并可立即要求给予损害赔偿，而不必等到合同规定的履行期来临时才采取行动。②受损害一方也可以拒绝接受对方提前违约的表示，坚持认为合同仍然存在，等到合同规定的履行期届满时，再决定采取何种法律上的救济办法。但在这种情况下，他就必须承担在这段时间内情况变化的风险，如果在一方当事人宣告不履行合同以后，在履行期满之前，出现了某种意外事故，使合同因为其他原因而宣告解除，提前违约的一方就可以不承担任何责任。

4. 履行不可能

英美法系中也有履行不可能的概念。履行不可能有两种情况：

一种是在订立合同时，该合同就不可能履行。按照英美法的解释，如果在订立合同时，双方当事人以为合同的标的物是存在的，但实际上该标的物已经灭失，在这种情况下，合同无效。因为这是属于双方当事人的“共同错误”，以共同错误为依据的合同是没有拘束力的。这种情况相当于大陆法系的“自始给付不能”。

另一种是在订立合同之后，发生了使合同不可能履行的情况，即发生在合同成立后的履行不可能。按照英国判例的解释，如果在合同成立以后，发生了某种意外事故，使合同不能履行，原则上并不因此而免除允诺人的履行义务，即使这种意外事故不是由于允诺人的过失所造成的，允诺人原则上仍须负损害赔偿的责任。这种情形相当于大陆法系的“嗣后给付不能”。由于这一原则过于严厉，后来英国判例形成了一项所谓默示条款原则。按照这项原则，英国法院可以通过解释双方当事人的意思，认为在某些情况下他们的履约义务不是绝对的，而是有条件的。即使他们在合同中对此没有明示的规定，但也可以默示地适用于他们的合同，当这种默示条件成就时，当事人可以免除履行的义务。例如，原告某甲租用了一所音乐厅作为演出之用，但在演出之前，音乐厅发生火灾被焚毁。某甲向法院起诉，要求赔偿因不能演出所遭受的损失。法院驳回了他的请求，其理由是，凡特定的标的物由于不可归责于当事人的事由而灭失，以致履行成为不可能时，当事人应解除履行合同的义务。《英国货物买卖法》采用了该案例确定的原则，该法第 7 条规定：“在出售特定货物的场合，事后非由于卖方或买方的过失而货物在风险转移于买方之前灭失者，合同无效。”

四、违约的救济方法

违约的救济方法是指一个人的合法权利被他人侵害时，法律上给予受损害一方的补偿方法。各国法律对于不同的违约行为，都规定了相应的救济办法，现将各国有关违约的救济方法介绍如下。

（一）实际履行

1. 实际履行的概念与内容

实际履行有两重含义：一是指债权人要求债务人按合同的规定履行合同；二是指债权人向法院提起实际履行之诉，由执行机关运用国家的强制力，使债务人按照合同的规定履行合同。但各国法律对实际履行有不同的规定和要求。

2. 大陆法系、英美法系、《国际商事合同通则》和我国法律对实际履行的法律规定

（1）德国法。德国法认为，实际履行是对不履行合同的一种主要的救济方法。凡是债务人不履行合同，债权人都有权要求债务人实际履行。但法院只有在债务人履行合同尚属可能时，才会做出实际履行的判决，如属于履行不可能的情况，就不能做出实际履行的判决。例如，在房地产买卖中，房屋因发生火灾被烧毁，或者在订立租船合同后，船只被政府征用等，在这种情况下，债权人就不能要求实际履行。因为实际履行已不可能。有时债务人延迟履约也可能造成履行不可能。例如新年演出或结婚宴席，一旦履行期届满后，履行就属不可能。在这种情况下要求实际履行已无意义，债权人可以要求损害赔偿。但是，在双务合同中，如债务人延迟履约，债权人得指定一个适当的期限，并通知债务人在该期限届至后，他将拒绝接受其履行；在这种情况下，如期限届至后，债务人仍不履行，债权人得要求损害赔偿或者解除合同，但不得要求实际履行。必须指出的是，《德国民法典》虽然规定以实际履行作为不履约的主要救济办法，但实际上提起实际履行之诉的情况是很少的。

（2）法国法。法国法也承认，如债务人不履行合同，债权人有权提起实际履行之诉。《法国民法典》第 1184 条规定，双务契约当事人的一方不履行其债务时，债权人有选择之权：或者在合同的履行尚属可能时，请求他方当事人履行合同，或者解除合同并请求损害赔偿。根据法国法的解释，实际履行是一种可供选择的救济方法，即在债务人不履行合同的情况下，债权人可以在请求实际履行或请求解除合同并要求损害赔偿二者之中任择其一。但只有在债务人履行合同尚属可能时，债权人才能提起实际履行之诉，这一点同德国法是一致的。

（3）英美法系的规定。英美法系对待实际履行的态度同大陆法系有所不同。英美普通法认为，如一方当事人不履行其合同义务，对方的唯一权利是提起违约之诉，要求损害赔偿。因此，普通法是没有实际履行这种救济方法的。但是，英美的衡平法法院在处理某些案件时，如果原告能证明仅仅采用损害赔偿的方法还不足以满足他的要求，则可以考虑判令实际履行。但即使如此，在英美衡平法中，实际履行也只是作为一种例外的救济方法，根据英美法院的审判实践，在下列情况下法院将不予做出实际履行的判决：①凡金钱损害赔偿已可以作为充分的救济方法者，即不得请求实际履行；②凡属提供个人劳务的合同，法院将拒绝做出实际履行的判决；③凡法院不能监督其履行的合同，法院也不会做出实际履行的判决；④对当事人一方为未成年人的合同，法院不判决强制执行；⑤如判决实际履行会造成对被告过分苛刻的负担，法院也不会做出这种判决。

（4）《国际商事合同通则》。1994年《国际商事合同通则》对实际履行问题，区别金钱债务与非金钱债务而做出不同规定。如金钱债务，允许债权人请求实际履行；如非金钱债务，原则上也允许债权人请求实际履行，但施加了若干限制，在下列情况下，债权人不得要求实际履行：①法律上或事实上的履行不可能；②实际履行会使债务人付出不合理的努力或费用；③债权人可以从其他方面合理地获得履行；④实际履行涉及提供具有个人特色的服务或取决于个人间的关系；⑤债权人在已经知道或应该知道债务人没有履行其义务后的合理时间之内，没有提出履约的要求。《国际商事合同通则》所规定的上述限制，主要是为了调和英美法系和大陆法系在实际履行问题上的分歧。同时，考虑到两大法系的分歧，预计到一国法院做出的实际履行的判决在另一个国家有可能不能获得强制执行，所以《国际商事合同通则》特别规定，如果实际履行的请求、司法判决或仲裁裁决不能获得强制执行，均不妨碍债权人采取其他补救措施。这一规定主要是保护债权人的利益，使债权人在实际履行得不到执行时，仍然可以采取其他补救方法来维护其正当权益。

（5）我国法律的规定。我国《合同法》对实际履行未作具体的规定，但在某些情况下，如果实际履行是一种合理的补救方法，法院或仲裁机构可以做出实际履行的判决。我国《合同法》理论界有强制履行的概念，即属于实际履行的救济。强制履行是指违约方不履行合同时，经一方当事人请求由法院做出实际履行的判决或下达特别履行命令，强制违约方在指定期限内履行合同义务的违约责任方式。违约方被要求强制履行后，还有其他损失的，对方可以要求损害赔偿。

强制履行的构成要件为：①必须存在违约行为。既然强制履行是一种违约责任，当然应当以违约行为的存在为前提。②必须是守约方认为有继续履行的必要，并向人民法院提出申请。③必须是违约方能够继续履行合同。④属于可以强制执行的债务。我国《合同法》第110条规定，当事人一方不履行非金钱债务或者履行非金钱债务不符合合同约定的，对方可以请求强制履行，但法律上或者事实上不能履行的、债务标的不适于强制履行或者履行费用过高的、债权人在合理的期限内未要求履行的，不适用强制履行。

（二）损害赔偿

损害赔偿是指债务人不履行合同债务时依法应承担的赔偿债权人损失的责任，是违约的一种救济方法。关于损害赔偿的含义，英美法系、法国法和《联合国国际货物销售合同公约》均是指金钱赔偿，而德国法中的损害赔偿是指使受害人恢复到受害之前的状态，即"恢复原状"而不限于金钱赔偿。我国《民法通则》和《合同法》规定的损害赔偿是指金钱赔偿。损害赔偿是对违约的一种主要的救济方法，这一点各国法律都予以承认。但各国法律对损害赔偿责任的成立、损害赔偿的方法及损害赔偿的计算，有着不同的规定和要求。

1. 损害赔偿责任的前提

大陆法系认为，损害赔偿责任的成立，必须具备以下三个条件：①必须要有损害的事实。如果根本没有发生损害，就不存在赔偿的问题。同时，对于发生损害的事实，一般须由请求损害赔偿的一方予以证明。②须有归责于债务人的原因。原则上债务人仅对其故意或过失所造成的损失负责。如《法国民法典》第1382条规定，任何人的行为使他人受损害

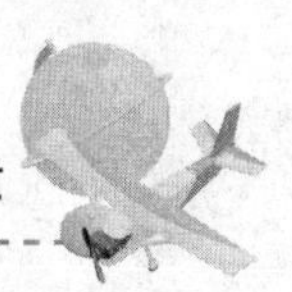

时，因自己的过失而致行为发生的人，应对他人负赔偿责任。第1146条规定，如债务人是由于不可抗力或事变而不能履行义务时，则不发生损害赔偿的责任。但在某些情况下，即使债务人没有过失也应负责。③损害发生的原因与损害之间有因果关系，即损害是由于债务人应予负责的原因所造成的。

英美法系不同于大陆法系。根据英美法的解释，只要一方当事人违反合同，对方就可以提起损害赔偿之诉，而不以违约一方有无过失为条件，也不以是否发生实际损害为前提。如果违约的结果并没有造成损害，债权人虽无权要求实质性的损害赔偿，但他可以请求名义上的损害赔偿，即在法律上承认他的合法权利受到了侵犯。

2. 损害赔偿的方法

损害赔偿的方法有恢复原状和金钱赔偿两种。所谓恢复原状，是指恢复到损害发生前的原状。这种方法可以完全达到损害赔偿的目的，但有时实行起来不大方便甚至不可能做到。例如，在特定物的买卖中，如特定物灭失，往往无法找到与此完全相同的物品作为替代。所谓金钱赔偿，就是以支付金钱来弥补对方所受到的损害。这种方法便于实行，但有时不能完全满足损害赔偿的本旨。因此，各国法例对这两种方法一般都予以考虑，有的是以金钱赔偿为原则，而以恢复原状为例外；有的则以恢复原状为原则，而以金钱赔偿为例外。

德国法对损害赔偿是以恢复原状为原则，而以金钱赔偿为例外。按照《德国民法典》的规定，债权人仅在下列情况下，才可以要求金钱赔偿：①人身伤害或损坏物件；②债权人对债务人规定一个相当的时间，令其恢复原状，并声明如逾此时间未能恢复原状，债权人即可于期限届满后请求金钱赔偿；③如所受损害不能恢复原状，或恢复原状不足以赔偿债权人的损失时，债权人可以要求金钱赔偿；④如债务人须付出过高的费用才能恢复原状时，债务人也可以用金钱来赔偿债权人的损失。至于财产损害以外的损害，则只有在法律有相应规定时，才能请求以金钱赔偿，其中包括对名誉、道德上的损害赔偿。

法国法与德国法不同。法国法是以金钱赔偿为原则，而以恢复原状为例外。按照法国法的规定，在大多数情况下，一方当事人违反合同义务都可以转变为损害赔偿之债，对方所得到的赔偿是适当数额的金钱。

英美法对损害赔偿采取金钱赔偿的方法。英美法称之为“金钱上的恢复原状”。英美法认为，损害赔偿的目的，是在金钱可能做到的范围内，使权利受到损害的一方处于该项权利得到遵守时同样的地位。所以，英美法院对损害赔偿之诉一般都是判令债务人支付金钱赔偿。

3. 损害赔偿的范围

损害赔偿的范围是指在发生违约情事以后，在请求损害赔偿时，应如何确定损害的范围，应根据什么原则来确定损害赔偿的金额。这有两种情况：一种是由双方当事人自行约定的；另一种是在双方当事人没有约定时，由法律予以确定的。前者称为约定的损害赔偿，后者称为法定的损害赔偿。这里主要介绍法定损害赔偿的范围。

（1）大陆法系关于损害赔偿范围的规定。大陆法系中的《德国民法典》认为，损害赔偿的范围应包括违约所造成的实际损失和所失利益两个方面。所谓实际损失，是指合同所规定的合法利益，由于可归责于债务人的事由而受到损害。所谓所失利益，是指如果债务人不违反合同本应能够取得的利益，但因债务人违约而丧失了的利益。一般来说，实际损失比较容易确定，而所失利益则较难确定。因此，《德国民法典》规定，凡依事物的通常过程，或依已进行的设备运转、准备或其他特别情形，可以预期得到的利益，即视为所失的利益。《法国民法典》第1149条规定，对债权人的损害赔偿，一般应包括债权人所受现实的损害和所失可获得的利益。换言之，法国法也同德国法一样，认为损害赔偿的范围应包括现实损害和所失利益两个方面的损失。

（2）英美法系关于损害赔偿范围的规定。英国法认为，计算损害的基本原则，是使由于债务人违约而蒙受损害的一方在经济上能处于该合同得到履行时同等的地位。如果违约的一方可以预见到他的违约行为将引起利润损失，则受危害的一方对于违约者可以要求赔偿利润损失。1893年《英国货物买卖法》基本上采纳了上述原则，该法第50条和第51条规定，计算损害赔偿的范围，应限于按违约的一般过程，直接而自然地发生的损失。《美国统一商法典》对买方或卖方发生违约情事时，如何计算损害赔偿作了具体规定。按照《美国统一商法典》的规定，在损害赔偿中还包括附带的损失和间接的损失。此外，按照英美法的要求，当一方违约时，受损害的一方有义务采取一切合理的措施以减轻由于违约所造成的损失。如果由于受损害一方的疏忽，没能采取合理的措施去减轻损失，则受损害的一方对于违约发生之后本来可以合理避免的损失，不能要求给予赔偿。

（3）我国《合同法》关于损害赔偿范围的规定。①损害赔偿责任的成立。我国《合同法》就损害赔偿责任的成立未做出明确规定，有的学者提出，损害赔偿责任的构成要件包括：有违约行为、受害人有损害、违约行为与损害之间有因果联系、违约人没有免责事由。②损害赔偿的范围。损害赔偿范围的确定通常有两种情况，一是由双方当事人自行约定，二是在当事人没有约定时由法律予以规定。关于法定的损害赔偿范围，我国《合同法》第113条规定，当事人一方不履行合同义务或者履行合同义务不符合约定，给对方造成损失的，损失赔偿额应当相对于因违约所造成的损失，包括合同履行后可以获得的利益，但不得超过违反合同一方订立合同时预见到或者应当预见到的因违反合同可能造成的损失。经营者对消费者提供商品或者服务有欺诈行为的，依照《中华人民共和国消费者权益保护法》的规定承担损害赔偿责任。③减轻损失原则。当一方当事人违约时，未违约一方有义务采取必要的措施，以减轻因违约造成的损失。对此，我国《合同法》第119条规定，当事人一方违约后，对方应当采取适当的措施防止损失的扩大；没有采取适当措施致使损失扩大的，不得就扩大的损失要求赔偿；当事人因防止损失扩大而支出的合理费用，由违约方承担。

（三）解除合同

合同的解除是指合同有效成立之后，因当事人一方或双方的意思表示，使基于合同发生的债权债务关系归于消灭的法律行为。合同的解除具有以下法律性质：①合同的解除以有效成立的合同为标的，因为合同的解除是要解决有效成立的合同提前消灭的法律问题；②合同的解除必须具备解除的条件，合同的解除条件可分为当事人约定条件和法定条件；③合同的解除原则上必须有解除行为；④解除合同的效果是使合同关系消灭。

1. 解除权的发生

（1）大陆法系的规定。罗马法原则上不承认债权人在债务人不履行合同或不完全履行合同时，有权解除合同。但在买卖法中，则允许卖方在买方未于一定期限内支付价金时，

可以解除合同。这项原则在16世纪时为法国法所接受，并把它推广适用于一切双务合同，认为在一切双务合同中，都有这样一个默示条款，即当一方不履行合同时，对方有权要求解除合同。这项原则也反映在《法国民法典》中，根据《法国民法典》第1184条的规定，双务合同当事人一方不履行其所承担的债务时，应视为有解除条件的约定。法国法院认为，解除合同的真正依据不在于有一项默示的解除条件，而在于缺乏约因。法国最高法院曾经指出，“在双务合同中，一方当事人的义务就是对方的义务的约因，如果一方不履行其义务时，对方的义务就缺乏约因”，所以对方就有权要求解除合同。根据法国法的解释，当双务合同的一方当事人不履行其债务时，对方就有解除合同的权利。

德国法也认为，在债务人不履行合同时，债权人有权解除合同。不履行合同包括履行不可能、履行迟延、拒绝履行和不完全履行四种情况。《德国民法典》第325条和第326条明文规定，在一方当事人履行不可能或履行迟延的情况下，对方有权解除合同。对于拒绝履行或不完全履行的情况，《德国民法典》虽然没有明文规定，但学者一般认为，在发生这种情形时，对方当事人也有权解除合同。

（2）英美法系同大陆法系有所不同。如前所述，英国法将违约分为违反条件、违反担保与违反中间条款，只有当一方当事人违反条件时，对方才可以要求解除合同；如果一方仅仅是违反担保，对方只能请求损害赔偿，而不能要求解除合同。美国法则把违约区分为重大违约与轻微违约，只有当一方的违约构成重大违约时，对方才可以要求解除合同；如果只是属于轻微的违约行为，就只能请求损害赔偿，而不能解除合同。因此，在英美法中，只有在违反条件或重大违约时，才发生解除合同的问题。

（3）我国《合同法》对解除合同权发生的规定。我国《合同法》第94条规定，有下列情形之一的，当事人可以解除合同：因不可抗力致使不能实现合同目的；在履行期限届满之前，当事人一方明确表示或者以自己的行为表明不履行主要债务；当事人一方迟延履行主要债务，经催告后在合理的期限内仍未履行；当事人一方迟延履行债务或者有其他违约行为致使不能实现合同目的；法律规定的其他情形。

2. 解除权的行使

根据西方各国法律的规定，行使解除权的方法主要有两种：一种是由主张解除合同的一方当事人向法院起诉，由法院做出解除合同的判决；另一种是无须经过法院，只需向对方表示解除合同的意思即可。

法国法采取第一种方法。《法国民法典》第1184条规定，债权人解除合同，必须向法院提起；但是，如果双方当事人在合同中订有明示的解除条款，则无须向法院提出。

德国法采取第二种方法。《德国民法典》第349条规定：“解除合同应向对方当事人以意思表示为之。”换言之，主张解除合同的一方当事人只需把解除合同的意思通知对方即可，而不必经过法院的判决。

英美法认为，解除合同是一方当事人由于对方的违约行为而产生的一种权利，他可以宣告自己不再受合同的拘束，并认为合同已经终了，而无须经过法院的判决。

我国学者认为，合同的解除权是一种形成权，它的行使发生合同解除的法律效果，合同解除权按其性质讲，不需要对方同意。但根据我国《合同法》第96条的规定，当事人一方主张解除合同，应当通知对方；合同自通知到达对方时解除；对方有异议的，可以请求

人民法院或者仲裁机构确认解除合同的效力。

3. 解除合同与损害赔偿

关于在解除合同时能否同时请求损害赔偿的问题，各国法律的规定有所不同。《法国民法典》第1184条规定，在双务合同一方当事人不履行债务时，债权人得解除合同并请求损害赔偿。《日本民法典》第545条也规定，解除权的行使，不妨碍损害赔偿的请求。英美法也认为，当一方当事人违反条件或重大违约时，对方当事人可以解除合同。根据这些国家的法律，解除合同与请求损害赔偿是可以同时行使、并行不悖的。《德国民法典》的规定与上述各国法律的规定有所不同。根据《德国民法典》第325条和第326条的规定，债权人只能在解除权与损害赔偿请求权两者间任择其一，而不能同时享有两种权利，即两者不能就同一债务关系并存。

我国《合同法》亦采取类似于英美法及法国法的规定，即规定享有解除权的当事人可以在解除合同的同时请求损害赔偿。

4. 解除合同的后果

解除合同的法律后果是消灭合同的效力。合同一经解除，合同的效力即告消灭。但这种消灭的作用是溯及既往，还是指向将来，各国法律有不同的规定。

（1）大陆法系的法国法认为，解除合同是使合同的效力溯及既往的消灭，未履行的债务当然不再履行，即使已经履行的债务，亦因缺乏法律上的原因，而发生恢复原状的问题。《法国民法典》第1183条规定，解除条件成就时，使债的关系归于消灭，并使事物恢复至订约以前的状态，就像从来就没有订立过合同一样，因此，在解除合同时，各方当事人应把从对方所取得的东西归还给对方，如应返还的物品因毁损、消耗而无法返还时，则应偿还其价额。在这个问题上，德国法与法国法的处理方法基本上是相同的。《德国民法典》第346条规定，在解除合同时，各方当事人互负返还其受领的给付的义务。如已履行的给付是劳务的提供或以自己的物品供对方利用者，因无法恢复原状，应补偿其代价。

（2）英国普通法与大陆法系不同。英国法认为，由于违约造成的解除合同，并不使合同自始无效，而只是指向将来，即只是在解除合同时尚未履行的债务不再履行。至于已经履行的债务原则上不产生返还的问题。因此，任何一方当事人原则上都无权要求取回已交给对方的财产或已付给对方的金钱。但是，英国法在解除合同时，允许当事人提起“按所交价值偿还”之诉，以便收回他所提供的财物或服务的代价。在这个问题上，美国法与英国法有很大的差别。美国法认为解除合同应产生恢复原状的效果。各个当事人均应把他从对方得到的东西返还给对方，尽可能恢复原来的状态。在这一点上美国法同德国法有相似之处。

（3）根据我国《合同法》第97条的规定，合同的解除产生以下效力：合同解除后，尚未履行的，终止履行；已经履行的，根据履行的情况和合同的性质，当事人可以要求恢复原状、采取其他补救措施，并有权要求赔偿损失。这就意味着合同的解除原则上发生溯及既往的效力。

（四）禁令

1. 禁令的概念

禁令是英美法系采取的一种特殊的救济方法，禁令的一般含义是指法院应有关当事人

一方要求，做出的禁止或要求债务人不许做出某种行为，或必须做出某种行为的判令。禁令在合同法中作为救济方法的含义是指由法院做出的，强制合同的当事人执行合同所规定的某项消极的义务，即由法院判令被告不许作某种行为的命令。

2. 法院判决禁令的条件和原则

禁令是英美法系中衡平法上的一种救济方法，英美法院给予禁令的条件是，只有在一般损害救济方法不能补偿受害人受到的损害时，才做出禁令的判决。禁令给予的原则是，禁令必须符合公平合理的原则。

一般是在涉及侵犯别人专利、商标权利时，英美法院才会判决禁令，通常合同法中使用得不多，在涉及提供个人劳务的案件中，当债务人违反合同时，英美法院在某些情况下，可以用禁令的方式来补偿债权人所蒙受的损失。

（五）违约金

1. 违约金的概念

违约金是指以保证合同履行为目的，由双方当事人事先约定，当债务人违反合同时，应向债权人支付的金钱。

2. 违约金的性质

（1）大陆法系的规定。

大陆法系中有两种不同性质的违约金，即惩罚性违约金和预定的损害赔偿金。

德国法认为，违约金是对债务人不履行合同的一种制裁，具有惩罚性质。因此，当债务人不履行债务时，债权人除了请求违约金以外，还可以请求由于违约所造成的损害赔偿。如《德国民法典》第 340 条规定，债权人有基于不履行之损害赔偿请求权时，得请求以违约金作为损害赔偿的最低额，但不妨害其主张其他损害。

法国法认为，违约金的性质是属于预先约定的损害赔偿金额。《法国民法典》第 1229 条规定："违约金是对债权人因主债务不履行所受损害的赔偿。"换言之，就是双方当事人事先约定，如债务人违约时，应付给债权人一定的金额作为损害赔偿。这种做法，从程序法上看也有一定的便利。因为在没有事先约定违约金的情况下，债权人对债务人违约提出损害赔偿请求时，必须承担诉讼程序上的举证责任证明确有损害发生的事实，并须证明损失的多少，才能要求债务人给予赔偿。这种举证有时是十分困难的，而且容易引起纠纷。但是，如果双方当事人预先将损害赔偿予以约定，作为违约时应支付的违约金，则只要发生违约的事实，债权人就可以请求约定的违约金，而不必证明损害之发生及损害金额之多寡，手续比较简便。由于法国法认为违约金具有预定损害赔偿金额的性质，所以，法国法原则上不允许债权人在请求违约金的同时，要求债务人履行主债务或另行提出不履行债务的损害赔偿。《法国民法典》规定，债权人对于主债务及违约金，只能任择其一，不能并行请求。但也有一些例外情况，即如果违约金是纯粹为履行迟延而约定者，当债务人履行迟延时，债权人既可以要求债务人支付一定的违约金，并可要求继续履行合同。

（2）英美法系对于违约金的态度。

英美法认为，对于违约金，英美法院首先要区分它是属于罚金性质还是属于预先约定的赔偿金。如属于罚金，则是无效的，当事人不能取得这笔金钱；如属于预约的赔偿金，

则是有效的，当事人能够取得这笔金钱。

英美法认为，当事人对于违反合同只能要求赔偿损失，不能施加惩罚。因此，英美两国的法院对于双方当事人在合同中约定，当一方违约时应向对方支付一定金额的条款，首先要区别这一金额是作为罚金还是作为预先约定的损害赔偿金额，这种区分在英美法上是十分重要的。如法院认为双方当事人约定支付的金额是罚金，则该条款的规定无效，当一方违约时，对方不能得到这笔金额，而只能索取他所遭受的实际损失的损害赔偿；如法院认为这一约定的金额是预先约定的损害赔偿，则该条款的规定有效，当一方违约时，对方即可取得这一约定的金额。一般来说，如果这一金额是双方当事人在订约时考虑到作为违约可能引起的损失，法院将认为这是真正预先约定的损害赔偿金额，当一方违约时，对方即有权取得这一约定的金额；但如果双方当事人约定的金额过高，大大超出违约所能引起的损失，或者带有威胁性质，目的在于对违约的一方施加惩罚，则法院将认为这是罚金，对于罚金，法院一律不予承认，受损害的一方只能按通常的方法就其实际所遭受的损失请求损害赔偿。

（3）我国《合同法》关于违约金的规定。

我国《合同法》第 114 条的规定，当事人可以约定一方违约时应当根据违约情况向对方支付一定数额的违约金，也可以约定因违约产生的损失赔偿额的计算方法；当事人就迟延履行约定违约金的，违约方支付违约金后，还应当履行债务。从这一规定可以看出我国《合同法》规定的违约金具有预定的损害赔偿金的性质。

3. 违约金的增加和减少

违约金的数额如过高或过低，法院是否有权根据当事人的请求对违约金的数额予以增加或减少，大陆法系的德国法认为，法院有权对违约金予以减少或增加。法国法在过去一直认为，法院对于违约金的金额原则上不得予以增加或减少。但 1975 年 7 月第 75 597 号法律，对上述规定作了重大的修改，按照这项新的法律："如果赔偿数额明显过大或过低时，法官得减少或增加原约定的赔偿数额。一切相反的约定视为未订。"《法国民法典》第 1231 条还规定，凡主债务已经一部分履行者，法官得酌量减少约定的违约金。这样，法国法与德国法在此问题上，基本趋于一致。

关于违约金的增加和减少，我国《合同法》第 114 条第 2 款规定，约定的违约金低于造成的损失的，当事人可以请求人民法院或者仲裁机构予以增加；约定的违约金过分高于造成的损失的，当事人可以请求人民法院或者仲裁机构予以适当减少。

五、免除违约责任的情形

（一）情势变迁

1. 情势变迁的概念

所谓情势变迁原则，是指在法律关系成立之后，作为该项法律关系基础的情事，由于不可归责于当事人的原因，发生了非当初所能预料到的变化，如果仍然坚持原来的法律效力，将会产生显失公平的结果，有悖于诚实信用的原则，因此应当对原来的法律效力作相应的变更（如增加或减少履行的义务，或解除合同等）的一项法律原则和制度。

2. 情势变迁的适用条件

无论是德国法还是法国法以及大陆法系的其他国家，法院在适用情势变迁原则时都采用较为严格的条件，情势变迁的适用一般应具备以下条件：①情势变迁必须是发生在缔约后，履行合同之前。如缔约前发生的情势变迁，而当事人不知道，则属于错误。②情势变迁既包括缔约内容的变化，又包括缔约时客观环境的变化。③情势变迁必须为当事人无法预料的，而且发生变迁的事故和障碍使得债务人在相当长的时间内不可能履行。④情势变迁的发生必须是不可归责于债务人的原因。⑤情势变迁事故发生后，如要求债务人履行合同会产生显著的不公平，或者事实上无法履行。

3. 情势变迁的法律后果

情势变迁的法律后果是：①遭受情势变迁的债务人，如非因其过失的履行不能，则可以免除合同的履行义务。②情势变迁的对方当事人可以公平地建议修改合同。③法院也可以应有关当事人的请求，增加或减少履行的义务。

（二）合同落空

1. 合同落空的概念

合同落空是指合同签订后，非因当事人自身的过失，情况发生了根本变化使当事人订约时谋求的商业目的受挫，致使合同失去了存在的基础，使得合同的履行从商业上看已为不可能或非法，则合同当事人可以免除履行合同的义务。合同落空意味着假如原来的合同继续存在，它将等于一个新的、与当事人原来签订的合同不同的合同。

按照英国法的解释，并不是在订立合同之后，发生任何的意外事件都能符合合同落空的标准，合同落空的构成必须是指发生的意外事故使得合同的基础发生根本性变化，以致在一个通情达理的人看来，如果合同当事人在订立合同时预计到发生这种变化绝不会签订这个合同，或将签订与此完全不同的合同，才构成合同落空。

《美国合同法重述》第288条对“落空”作了如下定义：“凡以任何一方应取得某种预定的目标或效力的假设的可能性作为双方订立合同的基础时，如这种目标或效力已经落空或肯定会落空，则对于这种落空没有过失或受落空的损害的一方，得解除其履行合同的责任。除非发现当事人另有相反的意思。”

《美国统一商法典》第2条至第615条规定，未能按时交货或不交货的卖方在下列情况下，不负违约责任：①如果由于发生了某种意外事件使合同变得实在难以履行，而这种意外事件按照当事人订立合同时的“基本假定”是不会发生的。②由于卖方恪守外国政府或本国政府的规章而使得合同实在难以履行。

2. 不能视为合同落空的情形

不能视为合同落空的情形有：①货物价格突涨猛跌。例如，英国有些判例表明，在订立合同之后，价格上涨了20%～30%，并不能构成合同落空。卖方不能免除履约义务。②货币的贬值，汇率的变动。③发生了必须向原定供货人以外的、要价更高的另一供货人取得供货的情况。④合同履行时，比签订时变得更加困难，花费更大的开支。

3. 可以视为合同落空的情形

可以视为合同落空的情形有：①标的物灭失，合同的当事人可以免除履行合同的义务。

②标的物不能再使用。③合同当事人死亡或丧失行为能力。④合同因法律变更而为非法。订立合同时合法，后来由于某种情况发生，合同变得违法。⑤情况发生根本性变化。若在订立合同之后，情况发生了根本性变化，致使合同失去了存在的基础，则该合同可作为合同落空论处。⑥政府实行封锁禁运。⑦政府实行进出口许可证或配额制度。

（三）不可抗力

1. 不可抗力的含义

不可抗力是指买卖双方订立合同之后，其中一方遇到了人力所不能控制的、不能预见的、不能避免的意外事故，使合同不能履行或不能按期履行，遇到事故的一方可免除责任，而另一方则无权提出损害赔偿。在国际贸易中，不可抗力包含两层含义：①遇到意外事故。②责任双方可以免责。构成不可抗力事件的条件通常有三个：①在合同签订以后发生的；②不是由于任何一方当事人的过失或疏忽造成的；③双方当事人所不能控制的，即不能预见，无法避免，无法预防。

2. 不可抗力的类型

不可抗力的类型有：①由于“自然灾害”所引起的自然事故；②由于“社会力量”所引起的社会事件。

3. 不可抗力事件的法律后果

不可抗力事件所引起的法律后果，主要有两种情况：一种是解除合同，一种是迟延履行合同。至于在什么情况下可以解除合同，在什么情况下不能解除合同而只能延迟合同的履行，要看意外事故对履行合同的影响，也可以由双方当事人在合同中具体加以规定。在实务中，如何区分不可抗力事件的后果是解除合同，还是迟延履行合同，通常有两种方法：

（1）根据发生事故的性质及其所产生的影响程度的大小来确定。如事故发生了破坏合同执行的基础，可以解除合同，否则只能迟延履行。

（2）根据合同标的物的性质分析，如为特定物（如古董、字画等），卖方无法重新获得货源，可以解除合同；如为种类物（如大米、服装等），卖方可做出其他努力，重新获得执行合同的货源，则只能迟延履行。当然，如果某些种类物的商品一旦特定化，如明确分开、拨划到合同项下、遇到不可抗力时，又可视为特定物，也可解除合同。

第五节　合同的让与

合同关系是一种债的关系，债通常由主体、客体和内容三要素组成，债的任何一个要素变更都将导致债的关系的变更。合同的让与仅涉及合同主体的变更，即由新的合同当事人代替旧的合同当事人，但合同的客体和内容不变。合同的让与有两种情形：债权让与和债务承担。

一、债权让与

债权让与，亦称合同权利的转让，是指债权人依约向第三人转让全部或部分合同债权的行为。债权让与的结果是，后者取代了原债权人（让与人）的地位成为新的债权人（受

让人）。

债权让与又分为民法上的让与（assignment）和商法上的让与（negotiation）。民法上的债权让与比较复杂。首先，让与人和受让人必须把债权人变更的事实通知债务人，否则，债务人仍可向原债权人清偿债务，而不向新债权人清偿。其次，新债权人所取得的权利不得优于原债权人，凡债务人得以对抗原债权人的抗辩，同样得以对抗新的债权人。商法上的债权让与比较简单，如票据的转让，以背书的方式进行即可，无须通知债务人。此外，新债权人可取得优于原债权人的权利，债务人不得以对抗原债权人的抗辩理由来对抗新债权人。这里主要介绍民法上的债权让与。

各国法律都允许债权让与，但具体的规定却不尽相同，现分别介绍如下。

1. 大陆法

大陆法认为，债权让与无须征得债务人的同意即可发生法律效力。

德国法一个显著的特点是把债权让与视为“抽象”的法律行为，认为债权让与合同是一种不要因合同，即不以给付原因作为成立要件的合同。合同权利的转让采用自由转让原则，债权的让与仅凭转让双方的合意即可，无须通知债务人，也不必征得债务人的同意。

法国法则认为债权让与是受让人与让与人之间买卖债权的协议，必须有约因，因而是一种要因合同。至于合同权利的转让则采用通知原则，即要求债权人应当将债权让与的事实告知债务人，但不必征得其同意。

2. 英美法

英美法原则上也承认债权让与，但是，对某种具有个人特色的合同权利不能让与，如属于提供个人劳务的合同权利，非经对方当事人同意，不能让与。

英国法对债权让与采用两种不同的处理方法：一种是按成文法规定进行的债权让与；一种是按衡平法原则进行的债权让与。按前种方法进行的债权让与，必须符合 1925 年《财产法》规定的要求。如果符合法律规定的要求，受让人即可用自己的名义对债务人起诉。此种方法的特点是不需要对价的支持。如果债权让与缺少成文法要求的转让条件，则可按后种方法进行转让——按衡平法进行的债权让与不以通知债务人为必要条件。

美国法的规定与英国法基本相同。根据《美国统一商法典》的规定，在货物买卖合同中，除当事人另有协议外，买方和卖方都可以把他们的权利转让给第三人，除非这种转让会大大改变对方的义务，或者大大增加对方的负担，或严重损害对方获得履行的机会。但是，凡属于按“需要”或按“产出”供应货物的合同，原则上都不能转让，因为不同的债权人其“需要”或“产出”也可能大不相同。至于债权让与的生效要件，美国法与德国法相同，也采用自由转让原则。

3. 中国法

我国《合同法》第 79 条在允许合同权利转让的同时，对此做了限制：①根据合同性质不得转让；②按照当事人的约定不得转让；③依照法律规定不得转让的合同权利不得转让给第三人。我国《合同法》规定，债权让与采用通知原则。该法第 80 条规定，债权人转让权利的，应当通知债务人。未经通知的，该转让对债务人不发生效力。由于转让通知一经到达立即生效，因而债权人不得撤销，除非受让人同意。按照《合同法》第 81 条至第 83 条的规定，债权让与的效力还体现在以下几个方面：①债权人转让权利的，受让人取得与债

权有关的从权利，但该权利专属于债权人自身的除外。②债务人接到债权转让通知后，债务人对让与人的抗辩，可以向受让人主张，这即是所谓的权利瑕疵的转移问题。《德国民法典》第 404 条也有类似的规定。③债务人接到债权转让通知时，债务人对让与人享有债权，并且债务人的债权先于转让的债权到期或者同时到期的，债务人可以向受让人主张抵消。

如果债权人把同一债权先后转让给两个以上的受让人，那么，应由哪个受让人取得债权呢？

按照美国的法则，应由第一受让人取得该项债权。因为让与人不能把他没有的权利转让给他人，所以，让与人既已把债权转让给第一受让人，就无法再次转让给第二受让人。但英国法则认为，应由首先把债权让与的事实通知债务人的受让人取得该项债权。在此问题上，美国法与德国法的规定是一致的，而英国法则与法国法规定相同。

二、债务承担

债务承担，亦称合同义务的转让，是指合同的债权人、债务人和第三人之间达成合意，将原合同的债务转由第三人承担的行为。由于债务转移涉及债务人的变更，而不同的债务人其资信情况及履约能力往往不同，这就可能给债权人的利益带来重大影响，因此，各国对债务承担有不同的规定，现分别介绍如下。

1. 大陆法

德国法认为，债务承担是一种合同关系。为了保护债权人的利益，签订债务承担合同必须取得债权人的同意。按照《德国民法典》的规定，债务承担的效力主要表现在两个方面：一是由第三人代替原债务人负担债务，从而使后者脱离了债务关系；二是第三人得以援引原债务人对抗债权人的抗辩事由。但是，第三人不能用向原债务人提出的抗辩事由对抗债权人。

与德国法不同，《法国民法典》虽然原则上允许由第三人代替原债务人清偿债务，但未明确规定债务承担的内容，而是通过债的更新（以新债代替旧债）的方法来达到债务承担的目的。如该法典第 1271 条第 2 款规定：“债权人得解除旧债务人的债务而由新债务人代替之。”从严格意义上讲，债的更新与债务承担不同，它是通过消灭旧的债务成立新的债务来达到债务承担目的的一种变通做法。

2. 英美法

英国法认为，合同的债务非经债权人同意是不得转让的。英国法认为，债务转移只能通过债的更新的方法来实现，同时必须征得债权人的同意。

根据《美国统一商法典》第 2 至条第 210 条规定，美国法原则上不认可债务的转让，但在某些情况下，也允许代行债务，即允许他人代替原债务人履行债务。但替代履行并不解除债务人履行义务或对违约所产生的责任。

3. 中国法

我国《合同法》第 84 条规定，债务人将合同的义务全部或者部分转移给第三人的，应当经债权人同意。

三、概括转让

与债权让与和债务承担不同，合同的概括转让是指由合同当事人一方将其债权债务一并转移给第三人，由第三人概括地接受这些债权债务的行为。债权债务的概括转让有两种方式：一是合同转让，即依据当事人之间的约定而发生的债权债务的转移；二是因企业的合并而发生的债权债务的移转。

我国《合同法》第 88 条规定的是合同转让，即允许当事人一方经对方同意，将自己在合同中的权利和义务一并转让给第三人。《民法通则》第 44 条规定了概括转让的第二种方式，《合同法》第 90 条的规定较之更为具体。该条规定，当事人订立合同后合并的，由合并后的法人或者其他组织行使合同权利，履行合同义务。当事人订立合同后分立的，除债权人和债务人另有约定的以外，由分立的法人或者其他组织对合同的权利和义务享有连带债权，承担连带债务。

法国法中规定的概括转让则有不同的含义。它是指在自然人死亡或法人合并时，由其继承者概括性地继承一切财产，其中既包括债权，也包括债务。

第六节　合同的终止

一、合同终止的概念

合同终止，即合同权利义务的终止，也称合同的消灭，是指合同关系在客观上不复存在。

合同终止与合同变更不同。合同变更是合同内容要素的变化。合同变更时，合同关系依然存在；而合同终止则是消灭既存的合同权利义务关系。合同终止与合同效力的停止也不同。合同效力的停止，是指债务人基于抗辩权的行使，以终止债权的效力。抗辩权的行使以债权人享有请求权为前提，因而合同关系并不消灭，只不过其效力暂时停止而已，抗辩权消灭后即恢复原来的效力。合同终止亦不能等同于合同的解除。合同的解除是指合同的效力由于约定或法定的原因溯及既往的归于消灭，属于合同关系的不正常消灭，只是构成合同终止的一种原因。

二、合同终止的原因

合同权利义务的终止须有法律上的原因。合同终止的原因大致有四类：

一是基于合同目的的消灭而终止。合同当事人直接的利益要求得到满足时，合同的目的即为达到。合同目的达到最为经常的原因是清偿及担保权的实现。目的不能达到，主要指原因不可归责于债务人的事由（例如不可抗力）而致履行不能以及当事人死亡或者丧失行为能力。合同目的的消灭还包括合同目的无实现的必要而消灭。例如，在有可抵消的情形时，双方当事人互付的债务不必通过各自的履行即可消灭；而当有混同的情形出现时，债权人和债务人归于同一，自然也没有必要再为履行。

二是基于当事人的意思而终止。一种情况是免除，即债权人抛弃其权利，使合同关系归于消灭。另一种情况是解除。经双方当事人协商一致，或一方当事人行使解除权，合同

即因解除而消灭。当事人约定附有解除条件的合同，解除条件成就时，债权债务关系归于消灭。

三是因作为合同基础的法律行为被撤销而终止。作为合同基础的法律行为具有瑕疵（如我国《合同法》规定的行为人处于重大误解或者显失公平、受欺诈、胁迫或者乘人之危而订立的合同）时，合同当事人可行使撤销权，在此基础上产生的债权债务关系即随着基础行为效力的消灭而消灭。

四是基于法律的规定而终止。为了维护社会的财产秩序，在某些情形下，法律直接规定合同关系的终止。例如诉讼时效届满，债权即已失去法律保护，法律意义上的合同关系终止。

下面以大陆法系的规定为基础，详细介绍合同终止的几种主要原因。

（1）清偿。

清偿（payment）是债务人向债权人履行债的内容的行为。清偿与给付、履行是同一概念。当债权人接受债务人的清偿时，债的关系即告消灭。清偿具有以下一些特点：

① 清偿通常由债务人本人履行，但各国法律一般也允许由债务人以外的第三人向债权人清偿债务。例如，《德国民法典》第 267 条规定，债务人不能亲自给付时，也可由第三人代为清偿。但债的性质决定必须由债务人亲自履行的，则不能由第三人代为履行。

② 清偿的标的物一般应是合同规定的标的物，代物清偿必须征得债权人的同意。例如，《德国民法典》第 364 条规定，债权人受领约定给付以外的他种给付以代替原定的给付者，债务关系消灭。

③ 清偿的时间应遵守合同的约定，合同未做约定的，债权人有权随时要求债务人清偿，债务人也可以随时向债权人清偿。

④ 清偿应在合同约定的地点进行，合同未约定清偿地点的，以特定物为标的的债务，以订立合同时该物的所在地为清偿地；其他债务，德国法、法国法以债务成立时债务人的住所地为清偿地，日本法以债权人的现时住所地为清偿地。

（2）免除。

免除（release，remise）是债权人放弃债权从而使债归于消灭的行为。法国法和德国法规定，免除是双方的法律行为，债权人不能单方面采取行动，必须征得债务人的同意才能生效。日本法则认为，免除是单方行为，只要债权人有免除债务的意思表示，无须债务人的同意即可使债的关系归于消灭。

（3）提存。

提存（deposit，consignation）是指债务人在债权人无理拒绝受领、迟延受领或下落不明时，将应交付的标的物寄存在法定的提存机关以代替清偿的行为。提存具有以下一些特点：

① 交付提存的标的物应是合同规定的标的物。对不宜提存的物品，如易腐、易变质的物品或牲畜等，经法院许可，债务人可以将提存物变卖，提存其价金。《德国民法典》第 383 条第 1 款对此做了规定。

② 提存的场所有的是法律规定的，有的是法院指定的。大多数国家以法院、行政机关或金库为提存的场所。

③ 提存具有清偿的效力。标的物寄存提存场所后，债权人不能再向债务人请求清偿。提存后，标的物的风险即由债权人承担，如发生毁损灭失，债务人概不负责。《法国民法典》第1257条对此做了规定。

④ 提存的费用由债权人负担。

（4）抵消。

抵消（set-off）是指当事人双方互负债务时，以其各自的债权冲抵债务，使双方的债务在等额的范围内归于消灭。在当事人互负债务时，抵消可简化清偿手续，避免交换履行。因此，大陆法各国均将抵消视为债的消灭的原因之一。抵消的方式有以下几种：

① 法定抵消，法国法称之为当然抵消。《法国民法典》第290条规定，双方互负债务时，“债务人双方虽均无所知，依法律的效力仍然可以发生抵消”。

② 约定抵消，即互负债务的双方依合同的约定，将各自的债务进行抵消。

③ 以当事人单方面的意思表示抵消。《德国民法典》、《日本民法典》和《瑞士债务法典》均认为，双方互负债务时，任何一方均得以意思表示通知对方进行抵消。

（5）混同。

混同（merger）是指债的关系因债权与债务同属于一人而归于消灭。大陆法各国除德国外，都将混同列为债的消灭的原因之一。

混同的原因主要有以下几种：①民法上的继受，如因继承导致债权与债务归于一人；②商法上的继受，如公司合并导致债权债务同归于一人；③特定继受，如因债权让与或债务承担而使债权债务归于一人。

但是，在某些特殊的情况下，虽然债权债务发生混同，但债的关系并不因此而消灭。例如，《意大利民法典》第1254条规定，混同不得损害获得用益权或者债权、质押权的第三人的利益。

三、合同终止的效力

合同权利义务的终止，使合同关系不复存在，同时使合同的担保（包括抵押权、质权、留置权等）及其他权利义务（如违约金债权、利息债权等）也归于消灭。

负债字据为合同权利义务的证明。债权债务关系终止后，债权人应将负债字据返还给债务人。债权人如因负债字据灭失而不能返还，应向债务人出具债务消灭的字据。

合同关系消灭后，当事人应当遵循诚实信用原则，根据交易习惯，履行对他方当事人的照顾义务。例如租赁合同关系消灭后，出租人应对租赁物上属于承租人所有的增添物妥为保存；当事人对在合同期间掌握的对方当事人的商业秘密和技术秘密应当保密等。当事人如果违反上述合同终止后的义务（后契约义务），给对方造成了损害，应承担赔偿责任。

【能力测试·合同法】

一、判断题

1. 大陆法系和英美法系均认为，撤回要约的通知必须送达才能生效。 （ ）
2. 要约与要约引诱的区别在于是否包含着愿受约束的意旨。 （ ）
3. 要约对于受要约人是有拘束力的。 （ ）

4. 对话要约，如果当事人不立即承诺，要约即失去其拘束力。 （ ）

5. 大陆法国家认为在隔地人之间发出要约而又未规定承诺期间者，任何时候承诺，要约人都要受要约拘束。 （ ）

6. 赠与合同是约因原则的例外。 （ ）

7. 中国法规定不能完全辨认自己行为的精神病人是无行为能力人。 （ ）

8. 公司必须通过它授权的代理人才能订立合同，而且其活动范围不得超出公司章程的规定。 （ ）

9. 按照英美法的解释，对价必须是金钱。 （ ）

10. 如承诺人采用比要约所指定的或所取用的传递方式更为快捷的通信方法做出承诺的，这在法律上是有效的。 （ ）

11. 对价不是等价，不要求与对方的允诺相等。 （ ）

12. 美国法律允许法官不执行他认为是“不公平”的合同或合同中的某些条款。（ ）

13. 到期汇票的付款人成为最后一个被背书人时，该汇票的债权债务发生混同。（ ）

14. 德国法对损害赔偿以金钱赔偿为原则，以恢复原状为例外。 （ ）

15. 英美法认为时效属实体法，大陆法认为时效属程序法。 （ ）

16. 国际货物买卖合同中，由于货物有瑕疵或其他不符合同规定而产生的请求权应从货物实际交付给买方或买方拒收之日起算。 （ ）

二、名词解释

1. 合同　2. 要约　3. 承诺　4. 对价　5. 约因
6. 催告制度　7. 情势变迁　8. 不可抗力　9. 禁治产　10. 错误
11. 诈欺　12. 胁迫　13. 违约　14. 违反条件与违反担保
15. 实际履行　16. 禁令　17. 违约金　18. 提存　19. 抵消
20. 免除　21. 混同　22. 清偿　23. 不得自食诺言
24. 要式合同　25. 重大违约

三、简答题

1. 什么是合同？合同具有哪些特征？
2. 什么是要约？有效的要约应具备哪些条件？
3. 什么是合同的履行？我国《合同法》规定的合同履行的原则包括哪些？
4. 情势变迁原则的内容有哪些？
5. 要约消灭的原因有哪些？
6. 有效承诺应具备的条件是什么？
7. 在错误问题上大陆法和英美法有何区别？
8. 简述不正确说明的法律后果。
9. 简述违约的补救方法。
10. 简述合同成立的基本过程及必要条件。
11. 何谓合同落空？合同落空情形有哪些？
12. 何谓不可抗力？不可抗力的后果如何？

13. 论英美法对违约金的态度。

14. 分析以下行为哪些属于要约，哪些属于要约邀请？

（1）自动售货机售货

（2）自选商店明码标价售货

（3）乘坐公共汽车

15. 合同的成立与合同的生效有何联系与区别？

16. 对价的有效条件是什么？对价制度的意义是什么？

17. 何谓约因？

18. 如何理解意思表示的瑕疵？错误、欺诈、胁迫的区别有哪些？

19. 比较分析实际履行、损害赔偿、违约金与解除合同等主要救济方法。

四、案例分析题

1. 原告和被告双方订立造船合同，价格为固定价，分五次付清，当第一笔付款时正值通货膨胀，被告知道原告急需用船，遂要求另加 10%款项，原告只好同意。交船后又继续付款至全部付清，后原告要求偿还多付的款项。问该案如何处理？为什么？

2. 被告为原告运送一批白糖到 A 港，被告没按原定航道走，而是绕了个弯，先去了 B 港，再驶往 A 港，航期延误 10 天，白糖价猛跌，原告损失 4000 英镑，问被告对原告损失是否承担赔偿责任？为什么？

3. 我国某进出口公司向西欧一厂商发价，出售苎麻制品一批，发价限对方接受于 5 月底前复到有效，5 月 10 日我公司接该商电传称“你 5 月 8 日电悉，报价太高无法接受，请考虑降低价格，再行商议。”半月后苎麻制品的市价明显趋涨。5 月 26 日，该商再次发来电传：“你 5 月 8 日电接受，请速寄销售确认书，以便会签后开证。”此时，我公司也已获悉苎麻制品行市看好，以高价卖给他人。问我公司是否违约？为什么？

4. 中国的甲公司应美国的乙公司请求，发出出售某优质木材 10 000m^3 的要约。乙公司接到要约后，立即回电，要求甲公司增加数量，降低价格，并延长要约的有效期。甲公司最后将产品的数量增至 15 000m^3，价格每立方米降低 100 美元，并将有效期延长至 6 月 26 日。乙公司接到要约后，立即组织资金，于 6 月 25 日上午汇至甲公司的账户上。甲公司于 6 月 25 日下午回电话给乙公司“货已卖与他人”。乙公司接到电话后，立即要求甲公司继续履行合同。经查，甲公司尚存 20 000m^3 该种优质木材。请问：

（1）乙公司要求增加数量、降低价格的行为是否属于承诺？

（2）乙公司的承诺是否有效，为什么？

（3）甲、乙公司之间的合同是否成立，为什么？

（4）乙公司要求甲公司继续履行合同的要求是否合理？是否还能采取其他的救济方法？

5. 1991 年，美国甲公司与中国乙公司签订购销大米的合同。合同约定：数量为 4 万吨，合同总金额 125 万美元，在中国上海港交货。由于乙公司货源紧缺，双方约定先交付 2 万吨，其余推迟至次年交货。次年恰逢我国发生特大洪涝灾害，于是乙公司以不可抗力为由，要求免除交货责任，但乙公司的要求遭到甲公司的拒绝，甲公司并称该商品市场价格上涨，

由于乙公司未交货已使其损失40万美元，要求乙公司无偿供应其他种类粮食以抵偿其损失，乙公司拒绝。对此，甲公司根据仲裁条款规定向中国的仲裁机构提出仲裁，强调乙公司所称不可抗力的理由不充分，并指出如乙方不愿以其他粮食抵兑其损失，就坚持索赔损失40万美元。在仲裁机构调解下，双方经过多次协商，以乙公司赔偿甲公司15万美元告终。假设你是仲裁员，请判断：

（1）乙公司的抗辩事由是否成立？

（2）该合同的违约赔偿额应如何确定？

6. 张三在电影院看电影，散场时将装有贵重物品的公文包遗忘在座位上。李四发现后将公文包捡起，在现场等候良久未见失主来寻，便将包带走。张三先后在地方性报纸上刊登寻包启示，声明“一周内有知情送还者酬谢1万元”。李四看到启示后与张三取得联系，由于在给付酬金问题上双方发生争执，李四遂向法院提起诉讼，要求张三依其许诺支付报酬1万元。张三辩称：寻包启示许诺给付酬金并非其真实意思，且公文包内有其单位及本人联系线索，李四不主动寻找失主归还失物，却等待酬金，请求法院驳回李四的诉讼请求。请问：

（1）张三的启示是要约还是要约邀请？为什么？

（2）李四与张三之间是否有合同达成？为什么？

（3）李四的诉讼请求能否得到法院的支持？为什么？

7. A于3月5日向本市B银行贷款50 000元，约定还款期为当年的9月5日。当年6月B银行通知A：因业务调整，请A在贷款到期日向本市C银行偿还。问：

（1）A能否拒绝向C偿还贷款而坚持只向B偿还？

（2）若C要求A提前至8月5日还款，A可否拒绝？

如果当年6月，A通知B：因业务调整，将由D在贷款到期日向B偿还贷款。问：B能否拒绝由D偿还贷款并要求由A偿还贷款？

8. 甲企业拖欠乙企业20万元货款未予清偿，乙企业拖欠丙企业20万元货款未予清偿，丙企业拖欠甲企业20万元货款未予清偿，均为到期债务。若丙企业兼并乙企业后，向甲企业主张抵消相互欠款，而甲企业不同意。问：

（1）乙—丙之间的债权债务是否依然存在？

（2）甲—丙之间的债权债务能否抵消？

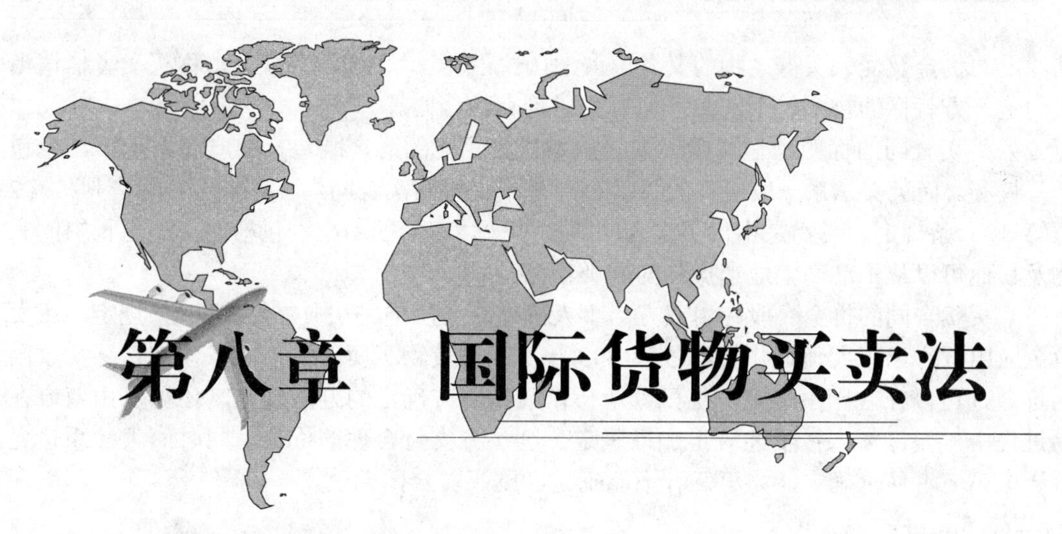

第八章　国际货物买卖法

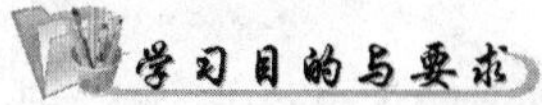

本章系统地阐述国际货物买卖的基本知识和理论基础，通过本章的学习，要求掌握国际货物买卖合同的概念与内容，以及有关货物买卖的国际公约与国际惯例。

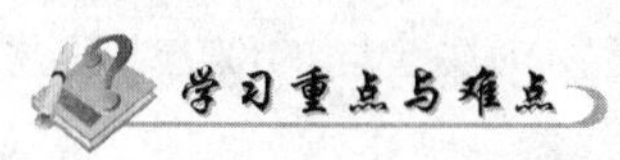

（1）国际货物买卖合同的概念。

（2）国际货物买卖合同的内容。

（3）调整货物买卖的国际公约。

（4）调整货物买卖的国际惯例。

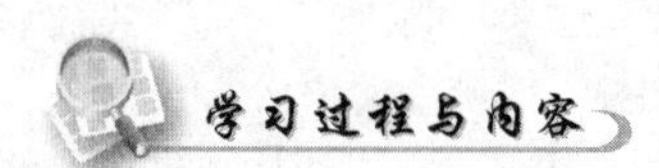

第一节　国际货物买卖合同

一、国际货物买卖合同的概念

（一）买卖合同的概念

买卖合同是指缔结合同的当事人之间为买卖财产而相互约定的，由一方移交财产所有权，另一方当事人支付价金的协议。

买卖合同的法律特征如下。

（1）买卖合同是有偿的双务合同。买卖合同的卖方义务是将财产的所有权移交给买方，而买方的义务是按照合同的约定接受财产并支付价金。如《德国民法典》第 433 条规定，在买卖合同中，卖方对买方负有交付其标的物及移转其所有权的义务，买方对卖方负有支

付其约定的价金及受领买得之物的义务。《法国民法典》第1582条规定，称买卖者，谓当事人约定一方就标的物交付于他方，他方支付价金的合同。

（2）买卖合同的标的物是财产。大陆法系认为买卖的财产既包括动产和不动产，也包括无形权利。而英美法系一般所称的买卖合同是指货物买卖合同。《美国统一商法典》第2条至第105条规定，货物是指供买卖合同买卖的一切有形的动产，包括幼畜、生长中的农作物及其他可以从不动产土地上拆移的同类物品。

（3）买卖合同的价金一般应由双方当事人确定。《法国民法典》第1593条规定，买卖的价金应由双方当事人确定并表示之。1893年《英国货物买卖法》第8条规定，买卖合同中的价金，可以在合同中确定，也可以留待以后按双方确定的办法确定，还可以由双方在交易过程中确定；如未按上述规定加以确定，则买方支付合理的价金。同时两大法系也允许价金由第三者估价确定，如第三者不能确定，则买卖合同无效。

（二）国际货物买卖合同的概念

国际货物买卖合同是指营业地处于不同国家的当事人订立的货物买卖合同。国际货物买卖合同与其他合同，尤其是国内货物买卖合同相比较，具有以下特点：

（1）国际货物买卖合同的当事人分别处于不同的国家。如《联合国国际货物销售合同公约》规定，本公约适用于营业地在不同国家的当事人之间订立的货物买卖合同。1893年《英国货物买卖法》规定，国际货物买卖合同是指缔结货物买卖合同的双方，其营业处所（如无营业处所者为其惯常住所）分处于不同国家领土之上。

（2）构成合同要约和承诺的行为一般在不同国家完成，或者虽在一国完成，但货物的交付和合同的履行必须在另外一个国家。

（3）调整国际货物买卖合同的法律和惯例，是国际条约、国际贸易惯例或内国的买卖法。

二、国际货物买卖合同的内容

国际货物买卖合同的内容一般包含下列条款。

1. 标的物条款（subject matter）

该条款一般包括货物的名称、品质、规格、数量、包装等。货物的名称应当做到具体确定。就一般商品而言只需要在合同中列明即可，但是有的商品还需要同时说明品种、等级和型号等。关于货物的品质，不同种类的货物有不同的品质表示方法：

（1）凭样品确定货物品质。这种样品可以分为买方样品、卖方样品和对等样品，国际货物买卖中买方样品比较常见。

（2）凭规格、等级或标准确定货物品质。凭规格是指凭一些足以反映商品品质的主要指标；凭等级是指同一类商品，按其规格的差异，分为品质优劣不相同的若干等级。在列明等级的同时，最好一并规定每一等级的具体规格；凭标准是指将商品的规格和等级予以标准化。

（3）凭商标或品牌确定货物品质。

（4）凭说明书和图样确定货物品质。这种情况在电子产品等技术密集型产品中多见。

上述品质确定方法，可以单独使用，也可以复合使用。

关于货物的数量，由于国际货物买卖一般要经过长途运输，所以有的货物本身的重量在运输途中会发生变化，所以按照重量计价的货物往往很难在数量上非常精确，但是如果交付的货物数量不符合合同规定又面临着违约的风险，而合同中的“溢短装条款”（more or less clause）能够有效解决这个问题。该条款允许卖方按一定的幅度多交或少交一定数量的货物，按照惯例一般不超过10%的增减幅度。货物数量条款中不要简单使用“约”或者“大约”之类字眼，因为“约量”解释的弹性比较大。

2. 价格条款（price）

价格条款是所有买卖合同的核心条款。对于卖方而言，一切买卖的目的无非在于得到相应的价款，而支付价款又是买方最基本的义务之一。货物的价格不但反映货物本身的价格，还往往包括货物的运输、装卸、保险等各项费用。另外，制定价格条款时还应注意计价货币的选择，以及使用正确的作价方法。

3. 运输条款（transportation）

作为国际货物买卖，货物往往需要跨越国境运输。运输的费用、速度和安全性是影响当事人选择运输方式的主要因素。运输的方式有海上和内河运输、铁路和公路运输以及航空运输。运输条款不是运输合同，运输条款是由买卖双方当事人约定，而运输合同则是由托运人与承运人签订。该条款往往包含运输方式、装运日期、装运地和目的地、滞期费的支付、装运工具的提供、装运单据以及应当由何人负责签订运输合同等。

4. 保险条款（insurance）

国际货物买卖下的货物往往需要经过长途运输，运输过程中货物的风险比较大，因此在国际货物买卖合同中制定保险条款是必需的。保险条款需要约定由谁负责投保、保险险别以及保险金额等。

5. 支付条款（payment）

支付条款往往与价格条款相配合，支付条款往往要约定国际货物买卖合同中支付的工具和支付的方式，其中支付方式的选择最为重要。此外，付款的时间、地点、支付的货币等也应该加以约定。

6. 检验条款（inspection）

该条款往往包含检验机构、检验的时间与地点、检验方法和标准等。商检条款中规定的商检证书是一个非常重要的单据，在一般情况下，出口口岸的商检证书是议付货款的依据，进口口岸的商检证书是索赔的依据。

7. 不可抗力条款（force majeure）

不可抗力条款是规定合同订立后发生当事人在订合同时不能预见、不能避免并不可控制的意外事故，以致不能履行合同或不能继续履行合同时，遭受不可抗力的一方可以免除履行合同的责任条款。该条款往往包括不可抗力的构成条件、通知方式和日期、证明机关等。造成不可抗力的原因可能是火灾、水灾、风灾、旱灾、地震等自然原因，或罢工、战争、封锁、政府禁令等社会原因。遭受不可抗力的一方可解除合同或延迟履行，而无须承担违约责任。

8. 索赔条款（claim）

该条款主要是规定买方行使索赔权的条款。如果卖方所交付的货物经过检验存在交货不符的问题，买方可以据此向卖方提出索赔。该条款往往规定索赔的期限、手续、依据和索赔方法等。该条款可与商检条款合并，因为索赔的依据主要是商检证书。

9. 仲裁条款（arbitration）

仲裁条款是商事争议解决条款。该条款往往约定当事人选择的仲裁机构、仲裁的事项、仲裁所应当适用的法律等，该条款有时与法律适用条款合并规定。当然，如果当事人不愿意进行仲裁，也可以采用其他方式解决争议。

10. 法律适用条款（law application）

无论是国际条约、国际惯例还是国内立法，一般都尊重当事人在国际货物买卖合同中选择法律的自由。无论进行诉讼还是仲裁，当事人都可以事先选择解决争议所适用的法律，当然，选择法律不能违反相关国家的强制性规定。

三、调整货物买卖的法律

买卖法是指调整买卖活动过程中产生的各种权利义务关系的法律规范的总称，买卖法是现代商品经济社会的法律体系中一个十分重要的法律部门，广义的买卖法不仅包括动产的买卖，还包括不动产的买卖，这里主要涉及的是有形动产的货物的买卖，且主要是以国际货物买卖为限。

（一）调整货物买卖的国内立法

1. 大陆法系中有关买卖法的渊源

大陆法系国家大都把有关买卖的法律作为“债编”的组成部分编入民法典内，作为民法典的一个组成部分。这些法典通常没有专门针对货物买卖的法律条款，而把货物买卖作为动产买卖的一种统一加以规定。这些国家采取民商分立的做法，把民法与商法分别编为两部法典，以民法为普通法，以商法作为民法的特别法。民法一般原则可适用于商事活动，商事活动的有关特别事项，则适用商法的特别规定，如商行为、海商、票据、保险、公司等。也有一些大陆法系国家采取民商合一的形式，只有民法典而没有单独的商法典。

2. 英美法系中有关买卖法的渊源

英美法系国家的货物买卖法一般由两部分组成。

（1）普通法。

普通法是由法院以判例形式确立的法律原则，属于不成文法或判例法。

（2）成文法或制定法。

成文法是由立法机关制定的法律，在英美法系国家，成文买卖法大都以单行法规的形式出现，其中具有代表性的是 1893 年《英国货物买卖法》，这是英国在总结法院数百年来有关货物买卖案件所做出的判决的基础上制定的买卖法，该法于 1979 年进行过修订。1893 年《英国货物买卖法》为英美法系各国制定各自的买卖法提供了一个样板。1906 年《美国统一货物买卖法》就是以其为蓝本制定的。该法曾被美国 36 个州所采用。但是，随着时间的推移，该法已不能适应美国经济发展的要求。因此，从 1942 年起，美国统一州法委员会

和美国法学会即着手起草《美国统一商法典》，该法典于1952年公布，其后曾做过多次修订。该法典第二编的标题就称为“买卖”，对货物买卖的有关事项做出了具体的规定，其内容在世界各国的买卖法中是最为详尽的，但是，《美国统一商法典》与大陆法系国家的商法典有所不同，后者是由立法机关制定并通过的法律，而前者却不是，它只是由一些法律团体起草，供美国各州自由采用的一部法律样本，它的法律效力完全取决于各州的立法机关是否予以采纳。由于《美国统一商法典》能适应当代美国经济发展的要求，因此到1990年，美国各州都通过各自的立法程序，采用了《美国统一商法典》，使它成为本州的法律。但有的州并不是全部采用，而只是部分采用。例如，路易斯安那州就没有采用该法典的第二编——买卖，据说是因为该州的买卖法与《美国统一商法典》的“买卖编”十分类似，所以就无须采用其中的内容。由此可见，《美国统一商法典》是由各州赋予其法律效力的，而不是美国联邦的立法，所以，它是州法而不是联邦法。自《美国统一商法典》施行后，1906年《美国统一货物买卖法》即被废止。

3. 中国有关货物买卖的立法

我国对于货物买卖所产生的各种关系，主要由《民法通则》和《合同法》来调整。1986年公布的《民法通则》第四章第一节关于民事法律行为的规定，第五章第二节关于债权的规定，以及第六章有关民事责任的规定，都与货物买卖有密切的关系。而1999年通过的我国《合同法》“分则”第九章从第130条至第174条，共计44条，专门就买卖合同作了规定。除此之外，《合同法》“总则”中有关合同的成立、效力、履行、违约救济等的规定，也都适用于买卖合同。并且，1999年《合同法》没有像以前一样规定国内合同适用《经济合同法》、涉外经济合同适用《涉外经济合同法》、技术合同适用《技术合同法》，而是将“三足鼎立”的合同法统一规定为一个《合同法》，因此1999年《合同法》的规定可以适用于国际货物买卖合同。

（二）调整货物买卖的国际公约与惯例

1. 有关货物买卖的国际公约

目前，国际上专门适用于国际货物买卖的国际公约有三项，它们分别是：1964年《国际货物买卖统一法公约》、《国际货物买卖合同成立统一法公约》和1980年《联合国国际货物销售合同公约》。而1980年《联合国国际货物销售合同公约》可以说是近半个世纪以来国际统一法运动的产物。

2. 有关货物买卖的国际惯例

国际贸易惯例是国际货物买卖法的另一个重要渊源。在国际货物买卖中，如果双方当事人在合同中约定采用某项惯例，它对双方当事人就具有约束力。在发生争议时，法院和仲裁机构也可以参照国际贸易惯例来确定当事人的权利与义务。关于国际货物买卖的国际惯例主要有以下几种。

（1）《国际贸易术语解释通则》。

国际商会于1935年制定了《国际贸易术语解释通则》，1953年进行了修订，近年来为了适应国际货物运输方式和电子技术的发展，又于1980年、1990年和2000年作了3次修改。现行的文本是2000年修订本。该通则在国际上已获得了广泛的承认和采用，我国在外贸业务中也予以大量使用。

（2）《华沙—牛津规则》。

《华沙—牛津规则》是国际法协会于 1932 年针对 CIF 合同制定的，它对 CIF 合同中买卖双方所应承担的责任、风险与费用作了详细的规定。

第二节　调整货物买卖的国际公约：*CISG*

United Nations Convention on Contracts for the International Sale of Goods (1980)[*CISG*]是调整国际货物买卖的最重要的国际公约，它的中文全称是《1980 年联合国国际货物销售合同公约》（以下简称《公约》）。

一、公约的订立与基本内容概述

联合国国际贸易法委员会于 1969 年成立了一个专门工作小组，在 1964 年两项公约的基础上制定一项统一的国际货物买卖法，于 1978 年完成了起草国际货物买卖公约的任务，并决定把 1964 年的两项公约，即《国际货物买卖统一法公约》和《国际货物买卖合同成立统一法公约》合并为一个公约，即《联合国国际货物销售合同公约》。该公约共分为四个部分：适用范围；合同的成立；货物买卖；最后条款。全文共 101 条。该公约于 1980 年 3 月在维也纳召开的外交会议上获得通过，并于 1988 年 1 月 1 日起生效。我国是于 1986 年 12 月向联合国秘书长递交了关于该公约的核准书，成为该公约缔约国的。

二、《公约》的适用范围

（一）营业地主义

营业地主义，是指《公约》通常仅适用于营业地在不同缔约国的当事人之间所订立的货物销售合同，而不考虑当事人双方是否具有同一国籍。也就是说，即使交易的买卖双方为同一国国籍的公司企业，只要卖方的营业地与买方的营业地不在同一国家，货物要进行跨越国界的运输《公约》就适用。相反，虽然买卖双方为不同国家的公司企业，但交易时双方营业地在同一国家，货物不进行跨越国界的运输，《公约》仍不适用。如果交易一方有多个营业地，那么，以哪一个营业地来判断跨国性呢？根据《公约》的规定，以与交易有最密切联系的营业所为判断依据。

[例 1] 甲乙两国均为《公约》成员国，现营业地位于甲国的 A 公司与位于乙国的 B 公司签订了一批货物买卖合同，双方未对买卖合同的法律适用做出约定，双方因合同履行发生纠纷，应适用何法律解决？

[答案] 适用《公约》。

[例 2] 甲乙两国均为《公约》成员国，A、B 两公司均在甲国登记注册取得甲国国籍，B 公司在乙国设有营业所 C，现 A 公司与 C 签订一小麦买卖合同，问支配该合同的法律是什么？

[答案] 如果 A、C 之间无特别约定，应适用《公约》。

（二）《公约》的扩大适用

根据《公约》的规定，营业地在不同国家的当事人之间所订立的货物销售合同，如果国际私法规则导致适用某一《公约》缔约国的法律，尽管当事人双方所在国有一个不是或两个都不是《公约》缔约国，《公约》照样适用于该合同，这就是所谓的扩大适用。我国政府对此作了保留。

[例 3] 甲乙两国均不是《公约》缔约国，甲国 A 公司与乙国 B 公司在丙国签订一买卖合同，合同中约定合同未来所发生的纠纷皆适用丙国法解决，后双方因合同发生纠纷，查明丙国为《公约》缔约国，且未对《公约》提出任何保留，受理案件的甲国法院能否适用《公约》解决该纠纷中的有关问题？

[答案] 可以。根据当事人意思自治原则，应适用丙国法，继而根据《公约》扩大适用的规定，《公约》可以适用。

（三）货物

公约只调整货物买卖，非货物交易《公约》不适用。理解货物时要注意以下几点。

1.《公约》适用的货物交易不包括如下六项

（1）供私人、家人或家庭使用的货物，除非卖方在订立合同前任何时候或订立合同时不知道而且没有理由知道这些货物是购供任何这种使用的；

（2）经由拍卖销售的物品；

（3）根据法律执行令状或其他令状销售的货物；

（4）公债、股票、投资证券、流通票据或货币等有价证券；

（5）船舶、气垫船或飞机；

（6）电力。

[例 4] 1980 年《联合国国际货物销售合同公约》对合同的适用范围作了规定，下列哪个选项应适用《公约》的规定？（ ）

A. 缔约国中营业地处于同一国家的当事人之间货物的买卖

B. 缔约国中营业地分处不同国家的当事人之间飞机的买卖

C. 不同国家的当事人之间股票的买卖

D. 缔约国中营业地分处不同国家的当事人之间的货物的买卖

[答案] D。

2.《公约》不适用于服务贸易、技术贸易

3. 混合合同

如果一个合同中，既包含货物交易又包含服务的提供，并且合同的大部分内容是提供服务，则《公约》对这样的合同也不适用，如补偿贸易、技贸结合。但有如下两个例外：

（1）如果货物提供与服务提供是可分离的，则《公约》仅适用于其货物买卖部分。

（2）如果提供服务未占到合同的大部分，则《公约》可以适用。

[例 5] 设下列各公司所属国均为 1980 年《联合国国际货物销售合同公约》的缔约国，依据《公约》的规定，下列哪几种情况适用《公约》？（ ）

A. 营业地位于中国的两个不同国家的公司订立的关于电视机的买卖合同

B. 营业地位于不同国家的两公司订立的补偿贸易合同，其中服务未构成供货方的绝大部分义务

C. 营业地位于不同国家的两公司关于食糖的贸易合同

D. 营业地位于不同国家的两公司订立的补偿贸易合同，其中服务构成了供货方的绝大部分义务

[答案] B、C。

[例 6]《联合国国际货物销售合同公约》适用于下列哪些合同？（　）

A. 营业地在不同缔约国的当事人之间所订立的货物销售合同

B. 住所地在不同缔约国的当事人之间所订立的货物销售合同

C. 具有不同缔约国国籍的当事人之间所订立的货物销售合同

D. 在国际私法规则导致适用某一缔约国法律的条件下，营业地在不同国家的当事人之间所订立的货物销售合同

[答案] A、D。

[例 7] 1996 年 7 月，营业地位于美国华盛顿州的 A 公司与营业地位于阿根廷的 B 公司订立了一项买卖合同。合同规定，A 公司于 1999 年 7 月之前向 B 公司交付 5 架 AX—400 型客机，B 公司则于合同生效后的 5 年内，分批向 A 公司支付 4 亿美元的货款。后因货款支付问题，A 公司于美国某联邦法院对 B 公司提起诉讼。由于该合同未就法律适用作任何约定，因此 A 公司主张适用华盛顿州的法律，而 B 公司则认为，由于美国与阿根廷均为《联合国国际货物销售合同公约》的缔约国，故该合同应适用该公约。问：

（1）在合同未规定适用《联合国国际货物销售合同公约》的情况下，《联合国国际货物销售合同公约》可否适用于一项国际货物买卖合同？

（2）《联合国国际货物销售合同公约》是否适用 A 公司与 B 公司签订的上述合同？

[分析]（1）根据《联合国国际货物销售合同公约》的规定，营业地在不同国家的当事人之间所订立的货物销售合同，如果这些国家是缔约国，该合同即属于《联合国国际货物销售合同公约》的适用范围。《联合国国际货物销售合同公约》又规定，虽然合同双方当事人的营业地分处于不同的缔约国，双方仍可约定其所订立的买卖合同不适用《联合国国际货物销售合同公约》。因此，如果一项货物买卖合同的双方当事人分处不同的缔约国，双方又没有约定不适用《联合国国际货物销售合同公约》，那么，《联合国国际货物销售合同公约》就是适用的。

（2）由于 A 公司与 B 公司的营业地分别处于不同的《联合国国际货物销售合同公约》的缔约国，而且，双方又没有约定不适用《联合国国际货物销售合同公约》，因此，如果 A 公司与 B 公司所签订的买卖合同属于《联合国国际货物销售合同公约》所调整的买卖合同的范畴，那么，《联合国国际货物销售合同公约》就应该适用。但《联合国国际货物销售合同公约》并不适用于所有的国际买卖合同。对于以下 6 种销售，《联合国国际货物销售合同公约》是不适用的：购供私人、家人或家庭使用的货物的销售；经由拍卖的销售；根据法律执行令状或其他令状的销售；公债、股票、投资证券、流通票据或货币的销售；船舶、船只、气垫船或飞机的销售；电力的销售。由于 A 公司与 B 公司所订立的合同是关于

飞机销售的合同，因此不能适用《联合国国际货物销售合同公约》。

（四）《公约》不涉及的法律问题

国际公约是各国妥协达成的协议，在各国分歧严重无法达成一致的问题上，《公约》留给各国国内法解决。

1.《公约》对如下三个问题未作规定

（1）合同的效力，或其任何条款的效力，或任何惯例的效力。

（2）合同对所售货物所有权可能产生的影响。

（3）卖方对于货物对任何人所造成的死亡或伤害的责任（产品责任）。

2. 对上述规定原因的理解

（1）对于合同的有效性问题。各国法律规定的合同无效原因通常有：违反法律、公共政策、社会公共利益、善良风俗；合同系以欺诈、胁迫手段订立；订立合同的主体为无行为能力人等。但各国在界定公共秩序、公共利益、欺诈、胁迫、完全行为能力等概念方面差距很大，而且这些方面的规定通常又属各国的强行法的范畴，因此很难协调，故《公约》对此不予涉及。同时对于商业惯例的解释理解等问题所引起的争议，《公约》也不涉及。

（2）关于合同对货物所有权产生的影响，是指货物的所有权何时转移以及买卖合同是否足以否定第三人（可能是货物的真正所有人）基于其物上请求权对卖方出售的货物的追及力等问题，各国关于货物所有权转移的制度比较复杂，而在货物出售后遭遇原所有人追索时是保护善意买方还是保护原所有人，这些问题属物权法范畴，适宜留给各国国内法解决，《公约》不涉及。

（3）产品责任由各国产品责任法、消费者权益保护法调整，并且产品责任争议通常是基于私人消费购买而产生的法律关系，根据《公约》第 2 条关于《公约》不适用于供私人家庭消费使用的购买的规定，《公约》对产品责任问题不予涉及。

三、国际货物买卖合同的成立——要约与承诺

（一）要约

根据《公约》的规定，要约是向一个或一个以上特定的人提出的订立合同的建议。通常，提出建议的人是要约人，也叫发价人、发盘人；要约发向的对象叫受要约人、受发价人或受盘人。

1. 要约有效的条件

《公约》第 14 条规定了三个条件：

（1）向一个或一个以上的特定的人发出。如果不是向一个或一个以上特定的人提出的建议，仅应视为要约邀请，除非提出建议的人作明确相反的意思表示。所谓要约邀请，是希望对方向自己发出要约的意思表示，如向不特定人寄送商业广告、商品报价单、招标公告的行为。

注意：要约通知可以是向特定的人发出，也可以是向不特定的人发出，向不特定的人发出的，必须明确表示该通知不是要约邀请而是要约时，要约才有效。如外贸上通常用实盘表示该通知为要约。

（2）要约内容十分确定。何谓内容十分确定？根据《公约》的规定，要约通知中如包含货物名称、数量、价格或确定数量、价格的方法的，即为内容十分确定。

[例 8] 中国甲公司向美国乙公司发盘："购古巴白糖 100 吨，每吨 650 美元，CIF 上海，10 天内电复有效。"问：假如美国乙公司电复"完全同意你方条件"，合同是否成立？

[答案及解析] 成立。要约内容已属十分确定。

（3）表明要约人在得到对方接受要约的内容时，愿受该要约约束的意思表示。

上例中 10 天内电复有效即为愿受要约约束的意思表示。

2. 要约的撤回

要约在到达受要约人时生效，在要约生效前要约人使要约失效的行为即撤回要约。要约撤回的规则有：

（1）撤回通知必须在要约到达受要约人之前或同时到达受要约人；

（2）要约即使是不可撤销的，也可以撤回；

（3）撤回的法律效果是要约对要约人丧失法律约束力（要约未生效），受要约人即使在规定时间内做出和要约内容完全一致的承诺，合同也不能成立。

[例 9] 日本甲公司 6 月 5 日上午通过航空邮件向中国乙公司发盘："可供松下彩电 1000 台，单价 300 美元，FOB 长崎港，一个月内答复有效。"6 月 6 日上午日方又向乙公司发电传："取消 6 月 5 日发盘内容。"问：中国公司 6 月 6 日下午收到航空邮件后做出同意通知，合同是否成立？

[答案] 不成立。因为对方已撤回要约。

3. 要约的撤销

要约生效后使之失效的行为是撤销。撤销要遵循如下规则：

（1）撤销通知必须在受要约人发出承诺通知之前到达受要约人；

（2）要约如写明接受要约的期限或以其他方式表示要约是不可撤销的，则要约不能撤销；

（3）受要约人有理由信赖该项要约是不可撤销的，而且受要约人已本着对该项要约的信赖做了准备，要约不能撤销。比如受要约人本着对该要约的信赖已经开始准备供货或已开出汇票或信用证以备未来支付货款，此时要约是不可撤销的，即使要约人的撤销通知到达受要约人的时间早于承诺通知的发出时间。

[例 10] 新加坡甲公司于 1 月 1 日向德国乙公司电传："急购优质轮胎 2000 个，单价 35 美元，总计 70 000 美元，CIF 新加坡。合同成立后立即装船，10 日答复有效。"德国公司收到该要约后，当天就向某轮胎公司订购了 2000 个轮胎。1 月 3 日甲公司电告德国乙公司："已联系到货源，1 月 1 日电传失效。"乙公司 1 月 4 日电复："货物已备妥，贵公司撤销要约无效，合同应履行。"并于 1 月 15 日将全部货物运到汉堡码头装船发往新加坡。问：双方合同是否成立？新加坡公司是否应当付款？

[解析] 新加坡公司撤销要约的电传虽然在德国公司做出承诺之前到达，但其 1 月 1 日的要约中规定了承诺日期，要约不可撤销，且德国公司已本着对该要约的信赖备货，故新加坡公司的撤销行为无效。

[答案] 双方合同于 1 月 4 日成立，新加坡公司应付款。

4. 要约失效的原因

（1）有效承诺未在要约规定时间内做出；

（2）受要约人的拒绝通知到达要约人；

（3）要约人合法地撤销了要约；

（4）受要约人做出的承诺对要约的内容作了实质性改变。

所谓实质性改变，根据《公约》第19条第3款的规定，是指对货物价格、付款方式、货物的质量和数量、交货时间和地点、一方当事人的赔偿责任范围和争议解决方式等内容的添加或改变。

[例11] 中国山东某公司于2003年6月14日收到甲国某公司来电称："×××设备3560台，每台270美元CIF青岛，7月甲国×××港装船，不可撤销即期信用证支付，2003年6月22日前复到有效。"中国山东公司于2003年6月17日复电："若单价为240美元CIF青岛，可接受3560台×××设备；如有争议在中国国际经济贸易仲裁委员会仲裁。"甲国公司于2003年6月18日回电称仲裁条款可以接受，但价格不能减少。此时，该机器价格上涨，中方又于2003年6月21日复电："接受你14日发盘，信用证已经由中国银行福建分行开出。"但甲国公司未予答复并将货物转卖他人。关于该案，依据1980年《联合国国际货物销售合同公约》的规定，下列选项哪些是正确的？（ ）

A. 甲国公司要约中所采用的是在甲国完成交货的贸易术语

B. 甲国公司将货物转卖他人的行为是违约行为

C. 中国山东公司于2003年6月17日的复电属于反要约

D. 甲国公司于2003年6月18日回电是在要约有效期内发出，属有效承诺

[答案] A、C。

（二）承诺

根据《公约》的规定，承诺是受要约人声明或做出行为表示同意要约内容的行为。缄默或不作为本身不构成承诺。承诺的法律意义在于：通常承诺一经生效，合同即成立。

1. 承诺的构成条件

（1）承诺要由受要约人做出；

（2）承诺须在要约规定的时间内做出并到达要约人；

（3）承诺与要约内容一致，即承诺对要约内容未做出实质性改变。

2. 逾期承诺

（1）概念。

依据《公约》的规定，承诺应在要约规定的时间内到达要约人，没有规定期限的，应在合理的期限内到达要约人才生效。未在上述期限内到达要约人的，构成逾期承诺。

（2）种类。

① 主观逾期承诺，即没有客观原因，仅由于受要约人的原因造成的承诺逾期到达，这种逾期承诺原则上无效，例外是要约人的及时追认仍可使逾期承诺有效，即如果要约人毫不迟延地用口头或书面表示接受该逾期承诺，则该逾期承诺仍可成为有效承诺，合同仍然成立。

② 客观逾期承诺，即载有逾期承诺的信件或其他书面文件表明它是在传递正常、能及时送达要约人的情况下寄发的，但由于邮递延误或其他客观原因造成该承诺迟延到达的，则此种逾期承诺原则上有效，但例外是如果要约人毫不迟延地用口头或书面通知表示原要约已经失效，则该逾期承诺就没有约束力。

3. 承诺内容与要约内容不一致

实践中经常发生承诺与要约不完全一致的情况，承诺与要约内容的不一致是指承诺通知中对要约的内容作了添加、限制或其他更改，这种承诺是否有效，分以下两种情况：

（1）实质性变更。有关货物价格、付款、货物质量和数量、交货地点和时间、一方当事人对另一方当事人的赔偿责任范围或解决争端方式等内容的添加或不同条件，均视为是在实质上变更要约的条件。实质性变更的承诺无效。

（2）非实质性变更。这样的承诺原则上有效。如果该承诺通知未对要约内容进行实质性变更，则该不一致的承诺原则上仍属有效承诺，除非要约人对此非实质性变更也无法接受，并在不过分迟延的时间内以口头或书面形式通知受要约人其反对这种变更。如果要约人不表示反对，合同的条件就以该项要约的条件以及承诺通知所载的更改为准。

4. 承诺的生效与撤回

（1）英美法系采用投邮主义，即承诺通知发出时生效，大陆法系采用到达主义，《公约》也采用到达主义，即承诺通知到达要约人时生效。

（2）口头要约应立即承诺，除非当事人另有约定，如要约人给承诺人一定的承诺期限。

（3）承诺只有撤回，没有撤销。撤回承诺的通知只有在承诺生效之前或与其同时到达要约人的，承诺不产生效力，合同不成立。

[例 12] 法国公司甲给中国公司乙发盘："供应 50 台拖拉机，每台 CIF 天津 4000 美元，合同订立后 3 个月装船，不可撤销即期信用证付款。请电复。"乙还盘："接受你方发盘，在订立合同后即装船。"

[问题] 双方的合同是否成立？为什么？

[参考结论] 合同未成立。

[法理、法律精解] 法国公司甲给中国公司乙发盘构成要约，但是乙方的还盘对该要约做出了修改，即改变了装船日期，在 CIF 合同中，改变装船日期就是改变了交货日期，因此，根据《联合国国际货物销售合同公约》第 19 条的规定，此改变构成了对要约的实质更改，因此，合同未成立。

[例 13] 我某工艺品公司与国外洽谈一笔玉雕生意，经双方对交易条件磋商之后，就价格、数量、交货日期等达成协议。我公司随即于 8 月 6 日致电："确认售与你方玉雕一件……请先电汇 1 万美元。"对方于 8 月 9 日复电："确认你方电报，我购玉雕一件，按你方电报规定已汇交你方银行 1 万美元，该款在交货前由银行代你方保管……"

[问题] 该合同是否成立？为什么？

[参考结论] 合同未成立。

[法理、法律精解] 根据《联合国国际货物销售合同公约》第 19 条的规定，我某工艺品公司的 8 月 6 日致电构成要约，而对方 8 月 9 日的复电对付款条件做出了改变，构成对我公司 8 月 6 日要约的实质性修改，因此合同未成立。

[例 14] 我方10日电传出售货物，限15日复到有效。13日收到对方答复："价格太高。"15日我方又收到对方来电："你10日发盘我接受。"此时，市价上浮，我方复电拒绝。

[问题] 我方做法是否合理，为什么？

[参考结论] 我方做法合理。

[法理、法律精解] 对方13日答复对价格没有表示接受，因此构成反要约，我公司10日发出要约失效。后对方于15日又来电表示同意我方10日电传，但这并不构成对我方10日电传的承诺，而是构成新要约，对此新要约我方又表示拒绝，因而，合同未成立。

[例 15] 我某地对外工程承包公司于5月3日以电传方式请意大利某供应商发盘出售一批钢材。我方在电传中声明：这一发盘是为了计算一项承造一幢大楼的标价和确定是否参加投标之用，我方必须于5月15日向招标人送交投标书，而开标日期为5月31日。意大利供应商于5月5日用电传方式就上述钢材向我方发盘。我方据以计算标价，并于5月15日向招标人递交投标书。5月20日，意大利供应商因钢材市价上涨，发来电传，通知撤销5月5日的发盘。我方当即复电表示不同意撤盘，双方为此发生争执。及至5月31日招标人开标，我方中标，随即电传通知意大利供应商，我方接受其5月5日发盘。但意大利供应商坚持发盘已于5月20日撤销，合同不能成立，而我方则认为合同已成立。双方争执不下，遂协议提交仲裁。

[问题] 如果你是仲裁员，将如何裁决并说明理由。

[参考结论] 应裁决：合同成立，意方必须履行合同。

[法理、法律精解] 根据《联合国国际货物销售合同公约》第16条的规定，意商发盘是不可撤销的。（1）我方询盘中已明确告知对方我方邀请要约或发盘的意图。（2）意方知悉我方意图后向我方发出要约，我方有理由相信该发盘或要约是不可撤销的，并已本着该项信赖行事，参与了投标。（3）意商5月20日来电被我方拒绝，撤销不能成立。（4）我方中标后立即通知意方接受要约，合同成立。

[例 16] 我国某公司与外商洽谈一笔进口交易，经往来电传磋商，就合同主要条件达成全部协议，但在最后一次我方所发表示接受的电传中，列有以签订确认书为准的字样。事后，对方拟就合同草稿要求我方确认。但由于对某些条款的措辞尚待进一步研究，故未及时给予回复。不久，商品的国际市场价格下跌，外商催我方开立信用证，我方以合同尚未有效成立为由拒绝开证。

[问题] 我方做法是否有理，为什么？

[参考结论] 我方做法有理。

[法理、法律精解] 我方最后所发电传列有"以签订确认书为准"的字样。因此，未经我方签订确认书，合同不成立，我方有权拒绝开立信用证。

[例 17] 1990年，我某外贸公司派遣贸易小组赴美国购买设备。双方在纽约已就设备规格、单价、数量等主要条款达成口头协议。小组离开美国时向对方表示，回京后缮制合同，由双方签字后生效。回京后，我外贸公司用户撤回了委托，合同无法签署，信用证也未签出。美方催促我方履约，否则将在美起诉我方。

[问题] 我方应该如何处理，为什么？

[参考结论] 我方没有履约义务，合同未成立。

[法理、法律精解] 虽双方在纽约已就设备规格、单价、数量等主要条款达成口头协议，而事实上，小组离开美国时向对方表示，回京后缮制合同，由双方签字后生效。也就是说，双方特别约定，合同是否成立最终以双方是否签订正式合同为准，而不是以已经达成的口头协议为准。而我方既然未签字，合同当然不成立。

[例 18] 我某出口公司于 2 月 1 日向美国商人报出发盘，除列明各项必要条件外，还表示“用坚固包装”。在发盘有效期内，美商复电称：“用新包装”。我方收到上述复电后即着手备货。数日后该产品价格猛跌，美商来电称：我方对包装条件作了变更，你方未确认，合同并未成立。而我公司则坚持合同已经成立，于是双方发生纠纷。

[问题] 你认为该案应如何处理，为什么？

[参考结论] 合同已成立，美方应履行合同。

[法理、法律精解] 美商复电是对货物包装方式的修改，因而构成对要约的非实质变更。根据《联合国国际货物销售合同公约》第 19 条的规定，对非实质性更改除非另一方在不过分迟延的时间内表示异议，否则合同成立。本案中，我方未表示异议，因此，视为合同成立。

[例 19] 香港 A 商行于 10 月 20 日来电向上海 B 公司发盘出售一批木材。发盘中列明各项交易条件，但未规定有效期限。B 公司于当天收到来电，经研究决定后，于 22 日上午 11 时向上海电报局交发对上述发盘表示接受的电报，该电报于 22 日下午 1 时送达香港 A 商行。此期间，因木板价格上涨，香港 A 商行于 10 月 22 日上午 9 时 15 分向香港电报局交发电报，其电文如下：“由于木材价格上涨，我 10 月 20 日电发盘撤销。”A 商行的电报于 22 日上午 11 时 20 分送达 B 公司。

[问题]（1）A 商行是否已成功地撤销了 10 月 20 日的发盘，为什么？

（2）A 商行与 B 公司之间的合同是否成立，为什么？

[参考结论]（1）A 公司未能撤销发盘。

（2）A 商行与 B 公司之间的合同成立。

[法理、法律精解] 根据《联合国国际货物销售合同公约》第 16 条规定，要约或发盘的撤销通知应该于受要约人发出接受通知之前送达受要约人。实际上，本案的撤销发盘通知到达时间晚于 B 公司发出承诺时间，因此，撤销通知无效，合同成立。

[例 20] A 国商人将从别国进口的初级产品转卖，向 B 国商人发盘，B 国商人复电接受发盘，同时要求提供产地证。两周后，A 国商人收到 B 国商人开来的信用证，正准备按信用证规定发货时，收到商品检验机构的通知，称因该货非本国产品，不能签发产地证。遂电请 B 国商人取消信用证中要求提供产地证的条款，遭到拒绝，引起争议。A 国商人提出，其对提供产地证的要求从未表示同意，依法无提供产地证的义务。B 国商人对此则反对。

[问题] 该案应该如何处理，为什么？

[参考结论] A、B 之间的合同成立，A 国商人应履约并承担违约责任。

[法理、法律精解] B 国商人复电接受发盘，同时要求提供产地证，构成对 A 国商人要约的非实质改变。而 A 国商人对此未在不过分迟延的时间内表示异议，根据《联合国国际货物销售合同公约》第 19 条的规定，视为 A 国商人认可该 B 国商人的复电，合同成立。

[例 21] 某外国公司发盘，要求另一家外国公司凭发盘人提供的规格、性能生产供应某

机械设备。发盘人除列明品质、数量、价格、付款、交货期等必要条件外，规定有效期为1个月，以便卖方有足够时间研究决定是否能够按照买方提出的条件生产供应。卖方收到发盘后，立即组织人员进行设计，探询必要生产设备添置的可能性和生产成本核算。两周后，突然接到买方通知，由于资金原因，决定不再订购并撤销发盘。此时，卖方已因设计、询购必要生产设备添置的可能性和生产成本核算等付出了大量费用。接到买方撤销发盘通知后，卖方被迫停止尚未完成的设计与成本核算等工作。

[问题] 你认为受要约人能否提出异议，应该如何处理？并说明理由。

[参考结论] 本案中受要约人有权提出异议。

[法理、法律精解] 买方的发盘是一项不可撤销的发盘。因为，发盘人要求受要约人凭发盘人提供的规格、性能生产供应某机械设备，同时发盘人除列明品质、数量、价格、付款、交货期等必要条件外，还特别规定了 1 个月的有效期，以便受要约人（卖方）有足够时间研究决定是否能够按照买方提出的条件生产供应。而卖方收到发盘后立即组织人员进行设计，探询必要生产设备添置的可能性和生产成本核算。这表明，受要约人已经信赖买方的发盘不会撤销，同时卖方也有理由信赖买方发盘是不可撤销的，并本着此项信赖行事。根据《联合国国际货物销售合同公约》第16条的规定，买方不能在1个月的有效期内撤销该发盘，如果卖方最终同意该发盘，卖方可与买方成立合同。

四、国际货物买卖合同双方的权利与义务

(一) 卖方的四项义务

根据《公约》的规定，卖方的义务主要有四项：交付货物及单据、转移货物所有权、货物的品质担保、货物的权利担保。关于转移货物所有权，《公约》只在第30条简单地提到卖方有此义务，并未做过多的具体规定，这里重点介绍其他三项义务。

1. 交货与交单

(1) 交货地点有如下4种情况。

① 有约定的依约定：例如，大多数使用贸易术语的国际贸易通常都约定了交货地点，如“FOB上海”，表明卖方应在上海港交货；再如“DAF镇南关”表明交货地点在中越边境的镇南关。

② 货交第一承运人：在没有约定交货地点的情况下，如果销售合同涉及货物的运输，卖方应把货物移交给第一承运人以示交给买方。此时，货交第一承运人处为交货地点。

[例22] 中国西安甲公司与澳大利亚一公司签订了出口一批高科技农产品的合同，双方约定为：单价为每箱10 000美元，共1000箱，共计1000万美元，7月10日前交货，即期不可撤销信用证付款。6月10日甲公司将货物在西安火车站装车运往上海港转船运往悉尼。问：本案中的甲公司在何地完成交货义务？　(　　)

[答案] 西安火车站。

③ 如果合同指的是特定货物或从特定存货中提取的或尚待制造或生产的未经特定化的货物，而双方当事人在订立合同时已知道这些货物是在某一特定地点，或将在某一特定地点制造或生产，则该特定地点为交货地点。

④ 在其他情况下，卖方应在订立合同时的营业地向买方交货。

（2）交货时间有如下三种情况。

① 有约定的依约定；

② 如果合同规定了一段交货时间（如6月份交货），或从合同可以确定一段时间（如合同订立后3个月内交货），除非情况表明应由买方选定一个日期外，可在该段时间内任何时候交货；

③ 在其他情况下，应在订立合同后一段合理时间内交货。所谓合理时间，应根据具体交易情况具体分析。如货物是圣诞节期间所用的物品，则应在合同订立后12月25日前这一段时间为合理时间，超过12月25日交货会使该批货物的商业价值受到很大影响，显然属于未在合理时间内交货。

（3）提交单据有如下两种情况。

① 这里的单据，主要包括运输单据和货物单据。前者如提单，后者如发票、保险单、商业发票等。有时这些单据还包括原产地证明、装箱单、检验证书等。这些单据是买方提货、转售、报关、索赔的重要依据，因此，移交单据是卖方的一项重要义务。

②《公约》第34条规定：如果卖方有义务移交与货物有关的单据，他必须按照合同所规定的时间、地点和方式移交这些单据。如果卖方在合同约定的时间以前已移交这些单据，他可以在约定时间到达前纠正单据中任何不符合同规定的情形，但是，该权利的行使不得使买方遭受不合理的不便或承担不合理的开支。同时，买方保留本《公约》所规定的要求损害赔偿的权利。

2. 品质担保

所谓品质担保，是指卖方交付的货物必须与合同所规定的或其他特定的数量、质量和规格相符，并须按照合同所规定的方式装箱或包装。

（1）当事人有约定的依约定。

[例23] 甲公司向乙公司发盘："购二级淀粉250吨，单价1000美元/吨，CIF青岛，信用证付款。"合同成立后，乙公司二级淀粉缺货，即以一级淀粉代替二级装船交货，发票及装箱单均注明是一级淀粉，乙公司凭这些单据议付货款时遭银行拒付，试问：乙公司是否正确交货？银行是否有权拒付？

[答案] 乙公司未按合同交货，尽管其交付的货物品质比合同约定还高，但仍属违反品质担保义务。银行审单要求单证一致，信用证上是二级，单据上是一级，单证不一致，银行有权拒付。

（2）当事人无约定的依据《公约》的如下4种规定。

① 符合通常目的：即货物应适用于同一规格货物通常使用的目的。

[例24] 甲公司向乙公司订购一批收割机，双方未约定收割机的质量要求，交货后发现该批收割机无法进行正常收麦作业，乙公司是否违反合同？

[答案] 违反。所交货物不符合该类货物通常的使用目的。所谓通常使用目的的标准一般应以卖方国家的标准为准。

② 符合特定目的：即货物应适用于订立合同时买方曾明示或默示地通知卖方的任何特定目的，除非情况表明买方并不依赖卖方的技能和判断力，或者这种依赖对卖方是不合理的。

[例25] 甲公司向专营电脑的乙公司订购一批原装电脑，甲公司曾在给乙公司的要约电

报中称该批电脑将用于进行模具设计，乙公司交货后，甲公司发现这批电脑的系统配置无法完成有关的模具设计，遂要求乙公司承担违约责任。试问：乙公司违反了什么义务？

[解析] 乙公司是经营电脑的专业公司，甲对其技能和判断力的依赖是合理的，甲公司向其说明自己购货的特定目的，乙公司作为专业公司理应保证甲公司能得到符合其特殊品质要求的电脑。

[答案] 违反了品质担保义务。假定乙公司并非专业公司，并且对模具设计所需电脑配置一无所知，则结果就相反，因为甲公司对乙公司技能和判断力的依赖是不合理的。

③ 符合样品：即货物的质量与卖方向买方提供的货物样品或样式相同。

④ 包装：货物按照同类货物通用的方式装箱或包装，如果没有此种通用方式，则按照足以保全和保护货物的方式装箱或包装。

（3）品质担保责任的免除。

如果买方在订立合同时知道或者应当知道货物不符合合同，卖方就无须按上面规定承担不符合合同的责任。

3. 权利担保

权利担保，也叫所有权担保、追夺担保，是指卖方应当保证其对所出售的货物享有合法的所有权或处置权，该货物上没有设置任何未向买方披露的担保权利，同时也没有侵犯其他第三人的权利，第三人也不会就该货物向买方主张任何权利，从而使买方能够获得完整无瑕疵的权利。权利担保的规则如下。

（1）卖方原则上必须对其出售的货物拥有完全的所有权，是第三方不能提出任何权利或要求的货物。例外是：买方如果知道卖方的权利瑕疵但仍同意接受该货物的，卖方解除该项义务。

[例 26] 瑞士甲公司生产某种机器，现新加坡乙公司欲向其购买 30 台这种机器，瑞士甲公司事先告知乙公司这 30 台机器中有 15 台已向瑞士第一银行设置贷款抵押，后瑞士第一银行因甲公司拒不偿还银行贷款，遂对该 15 台机器申请执行，乙公司能否要求甲公司承担权利担保责任？

[答案] 不能。

（2）卖方所交付的货物，必须是第三方不能根据工业产权或其他知识产权主张任何权利或要求的货物，即要求该货物不能侵犯任何第三人的工业产权和其他知识产权。两个例外是：①买方在订立合同时已知道或应当知道此项权利或要求的发生；②由于卖方要遵照买方所提供的技术图样、图案、程式或其他规格的要求所致。在这两种例外情况下，卖方不再承担权利担保义务。

（3）卖方并不是对第三方依据任何一国的法律所提出的工业产权或其他知识产权的权利或请求都要向买方承担责任，而仅在两种情况下对买方负责：① 双方在订约时已知道买方将把货物转售到某一国家或在某一国家使用，则卖方对第三人依据该国有关知识产权保护方面的法律所提出的权利请求，应对买方承担责任。因为既然卖方在订约时已知道货物转销往该国，他就应保证该货物不侵犯该国公民或法人的知识产权。② 在任何其他情况下，卖方仅对第三方根据买方营业地所在国的法律所提出的有关侵犯工业产权或其他知识产权的请求，对买方承担责任。

[例 27] 中国甲公司向新加坡乙公司出口一批机械仪表，新加坡乙公司又将该批仪表部分转口到巴西，巴西进口商丙公司在销售该批仪表时，被巴西另一家公司起诉指控该批仪表侵犯了其在巴西合法享有的专利权。巴西法院最终判令丙公司承担巨额赔偿。丙公司向新加坡乙公司追偿，乙公司赔偿了丙公司损失后，又向中国甲公司追偿。

（1）如果该批仪表是甲公司按乙公司提供的技术图纸生产并出口给乙公司的，甲公司是否向乙公司承担赔偿责任？

[答案] 不承担。

（2）如果该批仪表乙公司事先已经告知甲公司将部分转口至巴西，甲公司是否要向乙公司承担赔偿责任？

[答案] 承担。

（3）如果该批仪表乙公司事先未告知甲公司将转口至巴西，甲公司是否要向乙公司承担赔偿责任？

[答案] 不承担。但此种情况下如果有人依据新加坡法律（买方所在国法律）对乙公司提起侵权诉讼，对乙公司遭受的损失，甲公司应当承担责任。

（4）如果乙公司在订约前已知该批仪表如在新加坡销售将会侵犯第三人的专利权而仍然签约进口，则甲公司是否对未来乙公司在新加坡被诉所遭受的损失承担责任？

[答案] 不承担。

（5）如果乙公司在订约的来往电文中声称将把该批货转口到巴西，但后因巴西经济动荡，乙公司遂自行将该批货物转口至加拿大，结果在加拿大遭第三人起诉侵犯专利权，则甲公司是否对乙公司由此受到的损失承担责任？

[答案] 不承担。

（6）如果乙公司在新加坡销售该仪表时被第三人起诉，但乙公司未及时将此情况通知甲公司，则乙公司将遭受何种法律后果？

[答案] 乙公司将丧失要求甲公司承担辩驳第三方的权利，而这项权利本是乙公司依据《公约》可以主张的。

[例 28] 一国甲公司与另一国乙公司订立国际货物买卖合同，假设 1980 年《联合国国际货物销售合同公约》适用于该买卖合同，那么依该公约的规定，甲公司对于所售货物的权利担保事项包括下列哪些？（　　）

A. 交付的货物为甲方所有

B. 交付的货物为甲方占有

C. 交付的货物在买方所在国或转售国不侵犯他人的知识产权

D. 交付的货物在世界范围内不侵犯他人的知识产权

[答案] A、C。

[例 29] 营业地在中国的甲公司向营业地在法国的乙公司出口一批货物。乙公司本拟向西班牙转卖该批货物，但却转售到意大利，且未通知甲公司。意大利丙公司指控该批货物侵犯其专利权，关于甲公司的权利担保责任，根据《联合国国际货物销售合同公约》规定，下列哪些选项是正确的？（　　）

A. 甲公司应承担依意大利法提出的知识产权主张产生的赔偿责任

B. 甲公司应承担依法国法提出的知识产权主张产生的赔偿责任

C. 甲公司应担保在全球范围内该批货物不侵犯他人的知识产权

D. 甲公司的知识产权担保义务不适用于该批货物依乙公司提供的技术图样生产的情形

[答案] B、D。

[例 30] 1990 年，我某机械进出口公司向一法国商人出售一批机床。法国商人又将该机床转售美国及一些欧洲国家。机床进入美国后，美国的进口商被起诉侵犯了美国有效的专利权，法院判令被告赔偿专利权人损失，随后美国进口商向法国出口商追索，法国商人又向我方索赔。

[问题] 我方是否应该承担责任，为什么？

[参考结论]（1）如中方机床按法国商人提供图纸或规格生产，法国商人最终应承担责任，不能向中方追索。

（2）如法国商人在订立合同时已告知中方货物将销到美国，中方应承担责任，法国商人可以向中方追索。

[法理、法律精解] 根据《联合国国际货物销售合同公约》第 42 条的规定，作为卖方的我某机械进出口公司应该向买方——法国商人，承担所出售的货物不会侵犯他人知识产权的义务，但这种担保应该以买方告知卖方所要销往的国家为限，否则，卖方只保证不会侵犯买方所在国家的知识产权人的权利。

[例 31] 我国江西省 A 公司与美国 B 公司于 1994 年签订进口商标为“M”牌运动鞋的合同。货物进口不久，A 公司即将该批运动鞋转售给甘肃省的 C 公司。A 公司将货物发给 C 公司不久，便接到 C 公司的通知，称“M”牌运动鞋已经由美国客户于 1993 年授权给该省的 D 公司以 D 公司的名义在中国注册该商标。现 D 公司提出 C 公司侵权，并要求 C 公司停止在中国境内销售“M”牌的运动鞋，否则将追究其侵权责任。

[问题] C 公司是否侵权？该案应该如何处理？

[参考结论] C 公司的行为构成侵权，C 公司应该停止侵权并根据货物买卖合同的规定向 A 公司索赔，A 公司再根据国际货物买卖合同向美国 B 公司索赔。

[法理、法律精解] “M”牌运动鞋已经由美国客户于 1993 年就授权给该省的 D 公司以 D 公司的名义在中国注册该商标，因此，D 公司在中国境内对该商标拥有专用权，C 公司的行为构成对 D 公司的商标侵权，D 公司有权要求 C 公司承担侵权责任。C 公司可以向其供货商 A 公司追偿。A 公司有权根据《联合国国际货物销售合同公约》第 42 条关于权利担保的规定向美国 B 公司追偿。因为在该案中，正是由于美国 B 公司没有对 A 公司保证其出售产品在中国不会侵犯他人权利，才导致这一纠纷的发生。

（二）买方的义务

《公约》第 53 条规定：买方必须按照合同和本《公约》规定支付货物价款和收取货物。因此买方的义务主要有两项：支付货款和收取货物。

支付货款比较简单，下面主要分析买方的收取货物义务，包括两个步骤：

（1）采取行动使卖方能够顺利交货。如在 FOB 条件下，买方应及时派船到装运港接货。

（2）及时提取货物。买方不及时提货造成的损失通常由买方自己负责。

[例 32] 中国甲公司从美国乙公司进口一批水果，合同约定货到验收后付款。货物到达目的港，甲公司提货验收后，发现货物总重量短少 12%，单个体积和重量也不符合合同规定。下列有关此案的表述哪些是正确的？ （ ）

A. 甲公司有权拒绝接收货物

B. 甲公司有权要求退货

C. 甲公司可以将货物寄放于第三方仓库，其费用由乙公司承担

D. 甲公司可以将货物出售，并从出售价款中扣除保全货物和销售货物发生的合理费用

[解析] 接收货物不等于接受货物，接受表明买方认为货物的质量符合买卖合同的规定，而接收并不表明买方对货物的质量没有异议，如货物在目的港经检验与合同不符，买方也应接收货物，然后再进行索赔。

[答案] B、C、D。

[例 33] 甲乙公司合同内容：购钢材 2000 吨，CIF 上海，应确保 6 月 30 日前货到上海港。甲公司委托的承运人在合同规定的时间内将货物运到上海港后，立即通知买方乙公司提货，乙公司拖延提货，结果导致承运船舶在上海港多滞留 10 天，产生滞期费 20 万元，承运人向甲公司追索滞期费后，甲公司怎么办？ （ ）

A. 甲公司可向乙公司索赔

B. 甲公司应要求保险公司赔偿该损失

C. 甲公司自认倒霉

D. 乙公司不及时提货所产生的费用应由乙公司承担，甲公司可以起诉乙公司

[解析] B 项中保险公司是不对迟延造成的费用损失负赔偿责任的。

[答案] A、D。

[例 34] 中国甲公司向越南乙公司出售一批小麦，在约定的交货地点买方未在约定的提货时间提货导致部分小麦变质，该变质部分小麦的损失由谁承担？

[答案] 乙公司承担。

[例 35] 我某公司向某外国出口一批水果，货到验收后付款。货物抵达目的港后，经买方检验后发现，水果总重量减少 10%，而且每个水果的重量也低于合同规定。外商拒绝付款，并拒绝提货。以致水果全部腐烂，外国海关向中方收取仓储费、处理水果费共 5 万美元。

[问题] 中方应该如何处理？

[参考结论] 外国公司应承担仓储费及水果处理费。

[法理、法律精解] 《联合国国际货物销售合同公约》第 60 条规定：“买方收取货物的义务如下：采取一切理应采取的行动，以期卖方能够交付货物；接收货物。”由此可见，接收货物是买方的法定义务，即使卖方所交货物存在问题，买方也应承担接收货物的责任。本案中，外商拒绝提货，造成水果全部腐烂，说明外方违约，因此，外国海关向中方收取仓储费、处理水果费共 5 万美元应由外方承担。

[例 36] 买卖双方签订了一份 FOB 合同，出售一批油菜籽。合同规定：1970 年 3 月份装船。如果买方未能按期派船接运货物，卖方同意保留 28 天，但买方应该负担仓租、利息和保险费。合同订立后，买方未能在 3 月份派船接运货物，卖方发出警告：如果买方未能

在 4 月 28 日前派船接运货物，卖方将解除合同并保留索赔权。结果，买方于 5 月 5 日才派船接运货物，卖方拒绝交货并提出索赔。

[问题] 卖方是否有权解除合同？为什么？

[参考结论] 卖方有权解除合同。

[法理、法律精解] 买方未能在 3 月份派船接运货物，已经构成违约。对此，卖方给予宽限期，但在宽限期届满时，买方仍未派船接运货物，根据卖方发出的警告以及《联合国国际货物销售合同公约》第 64 条的规定："卖方在以下情况下可以宣告合同无效：……（b）买方不在卖方按照第 63 条第 1 款规定的额外时间内履行支付价款的义务或收取货物，或买方声明他将不在所规定的时间内这样做。"因此，卖方有权解除合同，并在买方于 5 月 5 日派船接运货物时有权拒绝交货并提出索赔。

五、风险转移

（一）法律效果

1. 风险

风险指货物在整个交易过程中由于不可归责于买卖双方的意外原因而可能遭受的各种损失，如意外火灾、搁浅、雨淋、沉船等所导致的货物的全部灭失或部分灭失损坏。

2. 风险转移的法律效果

根据《公约》第 66 条的规定，风险由卖方转移至买方后，货物遗失或损坏，买方仍要付款，除非这种遗失或损坏是由卖方造成。

3. 风险转移与卖方违约的关系

如果货物的损坏或灭失是由于卖方违反合同所致，则根据《公约》第 70 条的规定，买方仍然有权向卖方提出索赔，采取因此种违反合同而可以采取的各种补救办法。

我国《合同法》第 148 和第 149 条是这样规定的：卖方违约构成根本违约，买方可解除合同或拒绝接受标的物，其实际效果是风险不转移（《合同法》第 148 条）；若卖方违约不构成根本违约，则风险转移不受卖方违约行为影响，即风险由买方承担，但买方有权追究卖方违约本身的责任。

[例 37] 合同约定优质面粉 100 袋，上海港船上交货，风险转移在上海港船舷。卖方实际交付的是 100 袋劣质面粉，货物在离开上海港后在海上遭受风暴，货物遭海水浸泡，大部分变质，买方拒绝接受货物，问：海上风险由谁承担？

[答案] 卖方。

上述案情若改为，卖方实际交付的货物绝大部分均为优质面粉，只有很小一部分有轻微质量瑕疵，则海上风险谁承担呢？按中国《合同法》的规定，轻微违约行为，买方无权解除合同，因此风险由买方承担。但买方可以追究卖方轻微违约（少量面粉不合格）给买方造成损失的赔偿责任。至于按《公约》第 66 条的规定，此时风险是否依然应由卖方承担，大家可以讨论。

（二）风险何时转移

当事人有约定依约定，没有约定的参考以下规则。

1. 各国的不同做法

（1）风险随所有权转移而转移：英国即采用这种做法，其坚持“物主承担风险”。

[例 38] 英国甲公司与德国乙公司签订一个家具买卖合同，卖方乙公司保留货物所有权，直至买方分三次将货款全部付清后，所有权方转移，货物在买方付款两次后因火灾灭失。问：根据英国法，货物灭失的损失由谁承担？

[答案] 德国公司。

（2）风险与所有权转移相分离：大多数国家规定原则上风险在交货时转移，所有权不转移不影响货物风险的转移。若按照这种原则，上例中的损失就应由甲公司承担。

2.《公约》的规定

（1）涉及运输的风险转移。

① 货交第一承运人时转移：前提是卖方没有义务在特定地点交货。

② 特定地点货交承运人时转移：前提是卖方有义务在特定地点把货物交付给承运人。

③ 卖方保留控制货物处置权的单据（如提单），并不影响风险的移转。

[例 39] 中国甲公司向澳大利亚乙公司出口一批服装，货物装船后，卖方取得已装船的清洁提单尚未到银行议付货款，货物即在运输途中遭遇火灾灭失，这时风险由谁承担？

[答案] 由乙公司承担。尽管卖方仍持有代表货物所有权凭证的提单，但根据《公约》的规定，这并不影响风险的转移。

（2）在途货物的风险转移。

国际贸易中常有卖方先将货物装上开往某目的地的船舶，再寻找买主。对于订约时已在运输途中的货物的风险转移：

① 自买卖合同成立时转移；

② 如果情况表明有此需要，从货物交付给签发载有运输合同单据的承运人时起，风险就由买方承担；

③ 如果卖方在订立合同时已知道或应当知道货物已经遗失或损坏，而他又不将这一事实告之买方，则这种遗失或损坏应由卖方负责。

[例 40] 我国香港某公司与内地某公司于 1997 年 10 月 2 日签订进口服装合同。11 月 2 日货物出运，11 月 4 日香港公司与瑞士公司签订合同，将该批货物转卖，此时货物仍在运输途中。

[问题] 货物风险何时由香港公司转移给瑞士公司？

[参考结论] 11 月 4 日香港公司与瑞士公司签订合同后，货物风险由香港公司转移给瑞士公司。

[法理、法律精解] 《联合国国际货物销售合同公约》第 68 条规定：“对于在运输途中销售的货物，从订立合同时起，风险就转移到买方承担。但是，如果情况表明有此需要，从货物交付给签发载有运输合同单据的承运人时起，风险就由买方承担。尽管如此，如果卖方在订立合同时已知道或理应知道货物已经遗失或损坏，而他又不将这一事实告知买方，则这种遗失或损坏应由卖方负责。”本案中，货物装运后，香港公司于 11 月 4 日和瑞士公司签订合同，将货物转卖，因此，货物风险从该日转移给瑞士公司承担。

（3）其他情况下的风险转移。

① 风险从买方接收货物时起转移至买方承担；

② 如果买方不在适当时间内接收货物，而从货物交给他处置但他不收取货物，则从其违反合同时起，风险转移到买方承担；

③ 如果买方有义务在卖方营业地以外的某一地点接收货物，当交货时间已到而买方知道货物已在该地点交给他处置时，风险转移至买方。

六、《公约》下的违约与救济

《公约》设计了比较复杂的违约与救济制度，但许多制度都与各国国内法的规定差不多，毕竟《公约》是在综合世界各国现有法律的基础上制定的。

（一）卖方违约时买方的救济办法

1. 要求实际履行

但在两种情况下，买方要求实际履行的要求将得不到法院的支持：买方已采取了与此要求相抵触的某种补救办法，如买方已将该货物转售；法院地法不允许提出实际履行要求。

2. 要求交付替代物

条件是：货物不符须构成根本违约。

3. 要求修理

4. 要求损害赔偿

该权利不因买方行使采取其他救济办法的权利而丧失。如买方宣告合同无效的同时，可以同时提出要求损害赔偿。

5. 卖方若迟延履约

卖方可要求买方确认是否接受其履约，若买方未答复，视为同意。买方不得在该段时间内采取与卖方履行义务相抵触的任何补救办法（如解除合同）。但买方因卖方迟延而要求损害赔偿的权利不受影响。

6. 宣告合同无效

该救济适用于两种情况：卖方根本违约；卖方宽限期仍不履约或声称将不履约。时间限制：在买方知道卖方交货违约后一段合理时间提出，否则不得再主张该救济。

7. 要求减价

不论价款是否已付，货物不符合同，减价按实际交付的货物在交货时的价值与符合合同的货物在当时的价值两者之间的比例计算。

8. 提前、超量交货

提前的，买方可收取也可拒收；超量的，可收可拒，若收，则按合同价付款。

（二）买方违约时卖方的救济办法

1. 要求实际履行

如卖方可以要求买方支付价款、收取货物或履行他的其他义务。

2. 宣告合同无效

适用于两种情况：买方根本违约；宽限期仍不履约或声称将不履约。

3. 自行确定规格

按合同买方须通知卖方交货的规格，但在约定期限内买方未通知规格；卖方可自行确

定规格，但应先通知买方，买方合理时间内无异议，卖方通知的规格生效。

[例 41] 1991 年 12 月 31 日，申诉人（买方）与被申诉人（卖方）通过传真订立了 92SPE28/001 号订货合同。合同规定：申诉人向被申诉人购买 203.5 吨柠檬酸，单价为 920 美元/吨，CFRKOBE（日本神户），总价款为 187 220 美元，申诉人应在 1992 年 1 月 10 日通过银行开出不可撤销的、保兑的、可转让的、可分割信用证，装运期为 1992 年 3 月底前。合同订立后，申诉人于 1992 年 1 月 1 日通过道亨银行开出了不可撤销信用证（但并不是保兑的、可转让的和可分割的）。其后被申诉人因供应商抬高货价，又与申诉人协商提高货物单价，双方于 1992 年 1 月 13 日签订了一份备忘录，对合同作了修改：单价改为 925 美元/吨，总金额为 188 237.50 美元，为避免增加银行费用，增加的 1017.50 美元由申诉人直接以银行汇票在装船后 7 天内支付被申诉人。最后注明，备忘录为合同不可分割的一部分，具有同等法律效力。备忘录签订后，被申诉人又在 1992 年 2 月 19 日发传真给申诉人，要求将合同单价再提高 15 美元，申诉人回传真表示不同意提价。直至过了装运期，被申诉人仍未发货，并通知解除合同。申诉人遂于 1992 年 5 月 22 日向中国国际经济贸易仲裁委员会深圳市分会提出仲裁申请，要求被申诉人赔偿：(1)申诉人的经济损失及商誉损失 140 070 美元；（2）申诉人须支付日本买家的经济损失 51 892.50 美元。

[问题] 如果你是仲裁员，该案应如何处理？

[参考结论] （1）双方之间的合同已经成立。

（2）申诉人获得的合理赔偿应为 1992 年 4 月初的市场价格与合同价格之间的差价（交货期是在 1992 年 3 月底，故应以 4 月初市场价格为准）。

（3）如无充分证据，商誉损失不予赔偿。

（4）申诉人与日本买家（即下家）的合约损失不予赔偿。因为被申诉人在订立合同时无法预料。

[法理、法律精解] 通过传真订立的合同仍是书面合同，因此该合同是成立的。此后，双方又签订了备忘录对合同进行修改，该修改也是有效的，构成合同的一部分。但是，备忘录签订后，被申诉人又在 1992 年 2 月 19 日发传真给申诉人，要求将合同单价再提高 15 美元，而申诉人回传真表示不同意提价，这说明，双方对第二次修改合同没有达成一致协议，因此，双方均有义务履行原合同及备忘录。实际情况是，直至过了装运期，被申诉人仍未发货，因此，被申诉人违反合同规定，应承担违约责任。在各国的实践中，商誉损失可以说是精神损失的一种，受损失一方可以要求赔偿，但必须有证据证明确实有这种损失发生，而本案中，由于申诉人未能提供充分证据，因此，仲裁庭最终裁决不予支持该请求。

在经济损失方面，价格损失是一个主要方面。根据《联合国国际货物销售合同公约》第 76 条规定："如果合同被宣告无效，而货物又有时价，要求损害赔偿的一方，如果没有根据第 75 条规定进行购买或转卖，则可以取得合同规定的价格和宣告合同无效时的时价之间的差额以及按照第 74 条规定可以取得的任何其他损害赔偿。但是，如果要求损害赔偿的一方在接受货物之后宣告合同无效，则应适用接收货物时的时价，而不应适用宣告合同无效时的时价。"根据该规定，被申诉人没有交付货物，则申诉人获得的价格方面的合理赔偿应为 1992 年 4 月初的市场价（被申诉人宣告合同无效之日的市场价格）与合同价格（交货期是在 1992 年 3 月底，故应以 4 月初市场价格）之间的差价为准。

[例 42] 1995 年 3 月 5 日，北京某工业供销公司（买方）与荷兰碧海有限公司（卖方）签订了一份进口机床的合同。合同规定：由卖方在 1995 年 12 月 7 日前交付买方机床 100 台，总价值 5 万美元，货到 3 日内全部付清。7 月 7 日，卖方来函：因机床价格上涨，全年供不应求，除非买方同意支付 6 万美元，否则卖方将不交货。对此，买方表示按合同规定价格成交。买方曾经于 7 月 7 日询问另一家公司寻找替代物，但新供应商可以在 12 月 7 日前交付 100 台机床并要求支付价款 5.6 万美元。买方当时未立即补进。到 12 月 7 日，买方以当时的 6.1 万美元的价格向另一供应商补进 100 台机床。对于差价损失，买方向法院提起诉讼，要求卖方赔偿其损失。

[问题] 买方要求是否合理？

[参考结论] 买方的要求不合理。

[法理、法律精解] 《联合国国际货物销售合同公约》第 76 条规定："如果合同被宣告无效，而货物又有时价，要求损害赔偿的一方，如果没有根据第 75 条规定进行购买或转卖，则可以取得合同规定的价格和宣告合同无效时的时价之间的差额以及按照第 74 条规定可以取得的任何其他损害赔偿。但是，如果要求损害赔偿的一方在接收货物之后宣告合同无效，则应适用接收货物时的时价，而不应适用宣告合同无效时的时价。"本案中，买卖双方未对涨价问题达成协议，导致卖方不交货。买方虽然曾经于 7 月 7 日询问另一家公司寻找替代物，但实际上，直到 12 月 7 日，买方才以当时的 6.1 万美元的价格向另一供应商补进 100 台机床。很显然，买方并没有及时补进货物，因此，买方所要求的差价损失不能予以赔偿，而只能按照公约的上述规定，赔偿合同规定的价格（即 5 万美元）和宣告合同无效时的时价（即 7 月 7 日前后的市场价）之间的差额。

[例 43] 某国 A 公司向另一国 B 公司出售一批货物。货物到达目的港后，经买方 B 公司检验发现，部分货物在交货时已经存在质量问题，买方随即要求卖方降价 10%。卖方 A 公司不同意降价，而是提出用一批符合合同规定的新货物换回已经交付的货物。但买方 B 公司此时已经将该批货物转卖给其本国的另外一家公司。

[问题] B 公司是否仍可要求 A 公司降价？为什么？

[参考结论] B 公司不能要求 A 公司降价。

[法理、法律精解] 《联合国国际货物销售合同公约》第 50 条规定："如果货物不符合合同，不论价款是否已付，买方都可以减低价格，减价按实际交付的货物在交付时的价值与符合合同的货物在当时的价值两者之间的比例计算。但是，如果卖方按照第 37 条或第 48 条的规定对任何不履行义务做出补救，或者买方拒绝接受卖方按照该两条规定履行义务，则买方不得减低价格。"

（三）几个特殊概念与制度

1. 根本违约与宣告合同无效

（1）所谓根本违约，根据《公约》第 25 条的规定，是指一方当事人违反合同，使另一方当事人蒙受损害，以至于实际上剥夺了该另一方根据合同规定有权期待得到的东西，违约方的行为即为根本违约。简单地说，就是违约方的违约行为非常严重，严重到使对方蒙受重大的损害，以至于对方原来订立该合同的目的已根本达不到了。这里的"剥夺守约方

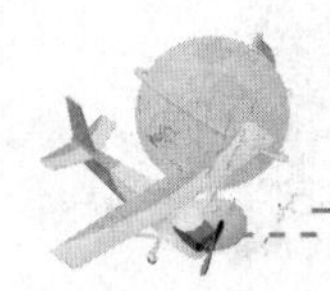

有权期待得到的东西”类似于英美合同法中的合同目的落空。

（2）根本违约使另一方取得宣告合同无效的权利，非根本违约情况下，守约方通常只能采取其他救济手段，如损害赔偿、修理等，而不能宣告合同无效。宣告合同无效类似于我国《合同法》中的解除合同的概念，但不同于我国《合同法》中的合同无效。因为合同无效是由法院或仲裁机构来宣布的，而《公约》的宣告合同无效则由合同的守约方来宣布。

（3）宣告合同无效的法律后果：双方互负返回义务，并且不解除违约方的损害赔偿责任，合同中的争议解决条款仍然有效，双方有关合同无效后的权利义务的约定仍有效。

[例 44] 1993 年 1 月，中国 A 公司与日本 B 公司先后签订合同，由 B 公司按 CIF 交货条件将合同项下的 8 万只用于显像管生产的电子枪按时交予中国 A 公司。货到后，A 公司在实验性使用中发现，电子枪存在质量问题。后经双方协商，同意由中国商检机构进行品质检验，经检验证明，电子枪的质量确实存在较大质量缺陷。A 公司随即与 B 公司交涉并达成索赔协议。协议规定：（1）A 公司对已收货物中已使用的部分电子枪暂不退还 B 公司；（2）B 公司应该在 3 个月内将符合质量要求的 7.5 万只电子枪发运给 A 公司；（3）更换的货物运到后，买方将抽样检测，不合格率大于 20%，则整批退货。结果，B 公司交来的货物仍然不符合质量要求。双方再次协商，A 公司提出，B 公司可将应该提供的电子枪品牌更换为“日天”牌或“星星”牌。B 公司表示同意按照 A 公司的要求提供货物，并将此作为索赔协议的一部分。后由于新供货方的原因，B 公司仍然未能履行义务。1994 年 5 月，A 公司向仲裁委员会提起仲裁，请求：（1）B 公司退还 7.5 万只电子枪的价款及利息；（2）已经使用的 5000 只电子枪造成的经济损失由 B 公司承担；（3）有关检验的相关费用由 B 公司承担；（4）保管费、货物差价等经济损失由 B 公司承担。

[问题]（1）B 公司违反了什么义务？

（2）B 公司是否构成根本违反合同？

（3）A 公司有何种权利？为什么？

[参考结论]（1）、（2）B 公司违反了质量担保义务，且在达成进一步协议后再次违约，构成了根本违反合同。

（3）A 公司有权要求解除合同并向 B 公司索赔。A 公司向仲裁委员会提出的仲裁请求合理。

[法理、法律精解]《联合国国际货物销售合同公约》第 35 条规定：“卖方交付的货物必须与合同所规定的数量、质量和规格相符，并须按照合同所规定的方式装箱或包装。”根据该条规定，卖方必须承担质量担保责任，而实际情况是，货到后经检验证明，电子枪的质量确实存在较大质量缺陷。很显然，卖方违约。在这种情况下，A 公司随即与 B 公司交涉并达成索赔协议，要求 B 公司在 3 个月内将符合质量要求的 7.5 万只电子枪发运给 A 公司，但是，B 公司交来的货物仍然不符合质量要求。经双方再次协商，A 公司提出，B 公司可将应该提供的电子枪品牌更换为“日天”牌或“星星”牌，B 公司也表示同意按照 A 公司的要求提供货物，但 B 公司还是未能履行义务。根据《联合国国际货物销售合同公约》第 25 条规定：“一方当事人违反合同的结果，如使另一方当事人蒙受损害，以至于实际上剥夺了他根据合同有权期待得到的东西，即为根本违反合同，除非违反合同一方并不预知而且一个同等资格、通情达理的人处于相同情况中也没有理由预知会发生这种结果。”可

见，B 公司的违约使得 A 公司根据合同有权期待得到的利益被剥夺，因此，B 公司的违约构成根本违约。

《联合国国际货物销售合同公约》第 49 条规定："买方在以下情况下可以宣告合同无效：（a）卖方不履行其在合同或本公约中的任何义务，等于根本违反合同；或（b）……"因此，买方 A 公司有权解除合同，并要求损害赔偿。

[例 45] 1996 年 4 月，中国 A 公司与外国 B 公司签订了冷轧卷板进口合同。合同约定：B 公司在 1996 年 6 月底前交货。付款方式为信用证。合同签订后，A 公司按期开来了信用证。但直到 1996 年 6 月 30 日，A 公司仍未收到 B 公司任何关于货物已经装船或延期交货的通知。7 月 3 日，B 公司向 A 公司发来传真，称原定货轮因故延至 7 月 15 日才能起航，无法保证按期交货，要求 A 公司将信用证装船期延至 7 月 15 日，有效期延至 7 月 31 日，并要求 A 公司于 7 月 4 日回复传真。A 公司按期回复，告知 B 公司修改信用证的条件是价格下调 10%，否则将宣告撤销合同。但 B 公司没有同意，仍然要求 A 公司延长信用证有效期，否则将货物另售他人。A 公司于 7 月 5 日正式函告 B 公司，终止合同并提出索赔。

[问题] A 公司最后的处理方法是否合理？为什么？

[参考结论] A 公司的处理方法合理。

[法理、法律精解] 本案中，B 公司未按期在 1996 年 6 月底前交货，已经构成了违约，而且在 A 公司拒绝将信用证延期的情况下，仍未继续履行交货义务，故 B 公司的行为构成根本违约，根据《联合国国际货物销售合同公约》第 25 条和第 49 条的规定，A 公司有权解除合同并向 B 公司索赔。

[例 46] 有一份出售小麦的 FOB 合同规定：重量以一张或数张提单中的重量为准，共计 5000 吨，可有 2%的伸缩度，卖方可以比合同规定的许可限度多运或少运 8%。事后，卖方实际交货重量比合同规定的许可限度少了 55 千克。买方以卖方违反合同规定为由拒绝接收货物，并要求卖方退还已经支付的货款。

[问题] 买方是否有拒绝接收货物的权利？为什么？

[参考结论] 买方无权解除合同并拒绝接收货物。

[法理、法律精解] 根据《公约》第 49 条规定，只有卖方的违约构成根本违约，买方才能解除合同。而本案中，卖方实际交货重量比合同规定的许可限度少了 55 千克，但这一数量和合同规定交货数量的差距并不是很大，因此，卖方不构成根本违约，故买方无权解除合同并拒绝接收货物。

2. 分批交货合同下的宣告合同无效

[例 47] 甲公司与乙公司订立一份国际货物买卖合同，分三批履行，其中第二批出现了质量问题。请问依 1980 年《联合国国际货物销售合同公约》的规定，下列哪一选项是正确的？（　　）

A. 只要第二批货物的质量问题构成根本违约，买方即可宣告合同对该批货物无效

B. 只要第二批货物的质量问题构成根本违约，买方即可宣告合同对已交付或今后交付的各批货物无效

C. 如第二批货物的质量问题构成一般违约，买方可宣告合同对该批货物无效

D. 如第二批货物的质量问题构成根本违约，买方仅可宣告合同对该批货物和今后交付的货物无效

[答案] A。

[解析] 根据1980年《联合国国际货物销售合同公约》的规定，在分批交货合同情况下，一批货物构成根本违约，对方可就该批货物解除合同；一批根本违约，对方有理由相信今后各批货物都将根本违约，则可对以后各批均解除合同；各批货物相互依存，一批根本违约，即可解除整个合同。本题A项正确。B项错在如果第二批虽不合格，但如果买方没有理由认为今后各批都将根本违约时，买方不得就今后各批均解除合同。C项错在卖方交货属一般违约下，买方不能解除合同。D项错在第二批交货构成根本违约时，若第二批交货与其他各批货物相互依存、关联，买方可解除整个合同。

[例48] 有一份合同，卖方向买方出售中国丝苗大米1万吨。合同规定：自2月份开始每月装船1000吨，分10批交货。合同订立后，卖方按照合同规定从2月份开始交货。但交到第5批大米时，发现大米品质有霉变，不适合人类食用，买方以此为由主张以后各批交货均应撤销。

[问题] 买方的主张是否合理？

[参考结论] 买方的主张不合理。

[法理、法律精解] 本案是分10批交货的合同，在实际交货中，只是在交到第5批大米时发现大米品质有霉变，已交其他4批大米不存在霉变等质量问题，因此，并不能从一批大米的霉变推论到以后5批大米也将全部存在霉变。因此，根据《联合国国际货物销售合同公约》第73条规定，买方不能解除以后5批大米的交货合同。

[例49] 意大利某公司与我国某公司签订了出口加工生产大理石的成套机械设备合同。合同规定分4批交货。在交付的前两批货物中都存在不同程度的质量问题。在第3批货物交付时，买方发现货物品质仍然不符合合同要求，故推定第4批货物的质量也难以保证，所以向卖方意大利公司提出解除全部合同。

[问题] 我公司的要求是否合理？

[参考结论] 我公司要求合理。

[法理、法律精解] 《联合国国际货物销售合同公约》第73条规定："（1）对于分批交付货物的合同，如果一方当事人不履行对任何一批货物的义务，便对该批货物构成根本违反合同，则另一方当事人可以宣告合同对该批货物无效。（2）如果一方当事人不履行对任何一批货物的义务，使另一方当事人有充分理由断定对今后各批货物将会发生根本违反合同，该另一方当事人可以在一段合理时间内宣告合同今后无效。（3）买方宣告合同对任何一批货物的交付为无效时，可以同时宣告合同对已交付的或今后交付的各批货物均为无效，如果各批货物是相互依存的，不能单独用于双方当事人在订立合同时所设想的目的。"根据上述规定，因我公司所购货物是加工生产大理石的成套机械设备，任何一批货物存在质量问题，都会导致该套设备无法使用，也就是说，各批货物是相互依存的。而实际情况是，意大利公司交付的3批货物均存在质量问题，而且，也有理由推定最后一批货物的质量也难以保证。因此，我方可以解除全部合同。即使第4批货物的质量不存在问题，除非该批货物是该套设备的关键设备，而其他3批货物是零配件，我方也才无权解除合同。

3. 保全货物（双方均有保全义务，谁控制货物谁有保全义务）

保全货物是在一方违约时，另一方仍持有货物或控制货物的处置权时，该另一方有义务对货物进行保全，以减少不必要的损失（或称防止损失扩大）。

（1）卖方的保全义务。

适用情况：①买方推迟收取货物；②付款与交货同时进行，买方不付款（赎单提货），而卖方仍拥有货物的处置权或控制权。

（2）买方保全货物的义务。

适用情况：①已收货但打算退货，他必须按情况采取合理措施，以保全货物。如果卖方或其代理人也在目的地，则买方无保全义务。②有权保有这些货物，直至卖方把他所付的合理费用偿还给他为止。

（3）合理的保全措施（包括但不限于）。

① 存仓：可以把货物寄放在第三方的仓库（warehouse），对方付费，但费用须合理。

② 出售：被保全方不合理迟延，保全方可出售货物，但必须事前向对方发出合理的意向通知；若货物易变质、贬值，或将引起不合理费用，出售前在可能的范围内通知对方。

[例 50] 2006 年 6 月，佛易纳公司与晋堂公司签订了一项买卖运动器材的国际货物销售合同。晋堂公司作为买方在收到货物后发现其与合同约定不符。依据 1980 年《联合国国际货物销售合同公约》的规定，下列哪些表述是正确的？（　　）

A. 如果货物与合同不符的情形构成根本违反合同，晋堂公司可以解除合同

B. 根据货物与合同不符的情形，晋堂公司可以同时要求减价和赔偿损失

C. 只有在货物与合同不符的情形构成根本违反合同时，晋堂公司关于交付替代物的要求才应当被支持

D. 如果收到的货物数量大于合同规定的数量，晋堂公司应当拒绝接受多交部分的货物

[答案] A、B、C。

[例 51] 史密斯公司作为买方与邻国的哈斯公司签署了一项水果买卖合同。除其他条款外，双方约定有关该合同的争议应适用 1980 年《联合国国际货物销售合同公约》并通过仲裁解决。史密斯公司在检验收到的货物时，发现该水果的大小与合同的规定差别很大，便打算退货。根据这些情况，下列哪些表述是正确的？（　　）

A. 史密斯公司应当根据情况采取合理措施保全货物

B. 史密斯公司有权一直保有这些货物，直至哈斯公司对其保全货物所支出的合理费用做出补偿为止

C. 史密斯公司不必使用自己的仓库保管该货物

D. 史密斯公司也可以出售该货物，但在可能的范围内，应当把出售的意向通知哈斯公司

[答案] A、C、D。

[解析] 按照《公约》第 85 条至第 88 条的规定，买卖双方都有保全货物的义务。如果买方违约，卖方“仍拥有这些货物或仍能控制这些货物的处置权，卖方必须视情况采取合理措施以保全货物，他有权保有这些货物，直至买方把他所付的合理费用偿还给他为止”。如果买方已收到货物（如本题的情况），但打算把货物退回，他必须视情况采取合理措施，以保全货物。他有权保有这些货物，直至卖方把他所付的合理费用偿还给他为止。所以 A 项

是正确的。有义务采取措施以保全货物的一方当事人，可以把货物寄放在第三方的仓库，由另一方当事人负担费用，但该项费用必须合理。所以C项是正确的。

本题稍难理解的是，为什么D项是正确的，而B项却不正确。因为《公约》第86条的确在第1款结尾处说“他（买方）有权保有这些货物，直至卖方把他所付的合理费用偿还给他为止”。这主要是因为我们对《公约》在理解把握时，不能断章取义，而应系统把握其整体规定，《公约》第88条第2款：如果货物易于迅速变坏，或者货物的保全牵涉到不合理的费用，则有义务保全货物的一方当事人，必须采取合理措施，把货物出售，在可能的范围内，他必须把出售货物的打算通知另一方当事人。而本题中的货物是水果，属于易迅速变坏的货物，因此买方史密斯公司应将货物及时出售，以避免损失扩大。

[例 52] 甲国公司和乙国公司签订一份出售大米合同。合同规定，按照卖方仓库交货条件买卖。买方提货时间是8月。合同订立后，卖方于8月5日将提货单交给买方，买方据此付清了全部货款。由于买方未在8月底前提货，卖方遂将该批货物移放到另外的仓库。但到9月10日，买方前来提货时发现，该批货物已经部分腐烂变质。双方为此损失由谁承担发生争议。

[问题] 该案哪方对上述损失应该承担责任？为什么？

[参考结论] 该损失由卖方承担。

[法理、法律精解] 《联合国国际货物销售合同公约》第85条规定：“如果买方推迟收取货物，或在支付价款和交付货物应同时履行时，买方没有支付价款，而卖方仍拥有这些货物或仍能控制这些货物的处置权，卖方必须按情况采取合理措施，以保全货物。他有权保有这些货物，直至买方把他所付的合理费用偿还给他为止。”根据该条规定，即使买方未按时提货，卖方也应该妥善保管货物。

[例 53] 加拿大公司与泰国公司订立了一份出口精密仪器的合同。合同规定：泰国公司应在仪器制造过程中按进度预付货款。合同订立后，泰国公司获悉加拿大公司供应的仪器质量不稳定，于是立即通知加拿大公司：据悉你公司供货质量不稳定，故我方暂时中止履行合同。加拿大公司收到通知后，立即向泰国公司提供书面保证：如不能履行义务，将由银行偿付泰国公司支付的款项。但泰国公司收到此通知后，仍然坚持暂时中止履行合同。

[问题] 泰国公司的做法是否妥当？

[参考结论] 泰国公司的做法欠妥，泰国公司不能暂时中止履行合同。

[法理、法律精解] 《联合国国际货物销售合同公约》第71条（3）规定：“中止履行义务的一方当事人不论是在货物发运前还是发运后，都必须立即通知另一方当事人，如经另一方当事人对履行义务提供充分保证，则他必须继续履行义务。”根据该规定，加拿大公司收到泰国公司的通知后，立即向泰国公司提供了书面保证，因此，泰国公司只能继续履行合同，不能暂时中止履行合同。

[例 54] 我国某公司与一外国公司先后订立了出口5种商品的5份买卖合同。在履行完第三份合同时我国（卖方）发现，买方对卖方已经履行的合同的部分货款延迟支付。卖方开始怀疑该外国公司的信用存在问题，故通知该外国公司暂时中止尚未履行的其他两份合同。

[问题] 我国公司是否有此种权利？

[参考结论] 我国公司有此权利。

[法理、法律精解] 因该合同是分 5 批交货合同。买方在前 3 份合同的履行中均未按时向卖方付款，因此，卖方完全有理由断定，在以后的两份合同的付款方面，买方还将会违约，根据《联合国国际货物销售合同公约》第 71 条，我方有权采取暂时中止履行合同的救济措施。

[例 55] 中国从阿根廷进口普通豆饼 2 万吨，交货期为 8 月底，拟转售欧洲。然而，4 月份阿方原定的收购地点发生百年未遇洪水，收购计划落空。阿方要求按不可抗力免除交货责任。

[问题] 中方应如何处理？

[参考结论] 阿方发生的事件不构成不可抗力。

[法理、法律精解] 《联合国国际货物销售合同公约》第 79 条规定："当事人对不履行义务，不负责任，如果他能证明此种不履行义务是由于某种非他所能控制的障碍，而且，对于这种障碍，没有理由预期他在订立合同时能考虑到或能避免或克服它或它的后果。"本案中，虽然 4 月份阿方原定的收购地点发生百年未遇洪水，但收购计划并未落空，因为中国从阿根廷进口的是普通豆饼，而并非一定是阿方原定的收购地点的豆饼。因此，阿方原定的收购地点发生百年未遇洪水对该合同而言，并不是不可抗力。况且，发生洪水到交货期还有 4 个月，阿方完全有时间购进替代物并向我方交货。因此，我方有权要求阿方按时交货。

[例 56] 日本商人在某年广交会上向我天津某公司以 CIF 价格条件出口仪器一批，中方于 5 月开出信用证后被日方告知，该仪器无法获取出口许可证，要求解除合同，按不可抗力免责。

[问题] 中方应该如何处理？

[参考结论] 日方不能领取出口许可证不能作为不可抗力，日方不能免责，必须向中方承担违约责任。

[法理、法律精解] 一个国家对进出口贸易的管理制度和法律规定都是公开的，日方在出口之前应该知道或有责任了解其出口的货物是否需要领取出口许可证，如需要领取出口许可证，则必须在订立出口合同之前取得出口许可证，方可签订出口合同。因此，日方不能领取出口许可证是日方在订立合同前或合同时完全能够预料到的，根据《联合国国际货物销售合同公约》第 79 条规定，日方不能领取出口许可证不能作为不可抗力，日方不能免责，必须向中方承担违约责任。

第三节 调整货物买卖的国际惯例：*INCOTERMS 2000*

一、调整货物买卖的三个国际惯例

1.《1932 年华沙—牛津规则》

国际法协会于 1928 年在波兰的华沙举行会议，制定了有关 CIF 买卖合同的统一规则，共为 22 条，称为《1928 年华沙规则》，后经 1930 年纽约会议和 1932 年牛津会议修订为

21 条，定名为《1932 年华沙—牛津规则》（*WARSAW-OXFORDS RULES 1932*），一直沿用至今。这一规则对于 CIF 合同的性质，买卖双方所承担的风险、责任和费用的划分以及所有权转移的方式等问题都作了比较详细的解释。

2.《1941 年美国对外贸易定义修订本》

美国 9 个商业团体曾于 1919 年制定《美国出口报价及其缩写条例》。后来于 1941 年在美国第 27 届对外贸易会议上对该条例作了修订，命名为《1941 年美国对外贸易定义修订本》（*REVISED AMERICAN FOREIGN TRADE DEFINITIONS 1941*）。这一修订本经美国商会、美国进口商协会和全国对外贸易协会所组成的联合委员会通过，由美国对外贸易协会予以公布。

《美国对外贸易定义修订本》所解释的贸易术语共有 6 种，分别为：Ex Point of Origin（产地交货）；Free On Board（在运输工具上交货）；Free Along Side（在运输工具旁边交货）；Cost & Freight（成本加运费）；Cost, Insurance and Freight（成本加保险费、运费）；Ex Dock（目的港码头交货）。

该定义在美洲国家采用较多，它对贸易术语的解释，特别是对 FOB 的解释与国际商会的解释有明显差异，我国进出口商在与美洲国家进行交易时应加以注意。

3.《2000 年国际贸易术语解释通则》（*INCOTERMS 2000*）

它是国际商会（ICC）为统一对各种贸易术语的解释而制定的。最早产生于 1936 年，后于 1953 年、1967 年、1976 年、1980 年、1990 年、1999 年 6 次修改，现在使用的第 6 个修订本作为 ICC 第 560 号出版物，于 2000 年 1 月 1 日生效。它在国际贸易中的影响最大。

二、《INCOTERMS 2000》的内容与特点

（一）《INCOTERMS 2000》的内容

《INCOTERMS 2000》采用的是按卖方承担义务由小到大，用英文字母 E、F、C、D 排列，将 13 个贸易术语分成四组的分类方法。

1. E 组

E 组包括一个贸易术语 EXW[全称 EX Works (named place)]，意思是工厂交货（指定地点）。

使用这一贸易术语的合同中，卖方的责任是：在其所在地（工厂或仓库）把货物交给买方，履行交货义务；承担交货前的风险和费用。买方的责任是：自备运输工具将货物运至预期的目的地；承担卖方交货后的风险和费用；自费办理出口结关手续等。

在这一贸易术语中，卖方的责任最小。当买方不能直接或间接办理货物出口手续时，不应采用这一贸易术语。EXW 适用于任何运输方式。

2. F 组

F 组包括三个贸易术语：FAS[全称 Free Alongside Ship (named port of shipment)]意思是船边交货（指定装运港）；FOB[全称 Free On Board (named port of shipment)]意思是船上交货（指定装运港）；FCA[全称 Free Carrier (named place)]意思是货交承运人（指定地点）。

在 F 组的贸易术语中，卖方的责任是：卖方在出口国承运人所在地（包括港口）将货物交给承运人履行自己的交货义务；自费办理货物的出口结关手续；自费向买方提交与货物有

关的单证或相等的电子单证。买方则要：自费办理货物的运输和保险手续并支付费用；自费办理货物的进口和结关手续等。

在 F 组中，应当注意的是，三种贸易术语中风险和费用划分的界限是不同的，FAS 是以装运港的指定船边作为界限；FOB 是以装运港货物是否越过船舷作为界限；而 FCA 则是以货物交给承运人的时间和地点作为界限。FOB、FAS 只适用于海运和内河运输，FCA 可适用于陆上运输、航空运输、集装箱运输、多式联运等任何运输方式。

3. C 组

C 组包括四个贸易术语：CFR[全称 Cost and Freight (named port of destination)]意思是成本加运费（指定目的港）；CIF[全称 Cost , Insurance and Freight (named port of destination)]意思是成本、保险费加运费（指定目的港）；CPT[全称 Carriage Paid To (named place of destination)]意思是运费付至（指定目的地）；CIP[全称 Carriage and Insurance Paid To (named place of destination)]意思是运费、保险费付至（指定目的地）。

在 C 组的贸易术语中，卖方的责任如下。

（1）自费办理货物的运输手续并交纳运费；在 CIF 和 CIP 术语中，卖方还要自费办理投保手续并交纳保险费。

（2）在 CFR 和 CIF 术语中，承担货物在装运港越过船舷以前的风险和费用；在 CPT 和 CIP 术语中，则承担货物提交给承运人以前的风险和费用。

（3）自费办理货物出口及结关手续。

（4）向买方提交与货物有关的单据或相等的电子单证。

买方的责任如下。

（1）在 CFR 和 CPT 术语中，自费投保并支付保险费。

（2）在 CFR 和 CIF 术语中，承担货物在装运港越过船舷以后的风险和费用；在 CPT 和 CIP 术语中，承担货物提交承运人后的风险和费用。

（3）自费办理货物进口结关手续等。

在 C 组中，CFR 和 CIF 术语只适用于海运或内河运输；CPT 和 CIP 术语适用于任何方式的运输。

4. D 组

D 组包括五个贸易术语：DAF[全称 Delivered At Frontier (named place)]意思是边境交货（指定地点）；DES[全称 Delivered Ex Ship (named port of destination)]意思是目的港船上交货（指定目的港）；DEQ[全称 Delivered Ex Quay (named port of destination)]意思是目的港码头交货（指定目的港）；DDU[全称 Delivered Duty Unpaid (named place of destination)]意思是未完税交货（指定目的地）；DDP[全称 Delivered Duty Paid (named place of destination)]意思是完税后交货（指定目的地）。

在 D 组的贸易术语中，卖方的责任是：将货物运至约定的地点或目的地交货；承担货物运至目的地前的全部风险和费用；在 DDP 术语中，卖方不但自费办理货物出口结关手续，还要办理货物进口的海关手续并交纳进口税费。

买方的责任是：承担货物在目的地交付后一切风险和费用；除 DDP 外，自费办理进口结关手续。

在 D 组中，DAF 用于任何方式的运输，但主要是公路运输和铁路运输；DES 和 DEQ 用于海运或内河运输；DDU 和 DDP 用于各种运输方式。

（二）《INCOTERMS 2000》的特点

与《INCOTERMS 1990》相比，《INCOTERMS 2000》基本上维持了《INCOTERMS 1990》在贸易术语的分类、结构以及在允许提交电子单证方面的规定不变。

（1）分类。《INCOTERMS 2000》按照卖方承担义务的大小，把 13 个贸易术语分成 E、F、C、D 四组。

（2）结构。买卖双方的权利和义务相对应，分 10 项说明。《INCOTERMS 2000》规定了卖方的 10 项义务：①提供符合合同规定的货物；②许可证、批准文件及海关手续；③运输合同与保险合同；④交货；⑤风险转移；⑥费用划分；⑦通知买方；⑧交货凭证、运输单证或相等的电子单证；⑨检查、包装及标记；⑩其他义务。相对应地，买方义务也有 10 项，其具体内容取决于卖方承担义务的具体内容。

（3）单据要求。由于国际货物买卖中越来越多地使用电子计算机技术，《INCOTERMS 2000》规定中重申当卖方在必须提供与货物有关的各类单证时，可以提交相等的电子单证。

《INCOTERMS 2000》所作重要修改主要有以下几个方面。

（1）在 FAS 贸易术语中，办理出口许可证和出口报关手续的义务由《INCOTERMS 1990》规定的买方办理改为由卖方办理。

（2）在 DEQ 贸易术语中，办理进口报关手续、支付办理海关手续的费用、关税和其他费用的义务由《INCOTERMS 1990》规定的卖方办理改为由买方办理。

（3）在 FCA 术语下，《INCOTERMS 2000》进一步明确了卖方的交货和装货义务，其规定：当卖方在其所在地交货时，卖方负责装货，卖方将货物装上买方指定的承运人提供的运输工具时，完成交货义务；若卖方在任何其他地方交货，则卖方不负责卸货，当货物在卖方的车辆上尚未卸货而交给买方指定的承运人或其他人处置时，即完成交货。《INCOTERMS 1990》对 FCA 术语中卖方交货地点的选择未作规定。

（4）检验费用。《INCOTERMS 2000》明确规定，除非合同另有规定，买方应承担检验费用，因为这种检验是为了买方自身的利益安排的，但如果进行检验的目的是为了使卖方履行在其本国适用于出口货物的任何强制性规定，则卖方应支付检验费用，除非双方使用的是 EXW 术语，这时，仍由买方负担检验费用。

（5）风险和费用的转移。《INCOTERMS 2000》吸收了《联合国国际货物销售合同公约》的规定，确定了在卖方交货后，货物灭失和损坏的风险以及负担与货物有关的费用的义务从卖方转移到买方的基本原则。但这一原则的适用，要以双方都没有过失并且该货物已正式划归于合同项下为前提。这一点在 EXW 术语中尤为重要。

（6）*INCOTERMS* 的变体。在贸易实务中，当事人经常在贸易术语后面添加一些词语以额外增加双方当事人的义务，常见的有 EXW（装车）、FOB（平舱和理舱）等。《国际贸易术语解释通则》对如何解释这些添加词语的含义没有做出规定。当事人之间往往会因此发生争议。为此，《INCOTERMS 2000》在其引言中提醒双方当事人，应在其合同中对上述添加词语的含义做出明确的解释。

贸易术语不但明确买卖合同的交货地点及价格构成，而且解决买卖双方在交易中的责任划分：如确定商品从起运地到目的地的运输、保险、单证的取得及其他手续问题由谁办理、费用由谁承担；确定货物的风险转移的时间、地点等。贸易术语的标准化、规范化，简化了交易程序，节约了交易时间和费用，减少了贸易中的纠纷，对促进国际贸易的顺利发展起了很大作用(参见表 8-1)。

表 8-1 《INCOTERMS 2000》的内容

组别	术语性质	国际代码及英文	中文含义
E 组	起运术语	EXW（Ex Works）	工厂交货
F 组	装运术语（运费未付）	FCA（Free Carrier）	货交承运人
		FAS（Free Alongside Ship）	装运港船边交货
		FOB（Free on Board）	装运港船上交货
C 组	装运术语（运费已付）	CFR（Cost and Freight）	成本加运费
		CIF（Cost, Insurance and Freight）	成本、保险费加运费
		CPT（Carriage Paid To）	运费付至……
		CIP（Carriage and Insurance Paid To）	运费、保险费付至……
D 组	到达术语	DAF（Delivered At Frontier）	边境交货
		DES（Delivered Ex Ship）	目的港船上交货
		DEQ（Delivered Ex Quay）	目的港码头交货
		DDU（Delivered Duty Unpaid）	未完税交货
		DDP（Delivered Duty Paid）	完税后交货

1998 年 3 月 18 日 ICC 通过其会员对 13 种贸易术语在各国的使用程度进行了调查，从反馈的信息可知，目前排在前列的贸易术语主要有 FOB、CFR、CIF、FCA、CPT、CIP，因此这些术语是要求重点学习和掌握的。

三、三种传统的贸易术语——FOB/CFR/CIF

（一）三种传统贸易术语的基本内容

1. FOB 术语

FOB 是 Free on Board (named port of shipment)的英文缩略语，意思是船上交货（指定装运港）。FOB 是海上运输最早出现的贸易术语，也是目前国际上普遍应用的贸易术语之一。按照《INCOTERMS 2000》的规定，将 FOB 术语中买卖双方承担的责任、风险和费用等概括如下。

卖方必须：

（1）提供符合合同规定的货物和单证或相等的电子单证；

（2）自负费用办理出口许可证及其他货物出口手续，交纳出口税费；

（3）按照约定的时间、地点，依照港口惯例将货物装上买方指定的船舶并给买方以充分的通知；

（4）承担在装运港货物越过船舷以前的风险和费用。

买方必须：

（1）支付货款并接受卖方提供的交货凭证或相等的电子单证；

（2）自负费用取得进口许可证，办理进口手续，交纳进口的税费；

（3）自费租船并将船名、装货地点、时间给予卖方以充分通知；

（4）承担在装运港货物越过船舷以后的风险。

2. CIF 术语

CIF 是 Cost，Insurance and Freight（named port of destination）的英文缩略语，意思是成本、保险费加运费（指定目的港）。CIF 术语是国际贸易中最通用的术语。根据《INCOTERMS 2000》，将买卖双方的责任、风险和费用概括如下。

卖方必须：

（1）提供符合合同规定的货物和单证或相等的电子单证；

（2）自负费用办理出口许可证及其他出口手续，并交纳出口税费；

（3）自费订立运输合同并将货物按惯常航线在指定日期装运至指定目的港，并支付运费；

（4）自费投保、交纳保险费，如无明示的相反协议，投保海上运输的最低险别；

（5）承担在装运港货物越过船舷以前的风险及除运费和保险费以外的费用。

买方必须：

（1）支付货款并接受卖方提供的交货凭证或相等的电子单证；

（2）自负费用取得进口许可证，办理进口手续，交纳进口税费；

（3）承担在装运港货物越过船舷以后的风险。

3. CFR 术语

CFR 是 Cost and Freight（named port of destination）的英文缩略语，意思是成本加运费（指定目的港）。CFR 与 CIF 术语的不同之处仅在于价格构成。在 CFR 价格构成中不包括保险费，即买方要自行投保并支付保险费用。其余关于交货地点、买卖双方责任、风险及费用的划分等都与 CIF 术语相同。

（二）三种传统贸易术语的异同

1. FOB、CFR、CIF 三种贸易术语的相同点

（1）交货地点都是在装运港指定的船上；（2）风险划分都是以装运港的船舷作为界限；（3）进、出口清关手续都是由买方、卖方各自办理；（4）运输方式都是适于海运或内河航运；（5）按这些术语成交的合同均属于装运合同；（6）交货性质都属象征性交货，即卖方提交了代表货物所有权的凭证就等于履行了交货义务，就可以要求买方或其银行付款。

2. FOB、CFR、CIF 三种贸易术语的区别

其区别在于由于三者的价格构成不同而产生的与之相关的责任与其他附属费用不同。FOB 术语由买方负责租船订舱和支付运费；CFR 和 CIF 术语由卖方负责租船订舱和支付运

费，CIF术语卖方还应负责办理货运保险和支付保险费。由此可以看出CIF术语的价格最高，CFR术语次之，FOB术语最低（参见表8-2）。

表8-2 FOB、CFR和CIF的比较

贸易术语	交货地点	风险划分	责任和费用负担								运输方式
			出口报关	出口关税	办理运输	运费	办理保险	保费	进口报关	进口关税	
FOB	装运港船上	船舷	卖方	卖方	买方	买方	买方	买方	买方	买方	水上
CFR	装运港船上	船舷	卖方	卖方	卖方	卖方	买方	买方	买方	买方	水上
CIF	装运港船上	船舷	卖方	卖方	卖方	卖方	卖方	卖方	买方	买方	水上

[例57] 我方按CIF条件进口一批床单，货物抵达我方后发现床单在运输途中部分受潮，而卖方已如期向我方提交了合同规定的全套合格单据并要求我方支付货款。请问我方能否以所交货物受潮而拒付货款或向卖方提出索赔？

[参考答案] 我方不能因床单受潮而拒付货款，也不能向卖方提出索赔。理由如下：

（1）CIF术语属于象征性交货，卖方以交单代替实际交货，买方应凭单付款。

（2）CIF条件下双方风险划分点为船舷，运输途中货物受损时已越过了船舷，卖方不承担风险。

（三）使用传统贸易术语时应注意的问题

1. 使用FOB术语时应注意的问题

（1）通知问题。FOB术语中涉及两个充分通知。一个是买方租船后，应将船名、装货时间、地点给予卖方以充分通知；另一个是卖方在货物装船时要给买方以充分通知。在第一种情况下，如果买方未给予通知，或指定船只未按时到达、未能按时受载货物、比规定的提前停止装货，由此产生的货物灭失或损失应由买方承担。在第二种情况下，由于货物的风险是在越过船舷时由卖方转移给买方，因此，卖方在货物装船时必须通知买方，以便买方投保，否则，由于卖方未给予充分通知，导致买方漏保受到的损失应由卖方负责。

[例58] 我国某公司以FOB条件进口一批大豆，在约定日期未收到卖方的装船通知，却收到卖方要求支付货款的单据。过后我方接到货物，经检查部分货物在运输途中因海上风险而丢失。请问该公司应如何处理？

[参考答案] 该公司可向卖方索赔。按《INCOTERMS 2000》规定，FOB中若卖方未及时向买方发出装船通知，导致买方未能及时办理保险手续，由此引起的损失由卖方负担。

（2）注意美国对FOB术语的不同解释。美国1941年修订的“美国对外贸易定义”把FOB术语分为6种。其中只有FOB vessel (named port of shipment)装运港船上交货与《INCOTERMS 2000》规定的FOB术语含义相类似，同时两者存在以下区别：第一，“对外贸易定义”中的FOB后面需加上“vessel”（船舶）字样；第二，“对外贸易定义”中的FOB规定卖方承担货物装到船上为止的风险，而不是以船舷为界；第三，“对外贸易定义”中的FOB规定买方承担出口税及相关费用，而不是卖方。所以在对美贸易中，如用FOB术语成交，则需要注明是采用《INCOTERMS 2000》还是适用《1941年美国对外贸易定义修订本》。

（3）FOB 的变形。在使用程租船运输时，为了明确装货费用由买方还是由卖方负担，FOB 术语有下列几种常见的变形。

① FOB Liner Terms（FOB 班轮条件），指装货费用的负担按班轮方法办理，即由船方，实际支付运费的一方（买方）负担。

② FOB Under Tackle（FOB 吊钩下交货），指装货费用由买方负担。卖方只负责将货物置于买方指派船只的吊钩可及之处。

③ FOB Stowed（FOB 包括理舱费在内），指卖方负担将货物装入船舱并支付包括理舱费在内的装货费用。

④ FOB Trimmed（FOB 包括平舱费在内），指卖方负责将货物装入船舱并负担包括平舱费在内的费用。

⑤ FOB Stowed and Trimmed（FOB 包括理舱费和平舱费），指卖方不仅要负担装船费用，而且要负担理舱和平舱的费用。

2. 使用 CFR 术语时应注意的问题

（1）通知问题。在 CFR 术语中，买方要自行投保。因此，和 FOB 术语情况一样，卖方要给买方货物装船的充分通知，否则，由此造成买方漏保货运险引起的损失应由卖方承担。

（2）CFR 的变形。在 CFR 条件下，采用程租船运输时，可用 CFR 术语的变形来明确卸货费用在买卖双方之间的负担问题。

① CFR Liner Terms（CFR 班轮条件），指卸货费用的负担按班轮的做法办理，即由船方，实际上为支付运费的一方（卖方）承担。

② CFR Ex Tackle（CFR 吊钩交货），指由卖方负担将货物从舱底吊至船边卸离吊钩为止的费用。

③ CFR Landed（CFR 卸至岸上），是指由卖方负责将货物卸到岸上并承担目的港的费用和必要时的驳船费用。

④ CFR Ex Ship's Hold（CFR 舱底交货），指买方负担将货物从舱底起吊至码头的费用。

3. 使用 CIF 术语应注意的问题

（1）CIF 的变形。CIF 条件下，采用程租船运输时，可用 CIF 术语的变形来明确卸货费用的负担问题。由于 CIF 的变形与 CFR 的变形相同，这里不再赘述。需要说明的是，FOB 和 CFR、CIF 的变形，只是为了明确装货费、卸货费由何方负担，其交货地点与风险划分的界限并无任何改变。

（2）CIF 术语中卖方的投保责任问题。在 CIF 术语中，替买方投保并支付保险费是卖方的一项义务。但是当双方未就保险条款和投保险别加以约定时，CIF 术语规定，卖方只负责按伦敦保险业协会的《协会货物保险条款》或其他类似条款投保海上运输的最低险别。在投保范围中也不包括某些特别险种，买方如需投保其他险别或特种险，应在合同中说明并自负该项加保费用。

（3）CIF 不是“到岸价”。在我国外贸业务中，习惯上把 FOB 称作离岸价格，把 CIF 称作到岸价格，仅从价格构成这一角度看，为了海关统计以及稽征关税等外贸业务的便利，这种称呼未尝不可，但从法律角度看，这种称 CIF 为“到岸价”是错误的。价格构成仅仅是贸易术语（合同）所包含内容的一部分，把 CIF 看成到岸价格不能表达 CIF 术语中所包

含的全部法律内容，在实践中会由于误解而造成不必要的损失。CIF 术语中卖方尽管将运费、保险费支付到了目的港，但其交货地点及风险划分界限仍在装运港和船舷，而不是目的港。同时，因交货地点决定 CIF 术语的性质，因此 CIF 仍是“离岸价”，而不是到岸价。DES 术语因其交货地点在目的港船上，因此才是名副其实的到岸价。

[例 59] 我国某外贸公司从上海向伦敦出口商品，分别按下列贸易条件对外报价，你认为下列写法是否正确？

① FOB London （×） 应改为 FOB Shanghai（√）

② CIF Shanghai （×） 应改为 CIF London（√）

③ CFR England （×） 应改为 CFR London（√）或 CFR England's port（√）

注意 FOB、CFR、CIF 后面的港口名称与交货地点无关。FOB 后面是装运港名称，意思是说 FOB 的价格构成是货物在装运港装船前的费用，即出口商品的成本价；CFR 和 CIF 后面是目的港名称，意思是说其中的运费和保险费是按从装运港到目的港全程计算的。港口名称是为计算费用之便附加的，和交货地点无关。这三种贸易术语的交货地点都是在装运港。

四、三种新的贸易术语——FCA/CPT/CIP

（一）三种新贸易术语的基本内容

随着国际贸易中普遍使用集装箱、多式联运以及近海中铁路车皮摆渡等运输方式的出现，为了适应各种运输方式和多式联运，在合同中选择使用 FCA、CPT 和 CIP 术语的情况也越来越多并有逐步取代传统的 FOB、CFR 和 CIF 之势。

1. FCA 术语

FCA 术语是 Free Carrier（named place）的英文缩略语，意思是货交承运人（指定地点）。即卖方办理出口结关手续并在指定地点将货物提交买方指定的承运人履行自己的交货义务；如买方未指定准确地点，则由卖方在规定的地点或地段内选择承运人并将货物置于其监管之下，完成交货义务。该术语中，所谓承运人包括实际履行承运义务之人，也包括订立运输合同的承运人，还包括货运代理人。FCA术语中规定，如果买方指示卖方将货物交付给一个货运代理人，当货物在其监管之下时，卖方也被视为履行了交货义务。由于承运代理人的地位在各国不尽相同，有些国家的承运代理人拒绝承担承运人的责任。然而，FCA 术语中货交承运人也包括货交承运代理人。当卖方将货物提交承运人监管时，货物的一切风险和费用由卖方转移给买方。FCA术语可以适用于铁路、公路、海上、航空、内河运输以及多式联运等各种运输方式。

2. CIP 术语

CIP 术语是 Carriage and Insurance Paid to（named place of destination）的英文缩略语，意思是运费及保险费付至（指定目的地）。在该术语中，卖方办理出口结关手续并支付货物运至指定目的地的运费，订立运输合同，还要办理货物在运输途中灭失或损坏风险的保险，订立保险合同并支付保险费。买方从货物交付承运人起，承担货物灭失或损坏的风险及其他额外费用。当由后继承运人将货物运至约定目的地时，则风险从货物交付第一承运人时起从卖方转移给买方。关于保险条款的规定，《INCOTERMS 2000》明确指出，如无相

反的明示协议，卖方应根据伦敦保险业协会的《协会货物保险条款》中的最低险别投保。

CIP 术语适用于各种运输方式，包括多式联运。应当注意的是，如果按习惯需要签订几份运输合同，包括货物在中途地点转运以抵达约定的目的地时，卖方需要支付所有的费用，包括货物从一种运输工具转运到另一种运输工具的费用，但是，承运人依据转运合同条款行使自己的权利以避免预料之外的风险（如战争或军事演习、人为骚扰、政府命令、冰封、阻塞等）时所产生的额外费用由买方承担。

3. CPT 术语

CPT 术语是 Carriage Paid to (named place of destination)的英文缩略语，意思是运费付至（指定目的地）。在该术语中，卖方除不负担办理运输保险的义务外，其余义务与 CIP 术语相同。

（二）三种新贸易术语的异同

1. FCA、CPT、CIP 三种贸易术语的相同点

（1）交货地点都是在出口国指定的承运人接管地；（2）风险划分都是以承运人接管货物时作为界限；（3）进口、出口清关手续都是由买方、卖方各自办理；（4）运输方式都是适用于任何运输方式。

2. FCA、CPT、CIP 三种贸易术语的区别

FCA 术语由买方负责办理运输的责任和支付运费；CPT 和 CIP 术语由卖方负责办理运输的责任和支付运费；CIP 术语卖方还应负责办理投保的责任和支付保险费。由此可以看出 CIP 术语的价格最高，CPT 术语次之，FCA 术语最低（参见表 8-3）。

表 8-3　FCA、CPT 和 CIP 的比较

贸易术语	交货地点	风险划分	责任和费用负担								运输方式
			出口报关	出口关税	办理运输	运费	办理保险	保费	进口报关	进口关税	
FCA	出口国指定的承运人接管地		卖方	卖方	买方	买方	买方	买方	买方	买方	任何方式
CPT	出口国指定的承运人接管地		卖方	卖方	卖方	卖方	买方	买方	买方	买方	任何方式
CIP	出口国指定的承运人接管地		卖方	卖方	卖方	卖方	卖方	卖方	买方	买方	任何方式

（三）使用新贸易术语应注意的问题

1. 使用 FCA 术语时应注意的问题

（1）运输合同问题。在 FCA 术语下，买方自担费用签订从指定地承运货物的合同，卖方无此义务。但是，如果买方请求，或如果这是一种商业惯例或买方未在适当的时间内给予相反的指示，卖方可按通常条件签订运输合同，而由买方负担风险和费用。卖方也可以拒绝签订运输合同，如果卖方拒绝，则须立即通知买方。

（2）交货问题。FCA 术语可适用于各种运输方式，当货物被交付给承运人或其代理时，交货即告完成。《INCOTERMS 2000》指出，FCA 术语卖方对交货地点的选择会影响在该地点装货和卸货的义务。如卖方在其货物所在地交货，卖方应负责装货；如卖方在任何其他地点交货，卖方不负责卸货，即当货物在卖方运输工具上尚未卸货，而将货物交给买方指定的或卖方选定的承运人或其他人支配，交货即算完成。

（3）交货通知问题。卖方必须给予买方说明货物已按照规定交付给承运人的充分通知。若在约定时间承运人未按照规定接收货物，则卖方必须相应地通知买方。买方必须按照规定将指定的承运人的名称给予卖方充分通知，并根据需要指明运输方式和向该指定人交货的日期或期限，以及依情况在指定的地点内的具体交货点。

一般情况下，买卖双方的风险和费用的划分点是卖方将货物交给承运人处置时。但是，如果卖方的货物已划归本合同项下，而买方未指定承运人或其指定的承运人未按约定的时间收受货物，或买方未给予卖方关于货物运输的充分通知，则由此产生的风险和额外支出的费用由买方承担。不论交货地点在何处，卖方都要负责货物出口清关的手续。

2. 使用 CPT 术语时应注意的问题

（1）风险划分的界限问题。CPT 术语规定，货物自交货地点至目的地的运输途中的风险由买方承担，卖方只承担货物交给承运人控制之前的风险。在多式联运情况下，卖方承担的风险自货物交给第一承运人控制时即转移给买方。

（2）责任和费用的划分问题。采用 CPT 术语时，由卖方指定承运人，自费订立运输合同，将货物运往指定的目的地，并支付正常运费。正常运费之外的其他有关费用，一般由买方负担。卖方将货物交给承运人之后，应向买方发出货物已交付的通知，以便于买方在目的地办理货运保险和受领货物。如果双方未能确定买方受领货物的具体地点，卖方可以在目的地选择最适合其要求的地点。

3. 使用 CIP 术语时应注意的问题

（1）投保问题。CIP 术语只要求卖方投保最低限度的保险险别。如买方需要更高的保险险别，则需要与卖方明确达成协议，或者自行做出额外的保险安排。

（2）通知问题。对于买方来说，一旦买方有权决定发运货物的时间和/或目的地，买方必须就此给予卖方充分通知。对于卖方来说，一旦交货，必须给予买方充分通知，以及要求的任何其他通知，以便买方能够为受领货物而采取通常必要的措施。

（四）FCA、CPT、CIP 与 FOB、CFR、CIF 的比较

1. FCA、CPT、CIP 与 FOB、CFR、CIF 的相似之处

FCA、CPT 与 CIP 是在 FOB、CFR、CIF 的基础上发展出来的，因此，在一些基本点上两组术语有相似之处。

（1）两组术语都属于象征性交货，卖方提交了代表货物所有权的单据，就等于履行了交货义务。

（2）这两组术语中 FCA 和 FOB 相对应，CPT 和 CFR、CIP 和 CIF 一一对应，在买卖双方的权利义务、费用和风险划分上有相似之处。

（3）在 CIP 和 CIF 术语中，除非双方有明示相反的协议，否则卖方均按伦敦保险业协会的《协会货物保险条款》或者其他类似保险条款替买方投保货物运输的最低险别。

2. FCA、CPT、CIP 与 FOB、CFR、CIF 的主要区别

（1）交货地点不同。FCA、CPT、CIP 的交货地点在出口国承运人接管地（主要在内陆）；FOB、CFR、CIF 的交货地点则在装运港船上。

（2）风险转移地点不同。FOB、CFR、CIF 三种术语的风险转移点为装运港船舷；而 FCA、CPT、CIP 的风险则自货物交付承运人接管时转移。承运人接管货物地点可以在其提供的运输工具上，也可以为约定的运输站或收货站。

（3）装卸费用负担不同。采用程租船运输时，FOB 条件下需要通过变形以明确装船费用由何方负责，在 CFR、CIF 条件下也需要通过变形以规定卸货费用由何方负担；而 FCA、CPT、CIP 术语同样采用程租船运输，由于装卸货费用通常已经包括在运费中，所以买卖双方一般不需要在合同中规定装卸货费用由何方负担。

（4）适用的运输方式不同。FOB、CFR、CIF 只适用于海洋运输和内河航运，其承运人一般仅限于船公司；而 FCA、CPT、CIP 则适用于包括海洋运输在内的各种运输方式，其承运人可以是船公司、航空公司或多式联运经营人等。

（5）运输单据不同。按 FOB、CFR、CIF 条件，卖方应提供与海洋运输有关的运输单据，如可转让的海运提单、不可转让的海运单或内河运单等；而按 FCA、CPT、CIP 术语，卖方向买方提供的运输单据须视运输方式而定。除在海运和内河航运方式下提交与 FOB、CFR、CIF 条件相同的单据外，在铁路、公路、航空运输或多式联运方式下，则应分别向买方提交铁路运单、公路运单、航空运单或多式联运单据。

（五）应扩大使用 FCA、CPT 和 CIP

出口贸易使用集装箱海运时，对卖方而言，采用 FCA、CPT、CIP 贸易术语要比采用 FOB、CFR、CIF 术语更为有利。具体表现在以下几个方面。

（1）可以提前转移风险，减少卖方的风险责任。FCA、CPT、CIP 术语卖方交货点为承运人接管货物的地点，而非船舷，它使卖方在货物未装上船时就把风险转移至买方，从而减少卖方的风险责任。

（2）可提早取得运输单据，从而提早交单结汇，减少利息损失，提高资金周转率。

在货物是通过铁路、航空、多式联运等方式运输时，已无“船舷”概念，继续使用 FOB、CFR、CIF 是不适合的，应采用 FCA、CPT、CIP。

五、其他的 7 种贸易术语

《INCOTERMS 2000》中共有 13 种贸易术语，前文已详述了 6 种主要贸易术语，剩下的 7 种贸易术语在贸易实践中由于目前使用程度较低，所以进行略讲。关于这 7 种术语的详细内容可参阅《INCOTERMS 2000》的原文。

1. EXW 术语

EXW 是 Ex Works (named place)的英文缩略语，意思是工厂交货（指定地），指卖方在其所在地（即工厂或仓库等）将备妥的货物交付买方时，履行其交货义务。特别是卖方不承担将货物装上买方备妥的运输车辆或办理出口的责任。在本术语下卖方承担最小的义务，在买方不能直接或间接地办理出口手续的情况下，不应使用本术语，而应使用 FCA 术语。

在广东沿海地区和深圳、珠海向港澳出口，其中有些是按EXW交货的。

2. FAS术语

FAS是Free Alongside Ship (named port of shipment)的英文缩略语，意思是船边交货（指定装运港），指卖方在指定的装运港码头或驳船内将货物交至船边，履行其交货义务。从交到船边时起买方必须承担货物丢失或损坏的一切风险。FAS要求卖方办理出口结关手续。

3. DAF术语

DAF是Delivered At Frontier (named place)的英文缩略语，意思是边境交货（指定地），指卖方将备妥的货物运至在边境上的指定地点履行其交货义务，办理货物出口结关手续，本术语主要适用于铁路运输或公路运输，亦可用于其他任何的运输方式。

4. DES术语

DES是Delivered Ex Ship (named port of destination)的英文缩略语，意思是目的港船上交货，指卖方将备妥的货物交付至在指定目的港的船上，但不办理进口结关手续，履行其交货义务。卖方必须承担将货物交付至目的港船上的一切费用和风险。卖方要办理运输，是否办理保险由卖方自己决定。

5. DEQ术语

DEQ是Delivered Ex Quay (named port of destination)的英文缩略语，意思是目的港码头交货，指卖方在指定目的港的码头将货物交给买方，履行其交货义务。卖方必须承担因交货而产生的风险和费用，进口报关由买方办理。

6. DDU术语

DDU是Delivered Duty Unpaid (named place of destination)的英文缩略语，意思是未完税交货，指卖方将货物交付至进口国指定地点，履行其交货义务。卖方承担货物运至指定地点的一切风险。进口结关手续及关税由买方负担，买方必须承担因其未能及时办理货物进口结关引起的额外费用和责任。

7. DDP术语

DDP是Delivered Duty Paid (named place of destination)的英文缩略语，意思是完税后交货，指卖方将货物交付至进口国指定地点，履行其交货义务。卖方必须承担风险和费用，包括进口关税及交付货物的其他费用，并办理进口结关手续。DDP术语中，卖方承担的义务最大。

《INCOTERMS 2000》13种术语比较参见表8-4。

表8-4 《INCOTERMS 2000》13种术语比较简表

术语分类	贸易术语	交货地点	风险划分	责任和费用负担								运输方式
				出口报关	出口关税	办理运输	运费	办理保险	保费	进口报关	进口关税	
E组起运术语	EXW	工厂（仓库）	工厂	买方	买方	买方	买方	买方	买方	买方	买方	任何方式

续　表

术语分类	贸易术语	交货地点	风险划分	责任和费用负担								运输方式
				出口报关	出口关税	办理运输	运　费	办理保险	保　费	进口报关	进口关税	
F组装运术语未付运费	FCA	承运人接管地	承运人接管地	卖方	卖方	买方	买方	买方	买方	买方	买方	任何方式
	FAS	装运港船边	船边	卖方	卖方	买方	买方	买方	买方	买方	买方	水上方式
	FOB	装运港船上	船舷	卖方	卖方	买方	买方	买方	买方	买方	买方	水上方式
C组装运术语运费已付	CFR	装运港船上	船舷	卖方	卖方	卖方	卖方	买方	买方	买方	买方	水上方式
	CPT	承运人接管地	承运人接管地	卖方	卖方	卖方	卖方	买方	买方	买方	买方	任何方式
	CIF	装运港船上	船舷	卖方	卖方	卖方	卖方	卖方	卖方	买方	买方	水上方式
	CIP	承运人接管地	承运人接管地	卖方	卖方	卖方	卖方	卖方	卖方	买方	买方	任何方式
D组到达术语	DAF	边境指定地	边境指定地	卖方	卖方	卖方	卖方	卖方	卖方	买方	买方	任何方式
	DES	目的港船上	目的港船上	卖方	卖方	卖方	卖方	卖方	卖方	买方	买方	水上方式
	DEQ	目的港码头	目的港码头	卖方	卖方	卖方	卖方	卖方	卖方	买方	买方	水上方式
	DDU	进口方内地	进口方内地	卖方	卖方	卖方	卖方	卖方	卖方	买方	买方	任何方式
	DDP	进口方内地	进口方内地	卖方	卖方	卖方	卖方	卖方	卖方	卖方	卖方	任何方式

需要注意的事项如下。

（1）《INCOTERMS 2000》适用范围只限于销售合同当事人的权利义务中与交货有关的事项。其中，货物指“有形的”，不包括“无形的”，不涉及货物所有权和其他产权的转移、违约、违约行为的后果以及某些情况的免责等。有关违约的后果或免责事项可通过销售合同中的其他条款和适用的法律来解决。也可用于国内市场的货物销售合同，在此时，任何与进出口有关条款的规定则无作用。

（2）D 组中的 5 个贸易术语属于到达术语，其交货地点分别为边境指定地、目的港船上、目的港码头、进口方内地，卖方承担将货物送至交货地点为止的风险和费用，但卖方办理保险和交纳保险费的行为没有强制性，是否投保由其自便。实际上，上述13 个贸易术语中除了 CIF 与 CIP 中卖方办理保险和交纳保险费的行为具有强制性之外，其余的贸易术语中卖方是否投保均没有强制性，因为卖方是在为自己投保。

【能力测试·国际货物买卖法】

一、判断题

1.《公约》不涉及有关买卖合同的效力问题。（　　）

2. 按照《公约》的规定，如买卖合同没有规定交货的具体地点，而所交货物涉及运输，则卖方的义务就是将货物交给第一承运人。（　　）

3. 在英美法系各国，有关货物买卖的立法具有代表性的是英国《1893 年货物买卖法》。（　　）

4. 根据美国宪法的规定，关于贸易方面的立法权属于联邦享有。（　　）

5. 国际贸易术语的作用是用以确定买卖双方在交货中各自所应承担的责任、费用和风险。（ ）

6.《INCOTERMS 2000》允许用相等的电子单证代替传统的纸单证。（ ）

7. 使用 EXW 贸易术语，货物的价格较低。（ ）

8. CIF 术语只适用于海运和内河运输。（ ）

9. 完税后交货术语表示卖方承担最重的义务，因而货物价格也最高。（ ）

10. 销售确认书实质上是一份要约引诱。（ ）

11. 英美法认为，接受的函电一旦投邮发出就立即生效，合同即告成立。（ ）

12. 如果卖方已把货物交给仓库或承运人照管，则卖方将有关单据交给买方，即认为已将货物交给买方处置。（ ）

13.《公约》规定，在任何情况下，如果买方不在实际收到货物之日起两年内将货物不符合同的情况通知卖方，他就丧失了声称货物不符合同的权利。（ ）

14. 卖方根本违反合同并不影响货物风险按《公约》规定移转给买方。（ ）

15. 货物风险移转给买方前发生灭失或损坏，买方支付货款的义务并不因此解除。（ ）

16. 关于货物所有权移转问题，《联合国国际货物销售合同公约》作了详细的规定。（ ）

17.《国际货物销售合同公约》规定卖方或买方宣告撤销合同后，就不能要求损害赔偿，仲裁条款亦告失效。（ ）

18. 对实际履行，《国际货物销售合同公约》的态度是让各个法律体系的法院按其自身的法律处理。（ ）

19. 如果合同对交货时间未作规定，《国际货物销售合同公约》规定，卖方应在合理的时间内交货。（ ）

20. DES 和 CIF 这两种贸易术语都属于象征性交货。（ ）

二、名词解释

1. 买卖合同　2. 发价　3. 接受　4. 预期违约

5. 贸易术语　6. 权利担保　7. 品质担保　8. 根本违约

三、简答题

1. 什么是国际货物买卖合同？

2. 根据《公约》的规定，接受对发价内容的变更哪些属于实质性变更？

3. 什么是权利担保？权利担保包括哪些内容？《公约》对于卖方权利担保的义务是如何规定的？

4. 国际公约要求发价的内容必须十分确定，其内容包括哪些？

5. 简述发价终止的情况。

6.《公约》关于接受生效的规定及接受的构成要件是什么？

7.《公约》认为卖方所交货物与合同相符应当符合的要求是什么？

8. 简述《公约》规定的买方支付货款的时间和条件。

9. 简述《公约》对分批交货合同发生违约的救济方法。

10.《公约》对卖方提前交货或超量交货时，买方可采用的补救办法有哪些？

11. 我国加入《联合国国际货物销售合同公约》时提出了哪些保留？
12.《公约》品质担保义务的内容有哪些？
13. 给卖方一段合理额外时间让其履行合同义务的意义是什么？
14.《公约》规定买方撤销合同的情况有哪些？
15. 何谓发价？发价的有效要件是什么？
16.《公约》对于交货地点作了哪些规定？
17. 对损害赔偿问题，《公约》作了哪些规定？你是怎样理解的？
18.《公约》对风险移转的时间作了哪些规定？

四、案例分析题

1. 我自行车总厂从德国进口一批钢管，双方订约前，中方业务员告诉卖主（负责人），这批钢管是供轧制自行车轮头用的，卖主按合同规定交货，中方对钢管轧制发现弯曲后出现裂痕，不能制造自行车轮头。问该案如何处理？为什么？

2. 1992 年，山东省某进出口公司电告巴基斯坦一客户电文为：“兹发价 500 台琴岛—利勃海尔冰箱 BYD21 型，每台单价 285 美元 CIF 卡拉奇，装运期 8 / 9 月，即期信用证支付，限 7 月 10 日前复到有效。”7 月 6 日，接巴方客户回电，“你 7 月 2 日电接受，进口许可证正在申领中，一俟获证即开出信用证。”此时，正值国内冰箱因原料涨价而相应提价，原发价的价格明显对出口公司不利，出口公司拒绝向巴方交货。问出口公司是否违约，为什么？

3. 合同规定玉米一号 10 吨，200 美元 / 吨，共计 2000 美元，卖方实际交付玉米三号玉米 10 吨，三号玉米订立合同时市价每吨 150 美元。假设交货时市价降一半，一号玉米每吨 100 美元，三号玉米每吨 75 美元。卖方对其违约行为拒绝补救措施。问买方可以把价格减低到多少？

4. 2002 年 6 月 16 日，日本 A 公司向中国 B 公司发盘如下：L3 型彩色电视机 1800 台，每台 350 美元 FOB 大阪，即期装运，要约的有效期截至 2002 年 7 月 25 日。A 公司在向中国 B 公司发出要约后，又收到新加坡 C 公司购买该种型号电视机的要约，报价高于 A 公司发给中国 B 公司的要约价格。由于当时中国 B 公司尚未对该要约做出承诺，于是 A 公司在 7 月 15 日向中国 B 公司发出撤销 6 月 16 日要约的通知，并与新加坡 C 公司签约。但 7 月 19 日，A 公司收到了中国 B 公司的承诺，接受日本 A 公司的要约条件，并随之向 A 公司开出了不可撤销信用证，要求 A 公司履行合同。后因 A 公司未履约，中国 B 公司诉诸中国国际经济贸易仲裁委员会，要求 A 公司赔偿损失。A 公司辩称，该公司于 2002 年 6 月 16 日发出的要约已于 7 月 15 日被撤销，该要约已失去效力，因而 B 公司 7 月 19 日的承诺无效，此合同没有成立。问：合同是否成立？

5. 澳大利亚 A 公司与中国 B 公司签订了一份出口合同，由澳大利亚 A 公司向中国 B 公司出口一批铁矿砂，交货条件为 CFR，合同规定，澳大利亚 A 公司在 2003 年 6 月 30 日交货。澳大利亚 A 公司按合同规定时间完成交货，货船于当日起航驶往目的港天津。7 月 15 日，A 公司向 B 公司发来传真，通知货物已经装船。B 公司于当日向保险公司投保。货物到达天津港后，B 公司经检验发现，货物于 7 月 10 日在海上运输途中发生雨淋损失。问：谁应当对损失承担责任？

6. 某中国公司与某美国公司于 2000 年 8 月 22 日在上海签订买卖合同，进口铜板 100 吨，价格 CFR 上海 350 美元 / 吨，装运期为 11 月 22 日前，信用证见单后 60 天支付。货物质量数量以目的港商检报告为准。货物 11 月 20 日装船，12 月 18 日到达目的港。经目的港商检机构检验，发现货物短少 15 吨，还有 10 吨有氧化现象。检验报告认定，短少是发货漏装所致，氧化是因运输途中天气变化所致。买方因内部人员调动问题未及时处理这笔业务。后来 2001 年 2 月 20 日，买方在未能争取到好的转售价格的情况下不得不将氧化部分的货物以 280 美元 / 吨的价格出售。买方于是在 2 月 28 日向卖方发出通知，并提供商检报告，要求赔偿转售差价，每吨计 70 美元，共 10 吨；并赔偿货物短少部分的价格，每吨计 350 美元，共 15 吨。问：

（1）本案的适用法律是什么？为什么？

（2）本案卖方可以抗辩的理由是什么？

（3）本案合同所使用的贸易术语对于争议有何影响？对此，相应的不利于买方的合同依据是什么？

（4）根据本案适用法律的相关规则，买方可以获得的损害赔偿是怎样的？

7. 一宗机器设备的买卖合同中，合同规定卖方对其提交的机器设备产品的保证期为一年。那么在卖方交货之后的一年内，如买方发现该设备的质量与合同的要求不符时，是否享有品质担保请求权？

8. 如果买卖合同已对货物品质、数量的索赔规定了索赔期为卸货后 90 天，那么买方是否可以将索赔请求权拖到实际收到货物之日起两年后才提出索赔？

9. 买方从国外进口一批供圣诞节出售的火鸡。卖方交货的时间比合同规定的期间晚了一个星期。由于圣诞节已过，火鸡难以销售，使买方遭受重大损失。此时买方可采用的救济方法是什么？

10. 合同规定卖方应于 7 月至 8 月装运肉鸡，但实际上卖方的装运日期比合同规定的时间晚了一个星期。但是在这段时间肉鸡的市场价格并没有发生什么变化，供销情况亦正常。对此买方可采用的救济方法是什么？

11. 我方售货给甲国 A 商，A 商又将该货物转售乙国 B 商。货物抵达甲国后，A 商将原货经另一条船运往乙国，B 商收货后发现数量短少，向 A 商提出索赔。据此，A 商又向我方提出索赔。你认为我方应该如何处理，为什么？

12. 我国某公司出口棉布一批，交货后，外国进口商寄来一件上衣，声称该上衣系我出口合同项下所交染色棉布经其转销给某制衣厂制成成衣的样品，该上衣两袖的色泽有明显的不同，证明我公司提供货物品质有严重色差，不能使用。为此要求将全部已缝制的成衣退回我方，并要求我方重新按合同规定的品质和数量交货。我国公司应该如何处理，为什么？

13. 德国某公司与我国某公司签订一份 CFR 合同，由德国公司向我国公司出口化工原料。合同规定：德国公司在 1998 年 4 月交货。德国公司按合同规定时间交货后，载货船于当天起航驶往目的港青岛。5 月 10 日，德国公司向我公司发出传真，通知货已装船。我公司于当天向保险公司投保。但货到目的港后，经我公司检验发现，货物于 5 月 8 日在海上运输途中已经发生损失。问：

（1）上述期间发生的损失由哪一方承担？

（2）本案中哪一方当事人负责安排运输？

14. 我国某进出口公司以 CFR 术语签订合同，出口一批水果。由于承运货物的海运船舶在海运途中曾经搁浅，致使部分水果变质。货物到达目的港后经买方检验发现损失严重，随即要求卖方予以赔偿，卖方拒绝赔偿并提出让买方找船方索赔。问：

（1）该项损失的风险由哪方当事人承担？

（2）该损失应该如何处理？

（3）如果本合同以 CIF 术语订立，上述损失由哪一方承担？

15. 我 C 公司于 1993 年 7 月 16 日收到法国 D 公司发盘："马口铁 500 吨，每吨 545 美元，CFR 中国口岸，8 月装运，即期信用证支付，限 20 日复到有效。"我方于 17 日复电"若单价为 500 美元 CFR 中国口岸，可接受 500 吨马口铁，履约中如有争议，在中国仲裁。"法国 D 公司当即回电："市场坚挺，价格不能减少，仲裁条件可以接受，速复。"此时，马口铁价格确实上涨，我方于 19 日复电："接受你 16 日发盘，信用证已经由中国银行开出，请确认。"但法商未确认并退回信用证。问：合同是否成立，我方有无失误？请说明理由。

第九章 国际货物买卖所涉及的运输法

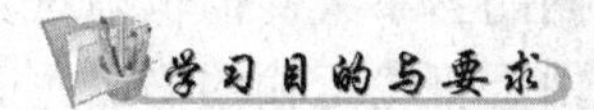

限于篇幅，本章主要介绍有关海上运输的国际公约，要求重点掌握调整班轮运输的国际公约的规定，以及海运提单的性质。

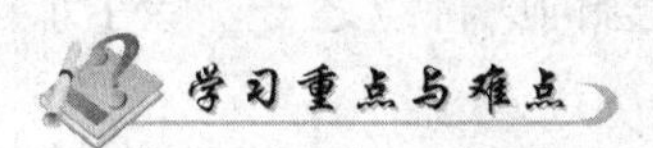

(1) 班轮运输与租船运输的区别。

(2) 海运提单的性质与分类。

(3)《海牙规则》的基本内容以及与《维斯比规则》《汉堡规则》的区别。

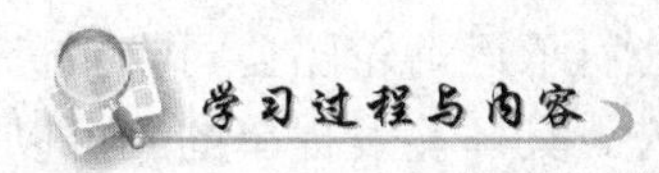

第一节 国际海上货物运输概述

国际海上货物运输是由承运人将货物从一国港口运至另一国港口并由货方支付运费的运输。国际海上运输具有运输量大、运输成本低的优点，同时又有运输速度慢、风险较大的缺点。国际海上货物运输依船舶经营方式的不同，可分为班轮运输和租船运输。

一、班轮运输

（一）班轮运输的概念

班轮运输是由航运公司以固定的航线、固定的船期、相对固定的运费率、固定的挂靠

港口组织的将托运人的件杂货运往目的地的运输。由于班轮运输的书面内容多以提单的形式表现出来，所以此种运输方式又被称为提单运输。班轮运输的固定性决定了其比较适合于件杂货的运输，即将不同托运人运输量比较小的货物组织在一起的运输。在班轮运输中承运人与托运人的谈判地位是不平等的，且提单往往会转移到并非订立运输合同当事方的第三方手中，即会对第三方产生约束力，因此各国法律一般对班轮运输进行强制性的调整，国际上调整提单运输的国际公约主要有三个，即1924年《统一提单的若干法律规则的国际公约》（以下简称《海牙规则》）、1968年《修改统一提单的若干法律规则的国际公约的议定书》（以下简称《维斯比规则》）和1978年《联合国海上货物运输公约》（以下简称《汉堡规则》）。

（二）班轮运输的当事人

班轮运输的当事人是承运人和托运人，承运人即承担运输工作的航运公司，托运人即与承运人订立海上货物运输合同的当事人。此外，海上运输合同还会涉及实际承运人和收货人。当订约承运人将部分的运输或全部的运输交由另一航运公司来完成的情况下，另一航运公司即为实际承运人，尽管实际承运人不是运输合同的当事人，但也须对其承运的那一段期间货物的损坏承担责任，也有运费的请求权。又由于班轮运输的书面凭证提单会转移给第三人，如收货人，收货人不是运输合同的当事人，但如货物在运输中受损，收货人也有索赔的权利，在运输合同约定运费到付的情况下，收货人有支付运费的义务。可见，合同的效力往往及于合同当事人以外的第三人是运输合同的特点之一，除了承运人和托运人外，合同的效力会及于实际承运人和收货人等。

（三）提单的定义和性质

1. 提单

提单（Bill of Lading，B/L）是一种用以证明海上运输合同和货物已交由承运人保管或装船运输，承运人保证据以交付货物的单证。

2. 提单当事人

在提单运输中，货主（卖方）将货物交给轮船公司承运，轮船公司收到货物并装船后签发给货主提单，货主是托运人，轮船公司是承运人。具体签发提单的人可以是承运人或承运人委托的人（如船长）。在目的地承运人将货物交付的人是收货人，可以是买方或其他持有提单的人。

3. 提单的性质有三项

（1）提单是托运人与承运人之间订立运输合同的凭证（运输合同的证明）。

提单在托运人和承运人之间不是运输合同，而是运输合同的凭证或证据，但当提单由托运人转让给第三人时，提单就成为第三人与承运人之间的运输合同，第三人和承运人之间的权利义务依提单上的规定来确定。

[例1] 下列关于提单与运输合同关系的说法正确的有　　（　　）

A. 运输合同是双方合意的体现，提单是一方当事人签发的

B. 运输合同在货物交承运人之前就已成立，而提单则在货物交承运人后由承运人签发

C. 在托运人与承运人之间，运输合同的存在及主要内容要靠提单来证明

D. 在收货人或提单受让人与承运人之间，提单就是运输合同本身

[答案] A、B、C、D。

[例 2] 中国甲公司以CIP纽约条件向美国乙公司出口大米，信用证方式付款，在合同规定期间内，甲公司将货物运到上海港装船后，船长签发给甲公司代理人已装船清洁提单，甲公司凭该提单及有关发票、产地证等信用证规定的单据向中国银行上海分行议付了货款，美国乙公司付款赎单后将该提单转让给了丙公司，货物到纽约后丙公司提货时发现货物受损，则丙公司与承运人之间的权利义务关系如何确定？

[答案] 依提单记载来确定，提单在双方之间就是运输合同。

[例 3] “阿登内斯”轮代理人对一票橘子的托运人口头保证：该轮在西班牙港口塔黑纳装上该批橘子后，将直接驶往伦敦并卸货。但是，“阿登内斯”轮并未直驶伦敦，而是驶向比利时的安特卫普。结果当托运人的橘子到达伦敦时，橘子的进口关税提高了，且由于其他橘子的大量到货，使橘子的价格下降。托运人认为如果货轮是依口头约定直驶伦敦的，则关税的提高和橘子价格的下跌都应在该船到达之后发生。于是托运人向法院起诉，要求承运人赔偿其遭受的损失。被告则辩称：提单中载明有规定承运人可任意地经过任何航线将货物直接或间接地运往目的地的条款，因此，认为自己不应为因绕道安特卫普引起的损失承担赔偿责任。

[问题] 双方的口头约定是否有效？提单是否是运输合同本身？

[参考结论] 双方口头约定有效，提单不是运输合同本身。

[法理、法律精解] 《汉堡规则》第 1 条第 7 款规定：“提单”，是用以证明海上运输契约和由承运人接管或装载货物，以及承运人保证据以交付货物的单证。《中华人民共和国海商法》（以下简称《海商法》）也采用了提单是合同证明的观点。《海商法》第 71 条规定：“提单是用以证明海上运输合同的订立和货物已由承运人接收或者装船，以及承运人保证据以交付货物的单据。”根据上述规定，提单在本案中只能是运输合同的证明，双方的口头约定是当事人双方意思表示一致的体现，即为海上货物运输合同，尽管该提单有可以转船的规定，但提单通常是在货物装船后签发的，只是证明海上运输合同已经订立并已在履行。因此提单不是承运人和托运人之间的运输合同，承运人不能引用提单条款对抗运输合同。

（2）提单是承运人从托运人处收取货物的凭证（货物收据）。

对托运人而言，承运人签发的提单是承运人按照提单记载状况（收到货物）的初步证据，如有证据表明承运人没有收到提单记载的货物或没有装船，承运人还可以反驳，举证责任在承运人；但是，提单一经转让，对善意第三人而言，提单即成为货物的最终证据，承运人不得否认提单上有关货物资料的记载内容的正确性。这样做的目的是保证提单的流通性。

[例 4] 托运人将一批货物交承运人，承运人于 6 月 2 日装船完毕后签发了没有任何不良批注的已装船提单。在承运轮船起航前一天，船长发现货物又破包，且包内货物已发霉变质，随即暂停运输，要求托运人交还原来签发的提单，双方争议诉至法院，托运人主张交

货时货物完好，有提单为证。承运人则通过检验机构证明货物在装船前已变质，原提单记载不属实，法院是否可采纳承运人的观点？

[答案] 可以。对托运人而言，提单仅是承运人收到提单记载的货物的初步证据，货物的真实状况可以通过证据证实，推翻提单上对货物的记载。

[例 5] 假如上例中，承运人在起运前未发现货物的真实状况，到目的港向持有提单的收货人交货时，发现货物有问题，承运人能否通过上述检验方式对抗收货人的索赔？

[答案] 不能。因为提单对收货人而言，是承运人已按提单记载状况收到货物的最终证据。承运人不能再推翻自己的记载。

[例 6] 某货轮将 1.5 万吨袋装咖啡豆从巴西的巴位那瓜港运往中国上海。船长签发了两张清洁提单，载明每袋咖啡豆 60 千克，其表面状况良好。货到目的港卸货后，发现其中 930 袋有重量不足或松袋现象，经过磅约短少 25%。于是，收货人提起诉讼，认为承运人所交货物数量与提单的记载不符，要求承运人赔偿短货损失。承运人则认为，因其在装船时，未对所装货物一一进行核对，所以承运人不应对此负赔偿责任。

[问题] 提单在承运人与收货人之间是初步证据还是最终证据？

[参考结论] 提单在承运人与收货人之间是最终证据。

[法理、法律精解] 承运人签发提单，表明提单上所记载的货物已经在其接管之下。提单上通常载有三个方面的内容：（1）货物的数量或重量；（2）货物的表面状况；（3）货物的主要标志。因此提单是关于货物数量（重量）、表面状况和主要标志的收据，当提单在托运人手中时，根据《海牙规则》第 3 条第 4 款规定，提单应作为承运人按提单上记载收到货物的初步证据。即表明，如承运人有确实的证据证明其收到的货物与提单上的记载不符，则可否定提单的证据效力。根据《维斯比规则》第 1 条第 1 款对《海牙规则》第 3 条第 4 款的补充："但是提单如转让至善意受让人手中，即作为对承运人有约束力的最终证据。"此时，即使承运人能够提出有效证据以证明其实际接受或装船的货物与提单所载内容不符，也不得借此对抗善意的提单受让人，而应按提单上的记载如实向提单持有人交付货物。本案中，提单在承运人与收货人之间是最终证据，承运人应当对货物数量的短缺承担责任。

（3）提单是代表货物所有权的凭证（物权凭证）。

很多学者认为提单具有物权凭证的性质。提单是承运人据以交付货物的单证，提单持有人有权要求承运人交付货物，承运人通常只能向提单持有人交付货物。提单持有人转让提单即视为转让货物所有权。赋予提单以所有权凭证的效力，其目的也是为了保证提单的流通性。

[例 7] 中国甲公司将货物交付承运人后，凭承运人签发的已装船提单向银行议付了货款，信用证开证行取得提单后要求开证申请人（买方）付款赎单，但买方却已逃匿，银行凭正本提单向承运人追索货物，承运人已将货物交给他人，银行以货物所有人的身份起诉承运人要求承运人交付货物，问：银行的诉由能成立吗？

[答案] 可以成立。提单是货物所有权凭证，合法持有提单的人就是货物所有人。转让提单就视为转让货物。

（四）提单的种类

1. 已装船提单与收货待运提单（这是根据签发提单时货物是否已经装船对提单进行的分类）

（1）已装船提单，是指货物实际已经装上指定船舶后承运人向托运人签发的提单。

（2）收货待运提单，也叫备运提单，是指承运人在已收到货物但尚未装船的情况下向托运人签发的提单。这种提单因没有记载装船日期，货物能否装船、何时装船完毕、收货人何时能收到货物等均属不确定，国际贸易结算中银行通常不会接受这种提单，除非信用证中规定可以接受这种提单。但在货物装船后，托运人可要求承运人将备运提单换成已装船提单。

2. 清洁提单和不清洁提单（这是根据提单上是否有不良批注对提单进行的分类）

（1）清洁提单，是指承运人在收货核对后未在提单上对货物的表面状况作不良批注的提单。所谓不良批注是指承运人认为其收到的货物有包装不固、渗漏、污渍等，或者无法核对货物的实际数量等情况，在提单上对这些情况所做的批注。

（2）不清洁提单，即是指这种做了不良批注的提单。

法律意义：承运人如果签发了清洁提单就表明其收到了外表完好的货物，在交货时承运人基于其管货义务应当交付与收到时状况相同的货物。而且在信用证结算货款的情况下，银行通常拒绝接受不清洁提单作为结算依据，除非信用证规定银行可以接受不清洁提单。

[例 8]“台湾信托局”受托与中希贸易公司签订订购价值 82 700 美元的重晶石粉的合同，由青岛轮船公司所属的“鹿州丸”号和“峨眉丸”号二轮从印度运往基隆，承运人签发了两张清洁提单。在货物于 1972 年 1 月 4 日及 1 月 29 日先后到达基隆后，发现 90%以上的货物有严重破包，造成了货损。船方称破包是由于包装不固所致，并主张应依“因包装不固所发生的货损承运人不负赔偿责任”的规定而免除其责任。经查：该批货物在印度装运前，经当地公证公司检验认为包装符合合同的规定。

[问题] 承运人如主张“包装不固”免责，是否应在提单上进行批注？

[参考结论] 承运人应当在提单上对包装的瑕疵加以批注，才能主张“包装不固”的免责。

[法理、法律精解]《跟单信用证统一惯例》规定：“清洁运输单证，是指未载有明确声称货物及/或包装状况有缺陷的条款或批注的运输单证。”《汉堡规则》第 16 条第 2 款规定：“如果承运人或代其签发提单的其他人，未在提单中对货物的外表状况加以批注，便应视为已在提单中注明货物外表状况良好。”我国《海商法》第 76 条规定：“承运人或者代其签发提单的人未在提单上批注货物表面状况的，视为货物的表面状况良好。”清洁提单是指承运人未对货物的表面状况或其他方面加以批注的提单。托运人交运货物时，无须提供货物的表面状况，而是由承运人在装船时对货物进行检查后，根据货物的表面状况才决定是否附加批注。收货人可凭清洁提单向承运人提取表面状况良好的货物，如果货物的表面受损（如破包等）是由于承运人的责任所致，收货人可以要求承运人赔偿。本案承运人主张应依“因包装不固所发生的货损承运人不负赔偿责任”的规定而免除其责任的理由是不能成立的，因为承运人未尽到在运输途中妥善、谨慎管理货物的义务。

3. 不可转让提单和可转让提单（这是根据提单是否具有流通性对提单所作的划分）

（1）不可转让提单又叫记名提单，是指在提单正面的收货人栏内载明收货人名称的提单。

法律意义：承运人在记名提单下只能向载明的收货人交货，其他人即使持有该提单也不能提取货物。记名提单不能转让流通，国际贸易中较少采用。

（2）可转让提单，指可以通过交付或背书进行转让的提单，又可分为指示提单和无记名提单。

① 指示提单：指在提单正面收货人栏内填写“凭指示”或“凭某人指示”的提单。

② 无记名提单：指提单上未填写收货人，而仅注明货交持有提单人的提单。

法律意义：指示提单可以转让，但须背书，因此兼具安全性和流通性，所以为大多数交易所采用；无记名提单情况下，提单的转让无须背书或其他任何手续，交付即可发生转让的效果，而承运人则是见单放货，因此这种提单虽然流通性充分，但安全性较差，一旦丢失，无从补救，所以实践中也较少采用。

[例 9] 在国际海上货物运输中，如承运人签发的是指示提单，下列关于该提单的表述中哪些是正确的？（ ）

A. 提单正面载明了收货人的名称

B. 提单在转让时不需要背书，只要将提单交给受让人即可

C. 提单的转让必须经过背书

D. 提单中的收货人一栏没有具体的收货人名称，而是载明“凭指示”的字样

[解析] A 项不是指示提单而是记名提单，B 项则是不记名提单。

[答案] C、D。

4. 根据运输方式可将提单分为直达提单、转船提单和联运提单

（1）直达提单指表明中途不经转船直接将货物运往目的地的提单。

（2）转船提单指当货物的运输不是由一条船直接运到目的港，而是在中途须转换另一船舶运往目的港时，船方签发的包括全程的提单。

（3）联运提单指货物由海运和另一种或两种以上不同方式（如海陆、海空、海陆空等方式）运输签发的提单。

5. 依是否已付运费可将提单分为运费预付提单和运费到付提单

（1）运费预付提单指载明托运人在装货港已向承运人支付运费的提单。

（2）运费到付提单指载明收货人在目的港提货时向承运人支付运费的提单。

（五）提单的内容

提单分正反两面，提单正面是提单记载的事项，提单的背面为关于双方当事人权利和义务的实质性条款。

1. 提单正面的记载事项

关于提单正面的记载事项，各航运公司拟制的提单大致相同，一般包括下列各项：承运人的名称和主营业所；托运人的名称；收货人的名称；通知方；船舶名称；装货港和卸货港；货物的品名、标志、包数或者件数、重量或者体积；提单的签发日期、地点和份数；运费的支付；承运人或者其代表的签字。

2. 提单背面条款

海运提单的背面通常载有关于双方当事人权利和义务的条款。各种提单格式的条款虽不尽相同，但主要内容基本上是一致的，包括：管辖权和法律适用条款；承运人责任条款；承运人的免责条款；承运人责任期间条款；赔偿责任限额条款；特殊货物条款；留置权条款；共同海损和新杰森条款；双方有责碰撞条款。此外，提单中还有关于战争、检疫、冰冻、罢工、拥挤、转运等内容的条款。

（六）提单在跟单信用证机制中的作用和存在的问题

需要通过海上运输才能实现的国际货物买卖无法以“一手交钱、一手交货”的方式完成，因为海运的时间比较长，例如海运需要 25 天，如卖方先装船，可能在 25 天后才能收到货款，如买方先付款，在 25 天以后才能收到货物。在商业信用日趋危机的今天，哪一方也不愿先行动，这样一笔买卖就很难完成。对此，国际上通行的解决办法是变买卖货物为买卖单证，并由银行进行资金的融通，即通过跟单信用证便利国际贸易。在跟单信用证付款中，提单的作用是很突出的。跟单信用证付款的流转程序如图 9-1 所示。

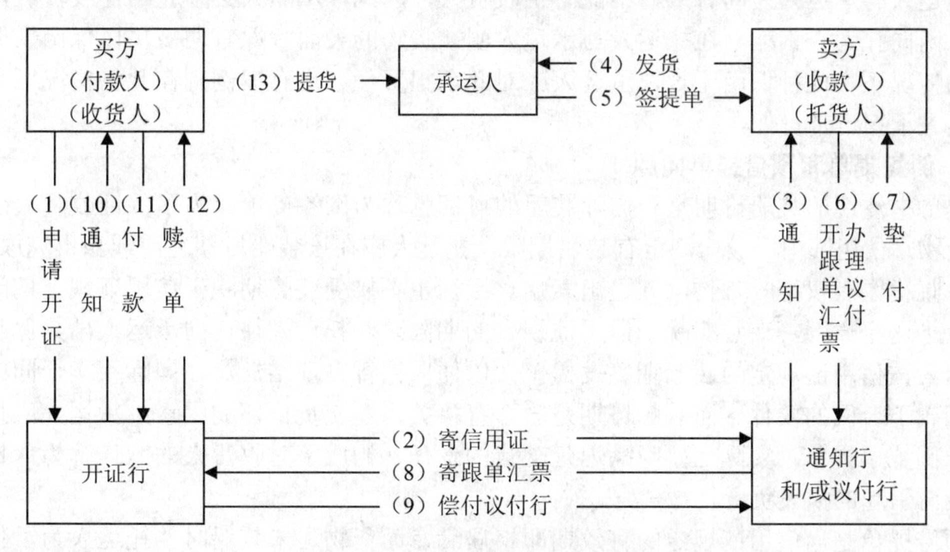

图 9-1 跟单信用证付款的流转程序

在上述流转程序中，容易产生问题的是签发提单和提货两个阶段，由于议付行在办理议付并垫付货款时坚持的是“单证相符”和“单单相符”的原则，即要求各种单据要符合信用证的规定，各单据之间要一致，而承运人签发的提单会因实际情况的原因与信用证的要求不符，例如，信用证要求 8 月 10 日前装船完毕，而由于各种原因，8 月 25 日才装船完毕。此时，托运人为了能顺利结汇，会采用保函来换取与信用证要求一致的提单，保函的基本内容是：由托运人承担承运人因签发与信用证一致的提单而受到的一切损失。由于这种保函往往会侵害不知情的收货人的利益，因此在司法实践中，常常将其归于无效。《汉堡规则》第一次在一定范围内承认了保函的效力，依《汉堡规则》的规定，托运人为了换取清洁提单可向承运人出具保函，保函只在托运人与承运人之间有效。如保函有欺诈意图，则保函无效，承运人应赔偿第三者的损失，且不能享受责任限制。我国《海商法》没有关

于保函的规定，司法实践中则是参照了《汉堡规则》的规定，主要可概括为三点内容：善意保函有效；恶意保函无效；有效的保函也只在托运人与承运人之间有效，不能对抗第三人。

下列为在跟单信用证机制中存在的问题。

1. 清洁提单与不清洁提单的问题

如前所述，由于银行一般不愿意接受不清洁提单结汇，因此，在实践中，当承运人因对接收到的货物有异议而欲在提单上进行批注时，托运人为了防止不清洁提单的产生，会以保函换取清洁提单。有的情况下承运人接受保函签发清洁提单并不是对收货人存心欺诈，而是因为某些客观条件的限制，实践中已有认定此种情况下的保函为有效保函的案例。如在缺乏识别手段或计量工具，承运人接受保函免去提单上的批注，并不是对收货人的恶意欺诈，而是因为认识上的偏差或限制造成的，在此背景下出具的保函属于有效的善意保函，承运人如果在目的港受到收货人的索赔，应先赔偿收货人，之后可以通过保函从托运人或其保证人处得到补偿。我国海事法院就曾有肯定此类善意保函效力的案例。但保函有效也只在托运人与承运人之间有效，不能对抗收货人，因此，承运人必须先赔偿收货人，然后再依保函向托运人索赔。在托运人与承运人明知货物的表面状况有瑕疵仍以保函换取清洁提单的情况下，此种保函无效，承运人应对此承担责任，也有案例判在此种情况下承运人和托运人承担连带责任。

2. 倒签提单和预借提单问题

提单中注明的装船日期早于实际装船的日期就称为倒签提单。为了保证收货人能及时收到货物，信用证中一般均规定有装船期限，托运人应在该装船日期之前或当日完成装船；否则，收货人有权拒收货物，并提出索赔。银行也不接受装船期晚于信用证规定期间的提单。基于这个原因，在装船晚于信用证规定的期限时，托运人往往向承运人出具保函，要求承运人按信用证规定的装船期签发提单，以便向银行办理结汇。在国际买卖合同中，交货日期属于合同的要件。而装船日期是一个直接关系到交货日期的因素。承运人应托运人的要求倒签了提单，实际上就隐瞒迟延交货的责任，构成了对收货人的欺诈行为，日后须对因此而引起的损失负责。

预借提单是当信用证规定的有效期即将届满，而货物还未装船时，托运人为了使提单上的装船日期与信用证规定的日期相符，要求承运人在货物装船前签发的已装船提单。预借提单在议付时，货物实际还未装运，使信用证对装货这一环节的制衡力丧失，无法保证货物的准时到达。预借提单与倒签提单一样，都是掩盖了货物的实际装船日期，从而避开了迟延交货的责任。

关于倒签提单和预借提单的责任属性是有争议的。合同责任说认为，提单是承运人与收货人、提单持有人和提单受让人之间的合同，基于在上述两种提单下，货物最终还是装上了船的事实，因此，承运人的这两种做法违反的是《合同法》规定的强制性义务。因此，承运人对这种违约行为所引起的法律后果应承担合同责任。主张侵权责任说的人认为，预借和倒签提单的行为符合侵权的一般特征，满足侵权行为成立所必需的四个条件，具有侵权性质。主张竞合责任说的人认为，倒签提单和预借提单带有双重的法律特征，其行为过程是由违约与侵权行为的结合而形成的，该行为本身侵犯了两种法律关系，引起了两种民

事法律后果，因此是违约和侵权的竞合，侵权是其主要特征。上述争议也引起了司法实践中的不同处理，而一般情况下，承运人对此是要承担责任的。也有一种观点认为，承运人应与托运人承担连带责任。在实践中，在信用证即将到期，而托运人又不能如期装船的情况下，正确的处理方法是要求修改信用证。

[例 10] 土耳其甲公司（卖方）与泰国乙公司（买方）订立一货物买卖合同。乙公司申请开出的不可撤销信用证规定装船时间为 2003 年 5 月 10 日前，而甲公司由于货源上的原因，最早要到 2003 年 5 月 15 日才能备齐货物并装船付运。下列哪一种做法是甲公司应采取的正确处理方法？（　　）

A. 直接请求开证行修改信用证

B. 通过提供保函要求承运人倒签提单

C. 征得乙公司同意、由乙公司请求开证行修改信用证

D. 通过提供保函要求承运人预借提单

[答案] C。

[例 11] 中国甲公司与美国乙公司于 1999 年 10 月 2 日以 FOB 天津价格条件签订了从中国向美国出口一批纽约唐人街华人所需春节用产品的合同，乙公司通过银行开出信用证规定的装船日期为 1999 年 12 月 10 日至 31 日天津装运。乙公司所订船舶在来天津的途中与他船相碰，经修理于 2000 年 1 月 20 日才完成装船。甲公司在出具保函的情况下换取了承运人签发的注明 1999 年 12 月 31 日装船的提单。船舶延迟到达目的港纽约，造成收货人丙公司与一系列需方签订的供货合同均延迟履行，并导致一些需方公司向丙公司提出了索赔。丙公司赔偿了提出索赔要求的需方后转而向承运人提出了索赔。对于该案，下列选项哪些是正确的？（　　）

A. 本案承运人签发的提单属于倒签提单

B. 承运人应赔偿收货人丙公司的损失

C. 丙公司应向保险人提出索赔

D. 本案货物的风险自装运港船舷由卖方转移给买方

[解析] 本案中实际装船日期为 2000 年 1 月 20 日装完，而承运人签发的提单的装船时间为 1999 年 12 月 31 日，这种行为属倒签提单行为，A 项是正确的。在倒签提单的情况下，承运人对收货人故意隐瞒了迟延交货的情况，构成对收货人的欺诈，应承担由此引起的收货人的损失，所以 B 项也对。本案题中未提及保险问题，因此 C 项不对，本题中双方的交易术语是 FOB，货物风险转移时间是在装运港货物越过船舷，因此 D 项是正确的。

[答案] A、B、D。

[例 12] 1994 年，买方河北某进出口公司（原告）购进一批日产空调，合同规定于 1994 年 7 月 29 日前装货，由承运人所属“SEWA”轮承运上述货物。该轮于 7 月 29 日抵港装货，承运人接受发货人的保函，授权其代理人于 7 月 29 日签发已装船清洁提单，发货人凭全套单证从开证行取得全部货款。8 月 10 日原告持被告签发的提单到合同指定的港口提货时，发现该提单所记载的船舶还未抵港，直到 8 月 20 日，上述提单所记载的货物才运抵目的港。由于销售季节已过，原告的国内销售商对原告提出索赔，给原告造成巨大损失。原告向被告提出索赔。

被告在答辩中提出，货物未能如期运抵目的港交货，是因被告所属的“SEWA”轮在日本第二装港锚地等泊时遭暴雨和台风，该轮抛锚与另外一艘在锚地待泊的油轮相撞，造成该轮及部分集装箱严重受损。该轮不得不进行紧急修理，于 8 月 16 日续航。而提单所载的全部货物最终完好地运抵交货港，并置于原告控制之下。由于不可抗力造成被告不能如期交货，承运人已恪尽职责，履行了应尽的责任和义务。故不应承担赔偿责任。

[问题] 被告签发的提单属何种提单？其后果如何？

[参考结论] 被告签发的提单属于预借提单，其后果是被告应当承担因签发预借提单而造成迟延交货而给原告造成的损失。

[法理、法律精解] 《海商法》第 74 条规定：“货物装船前，承运人已经应托运人的要求签发收货待运提单或者其他单证的，货物装船完毕，托运人可以将收货待运提单或者其他单证退还承运人，以换取已装船提单；承运人也可以在收货待运提单上加注承运船舶的船名和装船日期，加注后的收货待运提单视为已装船提单。”预借提单，是指承运人在接收货物后，货物尚未装船或尚未装船完毕，应托运人的请求即时签发的提单。在国际贸易中，买卖合同和信用证一般要求卖方提供已装船提单。国际商会《跟单信用证统一惯例》规定，除非信用证另有规定，银行仅接受注明货物已装船或已装指明船舶的提单，上面引用的《海商法》也有类似规定。而承运人在货物未装船时签发的预借提单，应视为与托运人合谋的欺诈行为，扰乱了国际贸易和海上运输的秩序，侵害了收货人的利益。由于托运人和承运人预借提单，使收货人遭受经济损失的、应由承运人和托运人负责赔偿。

3. 无正本提单交付货物问题

在目的港，承运人应当依正本提单向收货人交货，而在近港运输的情况下，往往货物比提单先到目的港，结果出现了副本提单加保函提货的情况，此外，还有其他导致无正本提单提货的情况，从承运人一方来说就是无正本提单交付货物。关于无正本提单交付货物的责任，实践中一直争论不休，2009 年最高人民法院《关于审理无正本提单交付货物案件适用法律若干问题的规定》（以下简称《规定》）对相关问题进行了明确规定，依规定第 2 条，承运人违反法律规定无正本提单交付货物，损害正本提单持有人提单权利的，正本提单持有人可以要求承运人承担由此造成损失的民事责任。关于以往争论的责任属性问题，《规定》采纳了竞合的观点，依第 3 条的规定，承运人因无正本提单交付货物造成正本提单持有人损失的，正本提单持有人可以要求承运人承担违约责任，或者承担侵权责任。又依第 4 条的规定，承运人因无正本提单交付货物承担民事责任的，将丧失限制赔偿责任的权利。第 11 条规定了承运人与无正本提单提取货物的人的连带赔偿责任。此外，还有关于赔偿额的计算、时效等方面的规定。

（七）海运单

海运单（Sea Waybill，简称 SWB）是证明海上运输货物由承运人接管或装船，且承运人保证将货物交给指定的收货人的一种不可流通的书面运输单证。1990 年国际海事委员会第 34 届大会通过的《海运单统一规则》及《电子提单规则》试图确立一种不可转让的非物权凭证的海运单，这种海运单与空运单的作用相仿，主要起提货凭证的作用。海运单是 20 世纪 70 年代以来，随着集装箱运输的发展，特别是在航程较短的运输中产生出来的一种运

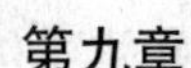

输单证。海运单具有提单所具有的货物的收据和海上货物运输合同的书面证明的作用。但海运单不是货物的物权凭证，收货人提货时无须凭海运单，而只需证明其身份。因而，海运单具有实现快速提货的优点。海运单不具有流通性，不能转让，因此非法取得海运单的运单持有人是无法凭以提货的。海运单的不可转让性使得此种单证具有较之提单更安全的特点，从而可以减少欺诈，使第三者在非法得到海运单时不能提取货物。为了适应近年来对海运单越来越多的运用，国际商会《1990 年国际贸易术语解释通则》已赋予了海运单与提单相同的法律地位，《INCOTERMS 2000》保留了有关海运单地位的内容，使其同样可以作为卖方向买方履行交单义务的一种方式。

[例 13] 海运单是 20 世纪 70 年代以来，随着集装箱运输的发展，特别是航程较短的运输中产生出来的一种运输单证。关于海运单，下列哪一选项是正确的？ （ ）

A. 海运单是一种可流通的书面运输单证

B. 海运单不具有证明海上运输合同存在的作用

C. 第三方以非法的方式取得海运单时无权提取货物

D. 海运单具有物权凭证的特征，收货人凭海运单提取货物

[解析] 海运单是证明海上运输货物由承运人接管或装船，且承运人保证将货物交给指定的收货人的一种不可流通的书面运输单证。海运单不能流通转让，因此不具有物权凭证的性质。承运人在目的港只能向海运单上记名的收货人交货，收货人只要能证明身份，即使不持有海运单也可将货物提走。而第三人即使持有海运单也无法提走货物。海运单只具有提单的两个重要性质：一是货物收据，二是运输合同的证明，故本题 C 项正确。

[答案] C。

二、租船运输

租船运输包括航次租船运输、定期租船运输和光船租船运输。租船合同都必须以书面形式订立。租船合同的订立在实践中需要经过询租、报价、还价、接受等几个步骤。合同的签订通常是通过电报、电传和传真来进行。

（一）航次租船合同

航次租船合同，又称为航程租船合同，是指航次出租人向承租人提供船舶或者船舶的部分舱位，装运约定的货物，从一港运至另一港，由承租人支付约定的运费的合同。在航次租船合同下，出租人保留船舶的所有权和占有权，并由其雇用船长和船员，船舶由出租人负责经营管理，由出租人承担船员工资、港口使用费、船用燃料、港口代理费等费用。承租人除依合同规定负担装卸费等费用外，不直接参与船舶的经营。

为了简化租船合同的谈判过程，国际上的航运民间组织制定了一系列的租船合同标准格式。目前，国际上最常用的航次租船合同格式是《统一杂货租船合同》，租约代号 GENCON，简称“金康合同”，该格式由波罗的海国际航运公会制定。航次租船合同的主要内容有船舶规范、预备航次条款、货物条款、装卸期间条款、运费条款、出租人责任条款、责任终止和留置权条款、装卸港口、装卸费用、绕航条款、罢工条款、战争条款和冰冻条款等内容。

（二）定期租船合同

定期租船合同是指船舶出租人向承租人提供约定的由出租人配备船员的船舶，由承租人在约定的期限内按约定用途使用，并支付租金的合同。定期租船合同与航次租船合同在许多方面有不同之处，首先，在营运成本上，在航次租船中由船方负担的航次成本在定期租船下转由租船人承担，因而在定期租船合同中有关于燃油消耗量、航速的规定。其次，在时间损失上，航次租船的时间损失由船方承担，因此，在航次租船合同中有关于装卸时间的规定；而在定期租船中，时间损失由租船人承担，因此，定期租船合同中有关于停租的规定。再次，在经营权上，航次租船由船东负责经营，而在定期租船中，船舶的经营权转归租船人，船东为了保证其船舶的安全，就会在合同中加入有关航区、可装运货物范围等航次租船合同中没有的规定。

目前，国际上最常用的定期租船合同格式主要是《定期租船合同》，租约代号“Produce Form”（土产格式），又被称为“NYPE”（纽约格式）。定期租船合同的条款主要有船舶规范、租期条款、租金支付条款、停租条款、运送合法货物条款、航区条款、交船与还船条款、租船人指示条款、留置权条款、转租条款、法律适用条款、仲裁条款、共同海损条款、新杰森条款、留置权条款、双方互碰责任条款、佣金条款、战争条款等。

（三）光船租赁合同

光船租赁合同指由船舶所有人提供不配备船员的光船，由租船人雇用船员，在约定期限内占有、使用船舶，并支付约定租金的租船合同。光船租赁合同具有财产租赁合同的性质，从上述定义可以看出，在光船租赁合同下，出租人只提供船舶，并不配备船员。船舶出租人只保留船舶的所有权，船舶的占有权、使用权和营运权均转移给了承租人。由承租人雇用船员，并在合同规定的范围内进行船舶的经营，经营中发生的风险和责任也由承租人承担。承租人从出租人那里获得的是对船舶的“占有”和“使用”权，而不是出租人提供的劳务服务。因此，光船租赁合同具有财产租赁合同的性质。光船租赁合同的主要内容应包括：出租人和承租人的名称、船名、船籍、船级、吨位、容积、航区、用途、租船期间、交船和还船的时间和地点以及条件、船舶检验、船舶的保养维修、租金及其支付、船舶保险、合同解除的时间和条件，以及其他有关事项。

[例 14] 1970 年，“马雷萨特使”号船东与租船人订立了航次租船合同，拟将一批谷物从芝加哥运往欧洲。航次租船合同中对装卸期间的起算作了如下规定：卸载期间自卸货准备就绪通知书在正常办公时间内的下午 5 时前递交后，从次日（工作日）开始起算，而“不论靠泊与否”。船舶抵达欧洲后，租船人指示船舶开往德国威悉河，随后，又进一步指示船长开往不来梅港卸货。由于该河吃水的限制，该轮在 12 月 7 日到达后只能泊于河口等待涨潮时开赴上游。12 月 8 日，该轮借涨潮试图驶进不来梅市旁的不拉克港，但因无泊位又驶返河口等候，在此期间船方递交卸货准备就绪通知书，租船人拒绝接受。12 月 12 日，租船人又指示以不拉克为卸货港，该轮再度驶入威悉河，但仍因无泊位而驶返河口。驶入河道中时，船长曾向租船人递交了卸货准备就绪通知书，但租船人再度拒绝。直到 12 月 31 日，该轮才终于开进了不拉克港，并于 10 天之后卸货完毕。船方主张，该轮于 12 月 8 日即为“抵达船”，应从该日起算装卸期间，依合同约定的装卸率，该批货物应于 8 天内卸

货完毕，除去一天星期天，因此，租船人应给付从12月17日到12月30日的滞期费。租船人则认为该轮是在12月30日才抵达的，应从12月30日起算装卸期间，除去一天星期天，一天非晴天，以10天完成卸货没有滞期，因此也没有滞期费的问题。

[问题]（1）什么叫“不论靠泊与否”？

（2）本案应从何时起算装卸时间？

[参考结论]（1）“不论靠泊与否”是指出租人有权在船一抵港但尚未在泊之前即可递交卸货准备就绪通知书，及时起算装卸期间。

（2）应从12月9日起算装卸期间。

[法理、法律精解] 装卸期间起算应具备三个条件：（1）船舶到达装卸地点；（2）船舶在各方面做好装卸货的准备；（3）准备就绪通知书已经递交。1994年金康格式第6条（c）款规定：“如果船舶到达指定装卸港口无泊位可用时，船长有权在正常办公时间递交NOR而不论船舶是否已通过检疫与报关，只要船舶在泊并在各方面已做好装卸准备，即可开始计算装卸期间。”

该航次租船合同中对装卸期间的起算作了如下规定：“卸载期间自卸货准备就绪通知书在正常办公时间内的下午5时前递交后，从次日（工作日）开始起算，而‘不论靠泊与否’。”本案中，12月8日，该轮即按租船人指示驶进不来梅市旁的不拉克港，只是因无泊位而又驶返河口等候，即符合1994年金康格式第6条（c）款规定，也符合装卸期间起算应具备的条件。该船在12月8日即为到达船舶，不能因租船人拒绝接受船方递交的卸货准备就绪通知书而否认12月8日即为到达船舶，并已做好卸货准备的事实。尽管该轮在12月7日就已到达，但未做好卸货准备。本案合同中有“不论靠泊与否”条款的限定，该船入港无泊位而耽搁的卸货时间损失应由租船人承担责任。根据本案租船合同的规定：“卸载期间自卸货准备就绪通知书在正常办公时间内的下午5时前递交后，从次日（工作日）开始起算。”该船卸货准备就绪通知书是在12月8日递交，装卸时间应从12月9日开始起算。

[例15] 中国粮油进出口公司租用希腊某航运公司X轮，从美国新奥尔良载运小麦2万吨到天津新港。双方签订了航次租船合同。合同规定，不论靠泊与否，船方都可立即提交卸货准备就绪通知书。等泊时间计为装卸时间。合同还规定，装卸时间可调剂使用，装卸率为每工作日1000吨，节假日除外；一旦滞期，永远滞期，滞期费为每天4000美元，速遣费每天2000美元。X轮于1995年4月15日（星期六）抵达新港。船长当即递交了卸货准备就绪通知书。但是由于港口拥挤，船不得不在港外锚地等泊。直至4月25日下午联检后靠泊，26日上午8时（上班时间）开始卸载。5月11日和12日全天下雨，13日上午继续作业，直至5月26日17时30分（下午下班时间）卸货完毕。卸货实际使用时间为20天。

[问题]（1）什么叫装卸时间？

（2）租方卸货是否超过了合同约定的装卸时间？

[参考结论]（1）装卸时间是指合同当事人约定的，出租人应使船舶并保证船舶适于装卸货物，而不收取额外运费的期限。

（2）租船人卸货已超过了合同约定的装卸期间。

[法理、法律精解] 我国《海商法》第98条规定：“航次租船合同的装货、卸货期限及

其计算办法，超过装货、卸货期限后的滞期费和提前完成装货、卸货的速遣费，由双方约定。”1994 年金康格式第 2 条（c）款规定：“如果船舶抵达指定装卸港口无泊位可用时，船长有权在正常办公时间递交 NOR，而不论船舶是否已通过检疫与报关，只要船舶在泊并在各方面已做装卸准备，即可开始计算装卸时间”。本案合同还规定：“装卸时间可调剂使用，装卸率为每工作日为 1000 吨，节假日除外；……”

装卸时间的起算必须同时满足三个条件：（1）船舶到达指定港口或泊位；（2）船舶在各方面已做好装卸准备；（3）递交装卸准备就绪通知书。由于该合同中订有“不论靠泊与否”条款，保证了船舶一旦抵达港口即可递交卸货准备就绪通知书，至于泊位是否可以自由利用或被他船占用，船舶是否因泊位拥挤或其他原因而不能进入某泊位，则是无关紧要的。本案中船舶不能靠泊的原因是由于港口拥挤。“不论靠泊与否”条款应该产生效力，船方业已满足了装卸时间起算的三个条件，并符合 1994 年金康合同格式第 6 条（c）款规定，从 4 月 17 日起，可以计算装卸时间，由于租船人方面的原因，直至 4 月 25 日下午联检后靠泊，26 日上午 8 时开始卸载，5 月 26 日 17 时 30 分卸货完毕。按照装卸率每工作日 1000 吨起，2 万吨货用的卸货时间为 20 天。但如果装卸时间起算日为 4 月 15 日，截止日为 5 月 26 日，即使去掉节假日和天气原因的停工，也肯定超过了合同所允许的 20 天卸货期限，因此产生了滞期费，应由租船人支付给船方。

需要说明一点，本案租船合同中未明确允许卸货的固定时间，只简单地规定装卸率每工作日 1000 吨。这样的条款会给船方索赔滞期费时带来风险。因为租船人只要在合理时间内完成装卸作业即不算违约，普通法中的默示责任也是这样解释的。根据金康合同格式第 6 条（a）款规定：“货物应在约定的连续工作日内被装上船，……货物应在约定的连续工作日内被卸下船。”因而，如果租约中具体订明了装卸时间，那么，时间损失风险就在租船人方面了。

第二节　调整班轮运输的国际公约（一）：《海牙规则》

《海牙规则》（*Hague Rules*）是《统一提单的若干法律规则的国际公约》的简称。它是 1924 年 8 月 25 日在布鲁塞尔由 26 个国家签署的，于 1931 年 6 月 2 日起生效，至今已有八十多个国家和地区予以承认和采用。七十多年来世界上许多航运公司都在其所制定的提单中规定适用《海牙规则》，据以确定承运人在运输货物中所承担的责任与义务，以及应享受的权利与豁免。

一、《海牙规则》产生的历史背景及其制定过程

19 世纪后期，英国拥有强大的海上商船队，航运资本家拥有雄厚的实力。以英国航运资本家为代表的船舶所有人，利用当时英国立法上的“契约自由”原则，各自制定海运提单条款，并在提单中任意规定免责条款，其结果几乎使货主承担了货物在海上运输过程中的一切风险。这引起了当时贸易界的强烈不满；同时，由于提单是一种可转让的物权凭证，而收货人、银行和提单受让人并无审查提单条款的实际机会，而且提单中的许多免责条款也往往影响提单的自由转让。这些情况的存在，不仅妨碍了贸易的进一步发展，反过来也

影响世界航运业的发展。当时美国贸易商的势力较大，而美国的出口货物运输几乎为英国轮船公司控制。英国轮船公司所使用的提单中载有许多免责条款，这些条款极大地违背了美国贸易的利益。美国联邦法院和一些州法院便以“违反公众行为准则”为理由，否认英国提单中免除承运人或其雇员过失责任条款的有效性，而承认“合理的”免责条款。但提单中的免责条款是否“合理”，取决于法院的判决，一般贸易商很难根据提单条款确定持有人的实际权利。

上述情况的存在，不利于贸易的发展，“国际法改革和编纂协会”（后改为“国际法协会”）有鉴于此，曾草拟过一些标准提单，但未得到广泛的应用。

为了维护美国贸易商的利益，限制英国船舶所有人在提单中任意规定免责条款的做法，美国于 1893 年通过了“哈特法”（Harter Act）。其主要内容是划清应负过失责任的范畴，它规定，如果船舶所有人已经恪尽职责，使船舶适航，则船舶所有人对其在船舶航行或管理方面的过失所造成的货物损害或灭失，可以免责。但对货物的装载、照料和交付等方面的过失，不能免除责任。哈特法以上的原则基本上为后来的《海牙规则》所接受，为《海牙规则》的制定奠定了基础。

为了缓和船舶所有人与提单关系人间日益尖锐的矛盾并有利于航运业的发展，国际法协会所属的“海事法律委员会”（Maritime Law Committee）于 1921 年 5 月 17 日至 20 日在海牙召开了由各国航运资本家参加的会议，拟定了《海牙规则草案》。国际法协会建议普遍采用这个规则，并希望在这方面已通过特别法规的国家使其规则符合海牙规则的规定。

1921 年 11 月，船东国际会议建议各国船东自动采用《海牙规则》，并在必要时由海运国家的国际会议加以采用。为了保持提单的声望，以利于开展贸易，有必要以国际公约的形式使其适用范围更为广泛，于是海事法律委员会于 1922 年 10 月 9 日至 11 日在伦敦举行会议，对《海牙规则》作了若干修改，以备将来在正式的外交会议上讨论。此后，海事法律委员会于 1922 年 10 月 17 日至 26 日在布鲁塞尔举行会议，与会代表一致同意建议其本国政府将《统一提单的若干规则的公约草案》作为拟议中的公约基础。1924 年 8 月 25 日欧美主要航运国家在布鲁塞尔召开会议，通过了《海牙规则草案》，签订了《统一提单的若干法律规则的国际公约》，对承运人的责任、义务和权利与豁免作了规定，从而使提单下的货方利益在一定范围内获得了一定的安全保障。

《海牙规则》规定了承运人最低限度的责任，制止了承运人在提单中滥加免责条款的做法，这在一定程度上调整了船货双方的风险责任关系。

二、《海牙规则》的主要内容

1924 年制定的《海牙规则》，共 16 条，其中第 1 条至第 10 条为实质性条款，主要包括以下几方面的内容：（1）承运人最低限度责任与义务（第 3 条第 1、2、3 款）；（2）托运人的责任与义务（第 3 条第 5、6 款）；（3）索赔通知与诉讼时效（第 3 条第 6 款）；（4）承运人的免责条款（第 4 条第 2 款）；（5）承运人对货物灭失或损害的赔偿限额（第 4 条第 5 款）。该规则的第 11 条至第 16 条为有关公约的批准、加入、退出和修改等程序条款。各国政府在适用《海牙规则》并据以制定国内法时，一般都是采用前 10 条实质性条款的规定。本节主要介绍上述实质性条款内容。

（一）关于名词定义的规定

在现行的海运提单中，一般都在提单条款中规定“定义”条款，对提单中出现的主要名词的含义加以限定，从而明确合同的关系人、承运范围、合同适用范围等。《海牙规则》在第1条中对几个主要名词作了明确、具体的含义。

1. 承运人

该规则规定：“承运人包括与托运人订有运输合同的船舶所有人或租船人。”根据这条规定所定义的承运人指以下两种情况：

一是船舶所有人以其自有的船舶承运货物，这类人是指船主或船东，他们属承运人的范畴。另一种是指租船人以不同方式租进船舶后，再与托运人订运输合同并签发提单承运货物，这也属于承运人范畴。

无论租船人以何种方式租船从事货物运输，都属于《海牙规则》中有关承运人的规定。但租船方式不同，在承运的货物发生损失时，索赔的对象不同。在期租船或程租船的情况下，提单是由船长签发的，而船长是船东的雇员，因此，船东对损失应负责。另外，租船人又以自己的名义与托运人签订了运输合同，他相应地以公共承运人的身份承担了装载、积载、运送和卸货等方面的义务，因而也应接受索赔。因此，当期租船或程租船所载货物发生货损、货差时，货主既可以向船东，也可以向租船人索赔；在光船租船情况下，船长为租船人所雇用，船长所签发的提单应由租船人负责，与船东无关。因此，在光船租船所载货物发生损失时，货主只能向租船人索赔。

2. 货物

关于货物，《海牙规则》明确规定“包括货物、制成品、商品和任何类似的物品，但活动物和运输合同上载明装于甲板上且已照装的货物除外”。

根据上述条款的规定，凡活动物和甲板货不包括在货物的范畴内，即这两类货物若发生损失，承运人均不负责赔偿。“甲板货”有两条限制，一是货物实际装于甲板运输，二是必须在提单上加以说明，即在提单上加注“On Deck”字样。否则，承运人仍然要负责。

3. 运输合同

《海牙规则》规定：“仅适用于提单或与海上货运有关的任何类似的物权凭证中包含的运输合同，包括根据租船合同签发的如上所述的任何提单或类似的物权凭证。”

从上述规定可以看出，《海牙规则》并非对所有的运输合同都适用，而仅适用于提单等所包含的运输合同。这种规定，目的是为了扩大提单的使用范围，而提单上列有有利于承运人的免责条款；“与海上货运有关的”一词是指在海陆联运的情况下，运输合同限于海运一段；“类似提单的物权凭证”这一名词包括了“备运提单”。

4. 船舶

《海牙规则》规定船舶是指“用于海上货物运输的任何船舶”。即无论船舶的吨位大小、种类如何，只要是从事海上货物运输的，都属于《海牙规则》中所定义的船舶。

5. 货物运输

《海牙规则》规定货物运输是指“自货物装上船时起，至卸下船时止的一段时间”。对货物运输下定义，其目的主要是为了明确规定承运人对于其承运的货物应负责的责任期间。

（二）承运人责任的规定

承运人责任条款是提单中的主要条款，它规定了承运人的责任范围和承运人对货物灭失和损坏所应负的责任。《海牙规则》作为约束提单的国际公约，其关于承运人责任的规定是该规则的核心内容。

1. 承运人的责任基础

承运人的责任基础是指在什么条件下，承运人才对货物损失负责赔偿，即规定承运人赔偿责任的基本原则。

从航运历史来看，承运人责任制发生过几次重要变化。18 世纪以前，经营海上货物运输的公共承运人，按普通法规定，必须对所承运的货物负绝对责任，仅有有限的免责保障，即只有由于天灾、战争、货物固有的特性及托运人的疏忽等原因造成的货损才能免责。海上货运风险完全由船方承担，承运人对运输过程中货物发生的一切损害都须负责，这称为“严格责任制”。18 世纪 80 年代，在英国船东的强大压力下，英国承认提单中的承运人免责条款。到 19 世纪末 20 世纪初，这种免责条款多达六七十种。因此，有人说，当时的承运人“除收取运费之外，几乎无其他责任可言”，这称之为承运人“不负过失责任制”。这种状况妨碍了国际贸易的正常进行，进而也影响了船运业本身的发展。由于承运人的无限制免责使得货方的正当权益得不到起码的保障，随之出现了银行不肯汇兑，保险人不敢承保，提单无法转让流通的局面。这说明“不负过失责任制”不能再继续存在下去了，必须对其加以修改。《海牙规则》正是顺应这一潮流而产生的。它以公约的形式规定了承运人对承运的货物应负的最低限度责任，限制了承运人在提单中无限制地加列免责条款的做法，从而使货方的利益在一定范围内获得某些保障。这对缓和承运人与货主之间的矛盾，促进国际贸易和国际航运事业的发展都起到了一定的积极作用。

《海牙规则》采用的责任制，既不同于“严格责任制”，也不同于“不负过失责任制”，而是将这两种极端的责任制加以调和，过渡到所谓的“不完全过失责任制”。也就是《海牙规则》是以承运人是否有过失作为决定承运人是否对其所承运的货物的损失负赔偿责任的标准，即，有过失即负责，无过失即免责，这叫做“过失责任制”。《海牙规则》的过失责任制是“不完全”的。这是因为在《海牙规则》中列有 17 项承运人可以免责的规定，凡属免责范围内的原因造成货物损失，承运人即使有过失也可不负责任。因此《海牙规则》的责任基础是“不完全过失责任制”。这种责任制比“不负过失责任制”具有进步意义，为货主提供了最低限度的保护。但从总体来看，仍然是过分偏袒航运资本家的利益，不利于货主。

2. 承运人的责任

《海牙规则》的第 3 条规定了承运人的责任与义务，其中最为重要的是第 1 款和第 2 款。其具体规定如下。第 1 款：承运人必须在开航前与开航时恪尽职责，使船舶具有适航性；适当配备船员、设备和船舶供应品；使货船、冷藏舱和该船其他载货的部位适宜和安全地收受、运送和保存货物。第 2 款：除依照第 4 条的规定外，承运人对所承运的货物应适当和谨慎地装载、搬运、积载、运送、保管、照料和卸载。从上述规定可以看出，《海牙规则》所规定的承运人的责任主要是两方面的责任：保证船舶适航的责任和管理货物的责任。

（1）保证船舶适航的责任。

承运人保证船舶适航的责任，主要是指承运人应负责使船舶具备狭义的适航能力、航海能力和适货能力。这三方面的具体内容如下。

① 适航能力：承运人应使船舶本身处于安全航海状态，即船体必须坚固、水密；在一定航次中，船舶本身的设计、构造和性能，能满足克服一般危险的要求；货物积载适应船舶安全航行的要求。因积载不当而使船舶安全受到威胁时，也视为违反船舶适航的义务。

② 航海能力：承运人必须适当地配备船员、装备船舶和配备供应品。配备船员时，不只是配备一定的人数，而且必须是配备适于完成该项航海、使用船舶、运输货物的合格船长，以及有一定技术能力的可靠船员。否则，因配备不合格的船长而产生的航海过失，应以违反适航义务而负责。船舶装备是指航海所需的各种设备以及必要的文件，包括航海图等。配备供应品是指航海所需的物品，包括燃料、淡水、食品、药品及其他给养。否则，如果船舶在开航前没有备妥供应品，则视为不适航。这类供应品可根据航次情况和习惯决定，如在长途航行时，不可能储备全航程所需要的供应品，可在中途港补给，在这种情况下承运人必须在航海前做好安排，否则视为不适航。

③ 适货能力：承运人应使船舶用以装载货物的场所，如货舱、冷藏舱、冷气舱及其他载货场所，适宜和安全地收受、运送和保管货物，使船舶和设备在接受货物时就能满足货物安全地运送到目的地的要求。总之所谓保证适航，不仅应包括使船舶具有适应航海中所遇到的一般海上危险的能力，而且包括使船舶具有适应所运货物的能力。

关于承运人保证船舶适航的责任有两点需要说明：

一是保证适航的时间。《海牙规则》在规定承运人保证船舶适航责任时，只规定要在“开航前和开航时”使船舶适航，而并没有要求承运人保证船舶从起运港到目的港的整个航程中都要适航。所谓开航前的适航，是指使船舶具有能克服停泊中通常发生的海上危险的能力；而所谓开航时的适航，是指船舶在装货港开航的当时，具有能克服航海中通常所能预见的海上危险的条件。因为货物开始装船，就有可能遭遇海上危险，所以从开始载货，就要求应使船舶适航，即保证船舶具备装载货物所必需的各种设备和人员，使船舶适于安全收受、运送和保管货物是很必要的。又因海上危险多种多样、瞬息万变，航海中许多危险难以预料，因此只要求在开航当时使船舶适航，具有能克服航海中通常所能预见的海上危险的条件是合理的。不仅如此，虽然规则要求承运人应该在开航当时使船舶适航，但对于开航当时的船舶状态也不能要求太高。只要在发生危险时，具有马上采取通常的措施，即可克服危险的能力，则可认为船舶已具有适航能力。此外，在开航前与开航时使船舶适航还意味着不能把开航后因海上危险而造成的不适航包括在适航责任中。不过，这绝不意味着承运人有在不适航状态下继续航行的权利。如果有恢复适航能力的机会，因承运人不能免责的过失而未予恢复，并继续航行，从承运人违反管货责任中应担负的安全运输的义务上看，对因此而造成的货物损失，还是要负责赔偿的。

二是恪尽职责的含义。按《海牙规则》的规定，承运人保证船舶适航的责任不是绝对的，而是有条件的，即仅须做到“恪尽职责”。如果承运人做到这一点，即使承运的货物受损，也没有责任；反之，承运人应对其疏忽行为负责。所谓“恪尽职责”，《海牙规则》的英文为“to exercise due dilligence”，也可译为“谨慎处理”。它包括两层含义，其一是：

只要承运人在船舶开航前，以谨慎的态度考虑了可以预想的一切因素和条件，并对船舶采取了相应的措施，即可认为已尽到谨慎处理的责任或者已经“恪尽职责”。其二是：只要承运人在特定航次中，对通常发生的海上危险已做到谨慎处理，即可认为已恪尽职责，也就是说对于异常的危险，承运人可以免责。此外，不仅要求承运人，而且雇员或代理人都要做到“恪尽职责”。

（2）管理货物的责任。

《海牙规则》第 3 条第 2 款对承运人管理货物的责任做出了具体规定，要求承运人“应适当而谨慎地装载、搬运、配载、运送、保管照料和卸载所运货物”。这就是说，从货物装船开始，至将货物卸离船舶为止的整个承运人责任期间，承运人都必须对上述 6 个环节中的每一个环节所发生的损害负责，而且在这种管理货物责任中，不承认船长、船员等可以免责。

从承运人的保证适航责任中可以看出，《海牙规则》规定，承运人对航行过失，即管理船舶的过失造成的货物损失可以免责，而第 3 条第 2 款规定，承运人对因管理货物的过失造成的货物损失必须负责，但是，在实践中很难准确区分这两种过失，一般认为，如果货损是由于船员在照料船舶中的过失或错误间接引起的，应视为管船损失；如果是因船员缺乏对货物的照料直接造成的货损，则为管货过失。区别管船过失或管货过失造成的货损，要视某项操作的直接目的是针对船舶，还是针对货物而定。

上述承运人保证船舶适航和管理货物两方面的责任，是《海牙规则》规定承运人的最低限度的义务，是强制性规定。提单中的任何条款或约定，不得解除或降低承运人的这两项责任。凡有利于承运人的保险利益条款或类似的条款，均应视为免除承运人责任的条款，也不予承认。但若承运人愿意扩大自己的责任，只要载入提单，均属有效。

[例 16] 上诉人 Maxine Footweer 有限公司所属的一批鞋皮于 1942 年 2 月 3 日在哈利法克斯被装运于被上诉人 Canadian Government Merchant Marine 有限公司所属的货轮上，直达提单含有首要条款载明，该提单适用加拿大《1936 年水上货物运输法》，该法已并入《海牙规则》的有关规定。上诉人的货物被装上该轮的第三货舱，装货时间从 2 月 3 日至 6 日晚上，该轮预计 7 日起航。就在 6 日早上，船员发现绕过第三货舱的污水管因冻结而堵塞，船长即命令船员用吹管烘烤以使冰融化，结果引起火灾，到 7 日清晨，船长不得不命令将该轮凿沉，导致上诉人货物全损。

[问题] 承运人（被上诉人）是否做到《海牙规则》要求承运人必须在开航前和开航时恪尽职责使船舶适航的义务，并引用免责条款？

[参考结论] 被上诉人（承运人）没有做到恪尽职责，使船舶适航，不能引用免责条款解除其应负责任。

[法理、法律精解] 《海牙规则》第 3 条第 1 款规定：“承运人有义务在开航前和开航时恪尽职责，以使船舶适航。”第 4 条第 2 款（1）和（2）规定：“不论是承运人或是船舶，对由于下列原因所引起或造成的灭失或损害，都不负责：（1）船长、船员、引航员或承运人的雇用人员在驾驶或管理船舶上的行为、疏忽或不履行契约；（2）火灾，但由于承运人的实际过失或私谋所造成者除外。”根据《海牙规则》第 3 条第 1 款的规定，“开航前和开航时”是指至少从船舶开始装货至船舶起航时为止的一段时间；而船上发生火灾时

正在装货，该轮污水管堵塞应被视为不适航，因不适航导致的货损以及由于被上诉人的雇用人员的疏忽导致的火灾都属于承运人没有恪尽职责。无权援引《海牙规则》第 4 条第 2 款规定的免责条款以解除其应负的责任。

[例 17] 为了使船舶适航，某船舶在定期检查时曾抽样钻探船身铁板厚度，由于检验的习惯做法是抽样钻探，使一处已被腐蚀 76%的地方未被发觉。检船人员认为船身厚度合格。船舶开航后，在途中该处（被腐蚀 76%的地方）裂开，海水涌入，造成船舶所载货物湿损，货主要求承运人赔偿损失。承运人则认为：承运人在开航时已经做到恪尽职责，船舶检查人员也已恪尽职责，因为他们不可能每处都钻探。在恪尽职责后仍未发现的缺陷属于潜在缺陷，承运人对此无须负责。

[问题] 在本案中承运人是否已经做到恪尽职责并是否要承担不适航的责任？

[参考结论] 承运人已做到恪尽职责，不应承担不适航的责任。

[法理、法律精解] 《海牙规则》第 3 条第 1 款规定："承运人有义务在开航前和开航时谨慎处理，以使船舶适航。"该条的含义是指承运人应履行《海牙规则》规定的各项义务，做到适当及合理的努力；即做每件合理的事，而不是做每件可能的事；承运人作为一名具有通常要求的技能并谨慎行事的船舶所有人，其适航义务是采取各种为航次特定情况所合理要求的措施。谨慎处理则表现为船舶的定期检查和保养。另外，承运人的适航义务是单方面，承运人不得为了开脱责任而要求货方检查确认船舶是否适航，从而试图以货方知道船舶不适航而逃避责任。该案的承运人为了使船舶适航，在定期检查时，已按照检验的习惯做法进行了抽样钻探并证明船身的厚度合格，即已经做到了恪尽职责。使船舶适航恪尽职责后仍未发现的潜在缺陷造成货物的湿损，承运人不应承担责任。

恪尽职责（即谨慎处理）与潜在缺陷密切相关。如果承运人采取一切合理措施后，船舶仍存在不能发现的潜在缺陷，则不能认为承运人未履行恪尽职责使船舶适航的义务。根据《海牙规则》，承运人对船舶潜在缺陷引起的船舶不适航所造成的货物损害不承担责任。所谓潜在缺陷是指一个合格谨慎的专业人员，以通常的办法和合理的注意而未能发现的船舶缺陷，通常是指船舶结构（如船壳、机器及船舶附属设备）中的基本缺点。判断船舶的缺陷是否属于潜在缺陷的标准就是承运人是否做到谨慎处理，而谨慎处理又具体表现为做到合理的注意和运用通常的方法。由此可见，恪尽职责并不强求承运人运用所有可能的手段，尽到特别的注意来检查船舶，只要承运人做到适当合理的程度即已满足该要求。本案中的船舶虽然客观上不适航，但船舶所有人及检查人员都已恪尽职责，因为他们不可能各处都钻探去发现被腐蚀的铁板。因此本案中的承运人不需要承担船舶不适航的责任，也无须赔偿货主的损失。

[例 18] 某国轮船公司所属的"华盛顿"号轮将兴明公司的 390 箱玻璃从我国台湾基隆运往加拿大温哥华，抵达目的港卸货后，发现第五舱玻璃损坏，货主要求承运人赔偿 65 140.77 美元。承运人以途中发生海难为由主张免责。经加拿大联邦法院审理发现，在玻璃受损的那段期间，海上天气情况并不十分恶劣，船舶本身及船上其他货物基本未受损坏，且另一批堆于第五舱底部的玻璃完好，而本来放置受损玻璃的货舱中尚有不少舱位未加利用。如该舱位装满本可以减少本案玻璃因移动而受到的损失。

[问题] 此批货物的损坏是否为承运人没有妥善和谨慎地管理货物造成？承运人可否免责？

[参考结论] 货物损坏是由于被告积载不当和过失所致，不能依据法律规定获得免责。

[法理、法律精解] 《海牙规则》第 4 条第 1 款规定："不论是承运人或船舶，对因船舶不适航所引起或造成的灭失或损害，都不负责。但承运人未按第 3 条第 1 款的规定，恪尽职责，使船舶适航，保证妥善地配备船员、装备船舶和配备供应品，以及使货舱、冷藏舱和该船其他载货处适于并能安全收受、载运、保管货物等所引起或造成的灭失或损害，不在此限。"第 4 条第 2 款第（1）项、第（3）项规定："不论是承运人或是船舶，对由于下列原因所引起或造成的灭失或损害，都不负责：（1）船长、船员、引航员或承运人的雇用人员在驾驶或管理船舶上的行为、疏忽或不履行契约；（3）海上或其他通航水域的灾难、危险或意外事故。"货物全损是由于被告积载不当，承运人没有将货物按其特性和状态合理积载，未尽到妥善和谨慎管理货物的义务。航行中，在遇到可预知及可抵御的风险时，没有采取有效措施保护货物致使货物全损。被告承运人应承担赔偿责任，不能获得《海牙规则》中规定的免责。

3. 承运人的责任期间

责任期间是指承运人应从何时开始到何时为止对货物的损失负责，即是承运人对货物运送负责的期限。《海牙规则》第 1 条第 5 款对承运人的责任期间的规定是从货物装船开始到将货物卸离船舶为止的所谓"钩至钩"期间。即货物开始装船以前和货物卸离船舶以后若出现货损、货差，承运人都不予负责。钩至钩条款在具体适用过程中，一般有下列几种情况：

（1）如果使用船上吊杆，是指货物在码头上挂在船舶的吊钩时起，至货物在卸货港码头上离开船舶的吊钩时止这段期间。

（2）如果使用岸上起重吊，则装货时自货物越过船舷时起，卸货时也是自货物越过船舷时止。即两边船舷之间这段期间。

（3）如果使用驳船装卸货，则指自货物挂上船舶的吊钩时起，至货物卸至驳船为止这段期间。

[例 19] 德国某公司租用中国天津远洋运输公司货轮装载袋装化肥从汉堡运至上海，货物于签订航次租船合同的当天运抵汉堡港码头仓库，准备第二天装船。但是船未如期到港。当天夜里码头仓库失火，全部货物烧毁。该德国公司向承运人天津远洋运输公司索赔，承运人认为其承担的是钩至钩责任，本案货物尚未装船，承运人的责任还未开始，因此，承运人对在码头上的货物损失不能承担赔偿责任。

[问题] 什么叫"钩至钩"责任？

[参考结论] "钩至钩"是《海牙规则》规定承运人应履行其管货义务的责任期限：从货物装上船起至货物卸离船时止的整个期间。

[法理、法律精解] 《海牙规则》第 1 条第 5 款规定："货物运输，包括自货物装上船舶开始至卸离船舶为止的一段时间。"承运人管理货物的责任期限，自货物装上船时起至货物卸离船时止的一段时间，这就是"钩至钩"原则。对"钩至钩"原则的理解：承运人的责任期限应是从货物开始装船、吊钩一受力的时间开始，直至货物卸下船脱离吊钩时止。本案中如果适用的法律是《海牙规则》，则承运人承担的是《海牙规则》规定承运人应履行其管货义务的责任期限，即自货物装上船时起至货物卸离船时止的一段时间。而货物尚

未装船，承运人的责任还未开始，因此，承运人对在码头上的货物损失不能承担赔偿责任。本案中如果合同规定适用的法律是《汉堡规则》，则承运人应对在码头上的货物损失承担责任。

（三）承运人享受免责事项的规定

《海牙规则》以前的提单，承运人可以滥列免责事项。《海牙规则》的目的之一就是为承运人制定统一的责任范围。该规则第4条第2款以列举的方式，规定了承运人17项免责事项。如果承运人所承运的货物受到的损害是由这17项中的任何一项原因所造成的，承运人即可不负赔偿责任。这17项免责事项可归纳为以下7类。

1. 航行与管理船舶的过失

《海牙规则》第4条第2款第（1）项规定："船长、船员、引航员或承运人所雇用的其他人员在航行或管理船舶方面的行为、疏忽或过失"对货物造成损失可以免责。这是承运人引用最多的一条免责条款。

"航行过失"是指船舶开航以后，船长、船员在船舶驾驶或航行中的判断或操作失误，如船舶碰撞、触礁、搁浅等事故属于航行上的过失。"管理船舶过失"是指在航行中，船长、船员对船舶缺少应有的注意和适当的照料。以上两种过失造成的货物损害，承运人可不负赔偿责任。

承运人的船舶管理过失，经常会牵涉到对货物的管理。因此在出现货损、货差时，区分是由于船舶管理过失所致还是由于货物管理过失所致是关键。区分两者的一般原则是，视某项操作的直接目的是针对船舶，还是针对货物而定。在实际中还应结合具体情况具体分析。有时可能会出现同一个错误或过失，既是管理船舶的错误，也是管理货物的错误的情况，此时承运人一般不承担责任。如果货损是由于两个错误造成的，一个是管理船舶的过失，另一个是管理货物的过失，承运人应区别每一过失造成的损失，否则应对全部损失负责。

2. 火灾

《海牙规则》第4条第2款第（2）项规定，"火灾造成的货物损失承运人可以不负责任。但由于承运人的实际过失或者知情所引起的除外"。根据这一规定，只要火灾不是因为承运人的行为或过失造成的，承运人对因火灾导致的货损不负责任。

《海牙规则》规定火灾免责条款，主要基于两点考虑：一是火灾的原因很难查清。在很多情况下，火被扑灭后仍无法查清原因，若让承运人承担举证责任，证明其无过失，就等于几乎所有的情况下都要由承运人对火灾负责。这与《海牙规则》的"过失责任"原则不相符。二是引起火灾的原因是多方面的，有时货物本身的特性就可能引发火灾，如煤炭、棉花可以自燃起火，在这种情况下，承运人无责任。因此也没有理由要求承运人对火灾造成的货损负责任。

《海牙规则》同时规定了两种原因引起火灾，造成货损，承运人是不能免责的。一是承运人的"实际过失"（Actual Fault），即承运人本人的过失引起火灾；二是承运人"知情"（Privity）。所谓"知情"是指承运人明知故犯。如承运人明知船舶的某个部分需要修理，但未修理而进行航行，结果使船舶发生火灾。承运人对因其本人过失或明知故犯而引起火灾，造成货损，应当负责。

3. 不可抗拒的自然力量

《海牙规则》第 4 条第 2 款第（3）、（4）项规定天灾和海难所引起的损失，承运人可免责。

所谓“天灾”是指由于自然力量造成的事故，没有人力参与，且是人们无法预防的。“海难”是指船舶在航行中因自然力量而遭遇的事故，如海上风暴等。海难的概念比天灾的适用范围广，非由于自然力量造成的灾难也可包括在内，如两船相撞，本船无过失，也构成海难。对于承运人或受雇人通常无法预见或防止的天灾或海难，如风暴、流冰、雷电等造成货物损害，承运人对此无须做无过失的举证，即可免除责任。关于上述免责事项，需说明几点：船舶不适航，不构成海难；货物积载不当，不构成海难；两船碰撞造成货损，若是载货船舶的疏忽或过失所致，或两船均有过失，不构成海难；由于船舶驾驶人员的疏忽使船舶搁浅造成货损，不构成海难。

4. 不可抗拒的人为力量

这类免责事项一般是由第三者的强制力量所造成的，而且是承运人无法预防的。承运人对这类原因引起的货损不负责任。规则的第 4 条第 2 款第（5）、（6）、（7）、（8）、（10）、（11）项规定的免责事项主要包括战争、公敌、统治者的逮捕、政府机关的检疫限制、扣留、罢工、暴动等。

5. 托运人的过失

这类免责事项主要是指，托运人的疏忽行为、货物潜在的缺陷、包装不牢和标志不清等。凡由上述原因引起的损失，承运人均可免责。规则的第 4 条第 2 款第（9）、（13）、（14）、（15）项对此做出具体规定。

6. 非由于承运人或其代理人的过失引起的货物损失

《海牙规则》第 4 条第 2 款第（16）项规定对“恪尽职责仍不能发现的潜在缺陷（defects not Discoverable by Due dilligence）”所造成的损失，承运人可以免责。这种缺陷一般是指船舶结构上的缺陷，如船壳、机器及附属设备等方面的缺陷。所谓“潜在缺陷”是指一个有充分技能的人以通常的注意不能发现的缺陷。根据《海牙规则》的规定，承运人必须提供适航的船舶，这是承运人最低限度的责任。如果没有保证船舶的适航性而造成货损，承运人须负责赔偿。但若承运人已恪尽职责，船舶仍存在不能发现的缺陷，货物因此而受损，承运人可以免责。这主要是由于船体、机器及船舶属具十分复杂，无论承运人在开航前和开航时怎样谨慎处理，总会有不易被发现的缺陷。因此，由于潜在缺陷所造成的货损，承运人可以援引该条款予以免责。这一免责条款经常被承运人援引，有时承运人也会利用此项条款来掩盖其疏忽行为。因此，法院在进行判决时，一般对“潜在缺陷”做从严的解释。

7. 其他原因

《海牙规则》第 4 条第 2 款最后一项规定，如果货损不是由于承运人的行为或过失，也不是其代理人或雇员的行为或过失引起的，而是其他原因引起的，承运人对此不负责任。这项免责条款十分抽象，没有规定具体内容，它适用于前 16 项免责事项之外的其他原因造成的货损。承运人在援引这条免责条款时，必须负举证责任，即他必须证明有关货物的灭失或损坏既非承运人本人的过失或行为所致，又非其代理人或雇员的过失或行为所致。事实上承运人援引该条款的机会并不多。

以上是《海牙规则》所规定的承运人的免责事项。按该规则规定，承运人可以放弃上述各项免责权利，而加重自己的责任，但不能减轻或排除该规则规定的承运人的责任和义务。

（四）承运人责任限制的规定

承运人的责任限制是指货物发生灭失或残损时，把承运人的赔偿责任限制在一定限度之内的赔偿制度。责任限额是承运人对每一货物数量单位的最高赔偿限额。

根据《海牙规则》第 4 条第 5 款和第 9 条第 1、2 款的规定，承运人对每件货物或每一计费单位的货物的损害或灭失，其最高赔偿责任以 100 英镑为限，即，若灭失或损坏货物的价值高于 100 英镑，承运人的责任以 100 英镑为限，若灭失或损坏货物价值低于 100 英镑，则按实际损失的价值赔偿。但如果托运人在装船前已就该货物价值和性质提出声明并已载入提单的，则不受此限制，即，对已声明价值的货物发生灭失或损坏，应按声明的价值赔偿，不受 100 英镑的限制。此时，承运人一般按货物申报的价值，以从价计收运费。

《海牙规则》规定的 100 英镑是指 1924 年制定该规则时以金本位计算的英镑，不以英镑为货币单位的国家可将 100 英镑换算为本国货币。

根据《海牙规则》第 4 条第 5 款的规定，计算最高赔偿金额的数量单位有“件数”和“单位”两种。“件数”是以货物的习惯包装计算的，如一箱、一桶、一袋就是一件。“单位”是指不加包装的货物。单位在航运业务中有两种不同的解释，一是欧洲国家的解释，即运输单位（Shipping Unit）。有时一件货物就是一个运输单位，如一辆裸装汽车；有时一件货物（如大型机器）拆开运输，变为几个运输单位。二是美国的解释，即运费单位（Freight Unit），即是运价表中据以计算运费的单位。重货一般以每公吨、轻货以每立方米为一个运费单位。另外，关于责任限制适用的时间，它只在《海牙规则》生效期间适用，在该规则不适用的时间，货物发生灭失或损坏时，若承运人应予负责，则不受 100 英镑的限制。

《海牙规则》关于承运人赔偿限额的规定，有两个主要问题需要解决：

一是赔偿限额过低。按《海牙规则》的规定，100 英镑的赔偿金额应为金英镑。但后来由于实行金本位的国家先后放弃了金本位，适用该规则并采用英镑为赔偿货币的国家对英镑币值的掌握产生了差别。英国航运业的习惯是以 100 英镑纸币支付，这与《海牙规则》的规定有矛盾，按该则第 9 条应将 1924 年的 100 英镑折合成赔偿年度的英镑纸币来支付。但实际并非如此。特别是英镑纸币不断贬值，100 英镑纸币的限额，已远远不足以补偿货物的损失，货方强烈要求提高赔偿限额。英国货主、保险人和船主在英国海事法律协会的协助下，于 1950 年 8 月 1 日订立了一个“黄金条款协议”，将 100 英镑提高到 200 英镑，仍以纸币支付。这种规定只对协议的参与者有效，未参与协议的船主仍按 100 英镑支付。

二是各国对计算赔偿额的数量单位解释不统一。前面已谈及对赔偿数量单位的解释存在着不同的制度，这就给计算赔偿额带来了困难。由于托盘、集装箱运输的出现，更给赔偿额的计算带来新的问题。货物的件数，是以托盘、集装箱为一件，还是以其上或其内的小包、小件为一件，《海牙规则》对此没有规定。

[例 20] “不赖森”号货轮承运两部冷气压缩机，从美国费城运往德国不来梅，托运人在装船前声明了该货物的价值。该轮在卸货时发现其中一部压缩机已损坏，该部压缩机价值为 34 550 马克。承运人承认其对货损负有责任，但主张应依《海牙规则》将其责任限制

在每件 100 英镑之内。货主认为受损的压缩机并非一个“包件”，承运人应按损失负责全额赔偿。

[问题]（1）什么是承运人的责任限制？

（2）压缩机是否应为一个“包件”，承运人能否享有责任限制？

[参考结论]（1）赔偿责任限制是指以法律形式给予承运人对其承运货物的灭失或损坏按件或单位在一定数额内负赔偿责任的制度。

（2）承运人不能以一个“包件”限制其赔偿责任。

[法理、法律精解]《海牙规则》第 4 条第 5 款规定：不论是承运人还是船舶，在任何情况下，对货物或与货物有关的灭失和损害，每件或每单位超过 100 英镑或与其等值的其他货币的部分，都不负责；但托运人于装货前已就该项货物的性质和价值提出声明，并已在提单上注明的，不在此限。

承运人的赔偿责任限制，是海事赔偿责任限制制度之一，该项制度的实行，明确了承运人所承担的责任，实质上是承运人对货物灭失或损害的赔偿责任的部分免除。上述规定明确了承运人对货物灭失或损害以 100 英镑为最高赔偿限额，另外，《海牙规则》规定，赔偿责任限额的目的不仅仅是为了帮助船东减低责任，同样也是对自己所承担的责任心中有数，进行责任投保时也有依据；还有就是不鼓励托运人隐瞒货物价值使船东收一般的运费而负额外风险。本案中涉及的问题是托运人在装船前声明了该货物的价值，因此不应受每件或每单位 100 英镑的赔偿限制，而应按事先声明的货物价值进行赔偿。

（五）托运人责任的规定

《海牙规则》在第 3 条第 5、6 款中和第 4 条第 6 款中对托运人所应承担的责任做出了规定。其内容有以下几个方面。

1. 提供约定货物

托运人应及时地把运输合同中约定的货物运至船边，以便装船。一般托运人不得以其他货物更换原来约定的货物。因为货舱对于某种货物的装载，必须处于对该货物的适宜状态，否则被视为不适货，即构成不适航。在提供约定货物的同时，托运人还应在提单上把货物的品名、标志、号码、件数、重量、装货港与目的港的名称及收货人名称填写清楚，并保证所填写的上述内容准确无误。如果用于托运人所提供的货运资料不准确，甚至申报不真实，使承运人遭受损失、损坏和产生费用，则由托运人负责和赔偿。托运人在交运货物时，还应将港口、海关、卫生检疫和其他有关部门规定的有关货物的全部文件提交承运人，否则，由此引起承运人的损失，由托运人负责。

2. 提供适当的包装

托运人所提供的货物必须包装牢固，适于长途运输，并在货物上清楚，适当地加以标记。如果因包装不牢，以致货物在搬运中受到摩擦损坏或在运输途中受到积载的自然磨损或压损，承运人不予负责。如果由于标志欠缺、内容不全、模糊、脱落或不符合要求，有错误，造成错交、错卸等，承运人不予负责。

3. 支付运费

支付运费是托运人的一项主要义务。运费的支付方法主要有以下三种：

（1）预付运费，一般是在装货港装货时或在开航前由托运人支付。按照航运惯例和一般运输合同的规定，凡运费已预付的，不论货物灭失与否，概不退还。

（2）到付运费，是在目的港交货时由收货人支付。如果货物没有运到目的港，承运人无权收取运费。但只要货物已运到目的港，即使有损坏，收货人仍须照付全部运费，而不能以此拒付或减付运费，否则，承运人对货物有留置权。

（3）比例运费，是按货物运送的实际里程与全程之间的比例计付的运费。一般只有当船舶在中途遇难，放弃原定航程时才采取这种办法来计算运费。采用这种支付运费的方式时，须经双方当事人协商同意。

4. 收受货物

货物运到目的港后货主应及时收受货物，此时收受货物的人，一般为收货人。如果在目的港无人收受货物或收货人拒收货物，船长可将货物卸入仓库或其他适当场所保管，因此而产生的一切风险和费用，由收货人负责。

（六）索赔通知与诉讼时效的规定

《海牙规则》第3条第6项对索赔通知提出的时间做了较为具体的规定。一般情况下，承运人在卸货港将货物移交给收货人时，收货人应以书面形式把有关货物灭失或损坏的情况告诉承运人或其代理，否则这种移交应视为承运人已根据提单所载内容交付货物的推定证据。

如果货物损失情况不明显，不能凭直觉发现，则在货物移交后的三天内提交书面通知。如果提货时双方已对货物状况进行了联合检验，则无须另发书面通知。

根据《海牙规则》的规定，承运人对货物的灭失或损坏负有责任时，应按规定向货主进行赔偿，同时货主也应按规定及时地向承运人发出索赔通知。

“诉讼时效”是指货方对承运人就货物的损害赔偿提起诉讼的期限。如果在规定时效期限内未提出诉讼，则承运人解除对货物的一切赔偿责任。《海牙规则》规定的诉讼时效为一年。计算办法是：①货物交付之日起计算；②若货物灭失则从应交付之日起计算。货主若要求承运人对货物的损害、灭失负责赔偿，必须在此一年内提出诉讼。若在一年内未提起诉讼，即失去起诉的权利。法院对超过时效的案件，不问货方提出的事实和理由，而以诉讼时效已过为理由驳回货方的起诉。

索赔通知与诉讼时效是两个不同的概念。受损方向责任方提出赔偿要求，称为索赔，索赔应在规定的时间提出。而诉讼时效则是指向法院提起诉讼的日期，如果在规定的期限内未提起诉讼，法院一般不再受理，责任方便可解除一切责任。索赔方没有或没有按期向责任方发出索赔通知，并不影响其直接向法院起诉责任方的权利。相反，若逾期向法院起诉，法院将依法不再受理。

《海牙规则》将诉讼时效规定为一年，对货方极为不利，因为货方在起诉之前，要调查情况，搜集证据，一年的时间太短。虽然按1950年“黄金条款协议”的规定，如在一年内提出索赔通知，就可以将诉讼时效延长为两年。但这只对参加该协议的国家适用，未参加协议的国家仍然享受不到这一利益。

（七）公约适用范围的规定

《海牙规则》第 10 条明确规定了该规则的适用范围。即“本公约的各项规定，适用于在任何缔约国所签发的一切提单”。这就是说，只有当提单的签发地在一个缔约国内时，该规则才适用。如果提单签发地在非缔约国内，则该规则不自动适用。因此，《海牙规则》的适用范围是比较窄的。

各国的航运公司经常是通过在提单中订入首要条款来扩大《海牙规则》的适用范围。所谓首要条款（Paramount Clause）是指规定提单所适用的法律的条款。即规定提单的制定应根据什么法律，有关提单的争议应根据什么法律解决。首要条款是提单的组成部分，其中所订明适用的法律条款应结合到提单中。因此许多航运公司在其提单的首要条款中规定适用《海牙规则》，从而使《海牙规则》适用于在非缔约国签发的提单。

（八）程序性规定

《海牙规则》第 11 至 16 条规定了缔约国批准、加入、退出和修改《海牙规则》的程序。

三、《海牙规则》的意义和尚待解决的问题

（一）《海牙规则》的意义

《海牙规则》自制定以来，至今已有七十余年的历史，承认和采用这一规则的国家和地区也达到八十多个。虽然后来相继制定了《维斯比规则》和《汉堡规则》，但世界上多数国家，特别是一些主要航运国家，目前仍按《海牙规则》办理运输业务。因此，《海牙规则》仍然是关于国际海运，具体讲是关于提单的最为重要的国际公约之一。

尽管《海牙规则》本身具有其局限性，并存在着许多尚待解决的问题，但以历史的观点看，它对世界航运业乃至对整个国际贸易所起到的积极作用是不容忽视的。

首先，《海牙规则》以国际公约的形式，规定了承运人最低限度的责任和义务，并明文规定承运人不得在提单条款中排除其按《海牙规则》应负的基本义务，凡参加和采用或通过提单首要条款规定适用《海牙规则》的国家的承运人都必须遵守这一规定。这有效地制止了过去那种承运人可以在提单中滥列免责条款的现象，使货方的利益有了基本的保障，在一定程度上调整了船方与货方间货运风险的分担。

其次，《海牙规则》的制定也为发展国际航运事业和国际贸易提供了便利条件。从《海牙规则》制定的历史背景可以看出，到 19 世纪 50 年代以后，承运人在提单中片面地免除自己责任的现象越来越严重，这不仅使货主的利益得不到保障，甚至银行、保险及有价证券市场也受到了严重影响。正是因为有了《海牙规则》，规定了承运人的具体责任义务，才使国际航运业有章可循，有法可依，使船、货双方的利益均有保障。同时，也使提单条款日趋简洁和统一，使提单成为可以流通的有价证券，有利于国际贸易的发展。由于《海牙规则》的存在，承运人在签发提单时，无须逐条印就承托双方的权利和义务，只需在有关条款中订明“适用《海牙规则》”即可明确双方的责任与豁免。

总之，《海牙规则》自生效以来，得到了大多数航运国家的承认或采用，成为国际上有关海上货物运输方面的一个重要的国际公约，它对促进提单规范化无疑起到了积极作用，

具有历史进步性。

(二)《海牙规则》尚待解决的问题

《海牙规则》自其订立之初就存在着一定的局限性。由于当时参加布鲁塞尔会议的主要航运国家都是代表船方利益的殖民地宗主国，因此，该规则的许多内容明显地偏袒船方利益。正因如此，《海牙规则》实行70年以来，一直受到代表货方利益的国家和航运不发达国家的反对。二战后，随着国际政治、经济力量对比关系的变化和海运技术的发展，该规则已不能适应整个国际海运事业发展的需要，其内容存在着许多须重新研究和解决的问题，它集中表现在以下几个方面。

（1）有关承运人责任的规定，如责任基础和免责条款的问题，特别是免责条款受到许多批评。

（2）有关承运人赔偿的最高限额。

（3）有关诉讼的时效。

（4）有关责任的期间。

（5）有关规则的适用范围。

正因为以上这些问题的存在，才出现了日后所制定的《维斯比规则》和《汉堡规则》。

我国不是《海牙规则》的缔约国，也没有承认和参加该规则，但我国航运公司的提单条款是参照它制定的，即在我国的远洋运输业务中是适用该规则的有关规定的。如中远公司和外运公司制定的格式提单中都明确规定："有关承运人的义务、责任、权利和豁免适用《海牙规则》。"

第三节 调整班轮运输的国际公约（二）：《维斯比规则》

《维斯比规则》是《修改统一提单的若干法律规则的国际公约的议定书》的简称。因该议定书的准备工作是在瑞典的维斯比完成的，所以一般称之为《维斯比规则》，又因它是对《海牙规则》的修改和补充，因此又称之为《海牙·维斯比规则》。一般情况下都称之为《维斯比规则》。《维斯比规则》是1968年2月23日由英、法等国政府的代表在布鲁塞尔正式签订的，并于1977年6月起正式生效。到目前为止，参加和实施该规则的国家和地区有二十多个，其中阿根廷、荷兰、利比里亚和前南斯拉夫等，已将该规则纳于本国国内法。

一、《维斯比规则》产生的历史背景

由于《海牙规则》的本身存在着严重的缺点和一些尚未解决的问题，这些缺点和问题有些是在签约时就已存在，有些是在履行过程中逐步暴露出来的。随着国际经济、政治形势的变化和海运技术的日益现代化，《海牙规则》中的某些规定已明显地过时，尤其是其中偏袒发达航运国航运垄断组织利益的条款，越来越受到第三世界国家的强烈反对。因此，修改《海牙规则》已成为多数国家，尤其是货主国家的普遍要求。但在如何修改《海牙规则》的问题上，却存在着两种不同的观点，即，一种观点代表了第三世界，即货主国家的

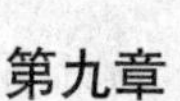

利益，他们认为要对《海牙规则》进行彻底的、实质性的修改，要从承运人的责任基础上开始修改，从而建立起一个新的、与之完全不同的国际公约。另一种观点是代表了船东国家的利益，他们认为，对《海牙规则》只需做枝节性的修改，而保持该规则的基本原则和精神不变。他们一方面在联合国内积极活动，意在拖延和阻挠《海牙规则》的修改，另一方面则竭力支持维护船东利益的国际海事委员会在联合国以外制定其他规则，这就是后来形成的《维斯比规则》。

《维斯比规则》的准备是由国际海事委员会进行的，为此该委员会特别成立了小组委员会，经过一系列准备工作之后，该小组委员会在瑞典的维斯比城通过了“修改海牙规则议定书（草案）”并提交国际海事委员会。国际海事委员会于1963年在斯德哥尔摩召开会议，批准了议定书，并将其提交外交会议审议。1968年2月英法及北欧各传统海运国家在布鲁塞尔签订了《修改统一提单的若干法律规则的国际公约的议定书》，又称《1968年布鲁塞尔议定书》，即《维斯比规则》。该规则对《海牙规则》的适用范围、赔偿限额、集装箱和托盘运输的赔偿计算单位等方面的问题做了若干修改和补充。虽然《维斯比规则》对《海牙规则》中的某些条款做了一些修改，但对一些重要问题，特别是有关承运人的不合理免责条款等实质性问题，丝毫没有改变，对承运人和托运人的主要责任和义务也未做实质性的修改。

二、《维斯比规则》的主要内容

《维斯比规则》共17条，其中第1条至第5条是对《海牙规则》的修改和补充，第6至第17条是关于加入和退出的手续以及解决纠纷程序的规定。本节结合《海牙规则》的有关规定及其存在的问题，主要介绍《维斯比规则》对《海牙规则》所做的主要方面的修改和补充。

（一）责任方最高赔偿限额的规定

根据《维斯比规则》第2条第1款的规定，承运人的最高赔偿限额加大了。《海牙规则》的主要问题之一就是承运人对货主所赔偿的限额太低，远不能弥补货主遭受的实际损失。为了解决这一问题，《维斯比规则》规定，凡对申报价值的货物，其灭失或损坏的最高赔偿限额为每件或每单位10 000金法郎，或毛重每千克30金法郎，按两者之中较高的计算，并在本条第4款中规定一个金法郎是“一个含有纯度为千分之九百的65.5毫克黄金的单位”。由此规定可以看出《维斯比规则》对《海牙规则》中有关责任限制问题所做的修改体现在下列两方面：

（1）以“金法郎”表示新的货币限制数额，取代了《海牙规则》中的以英镑作为赔偿限额的规定。新的责任限额规定为每件或每计算单位10 000金法郎或每千克30金法郎。

（2）采用两种可供选择的限制数额，一是按“每件或每计算单位”的传统限制数额，二是按重量计算的限制数额，而且规定以上述两种计算赔偿限额中较高者计算。这意味着，小件或单位重量较小的货物可按10 000金法郎计算，这样可以避免选用基于重量的限制数额会使赔偿金额降低的可能，而对大件或单位重量较大的货物则宜采用按重量计算赔偿限额，这样可使赔偿金额提高。

（二）集装箱或托盘货物最高赔偿限额的数量单位的规定

由于《海牙规则》是在 20 世纪 20 年代制定的，当时托盘运输与集装箱运输还没有真正发展起来，因此《海牙规则》中还没有涉及托盘和集装箱货物运输应如何计算赔偿限额这一问题，即，应以托盘和集装箱为一件，还是应以托盘上的货物数量或箱内货物数量为计算赔偿的单位？

《维斯比规则》在第 2 条第 3 款中对这一问题做出了明确的规定："如果货物以集装箱、托盘或类似运输工具集装时，提单中所列明的，装在这种运输工具中的件数或单位数，即应作为本款中所指的件数或单位数，除上述情况外，此种运输工具应视为件或单位。"以上规定有两个目的：一是运输合同的双方可以将集装箱或托盘作为确定限制数额的"件"或"单位"，也可以将装于托盘之上或集装箱内的货物件数作为确定限制数额的"件"或"单位"。二是进行这种选择，必须注意提单上"所列明的件数"。这意味着，根据《维斯比规则》的规定，在确定托盘、集装箱货物的赔偿件数时，可有以下三种方法：

（1）提单上未列明托盘或集装箱所装的内容。在这种情况下，把托盘或集装箱作为"件"或"单位"，即，一个托盘或一个集装箱，无论装载货物的件数或单位是多少，只能按一件赔偿，限制赔偿额要么 10 000 金法郎，要么每千克 30 金法郎，按其中高者计算。

（2）提单内全部列明托盘或集装箱内货物的具体件数。在这种情况下，每一件货物作为一件，可分别援引 10 000 金法郎或每千克 30 金法郎的限制数额。

（3）在提单中部分列明托盘或集装箱内货物的件数。在这种情况下，列明的件数作为实际件数，可援引 10 000 金法郎或每千克 30 金法郎的限制数额，其余货物和托盘、集装箱一起作为一件计算赔偿限额。

[例 21] 皇家打字机公司将装满打字机的 3 个集装箱由某轮从汉堡运往纽约，在卸货时，发现其第 89 号集装箱中的价值 79 200 美元的 1050 架打字机全部损坏。货主要求承运人赔偿全部损失，承运人则认为应以 1 个集装箱为 1 件限制其责任，即依《维斯比规则》，每件赔偿 10000 金法郎。

[问题] 维斯比规则对承运人限制其责任有何规定？

[参考结论] 如果提单中载明内装件数的，则应以该内装件数为计算赔偿限额的件数；如未载明集装箱内件数，则将 1 个集装箱视为 1 件货物。

[法理、法律精解] 《维斯比规则》第 2 条第 3 款规定：如果货物是以集装箱、托盘或类似的运输工具集装，则提单所载明的装在这种运输工具中的包数或单位数，作为本款所述包数或单位数。除上述情况外，此种运输工具应视为包件或单位。该规则第 2 条第 1 款规定，除非托运人还装货前已就该项货物的性质和价值提出声明，并已载入提单，则不论是承运人还是船舶，在任何情况下，对该项货物所受的与之相关的灭失或损害，于每包或每单位超过相当于 10 000 金法郎，或按灭失或受损货物毛重计算，每千克超过相当于 30 金法郎时（二者中以较高者为准），都不负任何赔偿责任。判断承运人赔偿责任的关键是要看托运人是否在提单中明确记载了集装箱内装的货物件数。如已明确对集装箱的货物作了记载，则应按内装的件数作为计算赔偿限额的件数，如果提单上未注明内装件数，则以成组运输工具的件数为计算赔偿限额的件数，即一个集装箱为一件。本案中，如果托运人于装

货前已就该项货物打字机的件数和价值提出声明，并已载入提单，承运人应当赔偿全部损失，否则承运人只承担 1 个集装箱赔偿责任。

（三）责任限制权利的丧失规定

《海牙规则》中就承运人所享受的责任限制权利做出了规定，而没有关于责任限制权利在什么情况下丧失的规定，这意味着，按《海牙规则》，在任何情况下承运人都可享受责任限制的权利。

《维斯比规则》第 2 条第 5 款规定："如果经证实损失是由于承运人故意的作为或不作为所造成的，或明知可能造成损失而毫不在意，则承运人和船东无权享受本款所规定的责任限额的利益。"《维斯比规则》增加了这种规定是因为责任限制是保护承运人的利益，如果由于承运人的故意行为而造成货物灭失或损坏，都仍然让承运人继续享有责任限制利益，那么是不公平、不合理的。如果援引《维斯比规则》的这一规定而使承运人丧失责任限制权利，需要注意下列两点：

（1）按《维斯比规则》的规定，承运人责任限制权利的丧失，仅限于承运人本人的过失或严重违反义务，而对承运人的雇用人员或代理人的过失或严重违反义务所造成的货物灭失、损坏，承运人不因此而丧失责任限制的权利。因此，确定谁是承运人非常重要，一般说，承运人是指运输合同中承运货物的一方。

（2）确定了"承运人"之后，请求援引"责任限制权利丧失"条款的一方负有举证责任，即他必须证明货物灭失或损坏是由于承运人的作为或不作为所致。

（四）提单证据效力的规定

关于提单证据效力有两种不同的情况，一是提单作为"初步证据"（Prima Facie Evidence），即提单作为货物收据，证明承运人已按提单所记载的内容收到货物，这种证据效力仅是初步的、表面的或是推定的，如果承运人事实上并没有收到提单货物或所收到的货物与提单上的记载不符，他仍可以提出抗辩，证明事实并非如此。这种情况一般是针对托运人而言。二是提单作为"最终证据"（Conclusive Evidence），即承运人不得否认提单上有关货物记载内容的正确性。这主要是对提单的受让人而言。这是因为提单的受让人在接受提单时，并没有机会检查货物是否与提单记载相符，只能凭提单记载的事项行事，这在法律上是为了保障善意的提单持有人的利益，同时也有利于提单的流通转让。

《海牙规则》在关于提单的证据效力的条款中仅就初步证据做出了规定，而没有规定提单在其受让人手中应具有什么效力。《维斯比规则》第 1 条第 1 款弥补了《海牙规则》第 3 条第 4 款的规定，即"这种提单作为承运人依照第 3 款（1）、（2）、（3）项所载内容收到该提单中所载货物的初步证据"的不足，增加了下列字句"但是当提单已转让给善意的第三方时，与此相反的证据不予接受"。即是说，当提单转让给第三者后，该提单所记载的内容对承运人来说就是最终证据。这一法律上禁止翻供原则有利于取得提单的"善意的第三方"。所谓"善意的第三方"是指受让人取得提单时确实不知道所装运的货物与提单的事实记载情况有不符之处，而提单受让人无异议地接受了提单。由于承运人对提单所载内容向第三方负责，即使船方是在托运人提供保函情况下签发了清洁提单，由此造成的损失承运人仍须对第三方负责。

（五）非契约索赔的适用规定

所谓“非契约索赔”是指不是根据双方签订的合同而是根据侵权行为提出的索赔请求（Action in Tort）。一般海上货物运输合同当事人提起的诉讼，多数是因违反合同引起的，因此多数是“违约诉讼”（Action in Contract）。而侵权行为多属于与签约双方无关的对第三者造成的损失。如船舶碰撞就是典型的侵权行为。在某些国家（如日本）有一种所谓“双重请求权”的观点，即根据契约可以对违约提起诉讼，同时也可以从侵权行为这一角度提起诉讼。根据这种观点，当海运货物受损时，因为这种损失是承运人造成的，但也可以说是一种侵权行为。因而此时收货人有可能不根据违约提起诉讼，而是根据侵权行为提出诉讼。如果这样，承运人就不能享受规则中的责任限制的利益。很明显，如果按上述观点，责任限制条款就变得毫无意义了。为了防止在主张双重请求权的国家中引用这种观点，《维斯比规则》第 3 条第 1 款规定：“本公约所规定的抗辩和责任限制，应适用于就运输合同涉及的有关货物的灭失或损坏对承运人所提出的任何诉讼，不论该项诉讼是以合同为根据还是以侵权行为为根据。”这就是说，根据《维斯比规则》的规定，责任限制同样适用于根据侵权行为对承运人提起的诉讼，其目的是为了使货主不会从对侵权的诉讼中比从对契约的诉讼中得到更多的利益。

承运人与托运人之间有运输合同关系，后者对前者提起的诉讼当然适用于制约合同的有关规则，而作为承运人的雇用人或代理人，是否也可以享受承运人所能享受的权利呢？《维斯比规则》第 3 条第 2 款中规定：“如果这种诉讼是对承运人的雇用人或代理人（该雇用人或代理人不是独立的合同签订人）提起的，则该雇用人或代理人适用按照本公约承运人所能援引的各项抗辩和责任限制。”这就是说，只要承运人的雇用人或代理人不是独立的签约人，他就可以享受承运人所享有的权利，包括责任限制的权利。在援引这一条款时，关键是要正确理解独立的合同签订人，以及把它与承运人的雇用人或代理人区别开来。一般认为，船长、船员是承运人的雇用人。

（六）《维斯比规则》适用范围的规定

《海牙规则》的适用范围较窄，仅适用于在缔约国签发的提单，一般要在提单上订入首要条款来扩大《海牙规则》的适用范围，这对缔约国的船公司来说极为不便。《维斯比规则》第 1 条修改了《海牙规则》第 10 条的规定，扩大了其适用范围。其适用范围如下：

（1）提单在一个缔约国签发。这与《海牙规则》的规定是一致的。

（2）从一个缔约国的港口起运。这就是说，只要装货港在一个缔约国内，该规则就适用。由于在实际业务中提单签发地和装货港往往是一致的，因此规则的适用范围并没有因此而有实际意义上的扩大。

（3）提单载有的或由提单证明的合同规定，该合同应受本公约的各项规定或使公约生效的任何国家的立法所约束，而不论船舶、承运人、托运人、收货人或任何其他有关人的国籍如何。第三种情况实际上是针对提单中所订有的重要条款而言。在提单的首要条款中，有的规定“适用 1924 年《海牙规则》”，也有的规定“本提单根据 1968 年《维斯比规则》而发生效力”。根据本条第三种情况的规定，只要在提单的首要条款中写明《维斯比规则》

的各项规定约束该提单时，《维斯比规则》就适用于这一提单。这实质上等于规定，只要承运人与托运人双方同意，就可适用《维斯比规则》。

（七）诉讼时效的规定

《维斯比规则》在第 1 条第 1、2 款的规定中，就诉讼时效问题对《海牙规则》做了修改和补充。

（1）诉讼时效的期限为一年，但经船、货双方协商可以延长。《海牙规则》仅规定了一年的期限。

（2）在一年期满后，承运人至少仍有三个月的期限向第三者提出赔偿诉讼。这比《海牙规则》的规定有所延长。

（八）其他规定

《维斯比规则》的第 6 至 17 条对加入、退出的手续及解决纠纷等程序性问题做了规定。

三、《维斯比规则》的意义及其局限性

制定《维斯比规则》的目的，就是要对《海牙规则》进行修改和补充，以解决《海牙规则》在理论上和实践中所需要解决的问题。尽管《维斯比规则》自生效以来，一直受到代表货方利益的国家，主要是发展中国家的批评，指责它的修改没有触及要害问题，但就是那些被称之为枝节性的修改，也是有助于解决国际航运实践中所存在的问题，如提高了承运人最高赔偿限额，明确了托盘和集装箱运输中货物赔偿单位的计算问题，对承运人责任限制权利的丧失问题做出规定等，这些都对整个航运业的发展起到了一定的促进作用。同时应当看到，《海牙规则》作为国际上关于海上货物运输的一个至关重要的公约，在世界上得到了八十多个国家和地区的承认与采用，实施的时间又如此之久，要想在一夜之间，通过一个新规则使其所有问题都得到彻底解决，这是不现实的，更何况对如何解决《海牙规则》所存在的问题，有着船方与货方两种不同的看法。如果以保持一个制度，或者说保持《海牙规则》的连续性来衡量，《维斯比规则》所采用的修改方法也有其一定的合理性，这就是对现存的规则逐渐地加以修改，以便保留那些人们所熟悉，在实践中经常使用和经过时间及实践考验的部分，这种方法比采取激烈的态度更具吸引力。如果对有关提单法律的修改走得太远往往不易为各方面所接受。因此，作为一种过渡，《维斯比规则》在当时是较易被接受的折中的产物。

在一定的历史条件下，《维斯比规则》作为对《海牙规则》的修改与补充，有一定的积极作用，但也有明显的局限性，正如广大发展中国家指出的那样，《维斯比规则》对《海牙规则》的修改，并没有涉及实质性问题，更没有充分考虑发展中国家的利益。最突出的问题表现在继续维持了承运人对船长、船员的航行过失与管理过失的免责条款。对于《海牙规则》中存在的其他问题，也没能从根本上得以解决，因此它的修改是不彻底的。

第四节 调整班轮运输的国际公约（三）：《汉堡规则》

《汉堡规则》（*Hamburg Rules*）是《联合国海上货物运输公约》的简称，因为它是1978年6月在汉堡召开的联合国全权代表会议上通过的而得名。《汉堡规则》于1992年11月1日正式生效。《汉堡规则》对《海牙规则》作了全面的修改，废除了《海牙规则》中不合理的条款，比较合理地调整了承运人、托运人双方对货物运输所承担的责任和义务关系。它的制定、通过和生效，是发展中国家长期共同努力的结果，也是发展中国家在海运方面建立国际经济新秩序取得的成就。《汉堡规则》的生效，标志着国际海商法领域发生了历史性的变革，这将对国际贸易、国际航运、保险和银行业务的发展以及有关法规的调整都产生重大影响。

一、《汉堡规则》产生的历史背景

由于《维斯比规则》对《海牙规则》的修改很不彻底，根本没有触及任何实质问题，因此，在《维斯比规则》通过之后，广大发展中国家继续在联合国会议上强烈要求对《海牙规则》进行全面的、实质性的修改。联合国贸发会议（UNCTAD）于1968年3月决定成立国际航运立法工作组，其任务是讨论国际海商法给发展中国家的经济带来的障碍，并对需要修改的问题，向联合国国际贸易法委员会提建议。国际航运立法工作组由33个国家的代表组成，于1969年11月召开第一次会议，决定首先审议有关提单的法律。1971年2月，国际航运立法工作组召开第二次会议，决定重点修改《海牙规则》，同时着手新公约的准备工作。修改的主要目标是平衡货方与承运人之间的风险分摊，对含义模糊的条款予以明确。特别提出了对以下几个问题进行重点讨论。

（1）货物在承运人或其代理人保管之下的整个期间内的责任。

（2）《海牙规则》第3条、第4条中规定的责任、义务和权利豁免以及两者之间的关系，承运人免责条款的修改和废除。

（3）举证责任。

（4）管辖权。

（5）甲板货、活动物以及转运。

（6）诉讼期限的延长。

（7）《海牙规则》第1条所列名词的意义。

（8）删除提单的无效条款。

（9）绕航、适航性及每一单位的责任限制。

为了避免工作的重复，贸发会议航运立法工作组建议联合国国际贸易法委员会接办这项工作，修改上述提单的法律和惯例并制定新的条文草案。

联合国国际贸易法律委员会第四次总会接受了贸发会议国际航运立法工作组的建议，于1971年4月建立了另一个国际航运立法工作组，归属国际贸易法委员会领导。该工作组于1972年1月30日至2月10日在日内瓦联合国欧洲总部召开首次会议。在会议上对承运人的责任期间、甲板货运输、活动物运输、管辖权、货主与承运人之间的风险分摊等条款

进行了审议。其后该工作组又分别召开会议审议了承运人的责任和举证原则、仲裁条款、每一单位的责任限制、转运、绕航、诉讼期限、延迟交付责任、承运人的定义、提单的适用范围以及无效条款的删除等问题。

国际贸易法委员会国际航运立法工作组又于 1974 年 9 月和 1975 年 2 月召开会议，审议了提单的定义、提单的记载事项、承运人的批准和提单记载的证据效力、保函的效力、运输合同的定义、提单以外的运输合同、托运人的责任、危险品、索赔通知、共同海损、本公约与其他海事公约的关系等议题，从而结束了自 1972 年以来的一系列审议工作。在第八次会议上，在审议的基础上拟定了“海上货物运输公约草案”。之后国际贸易法委员会航运立法工作组将条约草案提交贸发会议航运立法工作组于 1978 年 1 月召开的第五次会议审议。

1978 年 3 月 6 日至 31 日，联合国在汉堡召开全权代表大会。在贸发会议通过的公约草案的基础上，签订了《海上货物运输公约》，有 71 个国家参加会议，67 票赞成，予以通过。新公约正式定名为《1978 年联合国海上货物运输公约》，简称《汉堡规则》，新公约在第 20 个国家提交本国政府批准后一年生效。

同《海牙规则》相比，《汉堡规则》的内容在较大程度上加重了承运人的责任，保护了货方的利益。《汉堡规则》除了对承运人的责任期间、赔偿责任、责任限额、诉讼时效等作了重大调整、修改外，还把《海牙规则》中偏袒承运人利益的免责条款予以废除。

《汉堡规则》已于 1992 年 11 月 1 日起生效。

二、《汉堡规则》的主要内容

《汉堡规则》共 34 条，其中对于《海牙规则》的修改和补充主要集中在第 1 条至第 26 条，从第 27 条至第 34 条是对加入、退出和修改该公约的程序问题所作的规定。本节结合《海牙规则》的有关规定，主要介绍《汉堡规则》前 26 条的规定。

（一）名词定义的规定

《汉堡规则》的第 1 条是有关定义的规定，共对 8 个名词做出了定义。其中与《海牙规则》不同的，且又是比较重要的有以下几个。

1. 实际承运人

“实际承运人”是指受承运人委托履行货物运输或部分货物运输的人，包括受托履行这项任务的任何其他人。

《海牙规则》只有承运人的定义，而没有实际承运人的定义。实际承运人是《汉堡规则》提出的定义。《汉堡规则》还在第 10 条和第 11 条中进一步规定了承运人与实际承运人对所承运货物的责任和他们相互之间的责任。

根据《汉堡规则》的规定，“承运人”是指与托运人签订运输合同的人，而“实际承运人”则是指实际履行承运人从托运人那里接受的货物运输任务的人，也就是实际履行运输的人。《汉堡规则》提出实际承运人这个定义，是由于承运人常常将合同规定的全部或部分运输委托给实际承运人完成。这种委托有以下几种情况：

（1）根据直达提单上的自由转船条款，承运人不与托运人协商，自行决定在中途港把货物交给其他船舶转运至目的港。

（2）根据联运提单，在中途港把货物交由他船转运至目的港。这是承运人与托运人约定的转船。

（3）承运人不以自己拥有的船舶或光船租船而是租进其他公司的船舶，由其他公司按班轮方式完成合同规定的运输任务。

对于上述几种情况，即转船、联运或租船进行班轮运输，《海牙规则》没有做出规定，以致订约承运人常以自由转船条款或光船租船条款对货物在部分航程中或全程中发生的灭失或损坏不负责任，而受委托的承运人可以非订约承运人为理由不受理货方的索赔。为解决这一问题，《汉堡规则》将承运人与实际承运人分别加以定义，并对二者所应负有的责任做出具体规定（见“承运人与实际承运人责任”）。

2. 货物

《汉堡规则》对“货物”所下的定义与《海牙规则》的定义有很大不同，其范围有所扩大。

根据《汉堡规则》的定义，“货物”包括活动物；凡货物是用托盘、集装箱或类似的装运工具集装，或者货物是包装的，而且如装运工具或包装是由托运人提供的，则“货物”包括这些装运工具或包装。《海牙规则》将甲板货（舱面货）和活动物排除在货物定义之外，理由是运送这两种货物有其特殊的风险，因此，对于这类具有特殊风险的货物运输，通常在提单中加入特殊条款由当事人双方约定。条款一般都规定对活动物的死亡和甲板货的损失承运人不负责任。根据《汉堡规则》，承运人不得在提单上加列一些特殊条款以免除责任，同时《汉堡规则》还在第 8 条第 5 款和第 9 条中，对活动物和甲板货的运送具体规定了承运人所应负的责任。

3. 海上运输合同

《汉堡规则》第 1 条第 6 款对“海上运输合同”所下的定义是：“指承运人收取运费负责将货物从一个港口运往另一个港口的合同；但是，凡包括有海上运输，同时也有某些其他运输方式的合同，就本公约而言，只有海上运输范围内，才视为海上运输合同。”

从上述定义可以看出，它与《海牙规则》对运输合同的定义有两点不同：

（1）《海牙规则》只适用于提单，而《汉堡规则》不仅适用于提单，而且还适用于不可转让的运输单据。

（2）《汉堡规则》还适用于多式联运的海运段。即在多式联运中，与海上运输部分有关的运输合同，应视为海上运输合同。这是为了防止多式联运经营人借口多式联运对海运段另定条款以减轻其责任。

《汉堡规则》在第 1 条中还增加了“托运人”、“收货人”和“书面”等名词的定义。

（二）承运人责任的规定

关于承运人责任的规定，是《汉堡规则》对《海牙规则》最重要的修改和补充，也是《汉堡规则》最显著的特点，即扩大了承运人的责任范围。

1. 承运人责任及其基础的规定

（1）责任及基础。

《汉堡规则》第 5 条规定了承运人的赔偿责任基础，这是本规则的核心部分，也是与《海牙规则》差别最大的地方。

《汉堡规则》规定承运人对由于货物的灭失、损坏以及延迟交付所造成的损失负赔偿责任，除非承运人能证明他本人及其雇用人员或代理人已经为避免事故的发生和其后果采取了一切所能合理要求的措施。这意味着，对于运输中出现的货损事故，承运人负有举证责任。事故发生后，首先推定承运人有过失，如果他能证明本人或其雇用人员或代理人为了避免事故的发生及其后果，采取了一切所能合理要求的措施，否则，必须对货物的灭失、损坏和延迟交付负赔偿责任。

从表面上看，《汉堡规则》与《海牙规则》一样，都采用过失责任制。但《海牙规则》在规定责任条款的同时，又规定免责事故，承认特定条件下的过失免责，如航行过失免责等，因而《海牙规则》的过失责任是不完全的。《汉堡规则》废除了《海牙规则》中的过失免责，采用推定过失与举证结合的方式，只要承运人及其受雇人或代理人有过失，他就须负责，因此，《汉堡规则》的责任基础是完全过失责任制。

（2）废除《海牙规则》的免责条款。

由于确定了承运人的责任以其过失为依据的原则，《汉堡规则》取消了《海牙规则》第 4 条第 2 款中所有免责事项。只要不是由于承运人及其雇用人或代理人的过失造成货损，如自然灾害、意外事故或其他不可抗力所造成的，承运人可不负责任。

《汉堡规则》对现行海运秩序影响最大的是废除了航行过失的免责。其理由是，《海牙规则》是在 20 世纪 20 年代制定的。这一免责事项是基于当时的科学水平、当时的航海危险情况而设立的。随着科学技术和造船技术的提高，如船上备有雷达或避碰设备，对船员的过失单设例外免责的理由已不存在。此外，从合同法的基本原则，即造成货损的责任方应负法律责任的角度来看，免除疏忽责任是有悖合同法基本原则的。再者，放任承运人不负过失责任的做法，有可能导致货损事故的增加，违反安全运输的义务，同时也使货运风险的经济负担较多地落在货方身上。因此，废除航行过失，即驾驶和管理船舶过失的免责条款，可能平衡船、货双方对航运风险的分摊，比较公平合理，有利于货运质量的提高。

火灾免责是《海牙规则》免责条款中一项十分重要的，也是受到批评最多的免责事项之一。在制定《汉堡规则》时，很多人主张将其和航行过失免责一起予以废除。但航运发达国家坚决反对，最后《汉堡规则》采取了妥协的方案，规定原则上承运人对火灾引起的货损负责赔偿，但由索赔方负举证责任。由于火灾常发生在航行途中，让货方事后来证明船方的过失，获胜的可能很小。因此，《汉堡规则》实际上给予承运人间接地享有火灾免责的权利。

（3）几种特殊情况下承运人的责任。

《汉堡规则》针对延迟交货、联运、运送活动物及甲板货等几种特殊情况规定了承运人的责任。

① 延迟交货。《汉堡规则》第 5 条第 1 款，除了规定承运人对货物的灭失或损坏负赔偿责任外，还必须对因延迟交付所致的货物损失负赔偿责任。延迟交付货物，是指货物没有在约定的时间内，或没有在合理时间内，在规定的卸货港交付货物。延迟交货造成的损失，包括由于货物变质而失去使用价值或因市价下跌而损失的金额等。对于这些损失，除非承运人能证明本人及其雇用人或代理人没有过失，否则都要负赔偿责任。由此可见，与《海牙规则》相比，承运人的责任范围扩大了。

② 联运。《海牙规则》对联运未作规定，留待承运人和托运人自由协议安排。对此，承运人多在提单中规定，他只对履行运输段负责，对二程船不负责任。订约承运人只是作为托运人的代理委托实际承运人（二程船承运人）转运货物，后一段运输合同是托运人与实际承运人之间的运输合同。对这种联运提单，货主意见很大，认为既然承运人签发联运提单、收取全程运费，就应对全程负责。

《汉堡规则》第 11 条新设了“联运条款”。该条款第 1 款规定的含义是，如果船货双方约定在中途转船，并由订约承运人签发联运提单，则订约承运人仅对他履行的那部分运输即第一程运输负责，而不对全程运输负责。第二程船的运输，由实际承运人负责。但上述规定以收货人能找到二程船公司并能向其提起诉讼为条件。否则订约承运人仍应对全程运输负责。本条第 2 款还对实际承运人的责任做出了具体规定。

③ 活动物。《汉堡规则》第 5 条第 5 款对承运人运送活动物的责任做出了专门的规定：承运人如能证明，活动物在运输中发生的灭失、损坏或延迟交付是因为这类运输所固有的任何特殊风险所致，而且承运人已按照托运人对有关该动物所做出的专门指示行事，承运人就可免除责任。这意味着《汉堡规则》虽然将活动物包括在“货物”的定义中，但该规则也承认运输活动物有其特殊风险，因此规定承运人负有举证责任，只要承运人能证明上述几点，即可免责。

④ 甲板货（舱面货）。船舶载运的货物一般装入舱内。装于甲板上的，称甲板货或舱面货。由于装在甲板上的货物会有特殊的风险，因此《海牙规则》规定不适用这类货物。这是由当时的造船技术、航海技术等因素所决定的。但随着甲板货的增多以及保护甲板货方法的进步，传统的免除承运人对此类货物责任的规定也应予改变。

为了适应上述情况，特别是集装箱甲板货大量增加的情况，也为了使承运人负担对甲板货应负的责任，《汉堡规则》在第 9 条中增加了甲板货条款。根据规定，承运人只有在下列情况下才能将货物置于甲板上运输：①承托双方协商同意；②根据货物习惯；③根据法律、法规的规定。若承运人没有经托运人同意或没有按照习惯或法律、法规而自行决定把货物装在甲板上，就应对货物的损害、灭失或延迟交付负责。即使按上述情况装于甲板上的货物，承运人也应如同对待其他舱内货物一样，按第 5 条第 1 款负责并享受免责的保障，同时按照第 6 条享受责任限制权利。但是，对于甲板货的灭失或损坏如要求免责，和舱内货一样，承运人应负举证责任。

2. 承运人责任期间的规定

《海牙规则》规定承运人的责任期间是指从货物装上船时起，至卸下船时止的一段时间，即只有货物在船上这段时间才适用《海牙规则》。但是承运人在陆地接受货物，又在陆地向收货人交货的现象并不少见，如果货损发生在陆地，按《海牙规则》，承运人不负责任。

为了改变上述情况，《汉堡规则》扩大了承运人的责任期间。该规则第 4 条第 1 款规定，承运人对货物的责任期间，包括货物在装货港、运输途中和卸货港处于承运人掌管下的期间，即从收货到交货的整个期间。据此，货损不论发生在哪一段，只要是在承运人掌管之下，受损方均可向承运人索赔。

需要指出的是，承运人对货物的掌管期间有区域的限制，仅是指货物在装货港、运输途中和卸货港处于承运人控制之下的期间。如果承运人收受与交付货物在远离港口的地点

进行，则《汉堡规则》对此不适用。这种区域限制对承运人来说十分重要。至于什么是“货物在承运人的掌管之下”，按接受与交付货物的不同方式，有以下几种情况。

（1）接受货物的方式。

① 承运人从托运人或其代理人手中接受货物。该承运人接管货物，视为货物已处于承运人的掌管之下。

② 根据装货港适用的法律或规定，承运人必须从海关或港口当局接受货物。承运人的责任期间，从其自有关当局接管货物开始，视为货物处于承运人的掌管之下。如果货损发生在港口当局的保管期间，承运人对此不负责任。

（2）交付货物的方式。

① 将货物直接交付收货人，承运人责任即告结束。

② 收货人延迟接货时，承运人可以根据合同或按照卸货港适用的法律或特定习惯，将货物置于收货人的支配之下，承运人便可解除责任。

③ 根据卸货港适用的法律或规定，必须把货物交给所应交付的当局或第三方时，承运人的责任才告结束。

3. 承运人赔偿责任限制的规定

《汉堡规则》在第 6 条中，对承运人的赔偿责任限制做出了具体规定，包括以下几方面的内容。

（1）数量单位的计算。

《汉堡规则》参照《维斯比规则》的规定，采用件数或其他数量单位和重量并用的办法，以高者为准。凡重量轻、价值高的货物可以适用每件或每一装运单位的限制金额；凡重货可以适用每一千克的限制金额。《海牙规则》与《维斯比规则》对责任限制的数量单位，都只用“件或单位”，而《汉堡规则》采用“件或装运单位”，这是为了避免把单位解释为“运费单位”。有时货主提供集装箱，因其价值较高，所以《汉堡规则》将该运输工具作为一个装运单位，这是对《海牙规则》和《维斯比规则》的补充规定。

（2）责任限制的货币单位及金额。

《汉堡规则》采用国际货币基金组织所规定的“特别提款权”（SDR）作为计算赔偿金额的货币单位。对于责任限制的金额，考虑到黄金价格上涨的关系，《汉堡规则》规定为每件或其他装运单位 835 SDRs 或毛重每千克 2.5 SDRs，以较高者为准。这一责任限额比《维斯比规则》提高了 25%。

对于未参加国际货币基金组织的国家，按照本国法律又不能使用特别提款权时，按照第 26 条第 2 款可以不使用特别提款权，而使用金法郎来计算责任限额。即每件或其他装运单位 12 500 金法郎或按该货物毛重每千克 37.5 金法郎。把第 2 款所规定的金法郎数额折算成本国货币时，按有关国家法律规定办理。

（3）对延迟交货的赔偿责任限额。

《汉堡规则》第 6 条第 1 款第（2）项，是对延迟交货的责任限制新设立的条款。延迟交货的责任是按照运费计算的。如果是全部迟交，承运人的赔偿金额不超过运输合同规定的运费总额；如果部分迟交，则赔偿金额以迟交货物运费的 2.5 倍为限，同样不得超过合同规定的运费总额。第 6 条第 1 款第（3）项还规定，如果货物灭失、损坏和延迟交付同时发

生，则以该项货物全部灭失的赔偿限额作为承运人的总赔偿额，即每件或其他装运单位 835 SDRs 或毛量每千克 2.5 SDRs。

（4）对集装箱货物灭失或损坏的赔偿限额。

对集装箱货物发生灭失或损坏时如何计算赔偿数量单位，《汉堡规则》明确做出规定，其计算方法与《维斯比规则》的有关规定相类似。即，如果在集装箱货物的提单上注明了箱内小包件数量，则按小包件的数量赔付；如果提单上未注明箱内件数，则以整个集装箱为一件赔付。

4. 承运人责任限制权利丧失的规定

《海牙规则》没有关于承运人责任限制权利丧失的规定，而《维斯比规则》中增加了承运人责任限制权利丧失的规定。《汉堡规则》第 8 条第 1 款对此也做出规定：由于承运人本人的故意或重大违反义务而造成货物灭失、损坏或延迟交付时，承运人则丧失责任限制的权利。在第 8 条第 2 款中还规定，因同样理由丧失责任限制权利的人不限于承运人，还包括承运人的雇员或代理人。

5. 承运人与实际承运人赔偿责任的规定

《汉堡规则》在第 10 条和第 11 条中进一步规定了承运人与实际承运人对承运货物的责任和他们相互间的责任。第 11 条主要是针对“联运”情况下承运人与实际承运人的责任规定，对此已在“承运人责任”部分予以论述。第 10 条集中规定了承运人与实际承运人的赔偿关系，本条共规定了 6 款，从不同方面加以具体规定。

第 1 款首先规定了承运人的责任，即不论承运人是将全部还是将部分运输委托给实际承运人履行时，承运人必须对全程负责。同时还规定，尽管实际承运人的雇用人员或代理人不是承运人的直接雇用人员或代理人，但承运人对他们的作为或不作为也要负责。

第 2 款规定了实际承运人的责任，即，凡本公约承运人责任的所有规定，都适用于实际承运人对其所履行的运输责任。

实际承运人从承运人那里接受的可能是全部运输，也可能是部分运输，无论哪一种，都是根据实际承运人和承运人之间的签约履行的。实际承运人和托运人之间并没有直接关系，从合同的约束力来看，实际承运人应对承运人负责。但《汉堡规则》却规定实际承运人对托运人也要负责。这种责任并非根据合同产生，而是《汉堡规则》所规定的责任，这是成文法责任。而承运人对托运人所负的责任是提单或其他运输合同规定的责任。一般情况下，承运人向托运人赔付后，可向实际承运人追偿。而在《汉堡规则》下，由于明文规定了实际承运人对托运人直接负责，因此，当在实际承运人履行的运输部分发生货物灭失、损坏或延迟交付时，托运人可直接向实际承运人索赔，而不必先向承运人索赔。

第 3 款规定了一种特殊情况，即原来规定承运人与实际承运人应按《汉堡规则》对托运人负责，但如果承运人与托运人之间有特殊约定，且这种约定与《汉堡规则》不同，其责任高于《汉堡规则》所规定的责任，则托运人与承运人之间可以自由约定。但这只是承运人与托运人之间的约定，它与实际承运人无关，实际承运人并不受这种约定的影响，他仍按《汉堡规则》的规定对托运人负责。

第 4 款规定了承运人与实际承运人的连带责任。所谓连带责任，此处是指托运人既可向实际承运人索赔，也可以向承运人索赔。这种连带责任对托运人和收货人十分有利。

第 5 款规定，虽然承运人与实际承运人对托运人负有直接责任，但托运人取得的赔偿总额不得超过第 6 条规定的责任限额。

第 6 款规定了《汉堡规则》不影响承运人与实际承运人之间的追偿权利，这种追偿按双方订立的合同进行。

总之，根据《汉堡规则》第 10 条的规定，原则上承运人对全程运输负责。如果承运人与实际承运人对货损均应负责，则在此限度内他们对受损方负连带责任，但这不影响承运人与实际承运人间的追偿权利。

6. 非契约索赔的规定

《汉堡规则》第 7 条规定：不论索赔方是根据合同还是根据侵权行为提起诉讼，都不影响承运人享受各种辩护理由和责任限制。但如果这种诉讼是对承运人的雇用人员或代理人提起的，则《汉堡规则》与《维斯比规则》有所不同。按照《维斯比规则》的规定，只要承运人的雇用人或代理人不是独立的签约人，他就可享受承运人享有的权利，包括责任限制的权利。《汉堡规则》取消了《维斯比规则》中关于独立合同签订人除外的规定。在第 7 条第 2 款中没有规定的这样的限制，因此可以认为根据《汉堡规则》，独立的合同签订人也可援引承运人所享受的抗辩及其责任限制。但本款对雇用人或代理人同时又附加了“证明他是在受雇职务范围内行事”的限制。第 3 款还规定，在向承运人及其雇用人或代理人进行索赔时，从这些人方面所取得的赔偿总额，原则上不得超过本公约规定的限额。

（三）托运人责任的规定

《汉堡规则》对托运人的责任所作的规定，分为“一般规则”和“危险货物的特殊规则”。

1. 一般规则

一般规则是针对由于货物的原因给承运人造成损失的情况而定的。第 12 条规定：“托运人对于承运人或实际承运人所遭受的损失或船舶遭受的损坏不负赔偿责任，除非这种损失或损坏是由于托运人、托运人的雇用人或代理人的过失或疏忽所造成的。”这意味着，如果由于货物的原因给承运人造成损失，只要托运人或其雇用人、代理人没有过失，则托运人不负责。由此可见，托运人的责任也是过失责任（危险货物的规定中有例外）。但需指出的是，本条所规定的托运人责任与第 5 条第 1 款规定的承运人责任有不同之处，即关于举证问题。在承运人责任中举证由承运人负担。因为货物是在承运人的掌管之下，因此对于货物是怎样造成灭失或损坏的举证责任理应由承运人负担。而在托运人的责任中，托运人不负举证责任，这是因为托运人把货物交给承运人，如果造成灭失或损坏是货物本身的原因，当然应由承运人负责举证。

2. 危险货物的特殊规则

《汉堡规则》在第 13 条对危险物设立了专门条款。其规定与《海牙规则》基本一致，只是对某些方面做了补充。

第 1 款规定托运人以适当的方式，在危险货物上作危险标志或标签。这一点是对《海牙规则》的补充，《海牙规则》没有这种规定。尽管在业务中，托运人都要在危险货物上做出标志，但这不是根据《海牙规则》，而是根据惯例。《汉堡规则》将这一惯例作为公约本身的条款规定，并将其作为托运人的义务，其目的是为了引起装卸和保管人员的注意。

第 2 款规定了托运人通知的义务。除了应通知货物的危险性质以外，还要通知应采取的预防措施。通知预防措施的义务是《汉堡规则》对《海牙规则》的补充，一方面增加了托运人的责任，另一方面也防止了承运人采取不当的或超过实际需要的措施。第 2 款同时还规定，如果托运人未通知承运人，而且承运人也未从别处得知货物的危险性质时，承运人可以随时将危险品卸下或销毁，并且不负赔偿责任。托运人通知的对象仅限于订约承运人，如果订约承运人在航行途中把货物转给他船续运时，订约承运人应把货物的危险性质的通知转达给续运承运人，即实际承运人。托运人没有通知实际承运人的义务。

第 4 款规定，尽管托运人对货物危险性质作了通知，但当危险货物对生命、财产造成威胁时，承运人可以将他们卸下或销毁。这与《海牙规则》的规定也是一致的。但应注意《汉堡规则》所作的两点补充：承运人采取的措施受到一定的限制，即要“根据情况需要”；承运人如果在运送危险货物过程中有过失，则按第 5 条规定负责。

此外，按照第 3 款，虽然托运人未通知货物的危险性质，但订约承运人或实际承运人能从其他方面获得这种危险性质，则不能援引第 2 款的规定，而应按照第 4 款处理。

（四）提单的签发、内容及效力的规定

1. 提单的签发

关于提单的签发，《海牙规则》与《汉堡规则》都做出了规定。《海牙规则》第 3 条第 3 款规定，承运人、船长或承运人的代理人在接管货物以后，应按托运人的请求，签发提单给托运人。《汉堡规则》第 14 条第 1 款规定：“当承运人或实际承运人接管货物时，承运人必须按托运人的要求，签发给托运人一份提单。”由此可见两个规则对提单签发问题的规定基本相同。按英美航运惯例，如果与托运人订立运输合同的一方是船舶的租船人（期租或程租）时，由船长签字的提单上只对船舶所有人有约束力。至于租船人，除非他在提单上列明，否则可以免除责任。这个惯例与《海牙规则》中承运人应签发提单的规定相违背。《汉堡规则》中除承运人以外增加了实际承运人的概念。按照《汉堡规则》的规定，在上述情况下，船长签字的提单，不是对作为实际承运人的船舶所有人，而是对作为承运人的租船人有约束力。

2. 提单的内容

关于提单的内容，即提单所应记载的事项，《海牙规则》和《汉堡规则》分别做出了规定。但《海牙规则》比较笼统，而《汉堡规则》的规定比较具体。

《海牙规则》第 3 条第 3 款关于提单记载事项规定了：①货物的主要标志；②货物的件数、重量或数量，③货物的外表状态等三项内容。这三项内容的记载是强制性的。至于其他提单内容由承托双方根据航运惯例规定。《海牙规则》之所以要做出这三项强制性规定，是由于第 3 款与第 4 款相联系，按照第 4 款，提单是承运人按上述三项记载收到货物的初步证据。

《汉堡规则》在第 15 条第 1 款中列举了 15 项提单记载事项，几乎包括了通常的提单事项。这些是最低限度的要求，也是业务中的习惯做法。这 15 项内容如下。

（1）“货物的品类、识别货物所需要的主要标志，如属危险品，对货物的危险特性所作的明确说明，包数或件数及货物的重量或以其他方式表示的数量等，所有这些项目均由托运人提供。”

这项规定是对《海牙规则》第 3 条第 3 款的修改，即不仅要在提单列明货物的件数或包数，还要列明重量或容积。这一修改从法律责任的角度上讲有重要意义。适用《汉堡规则》的提单，如果同时列明件数和重量（或容积）两项，则对两项都要负责。承运人对提单上记载的重量或容积如未作保留批注，则该记载就产生证据效力，承运人不得以“货物重量等不详条款”解除自己的责任。

（2）货物的外表状况。其含义与《海牙规则》相同。

（3）承运人姓名和主营业所。《海牙规则》无此规定，《汉堡规则》增加这项的目的是承托双方联系方便。

（4）托运人姓名。

（5）托运人指定收货人时，收货人的姓名。

（6）海上运输合同规定的装货港以及货物由承运人在装货港接管的日期。《海牙规则》没有规定货物接管日期是必须记载的事项，而是要求按业务习惯办理。《汉堡规则》因为将承运人的责任期间延长，是以接管货物时开始责任的，因而增加此项规定。

（7）海上运输合同规定的卸货港。如货物需中途转船，则除目的港外，还应填写转船港。

（8）提单正本如超过一份时，提单正本的份数。

（9）提单的签发地名。

（10）承运人或其代表的签字。

（11）收货人应付的运费金额，或者应由收货人支付运费的其他表示。

《海牙规则》无此规定，《汉堡规则》为了保护收货人和提单受让人的利益，对此做出明确规定。

（12）第 23 条第 3 款所指的声明。本规定是要求在提单中声明：“约定的运输遵照本公约的各项规定，任何与它违背致使托运人或收货人受损的条款，一律无效。”

（13）如适用时，货物应在或可以在甲板上载运的声明。本项与第 9 条第 1 款相对应，即在提单上注明“货装甲板”字样。

（14）如经双方明确协议，货物在卸货港的交付日期或期限。这是《汉堡规则》的新规定。所谓货物在卸货港的交付期限，是指按第 5 条第 3 款双方约定的期限。

（15）按照第 6 条第 4 款约定的任何增加的赔偿责任限额。如果双方当事人按照第 6 条第 4 款约定增加赔偿责任限额，则应在提单中做出记载。

《汉堡规则》第 15 条第 2 款对签发“已装船提单”做出了规定，该款规定与《海牙规则》第 3 条第 7 款规定基本相同。本款的规定实际上是要求承运人签发“已装船提单”。第 15 条第 3 款规定：“提单缺少本条所规定的一项或几项，不影响该单证作为提单的法律性质，但该单证必须符合第 1 条第 7 款规定的要求。”

3. 提单的证据效力

《汉堡规则》在第 16 条第 3 款中对提单的证据效力问题做出了规定，即：除“本条第 1 款规定就有关事项和其范围做出许可的保留外：

（a）提单是承运人接管，或如签发‘已装船’提单时，装载提单所述货物的初步证据；

（b）如果提单已转让给诚实地信赖提单上有关货物的描述，而照此行事的包括收货人在内的第三方，则承运人提出与此相反的证据不予接受。”

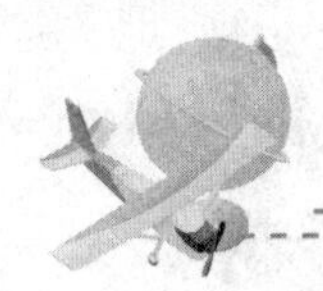

《海牙规则》第 3 条第 4 款规定了本款的（a）项部分内容，即上述规定的初步证据，而对（b）项部分则规定适用国内法，即英国的禁止翻供原则或大陆法的举证责任。

对于托运人，承运人可以提出与原记载不同的事实的证明予以对抗，即采用初步证据的原则；但提单作为“流通单证”，为保护信赖其记载的受让人，在对该受让人的关系中，不允许以提出与提单记载不同的事实的证明来对抗提单上的记载。在后一种情况下，应采用“最终证据”原则。为此，《维斯比规则》第 1 条第 1 款补充规定了相当于本款（b）的部分。

《汉堡规则》对提单证据效力问题的规定，与《维斯比规则》基本相同，凡提单上有关货物的记载，其中如有按本条第 1 款插入保留批注时，则除这一保留所涉及的范围外，都是承运人按其记载收受货物或货物已装船的推定（初步）证据。如果提单转让给信赖其记载的善意第三方时，则不再允许承运人提出与其记载相反的证据。由此可见，《汉堡规则》的规定，是根据不同的关系人来确定提单不同的证据效力。

（五）索赔通知和诉讼时效的规定

1. 索赔通知

《汉堡规则》第 19 条对“灭失、损坏或延迟交付的通知”（即索赔通知）做了规定。该规定是对《海牙规则》第 3 条第 6 款的修改与补充，第 19 条共有 8 款，修改与补充主要体现在以下三个方面。

（1）延长了“索赔通知”提出的时间（第 1、2 款）。

关于货物明显的损坏，《海牙规则》规定索赔通知应于货物交接时提出，而《汉堡规则》规定在提货后一个工作日内提出索赔通知，其理由是书写通知需要时间。

对不明显的货物损坏，《海牙规则》规定在 3 日内提出索赔通知，《汉堡规则》改为 15 日。其理由是检验货物需要一定的时间，尤其是对于不明显的损坏进行检验并写出通知仅 3 天是不够的，因而延长到 15 天是比较符合实际情况的。

（2）设立了关于“延迟交付损失的通知”新条款。

《海牙规则》没有关于延迟交付损失索赔的规定，在《汉堡规则》在第 19 条第 5 款中新增设了这一条款，规定收货人如果在提货后 60 天内未提出延迟交付损失通知，则失去索赔权。这一点与第 1 款的规定有所不同。按第 1 款的规定，如未按时提交灭失或损坏通知，仍有索赔权，因为不按时提交灭失或损坏通知，只是承运人以良好状态交付货物的“推定证据”，既然是推定证据就允许提出反证。

（3）设立了“承运人向托运人发出通知”的条款。

《汉堡规则》在第 7 款中规定，如因托运人的过失造成船舶等方面的损坏，承运人应在损害事故发生后或在交付货物后连续 90 天内，将损失通知送交托运人。之所以规定船方提交船损通知，是为了使货方能及时调查情况，如果拖延很久才提出船损索赔，会给货方造成搜集证据的困难。

2. 诉讼时效

《汉堡规则》在第 20 条中把诉讼时效的期限，从《海牙规则》的一年改为两年。同时规定承运人向托运人起诉的诉讼时效期限也是两年。《海牙规则》对后者未作规定。在两年时效期限届满时，根据索赔人的要求，还可以再延长。

关于时效期限的起算时间，《汉堡规则》规定自承运人交付货物之日起计算；如果货物灭失，自应当交付货物的最后一天起算，即自船舶应到目的港之日起算，这一点与《海牙规则》的规定相同。《汉堡规则》还规定时效期限起算的当天不包括在期限之内。《海牙规则》没有这种规定。

承运人向实际承运人追偿的诉讼时效也是两年，即使时效期满，承运人仍可追偿，但承运人应自接到货方的起诉传票或清偿了对货方的债务以后90天内，向实际承运人提出诉讼。在关于诉讼时效的各款规定中，最重要的是本条第 1 款的规定，即把诉讼时效由一年改为两年。

（六）公约适用范围的规定

《汉堡规则》扩大了其适用范围，第2条规定了以下5种情况可适用《汉堡规则》：

（1）运输合同中所规定的装货港位于一个缔约国内；

（2）提单在一个缔约国内签发；

（3）提单首要条款规定适用本公约；

（4）运输合同规定的卸货港位于一个缔约国内；

（5）运输合同规定的备选卸港之一为实际卸货港，且该港位于一个缔约国内。

在上述5种情况中，前3种是在《海牙规则》和《维斯比规则》中已做出规定的。《汉堡规则》适用范围的扩大，就在于规定了该规则也适用于卸货港在一个缔约国国内的情况。

（七）其他规定

《汉堡规则》第 7 部分的最后条款，对公约的一些程序性问题做出了规定。第 29 条保留条款是指加入本公约的保留，不是指提单上的保留，即加入本公约的国家不得提出不承认公约的某一项或者不把某一项列入国内法，并且不得做出任何类似的保留。要加入本公约，对于公约的全部规定就须全部接受，否则就是全部不接受，即不加入本公约。

《汉堡规则》第30条是生效条件的规定。

三、《汉堡规则》的意义

《汉堡规则》按第30条的规定，已于1992年11月1日生效。它的制定、通过和生效是广大发展中国家长期共同努力取得的胜利，它标志着第三世界在国际海运方面建立国际经济新秩序的努力取得的重大胜利，这对在世界经济领域内建立新秩序、改善发展中国家在国际贸易关系中的地位和条件将起到良好的作用。从经济角度来看，虽然《汉堡规则》是为了修改和补充《海牙规则》而制定的，其内容也是针对有关提单的各种问题，但它产生的作用，不只局限于海上运输，它的生效对国际贸易、航运、保险、银行业务等各个方面的发展以及有关法规的调整和制定都产生了一定的影响。从其对海上运输的影响来看，《汉堡规则》是在总结国际航运实践经验的基础上，本着平等互利的原则，废除了《海牙规则》中许多片面袒护承运人利益的、不合理享有的各项免责条款，加重了承运人对货运所应承担的责任，提高了责任赔偿限额，延长了承运人的责任期间，以及对货物提出索赔的时效等。总之《汉堡规则》对承运人与托运人双方的权利和义务做了比较明确、合理的规

定。这些规定既维护了货方的利益，又考虑了承运人的利益，从而使船货双方对货运所承担的风险趋于平衡。

【能力测试·国际货物买卖所涉及的运输法】

一、判断题

1. 各国法院有关租船合同条款争议解决的判决在本国有约束力，对别国也有参考作用。（ ）

2. 对托运人而言，提单是按提单所载收到货物的初步证据。（ ）

3. 大陆法认为，提单不是合同本身，只是合同条款的证据。（ ）

4. 在内陆收货站不能签发已装船提单，只能签发备运提单。（ ）

5. 按照《跟单信用证统一惯例》，除非信用证另有规定，否则银行拒绝接受不清洁提单。（ ）

6. 滞期费就其性质来说，按照英美法是一种罚金。（ ）

7. 在滞期费的计算上，除非合同另有规定，否则要遵循“一旦滞期，则始终滞期”的原则。（ ）

8. 留置权不是所有权，而是占有权。（ ）

9. 班轮条款适用于散装货。（ ）

10. FIOST 适用于包装货。（ ）

11. 虽然妨碍船舶工作达 24 小时才能停租，但停租应从事故发生时起算，而不是从 24 小时的末尾起算。（ ）

12. 在光船租赁合同中，船舶所有人完全放弃船舶的占有。（ ）

13. 只有船长是租船人的雇员时，才能肯定合同具有光船租赁的性质。（ ）

14.《联合国国际货物多式联运公约》采用网状责任制。（ ）

15. 多式联运公约以推定过失原则来确定联运人的赔偿责任。（ ）

16. 国际铁路货物联运协定适用于缔约国之间的铁路直通货物联运。（ ）

17. 空运托运单不是货物所有权凭证，不能流通。（ ）

二、名词解释

1. 提单　2. 已装船提单　3. 清洁提单　4. 提示提单　5. 租船合同
6. 多式联运　7. 海难　8. 航空提单　9. 留置权　10. 海运单

三、简答题

1. 简述提单及其作用。

2. 简述租船合同项下的提单。

3. 简述提单背书及其效力。

4. 简述提单与汇票在可转让性上的差别。

5. 适航性包括哪些内容？

6. 简述租船合同及其类型。

7. 简述航次租船合同中船舶所有人与租船人的义务与责任。

8. 简述定期租船合同中船舶所有人与租船的义务与责任。

9. 论述《海牙规则》、《汉堡规则》和我国《海商法》中有关承运人的义务与免责的主要规定。

四、案例分析题

1. “开洋丸”货轮以航次租船合同租出，运稻谷去亚历山大。后来，承租人又决定改航驶向比勒埃夫斯。承租人明知不经英国政府许可是不能在比勒埃夫斯卸下稻谷的，可是相信他能得到政府许可，于是在通知船方改航时，未将该情况告诉船方。承租人在取得船方同意后，要求“开洋丸”驶向比勒埃夫斯，该轮在塞得港被扣留，外交部不许可该船驶向比勒埃夫斯。试问：扣船损失由何方承担？为什么？

2. “南希·莱克斯”号班轮从美国的海湾沿岸经巴拿马运河驶往日本的神户和中国台湾的基隆。该船上装有通用机器公司国际经销部托运的三台机车。驶经巴拿马运河时，“南希·莱克斯”号需要补充燃料，因为加利福尼亚州的圣帕德罗港的油较便宜，所以，“南希·莱克斯”号没有从美国海湾到巴拿马运河沿线的港口加油，而是绕道去圣帕德罗港添加燃油。1978 年 5 月 4 日，“南希·莱克斯”号驶离圣帕德罗港后遇大风浪，5 月 5 日，通用机器公司的两台机车因绳索松断落水。试问：两台落水机车的损失应由谁负担？为什么？

3. 甲公司委托承运人运送一批货物给外国乙公司，乙公司收货时发现货损，乙公司认为货损是由于承运人未尽到适航义务所致，作为承运人的律师你从哪个角度维护承运人的利益？

4. 承运人在提单背面条款中有一条规定：货物因装卸中的不当操作而受损的，承运人不承担责任，除非这种不当属故意。这样的条款是否有效？

5. 英国货轮“ANRONG”号承运一批运往阿姆斯特丹的小麦从印度起航，为搭载船长在科威特的私人物品，该轮离开印度后先进入波斯湾，然后沿正常航线从红海经苏伊士运河及地中海进入大西洋，最后到达阿姆斯特丹，但到港日比预订日期晚了 20 天，货物市场价格 15 日前一落千丈，使货主蒙受巨大损失。问：

（1）承运人是否应当赔偿货主损失？

（2）上述货轮若在正常航线上遭遇暴风雨，由于运送的货物是小麦，船长为避免小麦受潮绕道 100 海里，避开雨区，造成到港迟延 3 天，是否应当承担由此给货主造成的损失？

6. “东风”号轮承运英国甲公司的货物，目的地是中国青岛，在运输途中由于船长指挥失当，船舶触礁导致 30 箱货物受损。船到青岛港后由于船员驾驶失误，船又撞到港口防波堤上，又有 25 箱货物受损。对这些损失，“东风”轮所属乙公司作为承运人是否要承担赔偿责任？

7. 中国甲公司与美国乙公司达成出口合同：棉花 1000 包，每包 500 美元，总计 500 000 美元，CIF 纽约，不可撤销的信用证付款。甲公司为货物投保平安险。承运船舶“SONNY”轮在运输途中发生火灾，造成两个舱位的棉花全部烧毁。问：该损失应如何承担？

8. 被告某土产公司在湛江港将其出口的木薯片交原告某远洋公司所属的 A 轮承运，货物装完后，被告申请水尺公估，测得木薯片重 16 443 吨，并将其申报承运人载于提单。为

了防止货物霉损，被告请求船长在航行途中开仓晒货。船长担心晒货会发生短重，为此，欲将大副收据中的“至卸货港发生短重，船长概不负责”的批注转入提单。为取得清洁提单，被告向原告出具了保函，保证承担短重责任。船方接受保函，签发了清洁提单。航行中船长多次开舱晒货。船抵达目的港后，木薯片短重567吨，原告向收货人赔偿70万法郎。为此，原告依保函向被告提出索赔，但被告拒绝。原告向法院起诉。该保函是否构成对第三人的欺诈？法院应如何判决？

9. 原告某远洋运输公司（以下简称远洋公司）所属“清水”轮第93航次于1990年8月26日抵达厦门，装载被告某商业对外贸易总公司（简称外贸公司）托运的5000吨白糖，后发现这批白糖有10%的脏色，1990年9月5日，“清水”轮大副在收货单上对此作了批注。同年9月16日，因信用证即将过期，被告为能及时出口货物结回货款，就出具保函要求原告开出清洁提单。保函言明：“如果收货人有异议，其一切后果均由发货人承担，船方概不负责……”原告接受其保函，并签发了清洁提单。“清水”轮于1990年9月29日抵达目的港科伦坡。收货人以货物有脏色为由，向斯里兰卡高等法院申请裁定对“清水”轮进行扣押，致使“清水”轮被扣达13天。远洋公司于1992年3月16日赔付给收货人16 233.67美元，收货人遂撤回起诉。1992年3月16日，远洋公司向外贸公司提出赔偿因其货轮被扣造成经济损失的请求。本案为换取提单所出具的保函对收货人是否有效？

10. 我国A公司与外国B公司于1992年10月20日签订了购买5250吨化肥的CFR合同，A公司开出的信用证规定，装船期限为1993年1月1日。由于B公司租来运货的“亚洲”号轮在开往某外国港口运货途中遇到飓风，结果使装货至1993年1月20日才完成。承运人在接受B公司保函的情况下，签发了与信用证条款一致的提单。依提单上载明的装船日期，预计船舶将于2月10日到达目的港，收货人已安排好了一切接货的工作，但该船却于2月25日才到达目的港，这时正赶上化肥的价格下跌，使A公司在出售化肥时的价格大大下降，另一方面由于收货人已为接货做好了运输工具和仓库的安排，化肥的延迟到港也造成收货人在这方面的损失。问：

（1）本案保函属于什么性质？

（2）本案承运人对因延迟到港引起收货人的损失是否应承担责任？

11. 1985年4月3日，原告福建省厦门经济特区物资供应公司（以下简称厦门物资供应公司）与香港华润艺林有限公司在香港订立TIS3—85558A号钢材购销合同，由华润艺林有限公司向厦门物资供应公司供应总金额95.95万美元的钢材。合同规定由卖方向买方提交空白背书全套已装船清洁提单，提单应注明“运费已付”字样。原告按合同规定将货款如数汇至华润艺林有限公司账上。1985年5月31日，这批货在德国汉堡装上被告欧洲—海外班轮公司所属“美女星”轮，欧洲—海外班轮公司签发了已装船清洁提单。

提单正面记载：RST37—2/DIN7100线材809件，重1 047.42吨，BS4449/197812米螺纹钢1 199捆，重3 104.91吨，合计2 008件，重4 152. 33吨。托运人是联邦德国通用钢材出口股份公司，收货人凭指示提货，装货港汉堡，卸货港厦门，运费在汉堡已预付。背面首要条款规定，本提单适用《海牙规则》及《维斯比规则》的有关规定。责任限制条款规定：承运人对货物的丢失与损坏所负责任，每件或每吨不超过500美元；管辖权条款规定，一切请求与争议须由船公司自行选择管辖国并由该国法院裁决。

1985 年 8 月 14 日，“美女星”轮抵达中国厦门港卸货。经厦门外轮理货分公司理货，发现该轮短卸 43 捆钢材。对此“美女星”轮船长在“货物溢短单”、“货物残损单”上签字确认。尔后，厦门进出口商品检验局对货物检验后出具《检验证书》，确认：“捆数短少 43 捆，重量短少了 102.02 吨，系发货前漏装所致”。

厦门物资供应公司向欧洲—海外班轮公司索赔，欧洲—海外班轮公司迟迟不作答复。1986 年 6 月 13 日，厦门物资供应公司向上海海事法院起诉，要求欧洲—海外班轮公司赔偿短交 43 捆钢材所造成的货损及利息计 29 174.79 美元。在法院庭审期间，厦门物资供应公司将请求赔偿的金额变更为 38 515.39 美元（其中货损 24 147.58 美元，1985 年 8 月至 1991 年 3 月按中国银行外汇贷款利率计算利息损失 14 367.81 美元）。上海海事法院按照最高人民法院 1986 年 1 月 31 日《关于涉外海事管辖的具体规定》关于航程终止地或卸货港为我国港口的国际海上货物运输合同纠纷，我国法院有管辖权的原则，决定立案受理。6 月 24 日，法院通过外交途径向欧洲—海外班轮公司送达应诉通知书及起诉状副本。10 月 24 日，欧洲—海外班轮公司在送达回证上签字确认收到应诉通知书及起诉状副本，但未提出答辩。1990 年 2 月 22 日、9 月 3 日，上海海事法院通过外交途径分别向欧洲—海外班轮公司送达传票，要求欧洲—海外班轮公司于 1990 年 6 月 22 日上午 9 时和 1991 年 3 月 21 日上午 9 时到上海海事法院出庭。欧洲—海外班轮公司分别于 1990 年 5 月 23 日、11 月 28 日在送达回证上签字确认收到上述两份传票，但届时未出庭，也未提出任何不到庭的意见及理由。问：

（1）提单签发人可否以部分钢材未装上船为由来对抗提单持有人（收货人）？

（2）本案受理法院对提单管辖权条款效力的处理是否正确？

第十章　国际货物买卖所涉及的保险法

学习目的与要求

本章主要讲述国际货物运输保险法，目前，国际上尚没有统一的货物运输保险法，主要通过各国国内法和保险合同确定各方的权利和义务。其中重点掌握国际货物运输保险合同和国际海运货物保险条款。

学习重点与难点

(1) 国际货物运输保险的基本原则。

(2) 国际货物运输保险合同。

(3) 中国海运货物保险条款。

(4) 英国海运货物保险条款。

(5) 中英海运货物保险条款的比较。

学习过程与内容

国际货物运输保险是国际商法的重要组成部分，国际货物运输保险不但可以给运输中的货物提供保障，而且还能为国家提供无形贸易的外汇收入。国际货物运输保险主要包括海上货物运输保险、铁路货物运输保险、公路货物运输保险、航空货物运输保险和邮包运输保险等。其中历史最悠久、业务量最大、法律规定最全的是海上货物运输保险。限于篇幅，本章主要介绍国际海运货物保险。

第一节　国际货物运输保险概述

一、保险的基本原则

（一）保险利益原则

保险利益指被保险人对保险标的所具有的合法的利害关系。依我国2009年修订的《保险法》第12条的规定，投保人对保险标的应当具有保险利益，投保人对保险标的不具有保险利益的，保险合同无效。此原则可以使被保险人无法通过不具有保险利益的保险合同获得额外利益，以避免将保险合同变为赌博合同。保险利益可以表现为现有利益、期待利益或责任利益。

1. 保险利益的成立需具备的要件

（1）必须是法律上承认的利益，即合法的利益；

（2）必须是经济上的利益，即可以用金钱估计的利益；

（3）必须是可以确定的利益。

我国《保险法》规定投保人对保险标的必须具有保险利益，主要是为了避免赌博行为的发生，预防道德风险的出现，限制损害赔偿的程度。

[例1] 按照保险利益原则，下列哪些当事人的投保行为无效？（　　）

A. 某甲为自己购买的一注彩票投保

B. 某乙为自己即将出生的女儿购买人寿险

C. 某丙为屋前的一棵国家一级保护树木投保

D. 某丁为自己与女友的恋爱关系投保

[答案] A、B、C、D。

2. 保险利益的确定

财产保险的投保人对因下列事由产生的经济利益具有保险利益：

（1）对保险标的享有物权；

（2）基于合同；

（3）依法应当承担的民事赔偿责任。

人身保险的投保人对下列人员具有保险利益：

（1）本人；

（2）配偶、子女、父母；

（3）前项以外与投保人有抚养、赡养或者扶养关系的家庭其他成员、近亲属。除前述规定外，被保险人同意投保人为其订立合同的，视为投保人对被保险人具有保险利益。

3. 保险利益的时效

财产保险合同订立时被保险人对保险标的具有保险利益但保险事故发生时不具有保险利益的，保险人不承担保险责任；财产保险合同订立时被保险人对保险标的不具有保险利益但发生保险事故时具有保险利益的，保险人应当依法承担保险责任。

人身保险合同订立时投保人对保险标的不具有保险利益的，保险合同无效；人身保险合同订立时投保人对保险标的具有保险利益，但是保险事故发生时不具有保险利益的，不

因此影响保险合同的效力。

[例 2] A 公司与 B 公司订立了一项国际货物买卖合同，价格条件为 CIF 价，B 公司向保险公司投保了一切险，该批货物在运输途中因风浪而受损。B 公司向保险公司提出索赔。问：

（1）B 公司在投保时对此批货物是否有可保利益？

（2）保险公司是否应对 B 公司的损失负责赔偿？

（二）最大诚实信用原则

这是指国际货物运输保险合同的当事人应以诚实信用为基础订立和履行保险合同，主要体现在订立合同时的告知义务和在履行合同时的保证义务上。诚实信用原则规定在我国民法通则的第 4 条。我国有关诚实信用原则的规定具体体现在告知义务上。在被保险人的告知义务上，我国《海商法》采用了无限告知主义与有限告知主义的结合。《海商法》第 222 条第 1 款涉及的是无限告知，要求合同订立前，被保险人应当将其知道的或者在通常业务中应当知道的有关影响保险人据以确定保险费率或确定是否同意承保的重要情况，如实告知保险人。第 2 款涉及的是有限告知的情况，规定保险人知道或者在通常业务中应当知道的情况，保险人没有询问的，被保险人无须告知。依《海商法》第 223 条的规定，被保险人故意未将重要情况如实告知保险人的，保险人有权解除合同，并不退还保险费。合同解除前发生保险事故造成损失的，保险人不负赔偿责任。保险活动具有不确定的保险风险和赔付风险，所以要求当事人讲求诚信，恪守诺言，不欺不诈，严格履行自己的义务。我国《保险法》第 5 条规定：保险活动当事人行使权利、履行义务应当遵循诚实信用原则。

1. 对投保人来讲，诚信原则主要表现为应当承担的两项义务

（1）在订立保险合同时如实告知义务，即应当将有关保险标的的重要情况如实向保险人陈述；

（2）履行保险合同中的信守保险义务。即严守允诺，完成保险合同中约定的作为或不作为义务。

2. 对于保险人，诚信原则表现为以下两项义务

（1）在订立合同时将保险条款告知投保人的义务，特别是保险人的免责条款；

（2）及时与全面支付保险金的义务。

[例 3] 在接近巴西边界的地区，玻利维亚政府在采取反对暴动者的行动时，通过名为“拉勃里亚”号的货船将给养运送给在亚马逊支流上的玻利维亚部队。玻利维亚政府的代理商是苏阿拉斯公司，该公司通过它的一个成员与支持暴动者的卡凡尔霍有联系。玻利维亚政府通过其代理商苏阿拉斯公司将在“拉勃里亚”号上的给养投保了货物运输保险并附加了战争险。卡凡尔霍装备的一支部队截击了“拉勃里亚”号，该批给养随之灭失。被保险人要求保险公司赔偿，保险公司认为苏阿拉斯公司在投保时未将有截击部队的情况告知保险人，因此保险公司对因此而遭受的损失不予赔偿。问：

保险公司对此项损失是否应予赔偿？为什么？

（三）近因原则

虽然我国《保险法》及《海商法》均没有对近因原则进行明文规定，但在国际货物运

输保险实践中，近因原则是常用的确定保险人对保险标的的损失是否负保险责任以及负何种保险责任的一条重要原则。近因原则，是指保险人按照约定的保险责任范围承担责任时，其所承保危险的发生与保险标的的损害之间必须存在因果关系。近因，是在造成保险标的损害的原因中，起主要的、决定性作用的原因，而不是最接近的原因。保险人只对近因造成的损害承担保险责任。

（四）损失补偿原则

损失补偿原则是指在保险事故发生而使被保险人遭受损失时，保险人必须在责任范围内对被保险人所受的实际损失进行补偿。国际货物运输保险合同属于补偿性的财产保险合同，因此，在发生超额保险和重复保险的情况下，保险人只赔偿实际损失，因为保险的目的是补偿，而不能通过保险得利。

（五）代位求偿原则

如果保险标的的损失是由于第三者的疏忽或过失造成的，保险人依保险合同向被保险人支付了约定的赔偿后，即取得了由被保险人转让的对第三者的损害赔偿请求权，也就是代位求偿权。我国《保险法》和《海商法》均规定了被保险人在保险人行使代位求偿权时应履行的义务，如提供必要的文件，协助保险人向第三者追偿，不得因放弃或过失而侵害保险人行使代位求偿权等。在代位求偿的名义上，依我国《海事诉讼特别程序法》第 94 条的规定，保险人应以自己的名义向第三人提起诉讼。

理解代位求偿权要注意把握以下几点：

（1）代位求偿权是一种债权转移。被保险人因保险人赔偿获得保险补偿后，被保险人和第三人之间债权债务关系仍然存在，保险人取得了被保险人对第三人享有的债权。

（2）代位求偿权中的保险事故是由第三人引起。

（3）代位求偿权的取得必须以保险人支付了保险金为基础，保险人在赔付后自动取得代位求偿权。

（4）代位求偿权的范围不得超过保险人的赔付金额。

（5）保险人以自己的名义行使代位求偿权，行使的对象是造成保险事故的第三人。

（6）保险事故发生后，保险人赔偿保险金之前，被保险人放弃对第三者请求赔偿的权利的，保险人不承担赔偿保险金的责任。保险人向被保险人赔偿保险金后，被保险人未经保险人同意放弃对第三者请求赔偿权利的，该行为无效。由于被保险人的过错致使保险人不能行使代位请求赔偿的权利的，保险人可以相应扣减保险赔偿金。

[例 4] 陈某将自己的轿车投保于保险公司。一日，其车被房东之子（未成年）损坏，花去修理费 1500 元。陈遂与房东达成协议：房东免收陈某 2 个月房租 1300 元，陈不再要求房东赔偿修车费。后陈某将该次事故报保险公司要求索赔。在此情形下，以下哪一个判断是正确的？（　　）

A. 保险公司应赔偿 1500 元　　B. 保险公司应赔偿 200 元

C. 保险公司应赔偿 1300 元　　D. 保险公司不再承担赔偿责任

[答案] D。

（7）除被保险人的家庭成员或者其组成人员故意造成保险事故以外，保险人不得对被保险人的家庭成员或者其组成人员行使代位请求赔偿的权利。

（8）代位求偿权仅适用于财产保险，不适用于人身保险。

[例 5] 1999 年 3 月 7 日，庄士威有限公司就 2600 小箱（装 20 大箱）面包添加剂和 1600 小箱发酵粉（装 20 大箱）向信诺国际保险（香港）有限公司投保从罗哈夫（Lo Havre）港经香港到广州的特殊海运险。庄士威有限公司将上述货物卖给顺发贸易公司，并于 3 月 30 日开具了发票，后将该批货物的保单背书转让。“远达”轮于 3 月 30 日装载了上述货物，并出具了落货收据、提单，记载发货人（或托运人）为“香港顺发贸易公司”，目的地汕尾，收货人为汕尾市外商投资企业服务公司。3 月 31 日，“远达”轮装完全部货物后开航前往汕尾，当晚 23：30 经香港火石洲海面时遇到风浪沉没，本案所涉货物全损。4 月 30 日，收货人汕尾市外商投资企业服务公司向信诺国际保险（香港）有限公司发函，称该批货物的所有权属顺发贸易公司，其只是代理所有权人办理该批货物在内地进口的报关等手续。5 月 6 日，顺发贸易公司致函信诺国际保险（香港）有限公司，称其同意由庄士威有限公司全权负责办理有关该批货物的索赔工作，并同意该批货物投保受益人为庄士威有限公司。6 月 23 日，庄士威有限公司向信诺国际保险（香港）有限公司出具权益转让书，确认收到原告的赔偿，授权信诺国际保险（香港）有限公司向相关责任人索赔。12 月 20 日，信诺国际保险（香港）有限公司更改为安达保险有限公司，即原告 ACE 保险有限公司。

原告 ACE 保险有限公司诉称：原告向庄士威有限公司签发了特殊海运保单，承保了 2600 小箱面包添加剂和 1600 小箱发酵粉从罗哈夫（LoHavre）港经由香港、汕尾转运至广州的海路运输的风险。1999 年 3 月 31 日，“远达”轮在承运该批货物往汕尾的途中，于香港海域沉没，原告承保的货物全部灭失。庄士威有限公司作为该批货物的保险受益人就货物的损失向原告索赔，原告对此赔付了 115 556.84 美元。无论是根据《中华人民共和国海事诉讼特别程序法》第 94 条的规定、合同当事人意思自治原则，还是债权转移的原理，原告都取得了代位求偿权。由于“远达”轮船员配备没有达到国家规定的最低船员标准、水密达不到要求、积载不当，“远达”轮在开航前和开航当时不适航。由于货损是“远达”轮的不适航引起的，被告作为“远达”轮船东是该批货物的实际承运人，对货物的损失应当承担赔偿责任。因此，请求广州海事法院判令：被告赔偿原告支付的保险赔偿金 115 556.84 美元及其利息 6500 美元（算至 2000 年 3 月 31 日）；被告承担一切诉讼费用。

被告辩称：（1）本案的准据法应是《海商法》，但保险法律关系的准据法应是英国《1906 年海上保险法》。（2）ACE 保险有限公司不是本案的适格原告。（3）保单承保的货物与被告承运的货物不是同一票货物。（4）被保险人转让保单无效，且保单受让人在发生保险事故时不具有保险利益。保险人未证明保险受益人向其索赔是合法有效的，且只证明了保险受益人单方认可保险人支付了保险赔偿金，未证明保险人事实上支付了保险赔偿金，故不享有代位求偿权。（5）由于被保险人的过错，保单约定的保险责任和风险在承保货物灭失时并未开始或已经免除。（6）货物灭失是由于海上或者其他可航水域的风险、危险或意外事故造成的，属于《海商法》规定的承运人可以免责的事由。

[问题] ACE 保险有限公司是否有代位求偿权？

[参考结论] ACE 保险有限公司不能行使代位求偿权。

[法理、法律精解] 本案是国际海上货物运输保险的代位求偿权案件。代位求偿权是财产保险特有的一项制度。根据各国财产保险的规定，保险公司赔偿之后可以取代被保险人向有责任的第三人求偿。广州海事法院在审理该案中，认定如下事实：因被告签发的SW990335号提单载明解决争议应适用中国法律，原告在庭审答辩和代理词中均表明适用中国法律，故本案应适用中华人民共和国法律。被告提出本案的保险法律关系应适用英国《1906年海上保险法》的主张，因被告不是本案所涉保险合同的当事人，无权援引保险合同条款。因此，对被告的该主张不予支持。根据《海商法》第 252 条关于保险标的发生保险责任范围内的损失是由第三人造成的，被保险人向第三人要求赔偿的权利，自保险人支付赔偿之日起，相应转移给保险人的规定，保险人实际支付了保险赔偿金是保险人取得代位求偿权的必备条件。若保险人未实际支付保险赔偿金，即使取得被保险人的权益转让书也不能取得代位求偿权。因此，原告应当举证证明自己实际支付了保险赔偿金，从而取得代位求偿权。本案原告仅提供了权益转让书，未提供支付保险赔偿金的合法有效的凭证，应承担举证不能的法律后果。其已取得代位求偿权的主张因没有事实和法律依据，不予支持。因此，对原告的诉讼请求不予支持。依照《海商法》第 252 条的规定，判决如下：驳回原告ACE保险有限公司对被告汕尾市航运公司的诉讼请求。案件受理费3 960美元，由原告ACE保险有限公司负担。如不服本判决，可在判决书送达之日起15日内，向本院递交上诉状及副本8份，上诉于广东省高级人民法院。

二、保险合同的学理分类

（一）财产保险合同与人身保险合同

财产保险合同和人身保险合同是以保险标的（前者是财产和有关利益，后者是人的寿命和身体）为依据对保险合同所作出的最基本的分类。财产保险合同是一种“填补损失”的合同；人身保险合同则是“保险金定额给付”的合同。

1. 财产保险合同的分类

（1）财产损失保险合同。以补偿财产的损失为目的，其保险标的限于有形财产。具体又分为企业财产保险合同、家庭财产保险合同、运输工具保险合同、货物运输保险合同及农业保险合同等。

（2）责任保险合同。也称第三者责任险，是指以被保险人依法对第三者应负的赔偿责任为保险标的的保险合同，在出现保险事故时，被保险人应当向第三者负赔偿责任，保险人依约向被保险人给付保险金。责任保险合同使被害者及时获得赔偿，而且保障被保险人因为履行损害赔偿责任所受到的利益损失。

责任保险依责任保险发生效力的方式，可分为自愿责任保险和强制责任保险；依承保的范围和对象，可以分为企业责任保险、职业责任保险和个人责任保险；依承保的险别，可以分为产品责任保险、公众责任保险、职业责任保险、机动车第三者责任险等。

责任保险合同的特征表现为：

① 保险人承担被保险人的赔偿责任。保险人对责任保险的被保险人对第三者的损害，可以依照法律的规定或者合同的约定，直接向第三人赔偿保险金。

② 责任保险的标的为一定范围内的侵权损害赔偿责任，非损害赔偿责任不能作为责任保险的标的，如行政责任、刑事责任等。

③ 责任保险不能及于被保险人的人身或其财产。责任保险的目的在于转移被保险人对第三者应当承担的赔偿责任，所以，当被保险人的人身或者财产发生损失时，保险人不承担保险责任。从这个意义上讲，责任保险合同是为第三人利益而订立的合同。

④ 保险最高限额给付。责任保险的保险金额是不确定的，在订立合同时不能预见赔偿金额，只能约定保险责任的最高限额。

⑤ 责任保险的被保险人因给第三人造成损害的保险事故而被提起诉讼的，除合同另有约定外，由被保险人支付的仲裁或者诉讼费用，由保险人承担。

保险合同一般规则都适用于财产保险合同。

[例 6] 甲以正常速度驾驶汽车（已投保）途中，突遇行人乙在非人行道处横穿公路，甲紧急刹车，但仍将其撞伤。保险公司在机动车第三者责任强制保险责任限额内对乙支付保险金后，乙尚有一部分损害未获赔偿。对于这部分损害赔偿费用的承担问题，下列哪一种说法是正确的？（　　）

A. 由保险公司承担赔偿责任　　B. 由乙自行承担

C. 由甲承担部分赔偿责任　　D. 由甲承担全部赔偿责任

[答案] C。

[例 7] 甲厂生产健身器，其产品向乙保险公司投保了产品质量责任险。消费者华某使用该厂健身器被损伤而状告甲厂。甲厂委托鉴定机构对产品质量进行鉴定，结论是该产品确有质量缺陷，后甲厂被法院判决败诉并承担诉讼费。在此情形下，乙保险公司应承担的保险赔偿责任应包括下列哪些范围？（　　）

A. 法院判决甲厂赔偿给华某的经济损失 30 000 元

B. 甲厂因上述诉讼所造成的名誉损失 20 000 元

C. 甲厂花去的鉴定费 8000 元

D. 甲厂承担的诉讼费 1500 元

[答案] A、C、D。

2. 人身保险合同的分类

（1）人寿保险合同。人寿保险合同的标的为被保险人的寿命，保险事故为被保险人的生存或死亡。人寿保险合同又可分为死亡保险合同、生存保险合同、生死两全保险合同、简易人身保险合同和年金保险合同。

（2）健康保险合同。又称为疾病保险合同，是指双方约定，投保人交纳保险费，当被保险人由于疾病、分娩以及由于疾病或者丧失劳动能力时，由保险人给付保险金的保险。

（3）伤害保险合同。又称为意外事故保险合同，是指在被保险人遭受意外伤害或者因意外伤害而致残、死亡时，由保险人支付保险金的保险。

（二）强制保险合同与自愿保险合同

这是依据保险合同实施的形式不同而进行的分类。

强制保险合同，又称法定保险合同，是指依据法律规定而强制实施的保险合同。例如

交通第三者责任险等。

自愿保险合同，是指投保人和保险人遵循公平互利、协商一致、自愿原则订立的合同。除法律、行政法规规定必须保险的以外，保险公司和其他单位不得强制他人订立合同。

（三）原保险合同与再保险合同

这是依据保险人的责任次序的不同而进行的分类。

原保险合同，又称为第一次保险合同，是指保险人对被保险人承担直接责任的原始保险合同。

再保险合同，又称第二次保险合同，是指保险人为了避免自己承保的业务遭受巨额损失，以承保的方式，将其业务部分转移给其他保险人。

（四）单保险合同与复保险合同

这是依据保险人的人数不同进行的分类。

单保险合同，是指投保人以一个保险标的、一个保险利益、一个保险事故向一个保险人订立保险合同的保险。

复保险合同，又称重复保险合同，是指投保人以同一保险标的、同一保险利益、同一保险事故分别向两个以上的保险人订立的保险合同。

我国《保险法》第 41 条第 2 款规定：复保险的保险金额总和超过保险价值的，各保险人的赔偿金额的总和不得超过保险价值。除合同另有约定外，各保险人按照其保险金额与保险金额总和的比例承担赔偿责任。

（五）足额保险合同、不足额保险合同和超额保险合同

这是依据保险金额与保险价值之间的关系为标准进行的分类。

足额保险合同，是指保险金额等于保险价值的保险合同。

不足额保险合同，是指保险金额低于保险价值的合同。对于不足额合同，保险人对被保险人损失的赔偿责任仅以保险金额为限，除合同另有约定外，保险人按照保险金额与保险价值的比例承担赔偿责任。

超额保险合同，是指保险金额超过保险价值的保险合同。我国《保险法》第 40 条第 2 款规定：保险金额不得超过保险价值；超过保险价值的，超过的部分无效。

[例 8] 甲公司就其全部财产向保险公司投保企业财产保险，交纳保险费 5 万元，约定保险金额 500 万元。当年夏天，因洪水灾害致甲公司财产损失 700 万元。有关该事件的下列表述哪个是正确的？（　　）

A. 甲公司与保险公司的保险合同自甲公司交纳全部保险费时成立

B. 保险公司应向甲公司赔付保险金 500 万元

C. 保险公司应向甲公司赔付保险金 700 万元

D. 因洪水为不可抗力，保险公司不承担赔付责任

[答案] B。

三、国际货物运输保险合同

（一）国际货物运输保险合同的订立

国际货物运输保险合同的订立是由被保险人以填制投保单的形式向保险人提出保险要求（即要约），经保险人同意承保，并就货物运输保险合同的条款达成协议后（即承诺后），保险合同即成立。投保单中须列明货物名称、保险金额、运输路线、运输工具及投保险别等事项。保险人应当及时向被保险人签发保险单或者其他保险单证，并在保险单或其他保险单证中载明当事人双方约定的合同内容。

（二）国际货物运输保险合同的内容

国际货物运输保险合同的内容主要包括下列几项：保险人名称，被保险人名称，保险标的，保险价值，保险金额，保险责任和除外责任，保险期间，保险费。

1. 国际货物运输保险合同的当事人

国际货物运输保险合同的当事人为保险人和被保险人。保险人是保险合同中收取保险费，并在合同约定的保险事故发生时，对被保险人因此而遭受的约定范围内的损失进行补偿的一方当事人。被保险人指在保险范围内的保险事故发生时受到损失的一方当事人。国际货物运输保险合同中的投保人一般也是被保险人。

2. 国际货物运输保险合同的保险标的

国际货物运输保险合同的保险标的主要是货物，包括贸易货物和非贸易货物。

3. 保险价值

保险价值是被保险人投保的财产的实际价值。投保人在投保时须说明所要投保的标的的价值，而准确地确定标的的实际价值是很困难的，因此，保险价值通常是由被保险人与保险人协商确定的。这个价值是估算形成的，因此它可以是标的的实际价值，也可能与实际价值有一定的距离。

4. 保险金额

保险金额指保险合同约定的保险人的最高赔偿数额。当保险金额等于保险价值时为足额保险；当保险金额小于保险价值时为不足额保险；当保险金额大于保险价值时为超额保险。财产保险中的保险金额通常以投保财产可能遭受损失的金额为限，即不允许超额保险，因为保险是以损失补偿为原则的，如果允许超额保险就等于被保险人可以通过保险赚钱。正因为如此，法律规定保险金额不得超过保险价值，超过保险价值的，超过部分无效。

5. 保险责任和除外责任

保险责任是保险人对约定的危险事故造成的损失所承担的赔偿责任。“约定的危险事故”就是保险人承保的风险。保险人承保的风险可以分为保险单上所列举的风险和附加条款加保的风险两大类，前者为主要险别承保的风险，后者为附加险别承保的风险。

除外责任就是保险人不承保的风险。保险所承保的是一种风险，所谓风险就是可能发生，也可能不发生。如果该风险必然发生则保险人是不承保的，因此，自然损耗这种必然发生的风险保险人通常会约定不予承保。市价跌落引起的损失属于间接损失，保险人也往往将其列入除外责任的范围。此外，被保险人的故意行为或过失造成的损失，属于发货人

责任引起的损失等不是由于自然灾害、意外事故或约定的人为风险引起的损失，保险人也不予承保。

6. 保险期间

保险期间也就是保险责任的期间。保险责任的期间有三种确定方法：

（1）以时间来确定，例如规定保险期间为 1 年，自某年某月某日起至某年某月某日止。

（2）以空间的方法来确定，例如规定保险责任自货物离开起运地仓库起至抵达目的地仓库止。

（3）以空间和时间两方面来对保险期间进行限定，例如规定自货物离开起运地仓库起至货物抵达目的地仓库止，但如在全部货物卸离海轮后 60 日内未抵达上述地点，则以 60 日期满为止。

7. 保险费和保险费率

保险费率是计算保险费的百分率。保险费率有逐个计算法和同类计算法之分。船舶保险的保险费率通常采用逐个计算法来确定，每条船舶的保险费率由保险公司依该船舶的危险性大小、损失率高低及经营费用的多少来确定。同类计算法指对于某类标的，保险人均采用统一的保险费率的方法。保险费是投保人向保险人支付的费用。保险费等于保险金额乘以保险费率。

（三）国际货物运输保险合同的变更

国际货物运输保险合同的变更，指在运输货物保险合同主体不变的情况下，对合同中原约定的某些内容进行的改变。国际货物运输保险合同的内容需要修改时，被保险人可以向保险人提出申请，由保险人出具保险批单，保险批单的效力大于保险单正文的效力。

（四）国际货物运输保险合同的终止

保险合同的终止可以由于各种原因。引起国际货物运输保险合同终止的情况主要有以下几种：（1）自然终止，指保险单的有效期限已届满。（2）义务已履行而终止，依保险单的规定，保险人已履行了赔偿责任，保险单的责任即告终止。（3）违约终止，指保险人因被保险人的违约行为而终止保险合同。（4）因危险发生变动而终止。（5）保险标的因保险事故之外的原因而灭失，从而使保险合同终止。

四、保险单

保险单（Policy）是证明保险合同内容的书面文件。按照保险惯例，保险单应载明下列事项：（1）被保险人的名称；（2）保险期间；（3）保险标的物；（4）承保的危险；（5）船名；（6）保险单的种类；（7）保险费；（8）保险金额；（9）保险人签署。英国保险法对于保险单的内容没有特殊要求，但如作为证据，应包括上述（1）、（3）、（4）、（6）、（8）、（9）六项。

保险单可以按保险价值、保险期限和承保方式的不同加以分类。

1. 按保险价值分类

（1）定值保险单（Valued Policy）。定值保险单是在保险单上载明保险人与被保险人约定保险标的价值的保险单。保险单上载明的保险价值可能是保险标的的实际价值，也可以

稍有出入。如有小的出入，只要被保险人是本着诚实信用的原则订立合同，就不影响合同的效力；但如果出入很大，是被保险人的有意欺骗，就可使合同无效。

[例 9] A 公司为一批价值 100 万美元的货物向保险公司投保了 80 万美元的定值保险。问：

① 如果被保险货物全部损失，保险人应赔偿被保险人多少美元？

② 如果被保险货物损失 50%，保险人应赔偿被保险人多少美元？

③ A 公司向保险公司投的是足额保险，还是不足额保险？

（2）不定值保险单（Unvalued Policy）。不定值保险单是在保险单上不载明保险标的价值，而留待以后确定的保险单

[例 10] 在不定值保险的情况下，被保险人为一批财产向保险公司投保，其保险金额为 50 万美元。问：

① 在出险时，如核定该批财产的市价为 50 万美元，保险公司应当赔付多少美元？

② 如核定该批财产的市价为 49 万美元，保险公司应当赔付多少美元？为什么？

③ 如核定该批财产的市价为 52 万美元，保险公司应当赔付多少美元？为什么？

定值保险单与不定值保险单的区别是，不定值保险单应由被保险人证明标的物的实际价值，而定值保险单上载明的价值是终结性证据。

2. 按保险期限分类

（1）航程保险单（Voyage Policy）。航程保险单是承保标的物从某一地点至另外一个或几个地点的合同。保险人对保险标的所负责任的期限，不是以某一段时间，而是以航程为限定。航程保险单不限于单程保险，也可以是多程保险。货物运输保险往往采用这种保险单。

（2）定期保险单（Time Policy）。定期保险单是对标的物在一定期间内承保的合同。保险人对保险标的所负责任的期限以某一段时间为限定。船舶保险较多采用定期保险单，运费保险也使用这种保险单。

3. 按承保方式分类

（1）流动保险单（Floating Policy）。流动保险单亦称不定名保险单，船名在订约时不能预先订明。流动保险单载明保险的总条件，而将船名和其他细节留待以后申报。流动保险单是对一定期间内陆续装船出口的货物采取总保险的办法。按照这种保险单，保险人与被保险人双方事先约定保险期限、承保的危险、保险总金额以及保险费率等。每批货物出运后，被保险人立即将船名和其他细节申报保险人，保险人即自动承保。当保单所承保的总金额申报完毕，即全部保足。被保险人预先支付一部分保险费，保单到期时结算。

（2）预约保险单（Open Policy）。预约保险单亦称开口保单，是对陆续装船出口的货物订立总保险的另一种办法，较流动保险单更为灵活。而每次出运货物的详细情况，如货物数量、价值、船名、起讫港等仍须向保险人申报。在法律上每批货物视作独立的保险，并分别计算保险费。按照这种保单，保险人与被保险人事先约定保险范围，订立预保合同，在这个范围内的货物，经被保险人申报后，全部由保险人自动承保。合同内只规定保险范围、保险责任、保险费率和总的保险限额。预约保险单通常载有保险人对每艘船舶所有负责的最大限额和地点条款。对被保险人申报的每批出运的货物，保险人发给保险凭证。在

大量投保的情况下，预保方式可以节省手续费用。预约保险单连同保险凭证，在出口贸易中已成为最普通的保险形式。

流动保单与预约保单的区别在于：流动保单是被保险人买进的一张固定保单，这张保单一旦申报完毕即告用完；而预约保单不会用完，它在保险期限内承保保单范围内的一切风险。

第二节　国际海运货物保险条款

一、国际海运货物保险保障范围

海运中的货物易遭受海上各种风险的威胁，从而导致货物损失或同时产生有关的费用。因此，保障的范围为风险、损失和费用。在保险业务中，风险、损失、费用和险别之间有着密切的联系。即风险是导致损失和费用的原因，险别是具体规定保险人对风险、损失和费用予以保障的责任范围。要弄清各种险别的内容，首先必须对风险、损失和费用有正确的理解。

（一）风险

风险包括海上风险和外来风险两大类。

1. 海上风险

海上风险（Perils of the Sea）是指船舶或货物在海上运输过程中发生的或随附海上运输所发生的风险，包括自然灾害和意外事故。

（1）自然灾害（Natural Calamity）。自然灾害是指不以人的意志为转移的自然界力量所引起的灾害。如恶劣气候（八级以上飓风、三米以上大浪等）、雷电、海啸、地震、洪水、火山爆发、浪击落海等。

（2）意外事故（Fortuitous Accidents）。意外事故是指由于偶然的、难以预料的原因造成的事故。如船舶搁浅、触礁、沉没、碰撞、失踪、失火、爆炸等。

2. 外来风险

外来风险（Extraneous Risks）是指由于海上风险以外的其他外来原因引起的风险，包括一般外来风险和特殊外来风险两类。

（1）一般外来风险。如玷污、渗漏、破碎、受热受潮、串味、生锈、钩损、淡水雨淋、短少、偷窃提货不着、短量、碰损。

（2）特殊外来风险。如战争、罢工；交货不到、拒收等。

（二）损失

由海上风险和外来风险造成的损失。以下主要介绍海上损失。海上损失分类如图 10-1所示。

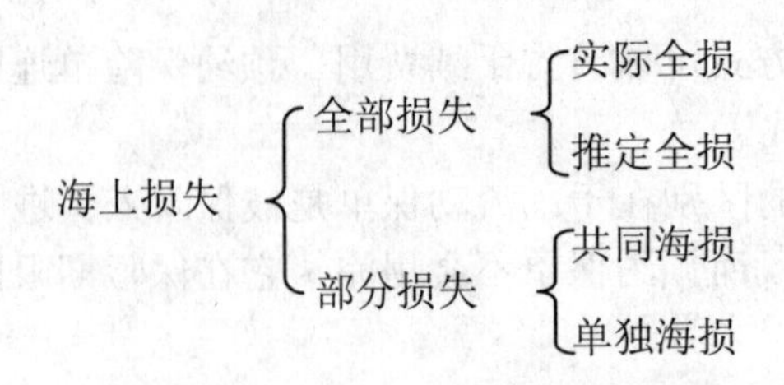

图 10-1 海上损失分类

1. 全部损失（Total Loss）

（1）实际全损（Actual Total Loss）。实际全损指被保险货物完全灭失或完全变质，或者货物实际上已不可能归还被保险人。构成实际全损的情况有以下四种：

① 保险标的物完全灭失（如货船沉入大海）；

② 标的物丧失已无法挽回（如船只被海盗劫去）；

③ 标的物丧失商业价值（或原有用途，如茶叶经水泡后不能饮用）；

④ 船舶失踪（半年无音讯）。

（2）推定全损（Constructive Total Loss）。推定全损指货物发生保险事故后，认为实际全损已经不可避免，或者为避免发生实际全损所需支付的费用与继续将货物运抵目的地的费用之和超过保险价值的，称为推定全损。构成推定全损的情况有以下四种：

① 保险货物受损，修理费用要超过货物修复后的价值；

② 保险货物受损，整理和续运到目的地费用超过到达目的地的价值；

③ 保险货物的实际全损已无法避免，或者为了避免实际全损需施救费用将超过获救后的标的价值；

④ 保险标的遭受保险责任范围内的事故，使被保险人失去标的所有权，而收回这一所有权所需花费的费用，将超过收回后的标的价值。

（3）实际全损和推定全损的区别。实际全损时，不须办理委付手续，而要求保险人全部赔偿。推定全损时，被保险人若要求全损赔偿时，必须办理委付手续，否则，保险人按部分损失进行赔偿，而被保险人则保留对残余货物的所有权。

所谓委付（Abandonment），指被保险人在保险标的处于推定全损状态时，向保险人声明愿意将保险标的的一切权益，包括财产权及一切由此而产生的权利与义务转让给保险人，而要求保险人按全损给予赔偿的行为。各国的保险法对委付有严格规定，一般必须符合下列条件：

① 委付通知须及时发生；

② 委付时必须将被保险货物进行全部委付；

③ 委付不能附带任何条件；

④ 委付必须经过保险人的承诺才能生效。

在具体做法上，被保险人应以书面方式或口头方式向保险人发出委付通知（Notice of Abandonment）。这时，保险人有两种选择：一是对被保险人按全损进行赔偿，并接受委付；二是对被保险人按全损进行赔偿，但不接受委付。

[例 11] 在 1961 年的 Sanday & Co. V. British and Foreign Marine Insurance Co. （[1961]1

A. C. 650 [H. L.]）一案中，一艘英国货轮载运 Sanday 公司的货物运往德国的汉堡，在运输途中英德发生战争，依当时的英国法禁止英国人与敌人进行贸易。由于依英国法继续航次已成为非法，于是载货轮的船长命令返航并将货物卸在了英国，货物被保险人 Sanday 公司向保险人以推定全损索赔。问：该案是否构成推定全损？

[例 12] 在两伊战争中，某轮运载水泥停在伊拉克一港口内，由于伊拉克政府禁止该轮与其他船舶离港，该轮船东及船上货物的货主均发出了委付通知，向保险人以推定全损索赔。问：

（1）该案推定全损是否成立？

（2）如推定全损成立，则保险人是否必须接受委付？

2. 部分损失

部分损失（Partial Loss）指被保险货物的损失没有达到全部损失的程度。

按损失性质划分，部分损失分为共同海损和单独海损。

（1）共同海损（General Average）。

① 共同海损由两部分组成。一是共同海损牺牲，指造成船、货等本身的损失。如为摆脱危险或降低危险程度而砍断的船舶的桅杆和帆篷以及被抛弃的部分货物属牺牲。二是共同海损费用，指共同海损措施引起的费用损失。如拖带费、救助费、在避难港的引航费和港口费等费用。

这些牺牲和费用在船舶到达目的港后，由船东、货主、承运人和其他财产所有人按其获救的财产价值比例分摊。

② 共同海损的构成条件。

a. 危险必须是共同面临的。仅某一利益方面临的危险，不得列入共同海损。如冷冻机出现毛病使冷藏货面临损害，或船舶停靠某港修理产生的费用。

b. 共同危险必须是真实的。凭主观推断的危险不是真实危险。如某轮载有松香，由于蒸汽从船上的破裂管道中冒出而使松香受热过度，而船长误认为蒸汽是烟，以为船舱起火，便将蒸汽灌入货舱，致使货损，这不是海损。

c. 措施必须是有意的、自愿采取的。如船舶发生火灾引水入舱是有意采取的。

d. 海损必须是特殊的。指不是由于海上危险造成的损失，而是为了解除这种危险而人为造成的特殊损失或支付的特殊费用，如海水涌入舱内致货损则不是。

e. 措施必须是合理的。即以最小的损失换取共同安全。如船舶搁浅时应抛弃廉价的重货，并掌握好抛货数量。

f. 措施必须是有效的。“有效”指采取措施的结果保证了船、货的共同安全。若没有获救则海损不成立，因为获救财产是分摊的基础。

③ 共同海损的理算。按“约克—安特卫普规则”（York-Antwerp Rules）处理。我国按 1975 年《北京理算规则》处理。

分摊金额=分摊价值（船、货、运费）×[GA 损失金额÷GA 分摊价值（包括 GA 损失额）]×100%

（2）单独海损（Particular Average）。

① 单独海损指在海上运输中，由于保单承保风险直接导致的船舶或货物本身的部分损

失。单独海损仅指保险标的本身的损失，并不包括由此而引起的费用损失。

② 免赔率及其计算。目前国际上仅对一些特定货物（如散装粮食或易碎易破以及容易蒸发的货物）才规定免赔率。若保险合同中不规定免赔率，则称为“不计免赔率”（Irrespective of Percentage），简写为“IOP”。

免赔率指保险人对于保险货物在运输途中发生的货损货差，在一定比率内不负赔偿责任。如玻璃破碎率为5%，则是正常现象，非属偶然事故。

免赔率包括以下两种。

第一，绝对免赔率。绝对免赔率（Deductible）指保险人只赔偿超过免赔率的部分损失，而对免赔率内的损失不予赔偿。如陶瓷免赔率为5%，若实损达12%，则只赔7%的损失额。

第二，相对免赔率。相对免赔率（Franchise）指保险人对免赔率内损失不赔，如损失超过免赔率，则全部损失都要赔。如上例，实际损失为12%，则保险人要赔12%的损失；如不足5%则不赔。

③ 共同海损与单独海损的区别。

a. 致损原因不同。单独海损是客观风险所致，而共同海损则是人为的。

b. 承担责任不同。单独海损受损方自行负担，而共同海损受益各方按受益大小比例分摊。

c. 损失内容不同。单独海损是被保货物，而共同海损除保险标的外，还包括支出的特殊费用。

[例 13] 某货轮从天津新港驶往新加坡，在航行途中，货舱起火并蔓延到机舱，船长为了船、货的共同安全，决定往货舱中灌水灭火。火虽被扑灭，但由于主机受损无法继续航行。于是船长决定雇用拖轮将货船拖回天津新港修理，检修后重新驶往新加坡。事后调查，此次事件造成的损失有：（1）1000箱货物被火烧毁；（2）600箱货物由于灌水灭火受损失；（3）主机和部分甲板被火烧坏；（4）拖船费用；（5）额外增加的燃料和船长、船员工资。

[问题] 上述各项损失中，哪些是共同海损？哪些是单独海损？

[参考结论] 共同海损部分包括（2）、（4）、（5）；单独海损部分包括（1）、（3）。

[法理、法律精解] 共同海损是指在海上运输中，船舶、货物遭遇共同危险，船方为了共同安全，有意又合理地做出特别牺牲或支出的特殊费用。单独海损是指货物由承保风险引起的不属于共同海损的部分损失。根据上述概念，（2）、（4）、（5）项属于共同海损，（1）、（3）项属于单独海损。

[例 14] 我国A公司与某国B公司于1995年10月20日签订购买52 500吨化肥的CFR合同。A公司开出信用证规定，装船期限为1996年1月1日至1月10日，由于B公司租来运货的“雄狮”号在开往某外国港口途中遇到飓风，结果装货至1996年1月20日才完成。承运人在取得B公司出具的保函的情况下签发了与信用证条款一致的提单。“雄狮”号于1月21日驶离装运港。A公司为这批货物投保了水渍险。1996年1月30日“雄狮”号途经达达尼尔海峡时起火，造成部分化肥烧毁。船长在命令救火过程中又造成部分化肥湿毁。由于船在装货港口的延迟，使该船到达目的地时赶上了化肥价格下跌，A公司在出售余下的化肥时价格不得不大幅度下降，给A公司造成很大损失。

[问题]（1）途中烧毁的化肥损失属什么损失，应由谁承担？为什么？

（2）途中湿毁的化肥损失属什么损失，应由谁承担？为什么？

（3）A 公司可否向承运人追偿由于化肥价格下跌造成的损失？为什么？

[参考结论]（1）途中烧毁的化肥损失属单独海损，应由保险公司承担损失。

（2）途中湿毁的化肥损失属共同海损，应由 A 公司与船公司共同承担。

（3）A 公司可以向承运人追偿由于化肥价格下跌造成的损失。

[法理、法律精解]（1）根据单独海损的概念，途中烧毁的化肥属于单独海损，而不是共同海损。本案是 CFR 合同。根据 CFR 术语，保险由买方办理，买方 A 公司又投保了水渍险，而水渍险的赔偿范围包含单独海损，因此，对于该损失，买方可以向保险公司索赔。

（2）因船舶和货物遭到了共同危险，即船舶起火，船长为了共同安全，有意又合理地采取了共同海损措施，即下令灌水灭火，因此造成的化肥的湿毁属于共同海损。该损失由 A 公司与船公司共同承担。由于 A 公司已向保险公司投保了水渍险，而共同海损也在水渍险的承保范围之内，因此，买方就其分摊的部分共同海损损失可以向保险公司索赔。

（3）A 公司可以向承运人追偿由于化肥价格下跌造成的损失。因为化肥价格下跌的原因是承运人迟延装船，即运输延迟造成。而对于运输延迟，保险公司不予承保，即运输延迟属于保险的除外责任。因此，对于化肥价格下跌的损失，保险公司不会予以赔偿，而承运人又对此负有责任，且倒签提单，因此，A 公司有权向承运人追偿。

（三）费用

1. 海上费用

海上费用包括以下两种。

（1）施救费用（Sue and Labour Expenses）。施救费用指当保险标的遭遇保险责任范围内的灾害事故时，被保险人为防止损失扩大而采取抢救措施所支出的费用。

（2）救助费用（Salvage Charge）。救助费用指当保险标的遭遇保险责任范围内的灾害事故时，由保险人和被保险人以外的第三者采取救助行动，而向其支付的费用。

2. 施救费用和救助费用的区别

（1）采取行为的主体不同。施救费用为被保险人；救助费用为第三人。

（2）给付报酬的原则不同。施救费用无论有无效果，保险人均予赔偿；救助费用则“无效果，无报酬”。

海上救助是建立在人道主义基础上的，按国际惯例（国际法），若对遇难船舶见危不救，轻者吊销船长、船员的资格证书，重者给予刑事处分。

二、中国海运货物保险条款

为了适应我国对外经贸的需要，中国人民保险公司于 1956 年起陆续制定了各种涉外保险业务条款，总称为“中国保险条款”（China Insurance Clauses，CIC），运输货物保险条款（包括海上、陆上、航空及邮包等方式）是其中的重要组成部分。

（一）海运货物保险险种

根据 1981 年 1 月 1 日生效的《中国保险条款》的规定，海洋运输货物保险的险别可分为基本险和附加险两大类。

1. 基本险

基本险是保险人对承保货物承担最基本保险责任的险别，是投保人必须投保而且可以单独投保的险别。基本险包括平安险、水渍险和一切险三种。

（1）平安险（Free From Particular Average，FPA）。平安险又称单独海损不赔险，是保险人承保责任最小的一种基本险。平安险承保范围包括：海上风险造成的全损；海上风险造成的共同海损；意外事故造成的单独海损；自然灾害造成的 PA 不负责（除非其前后船舶发生过意外事故）。

（2）水渍险（With Particular Average，WPA 或 WA）。水渍险又称单独海损要赔偿险，保险人的承保责任要大于平安险。水渍险包含了平安险的承保范围。水渍险的承保范围包括：海上风险造成的全损；海上风险造成的共同海损；意外事故造成的单独海损；自然灾害所造成的单独海损。

（3）一切险（All Risks，AR）。保险人的承保责任要大于水渍险，是保险人承保责任最大的一种基本险。一切险的承保范围包括：海上风险造成的全损；海上风险造成的共同海损；意外事故造成的单独海损；自然灾害所造成的单独海损；一般外来原因所造成的损失。一切险包含了水渍险、平安险的承保范围，还包括一般附加险。

我国的《海洋运输货物保险条款》对上述险别的责任范围做出了明确的规定。

2. 附加险

附加险是对基本险的补充，是投保人投保基本险之后，又增加投保的险别。附加险不能离开基本险而单独投保。附加险分为一般附加险和特殊附加险。

如果已经投保了“一切险”就不需要再投保一般附加险，因为“一切险”的范围已经包括一般附加险了。但“一切险”并非承保一切风险造成的损失。特殊附加险不属于“一切险”的责任范围，如有必要，须另行投保并支付保费。投保水渍险或平安险不包含任何附加险，根据需要，投保人可再加保某种或某几种一般附加险，并要加付保费。

（1）一般附加险。一般附加险（General Additional Risk）所承保的是由于一般外来风险所造成的全部或部分损失，其险别共有下列 11 种。

① 偷窃提货不着险（Theft, Pilferage and Non-Delivery Risk，TPND）。承保被保险货物因偷窃行为所致的损失，和整件提货不着等的损失。

② 淡水雨淋险（Risk of Fresh Water and /or Rain Damage，FWRK）。承保被保险货物因直接遭受雨淋或淡水所造成的损失。

③ 碰损破碎险（Risk of Clash and Breakage）。承保被保险货物在运输过程中因震动、碰撞、受压所造成的破碎和碰撞损失。

④ 渗漏险（Risk of Leakage）。承保被保险货物在运输过程中因容器损坏而引起的渗漏损失，或用液体储藏的货物因液体的渗漏而引起的货物腐败等损失。

⑤ 钩损险（Risk of Hook Damage）。承保被保险货物在装卸过程中因遭受钩损而引起的损失，并对包装进行修补或调换所支付的费用负责赔偿。

⑥ 混杂玷污险（Risk of Intermixture and Contamination）。承保被保险货物在运输过程中因混进杂质或被玷污所造成的损失。

⑦ 锈损险（Risk of Rusting）。对被保险的金属或金属制品一类货物在运输过程中发生

的锈损负责赔偿。

⑧ 短量险（Risk of Shortage）。承保被保险货物在运输过程中因外包装破裂或散装货物发生数量散失和实际重量短缺的损失，但不包括正常的途耗。

⑨ 串味险（Risk of Taint of Odour）。承保被保险的食用物品、中药材、化妆品原料等货物在运输过程中因受其他物品的影响而引起的串味损失。

⑩ 包装破损险（Risk of Damage Caused by Breakage of Packing）。承保被保险货物在运输途中因搬运或装卸不慎，致使包装破裂所造成的短少、玷污等损失。此外，为继续运输安全需要而产生的修补包装或调换包装所支付的费用也均由保险公司负责赔偿。

⑪ 受热受潮险（Risk of Damage Caused by Sweating and/or Heating）。承保被保险货物在运输过程中因气温突变或由于船上通风设备失灵致使船舱内水汽凝结、发潮或发热所造成的损失。

（2）特殊附加险。特殊附加险（Special Additional Risk）承保由于特殊外来风险所造成的全部或部分损失，共有下列 8 种。

① 战争险（War Risks）。根据中国人民保险公司海洋运输货物战争险条款，海运战争险负责赔偿直接由于战争、类似战争行为和敌对行为、武装冲突或海盗行为所致的损失，以及由此而引起的捕获、拘留、扣留、禁止、扣押所造成的损失。还负责各种常规武器（包括水雷、鱼雷、炸弹）所致的损失以及由于上述责任范围而引起的共同海损的牺牲、分摊和救助费用。但对使用原子或热核武器所造成的损失和费用不负赔偿责任。战争险的保险责任起讫是以水上危险为限，即自货物在起运港装上海轮或驳船时开始，直到目的港卸离海域或驳船时为止。如不卸离海轮或驳船，则从海轮到达目的港的当日午夜起算满 15 天，保险责任自行终止；如在中途港转船，不论货物是否在当地卸货，保险责任都以海轮到达该港或卸货地点的当日午夜起算满 15 天为止，俟再装上续运海轮时恢复有效。

② 罢工险（Strike Risks）。根据中国人民保险公司货物运输罢工险条款，对被保险货物由于罢工、工人被迫停工或参加工潮、暴动等人员的行动或任何人的恶意行为所造成的直接损失，和上述行动或行为所引起的共同海损的牺牲、分摊和救助费用负责赔偿。但对在罢工期间由于劳动力短缺或不能使用劳动力所造成的被保险货物的损失，包括因罢工而引起的动力或燃料缺乏使冷藏机停止工作所致的冷藏货物的损失，以及无劳动力搬运货物，使货物堆积在码头淋湿受损，不负赔偿责任。罢工险对保险责任起讫的规定与其他海运货物保险险别一样，采取“仓至仓”条款。按国际保险业惯例，已投保战争险后另加保罢工险，不另增收保险费。如仅要求加保罢工险，则按战争险费率收费。

③ 交货不到险（Risk of Failure to Delivery）。对不论什么原因，从被保险货物装上船舶时开始，不能在预定抵达目的地的日期起 6 个月内交货的，负责按全损赔偿。

④ 拒收险（Rejection Risk）。对被保险货物在进口港被进口国的政府或有关当局拒绝进口或没收，按货物的保险价值负责赔偿。

⑤ 舱面险（On Deck Risk）。对被保险货物存放舱面时，除按保险单所载条款负责外，还包括被抛弃或被风浪冲击落水在内的损失。

⑥ 黄曲霉素险（Aflatoxin Risk）。对被保险货物因所含黄曲霉素超过进口国的限制标准，被拒绝进口、没收或强制改变用途而遭受的损失负责赔偿。

⑦ 进口关税险（Import Duty Risk）。当被保险货物遭受保险责任范围以内的损失，而被保险人仍须按完好货物价值完税时，保险公司对损失部分货物的进口关税负责赔偿。

⑧ 货物出口到香港（包括九龙）或澳门存仓火险责任扩展条款（Fire Risk Extension Clause，FREC—for storage of cargo at destination HongKong, including Kowloon, or Macao）。被保险货物运抵目的地香港（包括九龙在内）或澳门卸离运输工具后，如直接存放于保单载明的过户银行所指定的仓库，本保险对存仓火险的责任至银行收回押款解除货物的权益为止，或运输险责任终止时起满 30 天为止。

（二）海运货物保险基本险的责任起讫与除外责任

1. 海运货物保险基本险的责任起讫

（1）原则上采用“仓至仓条款”（W/W），即发货人仓库至收货人仓库。

（2）保险货物没有进入收货人仓库，则从目的港卸离海轮时起算满 60 天。

（3）当被保险货物在运至目的地以前的某一仓库而发生分配、分派情况时，保险责任从运抵该仓库时为止。

（4）在上述保险期内若需转运至非保单所载目的地时，则从开始转运时终止。

2. 海运货物保险基本险的除外责任

海运货物保险对下列损失不负赔偿责任：

（1）被保险人的故意行为或过失所造成的损失；

（2）属于发货人责任所引起的损失；

（3）在保险责任开始前，被保险货物已存在品质不良或数量短差所造成的损失；

（4）被保险货物的自然损耗、本质缺陷、特性以及市价跌落、运输延迟所引起的损失或费用；

（5）海运货物战争险和罢工险条款规定的责任范围和除外责任。

[例 15] 我国某公司按 CIF 条件向国外出口坯布 300 包，并投保了水渍险，货物在运输途中因船舱内淡水管道有滴漏，致使其中的 30 包浸有水渍。

[问题] 保险公司是否对此损失予以赔偿，为什么？

[参考结论] 保险公司不应赔偿。

[法理、法律精解] 根据中国人民保险公司的保险条款以及伦敦保险条款，货物被船舱内淡水浸泡的风险不属于水渍险的承保范围，而属于一切险的承保范围。

[例 16] 我国某公司按 CIF 条件向南美某国出口花生酥糖 1000 箱，投保一切险。由于货轮陈旧，航速太慢，且沿线到处揽货，致使货物在 4 个月后才到达目的港。花生酥糖因受热时间过长而全部软化，难以销售。

[问题] 对于上述损失，保险公司是否应予以赔偿，为什么？

[参考结论] 保险公司不应赔偿。

[法理、法律精解] 根据中国人民保险公司的保险条款以及伦敦保险条款，保险公司对运输延迟引起的风险损失不予承保。一切险不包括上述风险。

[例 17] 天津甲公司与荷兰乙公司签订了出口肠衣的合同，价格条件是 CIF 鹿特丹，甲公司依合同的规定将肠衣用木桶装妥后交承运人所属的“美虹”号货轮运输。该批货物投

保了水渍险并附加渗漏险。“美虹”号在途中由于突遇台风使船剧烈颠簸，当船抵达目的港时发现大部分木桶破碎，货物损失约二十万美元。

[问题] 保险公司是否应该赔偿上述损失？

[参考结论] 保险公司不应赔偿。

[法理、法律精解] 碰损破碎险属于一切险的责任范围，不包括在水渍险和渗漏险之中，因此，由于木桶破碎造成的货物损失，保险公司不予以赔偿。

[例 18] 1992 年 1 月 16 日，中国某进出口公司（下称原告）与中国某保险公司（下称被告）签订了海上运输货物保险合同，保险标的为原告从境外购进的 92PMK—777925HK 合同项下货物磷酸二氨，数量 21 150 吨，保险金额按标的的 CIF 加一成为 4 233 892.56 美元，承保条件为中国人民保险公司 1981 年 1 月 1 日公布的《海洋货物运输保险条款》，一切险加短量险（包括仓至仓条款）。

原告投保的磷酸二氨由“建远”轮从境外承运，并于 1992 年 8 月 11 日在天津新港靠泊，到港仓单数为 35 400 吨，其中包括原告所属的 21 150 吨磷酸二氨。同年 9 月 1 日，天津新港遭特大海潮袭击，货物被海水浸泡，受损严重。9 月 3 日，原告电告被告。被告随即委托勘验代理人中国进出口商品检验总公司天津分公司对原告提取的磷酸二氨检验定损。10 月 7 日，被告表示拒赔，称其承保的该批货物的保险责任已在出险前终止。原告遂向某海事法院提起诉讼。

原告称：依保险合同仓至仓条款的规定，被告保险责任在货物出险时尚未终止。海潮属一切险范围，被告应当承担赔偿责任。原告提单货物数量为 21 150 吨，扣短卸率 0.58%和灌报耗损率 0.6%，应提 20 901 吨，除海潮发生前提取的 8 499.9 吨外，海潮发生时还有 12 401.1 吨在港区仓库，受海水浸泡。根据被告勘验代理人出具的“货损鉴定报告”，损失共计 5 398.22 吨，被告应该赔偿：（1）保险标的因保险事故所受损失 1 087 191.75 美元；（2）短重损失 3 047.59 美元；（3）施救费用 50 522.59 元人民币；（4）迟付的赔偿利息 54 966.19 美元；（5）其他损失 118.16 元人民币。

被告辩称：（1）根据保险条款规定，被告的责任从货到卸货港，收货人提货后运至其仓库；或提货后不运往自己的仓库，到对货物进行分配、分派、分散转运时终止。而原告在货物卸离海轮后货物出险前，已经将 8 500 吨运往各地用户，构成保险条款中的“被保险人用作分配、分派”的事实，并因而终止了被告的责任。故被告无赔偿义务。（2）原告于 1992 年 4 月 20 日已将被保险货物全部卖出，且在该批货物运抵天津新港前已将提单转让，原告因此失去诉权和可保利益。（3）保险单载明的目的地为天津新港，收货人在港口无自己的仓库，收货人提货后将全部货物存放于港区仓库时，港区仓库则视为收货人在目的港的最后仓库，因而构成了终止保险责任的条件。

[问题] 被告是否应该承担赔偿责任，为什么？

[参考结论] 被告应当承担赔偿责任。

[法理、法律精解] 海事法院的判决结果是，原告胜诉。被告赔偿原告：（1）保险标的因保险事故所受损失 1 087 191.75 美元；（2）短重损失 3 047.59 美元；（3）上述款项自 1992 年 11 月 1 日起至给付日止的利息损失；（4）原告支付的施救费用 50 522.59 元人民币；（5）原告的其他诉讼请求不予支持。

法院的主要判决理由如下：被告以原告在保险货物出险前已经将海运提单转让他人为由，认为原告不具有实体诉权和可保利益的主张证据不足，不予认定。依照双方签订的保险合同，被告保险责任终止的条件是直至被保险货物到达保险单所载明的目的地收货人的最后仓库或储存处所，或被保险人用作分配、分派或非正常运输的其他储存处所为止。然而，未提取的货物在出险时正处于港口仓库和库场内，该批货物所处地点属港口作业区，因而无法实施对货物的分配、分派。

[例 19] 中国某出口公司 J 与加拿大某公司 B 订立了一份买卖中国春节用品的合同，该批货物中的一部分是中国的农副产品。该批货物投保了一切险。货物中的咸鱼在运输途中由于咸度不够，结果发臭。货主要求保险公司予以赔偿。

提问：保险公司是否应当赔偿？为什么？

[例 20] 中国某公司与欧洲某公司以 CIF 价格条件订立了由中国出口某种饲料的合同，该批货物投保的是水渍险。当货物到达目的港时，发现饲料上有很多飞虫，该批货物已无法使用。收货人认为承运人在运输途中对货物照料不周，于是向承运人提出索赔，承运人认为该批货物在装运前就已有虫卵，并非其照料不周，拒绝赔偿。货主转而向保险人索赔。

提问：保险公司是否应当赔偿？

[例 21] 英国某公司 A 与中国某出口公司订立了进口核桃的合同，该批核桃应在圣诞节之前赶运到英国，英国 A 公司已与另一家英国公司 C 订立了买卖合同，C 公司准备用其做圣诞蛋糕。该批货物投保了一切险。但在货物的运输过程中，由于船舶遭遇恶劣气候，使船舶损坏，需要进行修理，结果运输的延迟使该批货物不能如期运到英国。货物到达英国时，核桃并无损失，但 C 公司已与 A 解除了合同，且由于价格下跌造成了 A 公司再出售该批核桃时的损失。A 公司要求保险公司对其损失进行赔偿。

提问：保险公司是否应当赔偿？

[例 22] 中东某国 A 公司从加拿大进口粮食 100 吨，该批货物投保了水渍险，以散装方式运输，货物到达目的港时，收货人发现货物短少了两吨多，于是要求保险公司予以赔偿。

提问：保险公司是否应赔偿？

三、英国海运货物保险条款

（一）英国海运货物保险条款的发展

英国的保险业历史悠久，长期以来，它所制定的各种保险规章制度，特别是海运保险单格式和保险条款，对世界各国的保险业有着广泛的影响。

《协会货物条款》最早于1912 年由伦敦保险业协会制定，保险单格式为古老的“船、货保险单（The S. G. Policy Form, 1779）”，旧的“协会条款”是该保单的主要组成部分。后于 1963 年进行修订和补充，但基本上仍维持 1912 年的内容，最近于 1981 年修订完成，自 1982 年 1 月 1 日在伦敦保险市场开始使用。根据伦敦保险业协会的规定，“S.G. Policy”和旧的《协会货物条款》于 1983 年 3 月 31 日在伦敦市场停止使用。即 1983 年 4 月 1 日起改用新的海上保险单格式（The New Marine Policy Form 或 The Lloyd’s Marine Policy）和新的《协会货物条款》（Institute Cargo Clauses，1982）。据统计，全世界有 2/3 的国家，其中发展中国家约有 3/4 都在采用“协会货物条款”。

（二）6 种保险条款的承保范围与除外责任

伦敦保险业的《协会货物条款》，一直以劳氏船货保险单（Lloyd's S.G. Policy）为基础，不断附贴和补充、修改原保单的内容。1963 年正式形成一份完整的协会货物保险条款（Institute Cargo Clause，ICC）。该条款将险别分为平安险、水渍险、一切险三个基本险别。1982 年 1 月 1 日起，协会开始推行新的《协会货物条款》。新条款不仅内容上有很大的变化，用语也更简洁明了。新条款将险别分为（A）险、（B）险、（C）险、战争险、罢工险和恶意损害险。（A）险、（B）险、（C）险都有自己的条款体系，即有三套独立的条款。

1. 协会货物保险条款 A（Institute Cargo Clause A）

这相当于旧协会货物保险的“一切险”。其承保范围为一切险减除外责任。即除了该条款规定的除外责任外，承保被保险货物的一切灭失和损害风险及费用。

除外责任包括两部分：一般除外责任和特殊除外责任。

（1）一般除外责任包括：①被保险人的故意行为造成的损失、损害或费用；②保险标的的自然渗漏、重量和数量的自然消耗、自然磨损或破裂；③因保险标的包装或准备不充分或不适当造成的损失或费用；此包装指由被保险人或其雇用人完成的包括集装箱或运输专用箱在内的装载；④因保险标的内在缺陷或性质引起的损害或费用；⑤因延迟直接造成的损失、损害或费用；⑥因船舶所有人、经理人、租船人或经纪人破产或拖欠款项造成的损失、损害和费用；⑦因使用任何原子或核子裂变和（或）聚变或其他类似反应堆、放射性作用、物质的战争武器而造成的损失、损害或费用。

（2）特殊除外责任包括：船舶不适航、不适货以及战争、罢工。不适航、不适货指船舶或驳船的不适航；船舶、驳船、运输工具、集装箱或运输专用箱不适宜安全运送保险标的；当保险标的装载时，被保险人或其雇用人员知道这种不适航或不适货。战争、罢工指战争、内乱、革命、叛乱、造反或由此引起的骚乱，或交战势力或针对交战势力的任何敌对行为；捕获、拘留、扣留、禁制或扣押（海盗行为除外）及因此引起的后果或任何企图；遗弃的水雷、鱼雷、炸弹或其他遗弃的战争武器；因罢工、停工、工潮、暴动或民变造成；因任何恐怖主义者或任何带有政治动机的人的行为造成。

2. 协会货物保险条款 B（Institute Cargo Clause B）

这相当于旧协会货物保险的“水渍险”。其承保因自然灾害以及重大与非重大意外事故造成的保险标的的损失或损坏。

自然灾害包括地震、火山爆发或雷电等。

重大意外事故包括火灾或爆炸；船舶或驳船搁浅、触礁、沉没或倾覆；陆上运输工具的颠翻或出轨；船舶、驳船或运输工具与除水之外的任何外界物体的碰撞或接触；在避难港卸货。

非重大意外事故包括货物在装卸时落海或摔落造成整件货物的灭失。

此外还承保共同海损牺牲；抛货或浪击入海；海、湖或河水进入船舱、驳船、运输工具、集装箱、运输专用箱或储存处所造成的损失。

其除外责任中，除两点与协会货物保险条款 A 的规定不同外，其余均与 A 条款的除外责任相同。这两个不同点是：①除被保险人外，A 条款对一切人的故意行为造成的损失、损

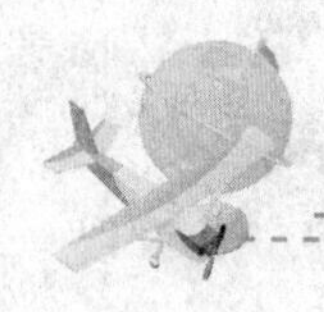

害或费用给予承保；而 B 条款对任何一人或数人采取非法行为故意损坏或故意破坏保险标的或其中任何一部分均不予承保（第 4.7 条）。②在战争险除外责任中，A 条款将海盗行为从战争除外责任中排除，即对海盗行为引起的后果予以承保；B 条款在战争除外责任中未将海盗行为排除，则意味着对海盗行为造成的后果不予承保（第 6.2 条）。

3. 协会货物保险条款 C（Institute Cargo Clause C）

这相当于旧协会货物保险的“平安险”。其承保因重大意外事故造成的保险标的损失、损害及其费用。此外，还承保共同海损牺牲与抛货。

除外责任与协会货物保险条款 B 相同，故不赘述。

4. 协会货物战争险条款（Institute War Clause-Cargo）

承保范围包括：①战争等敌对行为对货物造成的损害；②因战争行为引起的捕获、扣留、扣押等；③非敌对行为使用原子武器造成的损失。对海盗行为、敌对行为使用原子武器不予承保。

5. 协会货物罢工险条款（Institute Strike Clause-Cargo）

承保范围包括：①由罢工者及参与罢工的人员造成的货物损失或损害；②因罢工、停工等给保险标的造成的损害；③恐怖分子或出于政治动机而行动的人对保险标的造成的损害。但对航程终止后因罢工造成的存仓费、重新装船费等不予承保。

6. 恶意损害险条款（Malicious Damage Clause）

与修改前的“罢工、暴动和民变险”内容基本相同。其承保由于恶意行动、故意破坏行动而导致的保险标的的灭失或损害。但如是出于政治动机的人的行为，则不予承保。

关于各险承保责任的起讫，新、旧条款的规定与中国人民保险公司海洋运输货物保险条款的规定基本相同。

新条款中保险人承保的风险参见表 10-1。

表 10-1　新的《协会货物条款》中保险人承保的风险

ICC 险别			承 保 风 险
A	B	C	1. 火灾、爆炸
A	B	C	2. 船舶、驳船的触礁、搁浅、沉没、倾覆
A	B	C	3. 陆上运输工具的倾覆或出轨
A	B	C	4. 船舶、驳船或运输工具同除水以外的任何外界物体碰撞
A	B	C	5. 在避难港卸货
A	B		6. 地震、火山爆发或雷电
A	B	C	7. 共同海损牺牲（含救助费用）
A	B	C	8. 抛货（含非共同海损的抛货）
A	B		9. 浪击落海
A	B		10. 海水、湖水或河水进入船舶、驳船、运输工具、集装箱、大型海运箱或储存处所
A	B		11. 货物在船舶或驳船装卸时落海或跌落，造成任何整件的全损

续 表

ICC 险别			承 保 风 险
A			12. 由于被保险人以外的其他人（船长、船员等）的故意不法行为所造成的损失或费用
A			13. 海盗行为
A			14. 由于一般外来原因所造成的损失

（三）伦敦保险业协会的《协会货物条款》的特点

1982 年的新条款与 1963 年的旧条款相比，主要有以下几点不同。第一，将战争险、罢工险作为独立的险别，可单独投保，无须先投（A）险、（B）险、（C）险后再投保。第二，只按照风险的种类来确定承保范围，即由于承保范围内的风险所造成的损失，无论全部损失或部分损失，都按实际损失赔偿。第三，（A）险与原一切险基本相同，但增加了海盗行为作为承保风险；（B）险与原水渍险范围基本一致，但增加了陆上运输工具的出轨、倾覆以及河水、湖水侵入船舶这类风险；（C）险与平安险有较大不同，它只包括重大意外事故和共同海损这两类风险，自然灾害、装卸风险都排除在外。另外，新条款的恶意损害险条款则是一个附加险，它包括在（A）险范围内，但在（B）险、（C）险中则属于除外责任。

（1）用英文字母表示原来各基本险别名称。新保险险别分别改用英文字母（A）、（B）、（C）来表示旧的一切险、水渍险和平安险，从而避免了过去因险别名称含义不清且与承保范围不符而容易产生的误解。

（2）消除了原险别之间的交叉和重叠。如原水渍险和平安险承保的范围基本是重叠的。水渍险只增加了平安险不承保的那一部分，即对由于自然灾害引起的货物部分损失给予赔偿。而平安险虽称为单独海损不赔，但对在运输工具发生触礁、搁浅等意外事故的情况下，如在此之前或之后又遇自然灾害给货物造成部分损失又给予赔偿。这样水渍险和平安险之间的差别更小了。修改后（B）险承保因自然灾害造成的全部或部分损失以及因重大或非重大意外事故（如装卸时货物落海或摔落造成整件全损）造成的货物全部或部分损失，而 C 险只承保由重大意外事故造成的货物全损或部分损失，这样，两种险别之间减少了交叉和重叠，界线更为清楚。

（3）新货物险条款增加了承保陆上风险。如 B 条款、C 条款承保由于陆上运输工具的颠翻、出轨、碰撞引起的保险标的的损失或损害以及湖水、河水浸入船舶造成的损害。

（4）独立投保的保险条款。伦敦保险业协会的新货物保险条款共有 6 种。除协会货物保险 A 条款、B 条款、C 条款外，还有协会战争险条款、罢工险条款、恶意损害险条款。除恶意损害险条款外，各条款均分为承保范围、除外责任、期限、赔偿、保险受益、减少损失、避免延误、法律和惯例以及附注 9 部分、19 项条款。与旧货物保险条款不同，新的协会战争险条款和罢工险条款既可以在投保了 A 条款、B 条款或 C 条款后加保，也可以在需要时作为独立的险别进行投保。

四、中英海运货物保险条款的比较

中国人民保险公司于 1981 年制定并公布了《海运货物保险条款》和《海运货物战争险条款》等。我国的保险条款虽与英国 ICC 条款不完全相同，但由于我国的条款是参考英国"S.G. Policy"制定的，而英国的ICC 条款又是以"S.G. Policy"为基础修订的。因此，主要内容基本相同，无原则上的区别。

两者的主要区别包括：第一，英国 6 种条款，除"恶意损害险"外都可独立投保，而我国只有基本险可独立投保，其他为附加险；第二，ICC（A）类似于我国的一切险，ICC（B）类似于水渍险，ICC（C）类似于我国的平安险，但比平安险责任范围要小一些。主要是 ICC（C）不保自然灾害风险，而我国的平安险仅有条件地不负责自然灾害引起的部分损失。

【能力测试·国际货物买卖所涉及的保险法】

一、判断题

1. 海上保险合同所承保的风险仅限于海上风险一种。（ ）
2. 货物的保险价值，为被保险财产的成本加上一切运输费用和保险费。（ ）
3. 委付是转让对第三人的诉权，而代位求偿权则是转让标的物的所有权。（ ）
4. 委付不得附带任何条件。委付一经保险人接受，不得撤回。（ ）
5. 海上保险合同的实质为转移所有权合同。（ ）
6. 保险人在取得保险费以前，可以签发保险单。（ ）
7. 不定值保险单应由被保险人证明标的物的实际价值，定值保险单上载明的价值是终结性证据。（ ）
8. 如被保险人故意作出虚伪的陈述，则无论其对承保的危险重要与否，保险合同均可被撤销。（ ）
9. 实际全损是标的物并未灭失，可以救助或修复，但救助费用或修理费用超过标的物的价值。（ ）
10. 海上保险合同是赔偿合同。（ ）
11. 被保险人取得的赔偿应是他受到的实际损失，而不能从赔偿中获得利润。（ ）
12. 海上保险历史悠久，但至今尚无有关海上保险的国际公约。（ ）
13. 保险金额是保险人与被保险人约定的赔偿额。（ ）
14. 保险人对超额保险的超额部分不负责。（ ）
15. 当船舶或货物受到的损失是实际全损时，被保险人必须向保险人办理委付手续。（ ）

二、名词解释

1. 保险价值　2. 委付　3. 推定全损　4. 共同海损
5. 单独海损　6. 保险利益　7. 保险金额　8. 代位求偿权

三、问答题

1. 简述推定全损的构成条件及其与实际全损的区别。

2. 简述中英海运货物保险条款的异同。

3. 简述共同海损与单独海损的区别。

4. 简述代位求偿权与委付的区别。

四、案例分析题

1. “酋长”号货轮装载小麦从印度驶往沙特，第一天途中遇到小雨，小麦部分被雨淋湿，第二天船上发生失火，将部分小麦烧毁，船长下令用海水灭火，结果部分小麦又被海水浸泡发霉变质，同时船舱通风设备被火烧坏。上述各项损失哪些属于单独海损？

2. “天灵”号货轮在航行中意外搁浅，船长为船货共同安全雇用拖船将船拖至附近青岛港口避难并进行必要修理，发生了如下费用：（1）拖船救助费；（2）驶入驶出青岛港的费用；（3）为修理船底损坏部分，将船上货物、燃料及其他物料卸下船，修好后又重装上船的装卸费；（4）在青岛港避难停留期间支付给船员工资、额外给养费；（5）在青岛港额外停留期间支付的港口费；（6）在青岛港进行临时修理的费用。到目的港后，“天灵”号因海难拖延造成的船期损失有 10 万元，船上货物因拖延期间的市价下降损失 25 万元。问：依照我国《海商法》，上述各费用可以列入共同海损的有哪些？

3. 1997 年的 10 月 27 日，深圳华联粮油贸易公司（以下简称粮油公司）与瑞士迪高谷物有限公司（DECOM S. A）签订买卖合同，购买 1.2 万吨（可增减 10%，由卖方选择）散装黄豆粕，约定货物价格为中国蛇口或赤湾港 CFR 每吨 286.6 美元，装运期限为 1997 年 11 月 6 日至 12 月 6 日。豆粕的蛋白质含量为 45%基准，含水量最多 12%。之后，粮油公司按发票单价每吨 286.6 美元计付了货款。1997 年 11 月 25 日，粮油公司为上述进口豆粕与平安财产保险股份有限公司（以下简称保险公司）签订了一份货物运输保险单，该保险单正面记载：根据中国人民保险公司海洋运输货物保险条款（1/1/1981）承保一切险和战争险，包括短量险；货物计重以中国蛇口码头地磅电子秤重为准，以与提单数量差额计短重。1997 年 12 月 2 日，该保险单项下豆粕在印度孟买港开始装上“仁达思”轮，12 月 15 日装船完毕。承运人印度船务有限公司签发了清洁提单，提单记载的卸货港均为“蛇口”，货物总重量为 11 917.04 公吨。装船前印度的检验公司对该批豆粕进行了检验，认为货物装船时状况良好有销售价值，无寄生虫类，没有发霉和异味，适合动物食用，蛋白质含量为 45.15%，含水量为 11.94%。1997 年 12 月 30 日，“仁达思”轮抵赤湾，次日开始卸货。1998 年 1 月 1 日，装卸工人发现第四舱内豆粕发红变质。粮油公司及时通知了保险公司，次日保险公司派人到现场查看。粮油公司申请深圳进出口商品检验局对货物进行检验，检验结果单记载：发现部分豆粕呈红色，分布不均匀，并伴有发热、霉味现象。随着卸货越往舱底处颜色越深，呈红褐色。经向船方了解及查阅有关资料，装货期间没有异常情况发生。航行途中没有遇到恶劣天气。卸下的豆粕总净重为 11 708.099 公吨，比提单记载的重量短少 208.941 公吨。发红变质的货物为 4927.389 公吨。该轮舱底及舱壁没有发现异常情况。鉴定认为上述货物发红变质系货物装船后运输过程中发生的。该批货物的蛋白质含量为 43.97%，含水量为 12.6%，不符合本案买卖合同的约定。1998 年 1 月 6 日，粮油公司向广州海事法院申请扣船，并于 1998 年 1 月 24 日对印度船务有限公司提起诉讼。问：

（1）粮油公司的货物短量、变质等的损失应由谁承担责任？

（2）粮油公司是否可以直接向保险公司索赔？

（3）粮油公司的货物损失是否在保险公司的承保范围内？

（4）若上一题答案是肯定的，则保险公司在赔付了粮油公司后，能取得什么权利？

（5）保险公司应如何行使这种权利？

4. 2003年6月，中国某煤炭公司向丹麦出口无烟煤1600吨，合同采用CIF价格条件，装运期为2003年9月，信用证结算，中方负责投保水渍险。2003年9月7日，中方按发票金额的110%向中国人民保险公司投保了水渍险。9月19日，该批无烟煤装运出口，但在印度转船时遭遇暴雨。货抵目的港哥本哈根后，丹麦进口商发现货物有明显的湿损，即请检验机构进行检验，确定损失为32 000美元。丹麦进口商遂向中国某煤炭公司提起索赔，但遭到煤炭公司拒绝，理由如下：卖方交货时，有商检部门的检验证明，货物质量符合合同要求；至于交货后的风险，在CIF合同下，应由买方承担；卖方已对该批货物投保了水渍险，买方应凭保险单向中国人民保险公司索赔，于是，丹麦进口商凭保险单向中国人民保险公司驻丹麦的代理人提出索赔。中国人民保险公司丹麦代理人经过调查取证得知，该批货物的湿损是因为在印度转船时遭暴雨所致。问：该案如何适用法律进行赔偿？

5. 我某外贸公司与荷兰进口商签订一份皮手套合同，价格条件为CIF鹿特丹，向中国人民保险公司投保一切险。生产厂家在生产的最后一道工序将手套的温度降低到了最低程度，然后用牛皮纸包好装入双层瓦楞纸箱，再装入20尺集装箱，货物到达鹿特丹后，检验结果表明：全部货物湿、霉、玷污、变色，损失价值达8万美元。据分析：该批货物的出口地不异常热，进口地鹿特丹不异常冷，运输途中无异常，完全属于正常运输。试问：

（1）保险公司对该批货损是否负责赔偿？为什么？

（2）进口商对受损货物是否支付货款？为什么？

（3）你认为出口商应如何处理此事？

6. 我某公司海运出口大米1000包，投保平安险，装于舱底，载货轮船途中触礁，舱内进水，致使其中500包严重水浸，不能食用。其余500包经船员抢救移至舱面，又遭狂风吹落海中。试问：

（1）保险公司对水浸的500包大米是否负赔偿责任？为什么？

（2）保险公司对吹入海中的500包大米是否负赔偿责任？为什么？

7. 假设一笔出口交易，CFR条件，出口方凭证装船后，及时以电报向对方出了装船通知，并提请保险，但对方在收到电报前，因货轮发生火灾，货物被焚。买方并不知情，在收到装船电报后，即向保险公司投保，手续办妥后才收到船公司代理及出口人电报，告知货物被焚。被保人立即持电报向保险公司索赔。在此情况下，试问：保险公司可否以被保货物损失发生在投保之前为由拒绝理赔？为什么？

8. 我国某进出口公司A（卖方）与英国某实业公司B（买方）以CIF伦敦条件签订了一份出口1万吨大米的合同。货物由保险公司D办理了海洋运输货物保险后按时由承运人某远洋公司C装船运输。因在海上遭受暴风雨袭击，迟延30天到达目的港，并因船员的过失使1/3的大米变质。英国B公司因此向有关部门提出索赔。问题：

（1）应与承运人远洋公司 C 签订运输合同的是 （ ）

① 公司 A ② 公司 B

（2）应向保险公司办理货物保险手续并支付保险费的是 （ ）

① 公司 A ② 公司 B ③ 公司 C

（3）A 公司的交货地点在 （ ）

① 目的地港 ② 装运港的船上

（4）设 A 公司已取得合同规定的单据并及时提交给了 B 公司。在货物海上运输到达目的港，B 公司按规定验收货物之前，A 公司向 B 公司凭装运单据要求付款，B 公司是否应付款 （ ）

① 应付款 ② 不应付款

（5）对货物迟延 30 天到达目的港而造成的损失，B 公司应向谁提出索赔 （ ）

① 向 A 公司 ② 向 C 公司 ③ 向 D 公司

（6）对 1/3 大米变质，B 公司应向谁提出索赔 （ ）

① A 公司 ② C 公司 ③ D 公司

（7）对 1/3 大米变质，根据《海牙规则》，承运人 C 公司是否承担责任 （ ）

① 承担责任 ② 不承担责任

（8）设 B 公司按时收到了货物，货物质量、数量等完全符合合同规定，但 A 公司所提交的装运单据与合同规定有所不符，B 公司能否据此拒付货款 （ ）

① 可以 ② 不可以

（9）设 B 公司向 C 公司提出诉讼，按照《汉堡规则》的规定，诉讼时效为 （ ）

① 半年 ② 1 年 ③ 2 年

9. 中国 TV 公司与加拿大 C 公司签订了 6 个合同，先后卖给 C 公司 1200 吨建材。付款方式是 D/P（中文称“付款交单”）。这 6 个合同的货物先后分 10 批从天津运往蒙特利尔，其中有 6 批是大阪三井班轮公司承运。6 张货物提单价值 60 万余元。1989 年 4 月以后分别从天津装船运至神户，再转船到目的港蒙特利尔。提单由中国外轮代理公司天津分公司签发，签发后提单交发货人。按 D/P 付款方式，发货人把提单交到中国银行天津分行（托收行），天津分行委托加拿大多伦多帝国商业银行（代收行）代收，由帝国商业银行通知收货人，收货人拿钱到该银行赎单。现假设出现 C 公司经理未交款赎单即将货物提走，且查无下落的情况，中国 TV 公司决定委托律师代为索赔时，作为律师应如何认定这起买卖合同中各方之间的相互关系，如何确定原被告。问题：

（1）中国 TV 公司与加拿大 C 公司之间是 （ ）

A. 买卖关系 B. 代销关系

（2）中国外轮代理公司分公司与中国 TV 公司之间是 （ ）

A. 中介关系 B. 买卖关系 C. 代理关系

（3）中国外轮代理公司天津分公司与大阪三井班轮公司之间是 （ ）

A. 代理关系 B. 发货人与承运人的关系

（4）发货人与中国银行天津分行之间是 （ ）

A. 委托关系 B. 合作关系

（5）中国 TV 公司与大阪三井班轮公司之间是 （ ）

A. 委托关系 B. 发货人与承运人的关系

（6）本案原告应当是 （ ）

A. 中国 TV 公司 B. 中国外轮代理公司天津分公司

C. 中国银行天津分行

（7）本案被告应当是 （ ）

A. 加拿大 C 公司经理 B. 加拿大 C 公司

C. 加拿大多伦多帝国商业银行 D. 大阪三井班轮公司

10. 1995 年 10 月，比利时 S 公司与中国 K 公司达成了从中国进口一批草编制品的合同，K 公司向中国人民保险公司投保了一切险，并规定该合同货款以信用证方式支付。中国 K 公司在约定的期限内在指定的港口装船完毕，取得了承运人签发的清洁提单，随后即去中国银行办理了议付。次日，K 公司接到客户来电称："装货的货轮在海上失火，草编制品全部烧毁。"比利时 S 公司要求中国 K 公司出面向中国人民保险公司提出索赔，否则要求中国 K 公司退回全部货款。问：

（1）CIF 价格条件下货物的风险应在何时由卖方转移给买方？

（2）中国 K 公司是否应向中国人民保险公司提出索赔？为什么？

11. 在 1940 年的 Canada Rice Mills，Ltd. V. Union Marine and General Insurance Co. Ltd.（[1940]4 All E. R. 169，P. C.）一案中，被保险人加拿大面粉厂的一批粮食用船从 Rangoon 运往 Fraser River，货物投保海上运输险。船舶在运输途中遭遇大风浪，为了避免海水进入货舱，船员关闭了通风筒，结果在船舶抵达目的港时，发现舱内的粮食发热受损。被保险人向保险人提出索赔，保险人认为货物发热受损不是因为"海上灾害"造成的，拒绝予以赔偿。问：该案损失是否由于海上灾害造成？保险人应否赔偿？

12. A 公司将其一批货物向保险公司投保了平安险，该批货物是由一张保险单承保的，但却分为三张提单出运。在运输途中，其中一张提单上的货物全部灭失。问：

（1）平安险承保被保险货物在运输途中由于自然灾害造成的货物的全损，应如何理解全损？

（2）对于一张提单上的货物全部损失，保险公司是否应赔偿？

13. 中国橡胶进出口公司从斯里兰卡买进一批橡胶，价值 50 万英镑（CFR 上海），在中国人民保险公司投保平安险，租用希腊籍船 E 轮装运。E 轮在伦敦保险协会投保船壳综合险。E 轮从科伦坡起航半小时后即发现船舱漏水，后来又发现导航设备失灵。船长命令返航修理，修理期间船长辞职，船东临时将大副提升为船长，重新开航。船到我国广州海域时，偏航触礁后搁浅，由广州救捞公司拖至黄埔港修理。船东为此支付救助费 7 万英镑。船检发现，触礁造成损失 2 万英镑，支付修理费 6 万英镑。船方宣布本航次共同海损金额为 28 万英镑，要求我橡胶公司参与分摊。问：

（1）本案共同海损是否成立？

（2）如果成立，共同海损金额是多少？

（3）货方不参与分摊的损失是多少？最终由谁来承担损失？

（4）如果共同海损不能成立，理由是什么？

14. 中国 A 公司与新加坡 B 公司订立了一份由中国出口活牲畜的合同，该批活牲畜由 N 公司承运。在运输中，船上运载的活牲畜的饲料用尽，船舶为了加饲料而绕航，结果产生了费用的损失。问：

（1）这部分费用的损失属于单独海损还是共同海损？

（2）该批活牲畜的货主应向谁求偿？

15. A 公司与某外国 K 公司订立了一项买卖中国食品的合同，货物投保了平安险，在运输途中，由于遭遇雷电，引起堆放在船舶甲板上的货物起火，船长下令浇水灭火，火被扑灭了，但存放于第三舱的中国食品却遭受了部分湿损。问：

（1）本案发生的损失中，哪一种属于共同海损？哪一种属于单独海损？

（2）平安险只赔自然灾害造成的全部损失，对于第三舱中国食品的部分损失，保险人是否应赔偿？

16. 在 1955 年的 F. W. Berk & Co.，Ltd. V. Style（[1955]2 Lloyd's Rep. 382）一案中，被保险人将其袋装硅藻土投保了一切险，在将货物从海轮上卸到驳船上时，由于货物的包装袋不结实而发生破裂，因此发生了重新包装的费用，被保险人认为重新包装是为了避免或减小保险事故造成的损失而产生的费用，所以该费用可以作为施救费向保险人提出索赔。保险人拒绝赔偿。经法庭调查发现，包装袋不结实装船前就存在。问：

（1）什么叫施救费用？施救费用是否只能在保险标的损失赔偿额以内进行补偿？

（2）本案保险人是否应以施救费用赔偿被保险人？

17. 信用证要求：The merchandise from point of origin to warehouse at destination against marine F. P. A. risk．问：信用证要求投保什么险别？

18. 信用证要求：W. A.，this insurance must be valid for period of 60 days after the discharge of the goods．问：信用证要求投保什么险别？

19. 信用证要求：Insurance Policy issued by an insurance company covering the merchandise for about 20% above the full invoice from point of origin to warehouse at destination against land All Risks including hook, oil damage and damage by other cargos．问：信用证要求投保的是海上货物运输险还是陆上货物运输险或空运险？关键词是什么？

20. 信用证要求：Covering Air and War Risks including crash of aircraft．问：信用证要求投保的是什么险种？

21. A 公司与 B 公司以 CIF 价订立了买卖茶叶的合同，由 A 公司负责投保，在运输中由于承运人积载不当，茶叶与装载于其附近的皮革服装发生了串味。问：

（1）CIF 价格条件下，在没有特别说明的情况下，卖方应为买方投保什么险种？

（2）在该案中，保险公司应否赔偿茶叶串味的损失？

22. 中国某食品出口公司向欧洲出口食品一批，该批货物投保了水渍险，在运输过程中该批货物遭受了湿损，货主认为承运人在运输途中照料货物不周，要求承运人赔偿，承运人称在途中遭遇暴风雨，属于不可抗力，承运人可以免责。于是，货主向保险人提出索赔要求。经保险公司理赔人员对该批货物包装箱上的水渍进行检验，发现其中并无盐的成分。问：保险人是否应当赔偿？为什么？

23. A 公司与 B 公司订立了一项买卖一批初级产品的合同，由 C 公司的船舶承运，该批货物投保了平安险。在运输途中遭遇恶劣气候，使该批货物部分受损。被保险人向保险公司提出索赔。保险公司以此种部分损失不在平安险的承保范围之内而拒赔。问：保险人的理由是否正确？

24. 某进出口公司 A 以 CIF 连云港价格条件与 B 公司达成了进口食品 1500 箱的合同，即期信用证付款。货物装运后，托运人取得了已装船的清洁提单，并凭投保一切险及战争险的保险单，向议付行办理了议付。货到目的港后，经收货人复验发现下列情况：（1）收货人只实收 1496 箱货物，短少 4 箱；（2）有 18 箱货物外表情况良好，但箱内货物共短少 70 千克。问：

（1）第一种情况应向谁提出索赔？

（2）第二种情况应向谁提出索赔？

25. 中国某进出口公司与欧洲某公司订立了出口中国花生仁的合同，由中国人民保险公司承保一切险，由广远 X 轮承运，X 轮于 1987 年 1 月 15 日自青岛开航，3 月 24 日抵达荷兰鹿特丹港，在卸货时发现该轮第四舱 1.8 万包共 900 吨花生仁部分被带毒性的蓖麻籽皮污染，收货人全部拒收，并向保险公司提出索赔。问：保险公司应如何赔偿？

26. A 货轮与 B 货轮发生碰撞，双方均有责任，A 货轮应负 70%的责任，B 货轮的责任比例为 30%，A 轮上的货物因碰撞而受损 10 万美元，而依《海牙规则》及《中华人民共和国海商法》的有关规定，承运人对于航行过失造成的货物损失是可以免责的，即 A 轮上的货主不能向 A 轮索赔。而依美国法律中的“货物无辜条款”，A 轮上受损货物的货主得依连带责任原则向非承运船 B 轮索赔全部 10 万美元的损失，B 轮船东在赔付 A 轮货主 10 万美元后，得将其作为 B 轮碰撞损害赔偿的一部分，向 A 轮索回 A 轮的责任比例部分，即 10 万美元×70%＝7 万美元。这样，A 轮的货主通过向 B 轮索赔 100%的损失，而使 A 轮转了一个圈间接对其进行了赔付。因此，A 轮与 A 轮上货主的运输合同中载有一项条款，规定 A 轮上的货主应从取得的赔偿款项中将本轮船东的赔偿金额，退还给本轮船东，以符合运输合同的规定。该条款即“船舶互撞责任”条款，又称“双方有责碰撞”条款。A 轮上的货主依该条款应将其获得的 7 万美元赔偿还给 A 轮船东。问：A 轮货主应从何处获得该 7 万美元的赔偿？

第十一章　国际货物买卖所涉及的票据法

本章系统地阐述票据和票据法的基本知识。通过本章的学习，要求掌握汇票、本票、支票的基本内容以及票据行为，了解票据的国内立法概况以及国际票据立法的发展趋势。

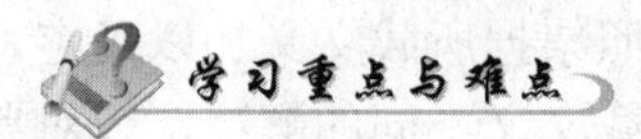

（1）票据的概念、特征和种类。

（2）汇票、本票、支票的款式及内容。

（3）汇票、本票、支票的票据行为。

（4）票据法系和国际票据立法。

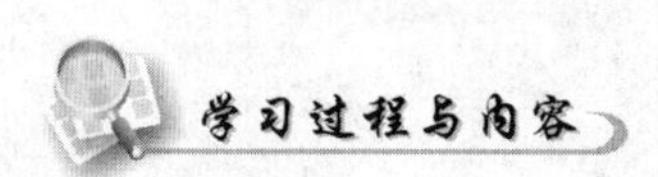

第一节　票据法概述

一、票据的概念和特征

票据是指由出票人签发的、约定由自己或委托他人于见票时或确定的日期，向持票人或收款人无条件支付一定金额的有价证券。我国《票据法》明确规定，在我国，票据仅指汇票、本票和支票。在三种票据中最重要的是汇票。

1. 票据关系的当事人

（1）基本当事人：是指在票据发行时就已存在的当事人，包括出票人、收款人与付款

人三种，汇票及支票有出票人、付款人与收款人，本票有出票人与收款人。基本当事人是构成票据法律关系的必要主体，这种主体不存在或不完全，票据上的法律关系就不能成立，票据也就无效。

（2）非基本当事人：是指在票据发出后通过各种票据行为而加入票据关系中成为票据当事人的人，如背书人、保证人、参加付款人、预备付款人等。

2. 票据法律关系的种类

（1）基于出票行为产生的出票人与收款人之间无因付款的关系；

（2）基于收款人与付款人之间的请求付款的关系，汇票关系中尚未到期的汇票的承兑，也视为一种付款请求；

（3）基于承兑人与持票人之间担保承兑付款的关系；

（4）基于背书行为而产生的前手与后手的关系；

（5）基于票据担保而发生的保证人与持票人之间的关系。

3. 票据特征

（1）无因性。此为整个票据法律制度之基石，指的是票据关系与原因关系相分离，权利人享有票据权利只以持有符合《票据法》规定之票据为必要，即使原因关系无效或存在瑕疵，票据效力亦不受影响。同时，无因性又体现为间接前后手之间不得基于直接前后手之间的债权债务关系进行抗辩，其法理实质是由民事债权的相对性决定的。

（2）独立性。这一特点体现在票据行为上，在具备基本形式的同一票据上的数个票据行为独立生效，一个行为的无效不影响其他行为的效力。

（3）文义性。票据所体现的权利义务内容严格按照票据所载文义加以确定，不得依照票据记载以外的事实，对行为人的意思做出与票据所载文义不同的解释，或对票据所载文义予以补充或变更。譬如，实际出票日期与票据所载的出票日期并不一致，也必须以票据所载出票日期为准。

（4）要式性。票据格式、记载事项和一切票据行为必须严格遵照票据法律法规所作的规定，否则票据效力将受影响，甚至无效。

二、票据的种类及作用

（一）票据的种类

票据，主要有汇票、本票和支票三种。这些票据按记载收款人方式的不同，可分为记名票据和不记名票据。记名的，在票据上记载收款人的姓名，可由收款人以背书方式转让，付款人只能向收款人或其指定的人付款；不记名的，则在票面上不记载收款人的姓名，可不经背书而直接以交付票据为转让，付款人可以对任何持票人付款。按付款时间的不同则可分为即期票据和确定期票据。前者付款人见票后即须付款，后者则在到期后付款。

我国《票据法》第 2 条第 2 款明确规定票据分为汇票、本票和支票三种形式。

1. 汇票

汇票是由出票人签发的，委托付款人在见票时或在指定日期无条件支付确定的金额给收款人或持票人的票据。

（1）依当事人身份不同可分为银行汇票和商业汇票。银行汇票以银行为出票人，同时以银行为付款人，出票人与付款人通常为同一银行。商业汇票以银行以外的其他公司、企业为出票人，以银行或者其他公司企业等为付款人。

（2）据付款期限不同可分为即期汇票和远期汇票。其中远期汇票又可分为定日付款汇票、出票后定期付款汇票、见票后定期付款汇票。只有远期汇票才存在承兑问题。

2. 本票

本票是出票人签发的，承诺自己在见票时无条件支付确定金额给收款人或持票人的票据。在我国现阶段，《票据法》所称本票仅指银行本票，不包括商业本票和个人本票，且本票均为即期本票。

3. 支票

支票是出票人签发的，委托办理支票存款业务的银行或其他金融机构在见票时无条件支付确定金额给收款人或持票人的票据。

（1）以权利人记载方式为准可分为记名支票、无记名支票和指示支票，无记名支票亦得我国法律承认（《票据法》第87条）。

（2）据付款方式可分为现金支票和转账支票，转账支票只能用于转账，不得支取现金。

（3）按当事人是否兼任可分为一般支票和变式支票，变式支票又可分为对己支票（出票人自己为付款人）、指己支票（出票人自己为收款人）、付受支票（付款人为收款人）。

（二）票据的作用

票据是商业交易中的重要工具，其作用有以下各项。

（1）支付工具。票据可以代替现金，进行债权债务结算，不仅便利安全，而且大大提高货币流通的效率。

（2）汇兑工具。票据可以避免远距离携带现金的不便和风险，具有安全、节省、方便的效果。

（3）信贷工具。远期票据可以调剂资金的暂时短缺，促进交易的实现，有利于发展经济。

三、票据法系和国际票据立法

（一）票据法的概念及其发展

票据法是规定票据的种类、形式、内容和有关当事人的权利义务的法律规范的总称。由于票据具有货币的职能，为了保证票据流通的安全，各国票据法多属强制性的规定。

在古代希腊和罗马，票据就已出现。12世纪意大利沿海城市，商业已相当发达，但货币尚未统一，当时通行一种与本票相似的兑换证书，商人在甲地交款给兑换商，在乙地凭兑换证书向该兑换商的支店或代理商领取当地通行的货币。之后又出现一种委托付款证书，当时是附随于主证书（证明身份或权利）的，以后就发展成为汇票。16世纪，威尼斯成立了银行，随之产生了支票。1673年，法王路易十四的《商事敕令》中，对汇票、本票做出规定；1807年《法国商法典》对之有所增补，1856年又制定了票据法，将支票作为特种汇票加以规定。德国于1871年颁布了票据法，1908年又颁布了支票法。日本于1932年颁布

了票据法，又于 1933 年颁布了支票法。英国于 1882 年颁布票据法，1957 年颁布支票法。美国原来各州票据法并不一致，1896 年起草了统一票据法，由纽约州先行，其他各州也逐步采用，在 1952 年的《统一商法典》中，又规定了“商业票据”。

票据的使用和流通涉及各个国家之间的交易活动，要求有统一的规定，以利于国际贸易；因此，于 1930—1931 年在日内瓦订立了统一票据法的国际公约，欧陆许多国家都参加这个公约。随后，德国在 1933 年、法国在 1935 年根据公约修订了各自的票据法；日本、瑞士也随之修改，这就是日内瓦统一法的票据系统。英美等没有参加日内瓦公约，自成体系，这就是英美法的票据系统。

（二）票据法系

由于历史的原因，国际上票据法形成三个法系。

（1）法国法系。法国法系历史最悠久，早在 1673 年路易十四的《商事敕令》中，就有关于票据的规定。1807 年的商法典中，票据法作了专章的规定。其特点是突出了票据的支付职能，要求在票面上载明“对价”文句。意大利、比利时、西班牙、希腊、土耳其的票据立法受其影响。

（2）德国法系。在德国，1847 年普鲁士邦首先起草了票据条例。1871 年统一后的德国颁布了票据法，1908 年颁布了支票法。德国票据法重视票据的流通和信贷作用，强调票据是无因证券、要式证券、文义证券。奥地利、瑞士、丹麦、瑞典、挪威、日本等国的票据立法受其影响。

（3）英国法系。英国票据法源于商人惯例，通过法院判决而成为普通法。其后票据判例编入 1882 年《汇票法》。英国票据法的特点是：强调票据的流通和信用的作用，保护持票人的利益，把票据关系与其基础关系严格分开，强调票据关系的无因性，凡善意的票据受让人均受法律保护。票据上的“对价”文句不是必要的有效条件。对票据的形式要求注重实际，比较灵活。英国票据法对美国、加拿大等国家的票据立法有重大影响。

由于各国票据立法分属于不同法系，无论内容或形式都有较大的差异，影响票据在国际间的流通，影响国际的商贸往来。从 19 世纪末就有一些国家和国际组织倡议统一各国票据立法。1910 年在德、意政府的倡议下，由荷兰政府在海牙召开票据法统一会议，制定了《票据法草案》。1912 年在海牙又召开第二次会议，制定了《统一国际票据法规则》和《统一票据法公约》。由于第一次世界大战，该项规则与公约被搁置下来。1930 年和 1931 年在国际联盟主持下，在日内瓦召开关于票据法的会议，通过了《统一汇票、本票法公约》、《统一支票法公约》。两个公约基本上是调和德国法系与法国法系的矛盾。公约由法、德等 22 个国家签署，但英、美没有签署。这样，就形成了日内瓦统一法和英美法系并存的局面。

（三）票据法系之间的差异

日内瓦统一票据法与英美票据法的差异，有如下各点。

1. 在汇票必须载明的事项方面

按日内瓦统一法要求，汇票必须载明以下事项：

（1）“汇票”字样；

（2）无条件支付一定金额的命令；

（3）付款人的姓名（名称）；

（4）付款地点；

（5）收款人姓名（名称）；

（6）出票的日期及地点；

（7）出票人的签名。

公约规定，凡缺少上述任何项目者，均为无效；但未载付款时间的，视为见票即付。

英美法系各国关于汇票必要项目的规定，较为灵活：

（1）不要求必须载明“汇票”字样；

（2）除未载明付款日期的汇票视为见票即付外，还可以是将来必定发生的某一事件的日期（如毕业时、开张日等）；

（3）如汇票未载明付款地点，持票人可找到付款人提示汇票，要求承兑或付款；

（4）允许开立以持票人为抬头的无记名汇票，票面上写“付来人”、“付持票人”字样，不必写出收款人的姓名，不必背书，只需交付即可转让；

（5）出票日期及出票地点，也不是必要的项目。汇票未载明出票日期，持票人可以补上；未载明出票地点，可以将出票人的营业所、住所作为出票地点，予以补上。

2. 在出票人的责任方面

根据日内瓦统一票据法，出票人出票后，应对收款人或持票人承担于汇票提示时付款人拒绝承兑或付款的偿付责任。按英美票据法规定，出票人为了免除被追索的责任，可开立免予追索的汇票。美国《统一商法典》第 3 条至第 413 条规定：在开立汇票时，可开立免予追索的汇票，从而解除出票人被追索的责任。英国《1882 年票据法》规定，出票人可在汇票上写明“无追索权”。为什么可以开立这种票据呢？这是根据契约自治原则，受票人自愿接受这种免除责任的汇票。

3. 在提示方面

持票人向付款人提示承兑和付款，必须在法定的日期内进行；否则持票人便失去对其前手和出票人的追索权。但提示的时间各国的规定不一。对见票即付的汇票的付款提示和定期汇票的承兑提示时间，日内瓦统一法规定为 1 年，英国票据法规定为在合理时间内。对已承兑的定期汇票的付款提示，日内瓦统一法规定要在付款日或次日的两个营业日提示；英美的票据法规定必须在付款到期日提示。

4. 在限制承兑方面

按日内瓦统一法规定，付款人可以限制其承兑的数额。英国票据法则认为，限制承兑是付款人拒绝承兑的行为，持票人可拒绝这种承兑，如果接受，须征得出票人和背书人的同意；否则，出票人和背书人可免除被追索的责任。

5. 在付款方面

按日内瓦统一法的规定，付款人在付款时，应审查背书的连续性，但不必审查背书人签名的真实性。英国票据法规定，伪造背书的票据无效，付款人即使善意地向伪造背书的票据付款，也不能免除其付款不当的责任，即是说，付款人不但负有审查背书的连续性，而且还负有审查背书的真实性的责任。

6. 在拒付、拒绝证书、追索等方面

持票人的汇票遭到退票，按英国票据法的规定，持票人应于退票后一个营业日内通知其直接背书人及他拟对之追索的任何前手；如不及时通知，就丧失对他们的追索权。按日内瓦统一法规定，不及时通知，并不丧失追索权，只是须赔偿因其不及时通知而可能给其前手造成的损失。

持票人遭到拒绝承兑或付款，应作成拒绝证书。按日内瓦统一法的规定，拒绝承兑证书，应于规定的提示承兑期内作成，如果在提示承兑期的最后一日作了一次提示，而承兑人要求再作第二次提示的，次日仍可作成拒绝证书。定期付款的汇票，其拒绝证书应于该汇票到期后的两个营业日内作成。见票即付汇票，其拒绝证书与其拒绝承兑证书相同。英国票据法规定，国内汇票遭拒绝付款不一定要作成拒绝证书。国外汇票必须在被拒绝付款的当天或第二个营业日做出拒绝证书。

关于追索权的时效，日内瓦统一法规定为 1 年；英国票据法规定为 6 年，从作成拒绝证书之日起算。

（四）联合国的统一票据立法

日内瓦统一立法公约签订之后，并没有达到统一国际票据立法的目的。为了解决不同法系之间的分歧，达到统一票据立法的目的，联合国贸易法委员会从 1968 年开始，从事统一票据法的工作。1973 年该委员会成立国际票据法工作小组，1982 年提出《国际汇票和本票公约草案》和《国际支票公约草案》，并提交各国政府征求意见。1987 年 8 月在维也纳召开的联合国贸易法委员会第 20 届会议上才正式获得通过，但尚未生效。国际汇票和国际支票公约的目的在于综合各国票据法的分歧，使公约能成为各国普遍接受的统一票据法。

四、票据行为的概念、特征和种类

（一）票据行为的概念

票据行为是行为人在票据上进行必备事项的记载、完成签章并予以交付。票据行为具有独立性，即在同一票据上所为的若干票据行为分别依各行为人在票据上所作记载独立地发生效力，在先票据行为无效不影响后续票据行为的效力，某一票据行为无效不影响其他票据行为的效力。就我国《票据法》所指票据行为而言，汇票包括出票、背书、承兑和保证；本票包括出票、背书和保证；支票包括出票和背书。

（二）票据行为的种类

票据行为有以下 5 种。

1. 出票行为

这是指制作与发出票据的行为。出票行为使出票人与持票人之间产生了债的关系，出票人是债务人，持票人是债权人。

2. 背书行为

这是权利人在票据背面上签名（或盖章），表示把票据上的权利转让给他人的意思。这种行为是附属行为，它使背书人与被背书人之间产生了权利义务关系，被背书人是债权人。

3. 承兑行为

这是指付款人签名于票据上表示承担付款的义务。这种行为使付款人与持票人之间产生权利义务关系，承兑人由此而成为债务人。

4. 参加行为

这是指付款人以外的其他人参加票据承兑的行为。这种行为使参加承兑的人与持票人产生了债权债务关系。参加人由于此行为而成为债务人。

5. 保证行为

这是非付款人向持票人保证履行付款义务的行为。

出票行为为基本的票据行为，亦称为主票据行为，票据上的一切权利义务因此而发生。至于背书、承兑、参加承兑、保证等行为，均属附属票据行为，亦称为从票据行为。各种票据行为，均以行为人的签名为要件。凡是在票据上签名者，均应承担票据上所载文义的责任。两人共同签名者，应负连带责任。

（三）票据行为的特征

1. 票据行为是无因行为

票据的基本关系与票据上的权利义务关系是应当加以区别的，即取得票据的原因和票据上记载的权利义务是互相区别的两件事。不能因为票据的基本关系有瑕疵而影响当事人根据票据的文字记载所应有的权利义务。当事人之间的权利义务完全以票据上的文字记载为准，不受其基本关系（因出卖而获得对价的票据、拾得遗失票据、窃取票据等）的影响。票据签发、流转必有原因，如买卖、借贷、赠与、租赁等。所谓“无因”，是指不问原因，票据一经签发或流转便与其基础关系相分离。如甲为一买卖契约中的债务人，乙为债权人，双方约定出具或转让商业汇票了结债权债务，甲依约做出票据行为则票据关系生成。买卖关系导致票据关系产生，但票据关系一经发生便与买卖关系分离。若甲发现货物瑕疵并与乙协商退货后，虽买卖关系事实上已不复存在，但非有法定情形票据关系依然有效成立。票据关系与基础关系以彼此分离、独立为原则，特殊情况下相互牵连为例外。

[例 1] 依票据法原理，票据被称为无因证券，其含义是指什么？（　　）

A. 取得票据无须合法原因

B. 转让票据须以向受让方交付票据为先决条件

C. 占有票据即能行使票据权利，不问占有原因和资金关系

D. 当事人发行、转让、背书等票据行为须依法定形式进行

[答案] C。

（1）分离。

① 票据关系与原因关系的分离：票据权利人行使权利不必证明原因关系；票据权利义务只按票载文义确定，不得以票载文义之外的原因关系加以改变；原因关系效力不影响有效成立的票据关系。

[例 2] 张某向李某背书转让面额为 10 万元的汇票作为购买房屋的价金，李某接受汇票后背书转让给第三人。如果张某与李某之间的房屋买卖合同被合意解除，则张某可以行使下列哪一权利？（　　）

A. 请求李某返还汇票

B. 请求李某返还 10 万元现金

C. 请求从李某处受让汇票的第三人返还汇票

D. 请求付款人停止支付票据上的款项

[答案] B。

② 票据关系与资金关系的分离：持票人通过出票、背书等行为取得的权利是一种独立权利，而非取得代替出票人向付款人行使的一种基于资金关系上的请求权；付款人并不当然成为票据关系当事人，可决定不承兑、付款；出票人不得以已向付款人提供足额资金为由，拒绝追索权人对其进行追索，仍应承担相应票据义务。

③ 票据关系与预约关系的分离：即使出票人或背书人未按照票据预约内容为票据行为，票据关系的内容仍按票载文义确定；即使没有票据预约关系或预约关系无效或被撤销，只要出票或背书行为符合票据法规定，由此产生的票据关系也依然有效。

（2）牵连。

① 票据关系与原因关系的牵连：原因关系有效与否直接影响授受票据的直接当事人之间票据关系的效力；无对价或不以相当对价取得票据者，受其前手票据原因关系影响，持票人不得享有优于其前手的票据权利；持票人明知票据债务人与出票人或自己的前手之间存在抗辩事由而取得票据的，票据债务人可以原因关系对抗之。

[例 3] 甲拾得某银行签发的金额为 5000 元的本票一张，并将该本票背书送给女友乙作生日礼物，乙不知本票系甲拾得，按期持票要求银行付款。假设银行知晓该本票系甲拾得并送给乙，对于乙的付款请求，下列哪一种说法是正确的？（　　）

A. 根据票据无因性原则，银行应当支付

B. 乙无对价取得本票，银行得拒绝支付

C. 虽甲取得本票不合法，但因乙不知情，银行应支付

D. 甲取得本票不合法，且乙无对价取得本票，银行得拒绝支付

[答案] D。

② 票据关系与资金关系的牵连：汇票、支票关系中，当持票人为出票人时，承兑人可以资金关系不存在为由加以对抗；支票关系中，付款人可以资金关系不存在为由对抗持票人。

③ 票据关系与预约关系的牵连：票据债务人可依预约关系对抗直接接受票据的票据债权人。

2. 票据行为是要式行为

票据的作成必须具备法定的形式，如果不具备法定的形式，就不能产生票据的效力。各国法律对于票据必须具备的形式条件都作了详细的规定。这些规定必须遵守，当事人不能加以更改。

3. 票据行为的独立性

这是指具备基本形式要件之票据，在其上面所为的各种票据行为，各自独立有效，不因其他票据行为无效或被撤销，或有其他瑕疵而受影响。例如出票人为无行为能力人，无票据能力，他人于其所发之票上背书，背书人不得以出票人无出票能力而推卸其责任，背

书人仍须对持票人负其责任。

根据《美国统一商法典》规范，流通票据必须具备下列必要条件：必须有出票人的签名；必须有出票人无条件支付确定数额的金钱的承诺或指令，不得包含出票人给予的其他承诺、指令；必须是可以即期或在确定时间凭票或凭指令付款的。在这一规定中的所谓“无条件”，就包含前面所说的票据行为的“无因性”和“独立性”。由此可以看出：《美国统一商法典》规定的票据应具备的条件，也就是票据行为应具有的特征。

五、票据权利与义务

票据当事人因票据行为而享有的权利和承担的义务，谓之票据权利与义务。

（一）票据权利

1. 票据权利的概念

票据权利，是持票人因持有票据而产生的权利。取得票据权利必须具备两个条件：一是持票人是合法的或善意取得票据的人，所谓善意取得，是指不知道让与人的权利有瑕疵；所谓权利瑕疵，乃是指票据的取得是使用诈欺、威胁等手段。二是债务人的票据行为是合法的，采取的形式符合法律规定。明知不能付款的出票和背书行为是非法的，票据上记载缺项或文义不清，是形式不合法律规定。

2. 票据权利的取得方式

票据权利的取得方式，可以分为：原始取得与继受取得。前者为持票人自出票人处取得票据上的权利，或自无权处分票据权利人（盗窃、骗取、拾得票据的人）处善意取得票据权利；后者为持票人自有正当处分权人手中依背书出让或交付出让票据而取得票据权利。

票据权利的取得，有两点限制：（1）须无恶意或重大过失。凡以恶意或有重大过失而取得票据者，不得享有票据上的权利。所谓恶意，是指明知出票人或转让人无权转让，而仍接受其转让。所谓重大过失，是指受让人虽非明知，但若稍加注意，即可知悉其出票人或转让人乃无权让与票据权利的人。（2）须有相当之对价。凡无对价而取得票据者，不得享有优于转让人的票据上的权利，转让人若无权转让，则不付对价之受让人也不能取得票据上的权利。上述两点限制，仍不影响票据行为之无因性，即善意的受让人不受其限制。

3. 票据权利的内容

票据权利的内容包括：

（1）请求债务人履行票据上规定的义务的权利，主要是请求债务人付款，也可要求承兑，即承担按期兑现的义务，而加“承兑”签盖的票据可以继续流通。

（2）追索权。当持票人不能从付款人处实现票据权利时，向出票人及背书人追索票据上的款项的权利。

（3）利益偿还请求权。这是因时效或手续欠缺而消灭票据上的权利，持票人对于出票人或承兑人在其所受利益的范围内，有请求偿还其利益的权利。持票人取得票据，通常付有对价，如因短期时效或法定手续欠缺而消灭票据上的权利，使出票人或承兑人因此享受不当利益，是不公平的，故持票人对于出票人或承兑人享有利益偿还请求权。

上述三项票据权利，其第一项是票据上的权利、其权利是因持有合法的票据而产生的。

其第二项、第三项权利是票据法赋予的，不是票据上的权利。例如，因超过时效期间或手续欠缺而消灭了票据上的权利，但根据票据法，持票人仍然对出票人、承兑人等享有利益偿还请求权。

持票人超过时效期间就消灭了票据权利；同时，却产生了偿还其利益的请求权。超过时效期间，持票人对于出票人、承兑人等履行票据义务的请求权因之而消失，却因之而产生了偿还其利益的请求权，这是一个矛盾。法律没有解决这个矛盾，只是在既要坚持短期时效又要保障利益偿还请求权之间，采用衡平原则以处理之。

票据上的短期时效，各国法律规定不一致，有些大陆法国家是这样规定的：汇票和本票的持票人对汇票的承兑人、本票的出票人的诉讼请求权为 3 年（这比民法规定的诉讼时效短得多），支票持票人对于支票的出票人的追索权，其时效期间为 6 个月或 1 年，汇票、本票的持票人对于前手的追索权的时效期间为 1 年，支票的持票人对于前手的追索权的时效期间为 4 个月，汇票、本票的背书人对其前手的追索权的时效期间为 6 个月，支票的背书人对于其前手的追索权的时效期间为 2 个月。至于利益偿还的范围，限制在票据债务人现实受到的利益的限度内。

英美票据法中没有关于票据时效的规定，其票据时效，适用一般财产权利的诉讼时效期间。

（二）票据义务（责任）

责任是不履行法律义务而应承担的法律后果。票据责任是因票据义务人不履行票据义务而产生的法律后果。凡是在票据上签名的人，不论是出票人、承兑人、背书人、参加人、保证人，都是债务人；其中一人不履行其债务，其他人就得承担其后果。有二人同时共同签名者，此二人应负连带责任。

票据债务人的义务和责任不同，就在于他们履行义务的先后顺序不同。债权人应先向第一顺序的债务人提出付款请求，只有当第一顺序的债务人不能（或拒绝）支付时，其履行支付的责任就由第二顺序的债务人承担；第二顺序若有保证人，则保证人与被保证人（出票人、背书人、承兑人、参加承兑人）负连带清偿责任。

第一顺序债务人为：汇票的承兑人、本票的出票人和支票的出票人；第二顺序债务人（责任人）为：汇票的出票人，汇票、本票、支票的背书人（先第一背书人、后为第二背书人）、保证人，以及汇票的参加承兑人。

对票据负有义务或责任的，都可以对主张票据债权的人提出抗辩，即提出理由拒绝履行票据债务。各国法律都对票据债务人的抗辩权加以限制，以利于票据的流通；但不为法律限制的抗辩权，仍有三种：（1）对物抗辩，亦称为绝对抗辩。票据债务人得以对抗一切持票人。例如，票据本身欠缺有效要件，如应记载之事项记载不全，或时效已届满，或无票据能力人所为之票据行为，或伪造票据等。（2）对人抗辩，亦称为相对抗辩。这是票据债务人只对特定持票人可以进行的抗辩。如持票人曾与出票人有约定，票据到期，免除其债务。若到期后持票人要求出票人付款，出票人则可以已免除债务之事实抗辩之。（3）恶意抗辩。持票人取得票据乃出于恶意，故票据上之义务，可不向其履行。所谓恶意，指持票人明知票据权利有瑕疵，明知票据债务人有抗辩的事由，而仍故意受让其票据。

六、票据权利瑕疵

1. 票据的伪造

票据的伪造是指假冒他人名义而为票据行为，如假冒他人签名、盗用他人印章、伪造背书或承兑。伪造的票据，无法律效力；虽持票人是善意取得，亦不能享有其权利。伪造人及被伪造（假冒）人，皆不负票据上的责任。伪造者其行为乃犯罪行为，并且应负民事上侵权之责任。但若他人真正签名，须负责任，这乃是因票据行为的独立性的表现。

2. 票据的变造

票据变造是指无权变更票据记载事项的人变更他人所记载的事项。如变更金额、到期、付款的时间地点。变造，票据本身及债务人是真实的，只是其中某事项被伪造；因此，票据仍然有效；但应根据签名在变造之前后而承担不同的责任。按日本票据法规定：签字在变造之前的，按原有文义负其责任；签字在变造之后者，按变造后的文义负责。变造之人，同伪造者负同样的法律责任。

3. 票据的涂销

票据的涂销是指票据的签名或其他事项，被涂抹而失去效力的情况。涂销的法律后果各国的规定不同：有的没有规定；英国票据法明确规定，票据记载的事项被涂销，如是出于权利人的故意，其票据无效。

七、票据丧失与补救

票据的丧失，是指票据毁灭、遗失、被窃盗而丧失其占有的情况。

票据的救济办法，各国法律规定不一样：（1）失票人提供担保，向出票人要求补发，英国票据法就是如此规定的；（2）失票人得提供担保，请求法院为支付之裁判，如《美国统一商法典》就是如此规定的；（3）失票人得请求法院为公示催告，申请法院作除权判决，如德国法就是如此规定的。失票人应告知付款人止付及向法院申请公示催告。公示催告，是以公示的方法催促票据利害关系人在一定时间内申请其权利，若不申报，到期则视该票据为无效，而由法院确认失票人的权利，或者由失票人申请给予新票据。

我国对票据丧失有挂失止付、申请公示催告和提起诉讼三种补救方式。

1. 挂失止付

票据权利人在丧失票据占有时，为使票据权利免受可能损害，可通知并请求付款人停止票据支付。付款人在接到止付通知后若仍付款，则不论善意与否，都应承担赔偿责任。但票据本身并不因挂失止付而无效，失票人责任并不因此免除，失票人的票据权利也不能因挂失止付得到恢复。此外，挂失止付并非公示催告和诉讼程序的必经程序（《票据法》第15条第3款）。

2. 公示催告

（1）条件。

① 确有票据丧失的事实；

② 确有票据权利存在；

③ 不存在利害关系人之间的权利争执。

（2）程序。

① 失票人应在向付款人发出止付通知后 3 日内申请公告，未发出支付通知的，随时可以申请。

② 法院认为不符合受理条件的，应在 7 日内裁定驳回申请。

③ 法院受理申请后应立即向票据付款人及代理付款人发出止付通知，并于 3 日内发出公告，催促利害关系人申报权利。

④ 国内票据公示催告期间为自公告发布之日起 60 日，涉外票据催告期间可据具体情况适当延长，但最长不得超过 90 日。

⑤ 催告期间内或催告期满、除权判决做出之前，有人提出权利申报或相关票据权利主张，法院应立即裁定终结公示催告，并通知申请人和付款人。催告期满，无人提出相关票据或进行权利申报或主张票据权利，法院则做出除权判决。已做出除权判决的票据丧失效力，申请人有权依该判决行使付款请求权或追索权。

3. 普通诉讼程序

失票人失票后，在票据权利时效届满之前，可提供相应担保，请求出票人补发票据或请求债务人付款。失票人请求被拒绝时，可以与其有债权债务关系的出票人、拒绝付款的付款人或承兑人为被告，向被告住所地或票据支付地法院起诉。

第二节　汇　　票

一、汇票的概念与种类

（一）汇票的概念

汇票是出票人委托第三人在一定期限内无条件付给某人或持票人一定金额的票据。

在汇票关系中，最初当事人有三个：出票人、付款人及收款人；而本票最初当事人只有两个。汇票是付款人代为付款，而本票是出票人自己付款。由于汇票是由第三者付款，所以汇票在到期前须要由付款人承兑，以确定付款人的债务人地位，并确立持票人和付款人之间的债的关系。

（二）汇票的种类

（1）以期限长短为标准，可分为即期汇票与远期汇票。即期汇票乃是见票即付款的汇票。远期汇票，又可分为以下三种：①定期付款汇票，即确定到期日的汇票；②出票后定期汇票，即自出票之日起经过一定的时间而为付款的汇票；③见票后定期付款汇票，即自提示承兑之日起，经过一定时间而为付款的汇票。

汇票到期日有以下 4 种方式。

①见票即付（见图 11-1）。

汇　票

金额 10, 000 英镑　　伦　敦　　1985 年 5 月 10 日

见票即付史密斯先生壹万英镑　　对价付清

此　致

×××公司

×××公司

图 11-1　见票即付的汇票

②定期付款（见图 11-2）。

汇　票

金额 20, 000 英镑　　利物浦　　1985 年 5 月 10 日

凭票于 1985 年 6 月 20 日付给约翰逊贰万英镑

对价付清

此　致

×××公司

史密斯

图 11-2　定期付款的汇票

③出票后定期付款（见图 11-3）。

汇　票

金额 10, 000 英镑　　曼彻斯特　　1985 年 6 月 1 日

凭票于出票后一个月内付给

琼斯先生或其指定人壹万英镑　　对价付清

此　致

×××公司

汉　斯

图 11-3　出票后定期付款的汇票

④见票后定期付款（见图 11-4）。

<table>
<tr><td colspan="3" align="center">汇　票</td></tr>
<tr><td>金额 10, 000 英镑</td><td>伦　敦</td><td>1985 年 5 月 10 日</td></tr>
<tr><td colspan="3">凭票于见票后 30 天给付</td></tr>
<tr><td colspan="2">汉斯或其指定人壹万英镑</td><td>对价付清</td></tr>
<tr><td colspan="3" align="center">此　致</td></tr>
<tr><td colspan="3">菲利浦先生</td></tr>
<tr><td colspan="3" align="right">×××公司</td></tr>
</table>

图 11-4　见票后定期付款的汇票

（2）以记载的形式为标准，可分为记名式、指示式和无记名式三种汇票：①记名式，出票人在票上载明收款人的姓名（商号）；②指示式，乃是在票上记载收款人的姓名商号或其指定的人；③无记名式，票上不记载收款人的姓名或商号，无论谁持有汇票，都可向付款人取款。

（3）根据银行对付款的要求不同，可分为光票汇票和跟单汇票。前者只需提交汇票即可取款，后者则需同时提交相关的单据。

二、出票

（一）出票的概念

汇票的流通要经过出票、背书、提示、承兑、付款等程序。如果汇票遭到拒付，持票人可作成拒付证书，依法向出票人行使追索权。

出票是发出汇票给收款人的票据行为，是汇票进入流通的第一个环节。出票包括：①出票人制作汇票并于其上签名；②将汇票交付给收款人。只有制成汇票并把它交给收款人，才算是完成了出票这一行为。

出票行为的法律效力为：①票据权利随同票据一起转让给收款人；②出票人承担保证承兑与付款追索权；如付款人拒绝承兑或到期而付款人拒绝付款，也向出票人行使追索权。

（二）汇票记载的事项

汇票的样式主要是通过记载事项而表现出来的。记载事项可分为：必须记载事项与任意记载事项。

1. 必须记载的事项

（1）票据文句。应有记载汇票的字样，表明此票据是汇票。

（2）支付一定金额的单纯委托。首先，要有确定的金额。其次，是单纯的委托，不得附有条件，即收款人不付任何代价而取得汇票上的款项。

（3）付款人的名称。

（4）付款日期和付款地。

（5）收款人或其指定人名称，收款人应写明，“或其指定人”不必写明。

（6）出票日及其出票地。

（7）出票人签名。

以上各项是必须记载的事项，缺乏任何一项，都不能产生汇票的效力。

根据我国《票据法》第 22 条的规定，汇票上必须记载下列事项，否则汇票无效：表明“汇票”的字样；无条件支付的委托；确定的金额；付款人名称；收款人名称；出票日期；出票人签章。汇票未记载事项的认定：①汇票上未记载付款日期的，根据《票据法》第 23 条的规定，视为见票即付，付款人在持票人提示票据时，即应履行付款责任。如果以到期日补充记载完成后的汇票提示承兑或提示付款，则应认为该汇票在出票时即已记载到期日。②汇票上未记载付款地的，以付款人的营业场所、住所或者经常居住地为付款地。③汇票上未记载出票地的，以出票人的营业场所、住所或者经常居住地为出票地。

[例 4] 依我国《票据法》的规定，下列有关汇票记载事项的哪一表述是正确的？（　　）

A. 汇票上未记载付款日期的，为出票后 1 个月内付款

B. 汇票上未记载付款地的，以出票人的营业场所、住所或经常居住地为付款地

C. 汇票上未记载收款人名称的可予补记

D. 汇票上未记载出票日期的，汇票无效

[答案] D。

2. 任意记载的事项

（1）预备付款人，即第二承兑人或付款人。当付款人拒绝承兑付款时，收款人应请求预备付款人承兑或付款。

（2）利息约定，如约定利息，就必须记载利率。

（3）担当付款人，这是代付款人担当支付汇票上金额义务的人。出票人可在付款人之外记载一人为担当付款人。持票人应先向担当付款人出示汇票，要求其承兑或付款。出票人没有记载担当付款人的，付款人在承兑时可记载之。

（三）汇票出票的效力

出票作为一种票据法律行为，一经完成就产生了票据上的权利义务关系，即票据债权债务关系，对票据上的当事人均产生一定的影响。

（1）汇票出票对出票人的效力：出票行为一经完成，对出票人来说，就产生了两方面的票据责任：① 要担保所签发的汇票能够在到期前获得承兑，在票上所载付款人拒绝承兑，或因票上所载付款人下落不明、破产等原因无从承兑时，出票人必须承担汇票付款的责任；② 汇票的出票人还要承担担保付款的义务，在汇票到期不获付款的情况下，出票人必须承担付款责任，不管付款人对汇票承兑与否。

（2）汇票出票对付款人的效力：出票行为的完成，对于付款人来说，并未发生票据上的效力。汇票上所载付款人可以依自己独立的意思，决定为该汇票进行承兑或拒绝承兑。

（3）汇票出票对收款人的效力：出票行为一经完成，即产生了收款人的票据权利，即从原因关系上的民事债权人变为票据债权人，享有付款请求权、追索权和依法转让票据的权利。

三、汇票的背书

（一）背书的概念和种类

背书是持票人以转让票据权利为目的而于票据上签名的票据行为。

按不同标准，可将背书区分为不同的种类。

1. 以目的为标准

（1）转让背书。这种背书的目的在于转让汇票上的权利，背书人通过背书行为，将其权利转让给被背书人。

（2）委托取款背书，也即非转让背书。被背书人成为背书人的取款代理人，汇票不得再流通。票上有委托取款字样。

（3）设质背书。背书人以汇票设置质权，使被背书人对汇票权利享有质权，被背书人的主权利得到担保。

2. 以形式为标准

（1）记名式背书。汇票背面既有背书人的签名，也有被背书人的名称，故称为完全背书。

（2）空白背书。只有背书人的签名，而不记载被背书人的名称，所以也称为无记名背书或不完全背书。

（3）付来人式的背书。票上有背书人的签名，但不记载被背书人的名称，只记载“付来人”字样。

（二）转让背书

转让背书是背书人（权利人）通过在票据上记载一定事项而将票据与票据权利让与被背书人的票据行为。

记名背书在汇票背面记载被背书人的名称，背书人签名（见图 11-5）。

票面金额让与被背书人

背书人　　　甲（签名）

被背书人　　　乙

图 11-5　记名背书

空白背书，只有背书人签名，不记载被背书人的名称（见图 11-6）。空白背书的持票人有以下权利：

票面金额让与被背书人

背书人　　　甲（签名）

被背书人

图 11-6　空白背书

（1）可以以自己或他人名称作为被背书人，从而使空白背书成为记名背书。

（2）可以以记名背书或空白背书转让汇票。

（3）可以不背书而转让汇票。空白背书更便于流通。

背书人可以在汇票上记载“禁止再转让”或“禁止再背书”，以阻止票据关系进一步复杂化。

转让背书有以下法律效力。

（1）权利转移的效力。

背书人于票据上背书并将票据交付被背书人，票据上的一切权利因此而转移给被背书人。

票据权利依背书而让与与普通债权的转让相比较，受让人的地位更为优越。普通债权的让与，受让人不能取得比让与更多的权利；而票据权利的让与，被背书人（受让人）可以取得比背书人（让与人）更多的权利，因为被背书人只继受背书人的权利，而不继受其权利的瑕疵。日本《票据法》第 17 条规定：“依汇票受请求之人，不得以对出票人或其他持票人前手之关系，以抗辩对抗持票人。”持票人的权利，不受出票人及让与人前手的权利瑕疵的影响。

（2）担保的效力。

背书人为背书行为之后，应当依票据文义担保付款人承兑及付款。当汇票被拒绝承兑或付款时，背书人对被背书人及其后手应负清偿的责任。

（3）权利证明的效力。

持票人得以背书的连续而证明其取得的票据权利的适法性。所谓背书的连续，是指汇票上的背书，自收款人到最后被背书人，前后连续不间断。收款人为第一背书人，第一被背书人成为第二背书人……如此连续不间断直至最后被背书人，即持票人（见图 11-7）。持票人因背书之连续而得以证明其为正当权利人。不连续背书示意图见图 11-8。

背书人 被背书人	甲 乙
背书人 被背书人	乙
背书人 被背书人	丙 丁
背书人 被背书人	丁 戊

图 11-7 连续背书示意图

注：图中有空白背书不算中断。

背书人 被背书人	甲 乙
背书人 被背书人	丙 丁
背书人 被背书人	丁 戊
背书人 被背书人	戊

图 11-8 不连续背书示意图

注：图中第一被背书人应是第二背书人，但由图可见并非如此，故造成背书的中断。

四、汇票的承兑及参加承兑

（一）承兑的概念、种类和作用

承兑是汇票的付款人表示接受出票人的付款委托，承担票面金额的支付义务，而将其意思表示记载于汇票之上的票据行为。

承兑制度为汇票所独有。汇票的持票人在汇票到期日之前，得向付款人提示汇票，要求承兑。承兑的方式，由付款人在汇票正面上写承兑字样，签上付款人的名称，注明承兑日期。有些国家（如德国、瑞士等国）法律规定，只要有付款人签名，即使无载明“承兑”字样，仍可视为承兑；日本、荷兰、西班牙的法律及《美国统一商法典》规定，在票面上应写有“承兑”字样并且有付款人的签名。是否必须注明承兑的日期，除少数国家法律规定必须载明承兑日期外，大多数国家不以之为承兑的有效条件。

承兑有两种。

（1）单纯承兑。付款人在票面上记载承兑文字，如“承兑”、“兑付”、“照付”，并签上自己名称和注明承兑日期。

（2）不单纯承兑。即付款人对汇票文义加以变更或限制所作的承兑。包括：①附条件的承兑。付款人承兑时，对付款日期、付款地点加以变更，或必须以提交货运单据为付款条件等。②部分承兑。付款人只承兑票面金额的一部分。

不单纯的承兑，按英国票据法规定，持票人得加以拒绝，而向出票人及背书人行使追索权。如持票人接受附条件的承兑，则必须征得出票人和背书人的同意。而德国票据法则规定，持票人应当接受部分承兑，对未获承兑的部分金额应作成拒绝证书，以保留其权利；至于其他种类的限制，持票人可以加以拒绝。

持票人向付款人出示汇票，请求承兑的行为，叫做承兑提示。出票是出票人的单方行为，出票人在出票时可以指定任何人为付款人，而付款人对汇票上记载的内容并不知道，因而付款人对汇票可以不负任何责任。持票人要能够按时得到付款，就必须将汇票向付款人提示承兑，并得到付款人的签字表示承兑。如果付款人签字表示承兑，他就应承担付款的法律责任。如果付款人拒绝承兑，持票人不能对付款人追究法律责任；他只能对其前手背书人或出票人进行追索。

付款人承兑之后，如到期拒绝付款，持票人就可以通过诉讼，要求付款人承担付款责任和赔偿损失，这是承兑所产生的法律后果。但承兑并不能免除出票人和背书人的责任，如果持票人在汇票到期后不能从付款人处得到付款，则持票人仍然有权向任何前手背书人或出票人进行追索。

持票人是否向付款人提示承兑，由持票人自由决定。他可以在汇票到期日之前提示承兑，也可以在到期日直接向付款人要求付款；但这种提示自由，也要受一定的限制。限制来自出票人、背书人和法律规定三个方面：（1）出票人在汇票上记载在一定期限内应提示承兑或在一定期限内禁止提示承兑；（2）背书人也可在汇票上记载在出票人禁止提示承兑的期限之外的某一定期限之内应提示承兑；（3）法律规定，见票即付的汇票，持票人不必提示承兑。见票后定期付款的汇票，其持票人有提示承兑的义务；否则，无法确定定期的开始日。按日本票据法规定，持票人应于出票日起一年内提示承兑。

（二）参加承兑的概念、方式和效力

参加承兑，是指在票据到期前为阻止持票人行使追索权和为了债务人的利益，由预备付款人或债务人以外的第三人参加承兑。参加承兑者称参加承兑人。

追索权的行使，是由于汇票得不到承兑，或者付款人死亡或逃匿而无从提示承兑，或付款人受破产宣告。参加承兑，可阻止追索权的行使。

参加承兑人应于汇票正面记载“参加承兑”字样。写明被参加人姓名，即因参加承兑而直接受益的债务人。参加承兑人签名并注明年月日。

参加承兑的目的在于阻止持票人行使追索权，以维护出票人、付款人的商业信誉；对持票人来说，可以得到承兑和付款。

承兑人（付款人）是第一债务人，而参加承兑人是第二顺序债务人。汇票经过参加承兑之后，持票人在到期日，仍先向付款人或担当付款人要求付款，在上述人不能付款时，参加承兑人才应当支付汇票金额、利息及其费用。

五、汇票的付款

（一）付款的概念

付款是汇票的付款人向持票人清偿汇票金额的行为。若全部清偿，一切票据关系皆因此而消灭；若部分清偿，已清偿部分归于消灭。

（二）汇票的到期日（债务履行期）

汇票的到期日有以下情形：

（1）见票即付，提示付款之日即为到期日。

（2）见票后定期付款，提示承兑日之后一定期限届满为到期日。

（3）出票后定期付款，出票日之后一定期限，届满为到期日。

（4）定日付款，以汇票上记载的特定日为到期日。

（三）持票人提示付款的时间

持票人必须在法定的时间内向付款人作付款提示，请求其付款。按照英国票据法的规定，见票即付的汇票，持票人必须在“出票后和背书后的合理时间”内提示，否则出票人和背书人可不负责任。出票后定期付款、见票后定期付款的汇票、指定特定日期的汇票，必须在到期日或之前提示；否则出票人和背书人的责任均告解除。按日本和德国票据法规定，非见票即付的汇票，应于付款日或付款日后二日内提示其票，请求付款。两国票据法都规定，见票即付汇票以其提示日为付款日，但应于自出票日起一年内为承兑之提示。对于民事债务关系，债权人只要在诉讼时效完成以前，随时都有权要求债务人清偿债务。民事债务关系只涉及债权人与债务人之间的关系，而票据上的债务关系，除了持票人和付款人之外，还涉及出票人、背书人等的权利义务关系。如果在汇票到期日持票人不提示付款，本来有支付能力的付款人过后可能丧失支付能力，这样汇票的出票人和前手背书人可能都会因此而蒙受不利的影响；因此，各国票据法都规定，持票人必须严格按法定时间向付款

人作付款提示；否则，以后付款人不能付（或拒付）款，持票人就不能向出票人和前手背书人进行追索。这些严格规定是持票人对背书人、出票人的关系而言的，是法律为保护前手背书人和出票人的利益而作的规定。付款人不能因为持票人未按期及时提示付款而解除自己的付款义务。按日本票据法规定，持票人对于付款人（承兑人）的汇票请求权，自期满日起经过三年，因时效而消灭。

（四）付款人付款时间

持票人持已到期的汇票向付款人提示付款，而付款人应在何时付款，各国有不同的规定。英国票据法规定，远期汇票有三天的优惠期。一般都规定，在票据到期日，在持票人提示付款时，应予付款。

（五）付款的效力

汇票由付款人向持票人如数付清后，汇票上的一切债权债务关系即行消灭。这是付款的最基本的法律效力。

付款人有权要求持票人在汇票上记载“收讫”字样，签名并交出汇票给付款人。持票人不为付款提示，付款人无法付款，可以将应付金额提存（于提存机构），从而免除了付款人的责任。

付款人在付款时应对背书是否连续进行审查，背书不连续而付款的，应自负其责。但对背书签名之真伪及持票人是否为正当权利人，不负认定的责任，但恶意或有重大过失的，不在此限。

（六）参加付款

参加付款是在付款人、承兑人不付款时进行的票据行为，其目的与参加承兑相同，都是为了阻止追索权的行使，维护票据信用。参加付款人付款之后，票据上的债权债务不因此而消灭。参加付款人，对于承兑人、被参加付款人及其前手，仍取得持票人的权利。被参加付款人，通常是出票人或背书人。参加付款人可以是参加承兑人、保证人、预备付款人；其他人亦可自愿参加。汇票上记载有预备付款人或参加承兑人的，持票人在汇票到期日不能取得付款因而能够行使追索权时，在行使追索权前，应向包括预备付款人、参加承兑人在内的参加付款人提示汇票，请求参加付款人付款。持票人如果不履行这一手续，就丧失了对预备付款人、被参加付款人的追索权。

六、汇票的保证

（一）保证的概念

票据保证是票据债务人以外的第三人，为了担保票据债务全部或部分的履行的附属票据行为。票据债务如有保证，则权利更有保障，票据更便于流通。

保证人以票据债务人以外之第三人为限，凡属票据债务人（出票人、背书人等），均不得为保证人。被保证人则以票据债务人为限，凡是出票人、背书人、承兑人、参加承兑人等，均可作为被保证人。付款人在未承兑之前，并非票据的债务人，不属被保证人之列。

（二）保证的方式

票据保证是一种要式法律行为，必须按照法律规定的方式进行方才有效。

日本票据法规定，保证应于汇票或粘单上为之，以“保证”或其他意义相同之文句表示之。《美国统一商法典》规定，在票上加注“保证付款”或类似的签名，其含义是，如果票据到期而未得到支付，签名人有义务依票据条款付款，持票人无须向任何其他当事方追索。

构成票据保证的要件如下。

（1）保证意旨。票面上有“保证”字样。日本票据法规定：于汇票正面所为之单纯签名，视为保证。

（2）保证人签名。这是必有的要件。

（3）被保证人的姓名或名称，欠缺这一要件的，并不导致保证无效。如果票据上未记载被保证人的姓名或名称，根据日本票据法，如果票据已经承兑，则视为对承兑人的保证；如果票据未经承兑，则视为对出票人的保证。

（4）保证金额。票据保证可以就票面金额全部保证，也可只保证部分金额。实行部分保证的，应载明保证的金额。无部分保证的记载的，视为全部保证。

（三）保证的效力

保证人承担一定的责任，也享有一定的权利。

（1）保证人的责任。

保证人须与被保证人负同样的责任；如为承兑人保证时，应负付款责任；为出票人、背书人保证时，应负保承兑及付款的责任。所谓同样责任，是指保证人所负责任，以被保证人所负责任为准。

保证人一经保证和签名于票上，无论被保证人债务有效与否，均应负保证的责任。例如，被保证人为无行为能力人，或其票据系伪造的，依法均应无效。若保证人签名为之保证，仍须负保证的责任。但被保证人的债务因方式欠缺而成为无效的票据，如遗漏签名，保证人纵使签名保证，也不负责任。

（2）保证人的权利。

票据债务的保证人在清偿债务后，可行使持票人对承兑人、被保证人及前手的追索权。

七、汇票的追索权

（一）追索权的概念

追索权是指持票人在汇票到期而得不到付款，或到期前得不到承兑，或有其他法定原因时，持票人向其前手请求偿还票据金额及利息费用的权利。通常，汇票经出票人出票后，通过背书而流通，在持票人从付款人处获得付款后，票据关系即行消灭。当持票人受领付款的权利不能实现时，就采用救济措施，以保护持票人的利益。追索权，就是法律上的一种强有力的救济措施。

（1）追索权人可以选择追索的对象。日本票据法规定，持票人可不受债务负担的先后顺序，对债务人中的一人或全体行使追索权。

（2）受追索的人数没有限制。追索权人可以向债务人中的一人、数人或全体行使追索权。

（3）对债务人之一行使请求权后，不妨碍对其他债务人行使请求权。

（二）追索的要件

追索有期前追索和期后追索。

1. 期前追索

持票人在到期日之前行使追索权，应当具备下列条件。

（1）实质要件：①付款人拒绝承兑，遭付款人全部或部分拒绝承兑；或者付款人死亡、下落不明而无法承兑。②已承兑或未承兑的付款人被宣告破产。③出票人被宣告破产，其发出的票据不能作承兑的提示。有上述情况之一的，持票人可以在到期日之前行使追索权。

（2）形式要件：①应作成拒绝承兑证书；②应提出破产裁定书。有此裁定书，就不必作拒绝承兑证书，更不用作承兑提示了。

2. 期后追索

持票人在到期日之后行使追索权，应具备以下要件。

（1）实质要件：持票人在到期日或其后二个交易日内未获付款，包括付款人的拒付和付款人下落不明、死亡、破产等因而无从获得付款等情形。

（2）形式要件：应作成付款拒绝证书，或者取得法院对付款人的宣告破产的裁定书。

（三）追索的程序

持票人行使追索权，大致有以下程序：①提示原有票据；②作成拒绝证书；③通知拒绝事由。前面两步程序为行使权利的条件，也是保全权利的条件。不履行这些程序，其结果将丧失权利。后一步程序，是后手对于前手的义务，若不履行，则可能要承担损害赔偿的责任。

1. 提示原有票据

票据的提示，是行使追索权的前提，除了付款人死亡、被宣告破产等无法或无须提出承兑或付款提示，以及持票人本身不可抗力之事件不能为承兑或付款的提示外，均应向付款人作承兑或付款的提示。由于持票人本身不能为提示的，应将此种情形从速通知出票人、背书人及其他债务人。

2. 作成拒绝证书

汇票全部或部分得不到承兑或付款，持票人应作成拒绝证书加以证明。得不到付款的，应于拒绝付款日及其后五日内，作成拒绝付款证书。得不到承兑的，应于提示承兑期限内，作成拒绝承兑证书。付款人或承兑人死亡、逃避等原因无从作承兑或付款提示的，应即作成拒绝证书。付款人或承兑人受破产宣告的，应以破产宣告书的副件加以证明，无须作拒绝证书。

3. 通知拒绝事由

持票人在拒绝证书作成后，对于出票人、背书人及其他债务人，应将付款人、承兑人拒绝承兑付款的事由通知他们，使他们做好偿还的准备。除了通知出票人外，就是自己的直接前手背书人。背书人收到通知后，再通知其直接前手。如果不及时通知有关的人，将丧失其追索权。

（四）追索权的丧失

追索权的丧失有以下各种情形：

（1）持票人不实施行使或保全汇票上权利的行为。持票人不在法律规定的期限内实施行使或保全汇票上权利的行为的，对于前手丧失追索权。

（2）持票人拒绝参加付款人的付款。持票人拒绝参加付款人的付款的，对于被参加人及其后手丧失追索权。

（3）持票人没有进行付款提示的。持票人没有向参加承兑的人或预备付款的人要求付款的提示，对于被参加人与指定预备付款的人丧失追索权。

（五）拒绝证书

1. 拒绝证书的概念

拒绝证书是证明持票人为行使、保全票据上的权利已进行了必要的行为，并且没有结果的一种要式证书。拒绝证书的作用在于作为行使追索权的根据。凡是汇票没有得到承兑、没有得到付款或无处承兑，持票人要主张已经依法行使其权利而无结果的事实，原则上必须以拒绝证书加以证明。

英国票据法对于国外汇票不获承兑或不获付款，必须作成不获承兑或不获付款证书。日本的《拒绝证书令》及《美国统一商法典》，均有关于拒绝证书的规定。

2. 拒绝证书应记载之事项及作成之机关

拒绝证书，按日本的《拒绝证书令》应记载下列各项：

（1）拒绝者、被拒绝者的姓名或商号；

（2）对拒绝人有请求而拒绝人不应其请求，或无法会见拒绝人；

（3）请求地或不能为请求地及年月日；

（4）拒绝证书作成的场所及年月日；

（5）于法定场所外作成拒绝证书时，拒绝人已承诺事。

拒绝证书由公证人或执行官制成。公证人或执行官应于拒绝证书上签名盖章。

拒绝证书一般于票据上或其粘贴之单上作成。通常于票据背面作成之。

美国统一商法规定：拒付书，系由美国领事或副领事，或公证处，或任何根据拒付发生地法律，有权证明拒付的人作成并加盖印章。上述人可在得到其认为充足的情况后作成此种证书。

拒绝证书作成的期限，属于拒绝承兑的，在提示承兑期内都可以进行。属于拒绝付款的，按日本票据法规定，应于付款日或其后的交易日作成。

第三节 本 票

一、本票的概念及款式

（一）本票的概念

本票是出票人签发一定的金额，在指定的到期日，由自己无条件支付与收款人或持票

人的票据。

本票与汇票的区别有：①本票由出票人自己承担付款的义务，而汇票则由出票人委托第三人付款；②本票只有双方关系，而汇票则有三方面关系；③本票的出票人，自出票行为完成，就承担付款义务，而汇票的付款，须经承兑手续，付款人方承担付款义务。所以关于汇票的承兑、参加承兑的规定，在本票上不能适用。

（二）本票的款式

本票应记载下列事项，并由出票人签名。应记载的事项：表明本票的文字；一定金额；无条件承担支付的义务；出票的年月日；收款人的姓名，无此记载者，以持票人为收款人；出票地，无此记载者，以出票人之营业所、住所或居所为出票地；到期日，无此记载者，视为见票即付。

任意记载事项：利息、利率；禁止背书；其他约定。

根据我国《票据法》第75条的规定，本票的法定记载事项包括：表明“本票”的字样；无条件支付的承诺；确定的金额；收款人名称；出票日期（《票据法》规定，本票一律为见票即付，本票的出票日期就成为计算持票人本票权利期限的基准点，是法定绝对必要记载事项）；出票人签章。这些事项是本票的法定绝对必要记载事项，本票上欠缺任何一项的记载，都会导致本票无效。

[例5] 下列关于本票的表达哪个是错误的？（　　）

A. 我国《票据法》上的本票包括银行本票和商业本票

B. 本票的基本当事人只有出票人和收款人

C. 本票无须承兑

D. 本票是由出票人本人对持票人付款的票据

[答案] A。

（三）本票出票人的义务

本票出票人所承担的义务，与汇票承兑人相同。

见票后定期付款的本票，应由持票人向出票人作见票提示，要求其签名，并记载见票字样及年月日。出票人在提示见票时拒绝签名，持票人应在规定的期限内，作成拒绝证书。持票人不作见票提示或作成拒绝证书的，对于出票人以外的前手丧失追索权。

二、汇票的有关规定适用于本票

（1）汇票关于无记名的变更为记名的、担当付款人及利息率的规定，适用于本票。

（2）背书、保证、到期日、付款、拒绝证书的规定均适用于本票。

（3）参加付款、追索权的规定，除承兑和向预备付款人提示付款的规定外，均适用于本票。

第四节 支 票

一、支票的概念及款式

（一）支票的概念

支票是出票人签发一定金额，委托银行（或其他金融机构）凭票无条件支付给持票人（收款人）的票据。

支票关系的当事人有出票人、收款人、付款人，这与汇票关系相同。因此，英美法把支票看成汇票的一种。《美国统一商法典》规定："支票，指受票人为银行的即期付款汇票。"但支票与汇票不同，其不同之处是：

（1）支票一般是见票即付，所以主要是支付工具；而汇票则主要是信用工具。

（2）支票以银行为付款人，汇票的付款人则不限于此。

（3）出票时出票人必须在银行有资金（包括银行答应给予的贷款）；否则，其发出的支票就成为空头支票，出票人就要承担滥发支票的责任。而汇票，出票时可以没有资金；只要在支付日有资金可以支付即可。

（4）支票是以出票人在银行有可支付的资金为前提，所以无须付款人承兑；而汇票，则只有在付款人承兑之后，付款人才有付款义务。

（5）付款的到期日不同，汇票和本票可以有 4 种到期日（见票即付、出票后定期付款、见票后定期付款、特定日付款），而支票，一般的只有见票即付一种。

（6）汇票有参加承兑、参加付款的制度，而支票并无此种制度。

（二）支票的种类

支票根据是否记载收款人名称而区分为记名支票和不记名支票。

支票以其付款保证及限制情形为标准可分为保付支票、一般支票和平行线支票。

保付支票就是支票付款人在支票上记载有"照付"、"保付"字样的支票，并加以签名。支票经过保付，付款人就负有付款的绝对义务，而不问出票人是否有足够的支付资金。

平行线支票也称为划线支票，它起源于英国；其特点是付款人不把现金付给持票人，而是付给持票人的开户银行。持票人必须通过开户银行才能取得现款。

（三）支票的出票与应记载事项

支票的出票与汇票的出票类似，但也有不同之处：支票出票人在出票时，应有支付的资金（包括银行许可的透支），而汇票则不必如此，只要到期日有资金即可。

支票必须记载的事项有：支票文义；支付一定金额的单纯委托；付款人的名称；付款地；出票日及出票地；出票人签名。

二、支票的转让与付款

（一）支票的转让

持票人可以将支票权利转让与他人，支票由此而可以流通。

无记名支票可以用交付而转让，无须经过背书。如果转让人在票上背书，则背书人要承担被追索的责任，但支票仍然是无记名支票。无记名支票的善意持有人（非遗失拾得与非盗窃的支票）没有返还的义务。

记名的支票，按背书方式转让与流通。

（二）支票的付款

支票与汇票一样，也必须提示。持票人必须在规定的期限内向付款人（银行）提示支票，如果超出法定期限，持票人就丧失对其前手的追索权。

各国票据法根据出票地与付款地距离不同，规定了不同的付款提示期间。按日本票据法的规定，付款提示期间为：

（1）应于国内出票并付款的支票，应于10日内为付款提示期间。

（2）付款地与出票地国不同时，如同属一洲，支票应于20日内为提示期间；不属同一洲的，应于70日内为提示期间。

（3）由欧洲一国出票，于地中海沿岸一国付款之支票；或由地中海沿岸一国出票，于欧洲一国付款的支票，视为由同一洲出票并在同一洲付款的支票。

上述所载期间的起算日，为支票的出票日。

三、支票债务人的责任

1. 出票人的责任

出票人除支票遗失、被盗、伪造或重大错误外，在法定付款提示期限内不得撤销付款委托。日本支票法规定："出票须担保付款，出票人载有不担保旨意的文句时，视为未记载。"日本法律允许使用空白支票；但空白支票上填写的文义（主要是数额）与持票人与出票人之间的协议不相符，出票人不得以此对抗持票人；但持票人因恶意或重大过失取得支票的，不在此限。

出票人发出空头支票，各国票据法都规定出票人应承担刑事责任。

2. 付款人的责任

付款人负有按支票记载的条件付款的义务。当支票有背书时，负有审查背书是否连续的责任。对于无记名支票，付款人没审查和辨明支票权属的责任，只要是善意付款的，银行不负责任。

【能力测试·国际货物买卖所涉及的票据法】

一、判断题

1. 善意的受让人得享有票据上的全部权利，不受其前手权利瑕疵的影响。　（　　）
2. 票据本身与其基础关系相分离。　（　　）
3. 票据是一种要式证券。　（　　）
4. 日内瓦公约规定，汇票不允许采取分期付款的办法。　（　　）
5. 汇票保证具有独立性。　（　　）
6. 英国票据法规定，只有国外汇票才必须在拒付之日或翌日作成拒绝证书。　（　　）

7. 票据背书的次数越多，对票据负责的人也越多，该票据的可靠性越高。（ ）

8. 各国票据法都规定，票据凭交付或经背书后交付给受让人即可合法完成转让手续，还应通知票据上的债务人。（ ）

9. 票据上的权利义务关系可以不依票据上所记载的文义来确定其效力。（ ）

10. 汇票的支付标的必须是金钱而不能是金钱以外的其他物品。（ ）

11. 背书的不可分割性是指持票人在背书转让票据时，须把汇票上的全部金额同时转让给同一个人。（ ）

12. 日内瓦统一法规定，凡背书附带条件的视为无记载。（ ）

13. 如果付款人拒绝承兑，持票人可以对他起诉。（ ）

14. 如果付款人承兑汇票之后到期拒绝付款，持票人可以直接对他提起诉讼。（ ）

15. 在汇票保证的情况下，如被保证的主债务因任何原因无效时，保证人就不承担义务。（ ）

16. 参加付款的目的是为了保全票据债务人的信用，防止持票人行使追索权。（ ）

17. 本票的出票人完成出票行为后就成为该票据的付款人，自负到期付款的义务。（ ）

18. 付款银行在支票上签字盖章予以确认之后，并不承担了绝对的付款义务。（ ）

二、名词解释

1. 汇票　2. 本票　3. 支票　4. 背书　5. 承兑
6. 出票　7. 空白背书　8. 追索权　9. 拒绝证书　10. 提示

三、简答题

1. 简要回答票据的作用。
2. 简要回答票据的法律特点。
3. 简要回答汇票必须记载的事项。
4. 简要回答参加承兑与承兑的区别。
5. 简要回答汇票保证的特点。
6. 简要回答持票人行使追索权必须具备的条件。
7. 简述票据与货币的区别。
8. 根据英国票据法，汇票上的收款人可以有几种写法？其后果有何不同？
9. 简述背书及其法律效力。
10. 什么是本票？它与汇票有何区别？
11. 什么是支票？它与汇票有何区别？
12. 联合国国际汇票与国际本票公约在哪些方面协调了英美法与日内瓦统一法公约的分歧？

四、案例分析题

1. A 签发一张汇票给收款人 B，金额为人民币 8 万元，B 依法承兑后将该汇票背书转让给 C，C 获得该汇票的第二天，因车祸而死亡，该汇票由其唯一的继承人 D 获得。D 又将该汇票背书转让给 E，并依法提供了继承该票据的有效证明。E 获得该汇票之后，将汇票金额改为人民币 18 万元，并背书转让给 F，F 又将该汇票背书转让给 G。G 在法定期限内向付款人请求付款，付款人在审查该汇票后拒绝付款，理由是：（1）该汇票背书不连续，因为C受让该汇票时，是该转让行为的被背书人，而在下一次背书转让中，背书人不是C，而是D。（2）该汇票金额已被变造。随即，付款人作成退票理由书，即为退票。问：

（1）付款人可否以背书不连续作为拒绝付款的理由？为什么？

（2）G可以向本例中的哪些当事人行使追索权？

2. 外国K公司向中国某外贸公司J订购一批工具，并附有注明2万英镑的支票为支付凭证。订单中规定，该支票必须随航空运单副本向付款银行伦敦巴克莱银行某分行办理跟单托收，方能将票面金额划入持票人的账户。考虑到在空运的情况下，一旦发货，卖方就失去了对货物的控制权。如支票不能兑付，收汇就难有保障。于是中国某地中国银行将支票复印件寄往付款行要求核实其有效性，该行回答："资金不足，希与出票人某某接洽。"问：

（1）在银行账户中资金不足的情况下签出的支票是什么支票？

（2）此案应如何处理？

3. 日本A公司与香港N公司签订了10万美元价金的买卖合同，A公司为卖方，N公司为买方。A方以N方或其指定人为付款人开出了以J银行为受票人的远期汇票，该汇票经该银行承兑后，A公司将之转让给了C公司。N公司收到货物后，发现质量与合同不符，并将此情况通知银行要求银行拒付。问：

（1）A公司能否将汇票转让给C公司？

（2）当C公司要求付款时，承兑人（银行）是否有权拒绝付款？

第十二章　国际货物买卖所涉及的支付法

学习目的与要求

通过本章的学习，要求掌握汇付、托收、信用证支付方式的基本概念、基本原理及基本运作程序，熟悉并能够运用信用证支付的相关规则。

学习重点与难点

(1) 汇款当事人及各方关系。

(2) 托收的种类及当事人之间的关系。

(3) 信用证的原理、种类及运作程序。

(4) 信用证当事人之间的关系。

(5) 信用证欺诈及例外原则。

学习过程与内容

国际贸易的支付方式主要有汇付、银行托收和银行信用证三种方式，其中使用最多的是银行信用证方式。

第一节　汇　　付

一、汇付的概念

汇付是由国际货物买卖合同的买方委托银行主动将货款支付给卖方的结算方式。在此种支付方式下，信用工具的传递与资金的转移方向是相同的，因此也称为顺汇法。汇付是

建立在商业信用的基础上的，即完全建立在双方相互信赖的基础上，是否付款取决于进口商。从付款时间上可以分为预付货款和货到付款，但无论是哪一种，对买卖合同的当事人来讲都有风险。如约定预付，则买方要承担卖方不交货、迟交货等风险，如约定到付，则卖方要承担买方拒付货款的风险。因此，汇付在国际贸易中主要是用于样品、杂费等小额费用的结算，或者买卖双方有某种关系，如跨国公司的关联公司等，此外，一般很少使用。

二、汇付的种类

汇付依使用的信用工具不同可分为电汇、信汇和票汇三种方式。

（1）电汇（Telegraphic Transfer，简称 T/T），指汇出行受汇款人的委托，以电报或电传通知汇入行向收款人解付汇款的汇付方式。为了防止意外，汇出行拍发的电报或电传都带有密押，汇入行收到电报或电传后须核对密押相符后，再用电汇通知书通知收款人取款。收款人取款时应填写收款收据并签章交汇入行。电汇是速度最快的一种汇付方式，但电汇汇费较高。

[例 1] 在一项国际货物买卖合同中的支付条款规定："The Buyers shall pay the Sellers 10% of the contract Price USD 200,000 in advance by T/T within thirty days after the signing this contract．"问：

① 这是什么汇付方式？

② 请将该条款译成中文。

（2）信汇（Mail Transfer，简称 M/T），指汇出行受汇款人的委托，用邮寄信汇委托书授权汇入行向收款人解付汇款的汇付方式。在信汇的情况下，汇款人需填写汇款申请书，取得信汇回执，汇出行依汇款人的委托向汇入行邮寄信汇委托书，汇入行收到信汇委托书后，通知收款人取款。信汇委托书是汇出行委托汇入行付款的信用凭证，信汇委托书通常是通过航空邮寄，信汇的汇费比电汇便宜，汇款速度比电汇慢。

（3）票汇（Demand Draft，简称 D/D），票汇是汇出行受汇款人的委托，开立以汇入行为付款人的银行即期汇票，由汇款人自行寄交收款人凭以向汇入行提取汇款的汇付方式。票汇的程序是由汇款人填写票汇申请书并向汇出行交款付费取得银行即期汇票后，由汇款人将汇票寄收款人，汇出行同时向汇入行发出汇票通知书，收款人收到汇票后向汇入行提示汇票请求付款。票汇是用邮寄银行即期汇票方式付款，因此不必加注密押，只需由汇出行有权签字的人签字证实即可。票汇是由汇款人自行邮寄，所以时间比电汇长，汇费则比电汇和信汇都低。

[例 2] 在一项国际货物买卖合同中的支付条款规定："The Buyers shall pay the total value to the sellers in advance by D/D not later than 97/6/24．"问：

（1）这是什么汇付方式？

（2）请将该条款译成中文。

三、汇付的当事人及各方关系

汇付中的当事人有汇款人、收款人、汇出行和汇入行，汇款人是债务人或付款人，即国际贸易中的买方；收款人是债权人或受益人，即国际贸易中的卖方；汇出行是委托汇出款项的银行，一般是进口地银行；汇入行是受汇出行委托解付汇款的银行，因此又称为解

付行，一般为出口地银行。汇款人在办理汇付时要出具汇款申请书，汇款申请书被视为汇款人与汇出行之间的契约，汇出行有义务依汇款人的指示办理汇款业务，并通过代理行解付汇款。在汇出行与汇入行之间是委托代理关系，汇入行依该代理关系对汇出行承担解付汇款的义务。

在信汇和电汇两种情况下，汇付使用的凭证是支付授权书或支付指示（Payment Order）。汇款人与汇出行是委托代理关系，汇出行和汇入行是委托代理关系。汇出行或汇入行与收款人没有直接的法律关系，收款人是上述代理关系的第三人。在票汇的情况下，汇付使用的是汇票。汇款人与汇出行是委托代理关系，汇出行、汇入行与收款人是票据关系，分别是出票人、付款人和收款人。

第二节 托 收

一、托收的概念

托收是由银行依委托人的指示处理单据，向付款人收取货款、承兑交付单据或按其他条件交付单据的结算方式。在托收方式下，信用工具的传递与资金的转移方向相反，因此托收是一种逆汇法。在托收付款下，付款人是否付款是依其商业信用，银行并不承担责任。银行所起的作用仅是一种代理收款作用。银行对付款人是否付款不承担责任。因而托收对卖方来说意味着一种风险。

在调整托收的法律上，国际商会在总结国际惯例的基础上于1958年制定和公布了《商业单据托收统一规则》，该规则于1967年进行了修订，1978年国际商会将其改名为《托收统一规则》。1995年国际商会公布了新修订的《托收统一规则》，又称522号出版物。该规则仅适用于银行托收，仅适用于托收指示中注明该规则的托收。该规则属于惯例性质。当事人在发出委托指示时应注明“受*URC 522*约束”的字样。当事人可以做出不同的约定，该种约定优先于上述规则。在规则与一国的强制性法律规定抵触时，法律规定优先。即当事人的选择不得违背有关国家国内法中的强制性规定，如外汇管制的规定等。该规则并不涉及当事人的能力和有关效力问题。

二、托收的程序

托收的基本程序是：（1）委托人（即卖方）向其所在地银行提出托收申请，填写托收指示书。卖方通常会开出以买方为付款人的汇票。依《托收统一规则》的规定，送交托收的汇票和装运单据等单据，必须附有一份完整和明确的托收指示书。（2）托收行（卖方所在地银行）接受申请后，委托其在买方的往来银行（即代收行）代为办理收款事宜。（3）代收行向买方作付款提示或承兑提示，在付款人付款后通知托收行，托收行即向卖方付款。如付款人拒付，则由代收行通知托收行，再由托收行通知卖方。

三、托收的当事人

托收方式通常有四方当事人，即委托人、付款人、托收行和代收行：（1）委托人又称出票人，是开立汇票委托银行收款的债权人，也是贸易合同中的卖方；（2）付款人是贸易

合同中的买方；（3）托收行为接受出票人的委托向国外收取货款的银行，通常为卖方所在地银行；（4）代收行为受托收行的委托，代理托收行直接向付款人收款的银行，通常为买方所在地银行。除上述之外，有时会出现提示行。有时卖方会在买方所在地委托一代理人，在买方拒收货物时代理处理货物。《托收统一规则》定义的“有关当事人”包括委托人、托收行、代收行和提示行。付款人没有包括在此范围。因为从银行在托收下的权利义务的角度考虑，付款人是否付款，对银行的托收没有影响。

四、托收当事人之间的关系

1. 委托人与托收行之间是委托关系

委托人是委托银行办理托收的人，通常是国际货物买卖合同中的卖方。接受委托人委托处理托收的银行叫托收行，通常在卖方所在地。委托人在委托银行代为托收时，须填写一份托收委托书，规定托收的指示及双方的责任，该委托书即成为双方的代理合同。在此代理关系中，托收行按委托人的托收指示托收，托收指示规范委托人与托收行之间的法律关系。

2. 托收行与代收行之间是业务代理关系，或属于同一银行的分支机构

代收行通常在买方所在地。其之间的代理合同由托收指示书、委托书以及由双方签订的业务互助协议等组成。依《托收统一规则》的规定：银行必须依托收指示书中的规定和依本规则行事，如由于某种原因，某一银行不能执行其所收到的托收指示书的规定时，必须立即通知发出托收指示书的一方。如代理人违反了该项原则，应赔偿由此给委托人造成的损失。

3. 委托人与付款人之间是货物买卖合同关系，也是债权人与债务人关系

委托人为卖方，付款人一般为买方。如果托收中使用汇票，通常委托人是出票人，付款人是受票人。

4. 委托人与代收行之间不存在直接的合同关系

尽管托收行是委托人的代理人，代收行又是托收行的代理人，但依代理法的一般原则，在委托人与代收行之间并没有合同关系。因此，如果代收行违反托收指示行事导致委托人遭受损失时，委托人并不能直接对代收行起诉。委托人只能通过托收行追究代收行的责任。

5. 代收行与付款人之间没有法律上的直接关系

付款人是否付款是依其对托收票据的付款责任。付款人是依托收指示向其提示的人，通常为买卖合同中的买方。

五、托收的种类

在托收方式下，依汇票是否附有单据可分为光票托收和跟单托收。

（1）光票托收（Clean Bill for Collection），指委托人开立不附货运单据的汇票，仅凭汇票委托银行向付款人收款的托收方式。光票托收的汇票依付款时间的不同，又可分为即期和远期两种，对于即期汇票，代收行应立即向付款人提示并要求付款。对于远期汇票，代收行则先要向付款人提示汇票要求承兑。光票托收的风险较大，因此，一般只用于样品费、佣金、货款尾数等的结算。

（2）跟单托收（Documentary Bill for Collection），指委托人开立附商业单据的汇票，凭跟单汇票委托银行向付款人收款的托收方式，或不使用汇票的商业单据托收方式。跟单托收又可分为付款交单和承兑交单。付款交单（Documents against Payment，简称 D/P）指代收行在买方付清货款后才将货运单据交给买方的付款方式；承兑交单（Documents against Acceptance，简称 D/A）指在开立远期汇票的情况下，代收行在接到跟单汇票后，要求买方对汇票承兑，在买方承兑后即将货运单据交付买方的托收方式。承兑交单的风险大于付款交单。

[例 3] 某项国际货物买卖合同中的托收条款规定：Upon first presentation the Buyers shall pay against documentary draft drawn by the Sellers at sight. The shipping documents are to be delivered against payment only. 问：这是即期付款交单还是远期付款交单？

[例 4] 某项国际货物买卖合同中的托收条款规定：The Buyers shall pay against documentary draft drawn by the Sellers at 30 days after date of B/L. The shipping documents are be delivered against payment only. 问：这是即期付款交单还是远期付款交单？

[例 5] 某项国际货物买卖合同中的托收条款规定：The Buyers shall only accept the documentary draft by the Sellers at 60 days sight upon first presentation and make payment on its maturity. The shipping documents are to be delivered against acceptance. 问：这是付款交单方式还是承兑交单方式？

六、银行的义务及免责

（一）银行的义务

依《托收统一规则》的规定，托收行对委托人、代收行对托收行负有下列具体代理行为的义务。

（1）银行应严格按托收指示履行责任。一切托收单据必须附有托收指示书。该托收指示必须完整明确。在接受托收后，银行严格按托收指示办理托收。除非在托收指示中另有授权，银行概不理会来自托收委托的当事人/银行以外的任何一方/银行的指示。托收指示应包括有关当事人的详情、托收的金额和货币、所附的单据清单和数量、支付及/或承兑的条款和条件、托收费用、托收利息、付款方法和付款通知形式、不付款、不承兑或不符指示时的指示，还应包括付款人的完整地址以便进行提示。做出托收指示的一方须确保交单的条件清楚、明确，否则银行对由此造成的后果不承担责任。代收行对地址不完整或不准确而产生的迟延不负责任。

（2）银行的义务不涉及货物、服务或行为。银行履行义务的对象是有关单据。一般情况下，银行与买卖合同的执行没有关系。除非银行事先同意，货物不应直接发至银行，或以银行或银行的指定人为收货人。即使银行为收货人，银行也没有提货的义务，货物的风险及责任由发货人承担。银行没有义务对货物采取措施，包括存储和保险，即使在托收指示中有此专门指示；如果银行采取措施保护货物，对货物的下落、状况、受托保护货物的第三人的行为或不行为，不负责任，但必须毫不迟延地通知发出托收指示。与保护货物的措施有关的费用由银行从其收到指示的一方承担。

（3）及时提示的义务，指对即期汇票应毫无延误地进行付款提示；对远期汇票则必须不迟于规定的到期日作付款提示。当远期汇票必须承兑时应毫无延误地作承兑提示。

（4）保证汇票和装运单据与托收指示书的表面一致，如发现任何单据有遗漏，应立即通知发出指示书的一方。

（5）无延误地通知托收结果，包括付款、承兑、拒绝承兑或拒绝付款等。在托收成功的情况下，收到的款项和扣除必要的手续费和其他费用后必须按照指示书的规定无迟延地解交本人。

（6）银行的业务标准及免责事项。银行办理业务时遵循诚信及合理谨慎原则。

（二）银行的免责

由于托收属于商业信用，而不是银行信用，银行对货款能否支付不承担任何责任，银行在托收中的地位严格地限于代理人，为此，《托收统一规则》规定了银行不承担责任的情况，主要包括：

（1）对收到单据的免责。银行只负责确定收到的单据和托收指示所列是否一致。如果发现单据丢失，应毫不迟延地通知托收指示方。除此之外没有进一步的义务。如果单据没有列入清单，托收行不涉及代收行收到的单据的种类和数量的争议。

（2）对单据的有效性免责。银行只需核实单据在表面上与托收指示书是否一致，此外没有进一步检验单据的义务；代收行对承兑人签名的真实性或签名人是否有签署承兑的权限概不负责。对单据的形式、充分性、准确性、真伪性及法律效力，不负责任；对单据中规定的或附加的一般或特殊的条件不负责任；对单据所代表的货物的描述、数量、重量、质量、条件、包装、交付、价值或存在，不负责任；对托运人、承运人、货运代理人、收货人、保险人或任何其他的诚信、行为或不行为、清偿能力、履行或资信，不负责任。

（3）对寄送途中的延误、丢失及翻译的错误，不承担责任。与托收有关的银行对由于任何通知、信件或单据在寄送途中发生延误或失落所造成的一切后果，或对电报、电传、电子传送系统在传送中发生延误、残缺和其他错误，或对专门性术语在翻译上和解释上的错误，概不负责。

（4）对受指示方的行为免责。为执行委托人的指示利用其他银行的服务，一切风险和费用由委托人承担。银行对于所转递的指示未被执行不承担责任。但指示另一方提供服务的一方，应受外国法律和惯例对受指示方施加的任何义务和责任的约束，并应对被指示方进行偿付。

（5）对不可抗力免责。与托收有关的银行对由于自然灾害、暴动、骚乱、叛乱、战争或银行本身无法控制的任何其他原因，或对由于罢工或停工致使银行营业间断所造成的一切后果，概不负责。

（6）在汇票被拒绝承兑或拒绝付款时，若托收指示书上无特别指示，银行没有做出拒绝证书的义务。

七、托收下的银行融资

银行在办理托收时，可以利用托收票据向出口商或进口商提供资金融通。

出口托收押汇（Collection Bill Purchased）。托收行买入出口商（委托人）开立的以进口商为付款人的跟单汇票及随附商业单据，扣除利息和费用后将剩余货款付给出口商，托收行通过其联行或代理行向付款人收款。由于托收下债务人有可能不付款，所以出口托收押汇将卖方承担的风险转移到了托收行。除非出口商、进口商的资信良好，托收行一般不做这种业务。常见的是出口商向托收行保证，在进口商拒付时，托收行享有对出口商的追索权。该业务也称为议付。

信托收据（Trust Receipt，T/R）。代收行也可以利用托收票据向进口商提供资金融通。代收行在付款人付款之前，凭付款人向其出具的信托收据，借出有关单据，供其报关、提货、出售，付款人用所得货款付款，赎回信托收据。有关单据下的货物及收益仍属银行，进口商只是处于信托人的地位。该做法适用于远期付款交单，是代收行向进口商提供信用。除非原来的托收指示要求这样做，代收行承担了进口商不付款的风险。可见，托收本来就有很大风险，再凭信托向进口商出借单据，风险会更大一些。

[例 6] 中国某外贸 A 公司与某外国 B 公司签订一份出口合同，付款条件为付款交单见票后 45 天付款。当汇票及所附单据通过托收行寄抵进口地代收行后，B 公司及时在汇票上履行了承兑手续。货抵目的港时，B 公司由于用货心切，出具信托收据向代收行借得单据，先行提货并转售。汇票到期时，B 公司经营不善，失去偿付能力。代收行将汇票付款人拒付的情况通知了托收行，并建议向 A 公司索取货款。问：

（1）这是一种什么付款方式？

（2）此案应由谁来承担责任？

[例 7] 中国 M 公司与香港 G 公司以 CIF 价签订了向 G 公司出售一批货物的合同，付款条件为 D/P 见票后 30 天付款，M 公司并同意 G 公司指定香港汇丰银行为代收行。M 公司在货物装船后取得了清洁提单，随即出具汇票，连同提单和商业发票等委托中国银行通过香港汇丰银行向 G 公司收取货款。该批货物在 6 天后安全运抵香港；因为当时该类商品行情看好，G 公司于是凭信托收据要求香港汇丰银行向其借取提单，汇丰银行在未经委托人授权的情况下，同意凭信托收据借取提单，G 公司在取得了提单后即提取了货物，并将部分货物出售。之后由于此种商品到货过于集中，货物价格迅速下跌，G 公司随即以缺少保险单为由，在汇票到期时拒绝付款。问：

（1）代收行在托收付款方式中的作用是什么？

（2）M 公司是否可以通过中国银行向香港汇丰银行要求付款？

第三节 信 用 证

一、信用证的定义

根据国际商会《跟单信用证统一惯例》（*UCP 600*）的定义，信用证是指一项不可撤销的安排，该项安排构成开证行对相符交单予以承付的确定承诺。无论该项安排的名称或描述如何，作为一种国际支付方式，信用证是一种银行信用，银行承担第一位的付款责任。这是信用证区别于汇付、托收的根本性特征。作为一种文件，信用证是开证行开出的凭信用证规定条件付款的一份书面承诺。

二、信用证的内容

信用证的基本内容有：（1）信用证的种类、号码、开证日期和有效期限。（2）信用证的当事人，包括开证申请人、受益人、开证银行、通知行、指定行等。（3）信用证的金额，包括信用证应支付的最高金额，信用证支付货物的币种等内容。（4）单据条款，主要规定单据的种类及份数，包括提单、保险单和商业发票，但有时也要求卖方提交其他单据，如商品检验证书、原产地证书等。（5）汇票条款，该条款适用于使用汇票的信用证，主要规定汇票的金额、种类、份数及付款人的名称。（6）装运条款，主要规定起运地、目的地、装运期限及是否允许分批装运等内容。关于装运期限，如装运单据表明受益人的实际装运日期迟于信用证允许的最后装运期限，则银行将拒绝接受单据。（7）信用证的有效期限，即银行承诺付款的期限。此外，还可以依每笔交易的不同需要在信用证中进行特殊的规定。

三、信用证的当事人及运作程序

（一）信用证的当事人

信用证的当事人会因具体交易情况的不同而有所增减，但一般来说信用证的流转会涉及下列主要当事人：（1）开证申请人，指向银行申请开立信用证的人。在国际贸易中，开证申请人通常是国际货物买卖合同中的买方。在实际业务中，也有买方之外的第三人替买方申请开立信用证的情形。这时申请人是该第三人，而非买方，买方不是信用证的关系人。申请人申请开证时，一般须向开证行提供押金或其他担保。（2）开证行，指接受开证申请人的委托，为其开立信用证的银行，通常是买方所在地的银行。（3）通知行，指接受开证行的委托，负责将信用证通知受益人的银行，通常为受益人所在地的银行，通知行一般与开证行有业务往来的关系。（4）受益人，指信用证上指定的有权享有信用证权益的人，即国际货物买卖合同中的卖方。（5）指定行，指信用证中指定的、信用证可在其处兑用的银行。如信用证可在任何一家银行兑用，则任何银行均为指定银行。规定在指定银行兑用的信用证，同时也可以在开证行兑用。指定行一般为卖方所在地的银行。指定行可以是通知行，也可以是通知行外的另一家银行。（6）议付行，指对相符交单通过向受益人预付或同意预付而购买汇票或单据的指定行。议付行通过购买汇票或单据，使自己成为信用证的受益人，可以享用信用证利益。（7）保兑行，指根据开证行的授权或要求对信用证加具保兑的银行。保兑指保兑行在开证行承诺之外做出的承付或议付相符交单的确定承诺。保兑行自对信用证加具保兑时起，即不可撤销地承担承付或议付的责任。相对于受益人，保兑行相当于开证行；相对于开证行，保兑行是保证人，开证行是被保证人。

（二）信用证的运作程序

以信用证方式付款时，一般须经过下列基本步骤：（1）国际货物买卖合同的双方在买卖合同中明确规定采用信用证方式付款；（2）申请开证，买方向其所在地的银行提出开证申请，并缴纳一定的开证押金或提供其他保证，要求银行向卖方开出信用证；（3）通知受益人，开证行依申请书的内容开立信用证并寄交卖方所在地银行；（4）交单结汇，卖方对信用证审核无误后，即发运货物并取得信用证所要求的装运单据，再依信用证的规定凭单

据向其所在地的指定银行结汇；（5）索偿，指定行付款后将汇票和货运单据寄开证行要求索偿，开证行核对单据无误后偿付议付行；（6）付款赎单，开证行通知买方付款赎单。

四、信用证当事人之间的关系

信用证关系有广义和狭义之分。狭义信用证关系，指基于开证行开出的信用证而产生的关系，包括开证行与受益人之间的关系、开证行与通知行之间的关系、开证行与指定行之间的关系、指定行与受益人之间的关系、保兑行与开证行的关系、保兑行与受益人的关系等。广义信用证关系，除上述关系外，还包括开证行与申请人之间的关系。不同当事人之间具有不同的法律关系，其权利义务受不同的协议调整。就其运作原理来说，信用证支付方式下，位于申请人所在国的开证行借助位于受益人所在国的其他银行向受益人付款。受益人或者直接向其所在地的指定行交单并接受付款，或者通过其所在地的银行向开证行交单并接受付款。无论哪种情况，开证行都是最终付款责任人。如果其他银行依据信用证向受益人付款，则开证行需要向这些银行偿付已付款项。由于其他银行所起的作用不同，由此引起的相关当事人的法律关系也不同。

（一）开证申请人与受益人之间

开证申请人与受益人之间是买卖合同关系。开证申请人即为国际贸易合同的买方，受益人即为卖方，双方订立的合同中约定以信用证方式支付货款，则买方应依合同的规定开立信用证，卖方则应依合同发货并提供约定的单据。开证行是对受益人承担付款义务的银行。开证行自开立信用证之时起即不可撤销地承担承付责任。开证行偿付指定行的责任，独立于开证行对受益人的责任。开证行一般是申请人所在地的银行或其开户行。开证行与申请人之间的关系受开证申请书的调整，开证行与受益人的关系受信用证调整。

（二）开证行与开证申请人之间

开证行与开证申请人之间是以开证申请书及其他文件确定的委托合同关系。在此合同关系中，开证行的主要义务是依开证申请书开立信用证并谨慎地审核一切单据，确定单据在表面上符合信用证。开证申请人则应缴纳开证押金或提供其他保证，缴纳开证费用并付款赎单。

（三）开证行与受益人之间

开证行与受益人之间的关系受信用证的调整，在开立不可撤销的信用证的情况下，则当信用证送达受益人时，在开证行与受益人之间即形成了对双方有约束力的独立合同。受益人是信用证中指定的接受信用证并有权享用信用证利益的人。一般是买卖合同中的卖方。在可转让信用证的情况下，除直接卖方外，还包括货物的实际供应商（第二受益人）。

（四）通知行与开证行之间

通知行与开证行之间是委托代理关系，通知行接受开证行的委托，代理开证行将信用证通知受益人，并由开证行支付佣金给通知行。

（五）通知行与受益人之间

通知行与受益人之间不存在合同关系。通知行通知受益人是因其对开证行负有义务，不是因为通知行与受益人之间有合同关系而对受益人负有此项义务。此点在 *UCP* 中也有反映，信用证可经通知行通知受益人，通知行无须承担责任。但鉴于国际贸易中伪造信用证的问题，如通知行决定通知信用证，则应合理谨慎地审核所通知信用证的表面真实性。

五、信用证的种类

信用证依其性质、形式、付款期限及用途的不同可进行不同的分类。

（1）可撤销信用证和不可撤销信用证。可撤销信用证指信用证在有效期内，开证行不必事先通知受益人，即可随时修改或取消的信用证。但如果在收到开证行撤销通知之前，该信用证已经按照信用证条款付款、承兑、议付或做出了延期付款的承诺，开证行应对该银行偿付。可撤销信用证必须在信用证上明确注明，依 *UCP 500* 的规定，信用证上没有注明的，视为是不可撤销的信用证。由于可撤销信用证对受益人缺乏保障，很少使用，因此，*UCP 600* 将该条删除，在第 2 条关于信用证的定义中，规定信用证是不可撤销的，改变了 *UCP 500*“如果信用证没有注明其是否可撤销则被视为不可撤销”的规定。不可撤销信用证指在信用证有效期内，不经开证行、保兑行和受益人同意就不得修改或撤销的信用证。不可撤销信用证对受益人收款比较有保障，是在国际贸易中使用最为广泛的一种信用证。

（2）保兑信用证和不保兑信用证。保兑信用证指开证行开出的信用证又经另一家银行保证兑付的信用证。保兑行对信用证进行保兑后，其承担的责任就相当于本身开证，不论开证行发生什么变化，保兑行都不得片面撤销其保兑。不保兑的信用证指未经另一银行加以保证兑付的信用证。

（3）即期信用证和承兑信用证。即期信用证指受益人提示有关单据时开证行或议付行审核合格后即付款的信用证，可使用即期汇票，也可不用汇票。承兑信用证指受益人仅可开立远期汇票，开证行或议付行审核单据合格后对汇票予以承兑，在付款到期日支付货款的信用证。

（4）可转让信用证和不可转让信用证。可转让信用证指受益人可将信用证的部分或全部权利转让给第三人的信用证。在通过中间商进行贸易时，常提出开立可转让信用证的要求，以便将信用证的权利转让给实际供货人。可转让信用证必须在信用证上注明“可转让”（Transferable）的字样。不可转让信用证指受益人不能将信用证的权利转让给他人的信用证。

（5）跟单信用证和光票信用证。跟单信用证指凭跟单汇票或只凭单据付款的信用证。单据指代表货物所有权或证明货物已经发运的单据。信用证有时规定卖方可不必开立汇票，银行可只凭单据付款。光票信用证指凭不附单据的汇票付款的信用证。此类信用证主要用于贸易从属费或非贸易结算。

此外，还包括背对背信用证、对开信用证、循环信用证、备用信用证等特殊种类的信用证。

[例 8] 在国际货物买卖合同中的卖方收到的信用证中写明：We (Issuing Bank) hereby engage with drawers, endorsers and bona-fide holders of draft(s) drawn under and in compliance

with the terms of the credit that such draft(s) shall be dully honoured on due presentation and delivery of documents as specified. 请将英文译成中文，并判断该信用证是可撤销信用证还是不可撤销信用证。

[例 9] 在国际货物买卖合同中的卖方收到的信用证中写明：We undertake to honour your drafts drawn and negotiation has been made prior to receipt by your notice of cancellation. 请将英文译成中文，并判断该信用证是可撤销信用证还是不可撤销信用证。

[例10] 在国际货物买卖合同中的卖方收到的信用证中写明：We have been requested to add confirmation to this credit and we hereby undertake to honour all drafts drawn in accordance with the terms of the credit. 请将英文译成中文，并判断该信用证是保兑信用证还是不保兑信用证。

[例11] 在国际货物买卖合同中的卖方收到的信用证中写明：We hereby issue this Irrevocable Documentary Credit in your favour which is available by negotiation of your draft at sight drawn on Issuing Bank. 请将英文译成中文，并判断该信用证是即期信用证还是远期信用证。

[例 12] 在国际货物买卖合同中的卖方收到的信用证中写明：Available by your draft at 90 days sight drawn on Issuing Bank, discount charges acceptance commission are for Sellers account. 请将英文译成中文，并判断该信用证是即期信用证还是远期信用证。

[例 13] 中国 A 出口公司与某外国公司签订了一份国际货物买卖合同，合同规定采用信用证方式付款。后中方公司收到外国公司开来的不可撤销信用证，由设在中国境内的某外资银行通知并保兑。中国 A 公司在货物装运后，正准备将有关单据交银行议付时，接到保兑银行通知，由于开证银行已宣布破产，该行不承担对该信用证的议付或付款责任，但可接受中国 A 公司委托向买方直接收取货款的业务。问：

（1）什么叫不可撤销信用证？

（2）什么叫保兑信用证？

（3）中国 A 公司应向哪个银行交单并要求付款？

六、*UCP 600* 的重要变化及主要内容

（一）适用于信用证的国际惯例

信用证是银行依开证申请人的请求，开给受益人的一种保证银行在满足信用证要求的条件下承担付款责任的书面凭证。在信用证付款方式下，开证银行以自身的信誉为卖方提供付款的保证，因此，信用证付款方式是一种银行信用。适用于信用证的国际惯例是国际商会在 1930 年制定的《跟单信用证统一惯例》(*Uniform Customs and Practice for Documentary Credits*，简称 *UCP*)，该惯例曾进行过多次修改，*UCP 500* 号实施了十多年，由于银行、进口商等当事人对 *UCP 500* 号的错误理解及应用，约有 70%信用证项下的单据在首次交单时因不符而被拒付，因而影响了信用证在付款方式上的地位。在 2006 年召开的国际商会巴黎年会上，通过了 *UCP 600* 号，*UCP 600* 号于 2007 年 7 月 1 日实施。

UCP 600 性质上属于国际商业惯例，其调整范围和效力不能取代国内法的强制性规定。*UCP 600* 没有包括与信用证有关的一切事项，例如信用证效力、信用证欺诈等。我国最高

人民法院2005年《关于审理信用证纠纷案件若干问题的规定》，就与信用证纠纷相关的问题做出了规定。

（二）重要变化

（1）*UCP 600*共有39个条款、比*UCP 500*减少10条，但却更准确、清晰；更易读、易掌握、易操作。

（2）它取消了无实际意义的许多条款。如“可撤销信用证”、“风帆动力批注”、“货运代理提单”等。

（3）重大的结构调整：首先，增加了专门的定义条款（第2条）和解释条款（第3条，该条合并了原第8、46、47条等条款的许多内容），从而对全文中所用到的重要概念和一些杂项作了集中规定，使全文变得清晰；其次，按照业务环节对条款进行了归结。简而言之，就是把通知、修改、审单、偿付、拒付等环节涉及的条款在原来*UCP 500*的基础上分别集中，使得对某一问题的规定更加明确和系统化，这将大大方便*UCP 600*的使用者。

（4）它还引入了一些新概念。如兑付（Honour）、相符提示（Complying Presentation）等。所谓兑付（或承付）是承兑与付款的合称（不严格意义上）。所谓相符提示，简单地说即提交的单据符合要求。

（5）审单期限：审单时间缩短，由原来的“不超过7个银行日的合理期限”改为“收单后翌日最多5个银行日”等。

（6）改进了议付定义：*UCP 500*第10条b款Ⅱ规定“议付是指被授权议付的银行对汇票及/或单据付出对价。仅审核单据而未付出款项并不构成议付。”*UCP 600*改为“被指定银行在其应获得偿付的银行日或在此之前，通过向受益人预付或者同意向受益人预付款项的方式购买相符提示项下的汇票（汇票付款人为被指定银行以外的银行）及/或单据”。强调是对单据（汇票）的买入行为，明确可以垫付或同意垫付给受益人。

（7）第9条c款确认了第二通知行的存在，即通知行可以利用另一家银行的服务（“第二通知行”）向受益人通知信用证及其修改。

（8）明确了沉默不等于接受。第10条f款明确否认了银行在其修改通知书中声称受益人某几天内不表示拒绝即为承认修改的做法。信用证及于受益人的不可撤销性质更为突出。

（9）取消了可撤销信用证：可撤销信用证因早期实务的需要而得以在历次版本中保留，但其对受益人明显缺乏保护，而在整个*UCP 500*实施期间，鲜有银行开立该类信用证的情况。随着时代的发展，可撤销信用证已基本退出历史舞台。*UCP 600*顺应实务的需要，明确了信用证是不可撤销的银行承诺，删除了*UCP 500*第6条和第8条关于可撤销信用证和信用证撤销的条款。

（10）修订了单据寄送的免责条款：单据在途中遗失，*UCP 600*强调只要指定行确定单证相符、并已向开证行或保兑行寄单，不管指定行是兑付还是议付，开证行及保兑行均对丢失的单据负责，即必须向寄单行偿付。

（11）第17条a款规定凡信用证规定的每一种单据必须至少提交一份正本，而在旧条款中并不十分明确。至于什么单据视为正本单据，该条款作了些宽松的规定。

（12）第18条a款i：发票必须以信用证同样货币表示。商业发票中货物、服务或行为的描述必须与信用证中显示的内容相符。

[例 14] 2006 年国际商会巴黎会议上通过的经修改的《跟单信用证统一惯例》(*UCP 600*)于 2007 年 7 月 1 日实施。下列哪些选项属于 *UCP 600* 修改或规定的内容？（　　）

A. 直接规定信用证是不可撤销的

B. 关于议付的新定义明确了议付是对票据及单据的一种售出行为

C. 规定当开证行确定单证不符时，可以自行决定联系申请人放弃不符点

D. 规定银行收到单据后的处理时间为“合理时间”，不超过收单翌日起的 5 个工作日

[解析] *UCP 600* 废除了关于可撤销信用证的规则，因为可撤销信用证在实践中几乎已经绝迹，A 项正确。B 项错在议付的新定义明确了议付是对票据和单据的一种买入行为，收购行为，而非售出行为。在收到不符单证时，开证行既可以选择其他处理方法，也可联系买方放弃不符点，C 项正确。D 项错在现在“审单期限”为“不超过收单翌日起的 5 个银行工作日”，没有再保留“合理”的要求。

[答案] A、C。

（三）主要内容

1. 重要定义

（1）相符提示（Complying Presentation）：意指与信用证中的条款及条件、本惯例中所适用的规定及国际标准银行实务相一致的提示。

（2）保兑（Confirmation）：意指保兑行在开证行之外对于相符提示做出兑付或议付的确定承诺。

（3）保兑行（Confirming Bank）：意指应开证行的授权或请求对信用证加具保兑的银行。

（4）信用证（Credit）：意指一项约定，无论其如何命名或描述，该约定不可撤销并因此构成开证行对于相符提示予以兑付的确定承诺。

（5）兑付（Honour）：意指如下 3 种行为。①对于即期付款信用证即期付款；②对于延期付款信用证发出延期付款承诺并到期付款；③对于承兑信用证承兑由受益人出具的汇票并到期付款。

注意：简单地说兑付是指除议付以外的付款行为。这个概念属新引进的，国内学者更倾向于将其译为“承付”。

（6）议付（Negotiation）：意指被指定银行在其应获得偿付的银行日或在此之前，通过向受益人预付或者同意向受益人预付款项的方式购买相符提示项下的汇票（汇票付款人为被指定银行以外的银行）及/或单据。

注意：我国的银行过去经常只是把我国的受益人提交的单据转递给国外的开证行，而并不向受益人付款，这不属于议付。只审单不付款不是议付。议付行议付后一般保留追索权，即议付行如不能从开证行或偿付行取得偿付，可向受益人追索议付款项。

2. 信用证独立性原则

（1）就性质而言，信用证与可能作为其依据的销售合同或其他合同，是相互独立的交易。即使信用证中提及该合同，银行亦与该合同完全无关，且不受其约束。

（2）一家银行在履行其义务时，并不受申请人与开证行之间或申请人与受益人之间在已有关系下产生的索偿或抗辩的制约。受益人在任何情况下，不得利用银行之间或申请人

与开证行之间的契约关系。

（3）银行处理的是单据，而不是单据所涉及的货物、服务或其他行为。

[例 15] 中国甲公司与美国乙公司有一单国际贸易，卖方美国乙公司按甲公司信用证要求提供单据议付了货款。甲公司被通知付款赎单后，甲公司发现其中的提单、发票、装箱单等单据均属伪造，提单上所记载的货轮根本没有到港。甲公司以单据属伪造为由要求开证行退还货款，开证行举证证明自己已尽到谨慎的审单义务，拒绝退还货款。你作为法官应支持哪方观点？

[答案及解析] 应支持银行。信用证是独立于基础合同履行情况的单证买卖，银行审单也仅限于对单据的表面是否相符，对单据的真实性、有效性不负责任。

3. 有效性、有效期限和提示地点

（1）不得开立包含以申请人为汇票付款人条款的信用证。

（2）信用证必须规定提示单据的有效期限。规定的用于兑付或者议付的有效期限将被认为是提示单据的有效期限。

（3）提示单据的地点是可以有效使用信用证的银行所在的地点。对任何银行均为有效的信用证项下单据提示的地点是任何银行所在的地点。不同于开证行地点的提示单据的地点是开证行地点之外提交单据的地点。

4. 开证行的义务

开证行的义务可以概括为三点。

（1）兑付义务（针对受益人）。这一义务发生在两种情况下：①信用证直接规定开证行有兑付责任的；②信用证规定其他被指定银行（如议付行、保兑行等）有兑付或议付义务，但其他被指定银行不履行该义务。

（2）偿付义务（针对被指定银行）。其他被指定银行已履行兑付或议付义务并向开证行寄来合格的单据，开证行对这些银行应当偿付。在承兑或延期付款信用证的情况下，即使指定银行先寄单，尚未兑付，在这些单据付款到期日，开证行也要偿付。

特别要注意：如果指定银行确定交单相符并将单据发往开证行或保兑行。无论指定的银行是否已经承付或议付，开证行或保兑行必须兑付或议付，或偿付指定银行，即使单据在指定银行送往开证行或保兑行的途中，或保兑行送往开证行的途中丢失。

（3）开始与独立性。自信用证开立之时起，开证行即不可撤销地受到兑付责任的约束。开证行偿付被指定银行的承诺独立于开证行对于受益人的承诺。

5. 保兑行的义务

（1）兑付义务。在如下两种情况下，保兑行承担该责任：①信用证规定由保兑行兑付；②信用证规定由其他被指定银行有兑付或议付义务而该被指定银行未履行该义务。

（2）议付义务。若信用证由保兑行议付，则应无追索权地议付。

（3）偿付义务。保兑行偿付被指定银行后，可以向开证行要求偿付。

（4）开始与独立性。自为信用证加具保兑之时起，保兑行即不可撤销地受到兑付或者议付责任的约束。保兑行偿付另一家被指定银行的承诺独立于保兑行对于受益人的承诺。

（5）通知义务。保兑行不愿意加具保兑的，必须不延误地告知开证行。实践中，保兑行常常就由通知行兼任，因此，保兑行仍可以通知行身份通知此份未经加具保兑的信用证。

6. 信用证与其修改的通知

（1）途径：信用证及其修改可以通过通知行通知受益人。

通知行可以利用另一家银行的服务（“第二通知行”）向受益人通知信用证，这种情况下，信用证若修改，则修改文件也要通过同一家银行通知。

（2）通知的性质：单纯的通知行为不构成兑付或议付的承诺，但通知行在通知时已在信用证上加具保兑的即构成兑付或议付的承诺。

（3）通知行的表面审证义务：通知行（含第二通知行）应审核信用证的表面的真实性，因为通知行为表明通知行认为信用证或修改在表面上是真实的。通知行若不能确定表面真实性，就必须不延误地告知向其发出该指示的银行。此时若通知行仍决定通知信用证或修改，则必须告知受益人或第二通知行其未能核实表面真实性。

（4）拒绝通知时的义务：如果一家银行不愿意承担通知义务，它必须不延误地通知其委托人。

7. 信用证的修改与撤销

（1）原则上不可撤销、修改：凡未经开证行、保兑行（如有）以及受益人同意，信用证既不能修改也不能撤销。*UCP 600* 第 38 条（可转让信用证）另有规定外。

（2）自发出信用证修改书之时起，开证行就不可撤销地受其发出修改书的约束。保兑行可将其保兑承诺扩展至修改内容，且自其通知该修改之时起，即不可撤销地受到该修改的约束。然而，保兑行可选择仅将修改通知受益人而不对其加具保兑，但必须不延误地将此情况通知开证行和受益人。

（3）受益人的接受与修改的生效：①修改须经受益人接受方可生效。②明示接受：受益人发出接受通知。接受之前，原信用证仍有效。默示接受：受益人虽未通知接受，但按照修改后的信用证要求提交了合格单据，这一行为视为受益人已接受修改。③*UCP 600* 不允许部分接受修改，部分接受修改将被视为拒绝修改。④沉默不等于接受：*UCP 600* 第 10 条 f 款禁止银行在其修改通知书中声称受益人某几天内不表示拒绝即为承认修改的做法。

8. 单据审核

（1）审单标准。①表面相符：被指定银行、保兑行、开证行必须对提示的单据进行审核，并仅以单据为基础，以决定单据在表面上看来是否构成相符提示。②严格相符：单单相符、单内相符、单证相符、单据中内容的描述不必与信用证、信用证对该项单据的描述以及国际标准银行实务完全一致，但不得与该项单据中的内容、其他规定的单据或信用证相冲突。

（2）审单期限。收到单据的第二日起最多不超过 5 个银行工作日。

[例 16] 根据《跟单信用证统一惯例》，银行在以下哪些情况下可拒绝付款？（　　）

A. 卖方所交付的货物数量和质量均不符合合同的规定

B. 货物由于卖方的迟延履行而发生腐烂现象

C. 买方没有收到货物

D. 信用证与提单不符

[答案] D。

9. 相符提示（即单单相符、单证相符）的处理

（1）当被指定银行（如议付行）确定提示相符并予以兑付或议付时，必须将单据寄往保兑行或开证行。

（2）当保兑行确定提示相符时，就必须予以兑付或议付并将单据寄往开证行。

（3）当开证行确定提示相符时，就必须予以兑付。

10. 单据不符的处理

（1）拒付：所有银行均可拒绝兑付或议付。

（2）联系开证申请人放弃不符点：开证行确定提示不符时，可以依据其独立的判断联系申请人放弃有关不符点。但总的处理单据的时间不延长，仍为 5 天。

（3）拒付并通知提示人：一次性告知所有不符点；将持单候示，或依照原指示行事，或开证行将持单等候申请人通知弃权并同意接受该弃权，或在同意接受弃权前从提示人处收到进一步指示，或退单（该通知须在收单后 5 日内以电讯方式或其他快捷方式做出）。

[例 17] 甲银行应乙公司申请开出不可撤销的即期信用证，甲银行委托的卖方所在地的指定银行（通知行兼付款行）接受卖方提交的单据支付货款后，将单证寄给甲银行，甲银行要求乙公司付款赎单时，乙公司发现发票上的货物品质等级与信用证上的规定有一重要不符之处，乙公司是否有权拒绝付款？

[答案] 有权。

11. 对单据的要求

（1）正本、副本。

① 信用证中规定的各种单据必须至少提供一份正本；

② 如果信用证要求提交副本单据，则提交正本单据或副本单据均可；

③ 如果信用证使用诸如“一式两份”、“两张”、“两份”等术语要求提交多份单据，则可以提交至少一份正本，其余份数以副本来满足。但单据本身另有相反指示者除外。

（2）商业发票。

① 必须在表面上看来系由受益人出具（第 38 条另有规定者除外）；

② 必须做成以申请人的名称为抬头（第 38 条 g 款另有规定者除外）；

③ 发票币种必须与信用证币种相同。

（3）运输单据。

银行只接受清洁运输单据。清洁运输单据指未载有明确宣称货物或包装有缺陷的条款或批注的运输单据。“清洁”一词并不需要在运输单据上出现，即使信用证要求运输单据为“清洁已装船”的。

（4）保险单。

如果保险单据表明其以多份正本出具，所有正本均须提交。暂保单将不被接受。保险单据必须表明投保金额并以与信用证相同的货币表示。如果信用证对投保金额未作规定，则投保金额须至少为货物的 CIF 或 CIP 价格的 110%。

12. 交单要求

（1）提交信用证中未要求的单据，银行将不予置理。如果收到此类单据，可以退还提示人。

（2）正本运输单据，必须在装运日后的 21 天内提交，但无论如何不得迟于信用证的到期日。

（3）若信用证截止日或最迟交单日适逢受单银行非因第 36 条之不可抗力而歇业，则截止日或最迟交单日，视何者适用，将顺延至其重新开业的第一个银行工作日。如银行因不可抗力而营业中断造成的后果概不负责，如营业中断期间信用证过期，则不再进行兑付或议付。

13. 信用证金额、数量与单价的增减幅度

（1）"约"或"大约"用于信用证金额或信用证规定的数量或单价时，应解释为允许有关金额、数量或单价有不超过 10%的增减幅度。

（2）在信用证未以包装单位件数或货物自身件数的方式规定货物数量时（散货），货物数量允许有 5%的增减幅度，只要总支取金额不超过信用证金额即可。

14. 银行的免责

（1）对单据有效性的免责。

① 银行对任何单据的形式、充分性、准确性、内容真实性、虚假性或法律效力，或对单据中规定或添加的一般或特殊条件，概不负责；

② 银行对任何单据所代表的货物、服务或其他履约行为的描述、数量、重量、品质、状况、包装、交付、价值或其存在与否，概不负责；

③ 对发货人、承运人、货运代理人、收货人、货物的保险人或其他任何人的诚信与否，作为或不作为、清偿能力、履约或资信状况，也概不负责。

（2）关于信息传递和翻译的免责。

① 当报文、信件或单据按照信用证的要求传输或发送时，或当信用证未作指示，银行自行选择传送服务时，银行对报文传输或信件或单据的递送过程中发生的延误、中途遗失、残缺或其他错误产生的后果，概不负责。

② 如果指定银行确定交单相符并将单据发往开证行或保兑行，单据丢失不影响开证行或保兑行的兑付、议付或偿付责任不能解除。

（3）对技术术语的翻译或解释上的错误，不负责任，并可不加翻译地传送信用证条款。

（4）对不可抗力的免责。

① 银行对由于天灾、暴动、骚乱、叛乱、战争、恐怖主义行为或任何罢工、停工或其无法控制的任何其他原因导致的营业中断的后果，概不负责。

② 银行恢复营业时，对于在营业中断期间已逾期的信用证，不再进行兑付或议付。

（5）对被指示方行为的免责。

① 为了执行申请人的指示，银行利用其他银行的服务，其费用和风险由申请人承担。

② 即使银行自行选择了其他银行，如果发出指示未被执行，开证行或通知行对此亦不负责。

③ 指示另一银行提供服务的银行有责任负担被指示方因执行指示而发生的任何佣金、手续费、成本或开支（费用）。

[例 18]《跟单信用证统一惯例 600》（简称 *UCP 600*）对银行的免责作了规定，下列选项哪些是正确的？ （ ）

A. 银行只对单据表面真实性作形式上的审查，对单据的真实性、有效性不作实质性审查

B. 银行对单据中货物的描述、价值及存在情况负责

C. 银行对买卖双方的履约情况概不负责

D. 信用证开出后，对于买卖合同的内容的变更、修改或撤销，除非通知银行，否则银行概不负责

[答案] A、C、D。

七、信用证欺诈及例外原则

由于信用证的独立性原理，在客观上使欺诈者容易行骗成功。因而近年来的国际贸易中此类案件频繁发生，使进出口双方的利益受到极大的损害。

（一）信用证欺诈的种类

信用证使用中欺诈的表现形式各异。

1. 开立假信用证

有些进口商使用非法手段制造假信用证，或窃取其他银行已印好的空白格式信用证，或无密押电开信用证，或使用假印鉴开出信用证，签字和印鉴无从核对，或开证银行名称、地址不详等。如出口商没有发现信用证系假造而交货，将导致钱货两空。

2. "软条款"信用证

信用证中的"软条款"指信用证中规定一些限制性条款，或信用证的条款不清，责任不明，使信用证的不可撤销性大大降低，因而对受益人非常不利。这种"软条款"信用证可使开证申请人控制整笔交易，而受益人处于受制于他人的被动地位。软条款与善意的因进出口细节尚待最后确定的未生效条款不同，是买方故意设下的圈套，这种条款使信用证受益人处于受制于人的地位，信用证项下开证银行的付款承诺是毫不确定、很不可靠的。因买方在信用证中加列一些使信用证实际无法生效、卖方无法执行的"软条款"，目的是买方骗得履约金、佣金或质保金之后，不通知装船、不签发检验证书，使卖方公司拿不到装船通知和检验证书，不能发货及向开证行交单索汇。

信用证中常见的"软条款"有：（1）信用证中载有暂不生效条款。如信用证中注明"本证暂不生效，待进口许可证签发通知后生效"，或注明"等货物经开证人确认后再通知信用证方能生效"。（2）限制性付款条款。如信用证规定，"信用证项下的付款要在货物清关后才支付"，"开证行须在货物经检验合格后方可支付"，"在货物到达时没有接到海关禁止进口通知，开证行才付款"等。（3）加列各种限制。信用证中对受益人的交货和提交的各种单据加列各种限制，如"出口货物须经开证申请人派员检验，合格后出具检验认可的证书"，"货物样品先寄开证申请人认可"等。（4）对装运的限制。信用证中对受益人的交货装运加以各种限制，如"货物装运日期、装运港、目的港须待开证人同意，由开证行以修改书的形式另行通知"，信用证规定禁止转船，但实际上装运港至目的港无直达船只等。

对于买方开来的信用证，如卖方通过审证发现有"软条款"，应立即以最快的通信方式与买方协商，要求改证，对信用证的"软条款"不予接受。

3. 伪造单据

伪造单据是指单据（如海运提单）不是由合法的签发人签发，而由诈骗人或委托他人伪造；或在合法签发人签发单据后进行篡改，改变单据中的有关内容，使之单证相符，骗取货款。

4. 以保函换取与信用证相符的提单

以保函换取与信用证相符的提单主要有倒签提单、预借提单及以保函换取清洁提单的情况。倒签提单是货物装船的日期晚于信用证规定的装船日期，但仍按信用证规定的日期签署装船日期的提单。预借提单和倒签提单的不同之处则在于，被预借的提单是在货物实际装船完毕前签发的，并将当天的日期记载于提单签发日期栏内。倒签提单、预借提单均属于欺诈行为。

凭保函签发清洁提单时，隐瞒了船载货物本不清洁的事实真相，将不清洁的货物伪称清洁货物记载在提单上，将本应签发的不清洁提单伪称清洁提单签发，以骗取银行对结汇单据的信任，并骗取善意的收货人对单据和货物的信任，非法剥夺了收货人本应享有的拒收货物、拒绝承兑赎单的合法权利，目的在于使本因违约而不能结汇的托运人得以通过非法手段顺利结汇，以逃避本应承担的违约责任。

当然在某些特殊情况下，在没有欺诈意图的情况下，有时由于客观条件所限，承托双方就货物的数量、重量或包装等问题存在认识上的分歧，又无法对所装运的货物的实际数量进行再核实，此时凭保函签发清洁提单是商业习惯允许的变通做法，这不仅是出于使托运人得以顺利结汇的需要，而且也是为了使货运程序得以顺利进行，司法实践中已有案例承认了此种善意保函的效力。此时，承运人仍应对货损货差向收货人承担责任，但有权依有效的保函向托运人追偿。《汉堡规则》即在一定范围内承认了善意保函的效力。

（二）信用证欺诈例外原则

1. 有关信用证欺诈例外原则的背景及他国的实践

信用证是银行有条件的付款承诺，在单证一致时银行应履行付款义务，银行只处理单据，不处理货物。信用证独立于所依据的基础合同。这些原则可能为受益人欺诈申请人或银行提供了便利条件。在信用证支付方式中，严格执行信用证独立于买卖合同的原则有着重要的意义，但在国际贸易中卖方以单据欺诈手段骗取货款的案件不断发生，如果固守这一原则，势必纵容这些诈骗分子，因为货款一旦被骗取，买方就处于极为不利的地位，追回货款的希望很小。有鉴于此，为了打击国际贸易中出现的欺诈行为，不少国家的法律、判例对欺诈行为提出了相应的处理原则，即在承认信用证独立于买卖合同原则的同时，也应当承认有例外情况。如果在银行对卖方提交的单据付款或承兑以前，发现或获得确凿证据，证明卖方确有欺诈行为，买方可请求法院向银行颁发禁令，禁止银行付款。信用证欺诈例外原则首先是在美国法院的判例中提出来的。《美国统一商法典》也有对信用证欺诈及补救办法的成文法规定。此外，英国、加拿大、新加坡、法国等国的法院判例也表明承认信用证欺诈例外原则。

从法律渊源上说，欺诈例外规则是国内强制法对国际惯例的一种限制或替代。*UCP 600* 号作为一种商业惯例，主要规范银行的权利和义务。银行基于这些规则行使权利、履行义务。但信用证的独立原则和单证相符原则，不应该使实施欺诈的人获益。这一矛盾的处理，

是各国国内法适用的问题。总的原则是保证信用证交易的独立性，同时对受益人的欺诈进行惩处，其实质是确立了信用证与基础交易的关联性。但作为一般原则的例外，其在实践中的解释和适用被控制得非常严格。

信用证欺诈例外的核心问题是银行拒付的条件和程序是什么。一般认为只有受益人（卖方）亲自参与的欺诈才可使银行免除付款义务，受益人（卖方）不知的第三人欺诈，如承运人伪造提单，不能使受益人失去受偿的权利；同时银行在拒绝付款前必须有证据证明受益人欺诈，单纯的怀疑或没有得到证明的申请人的单方主张，是不够的。英国有判例将信用证独立视为商业交易的生命线。1995 年修订的《美国统一商法典》第 5 篇《信用证》第 5 条至第 109 条，规定了处理信用证欺诈的规则。另外，银行拒绝履行信用证项下的义务应遵循什么样的程序要件，是否银行自己可以决定拒付。

2. 我国有关信用证欺诈例外原则的司法解释

2005 年我国最高人民法院《关于审理信用证纠纷案件若干问题的规定》（以下简称《规定》）中确认了信用证欺诈例外这一原则。开证申请人、开证行或者其他利害关系人发现有信用证欺诈情形，并认为将会给其造成难以弥补的损害时，可以向有管辖权的人民法院申请中止支付信用证项下的款项。该司法解释的具体内容分述如下。

（1）法律适用。

《规定》第 1 至 4 条涉及法律适用问题。依第 2 条的规定，法院审理信用证纠纷案件时，在法律适用上，当事人有约定的，从约定，没有约定的，适用国际商会《跟单信用证统一惯例》或其他相关国际惯例。第 1 条规定了何为信用证纠纷，“信用证纠纷”案件，指在信用证开立、通知、修改、撤销、保兑、议付、偿付等环节产生的纠纷。也有人称其为“信用证关系”纠纷，此类纠纷主要涉及信用证流转中的问题。

第 3 条针对涉及信用证而产生的一些债的纠纷的法律适用进行了规定，依第 3 条的规定，开证申请人与开证行之间因申请开立信用证而产生的欠款纠纷、委托人和受托人之间因委托开立信用证产生的纠纷、担保人为申请开立信用证或者委托开立信用证提供担保而产生的纠纷以及信用证项下融资产生的纠纷，适用本《规定》。依本条，《规定》主要适用于欠款、委托、担保、融资等各种涉及信用证的债的关系的纠纷。

第 4 条针对涉及信用证的债的关系一般情况下是适用中国法还是适用外国法的问题，规定有关开立信用证的欠款纠纷、委托开立信用证的纠纷、担保纠纷、融资纠纷应适用中国法，涉外合同当事人另有规定的除外。本条适用的内容似乎与第 3 条的内容基本相同，这里有一个一般法与特别法的关系，中国法为一般法，而本《规定》是特别法，因此，有关事项凡本《规定》有涉及的，应当优先适用，没有规定的，适用中国法。

（2）信用证的独立性和单证审查标准。

《规定》第 5 条是对信用证的独立性原则的规定，同时，“信用证欺诈例外原则”在此条中一并得到体现；《规定》第 6 条第 1 款明确了信用证项下单证审查的“严格相符”标准，而非“实质相符”标准，但在措辞上并未采用“严格相符”的表述，而是援用了《跟单信用证统一惯例》中“表面上相符”的表述；“表面上相符”标准并非“镜像”标准，而是允许单单之间、单证之间细微的、不会引起理解上歧义的“不完全一致”。这一标准是在充分考虑我国的实践，并参考国际标准和借鉴其他国家司法实践经验的基础上确立起来的。《规定》第 7 条是对“不符点的接受”的规定，体现了接受不符点是开证行的权利

的精神，符合国际惯例的规定。

（3）信用证欺诈的构成。

《规定》第 8 条列举了应当认定存在信用证欺诈的情形：第一，受益人伪造单据或者提交记载内容虚假的单据；第二，受益人恶意不交付货物或者交付的货物无价值；第三，受益人和开证申请人或者其他第三方串通提交假单据，而没有真实的基础交易；第四，其他进行信用证欺诈的情形。其中第四项是一个概括性、兜底式的规定，主要考虑到信用证欺诈在实践中的复杂性、多样性，前三项可能难以列举穷尽。

（4）止付信用证项下款项的条件和程序。

《规定》第 9 条是关于止付信用证项下款项的条件，即开证申请人、开证行或其他利害关系人发现有上述第 8 条的情形，并认为将会给其造成难以弥补的损害时，可向有管辖权的法院申请中止支付信用证项下的款项。

第 10 条则规定了排除“信用证欺诈例外的例外”情形，规定即使存在信用证欺诈，但由于开证行或者其指定人、授权人已经对外付款或者基于票据上的法律关系将来必须对外付款，这种情形下，就不能再遵循“信用证欺诈例外”的原则，不能再通过司法手段干预信用证项下的付款行为。这些例外情形包括：（1）开证行的指定人、授权人已按照开证行的指令善意地进行了付款；（2）开证行或者其指定人、授权人已对信用证项下票据善意地做出了承兑；（3）保兑行善意地履行了付款义务；（4）议付行善意地进行了议付。

第 11 条规定的条件则是为了提高适用“信用证欺诈例外”的门槛，以防止司法的不当干预阻碍信用证制度在我国的发展，这些条件是：（1）受理申请的人民法院对该信用证纠纷案件享有管辖权；（2）申请人提供的证据材料证明存在本规定第 8 条的情形；（3）如不采取中止支付信用证项下款项的措施，将会使申请人的合法权益受到难以弥补的损害；（4）申请人提供了可靠、充分的担保；（5）不存在本规定第 10 条的情形。

《规定》第 12 条和第 13 条则是对人民法院裁定中止支付信用证项下款项具体程序上的规定。《规定》第 14 条是对人民法院实体审理存在信用证欺诈的信用证纠纷案件时有关程序上的规定，包括基础交易纠纷与信用证纠纷一并审理、第三人等。《规定》第 15 条要求只有经过实体审理，才可以在符合条件的情况下“判决终止支付信用证项下的款项”。

（5）关于信用证项下保证责任的承担。

《规定》只涉及了信用证项下担保的两个方面问题：①《规定》第 16 条规定的开证行或者开证申请人接受不符点未征得保证人同意，保证人不能以此免除保证责任，这样规定主要是基于根据《跟单信用证统一惯例》的规定，是否接受不符点是开证行的权利，其他任何人都不享有此项权利的考虑；②《规定》第 17 条明确开证申请人与开证行对信用证进行修改的情况下未征得原保证人的同意，保证人只在原保证合同约定的或者法律规定的期间和范围内承担保证责任。

【能力测试·国际货物买卖所涉及的支付法】

一、名词解释

1. T/T　2. D/P　3. D/A　4. L/C　5. T/R
6. 保兑信用证　7. 承付　8. 欺诈例外原则

二、简答题

1. 简述汇付的优缺点。
2. 简述托收的优缺点。
3. 简述信用证的运作程序。
4. 简述信用证的优缺点。
5. 比较付款信用证、承兑信用证和议付信用证。

三、案例分析题

1. 1976年，中国某出口公司与巴西某公司成交商品一批，共计66 348美元。付款方式为D/P托收，空运巴西桑托斯。1977年1月空运发货，委托银行代收货款。一个月后，银行通知，买方拒付。中方公司向巴西公司连催数次，要求其付款，对方置之不理。后中国公司委托银行代为查询，发现该货到达目的地后，因是“记名运单”，即在运单的收货人栏填为该巴西公司的名称，因此，该公司得以直接取得运单并已将货提走。并悉，货已出售，但该公司失信，拒不付款。后中国公司委托中国驻巴西商务处进行调查，并代为催促付款。1977年12月，中国驻巴西商务处将调查结果通知中国公司，其内容为：“关于货物运抵巴西后，客户不付款，却能将货提走问题，经与巴西海关联系方知，运单上的收货人抬头是巴西客户。运单正本经航空公司直接送交收货人，该公司才得以直接将货提走。据巴西海关监督介绍：D/P付款的一般做法，提货单收货人抬头应该开给巴西银行转收货人。这样收货人必须先付款，巴西银行收到货款后，在提货单上背书，收货人才能凭以提货。如无银行背书，海关是不放行的。至于货款，经多次催索，该公司拖延不付。”该批货物的货款最终未收进，全部损失。问：

（1）请与信用证方式相比较分析托收付款方式的风险。

（2）本案代收行有无责任？

2. 香港某商号与法国巴黎某糖业公司订立了购买三批韩国精制白砂糖的合同，香港商号分别于1986年9月12日、10月27日及11月26日向法国开证行法国巴黎国民银行克雷比代办处通过通知行曼谷有限银行香港分行向法国巴黎某糖业公司开立了 3 份信用证，分别购买韩国精制白砂糖300吨、400吨和300吨，法国巴黎某糖业公司根据上述3份信用证于1986年9月25日向新开证行——曼谷有限银行香港分行通过韩国汉城某银行开立以汉城某公司为受益人的不可撤销跟单信用证，购买韩国精制白砂糖1 000吨，CFR香港，从韩国运至香港分批装运，与前3个原证的交货期衔接，交货期分别为1986年10月300吨、11月400吨、12月300吨。问：

（1）1986年9月25日新开证行——曼谷有限银行香港分行通过韩国汉城某银行开立的以汉城某公司为受益人的信用证为不可撤销跟单信用证，同时它又称为什么信用证？

（2）开立了这种信用证以后，法国巴黎某糖业公司为了做成这笔生意还需要垫付资金吗？

3. 中国外贸公司H受国内某用户J公司委托，以H公司自己的名义作为买方与外国G公司签订了一份向中国出口某类罐头食品的合同，合同的支付条件规定为：“D/P at Sight（即期付款交单）”。在合同的履行过程中，外国G公司未经中国H公司同意即直接将货物连同全套单据都交给了国内用户J公司，J公司在收到货物后遇到财务困难，无力支付货

款。于是，外国 G 公司要求中国 H 公司支付货款，因为 H 公司在本案中是以自己的名义与 G 公司签订合同的，并不是 J 公司的代理人，因此，依买卖合同的支付条款，应由 H 公司支付货款。问：

（1）什么叫即期付款交单？

（2）中国 H 公司是否有向外国 G 公司付款的义务？为什么？

4. 中国 A 公司与新加坡 N 公司以 CIF 价达成了一项由中国向新加坡出口某商品的合同，合同采用即期信用证付款条件，并规定 8 月份装运，但未规定具体开证日期，后因该商品市场价格下降，新加坡公司便拖延开证。中国 A 公司为防止延误装运期，从 7 月中旬开始即多次电催新加坡公司开证，该公司于 7 月 18 日开来了信用证。但由于该开证太晚，致使中方公司安排货物的装运发生困难，为此，中方公司要求对方将信用证的装运期及议付有效期分别推迟一个月。但新加坡公司不同意，并以中方公司未能按期装运为理由单方面宣布解除合同。问：

（1）信用证在开出后是否可以修改？

（2）在合同中未规定信用证开证日期的情况下，开证申请人依惯例应在何时开证？

（3）新加坡公司是否可以因此而单方解除合同？

（4）中方公司在本案中应吸取什么教训？

5. A 公司与德国 G 公司签订了进口某产品的合同，合同规定分两次交货，并分批开证，A 公司应于货到目的港后 60 天内进行复验，如产品与合同规定不符，A 公司得凭所在国的商检证书向 G 公司索赔。在履行过程中，A 公司依合同的规定开出了首批货物的信用证，G 公司在货物装船后取得了清洁提单，并向议付行办理了议付，开证行也在单证相符的情况下向议付行偿付了有关的款项。在第一批货物还未到达目的港时，第二批货物的开证日期已临近，A 公司于是又申请银行开出了第二批货物的信用证。此时，首批货物抵达目的港，经检验发现货物与合同规定严重不符，于是 A 公司通知开证行，要求开证行拒付第二次信用证项下的款项。此时，议付行已经在单证相符的情况下向 G 公司办理了议付，开证行在收到议付行寄来的第二批单据后，经审核无误，再次向议付行偿付了有关的款项。当开证行要求 A 公司付款赎单时，A 公司拒绝付款赎单。问：

（1）开证行是否应依 A 公司的要求拒付第二次信用证项下的款项？

（2）在 A 公司已通知开证行拒付第二次信用证项下的款项的情况下，开证行是否应要求 A 公司付款赎单？

（3）A 公司应向谁提出索赔？

6. 1981 年，中国某出口公司 H 与西德某公司成交工艺品一批，货值九千多美元，合同规定采用即期不可撤销信用证付款。临近交货时，西德公司还没有开来信用证，中国 H 公司经办人员在既没有催促西德公司迅速开证，也没有征求对方同意的情况下，以舱位不容易订到为由，擅自将货物装船，改用托收方式（D/P 即期）向西德公司收取货款。在装货船离港数日后，西德公司的信用证开到。在这种情况下，如不理睬信用证继续以托收方式索取货款，西德公司很可能会拒付货款，如追回已由议付银行寄往国外的托收单据，另行缮制一套新单据，势必会超过议付日期，议付银行也会拒收过期的单据。最后 H 公司追回了托收单据，并立即按信用证要求缮制新单据。由于货物是提前装船的，提单的装船期限肯

定与信用证规定的不符，H 公司请求承运该批货物的外轮公司另外出具一套新提单，但遭该公司拒绝。理由是“外轮公司从来没有签发过同一内容的两套提单”。H 公司无奈，只得将实情告知西德公司，请对方接受单据，经过几次交涉，对方同意接受单据并支付货款。该笔业务最后晚收货款一个月，更重要的是造成了极为不好的影响。问：

（1）付款方式能否随意修改？

（2）外轮公司是否应拒绝 H 公司再签发一套提单的请求？

（3）如果外轮公司接受了 H 公司的请求，其签发的是一种什么提单？

7. 某国际货物买卖合同采用信用证方式付款，依信用证的规定，最迟装运期至 9 月 30 日，有效期为 10 月 5 日，信用证未规定交单期。信用证的受益人于 9 月 12 日将货物装船并取得提单，提单的日期是 9 月 13 日。问：

（1）依 *UCP 600* 的规定，如受益人在 10 月 5 日交单议付，银行是否接受？为什么？

（2）如 10 月 4 日是星期日，受益人于 10 月 5 日交单议付，银行是否应接受单据？

（3）如自 10 月 4 日到 10 月 7 日银行因罢工而中断营业，受益人于 10 月 8 日交单，银行是否可以拒绝接受单据？

8. 依 1974 年中国 P 公司与利比亚中间商 A 签订的合同，某批货物的最后买主 M 公司于 1974 年 8 月 15 日经利比亚国家商业银行开出不可撤销即期信用证，最迟装运期为 9 月 30 日，信用证有效期为 10 月 15 日。中国 P 公司收到信用证后，由于无货装运，使信用证过期。次年 2 月中国 P 公司仅凭 A 公司同意展期的电报，一边装船，一边等候银行的展证通知。结果在货物装运出去后，银行展证通知书始终未收到，致使该批货的装运单据遭到开证行拒付，中国 P 公司未能取得货款。P 公司为了收回这批货款，与对方进行了多次交涉，均未能解决。P 公司也曾表示 M 公司如不付款应负责将货物运回我国，并承担费用。但外方未接受。最后，由于我国与利比亚中断了贸易关系，损失已无法追回，致使 P 公司受到单货两空的损失。问：

（1）P 公司是否应该边展证边发货？

（2）开证行拒付货款是否正确？

9. 1976 年 4 月，中国某公司与科威特某公司成交腈纶衫 1.8 万件，原定于 1976 年 10 月交货，因中方公司不能交货，展证至 1977 年 3 月，但中方仍延至 4 月才装船。中方公司采用一边要求科威特公司展证一边装船的做法，在货物运出后，科威特公司不同意展证，中方公司只得改为托收。但货到科威特后，由于延迟到货，科威特公司拒收。货物存放在码头无法处理。问：

（1）中方公司要求展证，科威特公司是否有展证的义务？

（2）改用托收方式，科威特公司是否可因延迟到货而拒收货物？

10. 中国 A 公司在与某外国 B 公司进行的出口交易中规定采用信用证方式付款，外方开来的信用证有效期及装船期限均为 10 月 1 日，后因船期问题需延期装运，经中国 A 公司要求，对方修改信用证的有效期为 11 月 1 日。中国 A 公司急于出运，认为可默示对方装船期限也相应顺延，即于 10 月 15 日装船出运，结果开证行以装运日期超过信用证规定的装运期限为由拒付货款。经与外国 B 公司交涉，延迟了半个月后终于收汇。问：

（1）信用证的有效期与装船期限是否是一回事？

（2）银行是否应拒付？

11. 1979 年 6 月，中国 A 公司与美国 B 公司签订了向美国出口女上衣一批的合同，合同规定绿色的 200 件，红色的 400 件，但美方开来的信用证却规定绿色的 400 件，红色的 200 件。中国公司收到信用证后未要求对方改证，也不依信用证发货，仍然依合同的规定备货并制单。在向银行交单时，经银行审查认为单证不符，拒绝议付。问：

（1）为了履行合同，中国 A 公司是否可不顾信用证的规定而依合同发货？

（2）“信用证的开立是以买卖合同为依据的，但是信用证与买卖合同是两个相互独立的文件”的说法对吗？

12. 1975 年中国某公司与叙利亚某公司签订了出口桂皮 5 公吨，共值 4171 英镑的合同，外方开来信用证规定的价格条件为 CIF AKABA FREE ZONE（即亚喀巴自由区）。中方公司将货物托运后，在发票上虽注明了 CIF AKABA FREE ZONE，而在提单上的目的港却仅写了 AKABA，没有加上 FREE ZONE，结果议付行以单据不符为由，拒付货款。经多次交涉后，中方公司同意按现行价格，每公吨减价 250 英镑，外方才同意接受单据，付款了案。问：

（1）议付行有权以单据不符为由拒付吗？

（2）什么叫单证一致？

13. 1977 年中国某公司向尼加拉瓜出口商品一批，计约两万美元，由伦敦西敏寺银行来证，注明目的港为南圣胡安（SAN JUAN DEL SUR，按西班牙文 DEL SUR 意为 SOUTH）。中国公司的提单误将目的港打成 SAN JUAN（圣胡安）。SAN JUAN（圣胡安）是大家所熟悉的世界著名的大港口。开证行未发现此不符点照付了货款。3 个月后尼加拉瓜公司反映未收到货。经了解 SAN JUAR（圣胡安）在美洲有 9 处，其中属于港口的有 7 处。此货已卸在了美属波多黎各。西敏寺银行来信提出“单证不符”要求中国银行退款。中国银行依信用证惯例提出开证行付款后即无追索权。该行于是商请中方协助联系船公司将货转运到南圣胡安。由于此批货当时是由香港转船，问题较难解决，结果不了了之。外方虽未提出索赔，但从此中断了与中方的业务联系。问：

（1）开证行付款后是否有追索权？

（2）此案中开证行应承担什么责任？

（3）中国某公司应承担什么责任？

14. 1980 年中国某出口公司（以下简称中方公司）与西非某公司（以下简称外方公司）成交某商品一批，因该国港口偷窃情况较严重，中方不愿办理保险，于是以 CFR 价格条件成交。外方开来信用证，虽列明 CFR，但要求中方公司提供保险单投保 WPA（水渍险）及 WAR RISK（战争险），信用证上还表明保险费可在信用证金额中支取。中方公司为避免改证，同意代办保险。由于习惯上中方公司出口此类商品常投保 ALL RISKS（一切险）及 WAR RISK（战争险）险别，在没有仔细审核来证的情况下，中方公司代外方公司投保了 ALL RISKS（一切险）及 WAR RISK（战争险）险别，发票金额为：货款 17 714.10 美元，加保险费 1371.88 美元，共计 19 085.98 美元，总数未超过信用证金额。中国银行议付时，发现险别不符，但中方公司认为 ALL RISKS（一切险）的承保范围大于 WPA（水渍险），对买方有利，可不必改证。开证行收到单据后，来电拒付。经与中国人民保险公司协商同

意用批单方式将险别改为 WPA（水渍险）及 WAR RISK（战争险），保险费减收为 66.75 美元，发票总额也随之改为 17 780.85 美元。该案经更正单据后中方公司才得以在延迟一个月后收到货款，造成了利息损失。问：

（1）中方公司认为“ALL RISKS（一切险）的承保范围大于 WPA（水渍险），对买方有利，可不必改证”的说法是否正确？

（2）中方公司在本案中是代办外方保险出现错误，在这种情况下，开证行可以拒付吗？

15. N 公司与 B 公司订立了进口布匹的合同，数量为 1 万码，来证在数量上注明 10% more or less．问：卖方 N 公司应如何交货才不算违约？

16. 某国际货物买卖合同的买方开来的信用证规定：“About 5000 M/T”即“大约五千公吨”，卖方的商业发票是 4900 公吨。问：依 *UCP 600* 的规定，议付行是否会认为该发票与信用证的规定不符而拒绝议付？

17. 中国某公司从美国进口一批货物计 2000 箱，总价为 7.8 万美元。问：依 *UCP 600* 有关货物数量的容差范围的规定，发票中货物的数量是否准许有 5%的增减幅度？

18. 我国天津 M 出口公司出售一批货物给香港 G 公司，价格条件为 CIF 香港，付款条件为 D/P 见票后 30 天付款，M 公司并同意 G 公司指定香港汇丰银行为代收行。M 公司在合同规定的装船期限内将货物装船，取得清洁提单，随即出具汇票，连同提单和商业发票等委托中国银行通过香港汇丰银行向 G 公司收取货款。问：

（1）M 公司出具的是即期汇票还是远期汇票？

（2）付款条件 D/P 是指什么？

19. 我某进出口公司与加拿大商人1993年11月份按CIF签订一出口5万码法兰绒合同，支付方式为不可撤销即期信用证。加拿大商人于 1994 年 3 月上旬通过银行开来信用证，经审核与合同相符，其中保险金额为发票金额加一成。我方正在备货期间，加商人通过银行传递给我方一份信用证修改书，内容为将投保险金额改为按发票金额加三成。我方按原证规定投保、发货，并于货物装运后在信用证有效期内，向议付行提交全套装运单据。议付行议付后将全套单据寄开证行，开证行以保险单与信用证修改书不符为由拒付。问：开证行拒付的理由对否？为什么？

20. 我某出口公司分别出口三批货物，三个合同各规定以 D/P 即期、D/P 30 天、D/A 30 天托收方式付款。设寄单之邮程为 7 天，托收日为 8 月 1 日。问：这三笔业务的提示日、承兑日、付款日、交单日各为何日（姑且不计银行合理工作时间）？

21. 我出口一批货物，付款方式为 D/P 90 天托收。汇票及货运单据通过托收银行寄抵国外代收行后买方进行了承兑。但货物到达目的地后，恰巧这时行市上涨，于是付款人出具信托收据（T/R）向银行借得单证。货物出售后买方倒闭。问：我方于汇票到期时能否收回货款？为什么？

第十三章　国际货物买卖所涉及的产品责任法

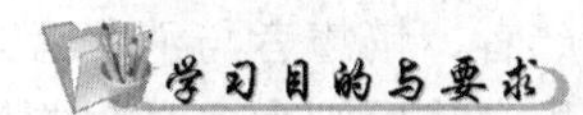

通过本章的学习，要求了解产品责任法的开端与发展以及各国的立法概况，掌握产品责任的基本概念与特点，以及美国产品责任法中的基本原则，了解产品责任的国际立法。

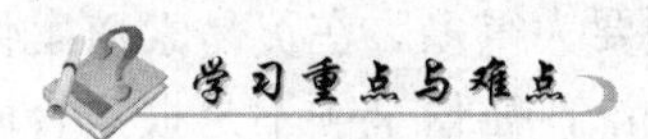

(1) 产品责任法的概念与特点。

(2) 美国的产品责任法。

(3) 各国关于产品责任的立法比较。

(4) 产品责任的国际立法。

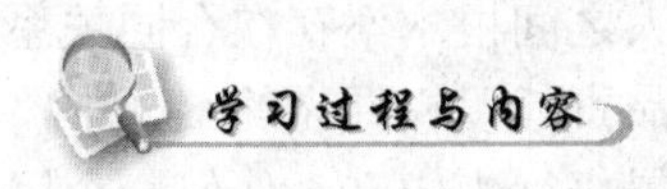

第一节　产品责任法概述

一、产品责任法的概念

产品责任是指产品的制造者、生产者和销售者由于其产品不具备合理的安全性而致使消费者、使用者人身受到伤害，财产受到损失，所应承担的民事上的强制性责任。所谓产品，主要是指工业制造的成品，但是随着目前西方各国司法实践的发展，产品这一概念的外延正在扩大，西方国家有人将产品定义为：凡是经过某种程度、某种加工过的物质，不论是可以移动的或不能移动的，不论是工业品或农产品也不论是成品或零部件、副产品

或材料都可列入产品。按这一定义，目前出口的商品绝大部分均可列入产品这一概念，这样商人在出口贸易中，出口商承担责任的范围和可能性是很大的。我国《产品质量法》中的产品是指经过加工制作具有使用价值并用于销售的产品。

产品责任法是指由国家制定的调整生产者、销售者和消费者、使用者之间基于产品侵权行为而引起的人身伤害和财产损失的权利与义务关系的法律规范的总称。

二、产品责任法的特点

产品责任法属于民事责任的法律，与刑事责任的法律不同。产品责任与打假不同，如假药、假酒（工业酒精）导致人命死亡，应承担刑事责任。尽管产品会导致人身伤害和财产损失，但产品责任的侵权同犯罪行为有本质区别：犯罪行为也是侵权，但行为人有恶意意图，其行为又是触犯刑律，故犯罪行为应受刑事处罚；而产品责任的侵权行为人虽有过失，但并非恶意伤害他人，主要是由于疏忽而造成的，因此属于民事案件，当事人也只承担损害赔偿的民事责任，而不负刑事责任。

产品责任法属公法性质，对当事人具有强制性，与属于私法范畴的买卖法不同。由于产品责任法属于社会经济法的范畴，它主要是产品的生产者、销售者与消费者之间鉴于侵权行为所引起的人身伤亡和财产损害的责任，它的多项规定或原则大多是强制性的，双方当事人在订立合同时不得事先加以排除或变更，过分排除一方产品责任，会造成显失公平的后果。而买卖法属于私法的性质，它所调整的是卖方与买方之间基于买卖合同所产生的权利义务关系，它的规定大多数是任意性的，双方当事人可以在买卖合同中加以排除和变更。

依据产品责任法的赔偿金额比一般贸易索赔金额要大得多。在贸易索赔案件中，其赔偿金额充其量不会超出合同的金额。但依据产品责任法，赔偿金额不是根据合同，而是根据该法所确立的赔偿原则，即补偿受伤害者的损失应是整个损失，不仅包括过去的损失、将来的效益和实际开支（如医疗费），而且还包括伤害者的痛苦代价，同时，赔偿的金额必须一次支付，并且不得扣除原告可能从其他方面取得的任何补偿，如保险赔偿和津贴（如社会救济金）。

依据产品责任法的诉讼，并不要求原告与被告之间存在合同关系。发生违约案件时，首先要求当事人之间须存在合同关系，如双方当事人之间根本不存在合同关系，任何第三者都不能提出违约的诉讼或其他权利主张。但在产品责任侵权行为的案件中，并不要求原告与被告之间存在合同关系，只要求一方当事人的侵权行为成立，任何一个因该侵权行为引起的受损害方，均可向侵权行为人依法主张权利。正因为产品责任法不属于合同法的范围，因此凡是遭到该产品伤害或被涉及的人均有可能作为原告向法院起诉，作为原告的当事人可以是直接使用该产品而受伤害的消费者、使用者或其家属或者家中的任何人，甚至扩大到旁观者和过路人，同时作为产品责任的被告可以是产品直接生产者、装配者、出口商、进口商、批发商以至零售商。

三、产品责任法的发展概况

从传统上看，产品责任法是根据民法上的两个法律原则即合同法（契约法）和侵权法侵权责任而发展起来的。早期处理产品责任是依据合同法的原则进行处理，即依据当事人

之间任意的约定来处理产品责任，追究卖方提供有缺陷的产品带来的损害。

但依据合同原则起诉有两个缺陷：（1）要求原告与被告之间有合同关系，但在实际产品责任事故中，受害人很可能与被告没有合同关系。（2）被告仅为零售商，很难使受害人得到应有的赔偿。例如作为被告的零售商为夫妻店，财力有限，赔不起。

为了避免上述结局，各国法律则引入了侵权责任来突破合同法的局限性，根据侵权责任法，则可以：（1）不要求原告与被告之间存在合同关系；（2）起诉的对象可追索到零售商、生产商、制造商，但前提是要求原告有举证责任，即证明被告有疏忽和过错。但是在现代大工业生产中，一般消费者要证明这一点很困难，于是产品责任法发展到第三阶段，即严格责任原则阶段。严格责任原则减少了消费者举证责任，只要求产品责任诉讼的原告证明产品有缺陷，造成消费者的人身伤害和财产损失本身就是疏忽的证据；实行举证责任倒置，即要求制造商、销售商、被告自己举证自己无疏忽、无过错。这就是严格责任说。产品责任法的发展从平衡消费者与生产者的利益，逐步向保护消费者和社会公共利益方面倾斜，随着经济的发展和技术的进步，对消费者保护也越来越强。

大陆法系国家深感不能单靠民法中的合同法和侵权法来解决产品责任问题，应制定单行的成文法规，于是在20世纪80年代欧共体制定了《产品责任指令》，并要求12个成员国将其变为国内法。美国各州都有自己的产品责任法，美国生产力发展水平最高，产品责任法也最发达，在20世纪70年代末，美国开始了“美国统一产品责任法”提案，但至今未获通过。大多数国家把产品责任法归为消费者保护法的范畴，我国将产品质量法划归入经济法领域，1991年《中华人民共和国产品质量法》的颁布，表明我国的产品责任法前进了一大步，但与发达国家相比仍存在一些差距。

第二节　产品责任的国内立法

目前，关于产品的责任问题主要还是依靠国内立法加以解决。在世界各国的产品责任立法中，美国产品责任法的发展最为迅速、最为完善，而且对各国产品责任立法以及国际产品责任法的形成和发展也发挥着较大的影响。另外，欧洲一些国家以及我国的产品责任立法也有其自身的一些特征。本节分别介绍之。

一、美国产品责任法

（一）产品责任的理论及其发展

产品责任理论有三个发展阶段：第一阶段，提起这种诉讼的权利仅限于有缺陷产品的实际购买者，也就是说，销售者只对购买者承担责任。这是根据货物买卖契约引申出来的义务（责任），即卖出的货物应当具有可销售性并符合预期的用途，这是买卖合同中卖方应承担的明示的或默示的保证责任。第二阶段，摆脱合同关系的限制，直接将责任与有缺陷（瑕疵）的产品联系起来；因为在大部分情况下，产品的制造者与他们产品的消费者没有合同关系；同时，受有瑕疵的产品损害的第三人与产品的制造者、销售者也没有契约关系。如果能够证明与商业流通有关的人，不论是制造商、批发商，还是零售商，有过错行

为，那么，任何受害人都可以对有过错行为的人提出诉讼，要求他们承担侵权责任。第三阶段，由过错责任发展为严格责任。要求受害人证明与商业流通有关的人因有过错而致使他们有瑕疵的产品致人损害，这往往是很困难的。要求受害人承担举证责任，这样受害人的利益难以受到保护。于是，在实践中又提出了担保责任原则，免除了受害人的举证责任。产品的制造者、销售者对于该产品的可销售性、符合预期的用途负有明示的或默示的担保义务。受害人由于产品的瑕疵而受损害，产品的制造者、销售者就应当承担担保的责任，承担赔偿损害的责任。

担保责任原则虽然免除了受害人对产品制造者、销售者的过错的举证责任，但是仍然需要证明产品存在瑕疵，并且产品制造者、销售者可以主张他们没有过错，因而不承担责任，为了进一步保护消费者，加重制造者、销售者的责任是必要的；于是担保责任原则又发展成为严格责任原则。在 1963 年格林门诉尤巴动力产品公司的案件中，原告从零售商处购买了一种兼有锯子、钻等多种功能的工具，在用于锯木时，该工具突然从装置的机器中飞出，撞中了原告的额头，致伤严重。加利福尼亚州最高法院在该案的判决中明确表示：制造人将其商品置于市场，知悉其将不会被检查是否有瑕疵而使用时，则就该项具有瑕疵商品对人身所造成的损害，应负无过失责任。不久，也为纽约上诉法院一个类似案件的判决所仿效，并且在一年内经加州最高法院的推广，于是这一原则（严格责任原则）为大多数州所接受；但特拉华、马萨诸塞、密执安和北卡罗来纳州尚未采纳。

依照严格责任，只要产品有瑕疵，致使消费者人身或财产受到损害，则不论卖主同消费者之间有无契约关系，也不论卖主在制造、销售产品过程中有无过错，卖主都要承担赔偿责任。以自己名义或商标销售商品的人所做的广告使因相信广告的错误陈述而受到伤害的人，广告人也应承担赔偿责任；商标许可人对被许可人生产或销售的有缺陷产品引起的损害，也应承担赔偿责任。美国法学研究所于 1965 年在其《侵权行为法重述（第二次）》中，也采取了严格侵权责任原则。该书对此原则，作了如下的表述：

（1）任何产品因其瑕疵，对最后使用者或消费者的人身或其财产有不合理的危险者，于下述情形，出卖人对于使用人或消费者遭受的人身或财产上的损害，应负赔偿责任：①出卖人从事经营此种产品的买卖；②依所预期，商品到达使用人或消费者，仍保持出卖时的状态，并无实质性改变。

（2）前项规定，于下列情形，亦适用之：①出卖人对产品制造及销售已尽到可能的注意；②使用人或消费者与出卖人之间并无任何契约关系。

与过错责任原则相比较，根据严格责任原则及其理沦，消费者在使用有缺陷产品遭受损害时，只要证明自己所受的损害与该产品有关即可获得赔偿，无须举证证明产品缺陷之所在。这不仅免除了受害人对制造人、销售商的产品致人损害有过错的举证责任，而且受害人不必过分担心其本身的过失对损害的发生起了作用，因为这是不相干的，除非其本身的过失是损害发生的主要原因。在美国，产品责任法是比较发达的，将严格责任引入产品责任，美国也是最早的。严格责任的理论与实践，尚在发展与完善之中。

（二）产品责任法的适用范围与条件

1. 产品责任法的主体及其范围

严格责任是为企业活动所设的责任，以从事营业活动的企业为规范对象，包括生产企

业和销售企业。应负产品责任的包括：制造人、装配人、批发商、零售商、出租人等。凡与商品的产销有关的人，均包括在内。当然承担了赔偿责任的人可以对其他责任人追偿。

2. 产品责任法的客体

产品责任法的对象，除工业产品外，还有天然产品、由血库提供的血浆，以及建筑物。

3. 受保护的人

产品责任法保护任何由于产品瑕疵而遭受损害（包括人身和财产损害）的人，除了最后消费者（买受人、使用人、参与使用人）外，还有旁观者或其他第三人。

4. 受保护利益的范围

产品责任法保护的利益，包括人身损害、产品损害及其引起的财产损害。按照美国法院的判例，在产品责任诉讼中，受害人可以要求损害赔偿的范围是相当广泛的，要求赔偿的数额也往往相当多。原告可以提出以下三个方面损害赔偿。

（1）人身伤害的损害赔偿。包括：①身体上的难受与疼痛；②精神上的苦恼与痛苦；③收入的减少和挣钱能力的衰减；④合理的医疗费用；⑤身体残疾。

美国法律不仅允许受害人要求赔偿其医疗费用，而且还允许其要求赔偿身体上和精神上的痛苦，后者的赔偿金额是很难预料的。这是美国产品责任的一个特点。

（2）财产损失的赔偿。财产损失的赔偿包括瑕疵产品本身损坏的损失和由此瑕疵产品造成的财产损失。

（3）惩罚性的损害赔偿。如果被告的行为带有恶意，那么，受害人还可以要求法院给予惩罚性的损害赔偿。其目的是对被告的恶意的、不负责的行为严加惩处，以儆效尤。

（三）产品瑕疵的举证责任

产品侵权责任的成立，是以申诉人能够举证证明产品具有瑕疵为必要条件。因此，瑕疵是产品责任法上的最基本的概念。产品责任中的所谓瑕疵，是指产品具有不合理的危险性（过分的危险）、不具有合理的安全性或对其预期的用途不安全。

在现代社会中，要求原告举证证明产品的瑕疵是相当困难的，因为要求受害人具有该项专门技术知识往往是不可能的。因此，产品责任法只要求以一般使用人的知识与预料，作为判断产品是否具有合理安全性，即是否有瑕疵的根据。如果产品已经造成损害，即使一般消费者无法指出其瑕疵所在的，仍推定该产品具有瑕疵。

（四）产品责任的减免

产品制造销售方如果能够证明损害的发生是受害人引起的，就可减免其责任。可分以下情况减免其责任。

（1）受害人承担责任。受害人明知货物有危险而故意或麻痹，不当使用致使损害发生，应由受害人自己承担责任。如药品上明示“多服会有不良反应”，受害人不听忠告而受损害，应由自己负责。

（2）受害人有过失而分担责任。受害人能够或应该发现产品有瑕疵而可避免损害的发生，受害人没有这样做，应承担部分责任。但若受害人的过失轻微，则不承担责任。

（3）不正当使用而减免责任。产品的使用者或消费者将该项产品于其原有用途之外使用，或者使用该产品的方法不当而导致损害，因损害不是该项产品的瑕疵引起的，制造者、

销售者可减免其责任。

（五）产品责任法对美国对外贸易的影响

由于产品的制造和销售可以发生在不同国家里，如果由于输入美国的产品有瑕疵，使美国的用户和消费者遭受人身损害和财产损失，受害者可以根据产品责任法对美国的进口商、经销商和零售商提起诉讼，要求赔偿损失。按侵权行为发生地，美国法院按其本国法，是有管辖权的。受害者可以对外国制造商、出口商在美国法院提起诉讼，要求他们赔偿损失。当美国的产品出口到外国时，如果由于产品有瑕疵，使外国的用户或消费者遭受人身或财产损害，受害者也可以援引美国的产品责任法在美国联邦法院提起诉讼，要求赔偿所造成的损失。当然，受害者也可以在其本国法院提起诉讼。但以上诉讼都涉及两国法院之间对判决的互相承认和执行。

二、英国产品责任法

英国于1987年5月颁布了《消费者保护法》，1988年3月1日该法正式生效。《消费者保护法》第1章规定了产品责任，这使得英国成为第一个颁布与《产品责任指令》相一致的立法的国家。产品责任共9条，其主要内容包括如下。

1. 产品

根据《消费者保护法》的规定，产品是指任何产品或电流，且包括不论是作为零部件还是作为原材料或是作为其他东西组装到另一产品中的产品。

2. 产品缺陷

根据《消费者保护法》的规定，如果产品未提供人们有权期待的安全，该产品即存在缺陷；产品的“安全”包括组装进该产品的各种产品的安全和与财产损害、人身伤亡风险有联系的安全。

3. 产品责任的主体

根据《消费者保护法》的规定，产品责任的主体包括：

（1）产品的生产者；

（2）通过将其名字标示在产品上或使用某种产品商标或其他识别标记，以表明自己是该产品生产者的任何人；

（3）为了在其商业活动中向他人提供产品而将产品从非欧盟成员国进口到欧盟成员国者；

（4）产品的提供者。

4. 抗辩

根据《消费者保护法》的规定，在产品责任诉讼中，如果被告能够证明以下事项之一，则构成抗辩理由：

（1）缺陷可归因于执行法律的强制规定或履行共同体义务；

（2）被告未向他人供应该产品；

（3）被告不是在其商业活动中将产品提供给他人；

（4）在相关的时间里，产品不存在该缺陷；

（5）在相关的时间里，科学技术未达到控制该缺陷的水平。

5. 损害赔偿

根据《消费者保护法》的规定，产品责任的损害包括人身伤亡和任何财产损失或损害。

三、德国产品责任法

1989 年 12 月 15 日，德国议会通过《产品责任法》，将欧共体《产品责任指令》纳入到本国的国内法。该法从 1990 年 1 月起生效，其主要内容包括如下。

1. 产品责任适用原则

德国《产品责任法》放弃了传统的过失责任原则，而采用严格责任原则。该法规定，如果缺陷产品造成他人残废、人身或健康伤害、财产损害，生产者应当就造成的损害对受害人予以赔偿。

2. "产品"与"缺陷"的含义

根据德国《产品责任法》的规定，产品，是指一切产品，即使已被装配在另一动产或不动产之内，包括电流。缺陷，是指产品未提供人们有权期待的安全。

3. 产品责任的主体

根据德国《产品责任法》的规定，产品责任的主体如下：

（1）生产者，包括成品制造者、任何原材料的生产者和零部件的制造者。

（2）任何人在商业活动过程中，为销售、出租、租借或为经济目的进行任何形式的分销，将产品进口到适用欧盟条约的地区，也应视其为生产者。

（3）在产品的生产者不能确认的情况下，供应者应当被视为生产者。

4. 抗辩

根据德国《产品责任法》的规定，有下列情形之一，生产者不承担责任：

（1）未将产品投入流通；

（2）产品投入流通时，造成损害的缺陷并不存在；

（3）产品既非为销售或为经济目的的任何形式的分销而制造，亦非在其商业活动过程中制造或分销；

（4）产品的缺陷是由于为使产品符合投入流通时的国家强制规定而造成的；

（5）产品投入流通时，依当时的科学技术水平尚不能发现其缺陷。

5. 损害赔偿

根据德国《产品责任法》的规定，德国只给予受害人"客观赔偿"，即赔偿范围仅限于其人身伤害以及财产损失。一般不考虑受害人在精神上所受痛苦的"主观赔偿"。而对于生产者的惩罚性赔偿金，德国的《产品责任法》也持否定态度。

四、法国产品责任法

法国的产品责任法是由民法上的合同责任和侵权责任两者所构成。依契约关系，法院认为制造商对直接买主（中间商）及最终买主（消费者）负有同样的义务，故准许最终买主向制造商提起诉讼，但其他人、买主家属等，则得不到赔偿。依侵权责任，《法国民法典》第 1382 条规定："任何行为使他人受损害时，因自己的过失而致使损害发生的人，对该他人负赔偿的责任。"法院依此条规定对产品责任案件的加害人令其赔偿他人损失。无

论依契约关系或依侵权关系，都同产品的瑕疵有关。

《法国民法典》第 1645 条规定："如出卖人明知标的物有瑕疵时，除应返还其收取的价金外，还应赔偿买受人的全部损害。"其第 1646 条规定："如出卖人不知标的物有瑕疵时，出卖人仅应返还其价金并应偿还买受人因买受契约而支出的费用。"前条的出卖人是恶意的卖方，后条的出卖人是善意的卖方。早期的产品责任法主要是针对恶意的卖方让隐蔽瑕疵危害他人而令其承担赔偿责任。

法国产品责任法也从"瑕疵担保原则"过渡到"无过失责任原则"。法国的一些法院法官在司法实践中对民法的瑕疵担保责任作了新的解释，认为如损害是由产品的瑕疵所造成，而卖方是该产品的制造者或销售者，对于这种损害，不论卖方是善意或恶意，都应承担赔偿责任。卖方即使不知道产品有瑕疵，也应推定其有过失；因为作为卖方，应知而不知产品有瑕疵，这即是过失。这样，法官们就确立了无过失责任原则。

五、日本产品责任法

日本的产品责任法以 1995 年 7 月 1 日生效的《日本产品责任法》（*Japanese Products Liability Law*，*PL Law*）为标志划分为两个发展阶段：在此之前产品责任案件由民法典中的"疏忽"理论来规范，在此之后则由基于无过错责任理论的产品责任法来规范。

1. 产品与缺陷

关于产品，《日本民法典》第 85 条规定，是指有体物。解释为物质上占据一定空间且有形的存在。所有固体、气体、液体均为物，均可构成产品。此外，日本在近年的判例中，也倾向于将电、热、声、光等自然力称为物。日本法院在"电气盗窃事件"的审判中体现了这样的思想，因此这些无形物也可归入产品的范畴。

对于缺陷，《产品责任法》规定，缺陷指"考虑到影响该产品的诸多因素，如产品特性、可预见的通常使用方式及生产者或其他人交货时间等，该产品缺乏一般的安全水平"，主要包括设计缺陷、制造缺陷、指示缺陷和发展缺陷等。

2. 归责基础

日本法对于产品责任的归责基础也建立在合同关系和侵权关系之上。合同关系的产品责任主要依据《日本民法典》第 570 条的规定，即购买了具有隐蔽瑕疵产品的买方可以向直接卖方提出损害赔偿的请求。将这种产品责任仅局限在具有直接合同关系的相对人之间，除非卖方纯粹为生产者的代理人，否则任何人不得向没有合同关系的生产者提出损害赔偿的要求。但如果合同关系的卖方是中间商，并且无力承担买方的索赔请求，买方可请求该卖方的直接卖方直至产品生产者承担产品责任。

日本对于产品责任的另一个归责基础建立在侵权关系上，同样源于《日本民法典》的规定。该法第 709 条确定了产品责任的过失责任原则，规定产品的生产者和销售者所应承担的产品责任必须以其对产品缺陷的存在具有过失为前提，由受害者对缺陷、缺陷造成的损害、缺陷与损害之间的因果关系以及生产者或销售者对缺陷的存在具有过失承担举证责任。但新的产品责任法放弃了过失责任的理论，要求产品生产者或销售者承担严格责任，除非他们能够证明原告赖以胜诉的三个构成要件——产品存在缺陷、原告有损害、缺陷与损害之间有因果关系——不成立，否则就应承担责任。

3. 关于责任主体

日本法对于产品责任主体的规定与美国及欧洲一些国家的认识比较一致，认为产品的制造者（包括零部件的制造者、原材料的提供者以及将自己标记为制造者的人）、中间商（包括进口商、批发商、运转商、零售商）以及其他在产品流转过程中从事过商业行为的人（如修理商、出租人、委托者等）都应对消费者有关产品责任的请求承担责任。但是日本法在一些问题的认识上也有自身的特点，如对于零售商的责任承担，在著名的“瓦斯容器爆炸引火事件”的判例中，就采取相对宽松的态度，认为零售商除对指示缺陷及未尽必要的检查注意承担责任外，不承担对受害者的损害赔偿责任。

4. 免责

日本法认为在产品责任的承担过程中，生产者可以通过这样的方式进行免责：一是证明原告赖以胜诉的证据不成立；二是证明在交货时，在现有科技知识水平下不足以使生产者了解缺陷的存在。与其他国家不同的是，日本法并不认为基于国家法令而产生的缺陷给消费者造成损害可以成为生产者免责的事由。比较著名的判例有两个：一是“三菱 LA21型汽车肇事事件”。横滨地方法院认为，尽管被告证明该车的设计符合交通部 67 号令，但并不能使其免除自身责任，因为国家法令仅是原则性的规定而已，至于是否达到安全性的确保，仍应委诸于设计者、制造者的注意；并且由于该种安全隐患在其他制造者生产的其他型号的汽车上已经得到消除，说明现有技术手段足以避免该设计缺陷，因此被告不能以其设计符合法律规定而免责。另一个是“亚急性脊椎视神经症”案件。法院最后判决国家卫生主管机构——厚生省和药品制造者一起承担赔偿责任。原因是厚生省作为医药卫生主管部门应对药局方所收载的药品配方负有安全性上的续加调查义务，而制造者虽依照药局方的记载而生产，但仍应尽开发中的完善义务。既然他们都没有很好地履行自己的义务，从而使产品具有缺陷并致人损害，则应承担共同赔偿责任。

六、中国产品责任法

我国调整产品质量的法律主要是《民法通则》、《产品质量法》等。《民法通则》第122 条规定：“因产品质量不合格造成他人财产、人身损害的，产品制造者、销售者应当依法承担民事责任。运输者、仓储者对此负有责任的，产品制造者、销售者有权要求赔偿损失。”《民法通则》的规定，为我国的产品责任专门立法奠定了基础。1993 年 2 月 22 日，第七届全国人民代表大会常务委员会第三十次会议通过了《中华人民共和国产品质量法》，2000 年 7 月 8 日第九届全国人民代表大会常务委员会第十六次会议通过了《关于修改〈中华人民共和国产品质量法〉的决定》。我国《产品质量法》共 6 章 74 条，其中在第 4 章“损害赔偿”中专门规定了产品责任。我国《产品质量法》的主要内容如下。

1. 产品责任原则

我国《产品质量法》第 41 条规定：“因产品存在缺陷造成人身、缺陷产品以外的其他财产（以下简称他人财产）损害的，生产者应当承担赔偿责任。”第 42 条规定：“由于销售者的过错使产品存在缺陷，造成人身、他人财产损害的，销售者应当承担赔偿责任。销售者不能指明缺陷产品的生产者也不能指明缺陷产品的供货者的，销售者应当承担赔偿责任。”可以认为，我国《产品质量法》对生产者实行无过错原则，对销售者实施过错原则。

2. 缺陷的定义

我国《产品质量法》第 46 条规定："本法所称缺陷，是指产品存在危及人身、他人财产安全的不合理的危险；产品有保障人体健康和人身、财产安全的国家标准、行业标准的，是指不符合该标准。"

3. 生产者免责条件

我国《产品质量法》第 41 条规定："生产者能够证明有下列情形之一的，不承担赔偿责任：（1）未将产品投入流通的；（2）产品投入流通时，引起损害的缺陷尚不存在的；（3）以将产品投入流通时的科学技术水平尚不能发现缺陷存在的。"

4. 损害赔偿

我国《产品质量法》第 44 条规定，损害赔偿主要包括人身伤害与财产损失两个方面。

（1）人身伤害。因产品存在缺陷造成受害人人身伤害的，侵害人应当赔偿医疗费、治疗期间的护理费、因误工减少的收入等费用；造成残疾的，还应当支付残疾者生活自助费、生活补助费、残疾赔偿金以及由其扶养的人所必需的生活费等费用；造成受害人死亡的，还应当支付丧葬费、死亡赔偿金以及由死者生前扶养的人所必需的生活费等费用。

（2）财产损失。因产品存在缺陷造成受害人财产损失的，侵害人应当恢复原状或者折价赔偿。受害人因此遭受其他重大损失的，侵害人应当赔偿损失。

5. 诉讼时效

我国《产品质量法》第 45 条规定："因产品存在缺陷造成损害，要求赔偿的诉讼时效期间为两年，自当事人知道或者应当知道其权益受到损害时起计算。因产品存在缺陷造成损害要求赔偿的请求权，在造成损害的缺陷产品交付最初消费者满十年丧失。但是，尚未超过明示的安全使用期的除外。"

6. 争议的解决

我国《产品质量法》第 47 条规定："因产品质量发生民事纠纷时，当事人可以通过协商或者调解解决。当事人不愿通过协商、调解解决或者协商、调解不成的，可以根据当事人各方的协议向仲裁机构申请仲裁；当事人各方没有达成仲裁协议或者仲裁协议无效的，可以直接向人民法院起诉。"

第三节　产品责任的国际立法

随着科学技术的发展和生产力的发达，产品责任的问题也日益在世界各国凸现出来，产品责任的国际调整也日益为世界各国所重视。有关产品责任的区域或全球性国际条约主要有:《关于人身伤亡产品责任欧洲公约》，又称《斯特拉斯堡公约》（*Strasboury Convention*）；《关于对有缺陷的产品的责任的指令》（*Directive Concerning Liability for Defective Product*），又称《欧共体产品责任指令》；《关于产品责任的法律适用公约》（即《海牙公约》）。

一、《关于对有缺陷的产品的责任的指令》

欧洲各国在 20 世纪 80 年代以前，尚没有关于产品责任的立法。发生的类似案件，是通过援引民法典关于侵权损害的有关规定或有关损害赔偿的判例来加以解决的。为了协调

欧共体各国有关产品责任法，欧共体理事会于 1985 年 7 月 25 日通过《关于对有缺陷的产品的责任的指令》（以下简称《指令》），要求各成员国于 1988 年 8 月 1 日以前采取相应的国内立法加以实施，但允许各国有所取舍。到 1989 年为止，有英国、希腊、意大利和德国已经过本国立法程序将该指令纳入本国法。该《指令》的主要内容如下。

（一）采用无过失责任原则

欧洲原本就没有关于产品责任的专门立法，更没有包含无过失的产品责任原则的立法，虽然在高度危险作业方面有无过失责任原则的适用。《指令》放弃大陆法系在侵权行为法中一般采用的过失责任原则，改变为采用无过失责任原则，适应了高科技产品的发展和时代潮流。

（二）为应负责任的生产者确定范围

《指令》对应负责任的生产者确定了范围：

（1）成品的制造者；

（2）任何原材料的生产者；

（3）零部件的制造者；

（4）任何将其名称、商标或其他识别标志置于产品之上的人；

（5）任何进口某种产品在共同体内销售、出租、租赁或在共同体内以任何形式经销该产品的人；

（6）如果不能确认谁是生产者，则提供该产品的供应者即被视为生产者，除非受损害的消费者在合理时间内获得查出谁是生产者的通知。

（三）确定产品的范围

按《指令》的规定，产品是指可移动的物品，不包括初级农产品；但各国的国内法可以将其包括进去。经过加工的农产品包括在“产品”范围之内。

（四）关于瑕疵的标准

如果产品不能提供消费者有权期望得到的安全，那么，该产品就是有瑕疵的产品。在确定产品是否有瑕疵时要考虑各种情况，如产品的状况、对产品的合理预期的使用以及产品投入流通的时间。不能以后来有更好的产品，就认定先前产品有瑕疵。产品的使用说明书也与产品的安全因素有关。

（五）关于赔偿的范围

《指令》规定，损害赔偿的范围包括人身损害（死亡、人身伤害）和财产损害两个方面。对有瑕疵的产品本身的损失，一般不予考虑，对不超过 500 欧洲货币单位的损害也不予考虑。在财产损害方面，规定仅限于缺陷产品以外属于通常用于个人使用或消费的财产，排除了为商业目的使用的财产损害。至于“痛苦”的赔偿，这是非物质的损害赔偿，由各国国内法自行处理。

（六）对产品责任的抗辩

按《指令》规定，在产品责任诉讼中，被告可以提出三种抗辩理由：

（1）无罪责。被告如果能够证明自己无罪责，就可以不负责任。需要证明的情况有：①该产品并没有投入市场。②该产品投入市场时，造成损害的瑕疵并不存在，瑕疵是后来才出现的，如使用不当或于该产品原有用途以外使用。③生产者制造该产品并非用于经济目的的销售，也不是在营业中制造或销售的。④该瑕疵是由于遵守公共当局有关产品的强制性规章所造成的。⑤按照生产者将产品投入市场时的科技水平，该瑕疵是不可能发现的。这种抗辩又称为“现有水平”的抗辩。《指令》允许各成员国在自己的国内法中对这种抗辩自行决定取舍。⑥零件的制造者如能证明该瑕疵是由于该件的设计所致，而不是零件本身的瑕疵。

（2）时效。《指令》对时效作了如下的规定：①受害者的权利自生产者将引起损害的产品投入市场之日起满十年而消灭（这是除斥时间）；②要求各成员国必须在其立法中规定提起损害赔偿的诉讼时效期间为三年，从原告知道或应当知道受损害、产品有瑕疵及谁是生产者之日起开始计算。

（3）赔偿额。生产者的赔偿额没有限制，允许各成员国在国内法中自行规定。对于人身伤害或死亡的总赔偿额，不得少于统一规定的数额。

《指令》规定，生产者不得以合同或其他办法限制或排除对产品的责任。

二、《关于人身伤亡产品责任欧洲公约》

《关于人身伤亡产品责任欧洲公约》，又称《斯特拉斯堡公约》，是由欧洲理事会拟定的一项地区性的国际公约，1977 年缔约于法国的斯特拉斯堡，故得此名。欧洲理事会成立于 1949 年，共有 18 个成员国。该公约的主要内容如下。

（1）公约抛弃了欧洲大陆法系国家传统的过失责任原则，采用了严格责任原则，凡由产品缺陷造成的损害，生产者应当负责。

（2）公约对产品责任的损害赔偿范围仅限于人身伤害及死亡，不包括对财产造成的损失。

（3）确定“生产者”的范围包括：制造者、产品进口商，或将他的名字、商标等标记在商品上的人，在产品没有标明任何生产者的身份时，则每个供应者都应视为公约所指的生产者。

（4）公约规定制造商须承担无过失责任，因此制造商就不能提出“客观技术水平限制”作为抗辩理由；这种无过失责任也适用于将其名称或商标标明在商品上的进口商或供应商，除非供应商能辨明该产品的真正生产者。

（5）如果生产者能够证明该产品不是由他投放市场流通，或者考虑到各种情况，在他将产品投放市场流通时，造成损害的缺点可能并不存在，或者缺陷是在以后才发生的，则他不应负责任。

（6）公约规定两个时效，一个是受损害的当事人提起诉讼的时效，其期限是 3 年，从受损害的当事人发现或应当发现损害之日起算；另一个是生产者为其产品所造成的损害承担责任的时效，其期限为 10 年，从产品投放到市场时起算。

（7）公约还有一个附件，规定缔约国在签字交存公约批准书时可以声明保留其国内法规定的赔偿限额的权利。但对每一死者或遭受人身伤害的人的赔偿限额不得少于 20 万德国马克，同一产品造成的全部赔偿额不得少于 3000 万德国马克或等值的其他货币。

三、《关于产品责任的法律适用公约》

从以上对美国以及欧洲各国的产品责任法的介绍可以看出，尽管各国以及区域组织在各自的产品责任国内立法或区域立法规定中做出了大致趋同的规定，但现行规定仍存在着许多不同，法院在处理此类案件时所依据的法律冲突规则也存在着差异，致使案件处理结果也有所不同。为了统一全球的产品责任法律规范，海牙国际私法会议于 1973 年 10 月 2 日通过了《关于产品责任的法律适用公约》（又称为《海牙公约》，以下简称《公约》），并于 1978 年 10 月 1 日生效。公约共 22 条。其主要内容包括一般产品责任立法中必不可少的对产品、产品责任主体以及损害等的界定，还确定了产品责任的三项法律适用规则。

（一）关于产品、产品责任主体以及损害的规定

1. 关于产品

《公约》规定，“产品”一般是指“天然产品和工业产品，无论是未加工的还是加工的，也无论是动产还是不动产。”这一定义比欧共体《指令》所下的定义更为广泛，接近美国判例法的理解。在各国国内立法以及区域立法中，人们共同认可的“产品”一般是：动产，非初级农产品，有形物品。而《公约》的规定显然更为宽泛。

2. 关于产品责任主体

《公约》将责任主体界定为：（1）成品或部件的制造商；（2）天然产品的生产者；（3）产品的供应者；（4）在产品准备或销售等整个商业环节中的有关人员，包括修理人员和仓库管理员。上述人员的代理人或雇员的责任也适用该《公约》。

3. 关于损害

《公约》规定，“损害”是指对人身的伤害或对财产的损害以及经济损失；但是，除非与其他损害有关，产品本身的损害以及由此而引起的经济损失不应包括在内。

（二）产品责任的法律适用规则

《公约》根据当事人和有关国家之间的联系点，分别具体情况，确定了三项国际产品责任诉讼案件的法律适用规则。

1. 适用侵害地国家的法律

《公约》第 4 条规定，若侵害地国家同时又是直接受害人的惯常居所地、被请求承担责任人的主营业地，或者直接受害人取得产品的地点，则应适用侵害地国家的法律。

2. 适用直接受害人的惯常居所地国家的法律

《公约》第 5 条规定，尽管有上述第 4 条的规定，但是，若直接受害人的惯常居所地同时又是被请求承担责任人的主营业地，或者直接受害人取得产品的地方，则适用直接受害人的惯常居所地国家的法律。

3．适用被请求承担责任人的主营业地国家的法律

《公约》第 6 条规定，若上述第 4 条和第 5 条指定适用的法律都不适用，则除原告基于侵害地国家的国内法提出其请求外，应适用被请求承担责任人的主营业地国家的法律。

【能力测试·国际货物买卖所涉及的产品责任法】

一、判断题

1. 在以疏忽为理由提起诉讼时，原告与被告之间需要有直接的合同关系。（　）
2. 严格责任是在产品责任诉讼中对保护原告最有利的原则。（　）
3. 美国的产品责任法是国内法，但同样适用于涉及产品责任的对外贸易争议案件。（　）
4.《关于产品责任的法律适用公约》中“产品”一词包括天然产品和工业产品，无论是未加工还是加工过的，也无论是动产还是不动产。（　）
5. 产品责任法属于社会经济立法的范畴。（　）
6. 严格责任在产品责任诉讼中是一种侵权行为之诉。（　）
7.《指令》规定受害者的权利自生产者将引起损害的产品投入市场之日起 10 年届满即告消灭。（　）
8. 违反担保之诉是根据买卖合同提出的诉讼。（　）
9. 产品责任法的主旨是加强生产者的责任，保护消费者的利益。（　）
10. 美国的产品责任法主要是联邦统一的立法。（　）
11. 如果由于原告自己的疏忽造成了损失，原告也可要求被告赔偿损失。（　）
12. 根据美国的判例，广告也有可能构成卖方的明示担保。（　）
13. 产品的缺陷仅包括设计和生产上的缺陷。（　）
14. 如果使用者或消费者已经发现产品有缺陷，并且知道有危险，但他仍不合理地使用该产品，并因而使自己受到损害，他就不能要求被告赔偿损失。（　）
15.《指令》采取无过失责任原则的出发点是为了使消费者获得更充分的保护。（　）

二、名词解释

1. 疏忽责任　　2. 缺陷　　3. 产品责任　　4. 严格责任　　5. 担保责任

三、简答题

1. 什么是产品责任法？它与买卖法的关系如何？
2. 美国产品责任法的严格责任原则的含义是什么？
3. 什么是产品的缺陷？它主要包括哪几种类型？
4. 美国产品责任诉讼中，被告可以提出哪些抗辩？
5. 美国产品责任诉讼中原告可以请求赔偿的范围有哪些？
6. 以严格责任为依据起诉，原告的举证责任是什么？
7. 何谓严格责任？它的优点有哪些？
8. 简答《指令》中关于生产者的定义。
9.《指令》规定，在产品责任诉讼中，被告可以提出的抗辩有哪些？
10.《海牙公约》对产品承担责任主体的规定有哪些？

11.《海牙公约》确定的三项法律适用规则是什么？

12. 当原告以疏忽为理由起诉时，必须证明的是什么？

13. 按照美国普通法的原则，违反担保之诉的要求是什么？

14. 简述美国产品责任理论的发展历程。

15. 西方主要国家产品责任法有关适用范围以及损害赔偿范围规定的发展趋势是什么？

四、案例分析题

1. 美国加利福尼亚州某当事人A从美国纽约州B商店购买了由外国C公司生产的一辆“飞牌”自行车，并随后改装了自行车的踏脚，在一次骑车旅行时因自行车踏脚板打滑而遭受伤害，并因此向加利福尼亚州的联邦地区法院提起产品责任之诉。问：

（1）根据美国产品责任法的有关规定，法院在选择适用美国哪个州法律时，应遵循什么原则？

（2）谁可以成为此诉讼案的被告？

（3）原告A能否打赢这场诉讼？为什么？

2. 某起重机械制造公司将起重机组装件卖给某建筑商，由该建筑商在工地进行组装。原告是一名有经验的起重机架设者，他注意到有些齿轮运转不灵活，并用粉笔记下了齿轮不灵活的位置，说他要报告此事。但在问题解决之前他就开始安装起重机。结果组装件掉下，他被砸中致死。法院裁定被告没有责任。请问：为什么？

3. 某日用化妆品制造厂的质量检验员甲，将具有产品检验合格证书的将在下月上市的化妆品偷拿出来，给其女友乙使用，结果导致乙脸部皮肤严重损伤，于是，乙以化妆品质量不合格、存在缺陷为由，对化妆品厂提起诉讼。问：乙的诉讼请求可否得到法院的支持？为什么？

4. 某国的公民甲听说日本的食品很昂贵，于是在去日本探亲之前在国内买了许多本国产的方便面。由于方便面不太卫生，甲在日本探亲期间食用时食物中毒，为此，花去了医疗费和康复费数万日元。问：

（1）依照《关于产品责任的法律适用公约》，该方便面的生产商应根据哪一国的法律对某甲的损失承担产品责任？为什么？

（2）如果该方便面未经商业渠道销往日本，情况又会怎样？为什么？

第十四章　知识产权的国际保护与贸易

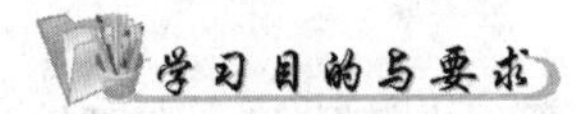

通过本章的学习，了解保护知识产权的主要国际公约的基本内容，熟悉我国缔结和参加国际公约的适用范围及其与我国相关国内立法关系的原理，掌握国际许可协议的条款。

学习重点与难点

(1) 《巴黎公约》的基本原则。

(2) 《马德里协定》的基本内容。

(3) 《伯尔尼公约》的基本内容。

(4) *TRIPs* 的基本内容。

(5) 国际许可协议的运用。

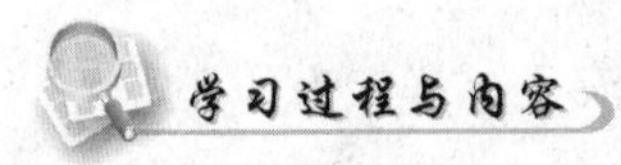

知识产权是公民或法人对于他们在科学、技术、文化等领域内创造的智力成果所享有的专有权。知识产权分为著作权和工业产权；工业产权又包括专利权和商标权等。知识产权由专门法律加以调整；知识产权法不包括在民法典内。

知识产权具有严格的地域性，一国授予或保护的专利权、商标权、著作权，其他国家没有保护的义务。这一特点无疑对国家间的技术交流与协作形成很大障碍。如何使产权所有人的知识产权得到国际性的保护，就成为各国普遍关注的问题。从 19 世纪末起，一些主要发达国家先后缔结了一些有关保护知识产权的国际公约。到 20 世纪，这种公约、条约越来越多，逐渐形成了一套由多边国际公约、条约和双边协定组成的保护知识产权的国际法律制度。

第一节　专利权的国际保护

一、专利权的国内立法

（一）专利权概念、种类

1. 专利权的概念

专利权是指发明创造人对其发明创造所享有的专有权利。专利制度已有数百年的历史。在中世纪的欧洲，很早就有由君主赐予商工业者在某些商品中的垄断经营的特权，像我国古代的盐铁专卖；但这种垄断经营或专卖，尚不是今日的专利权。1474 年，威尼斯第一次以法律的形式给某些机器与技术的发明人以 10 年的特权，这就像今日的专利权了。英国于 1623 年颁布的《垄断法规》，是世界上第一部具有现代意义的“专利法”。继英国之后，美国于 1790 年、法国于 1791 年、德国于 1877 年、日本于 1885 年都颁布了各自的专利法。现在已有一百五十多个国家和地区建立了自己的专利权制度。

根据每一国家的专利法，每项专利只在该国有效，而科学技术的发明创造及其使用是不受国界限制的；因此，对于发明创造的专利的国际保护，也就成为必要。最早的国际公约是 1883 年的《保护工业产权巴黎公约》，1977 年欧洲经济共同体签订的《欧洲专利公约》、1978 年有三十多个国家签订了《专利合作条约》。《欧洲专利公约》规定：专利申请人只要办理一次申请手续，就可以在指定的全部缔约国获得专利权；所以它是小型的世界专利。《专利合作条约》规定，缔约国的国民只要用本国的文字，向本国的专利机关提出申请书和说明书，指定向哪个缔约国申请专利；只要符合条件，其效果同在指定国提出申请相同。

2. 专利权的种类

各国专利的种类不完全一样。有些国家，专利法只限于规定发明专利；有些国家的专利法规定还包括实用新型专利和外观设计专利。美国专利法把实用新型专利包括在发明之内，除发明专利外，还规定了外观设计专利。德国、日本除以专利法保护发明专利外，还有与专利法并列的实用新型法和外观设计法，以保护实用新型和外观设计专利。

（1）发明专利。发明专利以发明为保护对象。发明是指对产品、方法或其改进所提出的新技术方案。发明是在实践中解决技术问题的创造性的思想。发明可分为两种类型：①产品发明。通常指经过加工制造的具有特定性质的产品发明。产品发明还可分为制成品发明、物质发明和用途发明。②方法发明。这是把某对象改造成为另一种对象的技术手段、措施。

（2）实用新型专利。实用新型也是专利法的保护对象。所谓实用新型，是指对产品的形状、构造或其结合所提出的适于实用的新的技术方案。实用新型只涉及物品形状、构造的革新设计，不包括方法或工艺。

（3）外观设计专利。外观设计是指对产品的形状、色彩或其结合所做出的富有美感并适于工业上应用的新设计。外观设计是关于产品外部造型图案的设计，是为了满足人们审美上的需要，保护的是美学思想，不涉及产品内部构造和功能。实用新型是关于产品的构造、功能的技术设计，保护的是技术思想。

（二）专利权的内容、客体及其使用

1. 专利权的内容

申请人获得专利证书就取得了专利权。专利权是一种独占权。由于这种性质，专利权具有以下的内容：①独占地使用享有专利的发明创造；②可以部分或全部地转让专利权；③专利权人在专利产品上或其包装上标明专利标志或专利号；④放弃专利权或立遗嘱转移专利权；⑤禁止其他人未经其许可而在保护其专利的国家实施专利权人的发明创造；当专利权遭受侵犯时，可以要求排除侵害、赔偿损失。

2. 专利权的客体

专利权的客体是发明、实用新型和外观设计。

（1）关于发明专利，《美国专利法》第 101 条规定：任何发明或发现创造产品的有益的新方法、机器、产品、综合体或任何新的对其进行有益改进的人，均可依法获得专利证书。

大部分西方国家的专利法都规定某些领域的发明不授予专利。这就是：科学发现、科学原理、教学方法，食品、饮料、调味品、医药，化学物质，动植物新品种，原子核变换的物质，计算机程序；违反法律和社会公德的发明也不授予专利。上述领域虽然不能获得新产品的专利，但是他们的创新的制造方法仍然可以获得专利；当然，违反法律和社会公德的除外。

（2）关于实用新型专利，德国、日本、法国等国家广泛利用实用新型专利，以鼓励发展中小型的技术革新。英国、美国的专利法中没有规定实用新型专利。

（3）关于外观设计专利，日本、德国专门制定了外观设计法，而美国的专利法则有专门的条款保护外观设计专利。

3. 专利权的使用

专利权的使用有两种：一种是专利所有人自己使用，一种是由专利所有人许可他人使用。通过许可证契约，给予被许可人使用专利的权利。这种行为被称为专利许可证买卖。另一种买卖是专利所有权的移转。专利权的使用，绝大多数采取使用许可证的形式，将使用权转让给受让人。

（三）专利权的取得与丧失

1. 专利权的取得

（1）取得专利权的条件。各国专利法都根据本国情况和利益，规定只有满足一定的条件，发明创造才能申请和取得专利权。这些条件可分为两个方面：①发明创造不属于国家不授予专利的领域；②发明创造获得专利应具备的条件。

1）不能取得专利权的领域。各国专利法对本国不授予专利权的领域都有具体的规定。对于违反本国法律和公共利益的发明创造（如犯罪工具、赌博工具等）不授专利权；对于科学发现、智力活动规则与方法等不能应用于工业制造产品的领域，不授予专利权；对于某些物品（如药品、食品等的发明创造）不授予专利权，但其制造方法或配方，则授予专利权。大致说来，工业发达的国家排除授予专利的领域较窄；发展中国家排除专利的领域较宽。

2）获得专利权应具备的条件。各国专利法大都要求获得专利的发明必须同时具备三个条件。

第一，新颖性。一项发明创造在申请人提出专利申请时，必须是新颖的，前所未有的。凡属已有技术，就不能取得专利。判断一项发明创造是否具有新颖性，各国专利法有以下三个方面的规定。①时间标准。各国专利法以申请日作为判断发明创造新颖性的时间标准。如果在发明创造人首次提出专利申请之前，现有技术中已有相同的技术了，则该发明创造不具有新颖性；在申请之后的其他相同的发明创造的申请，也不具有新颖性。②地域标准。有三种不同的做法：A、采用世界新颖性标准。在申请日之前，该发明在任何国家和地区都不是公知、公用的。凡是在世界上已知的、公用的发明创造，都不是新颖的。B、本国新颖性标准。提出申请之日以前，只在本国有公知、公用其发明创造的，方破坏其新颖性。C、有限世界新颖性。在申请日之前，对书面形式公开的发明创造，采用世界新颖性标准，即书面公开了的发明创造，就破坏了该项申请专利的发明创造的新颖性。对该项发明创造的使用，采用本国新颖性的标准。若本国已有采用该项技术的，则申请的专利的技术就不新颖了。③发明创造的公开。一项发明创造在提出专利申请之日以前被公开，会导致该项发明创造丧失新颖性，从而使该项发明不能取得专利权。发明创造的公开包括三种情况：书面公开、使用公开、口头公开。

第二，创造性。发明创造的创造性，是指同已有的技术相比，该项发明创造具有突出的实质性特点和显著进步。对实用新型，创造性则要求具有实质性特点和进步。美国专利法将发明的创造性称为“非显而易见性”，即对于现有技术而言，该项发明对所属技术领域中的普通专业人员来说，不是显而易见的。突出的实质性特点，是指发明创造所涉及的领域的普通技术人员不能从现有技术中得出构成该项发明创造全部必要的技术特征；所谓有显著进步，是指该发明创造与现有技术相比，具有新的优点，有新的效果，代表了某种新技术的发展趋势。判断发明的创造性的标准有：①首创性；②满足了长期以来对该项技术的需求；③克服了某种技术偏见；④取得了人们意想不到的技术效果；⑤取得了明显的经济效益；⑥使已知产品或方法有了新的用途。

第三，实用性。实用性是指该项发明或实用新型能够制造或者使用，并能产生积极效果。实用性应具备：①可实施性，能用工业方法加以制造或使用，而不是抽象的技术构思；②具有重复再现性，能够重复制造；③具备有益性，能满足社会的需要，产生良好的经济效益。劣变发明（浪费能源资源、降低产品性能和可靠性）不具有实用性。

（2）专利权的取得。西方国家授予专利权实行两种制度，也即实行两种原则。

1）申请人制度（先申请原则）。专利证书发给该项发明创造的第一个申请人，而不问他是否真正发明创造人，同一项具备取得专利条件的发明创造，谁先提出申请，谁就获得专利，法国、日本、英国等多数国家就是采取这种制度的。

2）发明人制度（先发明原则）。专利证书发给该项发明创造的第一个发明创造人，而不问谁先提出。谁先发明，谁就能获得专利。美国在专利保护制度上是唯一适用发明在先的国家，而且这一原则仅适用于本国人，对外国人的申请则适用申请在先原则，这是双重标准，差别对待。

2. 专利权的丧失

专利权丧失的原因有：

（1）不交纳专利税。专利权人不交纳专利税（费），专利权便会丧失。

（2）不使用发明创造。专利权人在一定期限内不使用发明专利，专利机关就可以强制他按规定的价格转售给他人。如果专利权人拒不施行，主管机关可以吊销专利证书，使专利权丧失。

（3）超过有效期。超过有效期专利权就会丧失。专利的有效期法国为20年、德国为18年、美国为17年、英国为16年、日本为15年。

（4）法院宣布专利证书无效。

（5）专利权所有人将专利权转移给他人。

二、《保护工业产权巴黎公约》

（一）《巴黎公约》的产生

《保护工业产权巴黎公约》（以下简称《巴黎公约》）是迄今为止最广泛最基本的保护工业产权的国际公约，包括了对专利权和商标权的国际保护。公约产生于19世纪末。签订公约的直接起因是1873年在维也纳举办的国际发明展览会。奥匈帝国作为举办国向各国发出了邀请，但因发明得不到法律保护而响应者寥寥。于是奥匈帝国宣布为参加展览会的"外国发明、外观设计、商标提供临时保护"并在维也纳召开第一次国际专利会议，呼吁为专利提供国际性保护。1878年在巴黎又召开了第二次国际专利会议，会议决定组成一个专门委员会，负责起草一份保护工业产权的国际公约。1883年由法国、比利时、意大利等11国发起，缔结了《保护工业产权巴黎公约》，于1884年生效。公约缔结后，共修订过6次，最新修订本为1967年斯德哥尔摩文本。公约共30条，分为实体和行政两大部分。公约保护工业产权的范围包括发明专利、实用新型、工业品外观设计、商标、服务商标、商号、产地标记、原产地名称，以及制止不正当竞争。截止到1993年1月1日，公约已有105个成员国。我国于1985年3月19日正式加入公约。

（二）公约对工业产权适用的原则

《巴黎公约》并没有给各缔约国提供一套统一适用的工业产权法，而是规定了一些基本原则。

（1）国民待遇原则。在《巴黎公约》中，国民待遇包括两方面的含义：一是在工业产权的保护方面，任何成员国的国民，无论其是否在一成员国内有永久住所或营业所，只要他们遵守对该国国民适用的条件和手续，就享有同该国国民同样的保护，并在他们的权利遭受损害时，得到同样的法律救济。即各成员国必须在法律上给予其他成员国的国民与本国国民同样的待遇（公约第2条）。二是对于非成员国国民，只要他们在一成员国境内有住所，或有实际从事工商业活动的营业场所，也享有同该成员国国民相同的待遇（公约第3条）。

（2）优先权原则。《巴黎公约》第4条规定对专利权、实用新型、外观设计、商标和发明人证书的申请给予优先权。优先权是指申请人从首次向成员国之一提出申请之日起，

可以在一定期限内（发明实用新型为12个月，外观设计和商标为6个月），以同一内容向其他成员国提出申请，而以第一次申请的日期为以后提出申请的日期。在优先权期限内，即使有任何第三人就相同内容提出申请或已予实施、使用，申请人仍因享有优先权而获得专利权。

（3）强制许可原则。《巴黎公约》第5条规定了强制许可原则。其内容是每一成员国有权采取立法措施颁发强制许可证，以防止专利权人可能对专利权的滥用，主要指专利权人不实施或不充分实施专利。颁发强制许可证应当符合一定条件：①必须是专利权人在其专利被批准后3年内（或申请专利后4年内——以最迟届满的期限为准）未实施专利，才可以对其专利采用强制许可。②强制许可证只能是非独立许可证。即在管理机关颁发了强制许可证之后，专利权人自己仍旧有权向别人再发许可证。③强制许可证是不可转让的。④强制许可证的被许可人仍应向专利权人支付使用费。

（4）独立性原则。专利权人就其同一项发明而在不同成员国内享有的专利权，彼此独立，互不影响。即各成员国独立地根据本国法律授予、拒绝或撤销、终止某项发明专利权，不受该项专利权在其他成员国决定的影响。

此外，《巴黎公约》针对各成员国的专利法，提出了五点专门要求。（1）专利的独立性。（2）保护专利权人的署名权。公约第4条第3款中规定，发明人有权要求在专利证书上写明发明人的名字。（3）对驳回专利申请和撤销专利的三点限制。第一，公约第4条之4规定，如果某成员国的法律禁止或限制销售某些商品，则该国不得以此为理由驳回就生产这类商品的发明所提出的专利申请，或宣布已取得的有关专利无效。第二，公约第5条A项第1款规定，经专利权人本人（或经其同意）把专利产品从公约的某个成员国输入批准该专利的另一成员国，不应成为后一个国家宣布该专利无效的理由。第三，公约第5条A项第3款规定，只有在颁布了强制许可证仍不足以制止专利权人滥用权利的情况下，才可以宣布该专利无效。同时，这种宣布必须等到对该专利颁发的第一个强制许可证满2年之后进行。（4）颁发强制许可证的权力及其限制条件。（5）对专利权的限制。《巴黎公约》第5条之3对各成员国都必须实行的权利限制作了规定。即暂时进入或通过某个成员国领土（包括领水和领空）的其他成员国的交通工具上，如果使用了某项该国的专利技术所制的产品，该国不能以侵犯专利权论处。

[例1] 1996年3月，中国留学生王某将其独立研制出的水果桃的一个新品种向美国专利局申请植物新品种发明专利，经过实质审查，美国专利局确认该种桃系用非生物方法“制造”的，且具有新颖性、创造性、实用性，符合美国专利法授予品种发明专利的条件。但是，由于中国专利法尚不为植物新品种提供专利保护，因此美国专利局也不应为其提供专利保护。1997年1月，美国专利局驳回了王某该项发明专利申请。

[问题] 美国专利局驳回王某专利申请的做法是否合理？为什么？

[参考结论] 美国专利局驳回王某专利申请的做法不合理，因为这违反了《保护工业产权巴黎公约》专利独立性原则的规定。

[法理、法律精解] 《巴黎公约》第4条之2规定：“本联盟国家的国民向本联盟各国申请的专利，与在其他国家，不论是否本联盟的成员国，就同一发明所取得的专利是互相独立的。上述规定，应从不受限制的意义来理解，特别是指在优先权期间内申请的各项专

利，就其无效和丧失权利的理由以及其正常的期间而言，是相互独立的。”美国是《巴黎公约》的成员国，因此应按照这一原则的规定受理和审查其他成员国国民的专利申请。

[例 2] 日本某公司于 1990 年 10 月 10 日向中国专利局提交了一份名为“乙烯氧化制环氧乙烷高效银催化剂”的发明专利申请，该发明已于 1990 年 5 月 13 日以相同主题的内容向日本提出专利申请，并在向中国专利局提交该专利申请的同时，提交了要求优先权书面声明，1990 年 12 月 20 日，该公司又向中国专利局提交第一次在日本提出的专利申请文件的副本。

同年 7 月，中国某大学研究所也成功研制出乙烯氧化制环氧乙烷高效银催化剂，8 月 22 日，该研究所向中国专利局提交关于这项发明的专利申请。

[问题] 中国专利局应当把这项发明专利授予谁？

[参考结论] 中国专利局应当把该项发明专利授予日本公司。

[法理、法律精解] 《巴黎公约》第 4 条 A 款第（1）项规定：“已经在本联盟的一个国家正式提出专利或实用新型注册、外观设计注册或商标注册的申请的任何人，或其权利继受人，为了在其他国家提出申请，在以下规定的期间内应享有优先权。”

第 4 条 B 款规定：“在上述期间届满前，在本联盟的任何其他国家后来提出的任何申请不应由于在这期间完成的任何行为，特别是另外一项申请的提出、发明的公布或利用、外观设计复制品的出售或商标的使用而成为无效，而且这些行为不能产生任何第三人的权利或个人占有的任何权利。”第 4 条 C 款第（1）项规定：“上述优先权的期间，对于专利和实用新型应为 12 个月，对于外观设计和商标应为 6 个月。”

因为日本和中国同为《巴黎公约》的成员国，根据《巴黎公约》上述优先权原则的规定，该日本公司自 1990 年 5 月 13 日在日本提出专利申请时即享有优先权。因而其向中国专利局提出申请的申请日应为优先权日，而这早于中国某大学研究所提出专利申请的申请日。

[例 3] 王某先后就其三项发明向中国专利局提出专利申请：1997 年 2 月 5 日提出水磁化技术的发明专利申请；1997 年 5 月 10 日提出真空保温技术的发明专利申请；1997 年 8 月 8 日提出不锈钢密封技术的发明专利申请。1998 年 1 月 16 日，王某以包含前三项技术的不锈钢真空保温磁化杯向日本特许厅申请产品发明专利，其同时提出优先权申请。

[问题] （1）如果日本特许厅经审查认为王某的此项产品发明专利申请符合发明的单一性原则，那么王某此次申请的优先权期间从哪天起算？

（2）如果日本特许厅经审查认为王某的此项产品发明专利申请不符合发明的单一性原则，王某应怎么办？

[参考结论] （1）王某此次申请的优先权期间从 1997 年 2 月 5 日起算。

（2）根据《巴黎公约》关于分案申请的规定，王某应就其三项发明分案提出专利申请。

[法理、法律精解] 《巴黎公约》第 4 条 F 款规定：“本联盟的任何国家不得由于申请人要求多项优先权（即使这些优先权产生于不同的国家），或者由于要求一项或几项优先权的申请中有一个或几个因素没有包括在作为优先权基础的申请中，而拒绝给予优先权或拒绝专利申请，但以在上述两种情况都有该国法律所规定的发明单一性为限。关于作为优先权根据的申请中所没有包括的因素，以后提出的申请应该按照通常条件产生优先权。”

根据《巴黎公约》这项规定，如果日本特许厅认为王某此项产品发明专利申请符合发明的单一性原则，王某即可享有多项优先权，其优先权期间，从最早的优先权日起算。

第 4 条 G 款第（1）项规定："如果审查发现一项专利申请包含一个以上的发明，申请人可以将该申请分成若干分案申请，保留第一次申请的日期为各该分案申请的日期，如果有优先权，并保有优先权的利益。"根据这项规定，如果日本特许厅经审查认为王某的此项产品发明专利申请不符合发明的单一性原则，王某可就其三项发明分案提出专利申请。如提出分案申请时某项技术已过优先权期限，可以 1998 年 1 月 16 日作为申请日；如尚在优先权期限内，则申请日为该分案申请的优先权日。

[例 4] 1996 年 3 月 4 日，中国留学生赵某就其发明的一种新型自动压力锅向美国专利局提出了专利申请，该申请正式记载在美国专利局定期公布的《发明专利公报》上。之后经过进一步研究，1996 年 12 月 5 日，赵某又向中国专利局提出温控自动压力锅的产品专利申请，其同时要求享受优先权。1997 年 11 月，中国专利局以 1996 年 7 月以后，中国市场上已有该种新型自动压力锅销售，赵某的专利申请已丧失新颖性为由驳回了其专利申请。

[问题] 中国专利局的做法是否合理？为什么？

[参考结论] 不合理。因为违反了《巴黎公约》关于部分优先权的规定。

[法理、法律精解] 因为根据《巴黎公约》关于部分优先权的规定（巴黎公约第 4 条 F 款），如果在后申请的发明中加入了在先申请中没有的、经过改进的技术内容，这些新增加的内容并不妨碍对在先申请中已有记载的内容要求享受优先权。本案中，赵某对其自动压力锅的发明享有优先权，其在后申请中这部分内容的申请日为优先权日，即 1996 年 3 月 4 日。因此 1996 年 7 月以后中国市场上有此种产品销售并不构成这部分专利申请新颖性的丧失。

[例 5] 1998 年 3 月 1 日至 3 月 10 日，在中国政府举办的国际汽车工业博览会上，德国大众汽车制造公司展出了其新研制出的一种新型汽车发动机。博览会结束后，该公司于 1998 年 6 月 9 日和 7 月 16 日分别向中国、德国专利局就该项汽车发动机提出发明专利申请。1998 年 12 月 4 日，当其就该项发明向日本特许厅提出专利申请时，却因优先权日的问题与日本特许厅发生分歧。大众公司认为优先权日应为 1998 年 3 月 1 日，而日本特许厅则认为优先权日为 1998 年 6 月 9 日。

[问题] 本案的优先权日应为哪天？

[参考结论] 优先权日应为 1998 年 3 月 1 日。

[法理、法律精解] 《巴黎公约》第 11 条关于对工业产权临时性保护的原则规定"（1）本联盟国家应按其本国法律对本联盟任何国家领土内举办的官方的或经官方承认的国际展览会展出的商品中可以取得专利的发明、实用新型、外观设计和商标，给予临时保护。（2）该项临时保护不应延展第 4 条规定的期间。如以后要求优先权，任何国家的主管机关可以规定其期间应自该商品在展览会展出之日起算。（3）每一个国家认为必要时可以要求提供证明文件，证实展出的物品及其在展览会展出的日期。"根据这一原则的规定，大众公司在日本提出的申请案的优先权日不再是第一次提出专利申请的日期，而是展品的公开展出之日，即 1998 年 3 月 1 日。

[例 6] 美国人穆尔发明了一种新型的枪栓，其就此项发明分别先后向美国、日本、英国、

中国提出发明专利申请。其在美、日、英三国顺利获得专利权，唯独中国专利局以枪支在中国限制出售，授予专利有违公共秩序原则为由驳回其专利申请。

[问题] 中国专利局的做法是否正确？为什么？

[参考结论] 中国专利局的做法不正确，因为这违反了《巴黎公约》第 4 条之 4 的规定。

[法理、法律精解] 《巴黎公约》第 4 条之 4 规定："不得以专利产品的销售或依专利方法制造的产品的销售受到本国法律的限制或限定为理由，而拒绝授予专利或使专利无效。"本案中，中国专利局驳回专利申请的做法违反了《巴黎公约》的此项规定。

[例 7] 加拿大某基因研究所通过转基因的方法培育出一种新型的环保猪，1996 年，其向中国专利局就此种环保猪的培育方法（为非生物方法）和品种提出发明专利申请。由于中国专利法尚不保护动植物新品种，因此，1998 年 6 月，该研究所仅就该种环保猪的培育方法在中国获得发明专利权。1999 年 9 月，该研究所发现中国某养殖场未经其许可从加拿大进口该种环保猪，于是向北京市中级人民法院起诉该养殖场侵犯其专利权。而该养殖场却认为：加拿大基因研究所获得的仅为方法专利，只有权禁止他人未经许可使用该方法，而无权禁止他人使用、制造、销售和进口相关的产品，因此自己的行为并未构成侵权。

[问题] 中国养殖场的进口行为是否构成侵权？

[参考结论] 中国养殖场的进口行为侵犯了加拿大基因研究所的专利权。

[法理、法律精解] 《巴黎公约》第 5 条之 4 规定："一种产品输入到对该产品的制造方法有专利保护的本联盟国家时，专利权人对该输入产品应享有输入国法律根据方法专利对在该国制造的产品所授予的一切权利。"而我国 1992 年 9 月 4 日的《专利法修正案》在增加了进口权的同时，又规定方法专利权不仅及于该方法的本身，还延及依该方法直接获得的产品。本案中，加拿大基因研究所不仅有权禁止他人未经许可使用该专利方法，还有权禁止他人未经许可制造、销售或进口依其专利方法所直接获得的产品。因此，中国养殖场的行为侵犯了其专利进口权。

[例 8] 美国人帕克·戴维斯就一种抗生素药物在美国申请并获得专利，随后在英国也取得专利。该专利自英国专利总署批准之日起未满 3 年，英国药物委员会就向专利总署申请该项专利的强制许可。其申请的法律依据是英国 1949 年《专利法》第 41 条。根据该条规定，如果专利涉及（1）用作食品或药物或其生产过程中的物质，或（2）生产上述物质的工艺，或（3）用于或部分用于外科或医疗机械的发明，则专利总署在利害关系人申请的情况下有权做出强制许可的决定，而不管该专利自批准之日起是否已满 3 年。对此，帕克·戴维斯则要求法院签发禁止令以阻止该专利的强制许可。其依据的法律是 1934 年《保护工业产权巴黎公约》第 5 条。该条 A 款（4）项规定，从专利批准之日起 3 年内不得被强制许可。最终，帕克·戴维斯的要求被分区法院驳回。帕克·戴维斯不服，提起上诉。上诉法院法官科享赞同分区法院的意见，维持了原判。

[问题] （1）你认为英国法院的判决是否合理？

（2）英国 1949 年《专利法》第 41 条的规定是否有违《巴黎公约》关于强制许可的规定？

[参考结论] 英国法院的判决合理，英国 1949 年《专利法》第 41 条没有违反《巴黎公约》关于强制许可的规定。

[法理、法律精解] 《巴黎公约》第5条A款第（4）项规定："自提出专利申请之日起4年期满以前，或自授予专利之日起3年届满以前，以后满者的期间为准，不得以不实施或不充分实施为理由申请强制许可；如果专利权人的不作为是有正当理由的，应拒绝强制许可。这种强制许可不是独占性的，而且除与利用该许可的部分企业或商誉一起转让外，不得转让，包括授予分许可证的形式在内。"

从上述规定可以看出，《巴黎公约》关于强制许可的规定只针对为防止专利权人滥用权利而颁发的强制许可，并不适用于为国家安全和公共卫生等公共利益需要以及在所谓"从属专利"的情况下颁发的强制许可。而英国1949年《专利法》第41条涉及的即为公共卫生等公共利益的需要颁发的强制许可，这属于成员国可以自由立法的范围，不受《巴黎公约》第5条A款第（4）项规定的影响。

三、《专利合作条约》

《巴黎公约》解决了专利权的国际保护问题，但没就专利权的国际申请及审查程序做出统一规定，所以受到一成员国保护的专利，要想得到其他成员国的保护，就必须分别到各成员国去申请，由受理申请的各成员国分别进行审查和授予专利权。为了简化专利申请和审批手续，加强国际间的专利合作，由美国发起，于1970年6月19日在华盛顿召开国际外交会议，在会上缔结了《专利合作条约》。该条约于1978年1月24日生效，1978年6月1日起正式受理申请。1993年9月15日，中国政府向世界知识产权组织递交了加入书，自1994年1月1日起，中国成为《专利合作条约》的成员国。

《专利合作条约》是在《巴黎公约》的原则指导下缔结的，其目的是通过国际合作途径，建立一个从申请到检索、审查、公布出版的国际统一程序和标准，使各国专利局分散申请、分散审查的专利制度得到统一。《专利合作条约》是个非开放性的国际条约，只对《巴黎公约》的成员国开放，即一个国家只有在参加了《巴黎公约》以后才可以申请加入《专利合作条约》。条约共分8章和1个通则部分，共69条。《专利合作条约》的主要内容和作用如下。

（一）简化了专利申请手续

该条约的主要内容是确立了"一项发明一次申请制度"，其具体程序是：申请人将申请直接递交给"国际申请案受理局"，即各缔约国的专利局。受理局接到申请案后，将一份送交"国际申请案检索局"，"国际专利合作联盟"大会任命美国、英国、日本、苏联、奥地利、瑞典6个国家的专利局及欧洲专利局为国际申请案检索局；另一份送交"国际申请案登记局"，即世界知识产权组织的国际局。检索局对申请案进行检索，看其是否与任何现有技术相重复，然后将检索报告送交登记局，该登记局将已登记的申请案与检索报告一起复制后，分送申请人指定的国家。最后由这些国家依照其国内法的规定，决定是否批准该申请案。

（二）简化了各成员国专利局的检索手续

申请人提出的"国际申请案"在一次检索后进行复印并分送给各个国家，避免了各有关国家专利局的重复劳动。

（三）延长了优先权期限

《专利合作条约》规定，申请人呈递申请案之后，可享受 20 个月的优先权期限。如果要求进行实质审查，则优先权的期限为25个月。

（四）实行“早期公开”的办法

《专利合作条约》规定专利申请案实行“早期公开”的办法，在呈交申请 18 个月内即予以公布。公布后，国际局即向申请人指定国家专利局分送国际申请和国际检索报告。

四、《欧洲专利公约》

《欧洲专利公约》是欧洲 16 个国家于 1973 年 10 月 5 日在慕尼黑签订的，也称《慕尼黑公约》。公约于 1977 年 10 月 7 日生效。该公约是欧洲发达国家间为发展地区性工业产权保护而签订的区域性公约。其宗旨是建立统一的欧洲专利制度，使欧洲地区的专利申请由统一的专利组织接受和审批，并用统一的专利审批程序代替各国分别进行的审批程序，以达到简化申请手续、减少费用、避免重复审查和促进科技交流的目的。

根据公约的规定，于 1977 年 11 月 1 日在慕尼黑成立了欧洲专利局。由欧洲专利局依据公约对成员国申请和审批专利进行统一管理。各成员国的申请人可以直接向欧洲专利局提出专利申请，由其审查批准后，即可在指定的若干个成员国享受专利权。欧洲专利的保护期为自申请日起20年。申请人可以用英语、法语、德语中任何一种语言提交专利申请。

第二节　商标权的国际保护

一、商标权的国内立法

（一）商标权和商标法

商标是商品的标志。商标权是商标所有人对注册商标的专用权。只有商标所有人才有权专用注册商标。商标经注册就成为注册商标，其所有人即取得商标权。

商标立法也是由来已久的。法国于 1857 年颁布了《商标法》，英国于 1862 年、美国于 1870 年、德国于 1874 年都订立了商标法。法国现行的商标法是 1964 年的《商标与服务商标法》，德国现行的商标法是 1961 年修订的《商标法》，日本现行的商标法是 1959 年通过、1960 年生效的《商标法》，英国在 1938 年通过了现行的《商标法》，美国于 1946 年订立了《联邦商标法》。

各国商标法也同国际公约联系在一起。与商标法有关的国际条约，除了《保护工业产权巴黎公约》外，还有 1891 年签订的《商标国际注册马德里协定》。

（二）商标的注册

西方国家现行的商标法都有关于商标注册登记的规定。但注册登记的法律意义不同，可分为三种类型。

（1）先注册原则。注册是商标权产生的必要条件。未经注册的商标不受法律保护。德国、日本等多数国家采用这一原则。日本《商标法》第 38 条规定：“商标权自注册时生效。”

（2）先使用原则。商标权属于首先使用商标的人。首先使用是产生商标权的法律事实。登记注册虽不能确定商标权的归属，但有一定的法律意义。首先使用商标的人可在法定时间内对已注册相同商标提出异议，要求将其撤销。过了法定期限，先登记注册的人就取得了商标权，目前，采用先使用原则的国家只有美国、菲律宾等少数国家。例如在美国，只有已使用的商标才可以注册，未使用的商标不得注册。注册后连续两年不使用，视为自动放弃注册。但注册不产生商标权。商标注册后，他人可在 5 年内提出异议；期限届满，注册人哪怕使用在后，也能获得商标权；先使用的人再提出异议就无效了。

（3）混合原则。即实际使用和注册使用并行，两种办法都可以取得商标权。英国及英联邦一些国家采用这一原则。这样一来，对于同一商标，就可能出现两个商标权人：一为商标先使用人，一为商标注册人。法律允许注册人和首先使用人同时使用该项商标。按英国《商标法》的规定，商标的注册人无权阻止首先使用该项商标的人继续使用其商标。商标的先使用人的权利受到一定的限制，只限于自己继续使用，或者连同商标与企业业务一起转让，不得单独转让商标。

（三）商标权的行使

1. 商标权的行使

商标权的行使包括两个方面：商标所有人在特定商品上使用自己的商标，商标所有人制止他人未经许可使用其商标。商标权的转让和继承，也是商标权的行使。

2. 商标权的转让

商标权的转让可分为两种情况：

（1）商标权的转让必须连同企业或业务或它们的一部分转让，商标权不能单独转让，美国、德国、瑞典等国就是如此。

（2）可以单独转让，而不必连同企业生产、经营业务一起转让，如法国、日本、英国、巴西等国就是如此。日本旧《商标法》规定：商标权必须和营业一起转让。修改后的现行《商标法》第 24 条规定了商标权可以单独转让的制度。

英国《商标法》规定，靠使用获得商标权的，转让时必须连同企业或其业务一起转让；靠注册取得商标权的，可以单独转让。

3. 商标权使用许可

商标权人可以只转让使用权而不转让所有权，也就是商标权的许可使用。转让商标权的使用权也有两种形式：

（1）许可证契约。通过许可使用契约，商标权所有人通过许可证，许可他人使用其享有专用权的商标。法律要求被许可人的商品质量不得低于许可人的商品的质量。许可使用又可分为独占许可和非独占许可。许可证一般要经过注册登记机关登记注册方才有效。

（2）特许使用契约。获得商标使用许可证的人，除了有权使用许可人有专有权的商标外，还可使用许可人的商号和某些有版权的文件（如关于该商品的广告作品）。但被许可人的经营活动要受许可人的某种控制和协助。

二、《巴黎公约》有关商标权保护的规定

除适用于工业产权（专利权、商标权）的通用规则外，公约中还有一些专门涉及商标权国际保护的内容。

（一）商标的独立性及例外

商标的独立性原则反映在公约第 6 条，其含义是，如果一项商标没有能够在本国获得注册，或它在本国的注册被撤销，不得影响它在其他成员国的注册申请被批准。但是，公约对此原则的适用规定了一个例外，即如果一项商标在其本国已经获得了合法的注册，那么在一般情况下，它在其他成员国的注册申请就不应当被拒绝。商标独立性的这种例外是由商标不同于专利的性质决定的。

（二）不得因商品的性质而影响商标的注册

依公约第 7 条的规定，在任何情况下，都不允许成员国以商品的性质为理由，拒绝给有关商品所使用的商标以注册。这条规定的作用也在于避免因商品的销售活动而影响工业产权的获得。

（三）对驰名商标的特别保护

在一成员国已成立的驰名商标，无须在另一成员国境内申请或注册，而应在该国自动获得保护。依公约第 6 条，各成员国的国内法，都必须禁止使用与成员国中的任何驰名商标相同或近似的标记，并拒绝这种标记的商标注册申请；如果已获得注册，则应当予以撤销。应受到特别保护的驰名商标，既包括注册了的，也包括未注册的。

（四）禁止当做商标使用的标记

公约第 6 条，要求成员国必须一致禁用两种标记：一是外国（仅指成员国）国家的国徽、国旗或其他象征国家的标志；二是政府间（仅指成员国政府）国际组织的旗帜、徽名、名称及其缩略语。当然此两条禁例还要服从一些前提条件。

[例 9] 1991 年 2 月 26 日，美国烟草公司委托中国国际贸易促进委员会代为办理其“AMERICAN FULL FLAVOR”商标在中国的注册事宜。该商标由文字和图形共同组成，其中文字为“AMERICAN FULL FLAVOR”，图形则为 1 只小鸟和 5 个五角星。中国商标局审查后，以该商标有叙述本商品性能等特点，缺乏显著性为由驳回注册申请。

不久，美国烟草公司委托中国国际贸易促进委员会向商标评审委员会请求复审，申请复审的主要理由是：“AMERICAN FULL FLAVOR”文字和图形商标是美国烟草公司用于烟草制品及烟具的商标，历史悠久，驰名世界，已在美国和世界许多国家获得注册，为公众所认可，获得了第二含义。中国和美国同为《保护工业产权巴黎公约》的成员国，该商标既然能在美国注册，那么也应在中国获得注册。

1992 年 6 月 5 日，我国商标评审委员会经复审，再次驳回美国烟草公司上述商标的注册申请。

[问题] 我国商标局和商标评审委员会驳回注册申请的决定是否违反《巴黎公约》的有

关规定？为什么？

[参考结论] 我国商标局和商标评审委员会没有违反《巴黎公约》的规定。因为符合《巴黎公约》所确认的商标独立性原则。

[法理、法律精解] 《巴黎公约》第 6 条规定："商标的申请和注册条件，在本联盟各国由其本国法律决定。但对本联盟国家的国民在本联盟任何国家提出的商标注册申请，不得以未在原属国申请、注册或续展为理由而予以拒绝，也不得使注册无效。在本联盟一个国家正式注册的商标，与在本联盟其他国家注册的商标，包括在原属国注册的商标在内，应认为是相互独立的。"我国商标局和商标评审委员会根据我国《商标法》的规定驳回美国烟草公司的商标注册申请，符合《巴黎公约》的上述规定。

[例 10] 1989 年初，北京市药材公司在向日本销售其"同仁堂"成药时，被一日本厂商起诉侵权，原因是"同仁堂"这一商标已于 1988 年由这一日本厂商在日本取得注册。1989 年 3 月，北京市药材公司以"同仁堂"为中国驰名商标为由，向日本特许厅申请特殊保护并很快出具中国商标局的有关证明。1989 年底，日本特许厅取消日本厂商的抢先注册，同时注册了北京市药材公司的"同仁堂"商标。

[问题] 日本特许厅因何取消日本厂商的商标注册？

[参考结论] 因为承担《巴黎公约》对驰名商标提供特殊保护的义务，日本特许厅取消了日本厂商的商标注册。

[法理、法律精解] 《巴黎公约》第 6 条之 2 规定："（1）本联盟各国承诺，如本国法律允许，应依职权，或依有关当事人的请求，对商标注册国或使用国主管机关认为在该国已经属于有权享受本公约利益的人所有而驰名、并且用于相同或类似商品的商标构成复制、仿制或翻译，易于产生混淆的商标，拒绝或取消注册，并禁止使用。这些规定，在商标的主要部分构成对上述驰名商标的复制或仿制，易于产生混淆时，也应适用。（2）自注册之日起至少 5 年的期间内，应允许提出取消这种商标的请求。本联盟各国可以规定一个期间，在这期间内必须提出禁止使用的请求。（3）对于依恶意取得注册或使用的商标提出取消注册或禁止使用的请求，不应规定时间限制。"日本和中国同为《巴黎公约》的成员国，而根据《巴黎公约》的上述规定，凡被一成员国认定的驰名商标，各成员国都应对其提供特殊保护，其中包括在 5 年内，权利人有权请求取消他人在同种或同类商品上（善意）注册与其驰名商标相同或近似的商标。

三、《商标国际注册马德里协定》

1891 年 4 月 14 日，法国、比利时、西班牙、瑞士、突尼斯等国发起在马德里签订了《商标国际注册马德里协定》，简称《马德里协定》，以作为《巴黎公约》中有关商标国际保护的补充。1892 年生效。以后经过 6 次修订，形成 6 种文本。现在适用的是 1967 年斯德哥尔摩文本。该协定是非开放性的，只有《巴黎公约》的成员国才可申请加入该协定。我国于 1989 年 7 月 4 日向世界知识产权组织总干事递交了加入书，并于 1989 年 10 月 4 日对我国生效。协定包含了如下几项内容。

（一）商标国际注册程序

商标国际注册人应是协定成员国国民，或是在某成员国有住所或设有工商业营业所的

人。国际注册依下列程序进行：

（1）申请人首先在其所属国或其有住所或营业所的成员国获得商标注册，然后通过所属国的商标管理部门或代理组织，向设在日内瓦的世界知识产权组织国际局提出商标国际注册申请。

（2）国际局对申请进行形式审查，通过审查如认为该申请符合协定规定，即予以注册并公告；同时把申请案、审查结果及国际注册复印后分送申请人申请要取得商标专用权的各成员国。

（3）指定的成员国在接到上述文件后 1 年内，有权声明在其领土上不给这种商标以保护。国际局应及时将此拒绝声明转给所属国的注册当局和商标所有人。如在 1 年内，国家注册当局未将拒绝决定通知国际局，则视为已同意该商标注册。凡经国际局注册的商标，其有效期为 20 年，并可以不限次数的续展，每次续展期也是 20 年。

（二）申请国际注册的内容

每一个国际注册申请必须按规定的格式提出。申请人所属国的注册当局，应证明这种申请中的具体项目与本国注册本中的具体项目相符合，并应注明商标在所属国的申请和注册日期、号码以及申请国际注册的日期。

（三）国际注册的效力

申请人的商标从国际局注册生效时起，即在未驳回的成员国内发生效力，得到其承认和保护，如同该商标是直接在该国获得注册一样。办理国际注册的每个商标，都享有《巴黎公约》所规定的优先权。

（四）国际注册与国内注册的关系及国际注册的独立性

商标所有人从获准国际注册之日起 5 年以内，如该商标被其所属国主管机关撤销了本国注册或宣布本国注册无效，已全部或部分地不给予法律保护时，则国际注册所得到的保护，不论其是否已经转让，也全部或部分地不再产生权利，即不再被保护。也就是说，国际注册在 5 年之内是没有独立性的，要受到商标所有人所属国的制约。但是当商标的国际注册满 5 年时，国际注册与商标所有人在所属国原先注册的商标无关。在协定其他成员国的注册即独立于本国注册。《马德里协定》无疑为商标国际注册提供了方便，申请人只需一次国际申请，便可在所有的指定国获准注册。但它还不够完善，主要缺陷有二：一是申请国际注册必须先在本国注册，而等到本国批准后再申请国际注册，该商标有可能在其他缔约国已被他人抢注了。二是5年内国际注册不具有独立性，要受到申请人内国注册的制约。

[例 11] 宁波“杉杉”服装公司以加工高档男女西服衬衫闻名，其生产的产品在国内占有一定的市场，拥有的“杉杉”牌文字和图形商标在国内也有较高的知名度。为打开国际市场，让自己的产品走出国门，公司的领导决定在提高服装质量、在国外广做宣传和积极促销以外，还要在美国、日本、法国、西班牙、比利时等十几个国家申请“杉杉”牌文字和图形商标的注册专用权。为此，他们特地委托某商标事务所代为办理各国商标注册事宜。考虑到我国和公司拟申请商标注册的绝大多数国家都是《马德里协定》的成员国，因此该事务所决定通过国际注册的方式在各有关国家取得商标专用权，然后对那些不属于《马德

里协定》成员国的其他国家，再逐一取得注册。

[问题] （1）如何通过国际注册使“杉杉”商标在各有关国家取得注册？

（2）如果在取得国际注册以后的第三年，我国商标局宣告“杉杉”商标的国家注册无效，会对其在其他国家的注册产生什么样的影响？

[参考结论] （1）国际注册的程序如下：首先在中国商标局获得“杉杉”商标的正式注册，然后再向中国商标局提出国际注册的申请，同时说明商标核准使用的商品种类以及指定国范围，同时缴纳有关费用；中国商标局经审查核实，确认国际申请案中的商标与国内正式注册的商标完全一致（包括商标本身一致和该商标核准使用的商品种类完全一致），应在接到国际注册申请的两个月内，向知识产权组织国际局转交该申请；如果经过形式审查，申请案符合《马德里协定》及其实施细则的规定，国际局应立即对该商标予以国际注册（国际注册的日期为中国商标局收到国际注册申请的日期），并通知有关指定国；指定国应在 1 年以内注册或驳回（驳回理由必须符合《巴黎公约》第 6 条之 5 的规定），1 年内不答复的视同注册。

（2）如果在取得国际注册以后的第三年，我国商标局宣告“杉杉”商标的国家注册无效，根据《马德里协定》有限独立性的规定，其根据国际注册在指定国得到的保护，也同时无效。但通过逐一国家申请获得的注册，其效力不受影响。

[法理、法律精解] 《马德里协定》第 6 条第 3 款规定，自国际注册之日起 5 年内，如根据第 1 条而在所属国原先注册的国家商标已全部或部分不复享受法律保护时，那么，国际注册所得到的保护，不论其是否已经转让，也全部或部分不再产生权利。当 5 年期限届满前因引起诉讼而停止法律保护时，本规定亦同样适用。根据这项规定，如果在取得国际注册以后的第三年，我国商标局宣告“杉杉”商标的国家注册无效。那么，根据《马德里协定》有限独立性的规定，其根据国际注册在指定国得到的保护也同时无效。

四、《商标注册条约》

由于《马德里协定》的缺陷，1973 年由英国、美国、瑞典等 14 个国家在维也纳签订了《商标注册条约》，进一步简化了国际注册手续。条约于 1980 年 8 月 7 日生效。《商标注册条约》与《马德里协定》有许多共同之处。两者的不同之处主要如下。

（1）条约规定，申请人不必一定先在本国获得注册，而可以直接向国际局提出申请。国际注册生效后，即使有关商标的注册在其申请人本国被撤销，也不影响在其他成员国的效力。

（2）各指定国接到国际局送达的申请后，在 15 个月内决定是否给予注册。15 个月内不表示拒绝，国际注册就在该国有效。对于“证明商标”的注册，各成员国有 18 个月的期限考虑拒绝或接受。

（3）依条约申请国际注册，可用英、法两种文字的任何一种。

（4）商标在各指定国的“国际注册”生效后，如果在 3 年之内未使用，则任何成员国都可以宣布其无效。

（5）商标注册有效期为 10 年，可以无限期续展，续展期仍为 10 年。

第三节 著作权的国际保护

一、著作权的国内立法

（一）著作权的概念及立法概况

著作权也称为版权，就是作者依法对其创作的文学、艺术和科学作品所享有的专有权。

著作权的取得，最早要经过国家的专门登记承认，由国家发给特许证。英国最早需要皇家授予印制商人以印刷图书的特别许可证。最早的版权法是英国女王安娜于1710年颁布的。英国现行版权法是在1956年颁布的。其特点是：没有保护作者精神权利的规定。它不承认精神权利中的作品更改权和经济权利中的追续权。所谓追续权，乃是艺术品原件被再次出售时，原作者仍有权从出售的利润中提取一定比例的版税。如果每次出售均比前次的售价高，则原作者均能从每次出售利润中得到一定的版税（稿费）。这种权利在英、美、日等国未被承认，而在法、德、意等国则受到保护。

美国于1790年颁布了第一部联邦《版权法》，它仅对书籍、地图、插图等方面作品给予版权保护。许多年以后，才推广到戏剧表演、音乐、照片及其他艺术品。美国的现行《版权法》是1976年颁布的。美国《版权法》不保护作者的精神权利，不保护版税的追续权。一部分版权归委托人而不归作者，雇佣作品的版权一般归雇主所有。美国作者的作品必须在美国排版、印刷和装订，否则就丧失版权，这就叫做美国《版权法》中的“印刷条款”。美国《版权法》规定，作品出版后须带有版权标记“C”、出版日期、作者姓名，才受法律保护。若为了对抗侵权而可以起诉，还必须在国会版权局注册，并交两本样书。

德国于1837年颁布了《普鲁士版权法》，于1956年颁布了现代的《版权法》，于1974年修改。德国《版权法》的特点是：①它只承认作者本人享有原始版权，即使作者是雇员，其职务作品的原始版权仍归其所有。雇主只能通过雇佣合同中所规定的版权独立许可，获得版权的专用权。②它保护作者的精神权利。③保护艺术品版税的追续权。德国版权保护期限为作者有生之年加其死后的70年，其保护期为欧洲之冠。德国不仅有一部《版权法》，而且有一部《出版合同法》。《出版合同法》适用于作者与出版者之间的许可证交易。德国《版权法》规定了“版权的穷竭”原则，即作品的原本或复印本转移所有权而进入流通领域，则作品进一步销售为法律所许可；无论再经过几手销售，都无须作者的许可。

法国于1791年颁布了《表演法》，1793年颁布了第一部著作权（作者权）法。现行的《著作权法》为1957年颁布的。法国《著作权法》的特点表现在：①著作权的原始所有人只能是作者本人，只能是自然人。②保护精神权利的全部内容（发表权、署名权、作品完整权、作品更改权）。③对艺术作品的著作权的追续权。④不承认著作权“穷竭”（只要作品经作者同意出版投入流通，出版的数量就再也不能控制了，这就是“穷竭”，即作者销售权已穷竭）。⑤著作权可以转让给自然人或法人（这点与德国不同，德国只有自然人才有著作权，其他人只能取得著作权的使用权）。

日本的现行《著作权法》是1970年公布的。日本《著作权法》有以下特点；①著作权的原始所有权人，只能是作者本人，但如果是雇员，从事职务创作，又是以雇主名义发表，

则著作权归雇主所有；②不承认作者有收回权；③不承认艺术作品的作者有追续权；④既可以部分，也可以全部转让著作权（德国不许全部转让著作权，只许转让使用权）；⑤口头作品也能获得著作权。

通过国际公约（如《保护文学艺术作品伯尔尼公约》和《世界版权公约》），各国有关著作权的实体法越来越接近。对于著作权的性质，有不同的理解。有的把著作权视为一种财产权，英国的学者持这种观点的居多；有的把著作权视为人身权；有的把著作权视为财产权和人身权的综合。

（二）著作权的主体和客体

著作权的发生，即是它的原始取得。它因创作而产生，不必履行任何手续即可取得，所以手稿也受著作权法的保护，因为手稿也是作品。

1. 著作权的主体

传统的著作权法一般是把自然人视为原始著作权主体。随着垄断企业对文化、科技创作活动控制的加强，各国立法越来越承认法人也可以是原始著作权主体。一些学者认为：科研单位对它的研究成果享有著作权，因为作者的活动体现了法人的意志，作者是法人的代表，或法人是创作活动的组织者和领导者，所以创作成果当然应归法人所有，法人成为著作权主体。

按照英国、美国的法律，根据雇佣契约，被雇佣人的著作成果归雇主所有，版权归雇主。如果按照承揽关系制成的作品，如果双方没有特别约定，推定版权归定作人，但作者仍保有人身权。

按照德国、法国的法律，原始著作权主体只能是作者本人，一般是自然人。

版权可以有数个主体，形成共有关系。在不可分的作品中，其作者共同共有；在可分的作品中，其作者则按份共有。共有的作品，处分时必须经过全体作者的同意。

各国法律都将著作权主体区分为原始著作权主体和继受著作权主体。这两类著作权主体可以包括以下 5 种著作权主体：公民；法人；非法人单位（学校的一个系、教研室，机关的一个办公室或调研室等）；国家；外国人（包括自然人、法人、无国籍人）。

2. 著作权的客体

著作权客体，就是以某种形式表现出来的创作活动的产物，就是著作权的保护对象。著作权的客体包括各种形式的作品：（1）以语言文字表达的作品，如著作、小册子、大部头、文章、手稿、打印稿、演讲、布道、讲学、翻译作品；（2）音乐作品；（3）戏剧作品；（4）哑剧及舞蹈作品；（5）艺术作品，包括平面作品（如绘画、摄影），也包括立体作品（如雕塑、建筑设计）；（6）实用美术作品；（7）图示、图解；（8）电影作品；（9）电视、广播作品；（10）录音、录像制品（是制品）；（11）印刷版面。

以上这些类别，并没有将著作权的客体包括无遗。有的国家著作权的保护范围较宽，有的国家较窄。就其中各类所包括的具体作品，各国也有所不同。例如，有的国家的演讲、布道，只有在它们以某种物质形式确定下来，才受著作权法的保护；有的国家并无这种要求。有些国家对电影、电视、广播、录音、录像不作为著作权的保护对象，而是作为邻接权的保护对象；而有的国家则是著作权的保护对象。

3. 邻接权

作者对自己创作的作品享有著作权，传播者在传播作品中付出了创造性的劳动，理应对其劳动成果享有权利。例如一首歌，歌曲的作者享有该作品的著作权；此歌曲经歌唱家的形象思维和创造性的表演，达到了理想的社会效果，而这种效果的产生，既凝聚了歌曲作者的创造性劳动，也凝聚了演唱者的创造性劳动。表演者对其表演享有一定的权利是合理的，其权利包括：确认表演者的身份（姓名），保护其表演形象不受歪曲，许可他人从现场直播，许可他人录音、录像并领取报酬等。所谓邻接权，就是作品的传播者在传播作品的创造性劳动中对其劳动成果依法享有的权利。这种权利与作品有关，但不是作品本身。邻接权是由于受法律保护的、属于传播作品的媒介所产生的专有权。这种权利包括：表演者权、书刊出版者权、录制者权、广播电视组织的权利。

表演者所表演的作品，其作者享有著作权，而表演者的表演，取得表演者权。表演者有权许可或禁止别人将其表演实况转播出去或进行录音、录像。表演权是派生的权利，首先要有作品的作者的许可，允许公演，然后才有表演者权。自己创作作品自己表演，即取得双重的权利：著作权和表演者权。

书刊出版者权，是图书、报刊出版者对其出版的图书报刊，享有授权他人或禁止他人以同样的版本形式出版，并因授权他人出版而获得经济利益的权利。作者的作品，只是以手稿形式出现，经过出版者的整理、编排加工、版式安排、封面设计等技术处理，再经过印刷装订，最后经过出版者的征订、发行等环节，使书刊能进入流通领域，同读者见面。这时的书刊已是装帧完美的作品的复制品。这一复制品凝聚了书刊出版者的创造性劳动。书刊出版者传播了作品，实现了作者的著作权，理应获得相应的权利。书刊出版者的权利包括：对作者交付出版的作品享有一定期限的出版权。书刊出版者对其出版的图书的装帧设计、版式设计也享有著作权。

录制者权，是录音、录像制品生产者对其所录制的视听作品所享有的复制及销售的专有权。录制者有权许可或制止他人进口或发行其录制品的复制品。这种邻接权是从他人的著作权或表演者权派生出来的。如果作者自己作乐曲，自己演唱，自己录制，他就同时享有三种权利：著作权、表演者权、录制者权。

广播电视组织的权利，是指电台、电视台对自己播出的节目享有的独占权，其他广播组织未经许可，不准复制或转播。如果是广播电视组织自编自播的节目，那么该广播组织就获得了广播电视组织的权利和著作权的双重权利。

（三）著作权的内容

著作权的内容包括财产权和人身权。人身权又叫做精神权利。

1. 人身权

著作权中的人身权只有作者才能享有，而其他著作权主体不能享有。人身权不能转让。人身权不依赖财产权利而存在；在财产权利转让后，作者还保留了人身权。人身权包括以下四个方面的权利：

（1）发表权。决定作品是否发表，以及何时、何处、何种条件和何种方式发表的权利；只有作者才享有发表权。

（2）署名权。决定作品是否署名、署真名或笔名的权利。署名联系着确认有关人员的作者资格，是十分重要的行为（事实）。

（3）保证作品完整性的权利。任何人没有得到作者的同意，不得擅自修改作品的名称和内容。

（4）更改权，即收回权。作品发表以后，将作品收回修改或停止发表（当然，要赔偿出版者的经济损失）。

人身权的诸项权利虽未列入英美法系国家的成文法中，但也受到法律的保护。某人并非作者而署名为作者，这在英国就是假冒，如同假冒商标、假冒他人身份而会受到法律制裁并须赔偿他人的损失。

2. 财产权

在这种权利的行使中可取得经济利益。

（1）复制权。包括复印、复写、出版、录音、录像等发表形式。通过复制以取得经济收入，这是著作财产权的最重要内容。

（2）改编或演绎权。通过他人的改编、改写而取得经济收入，这也是重要的财产权。

（3）发行权。图书的出售、出租、电影的发行等，这指的是作者可以控制作品的发行地区和发行方式的权利。

（4）公演权。也即表演权。这是指作者控制音乐作品、戏剧作品的公演并取得收入的权利。

（5）广播权。同意广播并取得收入的权利。

（6）展出权。允许展出并取得收入的权利。

（7）追续权。

（四）著作权的限制和保护期限

1. 著作权的限制

著作权的内容繁多，作者有著作权，而他人还享有邻接权；作品的改编有改编的著作权，等等；如果动不动都得征得作者同意，征得作者、表演者、出版者、广播者的同意，都得付酬，这样法律保护著作权有何意义？这就提出一个问题，著作权必须加以合理的限制。各国著作权法都划定了一个范围，在这个范围内，使用他人作品不必征得作者同意，也不必付酬。这个合理限制，大致有以下各项。

（1）合理使用。包括以下内容：

① 为个人使用而复制有著作权的作品。为了个人学习的目的，可以复制他人作品。各国都规定不交费用。为个人娱乐目的，英国规定不得复制有著作权的作品。美国法院判例为私人娱乐而复制电视节目，即使只有一份，也属侵权。

② 为科研而复制有著作权的作品。为科研而不是为商业利润而复制作品，不属侵权也不必付酬。

③ 为评论而引用有著作权的作品。引用不能超过评论。引用别人作品加以批评、赞扬、介绍，这是合理使用，为《伯尔尼公约》所认可；但是，不得引用未发表的作品。

④ 为新闻报道而复制。报纸可以转载、电台可以转播其他报刊、广播中有关的政治、时事、经济等文章；但若原作者声明不得转载、转播的除外。

⑤ 公共图书馆为保存资料而复制作品。

⑥ 为教育目的而复制、演出、展览作品。

⑦ 在旅馆、俱乐部免费播放音乐作品。

⑧ 拍照或临摹放在公共处所的艺术品。

⑨ 法院或仲裁机构为处理争端而使用作品。

⑩ 为了销售有著作权的作品而播放要出售的唱片或录音、录像带。

⑪ 其他使用作品情况（如译成盲文）。

（2）法定许可。在著作权法中规定：按一定条件利用有著作权的作品，可以不要事先征得任何人的同意，但事后必须向有著作权人付酬。英国《版权法》规定，只要作品已由作者同意而由他人录制成唱片发行，其他人就可以不经作者同意而录制；但录制后应向作者付酬。

（3）强制许可。为了防止著作权人滥用权利，许多国家都有强制许可的规定。所谓强制许可，是指按照规定的条件，当著作权人无正当理由拒绝他人出版、翻译或以其他方式传播其作品时，经国家著作权主管机关批准，可以强制出版、翻译或以其他方式传播其作品；但使用人应当向著作权人支付报酬。

（4）著作权的穷竭。德国等国在著作权法中规定，只要经作者同意，将其作品的印刷品在本国境内投入流通领域，则该作品的作者在本国对其作品的销售，不能再有控制权。

（5）公共秩序保留。凡被视为违反公共秩序的作品，就不再受著作权法的保护。

2. 著作权的保护期限

著作权的保护期限也是对著作权的一种限制。各国立法不同。德国著作权法规定，著作权在作者死后70年而终止。日、法、英、美的保护期限是作者在世之年加上死后50年。在许多国家，合著的保护期为最后死亡的作者有生之年加死后50年。在美国，雇佣作品、匿名作品或使用笔名的作品的保护期为最初发表之日起计算75年或自创作完成之日起100年，以先届满的期限为准。著作权的保护期限，主要是对著作财产权的限制。

（五）著作权的转让

各国立法都明确规定著作权可以转让，可以继承。著作权的转让有三种情况。

（1）在有效期限内全部转让，作者只保留了人身权。

（2）作者将一部分或全部财产权转让给使用者，作者仍然是著作权人，而使用者成了作者的代理人。由代理人同出版公司、广播公司、电影制片厂、其他使用单位谈判，订立使用合同。

（3）作者给予使用者部分权利，而自己保留其余权利。例如允许出版商在几年内使用某项文字形式出版，不得以其他形式使用该作品。作者可以同时允许不同的人以不同的方式使用其作品。

（六）各国著作权立法发展的趋势

世界上大多数国家参加了国际著作权组织，接受国际公约的约束，立法原则趋于一致。国际文化交流更加密切，著作权立法由于所属法系不同而表现出来的差异正在缩小。英国准备在将来修改出版权法中规定作者的精神权利，而法国新修订的著作权法，承认法人也

可以成为原始著作权人。

著作权内容越来越丰富，著作权的保护水平也越来越高。在《安娜女王法》颁布后，英国又颁布了保护雕刻者和雕塑者权利的单行法。这些法主要是保护作者的经济权利。法国于1791年颁布了《表演者法》，1793年又颁布了《复制法令》，不仅保护作者的经济权利，而且强调了保护作者的精神权利；同时，认为经济权利的第一个享有者，只能是作者。随着摄影技术、录音、录像技术的发展，著作权的主体除了作品的作者外，又出现了新的主体，即邻接权主体。不仅表演者的权利需要受到保护，音像制品作者和传播者的权利也应该受到保护；因此，邻接权的范围也在扩大。电子计算机技术的发展，计算机软件也被列为著作权的保护对象；而从事软件产业的法人也被确认为著作权人。由于电子计算机、复印机、录音录像设备的广泛应用，传播技术的进步和广泛应用，作者和邻接权主体的利益受到严重影响。人们在家里就可看到各种节目，收听电台音乐，可录音录像；书不必买，借来一本复印一下就可以了。因此，有的国家采取相应的措施来保护作者和传播者的利益。例如德国著作权法原来允许为个人使用而复制一份，1985年修订的著作权法，对此加了限制：只有作品在市场上已售完时，方可加以复制。德国和法国采取了在音像设备和空白音像带上征税的措施，把这些税收作为版税交给作者或传播者。随着著作权主体和客体的扩大和权利内容的增加，以及保护水平的提高，各国对著作权法不得不屡次进行修订，或者颁布新的单行法规，以适应面临的新形势。

（七）著作权（以及专利权、商标权）的特征

著作权是一种民事权利。民事权利包括财产权和人身权，而著作权兼而有之。就财产权而言，是一种无形的财产权，它可以转化为有形产权，但在转化之前，仅是取得有形财产的可能性（期待权）。就人身权而言，著作权同作者和作品不可分离。一方面，作品是作者创作的，作者对作品所享有的人身权，不能同作者分离；另一方面，作者对作品的人身权来源于作品，同作品不可分离，没有作品，也就没有作者的人身权。

著作权这种民事权利，同其他民事权利比较，具有自己的特征。

1. 同财产所有权比较

著作权和其他知识产权一样，具有如下的特征。

（1）专有性。作为著作权客体的作品，是作者的个性和人格的表现。因此，作品的创作是单一的。特定作品的专有权，除法律另有规定外，只属于作者。批量生产的商品，可以分属于许多人所有，而作者的作品，无论怎样走进千家万户，其著作权仍归属于作者。除法律规定的限制外，作品的每次使用，都需要作者授权。一部作品作为出版、翻译、改编、上映、广播等项使用，作者分别拥有每一项权利，并可分别行使每一项权利。对作品的每项使用，都要取得作者许可。总之，作品无论怎样为众人使用、多次使用、多项使用，使用的许可权仍为作者所专有。如果作者不享有专有权，那么他就不能从作品的使用中得到什么利益，而其他人则可不付代价地从使用作品中获益。

（2）无形性。作品是智力劳动的结晶，是无形的精神财富。作为著作权的客体，它没有形体；而财产所有权的客体是物，有形体。由于没有形体，所以著作权客体无论多少人，多少次使用，不会损耗毁坏，而有形财产的使用则不然。作为著作权客体的作品，虽然具有无形性，但必须以一定的物质形式（语言、线条、胶片、磁带等）表现出来，才能为人

们所感知，才能成为作品。当然，一件作品总得有一定的形式。对作品的著作权和对作品所依托的载体（实物）的所有权是可以分离的。画家将自己的画出卖，并不出卖该画的著作权，同时，从书店买书，只能得到该书的所有权，并不能取得寓于该书本中的作品的著作权。正因为作品可以用不同的载体表现，对作品的著作权和对作品的实物（载体）的所有权可以分离，才使对作品的多次、多项地许可众人使用成为可能。

（3）规定性。著作权是由法律的直接规定而产生的。第一，法律规定作者对作品的专有权利。第二，法律规定著作权只存在于一定的期限，期限届满，著作权（主要是其财产权）就不再受法律保护；而一般的财产所有权，则没有期限的限制，除非客体消灭，否则，可通过继承而具有永久性。第三，法律规定了保护作品的范围。某种智力产品的形式是不是作品，受不受法律保护，取决于法律的规定。第四，法律规定了对著作权的具体限制（如为了个人学习而复制，不属侵权）；而对一般财产权则不规定具体的限制。第五，著作权由于法律效力的地域性而具有地域性。一个国家的法律规定，只能在本国发生效力；本国的法律规定，只能保护本国公民的作品和外国人在本国境内的属于首次发表的作品。而对于一般财产，各国都加以保护，并没有地域的限制。当然，为了使本国人（公民、法人）的作品在国外也受到保护，一国可以通过双边协议或多边公约，使著作权的保护超越国界限制。但即使如此，著作权中的某项权利是否受到保护或限制，如何保护或限制，还是决定于各缔约国的法律规定。

2. 同专利权、商标权比较

著作权同专利权、商标权比较，具有如下的特征。

（1）对作品的多项使用，可以产生新的著作权。如把小说改编成电影，则产生电影剧本的著作权；翻译成别种语言，则产生翻译作品的著作权；把几部作品编辑在一起，则产生编辑作品的著作权。这是其他知识产权和普通财产权所不具有的特征。

（2）自动产生著作权。作品只要具备独创性并能以某种形式复制，无须履行任何注册登记手续，便自动产生著作权（大多数国家如此）；而其他知识产权，只有经过登记注册手续，才能取得相应的权利。

（3）传播者（表演者、书刊出版者、音像产品制作者、广播电视组织）因传播作品而产生专有权利，这种权利叫做著作权的邻接权。这种使用（传播是一种使用）专有权又产生专有权的特征，也是其他知识产权和普通财产权所没有的。

（4）著作权的客体（作品）是作者思想的表现形式，而不是思想本身。同一思想内容表现为不同的作品形式，各种作品形式的作者都能获得相应的著作权。同一位先进工作者的思想和气质，可以用绘画、摄影、雕塑、雕刻、素描、速写等形式来加以表现，各种形式的作品的作者都可以取得著作权。可见，著作权保护的是作品本身，而不是作品所表达的思想内容。著作权只是禁止他人未经作者同意而使用其作品，并不禁止他人使用作品中的思想。例如介绍某个企业兴办企业文化的作品，其作者有权禁止他人未经其同意而使用其作品，但是无权禁止他人使用作品中介绍的思想和经验去兴办企业文化。专利权保护的是发明创造者的新技术思想、方案和方法。如果一项新技术方案获得了专利权，这项技术未经专利权人许可，他人便不能在生产中应用；如果未获得专利，则无权禁止他人将这项技术应用于生产；而无论这项技术是否获得专利，说明这项技术的文章都能取得著作权。可见，著作权保护的是文章的形式，是文章本身，而专利权保护的是文章的内容，文章中

所包含的技术思想。再者，同一技术内容的发明创造，只能授予一次专利权，因为内容只有一个；而说明同一技术内容的不同的文章，都可以取得著作权，因为表达内容的形式可以不止一个。这也说明专利权保护的是思想内容，而著作权保护的是思想的形式。

（5）著作权只要求受保护的作品是独创的，而不必是首创的。所谓独创，是指作品本质上是作者创作的原作，而不是从他人作品中抄袭过来的。至于质量如何，是否新颖或别出心裁，都无关紧要；无论是说明雕虫小技或阐明深奥的哲理，都一样受著作权保护；无论其创作先后，只要不是抄袭他人作品，也都享有著作权。而专利权则要求受保护的发明创造必须是首创的，新颖的，对于同一内容的发明创造，只有首先完成并申请专利在先的，方有可能取得专利权。

3. 同商标权比较

著作权同商标权比较，还具有以下特征。

（1）保护对象不同。著作权保护的对象是智力劳动成果的作品，而商标权保护的对象是商品标志。有些商标标志是精心设计的作品，有的商品标志只是简单的文字图形，它们不是心灵的创造，而是根据经营需要的选择。

（2）对保护对象的要求不同。对于作品，只要是作者独立完成的，不管它们如何雷同，都可获得著作权法的保护。而商标则不然，凡是与已注册的同类商品的商标相同或相似的商标，都不可能取得商标权。

由于著作权具有同其他知识产权一样的特征，由于形式与内容、思想与载体的不可完全分离，因此著作权同其他知识产权又密切结合在一起。一项技术革新方案，从内容上可获得一项专利权；从形式上看，又是一项作品，可取得著作权。一件美术作品，当被作为商标注册，作者对该作品享有著作权，而注册人则享有将该作品用做特定商品标志的商标专用权。当然，注册人应取得作者的同意并支付使用作品的报酬。产品的外观设计，设计者可以取得著作权；如果符合专利条件，通过一定的程序，又可获得外观设计专利权。这项设计在形式上受著作权保护，而在内容上则受专利权保护。其内容是该项设计所具有的新颖性、美感以及它同产品的结合，并成为产品的构成部分；其形式是设计本身，设计所呈现的是形状、图案或它们的结合。外观设计若取得专利，其权利内容及保护期，由专利法规定；若专利期限届满，作为技术方案，进入公有领域，各个企业、各类产品，均可加以利用；而它作为作品，其权利内容和保护期限，由著作权法加以规定，别人仍然不得抄袭；当其进入公有领域之后，作为作品，其作者的人身权，一般地仍然受著作权法的保护。外观设计若是平面的，其形状或图案，可以作为商标，经过注册而获得商标专用权。这样一来，当外观设计的专利权因期限届满而丧失之后，仍可通过商标的续展程序而长期地享有将该项外观设计在同类产品上用做商标的专用权，使采用该项外观设计而带来的商业利益能够在商标专用权的限度内继续下去。

一项智力成果，可以成为不同知识产权的客体，受相应的知识产权法的调整和保护。

二、《保护文学艺术作品伯尔尼公约》

（一）公约的产生

19世纪后半叶，随着经济和文化交流的日益发展，资本主义国家的出版业也迅速发展，图书贸易在进出口交易中占据相当比例。为了保护本国作者和出版商的利益，十分需要确立一个成员国均能接受的版权国际保护制度。经多次协商，由英国、法国、德国、意大利等10国于1886年9月9日在瑞士首都伯尔尼签订了《保护文学艺术作品伯尔尼公约》（简称《伯尔尼公约》），产生了世界上第一个保护版权的公约。该公约于1887年12月5日生效。公约缔结后，经过了多次修改，最后一次修订形成的是1971年巴黎文本，是目前绝大多数国家批准的文本。此外还有个公约附件，是关于对发展中国家给予特别照顾的条款。到1997年1月止，公约已有121个成员国。中国于1992年7月加入《伯尔尼公约》，10月成为公约成员国。

（二）《伯尔尼公约》的三项主要原则

（1）国民待遇原则。公约规定了“双国籍国民待遇”原则，双国籍即指作者国籍和作品国籍。依据公约的规定，可享有国民待遇的有下列几种人：①伯尔尼公约成员国的国民，其作品不论是否已出版，在其他成员国应受到各成员国给予本国国民的同等保护。这是公约中的“作者国籍”标准，也称为“人身标准”。②非伯尔尼公约成员国的国民，其作品首次在公约一个成员国出版，或首次出版同时发生在某成员国及其他非成员国，则应在一切成员国中享有国民待遇。这是公约中的“作品国籍”标准，也称为“地点标准”。③非伯尔尼公约成员国国民在成员国中有惯常居所的，也适用“作者国籍”标准，享有国民待遇。④电影作品的作者，即使不符合①、②、③中任何一个标准，而只要有关电影的制片人的总部或该人的惯常居所在公约成员国中，则该成员国被视为有关电影作品的“来源国”，其作者依“作品国籍”标准享有国民待遇。⑤建筑作品及建筑物中的艺术作品的作者，即使不符合上述①、②、③中任何一个标准，只要有关建筑物位于公约成员国地域内，或建筑物中的艺术作品位于公约成员国地域内，则该成员国被视为有关建筑作品或艺术作品的“来源国”，其建筑作品及建筑物中艺术作品的作者依“作品国籍”标准，享有国民待遇。

公约中的国民待遇，包含两方面的内容：第一，享有公约各成员国依本国法为其本国国民提供的版权保护；第二，享有公约专门提供的保护，即各成员国必须依公约提出的最低保护要求予以保护。

（2）自动保护原则。即作者在公约成员国中享受版权的保护，不需要履行任何手续。包括不必登记注册，不必交存样书，不必在作品上加注任何版权保留的标记。按照这一原则，公约成员国国民及在成员国有长期居所的其他人，在作品创作完成时即自动享有版权；非成员国国民又在成员国无长期居所者，其作品首先在成员国出版时即享有版权。

（3）独立保护原则。即各成员国所提供的与国民待遇相当的保护，不受作品来源国保护状况的影响。主要包括三种情况：①公约成员国中，有些国家的版权法可能要求其国民的作品要履行一定手续才能受保护，这些国家的作者在其他成员国要求版权保护时，其他国家不能因其本国要求履行手续而专门要求他们也履行手续。此外，要求履行手续的国家也不能要求其他成员国的作者履行手续。②一个成员国在遇到利用版权的活动时，不能因其在作品来源国不视为侵权而拒绝受理有关的侵权诉讼。③不能因作品来源国的保护水平低，而给予作者低水平保护。

（三）公约的其他内容

（1）受保护的作品。公约第 2 条对“受保护的作品”作了详细说明。①一切文学、科学与艺术作品，不论其采取什么表现形式或表达方式，都属于公约保护的“作品”。②一切演绎作品及汇编作品，也属于“受保护作品”，但以不损害原著作者的权利为前提。③公约在第 2 条中以列举的方式列出的一系列属于作品的客体。

（2）受保护的权利。受保护的权利包括经济权利和精神权利。

（3）对权利的限制。公约规定对权利的限制有两种，一种是合理使用，一种是强制许可。公约规定在 5 种情况下的使用属合理。在两种情况下可以颁发强制许可证。一是针对版权中的广播权；二是针对音乐作品的复制权。实行强制许可，不得损害作者的精神权利和经济权利。

（4）权利的保护期。公约的规定如下：①公约给予保护的期限为作者终生及其死后 50 年。②对于电影作品，成员国有权规定，保护期限自作品在作者同意下公映后 50 年届满。③对于不署名作品和署笔名作品，其保护期为自其合法向公众发表之日起 50 年。④成员国有权以法律规定摄影作品及作为艺术品加以保护的实用美术作品的保护期，但这一期限不应少于自该作品完成时算起 25 年。⑤成员国有权规定比上述各款规定期限长的保护期。作者的精神权利，在其死后至少应保留到财产权期满为止。

（5）关于发展中国家的优惠规定。《伯尔尼公约》1971 年巴黎文本附件，对发展中国家规定了翻译和复制外国原作的特许权。其主要内容是：①允许发展中国家在一定期限内，在作者拒绝发翻译权许可证时，颁发强制许可证（附件第 2 条）。②允许有关国家的主管机关在规定时间内，在一定情况下颁发复制某些作品的强制许可（附件第 3 条）。③颁发上述许可证，申请人按照有关国家规定须证明他已向权利所有人提出翻译出版译本或复制出版版本的要求，而未能得到授权，或经过努力未找到权利所有人。

根据公约附件第 1 条的规定，发展中国家在加入公约交存批准书或加入书的同时，应声明是否援用附件第 2 条、第 3 条的权利。中国在 1992 年加入公约时，同时声明享有附件第 2 条、第 3 条规定的权利。

（6）追溯力。依照公约第 18 条的规定，公约不仅适用于某个成员国参加公约之后来源于其他成员国的作品，而且适用于新参加公约的成员国在其参加公约之前即已存在的受其他成员国保护的作品，表明公约具有追溯力，但公约也承认成员国之间缔结的限制追溯力的特别公约的效力。

（四）最低限度保护原则

公约对受保护的作品、权利内容、保护期限等方面，要求成员国提供的版权保护水平不得低于公约规定的限度。

三、《世界版权公约》

《世界版权公约》于 1952 年 9 月 6 日，签订于瑞士的日内瓦，1955 年 9 月 16 日生效，1971 年 7 月 24 日在巴黎进行过一次修订，修订本于 1974 年 7 月 10 日生效。中国于 1992 年 7 月加入，从 1992 年 10 月起成为公约的成员国。

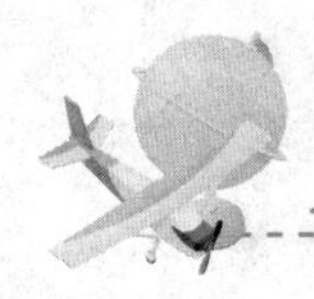

公约由联合国教科文组织主持签订，并由其组织管理。公约共有21条，外加两个有关条文的附加声明和决议。公约规定的主要原则如下。

（1）双国籍国民待遇原则。依照公约，任何缔约国国民出版的作品及在该国首先出版的作品，在其他各缔约国中均享有该国给予其本国国民在本国首先出版之作品的同等保护，以及本公约特许的保护。任何缔约国国民未出版的作品，在其他各缔约国中，享有该缔约国给予其国民未出版之作品的同等保护以及本公约特许的保护。

（2）有条件的自动保护原则。公约所实行的自动保护原则需要履行规定的手续，版权保护应具备一定形式。即只有在印刷出版物上注明该公约的版权符号“©”、在音像出版物上注明符号“®”以及版权所有者姓名、初版年份，才能满足公约的形式要求，在其他缔约国自动受到保护。

（3）独立保护原则。与《伯尔尼公约》的规定相同，即每一个成员国的作品在其他成员国皆依各该国法律受到保护，而不受作品在来源国的保护条件的约束。

（4）最低限度保护原则。公约对各成员国版权法的保护水平规定了最低要求，主要包括以下内容：①受保护的文学、科学、艺术作品包括文字作品、音乐作品、戏剧和电影作品，以及绘画、雕刻和雕塑作品。②作者享有的经济权利起码要包括复制权、公演权、广播权和翻译权。③对作品的保护期一般不得少于作者有生之年加死后25年，或作品发表之后25年。

此外，公约对发展中国家作了一些例外规定，内容是关于强制许可的规定，涉及翻译权和复制权两种权利。

公约还对追溯力的问题作了规定，依据第 7 条，公约不保护已永久进入公有领域的作品或作品中的权利。表明公约不具有追溯力。

《世界版权公约》和《伯尔尼公约》是两个相互独立的公约。一个国家可以参加其中之一，也可以两个都参加。

[例 12] 安娜是前苏联人，1918年出生，1943年至1984年在中国居住，任职于新华社，终生未婚，只有一中国养子林某。安娜1990年回俄罗斯定居，1992年8月去世。1994年中国某出版社从各种渠道收集安娜生前所著新闻特稿、随笔等共22篇，整理后欲以专辑形式出版。后林某要求获酬并主张版权，双方争执不下，林某诉至法院。经调查证实：出版社收集的22篇文章中，2篇为安娜与另一中国籍好友合作完成；12篇为安娜在中国定居时首次在中国发表；6篇为安娜1990年回国后在俄罗斯发表；还有2篇从未发表过，而取自安娜在中国定居时与其好友的往来信件。

[问题] 林某对上述哪些作品享有权利？享有什么权利？

[参考结论] 林某对其养母的2篇合作作品、12篇首次在中国发表的作品以及2篇未曾发表的作品依《中华人民共和国著作权法》（以下简称《著作权法》）享有著作财产权；其对 2 篇未曾发表的作品还享有发表权。但对 6 篇发表于俄罗斯的作品，林某不享有任何权利。

[法理、法律精解] 依据我国《著作权法》第13条“两人以上合作创作的作品，著作权由合作作者共同享有”的规定，安娜享有对2篇合作作品的著作权；依据《著作权法》第2条“外国人的作品首先在中国境内发表的，依照本法享有著作权”的规定，安娜享有其首

次发表于中国的12篇作品的著作权；依据《伯尔尼公约》第3条第1款“根据本公约，作者为本同盟任何成员国的国民者，其作品无论是否已经出版，都受到保护”、第2款“非本同盟任何成员国的国民但其惯常住所在一个成员国国内的作者，为实施本公约享有该成员国国民的待遇”以及第18条第1款“本公约适用于所有在本公约开始生效时尚未因保护期满而在其起源国进入公有领域的作品”的规定，安娜定居于中国时创作完成但未曾发表的2篇作品，中国应视为这2篇作品的起源国，而中国1992年10月15日正式加入《伯尔尼公约》时，这2篇作品尚在保护期内，因此安娜对这2篇未发表作品享有著作权。

根据我国《著作权法》第19条“著作权属于公民的，公民死亡后，其作品的使用权和获得报酬权在本法规定的保护期内，依照继承法的规定转移”以及《中华人民共和国著作权法实施条例》（以下简称《著作权法实施条例》）第22条“作者生前未发表的作品，如果作者未明确表示不发表，作者死亡后50年内，其发表权可由继承人或者受遗赠人行使”的规定：安娜的养子林某作为其合法的继承人，享有安娜所著2篇合作作品、12篇首次发表于中国的作品以及2篇定居于中国时创作完成但未曾发表的作品的著作财产权以及2篇未发表作品的发表权。

我国于1992年10月15日正式加入《伯尔尼公约》，1992年10月30日正式加入《世界版权公约》，而俄罗斯于1995年3月13日加入《伯尔尼公约》，此前一直为《世界版权公约》的成员国。安娜1990年回俄罗斯定居，1992年8月去世，对其在此期间创作完成并首次发表于俄罗斯的6篇作品，因我国当时尚未加入任何著作权国际公约，因此不予提供任何著作权保护。对此6篇作品，其养子林某当然也不享有任何权利。

[例13] 1994年，美国沃尔特·迪士尼公司（下称迪士尼公司）因北京出版社、新华书店总店北京发行所（下称北京发行所）侵犯版权纠纷一案，向北京市中级人民法院提起诉讼。

《一本关于善良的书》、《一本关于助人的书》和《一本关于勇敢的书》于1987年11月30日在美国办理了版权登记，米奇老鼠形象于1987年9月2日在美国办理了版权登记手续，版权属于迪士尼公司。1987年8月19日，迪士尼公司与英国麦克斯威尔公司签订协议，约定：“迪士尼公司仅授权麦克斯威尔公司出版汉语出版物的非独占性权利，只能在中国出售以迪士尼乐园角色为体裁的故事书，本协议所给予的许可权利不得以被许可方的任何行为或通过法律程序进行转让，被许可方不得再转让许可给他人，合同期限自1987年10月1日至1990年9月30日，自期满日后有180天的全部售完期限。”

1991年3月21日，经大世界出版有限公司（下称大世界公司）介绍，麦克斯威尔公司与北京出版社签订了《关于转让迪士尼儿童读物中文简体本出版合同》（下称《出版合同》）。约定：“麦克斯威尔公司经迪士尼公司授权，拥有迪士尼儿童读物中文的专有出版权，并有权代理该读物的版权贸易业务，麦克斯威尔公司将迪士尼公司的授权转让给北京出版社。”当天，北京出版社又与大世界公司签订协议，委托大世界公司将迪士尼儿童读物文字进行定稿、发排、制版，大世界公司保证提供合格的中文简体字彩色版制成软件，并负责提供外方授予版权的版权合同书。为此，大世界公司获利10 437.6元，但一直未提供其所保证的外方的版权合同书。

1991年2月1日，北京出版社与北京发行所签订协议，约定：“属于包销图书，出版社要在版权页上注明‘新华书店经销’字样。”此外还约定：“出版国外作品或图书，出

版社要与版权所有者签订出版合同，并将合同报版权管理机关审核登记，获登记号后再交北京发行所征订和安排出版，否则出现出版、发行、经销的一切涉外版权纠纷一律由出版社负责。”1992年3月11日，北京出版社将《出版合同》送北京市版权局审核，由于未出具迪士尼公司的授权书，该局未予办理登记手续，后北京出版社也未补办登记手续。

1991年8月、1992年11月和1993年11月，北京出版社3次印刷出版《善良的灰姑娘》等9本书，书中的卡通形象与迪士尼公司的英文原本完全相同，且9本书的封面均有米奇老鼠的形象，并标有《迪士尼的品德故事丛书》（以下简称《丛书》）字样，每本定价人民币2元。

1994年，迪士尼公司向北京市中级人民法院提起诉讼，以北京出版社和北京发行所未经其许可，在出版、发行9本《丛书》的过程中复制了迪士尼公司享有版权的卡通形象，侵犯其版权为由，请求法院判令二者立即停止出版发行及销售该《丛书》，书面保证不再侵犯其版权，并在中国出版国内外发行的报纸上公开赔礼道歉，偿还其经济损失177余万人民币。

[问题]（1）本案是否适用《中美知识产权谅解备忘录》？

（2）北京出版社和北京发行所的行为是否侵犯了迪士尼公司的版权？

[参考结论]（1）本案适用《中美知识产权谅解备忘录》。

（2）北京出版社和北京发行所的行为侵犯了迪士尼公司的版权。

[法理、法律精解]（1）因为《中美知识产权谅解备忘录》于1992年3月17日生效，其作为中美两国政府签订的知识产权双边条约，对其生效后发生的有关中美知识产权侵权问题当然适用。

（2）北京出版社的第一次出版行为发生在《中美知识产权谅解备忘录》生效日之前，并且此时我国尚未加入任何版权国际公约，因此不构成侵权。但第二次和第三次出版行为则发生在《中美知识产权谅解备忘录》和《伯尔尼公约》对我国生效以后，并且其出版行为未获有关版权人，即迪士尼公司的许可，因而构成版权侵权，应承担相应的侵权责任。

北京发行所参与了北京出版社第二次和第三次出版的《丛书》的销售，而根据我国《著作权法实施条例》第5条第（5）项的规定，销售属于发行的一种方式，应获得有关版权人的许可。北京发行所与北京出版社签订的协议中虽有“出版国外作品或图书，出版社要与版权所有者签订出版合同，并将合同报版权管理机关审核登记，获登记号后再交北京发行所征订和安排出版，否则出现出版、发行、经销的一切涉外版权纠纷一律由出版社负责”的约定，但事实上北京发行所对北京出版社是否获得了版权管理机关的登记号并未进行审查，所以对其侵权行为的发生，北京发行所主观是有过错的，因而也应承担相应的侵权责任。

[例14] 时代图书公司是美国的一家出版公司，该公司于1970年出版了一套有关烹饪的图书，公司本身即是这套烹饪作品的版权人。该公司保留了这套图书在美国和加拿大的复制和发行权后，将这套图书在全世界的复制和发行权以独占许可的形式授予了该公司在荷兰的子公司时代生活书店。

州际快速发行公司是澳大利亚一家图书、期刊发行公司。1972年，该发行公司从时代图书公司在美国的合法发行人那里购买了一批投放美国市场的烹饪图书，然后把图书运往澳大利亚销售。该发行公司在澳大利亚的售价明显低于时代生活书店同样烹饪书的售价。

时代生活书店认为州际快速发行公司的进口、销售活动侵犯了它的独占发行权，故向澳大利亚高等法院起诉，要求认定发行公司活动的侵权性质，并禁止其继续从事烹饪书的销售。州际快速发行公司则认为：它所购买的图书是图书版权人在美国合法印制的，该书在美国的销售已获版权人的许可。根据发行权的“权利穷竭”原则，版权人不能干涉已合法售出作品的转售。所以，州际快速发行公司在澳大利亚销售这批图书不侵犯版权人的任何权利，当然更不侵犯时代生活书店的任何权利。

时代生活书店对此抗辩称：尽管根据美国版权法，发行权受“权利穷竭”原则的限制，但这一原则在跨国贸易中并不适用。因为根据《世界版权公约》的“版权独立性”原则，经版权人许可在一国销售了他（它）享有版权的图书（即作品的复制品）不应导致他（它）的发行权在另一国或在全世界其他国穷竭。因此，发行公司的行为侵犯了时代图书公司的版权，从而也就侵犯了时代生活书店合法取得的独占发行权。

[问题] 州际快速发行公司的行为是否侵犯了时代图书公司的版权？时代生活书店的抗辩理由是否合理？

[参考结论] 州际快速发行公司的行为侵犯了时代图书公司的版权。时代生活书店的抗辩理由合理。

[法理、法律精解] 因为虽然发行权“权利穷竭”原则为多数国家的版权法所认同（包括本案所涉及的美国和澳大利亚的版权法），但根据本案发生时在美国和澳大利亚同时有效的《世界版权公约》所确立的“版权独立性”原则，成员国版权人在各成员国享有何种程度的版权保护取决于提供保护的国家的版权法，这是对版权地域性的确认。既然版权在国际保护中具有地域性，版权中的“权利穷竭”原则的适用，当然也具有地域性。因此发行权“权利穷竭”原则不应适用于跨国图书交易，州际快速发行公司的进口、销售行为因为没有取得版权人或其独占发行代理人的许可，因而构成版权侵权。

[例 15] 20 世纪福克斯公司、环球影片股份有限公司、沃尔特迪士尼公司、时代华纳娱乐公司、三星影片公司、派拉蒙影片公司、联美影片股份有限公司和哥伦比亚影片工业公司均是在美国注册的电影公司。这 8 家公司于 1985 年、1986 年、1988 年、1989 年、1990 年、1991 年分别对其制作的《独闯龙潭》、《走出非洲》等 16 部电影作品在美国版权局进行了版权登记，获得了版权登记证书，拥有上述电影作品的著作权。

1994 年 2 月和 6 月，上述 8 家电影公司委托律师在北京市先科激光商场（以下简称先科商场）购得深圳市激光节目出版发行公司出版发行的上述电影作品的激光视盘 403 张。1994 年 6 月，又委托律师在北京市文化艺术出版社音像大世界（以下简称音像大世界）购得深圳市激光节目出版发行公司出版发行的上述电影作品的激光视盘 142 张。1995 年，20 世纪福克斯公司等 8 家电影公司以先科商场和音像大世界侵犯其电影作品著作权为由，向北京市第一中级人民法院提起诉讼。

原告诉称：《独闯龙潭》等 16 部电影作品的著作权是分别属于他们 8 家电影公司的，根据中美两国政府于 1992 年 11 月 7 日签署的《中美知识产权谅解备忘录》和 1992 年 10 月 15 日对中国生效的《伯尔尼公约》的规定，上述电影作品的著作权应受中国《著作权法》的保护。两被告所销售的电影作品激光视盘是未经原告许可发行的，构成对原告著作权的侵犯。

被告辩称：自己是合法经营音像制品的企业，其经营的音像制品是正式出版物。其作为销售商无义务审查所售音像制品的出版发行者使用作品的合法性。根据法律规定，只有复制和发行行为才涉及著作权侵权，其仅为销售商，无须在销售商品时取得著作权人的许可。

[问题] 被告的行为是否构成侵犯原告的著作权？

[参考结论] 构成侵权。

[法理、法律精解] 因为被告销售侵权激光视盘的行为无论从主观方面还是从客观方面分析均构成侵犯原告的著作权。

从主观方面看，被告作为音像制品的专业销售商，有义务审查其经销的激光视盘版权的合法性。尤其根据国家版权局国权（1993）28 号文件《关于为特定目的使用外国作品特定复制本的通知》的规定，国际著作权条约在我国生效前，中国公民或法人为特定目的拥有和使用的外国作品的特定复制本，自在 1993 年 10 月 15 日后均应取得原著作权人的授权才能销售，否则按侵权处理。因此，尽管被告销售的激光视盘属第三方提供的正式出版物，但其以此作为免责的理由不能成立，其销售行为具有主观上的过错。

从客观方面看，原告对本案所涉及的电影作品的著作权，根据《中美知识产权谅解备忘录》（1993 年 3 月 17 日生效）和《伯尔尼公约》（1992 年 10 月 15 日对我国生效）受中国《著作权法》的保护。因此，被告销售他人出版的属于侵权复制本的激光视盘的行为客观上也构成对原告著作权的侵犯。

[例 16] 微软公司（Microsoft Corp.）开发的 MS-DOS 5.0 版、MS-DOS 6.0 版、MS-DOS 6.2 版、Windows 3.1 版、Microsoft Foxpro for Windows 2.5 版等计算机软件，均在美国版权局进行了版权登记，微软公司是这些软件作品的著作权人。1994 年 3 月 4 日，微软公司在北京市海淀区乙 31 号北京巨人电脑公司（下称巨人公司）经营地点内，购买巨人公司销售的新加坡产 IPC 386 计算机 1 台，该机内装有 Windows 3.1 测试版及 MS-DOS 6.0 版计算机软件。根据新加坡 IPC 公司的资料显示，该机内原配置仅为 MS-DOS 5.0 版计算机软件。此外，巨人公司还于 1992 年 10 月 21 日销售给山西省临沂地区广播电视局计算机公司 MS-DOS 5.0 版计算机软件一套。1994 年 5 月 23 日，微软公司以巨人公司从 1993 年下半年至今一直复制、销售由微软公司享有著作权的计算机软件，侵犯了其著作权为由，向北京市中级人民法院起诉。

北京市第一中级人民法院受理本案后，应微软公司申请，于 1994 年 6 月 23 日对巨人公司进行了证据保全，在巨人公司经营地点内，当场扣押经微软公司代理人指认涉嫌侵权的内存有 Windows 3.1 英文版、MS-DOS 6.2 版计算机软件的巨人公司自制的 GAC 486 兼容机以及巨人公司持有的 MS-DOS 6.2 测试版中文系统、Microsoft Foxpro for Windows 2.5 版、Windows 3.1 中文测试版、MS-DOS 6.2 版计算机软件复制品。

经审理，北京市第一中级人民法院最终认定巨人公司侵犯了微软公司计算机软件的著作权。

[问题] （1）微软公司的计算机软件为何在我国享有著作权保护？

（2）本案对微软公司计算机软件的著作权保护，应适用《中美知识产权谅解备忘录》还是《伯尔尼公约》？

[参考结论] （1）微软公司的计算机软件在我国享有著作权保护的法律依据是《中美知

识产权谅解备忘录》和《伯尔尼公约》。

（2）应适用《伯尔尼公约》。

[法理、法律精解] （1）依据《中美知识产权谅解备忘录》第3条第9款之规定，中国自1992年3月17日起对美国国民在中国加入《伯尔尼公约》和《录音制品公约》前在中国境外发表的作品，包括计算机软件和录音制品，提供版权保护；美国与中国分别于1989年和1992年10月15日加入《伯尔尼公约》，依据该公约规定的国民待遇原则和自动保护原则，只要是美国国民的作品，无论是否已发表，均在中国享有不低于国民待遇和公约最低限度的保护。

（2）本案对微软公司计算机软件的著作权保护，应适用《伯尔尼公约》而非《中美知识产权谅解备忘录》，因为根据谅解备忘录的规定，中国在1992年10月15日正式加入《伯尔尼公约》后，我国依据备忘录对美国作品的保护自动停止。而本案中被告的侵权行为发生在1993年以后，因此认定侵权适用的法律应为《伯尔尼公约》而非《中美知识产权谅解备忘录》。

第四节　与贸易有关的知识产权协定

《与贸易有关的知识产权协定》（英文简称*TRIPs*）是在世贸组织范围内缔结的知识产权公约。该协议订立于1994年，1995年生效，我国2001年加入世界贸易组织以后受协议约束。与以前的知识产权国际公约相比，*TRIPs*是一个更高标准的公约。公约要求成员对知识产权提供更高水平的立法保护；要求成员采取更为严格的知识产权执法措施；并将成员之间知识产权争端纳入WTO争端解决机制。

一、*TRIPs*的基本原则

国民待遇原则和最惠国待遇原则是*TRIPs*的基本原则。国民待遇原则规定在*TRIPs*协议第3条，依该条规定，在知识产权保护方面，在遵守《巴黎公约》（1976）、《伯尔尼公约》（1971）、《罗马公约》或《关于集成电路的知识产权条约》中各自规定的例外的前提下，每一成员给予其他成员国民的待遇不得低于给予本国国民的待遇。即除例外情况，要求各成员在知识产权保护上，对其他成员国国民提供的待遇，不得低于其本国国民。但《伯尔尼公约》第6条和《保护表演者、唱片制作者和广播组织罗马公约》（以下简称《罗马公约》）第16条第1款（B）项所允许的成员国在特殊场合以互惠原则取代国民待遇原则的规定依然有效。公约第6条允许在非成员国版权保护水平太低的情况下，以近似互惠的保护代替因“作品国籍”原应享有的国民待遇。即成员国对因“作品国籍”而应保护的作品，无须给予比首次出版国所给予的更高的保护。《罗马公约》第16条第1款（B）项的内容与《伯尔尼公约》第6条相同，只是受限制保护的主体是广播组织。

最惠国待遇原则要求在知识产权的保护上，某一成员提供给其他成员国民的任何利益、优惠、特权或豁免，均应无条件地对全体成员国民适用。最惠国待遇原则的例外包括：（1）由一般性司法协助及法律实施的国际协议引申出的且并非专为保护知识产权的特权或优惠；（2）《伯尔尼公约》和《罗马公约》允许的按互惠原则提供的优惠；（3）*TRIPs*未加规定的表演者权、录音制作者权和广播组织权；（4）建立 WTO 协定生效之前业已生效的保护知识产权国际协定中产生的权利或优惠等。

二、*TRIPs* 规定的知识产权保护标准

TRIPs 首先将《巴黎公约》、《伯尔尼公约》（第 6 条之 2 关于精神权利的规定除外）、《罗马公约》以及《关于集成电路的知识产权条约》的实体性规定全部纳入到 *TRIPs* 中，成为世贸成员必须给予知识产权保护的最低标准。在此基础上，*TRIPs* 又在下列方面进一步明确了成员保护知识产权的最低水平。

1. 版权和相关权利

在版权保护方面，*TRIPs* 对《伯尔尼公约》的补充表现在两个方面：在保护客体方面，将计算机程序和有独创性的数据汇编列为版权保护的对象；在权利内容方面，增加了计算机程序和电影作品的出租权。在版权相关权利方面，*TRIPs* 在《罗马公约》的基础上延长了权利保护期限。规定了对表演者和录制者的保护期限为 50 年，广播组织的保护期限为 20 年。并将《伯尔尼公约》有关追溯力的规定比照适用于表演者权及录音制品制作者权。

2. 商标

TRIPs 规定了商标的定义，商标是指任何能够将一企业的商品和服务与其他企业的商品或服务区分开的标记或标记的组合，包括文字、字母、数字、图形要素、色彩的组合以及上述内容的组合。与《巴黎公约》相比，*TRIPs* 扩大了对驰名商标的特殊保护，一方面将相对保护扩大为绝对保护，即对驰名商标的特殊保护扩大至不相类似的商品或服务。另一方面将驰名商标的保护原则扩大适用于服务标记。在商标的保护期限上，规定商标首次注册以及每次续展，其期限均不得少于 7 年。商标的注册应可无限地续展。在商标的转让上，协议比《巴黎公约》的规定更灵活，允许商标权人自行决定是否连同商标所属的经营一道转让其商标。

3. 地理标志

依 *TRIPs* 第 22 条第 1 款，地理标志指表示一种商品的产地在某一成员领土内，或者在该领土内的某一地区或地方的标志，而某种商品的特定品质、名声或者其特色主要是与其地理来源有关。*TRIPs* 要求各成员有义务对地理标志提供法律保护。在权利内容方面，依 22 条第 2 款，禁止将地理标志作任何足以使公众对该商品来源误认的使用，即禁止利用地理标志的任何不正当竞争行为。亦即禁止误导和不公平竞争行为。依 22 条第 3 款，禁止利用商标作虚假的地理标志暗示的行为，即应拒绝商标注册或使注册无效。依 22 条第 4 款，如果地理标志虽然逐字真实指明商品之来源地域、地区或地方，但仍误导公众以为该商品来源于另一地域，则成员亦可禁止其使用。即对字面真实但有误导的地理标志也应禁止。例如在美国得克萨斯州也有一个城市叫“巴黎”，如在该巴黎市有人生产香水，并在商品包装上注明“巴黎”字样出口，会使普通消费者联想到的是有盛名的法国巴黎的香水，这就属于真实指明商品来源的地理标志却产生误导公众的后果。依 *TRIPs* 的规定，对该商品的真正起源地具有误导公众的性质，则该成员应拒绝该商标的注册或使注册无效。鉴于地理标志对酒类商品具有特别的重要性，*TRIPs* 特别要求各成员采用法律手段，防止使用某一地理标志表示并非来源于该标志所指地方的葡萄酒或烈酒。

4. 工业品外观设计

TRIPs 要求各成员对独立创作的、具有新颖性或原创性的工业品外观设计提供保护。成员可自行确定用工业产权法或通过版权法来保护工业品外观设计，但其保护期至少为 10 年。各成员可以规定，外观设计的保护不应延及主要由技术或功能考虑所做成的外观设计。成员对纺织品设计的保护要求，特别是费用、审查或公布的要求，不应不合理地阻碍寻求这种保护的机会。受保护设计的所有人应有权阻止第三人未经其许可，为商业目的而制造、复制或进口载有或体现有受保护的外观设计的复制品或实质上是复制品的货物。

[例 17] 美国鸿利国际公司（以下简称鸿利公司）于 1986 年来华投资，在其经营的餐厅上一直使用"美国加州牛肉面大王"名称，截至 1994 年其在北京已设有 20 余家连锁店。鸿利公司的"红蓝白"装饰牌匾于 1993 年 11 月 3 日在我国获得外观设计专利。该公司并于 1993 年 9 月 30 日向国家工商局商标局提出申请，要求将"美国加州牛肉面大王"注册为服务商标，但该申请至 1995 年 5 月仍未获批准。北京市西城区馨燕快餐厅（以下简称馨燕快餐厅）于 1993 年 4 月 1 日开业，其横幅牌匾和霓虹灯招牌亦标有"美国加州牛肉面大王"的名称，其横幅牌匾的颜色依次为红白蓝。1993 年 6 月，经鸿利公司请求，北京市西城区展览路工商所责令馨燕快餐厅将其横幅牌匾上的"美国加州牛肉面大王"以及霓虹灯上的"国"、"州"两字去掉。但是，馨燕快餐厅仅将其横幅牌匾和霓虹灯上的字样改为"美　加　牛肉面大王"，"国"、"州"两字在横幅牌匾及霓虹灯的空缺处仍在。故鸿利公司于 1994 年 5 月 12 日向北京市中级人民法院提起诉讼。

原告鸿利公司诉称：被告馨燕快餐厅自开业以来，擅自打出了"美国加州牛肉面大王"的专有名称，冒用了其"红蓝白"的外观设计专利，极大损害了自己的经济利益、商誉和消费者的权益，其行为已构成不正当竞争，故请求法院判令被告停止侵权、登报道歉、赔偿商誉损失及律师费 50 万元。

被告馨燕快餐厅辩称：被告餐厅之横幅牌匾的颜色排列顺序为红白蓝，这与原告外观设计专利的颜色排列顺序不同，不会导致消费者的误认。此外，原告"美国加州牛肉面大王"名称并未获得商标注册，原告对该名称不享有专有权，因此，其使用此名称不构成侵权。

[问题] 被告馨燕快餐厅的行为是否构成侵权？

[参考结论] 被告馨燕快餐厅侵犯了原告鸿利公司知名商品特有的名称权，是一种不正当竞争行为。其使用红白蓝横幅牌匾亦侵犯了原告的外观设计专利权。

[法理、法律精解] 我国和美国均为《保护工业产权巴黎公约》的成员国，依该公约，美国国民在我国的经营活动受我国《中华人民共和国反不正当竞争法》（以下简称《反不正当竞争法》）的保护。本案中，原告鸿利公司在北京设有 20 余家"美国加州牛肉面大王"的连锁店，在消费者中已享有一定的知名度，属于知名商品。《反不正当竞争法》第 5 条第 2 款规定，"擅自使用知名商品特有的名称、包装、装潢，或者使用与知名商品近似的名称、包装、装潢，造成和他人的知名商品相混淆，使消费者误认是该知名商品"的行为为不正当竞争行为。因此本案中馨燕快餐厅使用"美国加州牛肉面大王"名称的行为即构成不正当竞争。此外，被告辩称其横幅牌匾上的颜色排列顺序不同于原告，因此不构成外观设计专利侵权的观点是站不住脚的。因为判定外观设计专利侵权与判定商标侵权类似，主要依据被告产品是否与原告的专利产品相同或近似，是否可能导致一般消费者的误认。

本案中被告与原告使用的横幅牌匾颜色顺序确有不同，但这对于一般消费者来说是很难区别的，因此构成对原告的外观设计专利侵权。

5. 专利

在专利保护客体上，依 *TRIPs* 第 27 条，一切技术领域内具有新颖性和创造性，并能付诸工业应用的任何发明，不论是产品还是方法，均应提供专利保护。但各成员可拒绝对疾病的诊断方法、治疗方法和外科手术方法提供专利的保护。关于植物新品种的保护问题，第 27 条规定：成员国应以专利制度或有效的专门制度，或以任何组合制度，给植物新品种以保护。即植物新品种可以不用专利，可以用一种植物专门法或其他的方法来保护。*TRIPs* 与《巴黎公约》相比，在专利权内容方面增加了专利进口权、许诺销售权，并要求成员将对方法专利的保护延及依该方法而直接获得的产品。专利进口权指的是进口国的专利权人有权阻止他人未经许可进口与其专利产品相同的产品，不论进口的产品在国外是否享有合法的专利权。“许诺销售权”指在销售行为实际进行前，进行发布广告、展览、公开演示、寄送价目表、拍卖公告、招标公告以及达成销售协议等表明销售专利产品意向的权利。在保护期方面，*TRIPs* 规定应不少于自提交专利申请之日起 20 年。

6. 集成电路布图设计

TRIPs 首先将 1989 年《关于集成电路的知识产权条约》的全部实体性规定纳入，并提高了保护水平：扩大了权利保护范围，将保护对象由只保护布图设计和含有受保护布图设计的集成电路，扩大到了含有受保护集成电路的物品；将保护期由 8 年延长为 10 年，并允许成员将布图设计的保护期限规定为自创作完成之日起 15 年；规定善意侵权人在收到该布图设计系非法复制的通知后，仍可就其现有存货或订单继续实施其行为，但应向权利持有人支付报酬。

[例 18] 1996 年，美国 M 公司将自己独立开发出的某种专用微机的芯片掩膜（集成电路布图设计）以 32 万美元的总价授权日本大鹰产业使用，协议明确大鹰产业享有 5 年内在日本境内的独占使用权，但同时不允许其分许可。1998 年，受亚洲金融风暴的影响，大鹰产业面临严重的财政危机，正常生产被迫停止。5 月，大鹰产业以独立开发者的身份将该布图设计授权给日本佐藤精器株式会社使用。由于在日本该种专用微机仅大鹰产业一家生产销售，因此佐藤精器株式会社并未怀疑其技术的合法性，按约定在 1998 年年底将 30 万美元的合同总价一次付清，并首批投入生产了 2 万台微机。1999 年 3 月，大鹰公司宣告破产，6 月，佐藤精器株式会社与中国北京中关村一芯片研究所签订协议拟将该布图设计再许可。但有关技术资料尚未交付时，佐藤精器株式会社被美国 M 公司起诉侵权，此时其尚有近 6000 台专用微机未售出。

[问题]（1）佐藤精器株式会社生产、销售该种专用微机的行为是否侵犯了美国 M 公司的集成电路布图设计权？

（2）其尚未售出的产品应如何处理？

（3）其与中国芯片研究所的许可协议又应如何处理？

[参考结论]（1）佐藤精器株式会社不构成侵权。

（2）其尚未售出的产品可继续出售，直到售完为止，但应向美国 M 公司支付合理的提成费。

（3）其与中国芯片研究所的许可协议无效。

[法理、法律精解] （1）根据 1996 年 1 月 1 日同时在美国和日本生效的《与贸易有关的知识产权协议》纳入的 1989 年《关于集成电路知识产权条约》第 6 条第 4 款关于“善意获得侵权的集成电路的销售和供销”的规定，“对于采用非法复制的布图设计的集成电路而进行的任何行为，如果进行或者指示进行该行为的人在获得该集成电路时不知道或者没有合理的依据知道该集成电路包含有非法复制的布图设计，任何缔约方没有义务认为上述行为是非法行为”。

（2）根据《与贸易有关的知识产权协议》第 37 条对“善意获得”的补充规定，“当该当事人接收到关于该布图设计属非法复制的有效通知后，该人可以就现有的存货或此前已经发出的订单继续实施其行为，但应有责任向权利持有人支付一笔合理的提成费，即相当于按照自愿协商订立的布图设计使用许可而支付的费用”。

（3）因为佐藤精器株式会社并不是合法的布图设计权人，在未经权利人许可的情况下，对该集成电路布图设计不享有许可权。

7. 对未披露信息的保护

TRIPs 第 39 条第 1 款规定了未披露的信息要得到保护必须符合三个条件：其一，信息是秘密的，即信息整体或者其组成部分的确切组合不是通常从事该信息行业界的人所普遍知悉或容易获得的；其二，该信息因为秘密而具有商业上的价值；其三，合法控制信息的人为了保守该信息的秘密性，已经根据情况采取了适当的措施。依第 39 条第 2 款规定，合法控制符合上述条件信息的自然人和法人应当有可能制止下列行为：第一，制止他人未经其许可，以违反诚实的商业惯例的方式，将该信息向任何人公开；第二，制止他人未经其许可，以违反诚实的商业惯例的方式获得该信息；第三，制止他人未经其许可，以违反诚实的商业惯例的方式使用该信息。

[例 19] 原告 CPG 公司是美国一家著名的玩具生产商，其于 1980 年开发了一种可伸缩的玩具娃娃。该产品并没有什么秘密，秘密在制造产品的机器上，CPG 公司在该种机器的制造、操作程序和生产控制程序上掌握着一系列技术秘密。被告 M 公司通过某种不正当手段获得了上述秘密技术，迅速地仿造出机器，并生产产品投入市场，致使原告市场销售额迅速下降。为此，CPG 公司向法院起诉 M 公司，控告其非法获得并使用原告公司的技术秘密，并生产产品加以销售，要求法庭判令被告停止使用上述技术，并赔偿其给原告造成的直接经济损失和商誉损失。被告公司则提出抗辩，并向法庭指出原告所采用的技术并不复杂，是从事该行业的人通过简单的观察即能掌握的技术，故不构成法律上的商业秘密，法律不应保护。

法庭经调查查明：尽管原告所制造并使用的有关机器及其操作工艺大部分属于机械、物理性质，同行业的人很容易掌握，但原告在生产过程中采取了一系列保密措施，包括：在下班以后，生产设施是与公众隔离的；接近设备只限走有限的入口；门口挂有“不得擅入”的牌子；雇有 14 名保安；外人入厂，只限于能说明与具体人员有特殊事情要联系，保安人员要注意其入厂后是否遵守所作说明的目的；原材料供应商被告知向其披露的信息是秘密的；机器的操作手册仅发放至极小范围，限于由于工作需要必须了解的人员。

以上严格的保密措施，给法庭留下了深刻的印象，因此法庭应原告要求立即发布了诉前禁令，责令被告暂停生产竞争产品，并最终判决被告败诉，赔偿了巨额的损失费。

[问题] 本案法庭的判决是否合理？为什么？

[参考结论] 合理。因为原告拥有的技术秘密具有主观保密性、客观秘密性和价值性三个特点，构成商业秘密，因此享有法律的保护。

[法理、法律精解] 世界各国的法律以及有关国际公约均要求商业秘密权利人对其所拥有的商业秘密采取必要的或合理的保密措施，并以此作为是否对其给予法律救济的一个重要的考虑因素。如美国《统一商业秘密法》中规定："商业秘密意为特定的信息，……是在特定情势下已尽合理保密努力的对象"。《与贸易有关的知识产权协议》中也规定："未披露的信息"应是在特定情势下合法控制信息的人的合理保密措施的对象。日本的《不正当竞争防止法》中则规定："商业秘密是指作为秘密管理的生产方法、销售方法以及其他对经营活动有用的技术上或经营上未被公知的情报"，并以此作为商业秘密的管理性特征。我国《反不正当竞争法》中也规定，商业秘密是指"不为公众知悉、能为权利人带来经济利益、具有实用性并经权利人采取保密措施的技术信息和经营信息"。

[例 20] 北京阳光数据公司（以下简称阳光公司）为国家信息中心的下属企业。1995 年至 1996 年间，阳光公司分别与上海证券交易所、北京商品交易所等十多家商品和证券交易所签订了交易行情的信息采集、转发、经营合同。之后，阳光公司以自己的数据格式对各交易所的行情信息进行整理汇编，形成综合行情信息流，通过卫星广播系统向外发送。该系统称为《SIC 实时金融》。客户使用该系统，须与阳光公司签订合同，交纳信息运营费。合同约定，客户均为终极用户。

上海霸才数据信息有限公司（以下简称霸才公司）于 1995 年至 1996 年间，亦分别与北京商品交易所、天津联合期货商品交易所（以下简称天交所）等签订商品交易行情信息的采集、转发合同。1996 年 7 月 5 日，又与上海证券交易所等签订了证券交易信息的转发、经营合同。

阳光公司为向客户提供交易行情的分析软件，于 1995 年 8 月 16 日与霸才公司签订了关于使用《SIC 实时金融》数据分析格式的合同。合同约定：霸才公司只能使用《SIC 实时金融》数据分析格式开发分析软件，未经阳光公司许可，不能以任何方式转发《SIC 实时金融》信息，合同有效期为 2 年。

1995 年年底至 1996 年年初，天交所曾多次要求霸才公司直接转发天交所的行情信息，但霸才公司一直未直播天交所的行情数据。经多次交涉，霸才公司称其转播的是国家信息中心的《SIC 实时金融》系统信息。为此，天交所请国家信息中心协助查实。

北京市公证处应阳光公司申请，分别于 1996 年 5 月 20 日、6 月 11 日监督了《SIC 实时金融》系统与霸才公司《金融即时》系统行情信息依存从属关系的比较测试过程，并在各测试现场制作了录音带、录像带以及实验记录，作为公证证明。

1996 年 7 月 10 日阳光公司以霸才公司违反合同约定，擅自转发《SIC 实时金融》系统信息，在市场上发展自己的客户，收取信息服务费，其行为违反了合同约定，侵犯了该公司的商业秘密、编辑作品的著作权、专有技术成果权、劳动获益权为由，向北京市第一中级人民法院提起诉讼。

对此，霸才公司辩称：阳光公司发送的行情信息均来自各个交易所，不是原始信息的所有权人，即使它转发阳光公司《SIC 实时金融》的行情信息，也没有侵犯阳光公司的权利；此外，其还指出北京市公证处出具的公证证明不能证明其使用和转发了阳光公司的信息流。

通过调查取证和专家分析，证明霸才公司确实转发了阳光公司《SIC 实时金融》的系统信息。

[问题]（1）阳光公司对其《SIC 实时金融》系统享有何种权利？霸才公司的行为性质是什么？

（2）《SIC 实时金融》是否构成享有著作权的编辑作品？

[参考结论]（1）《SIC 实时金融》系统具备了商业秘密的构成要件，阳光公司作为商业秘密权人受反不正当竞争法的保护。霸才公司的行为具有违约和侵权的双重性质。

（2）《SIC 实时金融》不构成享有著作权的汇编作品。

[法理、法律精解]（1）《SIC 实时金融》数据分析格式用于对收集到的各交易所行情信息进行整理、编辑、加密，这一格式为阳光公司所有。在阳光公司与霸才公司订立的关于使用此数据分析格式的合同中明确约定，霸才公司负有不能对外透露和转让此格式的保密义务。由此可以判定，原告阳光公司对其《SIC 实时金融》数据分析格式不仅在主观上具有保密的意愿，而且在客观上亦采取了与客户约定保密义务等保密措施，故《SIC 实时金融》数据分析格式具有秘密性和保密性。同时，阳光公司在信息的获得、加工、处理、传播过程中，对各交易所的信息源都有了新的投入，这种投入不仅体现在支付各交易所的费用上，更主要的体现在对各交易所单个的、分散的行情信息源进行统一编排并以自己的数据格式进行发送上。对购买者而言，接受综合的信息源较比单个的信息源，减少了对多家交易所的软、硬件的投资，而能够获得多家交易所的综合信息行情信息，有利于资金的节约和数据的比较分析。本案中，阳光公司的信息源已不是从各个交易所直接采来的原始信息，而是经过其加工整理后的综合行情信息，因而具有较强的实用性和价值性，信息源的此种实用性和价值性决定于其数据分析格式，也从而可以证明数据分析格式的实用性和价值性。综上所述，原告阳光公司的《SIC 实时金融》数据分析格式是不为公众知悉的，能给权利人带来经济利益的，并为权利人采取了保密措施的信息，其具备了商业秘密的构成要件，应受反不正当竞争法的保护。因此，霸才公司未经许可擅自使用首先构成商业秘密侵权。其次，根据双方 1995 年 8 月 16 日签订的合同，霸才公司未经授权无权转发该系统信息，因此其擅自转发的行为亦构成违约。

（2）本案原告阳光公司称其《SIC 实时金融》信息流，是按一定的编排体例进行编排，具有独创性，属编辑作品。被告未经许可，以营利为目的复制发行其作品，侵犯了原告享有的著作权。但是，根据我国现行的《著作权法实施条例》，编辑作品的定义是“根据特定要求选择若干作品或者作品的片断汇集编排成为一部作品”。而本案所涉及的商品期货的交易价格信息不具备作品的构成要件，不能成为作品。因此阳光公司对其加工整理后形成的数据流，亦不构成著作权法意义上的编辑作品。因此，原告著作权的主张最终未得到法院的支持。不过，值得一提的是，《与贸易有关的知识产权协议》第 10 条第 2 款规定：“数据库或者其他资料，无论是机器可读的或其他形式的，由于对内容的选取或编制构成了智力创作，因此必须加以保护。这种保护不应延伸至对数据或资料本身的保护，不应对存

在于数据或资料本身的任何版权构成歧视。”根据这一规定，只要数据汇编本身具有独创性，就应成为著作权保护的客体，而不应以汇编数据是否构成作品为条件。由此可见，我国《著作权法实施条例》关于编辑作品的定义与*TRIPs*是有冲突的，应加以修改。

三、知识产权的执法措施

以往国际保护知识产权的公约涉及知识产权执法措施的规定很少，由于各成员的程序和执行制度不同，会影响到公约实体规定发挥作用。为此，*TRIPs*的第三部分专门涉及了知识产权的执法，条文共有21条之多，这在知识产权的国际条约中是一个创举。*TRIPs*规定的知识产权执法措施主要包括：

（1）一般义务。依*TRIPs*第41条的规定，各成员应保证其国内法能提供协议第三部分所规定的执法程序，以便能采取有效行动，制止任何侵犯协议所规定的知识产权的行为。这种执法程序必须包括：迅速防止侵权的救济，遏制进一步侵权的救济等。此外，知识产权的执法程序应当公平合理，不应当不必要的复杂或花费过高，或者规定不合理的期限或不应当的拖延。

（2）民事和行政程序及救济。依*TRIPs*第43条至第49条的规定，各成员应向权利持有人提供关于执行知识产权的民事司法程序，包括及时得到足够详细的书面通知、委托代理人、举证的权利、陈述的机会等。一旦发生侵权，成员的司法机关应有权责令停止侵权，向权利持有人支付损害赔偿，对侵权的商品进行处理，禁止其进入商业渠道或命令将侵权商品予以销毁。

（3）临时措施。*TRIPs*第50条对临时措施进行了规定。临时措施主要指各成员的司法机关应有权在侵权行为发生之初采取临时措施，制止侵权行为继续进行或防止销毁有关证据。在知识产权的保护上，临时措施具有重要的作用。因为如果等到漫长的侵权诉讼程序终结时，侵权人可能已丧失支付能力，使整个诉讼程序也丧失了意义。因此，规定各成员的司法机关有权在侵权行为发生之初采取临时措施，以制止侵权行为继续进行或防止有关证据被销毁是必要的。临时措施主要涉及下列几个问题。第一，申请人应满足的条件：司法机关有权要求申请人提供可以合理得到的任何证据，以及司法机关有权命令申请人提供足以保护被告和滥用权利的担保等。第二，被告的权利：如在不给被告以陈述意见的机会前采取临时措施，应即通知受到影响的当事人。在通知后合理期间内，依被告的请求，应进行复查。第三，临时措施的撤销：如在临时措施执行后的合理时间内，申请人并没有提起对案件是非做出决定的诉讼程序，应被告的请求，司法机关得撤销其采取的临时措施或停止其效力。合理时间由采取措施的司法机关确定，如没有确定，该期间应不超过20个工作日或31个日历日，以较长者为准。第四，对被告的赔偿：如临时措施被撤销，司法机关依被告的请求，可责令申请人向被告提供由于这些措施而造成的损害的适当的赔偿。

（4）边境措施。由于侵权商品一旦进入国内的商业渠道，要扣留它们就困难得多了。因此，利用海关程序对商品进行排查，将侵权商品扣留下来，对于打击侵权商品是比较迅速而有效的。*TRIPs*协议第52条至第60条对边境措施进行了规定，使权利持有人如有适当证据怀疑假冒商标的商品或盗版商品可能进口，可在提供相应担保的条件下，书面向进口国主管行政或司法当局提出，由海关中止放行被怀疑侵权的商品。具体内容如下。第一，

海关停止放行程序：依 *TRIPs*，各成员均应依协议建立一种程序，至少对假冒商标的商品或盗版商品，在边境上加以控制。第二，停止放行的申请：依协议第 52 条的规定，申请人应在其申请中提供适当证据向主管机关证明，依进口国的法律初步看来已成立对其知识产权的侵犯。即有初步证据即可。第三，提供担保：依协议第 53 条第 1 款的规定，如申请被接受，主管机关有权要求申请人提供保证金或相当的担保，其数额足以保护被告和主管机关，并防止滥用。但保证金不应过高，以致不合理地阻碍采用这些程序。第四，停止放行的通知和期限：协议第 54 条规定，如商品已被海关扣留，应即通知进口人和申请人。如通知后 10 个工作日，海关没得到被告以外的当事人提起诉讼，或授权机关采取临时措施延长期限的通知，则商品应予放行，但以进口或出口的其他一切条件均已符合为限。在适当的情况下，期限可延展 10 个工作日。第五，对进口人和商品所有人的赔偿：依协议第 56 条的规定，有关机关应有权责令申请人对进口人、收货人和商品所有人因商品被误扣或通过依上述第 55 条放行的商品的扣留所受的损害支付适当的赔偿。第六，检查权和信息权：依协议第 57 条规定，在不损害对保密信息给予保护的情况下，各成员应授权主管机关给权利持有人（以证实其主张）、进口人检查的机会。各成员可以授权主管机关将发货人、进口人和收货人的姓名和地址以及有关商品的数量等信息告知权利持有人。第七，依职权的行为：如主管机关对已有初步证据证明为知识产权正在受到侵犯的商品，则可以主动采取行动，停止放行。第八，救济：依协议第 59 条的规定，在不损害权利持有人采取其他行动的权利，同时又不影响被告请求司法机关复查的前提下，主管机关应有权依第 46 条的原则，命令销毁或处理侵权商品。关于假冒商标商品，主管机关不应允许该侵权商品原样不改地重新出口。

（5）刑事程序。依协议第 61 条的规定，各成员必须规定刑事程序和刑罚，适用于商业规模的故意假冒商标或版权盗版。适用的救济应包括监禁、罚金，其期间和数额应足以起威慑作用，并应与适用于严重程度相当的犯罪的刑罚水平相一致。在适当情形下，适用的救济还可以包括扣押、没收和销毁侵权商品以及主要用于犯罪的任何材料和工具。

第五节 国际知识产权许可协议

国际技术贸易主要通过国际知识产权许可协议进行，国际知识产权许可协议又称国际许可协议，指知识产权出让方将其知识产权的使用权在一定条件下跨越国境让渡给知识产权受让方，由受让方支付使用费的合同。协议中提供知识产权的一方称为“许可方”（Licensor），接受知识产权的一方称为“被许可方”（Licensee）。

一、国际许可协议的定义与特征

国际许可协议是一国的许可方（供方）将其拥有一定权利的专利、商标、专有技术交给被许可方（受方）使用、制造或销售，被许可方为此支付报酬，而由许可方与被许可方签订的合同。国际许可协议具有如下法律特征：

（1）国际许可协议的双方当事人（即许可方和被许可方）是位于不同国家的自然人、法人或其他经济组织。

（2）国际许可协议的标的是属于智力成果的无形资产，而不是有形资产。

（3）国际许可协议在当事人之间转移的是无形资产的使用权而非所有权。

（4）国际许可协议中的许可方必须对协议项下的无形资产拥有一定的权利，这个权利一般包括所有权和转让权。也就是说许可方应是该无形资产的所有者或不是所有者但对该无形资产拥有转让的权利。

二、国际许可协议的范围

许可证协议主要是以技术作为交易对象的合同，其范围是由作为合同标的的技术或权利的性质决定的。对于那些技术或权利可以作为许可证合同的标的，各国有不同的法律规定。从世界多数国家的立法与实践看，许可证协议的范围主要包括四种。

1. 专利许可合同

它是以专利技术作为合同标的的许可合同。专利许可合同的目的是许可使用专利保护的发明，所涉及的专利是以授予该专利的国家名称和它的序号来识别的。一项专利权包含一系列法律所赋予的排他性的专有权，这些专有权都可以作为专利许可合同的内容。专利许可可以是独占许可或独家许可，也可以是普通许可。

2. 商标许可合同

它是以商标作为合同标的的许可合同。这种许可是对商标使用权的许可，指商标所有人在合同规定的范围内允许被许可人在支付一定费用的条件下使用其商标。在商标许可合同中，一般都对使用许可商标的地域范围予以明确规定。

3. 专有技术许可合同

它是以专有技术作为合同标的的许可合同。专有技术许可合同与专利许可合同有许多相似之处，都是有条件的使用权的转让，所以两种合同的结构大致相同。并且在实践中，两者往往交织在一起，所以一项专利许可合同往往包含专有技术的内容。但专有技术和专利技术毕竟是两种性质不同的技术，在实践中也形成了两种不同的合同。单纯的专利许可合同是一种典型的“授权”合同，许可方只是将其所拥有的专利权授予引进方使用，通常对于引进方使用后的技术效果不予负责。因为专利技术是公开的，引进方应该在订立合同之前充分了解专利的内容，判定其实施后的技术效果，自行承担技术上的风险。专有技术是保密的，专有技术许可合同一般还须规定许可方要负责技术的传授及实施后达到一定的技术标准，合同中含有通常单纯的专利许可合同所不具备的特殊条款，如保密条款、技术保证条款，以及有关技术传授和考核验收的条款。

4. 计算机软件许可合同

这指被许可方为获得计算机软件使用权或复制权而与计算机软件的许可方签订的合同。对于计算机软件的法律地位，各国法律规定不同，分别受到专利法或版权法的保护，还有的按照专有技术予以保护。

在国际技术贸易实践中，一项许可证合同可能包含两项或更多的技术和权利，是以上几种的综合，如既包括专利技术，又包括专有技术和商标使用权，此种许可证协议通常被称为一揽子许可协议。

三、国际许可协议的种类

国际许可协议可依不同标准进行分类。普遍的做法是根据许可证协议赋予被许可人技术或商标使用权的不同，将其分为独占许可证协议、排他许可证协议、普通许可证协议和可转让许可证协议。

1. 独占许可证协议

这指被许可方在协议规定的有效期间对所购进的技术或商标在协议约定区域内有独占的使用权，许可方和任何第三方都不得在该协议约定区域内使用、转让该项技术。

2. 排他许可证协议

这指被许可方在协议规定的有效期间对所购进的技术或商标在协议约定区域内有排他的使用权，任何第三方都不得在该区域内使用该项技术，但许可方在该区域内仍保留使用权。也就是说，许可方不得把同一许可授予协议区域内的任何第三方，但许可方可以保留自己在协议区域内使用该项技术进行生产和销售产品的权利。

3. 普通许可证协议

这指被许可方对所购进的技术或商标在协议约定区域内有使用权，而许可方在协议区域内仍保留对该项技术的使用权和转让权。即许可方不仅自己可以在协议区域内使用协议项下的技术，而且可以在该区域内将该项技术转让给第三方。按照国际许可证贸易惯例，如果在许可证协议中没有特别指明是什么性质的许可，则视为普通许可。

4. 可转让许可证协议

这指被许可方对所购进的技术或商标不仅在协议约定区域内有使用权，而且有权将该项技术转让给第三方。在向第三方转让许可时，被许可方须向许可方负责。

四、国际许可协议的主要条款

国际许可协议的内容十分复杂，涉及多方面的法律问题，且合同种类繁多，不同种类的许可合同其条款内容也不相同。在此我们以含有专利、专有技术和商标的一揽子许可合同为基础，着重介绍各类许可合同所共有的通用条款。

1. 合同序言

序言是合同的重要组成部分，主要规定以下内容：（1）合同名称和编号。（2）当事人名称和法定地址。（3）签约时间和地点。（4）鉴于条款，又称叙述性条款。该条款的作用是对整个合同的背景和目的作总体性的说明。通常写明当事人双方订立合同的意图和目的，陈述许可方和被许可方（引进方）的背景，表明许可方对技术或权利的拥有情况，以及引进方接受技术的经验或能力，表达双方进行合作的目的和愿望。

2. 定义条款

在该条款中对合同中反复使用、容易混淆或关键性的名词、术语的含义做出明确、具体的规定，以防止双方理解不一，在解释上发生分歧。一般需要定义的词语主要有 4 种：（1）与合同标的有关的重要名词和术语。如专利、专有技术、商标、合同产品等。（2）各国法律或惯例有不同理解或容易产生歧义的重要名词和术语。如净销售价、滑动公式、提成率等。（3）重要的专业性技术术语。（4）合同中多次出现、需要加以简化的名词和术语。

3. 合同标的条款

合同的标的，即合同的内容和范围，这是整个合同的核心部分，是确认双方权利义务的基础。该条款一般包含以下几项内容：

（1）技术的名称、内容和要求。

（2）转让的范围和性质，也称“授权条款”。

授权的范围，即转让的范围，包括技术的使用权、制造权、销售权三方面内容以及使用这些权限的时间范围和地域范围。使用权是指许可方授予被许可方为某一特定目的利用其所转让技术的权利，它是一项最基本的授权。制造权是指许可方授予被许可方利用其技术制造某种技术产品的权利，它是引进方所要求的最主要的一项权利。销售权是指许可方授予被许可方在特定范围内销售其所生产的技术产品的权利。

地域范围是指许可方允许被许可方利用其技术的特定的区域范围。使用权的地域范围一般较窄，通常只限于合同工厂。使用权要解决的一个重要问题是技术使用的范围。一种技术有时可以有几种不同用途或可以生产一系列产品。如果限制其技术使用的范围，就会限制引进方充分利用该技术的使用价值，所以一些发展中国家将这种对生产品种进行限制的条款视为限制性商业做法，不允许订入合同条款。制造权的地域范围通常也仅限于合同工厂。一般允许在被许可方所在国引进技术的工厂制造合同产品。销售权的地域范围较宽，涉及产品的内销和外销。一般引进方有权在其所在国地域范围内进行销售。关键的问题是合同产品的出口权和出口地区问题。为减少因转让技术可能产生的市场损失，许可方总是尽可能地限制引进方的出口销售地区，甚至将禁止合同产品出口外销作为转让技术的前提条件。按照国际技术贸易的惯常做法，许可方对于出口销售地区的“合理限制”是可以接受的。所谓合理限制是指，作为引进方传统市场的国家和地区，许可方实施了独占许可、排他许可或独家代理的国家和地区。

时间范围是指许可方允许引进方在多长时间内利用其技术或权利。一般专利和商标授权的时间范围与合同的有效期一致，但不能超过其权利的有效期。专有技术通常在合同期满后引进方仍有权继续使用。所以如果合同没有特别约定，对专有技术授权的时间范围可理解为是无限期的。

授权的性质，即转让的性质是指许可方授予被许可方的权利是独占的还是排他的，是可转让的还是不可转让的。许可合同中不仅要明确该合同是独立许可证协议还是排他许可证协议，还要订明许可方是否允许被许可方将授予的使用权、制造权、销售权转让给第三方。

（3）技术资料的内容和交付。技术资料是许可方向引进方转让技术的媒介和桥梁，没有技术资料，技术转让就难以实现。因此，引进方应重视这一条款的订立。

（4）技术培训与技术服务。为保证引进方能够尽快掌握引进的技术，应在合同中对技术服务和培训的内容、范围、目的、要求以及双方的权利义务做出明确规定。

4. 合同的价格和支付条款

价格条款是许可证协议的重要内容之一。主要包括计价方法、合同金额和使用货币等内容。国际许可合同中常用的计价方式主要有 3 种：（1）统包价格。这是一种固定计价方式，是许可方与被许可方对技术转让的价格在签订合同时协商确定一笔总的金额，然后由技术引进方一次付清或分期付清。（2）提成价格，是指在项目建成投产后，按合同产品的

生产数量、销售价或利润提取一定百分比的费用，作为技术转让的酬金，按期连续支付给许可方。这是一种滑动的计价方式，是国际技术转让中使用较多的一种方式。（3）入门费与提成费相结合的计价方式，是指引进方在订约后或收到第一批技术资料后一定时间内向许可方支付一笔约定的金额，然后再按规定支付提成费。先行支付的费用称为入门费或初付费。入门费通常只是技术使用费的很小一部分，主要用来补偿许可方为技术转让交易而支出的直接费用。目前国际技术转让实践中的趋势是少要或不要入门费。

5. 技术的改进和发展条款

在许可证协议中，对技术的改进和发展主要应明确以下两方面内容：（1）改进和发展技术的所有权归属。关于此问题，在国际技术贸易实践中一直有不同观点。通常的做法是在合同中明确约定，对于作为合同标的的技术的改进和发展，其所有权归改进和发展一方所有。（2）许可方和引进方交流改进和发展技术的条件，在合同执行过程中，许可方和引进方都有可能对作为合同标的的技术进行改进和发展。相互提供这种改进或发展的技术，有助于加强双方之间的技术合作。通常将规定许可方向引进方提供改进和发展技术的条款称为“继续提供技术援助条款”，将引进方向许可方提供改进和发展技术的条款称为“技术回授条款”。在合同中，应按照对等互惠的原则，将双方交流改进和发展技术的内容和条件予以明确规定。

6. 考核与验收条款

考核与验收条款的技术性很强，一般都以合同正文及附件分别规定有关的内容。

7. 保证条款

许可证协议中的保证条款包括权利保证和技术保证两项内容。权利保证主要是指许可方应保证其是所转让技术的合法所有者或持有者，有权进行技术转让，并且此种转让在合同规定的地域范围内没有侵犯任何第三方的权利。如果引进方使用许可的技术生产或者销售产品被第三方指控侵权，应当由许可方负责应诉，如被第三方指控的侵权成立，引进方的经济损失由许可方负责赔偿。技术保证包括对技术资料的保证、技术服务的保证，对技术有效性和产品性能的保证。

8. 违约补救及索赔条款

关于违约补救，合同中一般分别规定。

许可方违约时的补救方法：（1）对于许可方拒不提供合同所规定的技术资料、技术服务或技术培训的根本违约行为，引进方有权解除合同，要求许可方退还已付的技术转让费，并按合同规定支付违约金或赔偿引进方的实际损失。（2）如果许可方未能按照合同规定的时间提供技术资料，引进方可要求许可方支付一定比例的迟交罚款。（3）如果许可方违反技术保证义务，提供的技术未能达到合同规定的技术标准，则根据所转让技术或合同产品的具体情况，详细规定不同的赔偿办法。（4）许可方违反权利担保责任，使引进方招致第三方的侵权指控或受到第三方侵权行为的干扰，许可方有义务采取措施，排除干扰，保证引进方能够顺利实施引进的技术。如果侵权指控成立，许可方应承担由此而产生的经济和法律责任，引进方有权解除合同。

被许可方违约时的补救办法：（1）引进方不付款，许可方有权停止履行其义务或终止许可合同。（2）引进方迟延付款。许可方可主张一定比例的迟付罚金，并可要求推迟许可

方履行义务的期限。（3）违反授权条款，扩大技术的使用范围。许可方有权要求引进方停止侵害行为，并支付一定金额的赔偿金，直至解除合同。（4）违反合同的保密义务，致使许可方的技术秘密泄露，许可方有权要求引进方立即停止违约行为，并依合同赔偿许可方的实际损失。

9. 保密条款

专有技术的价值在于保密，一旦公开，其商业价值将降低或消失。因此，专有技术的许可方都会在转让专有技术时，在合同中订入保密条款，要求被许可方承担保密义务。

10. 专利条款

此条款是指有关专利许可的特有条款。主要包括维持专利有效性，不得反控和使用专利标记。实践中上述内容一般表现为 3 个独立的条款。（1）维持专利有效性条款。该条款规定，许可方有义务按照法律规定缴纳专利维持费，以维持专利的有效性。未交维持费而导致专利失效的，专利许可合同将因此而解除，引进方将不再支付专利许可费用。（2）不得反控条款。其含义是：引进方在获得了许可方的专利技术后，在合同有效期内，不得对许可方所转让的技术提出异议或进行无效诉讼。对此条款的效力，各国在法律上有不同意见。发展中国家通常将此条款确定为限制性条款而加以禁止。但有的国家则视为合法。（3）使用专利标记。主要指专利所有人有权在其使用专利技术生产的产品上标明专利标记。在许可合同中往往订有专门条款，规定专利标记的使用。

11. 商标权条款

在一揽子许可协议中，除在合同标的条款中对商标权的授权问题予以规定外，一般还列有专门的商标权条款，对商标使用的形式、质量控制、商标标志的管理等内容予以规定。

（1）引进方使用许可方商标的形式。主要有 4 种：第一，单独使用许可方的商标。即对许可方的商标不作任何改动，将其直接标在引进方所生产的产品上。第二，使用许可方商标，同时注明生产国家和生产厂家。第三，联合商标，亦称双重商标。即将许可方的商标与引进方的商标并列使用。如“上海——桑塔纳”。第四，联结商标，即将许可方商标和引进方商标有代表性的特征联结起来，组成一个新的商标。

（2）质量控制。该条款的内容主要是确认许可方的质量监督权，明确许可方在多大范围内，有权采取何种措施保证引进方有关产品的质量不低于许可方生产的产品。其目的是防止引进方在质量低劣的产品上使用许可方的商标。

（3）对商标标志的管理。主要包含 3 项内容：第一，商标标志的获得，可以由商品许可方提供，也可以由引进方印制。第二，商标标志的使用。许可方有权对引进方使用其商标标志进行严格的管理，以维护其商标的信誉。第三，合同终止后对商标标志的处理。在合同期满或终止后，引进方应停止使用许可方的商标。对于库存的商标可以销毁，也可在许可方同意的情况下，转让给许可方或指定的第三方。

12. 合同有效期条款

合同的期限，在许可证合同中，应予明确规定。期限的长短则根据技术状况和引进方掌握技术所需的时间而定。

[例 21] 美国 ABC 制造公司是世界各大矿业公司所用的选矿设备的主要供应者，它生产的选矿设备在选矿时功能优良且节省费用。除生产质量优良的产品外，ABC 公司还致力

于发展和改良产品的工艺技术，因此，在产品质量和工艺技术两方面它都在同行业中具有极大的优势。为发挥优势，利用自己的先进技术和优质产品扩大经济效益，ABC 公司除销售产品外，还做出一个重要决策，即通过技术输出提高技术使用率以更多地赢利。根据引进对象不同，引进方所在国家不同，主要通过以下几种不同的途径输出技术：

第一种途径是通过出口 ABC 产品输出技术。利用产品的精密结构和高技术性带动商品出口，这是发达国家普遍采用的方式。对于 ABC 公司来说，通过这种途径输出技术，其承担的风险最小，利润却最大。但这种方式实质上是实物贸易，买方只能间接地得到一些技术，或是得到设备的操作方法，因此，这并不是技术输出的主要途径。

第二种途径是在外国设立子公司，ABC 公司再通过协议将技术转让给子公司，这里的技术转让包括工程服务，转让图纸、技术说明书以及其他工艺技术，供应零部件，培训人员并给予持续的援助。这种方式对 ABC 公司来说，一方面可以利用国外的廉价劳动力、原材料以降低成本，扩大产品生产和销售，另一方面通过子公司在所在国进一步的技术转让，可以赚得大笔的技术许可费，同时还可以规避输入国有关税收管辖。

第三种途径是与外国合营者建立合营企业。例如 ABC 公司在向巴西出口空气污染控制设备遭到高额进口关税阻碍后，就转而采取与巴西一家公司合营的方式，将有关技术作为出资，在巴西国内生产空气污染控制设备、选矿设备等。通过建立合营企业的方式，一方面将技术输出，另一方面还取得了在输入国市场上销售产品的机会。

第四种途径是出售许可证，即授予输入方有关技术的使用权，同时获得数目可观的许可费，由于这种途径可使输入方直接获得全部所需的技术，而输出方也不必关心输入方的实际经营状况，因此成为 ABC 公司技术输出最主要的一种途径。

[问题] （1）国际技术转让的主要途径有哪些？

（2）ABC 公司主要采用了哪几种技术转让的途径？

[参考结论] （1）国际技术转让的途径主要包括国际许可证贸易、国际合资经营、国际合作生产、国际工程承包、国际补偿贸易、国际技术咨询服务以及硬件带软件的转让等。

（2）ABC 公司主要采用了硬件带软件的转让、技术服务、合资经营、许可证贸易 4 种技术转让的途径。

[法理、法律精解] 在本案中，第一种途径为硬件带软件的转让，第二种途径主要属于国际技术服务，第三种途径属于国际合作生产，第四种途径则为典型的国际许可证贸易。

[例 22] 1991 年 2 月，我国某公司（甲方）与日本某公司（乙方）经过多次会晤达成协议，甲方购买乙方生产 A 类产品的专利技术，在合同有效期内（1991 年 5 月 1 日至 1996 年 4 月 30 日）乙方不再把此项专利转让给中国其他厂家，且自己生产的 A 类产品也不再销往中国。鉴于日方损失的市场份额较大，甲方于 1991 年 4 月一次性支付了高额入门费，并承诺按每年销售额的 10%向甲方支付提成费。1992 年，由于担心产品没有知名度难以打开市场，并且甲方认为利用乙方专利技术生产的产品自然可以采用乙方的商标，因此在生产出第一批专利产品时，甲方用和乙方产品相同的商标和包装将这批产品投放市场，结果当年销售量极大，1992 年 4 月底，甲方按约定将当年销售额的 10%作为提成费支付给乙方。但是，1992 年 6 月，乙方以甲方侵犯其商标专用权为由（乙方商标已于 1990 年在我国注册），向我国法院提起诉讼。

[问题] （1）本案中，甲方有没有侵犯乙方的商标专用权？

（2）国际许可合同按转让标的不同有哪些种类？

[参考结论] （1）本案中，甲方侵犯了乙方的商标专用权。

（2）国际许可合同按转让标的不同主要包括：专利许可合同、商标许可合同、专有技术许可合同、版权许可合同（包括计算机软件许可合同），以及混合许可合同或一揽子许可合同。

[法理、法律精解] 国际许可合同根据转让标的不同可以分为不同的种类，各类合同许可的权项不同。本案中甲方取得的仅为专利使用权，其在未经乙方商标使用许可的条件下，无权使用乙方的注册商标。

[例 23] 1988 年，我国四川省某无线电厂通过中国电子进出口总公司引进法国 EPG 工程联合公司的“氧化铝陶瓷基板流延成型”专有技术，生产用于彩电元器件的产品。合同约定，1989 年至 1999 年，引进方于每年 12 月按年销售额的 5%向出让方支付提成费，在此期间，出让方可在中国销售合同产品，但不得再向中国的其他单位转让此项技术。

1989 年至 1992 年，合同履行情况良好。1993 年年初，引进方发现市场上有与合同产品完全相同的产品销售，这些产品的外包装表明其生产厂家为河北省某无线电厂，由于这些产品抢走引进方在北方的一些用户，因此，引进方派专人对此进行调查。调查结果表明：河北省某无线电厂是于 1991 年获得法国 EPG 工程联合公司的授权，使用其“氧化铝陶瓷基板流延成型”专有技术生产产品。于是，根据合同“争议解决条款”的约定，四川省某无线电厂于 1993 年 10 月向中国贸促会的国际经济贸易仲裁委员会提请仲裁，要求法国 EPG 工程联合公司承担违约责任，赔偿其经济损失。

[问题]（1）本案中，法国 EPG 工程联合公司将其专有技术再转让的行为是否构成违约？

（2）国际许可合同按授权程度的不同有哪些种类？

[参考结论] （1）法国 EPG 工程联合公司将其专有技术再转让的行为构成违约。

（2）国际许可合同按授权程度由大到小分为独占许可合同、独家（排他）许可合同和普通许可合同。

[法理、法律精解] 本案中，法国 EPG 工程联合公司与四川省某无线电厂签订的专有技术许可合同按其授权性质属于独家许可合同，即在 1989 年至 1999 年 10 年内在中国的地域范围内，四川省某无线电厂获得独家使用权，法国 EPG 工程联合公司在此时间和地域范围内，可自己利用该技术，但无权将该技术再许可第三方使用。因此，其再转让的行为构成违约。

[例 24] 1994 年，我国某省钻头生产厂从美国“Louis Smith”公司引进了某种类型的地矿钻头生产专利技术，在双方的密切合作下，很快生产出合格的合同产品。但当该产品销往美国后，美国“Lee White”公司提出诉讼，状告我方产品侵犯其专利权。面对这一严峻形势，我方根据许可合同中鉴于条款“鉴于 Louis Smith 公司拥有某地矿钻头生产专利，能够合法地向引进方授予制造某地矿钻头的生产许可证……”的规定，责成美国“Louis Smith”公司应诉。经调查，该地矿钻头生产专利确属“Lee White”公司所有，“Louis Smith”公司属非法转让。最后，美国法院判决“Lee White”公司胜诉，要求我方赔偿“Lee White”公司损失若干美元，并停止在美国销售合同产品。在支付赔偿金之后，我方以“Louis Smith”

公司违约为由，要求其承担违约责任并赔偿我方的一切损失。

[问题] （1）“Louis Smith”公司是否违约？

（2）国际许可合同中，鉴于条款有何作用？

[参考结论] （1）“Louis Smith”公司的行为构成违约。

（2）国际许可合同中的鉴于条款主要的作用是要求双方当事人在许可合同一开始就明确地做出某种法律上的保证，一旦双方因合同发生争议，仲裁机构或者法院就可以根据这些保证，解释具体条款，以判断责任归属。

[法理、法律精解] 本案中，根据许可合同中鉴于条款的规定，“Louis Smith”公司应对转让技术承担权利担保的义务，而事实上其并不拥有合法的许可权，因此其行为已构成违约，由此造成的我方损失其应作赔偿。

[例 25] 1985 年 5 月，广州某制药厂与美国休斯制药有限公司签订了一份技术转让合同。合同规定，休斯制药有限公司向广州某制药厂提供一整套生产若干品种西药的技术（包括配方、工艺流程、技术标准等）。广州制药厂以提成的方式，每年按产品净销售额的 3%向休斯制药有限公司支付技术使用费，合同期限为 10 年。合同生效后，在外方的积极帮助下，我方很快掌握了引进的技术，生产出合格的产品并投入市场。但在支付第一笔提成费时，双方发生了分歧：我方认为，净销售额＝销售总额－销售退回－销售折让－包装费－运输费－保险费－销售费用，按此计算，当年净销售额为 400 万美元，应支付的提成费为 12 万美元；外方则认为，净销售额＝销售总额－销售退回－销售折让，按此计算，当年净销售额为 500 万美元，应支付的提成费为 15 万美元。由于合同对何为“净销售额”并未规定，因此经过双方多次谈判交涉，最后采取折中的办法，由广州某制药厂向美国休斯制药有限公司支付了 14 万美元的提成费，才使纠纷得以解决。

[问题] 为避免发生类似个案的法律纠纷，签订国际许可合同应注意哪些问题？

[参考结论] 为避免发生类似法律纠纷，应在国际许可合同中订立定义条款，对双方当事人因语言习惯或法律规定或惯例不同而可能有不同理解的关键词语，如“合同产品”、“净销售额”、“会计年度”、“销售地区”等的含义做出明确的规定，作为双方当事人履行合同和解决合同争议的依据。

[法理、法律精解] 在国际技术转让的实践中，由于交易各方分处不同的国家，因此各方对同一术语的解释和使用可能不同，这极易导致纠纷的产生，并且一旦发生纠纷也没有一个评判的依据。为了避免这样的情况发生，应在国际许可合同订立之时就在合同中订入定义条款，对合同中涉及的关键术语、双方可能有不同理解的词语以及在合同中将反复出现的术语下一个明确的定义。

[例 26] 1996 年，香港某实业公司向我国华北录像机厂提供某一型号的 VCD 机组装技术，港方承诺提供有关的图纸、技术要求、工艺规程等技术资料，并派工程技术人员指导培训。合同中价格与支付条款规定：“技术转让费采用入门费+提成的方式支付。入门费为港币 120 万，由引进方在合同生效后 1 月内付清；提成费按每年销售总额的 2%计算，于每年 12 月支付。”合同签订以后，双方均按约定履行义务，直至支付第一笔提成费时产生了纠纷。

华北录像机厂按引进技术生产出 VCD 机投放市场时，我国国内市场上 VCD 机已经供

大于求，为抢占市场，华北录像机厂采用低价销售的价格策略，这样一来虽然最后抢得一定的市场份额，但所得利润屈指可数。如果按合同约定的年销售总额的2%支付提成费用，那么，华北录像机厂不仅赚不到钱，还将面临数目不小的亏损。为此，华北录像机厂多次要求变更合同，但都遭到香港公司的拒绝，最终，华北录像机厂未按约定支付提成费。1998年，香港某实业有限公司按约定提请仲裁，要求华北录像机厂承担违约责任。

[问题]（1）华北录像机厂应否承担违约责任？

（2）技术使用费的支付方式有哪几种？哪一种对引进方最有利？

（3）何为提成基价？实践中常用的提成基价有哪些？

[参考结论]（1）华北录像机厂应当承担违约责任。

（2）技术使用费的支付方式包括统包价格（又称一次总算）、提成支付或入门费＋提成支付，其中提成支付一般来讲对引进方最为有利。

（3）提成基价系指计算提成费的基础。实践中常用的提成基价主要包括产量、净销售额和利润。

[法理、法律精解] 本案中双方所订立的技术引进合同约定的计价方式为入门费＋提成，且提成费按每年销售总额的2%计算。华北录像机厂未按约定支付提成费，因而构成违约。

[例27] 1991年，我国A公司通过中国技术进出口公司同德国B公司签订了一项关于某电子技术的出口合同。合同中部分条款如下。

鉴于条款结束部分规定：“双方经过多次协商，现达成授予受方（德国B公司）在欧洲独占实施上述技术的协议。”

合同第2条规定：“受方同意支付在德国、法国以及欧洲其他有提出专利申请的国家的专利申请费。”

合同第4条规定：“在本协议执行期间，如有在转让技术基础上做出的技术改进，并构成新的专利，专利权属双方共有，如再转让成功，分成比例双方另议。”

合同第7条规定：“受方同意在收到全部技术资料以后的1个月内，向供方预付技术转让费5万美元。”

第12条又规定：“供方将从香港生产基地生产的每台合同产品的净销售额中，提取5%的提成费，但受方先从中扣除1.5%，直至收回向供方预付的5万美元。”

合同第9条规定：“供方将保留在中国境内实施上述技术，并经销通过实施上述技术而生产的产品的权利。”

合同第16条规定：“本协议（如有必要）须报中、德双方政府的有关机构审批，最后一方的政府批准日为合同生效日。本合同期限为生效之日起3年。”

[问题] 上述合同的有关条款中，有哪些规定对我方（技术供方）不利？

[参考结论] 合同第4条、第7条、第9条、第12条、第16条的规定对我方不利。

[法理、法律精解] 合同第9条关于授权问题的规定对我方不利。因为我方仅保留了在中国境内实施销售的权利，而境外却全部让给了受方公司，这一方面将使我方丧失很大一部分市场，另一方面还可能使我方承担过重的权利担保义务。合同第7条、第12条和第16条价格条款以及合同期限条款也对我方不利。因为根据这些条款，技术转让的入门费不仅很低，而且还将从以后支付的提成费中扣除，因此入门费的规定实际上形同虚设。并且，

由于合同期限仅为 3 年，因此相应的提成期限也很短，我方通过此合同获得的技术许可费非常少。合同第 4 条关于改进技术归属问题的约定对我方也很不利。最好修改为“改进技术的所有权归改进方，另一方有使用权”。

[例 28] 1966 年，日本野力制药股份有限公司（以下简称野力公司）与丹麦诺波因达斯特利公司（以下简称诺波公司）签订了引进诺波公司生产的名为“阿尔卡拉萨”（音译）的碱性细菌蛋白分解酶的合同。该合同第 3 条规定，任何一方解除合同时，在合同终止后 8 年内，野力公司不得生产和销售与诺波公司的“阿尔卡拉萨”竞争的工业用碱性细菌蛋白分解酶；第 4 条规定，野力公司在合同地区（即日本、冲绳、我国台湾地区和韩国）不得生产和销售与诺波公司的“阿尔卡拉萨”竞争的其他细菌系统的碱性细菌蛋白分解酶；第 10 条后半部分规定，因解除合同而合同终止后，第 3 条和第 4 条仍然有效。此外，合同第 6 条还规定，野力公司生产的“阿尔卡拉萨”每千克的销售价格不得低于 56.50 丹麦克朗。

1968 年 12 月，诺波公司根据上述合同第 10 条的有关规定，向野力公司提出解除合同的要求，该合同于 1969 年 12 月底终止，但一直到 1972 年 12 月底，仍然禁止野力公司生产和销售与“阿尔卡拉萨”竞争的工业用碱性细菌蛋白分解酶，同时禁止野力公司生产和销售与“阿尔卡拉萨”竞争的其他细菌系统的碱性细菌蛋白分解酶。

1973 年，野力公司向日本公平交易委员会投诉，指控诺波公司有不公平竞争行为，违反了日本《反垄断法》的有关规定，要求取消这种不合理限制。

[问题] （1）你认为野力公司的要求是否合理？

（2）什么是限制性条款？本案合同中有哪些合理的限制性条款？

[参考结论] （1）野力公司的要求合理。

（2）限制性条款是指国际技术许可合同中，由技术转让方施加给技术引进方的，导致市场垄断、妨碍自由竞争或者影响国际技术转让特别是影响发展中国家经济技术发展的不合理条款。本案合同中不合理的限制性条款包括：第 3 条、第 4 条和第 10 条后半部分限制生产和销售竞争产品的条款；第 6 条限制再销售价格的条款。

[法理、法律精解] 本案是日本公平交易委员会根据日本《不正当竞争防止法》审理的关于国际技术转让合同中限制性条款的典型案例。案例涉及两种典型的限制性商业条款，即限制生产和销售竞争产品的条款和限制再销售价格的条款，这两项条款因为直接限制竞争，因此在各国均属于限制性条款的范畴。日本《不正当竞争防止法》以及日本公平交易委员会颁布的《国际技术引进合同审查标准》亦有类似的规定。

【能力测试·知识产权的国际保护与贸易】

一、名词解释

1. 优先权　2. 强制许可　3. 驰名商标　4. 地理标志
5. 国际许可协议　6. 排他许可　7. 防御商标

二、问答题

1. 简述国际许可协议的特征及主要内容。
2. *TRIPs* 中所指的知识产权包括哪些内容？

3. 简述《巴黎公约》的基本原则。

4. 简述《马德里协定》的基本内容。

5. 简述《伯尔尼公约》的基本内容。

三、案例分析题

1. 20 世纪 80 年代初，我国著名农业专家袁隆平经过近 20 年的艰苦研究，终于培育出了震惊中外的“杂交水稻”。这种水稻经过技术上的杂交培养，比其他品种增产 30%。据统计，在当今的中国，有一半的水稻种植面积和 60%的水稻产量源自于袁隆平和他的助手培育出来的杂交水稻品种。水稻杂交工程涉及 80 项技术发明，但由于在 80 年代初我国还没有确立专利制度，因此这 80 项技术发明袁先生在我国并不享有专有权。但为了尽可能地保护这些发明，不让外国人随意利用，我们曾先后向美国、加拿大等有专利制度的国家申请发明专利，结果大部分的专利申请未被批准。他们的理由是这些发明早已在中国的各大报纸上公开，或在科技报告会上以学术交流的形式公之于众，新颖性已丧失，最后只有两项很次要的技术获得专利权，而其余 70 多项发明却成为不受法律保护的公有技术。问：

（1）技术发明申请专利对发明人有何意义？

（2）为什么同一发明在不同国家获得专利要逐一申请？知识产权具有什么样的法律特征？

（3）发明要获得专利权，必须具有哪些实质性条件？在本案中，70 多项杂交水稻发明为什么没有在美国、加拿大等国获得专利？

2. 贝利公司是爱尔兰一家制造露酒的公司，该公司制造的“贝利爱尔兰精英”牌露酒畅销许多国家。该公司为露酒设计了一个商标图案，这个图案以橙色、绿色及棕色为主要底色，上有“贝利自产爱尔兰精英露酒”字样以及一幅农村风景画。贝利公司与许多国家的销售厂家签订了代销合同，并在这些国家就上述商标文字与图形取得了注册专用权，然后许可代销厂家使用其商标。这些国家包括荷兰和澳大利亚。

太平洋果酒公司是澳大利亚一家产销露酒的公司。该公司并未与贝利公司签订代销合同，但它从贝利公司在荷兰的合法代销人那里进口带有上述商标的贝利公司的露酒，自行在澳大利亚销售。

1985 年，贝利公司向澳大利亚新南威尔士最高法院起诉，状告太平洋果酒公司侵犯其注册商标权与版权，要求法院下达禁令。其理由是：贝利露酒的注册商标在澳大利亚的有权使用人只是贝利公司及其合同约定的代销人，虽然太平洋公司从荷兰进口酒时，酒瓶上即带有贝利露酒在荷兰合法使用的商标，但商标随商品从合法代理人那里转向无权使用人手中后，再度销售该露酒即不应使用原商标。另外，贝利公司设计的商标图案本身是件艺术作品，贝利公司对该作品享有版权。按照澳大利亚版权法，进口或分销他人享有版权的艺术作品而未经版权人许可，即构成侵权。

但太平洋公司认为该公司并未侵犯贝利公司的商标权和版权。未侵犯商标权的理由是：太平洋公司销售的是真正的贝利公司露酒，并未在自己的或其他公司的酒上使用贝利公司的商标，而且太平洋公司也没有自己印制该商标，商标是连同商品一道从荷兰转来的。由于商标是表明产品来源（即生产厂家）的标记，而不是对某一产品永远进行控制的标记，故转销人或分销人使用原商品上所带商标的行为，不构成侵犯商标权。未侵犯版权的理由

是：贝利公司的商标图案是使用在盛酒的瓶子这种工业品上的，应属工业品外观设计，而不属于一般艺术品。由于工业品外观设计保护有时间性，而贝利公司设计的商标图案已过保护期，因此太平洋公司使用其商标图案的行为不侵犯其版权。

提示：（1）太平洋公司是否侵犯贝利公司商标权，应结合商标的作用考虑。（2）是否侵犯版权，则要从该商标图案是否具有独创性和商标图案到底是艺术品还是工业品外观设计两方面进行考虑。

问题：（1）太平洋公司的行为是否侵犯贝利公司的商标专用权和版权？

（2）什么是商标？商标的作用是什么？

（3）什么是工业品外观设计？本案中贝利公司设计的商标图案是否属于工业品外观设计？

3. 1985 年，澳大利亚鸿图有限公司在中国对 33 类、34 类商品上申请注册“Pizza Hut”及屋顶图形商标。公告后，美国必胜客公司提出异议。经调查，必胜客公司是该商标的创始人，其“Pizza Hut”字母商标已在 104 个国家和地区获得注册，其屋顶图形商标及艺术字体“Pizza Hut”已在包括澳大利亚在内的 67 个国家注册。依据《巴黎公约》关于驰名商标的规定，中国商标局于 1987 年 8 月 17 日裁定美国必胜客公司异议成立，并核准注册其“Pizza Hut”商标。

1989 年 3 月 1 日，中国国家工商行政管理局商标局在《关于保护万宝路驰名商标问题的批复》中指出：“万宝路”和“MARLBORO”商标是美国菲利普莫里斯产品有限公司使用在香烟上的驰名商标，已在我国注册。杭州葡萄酒二厂将与“万宝路”和“MARLBORO”商标相同、近似的文字、图形作为葡萄酒包装盒的装潢使用，已构成侵权行为，应依法予以处理。同时强调“要对侵犯驰名商标专用权的行为坚决予以查处”。

1989 年年初，北京市药材公司在向日本销售其“同仁堂”成药时，被一日本厂商起诉侵权，原因是“同仁堂”这一商标已于 1988 年由该日本厂商在日本取得注册。1989 年 3 月，北京市药材公司以“同仁堂”为中国驰名商标为由，向日本特许厅申请特殊保护，并很快出具了中国商标局的有关证明。1989 年年底，日本特许厅取消日本厂商的抢先注册，同时注册了北京市药材公司的“同仁堂”商标。问：

（1）什么是驰名商标？

（2）有哪些国际公约涉及驰名商标的保护问题？根据这些公约的规定，驰名商标享有哪些特殊保护？

4. 1991 年，意大利家具制造商 G 指控荷兰 C 公司侵犯了他的有关椅子设计方面的版权。诉讼标的涉及 G 设计的两件家具模型，它们都于 1988 年 1 月 15 日在比（利时）荷（兰）卢（森堡）经济联盟版权登记处获准登记，编号为 DM010073，优先权日为 1987 年 10 月 16 日。荷兰 C 公司未经 G 许可从意大利进口上述椅子框架的仿制品，稍加装饰后在荷兰出售。荷兰的一审法院和上诉法院驳回了 G 的临时救济的请求，认为意大利的家具无权享有荷兰的版权保护。但是欧洲法院则认为，根据《罗马公约》第 7 条第 1 款的非歧视待遇的规定，其他成员国的国民有权享受荷兰国民或居民同等的版权保护，包括首次在国外发表的作品。法院还认为，根据荷兰的法律，椅子设计构成艺术作品，应受到版权保护。C 所进口的椅子框架是仿制品，因此构成了对 G 的版权的侵犯。问：

（1）你认为欧洲法院的判决是否合理？为什么？

（2）《伯尔尼公约》、《世界版权公约》和《罗马公约》对国民待遇是如何规定的？

（3）版权保护的国民待遇有何意义？

5. 贞·姬娜是法国知名小说家，1949年，她创作了一部名为《盗贼杂志》的小说，由巴黎的卡利玛出版社出版。该书的法文版销到美国时，版权页上注明了“版权保留、1949、卡利玛”等版权标记，并在美国版权局进行了登记。

1952年10月，姬娜和卡利玛出版社授权弗莱希曼将小说摘译成英文，并由美国的新美洲与世界文学出版社出版了摘译的5页文字。出版时在摘译的英文下注有“译自《盗贼杂志》一书，版权保留、1952、弗莱希曼”等版权标记，带有摘译文的该书也在美国版权局进行了登记。

1954年，姬娜与卡利玛出版社又授权弗莱希曼将小说全部译成英文，并由法国的奥林匹亚出版社在法国巴黎出版。该书在法国发行时版权页上注有“1954、弗莱希曼与奥林匹亚、版权保留”字样。该书封底注明：“本书不得在美国和英国出售”，故该书没有在美国版权局登记。

1964年11月，姬娜授权格罗夫出版公司以独占许可人的身份，在美国和加拿大翻译出版了《盗贼杂志》一书的另一个英文译本。该译本版权页上注有“版权保留、1964、格罗夫出版社”字样。在该页上还注明：“本书原文首版于1949年，由卡利玛出版社在巴黎出版，并由该社保留版权”。这部英译本在美国版权局进行了登记。

1965年，美国纽约的格林尼夫出版公司以全文照排奥林匹亚出版社英文版的方式复制出版了《盗贼杂志》一书。在该书版权页上写明：“本书根据奥林匹亚出版社1954年巴黎英文版原版出版，由弗莱希曼翻译”，在该页上还注有“版权保留、1965、格林尼夫出版公司”字样。此后，格林尼夫出版公司以“版权人”的身份授权W公司装订成册，授权N公司在全美国销售该书。

格林尼夫出版公司的《盗贼杂志》一书投放市场后，姬娜与卡利玛出版社、弗莱希曼和奥林匹亚出版社以及格罗夫出版社作为共同原告向美国纽约东区联邦法院起诉，控告格林尼夫出版公司、W公司和N公司侵犯了他们各自享有的原作品、原文版本、英文译本及英文版本的版权。但格林尼夫公司则认为：《盗贼杂志》一书的1954年巴黎英文本由于没有在美国版权局登记，该版已进入美国的公有领域，故不存在侵权问题。问：格林尼夫出版公司的行为是否侵犯原告的版权？

6. 苏联作家亚历山大·索尔仁尼琴用俄文创作了一部小说《1914年8月》，他授权瑞士人海德代他行使该小说在苏联之外的一切版权。1971年6月，该小说的俄文版首次在法国由YMCA公司出版。海德从作者那里取得独占许可将小说译成英文后，拟于1972年8月在英国出版。不料一位名叫弗莱根的英国人于1971年6月前就获得了一本打字本的俄文《1914年8月》稿，并于1971年12月全部译成英文，准备抢先在英国出版。

海德得知这一消息后，向英国高等法院起诉，要求法院对弗莱根下达禁令，因为弗莱根的译本一旦出版即构成对其独占翻译出版权的侵犯。而弗莱根则认为，小说《1914年8月》的作者是苏联人，其在法国出版前，已以打印稿的形式在苏联知识界“内部发行”过，因此其首次出版国也是苏联。由于苏联尚未参加任何版权国际公约，因此该书在英国不享

有任何版权，谁都可以自由翻译并出版它。所以，他的行为是合法的。

1972 年，英国高等法院做出判决：《1914 年 8 月》一书的俄文原作在英国享有版权；对弗莱根下达禁令。弗莱根未就判决提出上诉。问：

（1）法院判决是否合理？

（2）《1914 年 8 月》的俄文稿首次出版国在哪里？其在英国是否享有版权？

（3）根据《伯尔尼公约》的规定，作品的来源国如何确定？

7. 1978 年，中国机械进出口公司与联邦德国林德公司达成一项 10000NM/H 制氧设备的合作生产协议，依该协议，两家公司合作生产 8 套 10000NM/H 制氧设备，中方的生产单位是杭州制氧机厂。在 8 套设备中，前 6 套设备以林德公司（甲方）为主要承包人，杭州制氧机厂（乙方）根据甲方订货生产设备和材料。后两套则相反，乙方成为主要承包人。在生产过程中，甲方负责技术，负有向乙方发送技术文件和图纸的义务，并对技术的性能负责，乙方完全按甲方的技术要求办事。设备销售款由甲乙双方六四分成。

依据协议，甲方还有义务向乙方提供技术服务，包括培训中方的技术人员和工人，派专家到乙方进行技术指导、示范操作以及讲解技术难点，对乙方现有的生产方法提出改进和增加生产能力的建议并负责实施，甲方有义务采取必要措施保证乙方的产品达到甲方产品一样的技术特性。

协议签订以后，在整个履行过程中，由于存在合作生产和利润分享的关系，甲方除按约定提供技术和服务外，对乙方技术吸收消化的情况非常关心，在甲方的积极帮助下，乙方以最快的速度掌握了引进的技术并逐渐增加了生产成分。在 8 套设备中，前 4 套乙方只生产了 8%，第 5、6 套则上涨为 30%，第 7、8 两套乙方已按约成为主要承包人，生产全部设备的 72%。由于双方均严格履行了合作生产协议的义务，因此双方都如愿获得设备销售款，乙方还获得甲方拥有的生产 10000NM/H 制氧设备的全套技术。问：本案中，乙方通过何种途径获得甲方拥有的生产 10000NM/H 制氧设备的技术？

8. 1989 年 9 月，浙江省某配件厂（甲方）与意大利某贸易公司（乙方）在杭州签订了《关于氩弧焊丝产品补偿贸易合同》。合同规定，乙方向甲方提供意大利某厂制造的 10 套氩弧焊丝生产线，设备总金额为 200 万美元，设备到达甲方工厂前一个月，乙方向甲方提供 2000 吨加工材料，此后每月提供不少于 1500 吨的加工材料，此外，乙方还将派遣胜任工作的 3 名工程师到甲方工厂对设备进行安装调试和培训甲方有关工作人员。甲方以乙方提供的设备和原材料为乙方加工 6 种规格的氩弧焊丝，产品由乙方负责包销，包销期为 10 年。销售款额扣除甲方提供的设备、原材料、技术服务等费用若干美元后，余额由甲乙双方七三分成。

为了执行上述合同，甲乙双方又于 1989 年 10 月签订了《关于氩弧焊丝产品补偿贸易补充协议》。该协议约定，甲方于 1989 年 12 月 20 日前为乙方购置 10 套氩弧焊丝生产线开具不可撤销的银行保函，乙方保证该生产线是用最上等材料以第一流的工艺制造的，全新未使用过的，并保证能够生产出符合国际市场需要的合格产品。如设备质量发生问题，甲方可凭中国商品检验机构出具的证明向乙方索赔。

1989 年 12 月 20 日，甲方通过中国银行某分行向意大利某银行开出了乙方为受益人的不可撤销的保函，1990 年 3 月，乙方提供的 10 套设备抵达宁波港，经甲方请求，宁波市商

检局对10套设备进行了检验，检验结论为：（1）乙方提供的10套设备为新加坡制造，部分设备陈旧。（2）所到设备中，有 7 种型号与合同不符。（3）机器设备实际价值与合同规定的设备价格相差悬殊。

甲方拿到检验报告以后，立即去函乙方，要求更换设备，并派人来华安装调试设备，但乙方以各种理由推托，始终没有派人来华履行合同义务。1990 年年底，甲方向中国国际经济贸易促进委员会申请仲裁，要求终止合同和乙方赔偿其违约给甲方造成的严重经济损失。问：你认为仲裁裁决会对哪方不利？

9. 1994 年，我国某市玻璃厂（以下简称玻璃厂）从英国某玻璃公司（以下简称英国公司）以非独占许可的方式引进了其拥有的一项专有技术——浮法玻璃生产工艺。采用引进的专有技术以后，玻璃厂生产出优质、高产、低耗的平板玻璃，受到消费者的欢迎，同时取得了良好的经济效益。1997 年，玻璃厂发现其技术科的李某偷偷将这项专有技术的有关资料复印件以 5 万元的价格非法出售给一家乡镇企业。该企业以不正当手段得到此项技术后，很快生产出与玻璃厂质量几乎相同的平板玻璃，并以低价销售，不久就在相当大程度上占领了玻璃厂原有的市场，使玻璃厂受到很大损失。正当玻璃厂为维护自己的合法权益决定向乡镇企业提起不正当竞争的诉讼时，英国公司获悉了这一消息，来电指出，李某的泄密行为破坏了该公司对浮法玻璃生产工艺事实上的专有权，根据技术引进合同保密条款的有关规定，玻璃厂对接触专有技术核心秘密的该厂员工的泄密行为负有保证义务，因此要求玻璃厂承担违约责任，并赔偿该公司的一切经济损失。问：

（1）本案中，玻璃厂应否承担违约责任？

（2）哪些国际许可合同应当订立保密条款？

10. 1990 年，某市一印染厂从法国某服装生产有限公司引进黏合衬布的生产工艺，合同中税费条款作了如下规定：“在中华人民共和国境内发生的与执行本合同有关的一切税费由技术受方负担；在中华人民共和国境外发生的与执行本合同有关的一切税费由技术供方负担。”在合同履行过程中，双方对特许权使用费所涉税款的缴纳发生分歧。供方认为，特许权使用费是在中华人民共和国境内发生的，根据合同约定所涉税款应由受方负担；而受方则认为，根据我国《外国企业所得税法》的有关规定，特许权使用费是外国企业对其在我国境内转让专利、商标、专有技术等的所得而应向我国税务机关缴纳的所得税，技术引进合同中的税费条款因与法律的规定相抵触因而无效，特许权使用费所涉税款应由技术供方负担。问：

（1）本案中特许权使用费应由哪方负担？

（2）本案技术引进合同中的税费条款是否有效？

11. D 公司是比利时一家经营啤酒的公司，过去一直使用 Chimay 商标并获了注册。1991 年 2 月 10 日，该公司将 Chimay 商标的专有权转让给了同样是经营啤酒的 S 公司，转让合同依法于 1991 年 7 月 10 日在比荷卢商标局登记（比利时、荷兰、卢森堡三国有统一商标法并由统一商标局管理商标事宜）。转让合同登记之前，Chimay 商标的注册已经到了续展期。于是 D 公司仍然以自己的名义在 1991 年 3 月 5 日办理了续展手续。1994 年，S 公司发现 D 公司将其使用的新商标 Ciney 设计成草书，与 Chimay 非常近似。待到 S 公司打算起诉 D 公司侵权以维护自己的商标权时，才发现 Chimay 商标的注册续展，仍旧是在 D 公司的名

义下进行的，自己面临着无商标权人资格的危险。

于是S公司向比利时布鲁塞尔商法院起诉：（1）要求D公司停止使用与Chimay近似的商标；（2）要求就Chimay商标的续展注册无效。

1994年10月，布鲁塞尔商法院判决：D公司停止使用与Chimay近似的商标；D公司于1991年3月的续展注册无效。问：

（1）你认为布鲁塞尔商法院的判决是否合理？为什么？

（2）商标的续展对商标使用许可合同有何意义？对商标权转让合同又有何意义？

第四篇

国际商事争议解决法

国际商事纠纷的解决有多种方式，包括当事人双方友好协商解决，以及在第三方参与下解决，主要有调解、仲裁和诉讼，属于法律调整范围的是仲裁和诉讼。国际商事纠纷解决的法律规范是国际商法中的程序法，包括国际商事仲裁法和国际商事诉讼法，它们是国际商法内容体系中不可分割的一部分。

第十五章　国际商事争议解决法

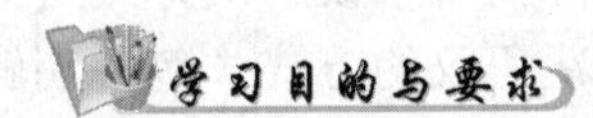

通过本章的学习，了解国际商事争议的解决方式，理解国际商事争议解决方式的运作，熟悉并能够运用国际商事仲裁和诉讼。

学习重点与难点

(1) 仲裁与诉讼的区别。

(2) 国际商事仲裁协议的基本内容及作用。

(3) 国际商事仲裁裁决的承认与执行。

(4) 国际商事案件管辖权。

(5) 外国法院判决的承认与执行。

(6) 国际司法协助。

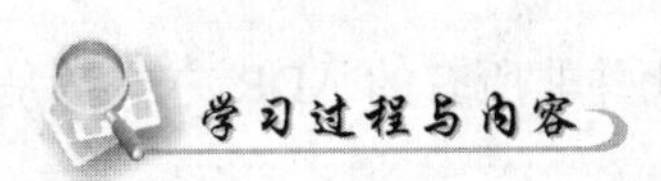

第一节　国际商事争议概述

一、国际商事争议的概念和特点

(一) 国际商事争议的概念

国际商事争议是指国际商事交往中各方当事人之间在权利义务方面所发生的各种纠纷。

（二）国际商事争议的特点

（1）国际商事争议含有国际因素或涉外因素，即它是一种国际性争议。这种国际性是指国际商事争议的主体、客体或内容至少含有一个国际因素或涉外因素，如在不同国家的自然人或法人之间发生的争议、争议的标的物位于国外等。国际商事争议的这一特点使其同纯粹的国内商事争议区别开来。

（2）国际商事争议为在合同、知识产权、保险、海事等领域发生的争议。这一特点使其与国家之间的政治、军事、外交和领土等争端区别开来。

（3）国际商事争议解决方式多元化。协商、调解、仲裁和诉讼等多种争议解决方式被广泛用于解决国际商事争议。

二、国际商事争议的解决方式

国际商事争议解决方式是多种多样的。根据争议是否裁判解决，国际商事争议解决方式可分为非裁判性的解决方式（包括和解或协商、调解）和裁判性的解决方式（包括仲裁和司法诉讼）。根据争议的解决是否有第三人介入，国际商事争议解决方式可分为当事人自行解决争议的方式（如和解或协商）和第三人参与解决争议的方式（包括调解、仲裁和司法诉讼等）。通常使用的争议解决方式主要有和解、调解、仲裁和司法诉讼等。

目前，在争议解决方式方面，所谓的“替代争议解决方式”（ADR，即 Alternative Dispute Resolution）越来越受到重视。替代争议解决方式是指司法诉讼以外的解决争议的各种方式的总称。替代争议解决方式主要包括：和解、协商、调解、仲裁、无约束力仲裁、调解仲裁、小型审判、借用法官、私人法官、附属法院的仲裁以及简易陪审团审判等。替代争议解决方式一般是以当事人自愿为基础的，当事人意思自治原则在替代争议解决方式中非常重要。由于替代争议解决方式具有形式多样、程序灵活和快捷、费用低廉等优点，所以越来越受到国际商事争议当事人的青睐，是非常流行的解决争议方式。

[例 1] 下列有关 ADR 的说法正确的是（　　）。

A. ADR 只能用来解决国际民商事争议，而不能用来解决国内民商事争议

B. 仲裁是 ADR 的一种方式

C. 通过 ADR 达成的结果并没有法律约束力

D. ADR 具有终局性

[答案] B。由于仲裁也是 ADR 的一种方式，因此并非所有的 ADR 方式都是没有法律拘束力的。

ADR 中的和解不具有法律拘束力，当然也就谈不上具有终局性。

第二节　国际商事仲裁法

一、国际商事仲裁概述

（一）仲裁的概念、特点和类型

仲裁是指双方当事人在争议发生前或发生后达成协议，自愿将他们之间的争议交给他

们共同选定的第三者居中评判是非，由该第三者依据法律或公平原则做出对双方当事人均有约束力的裁决的一种解决争议的方式。以仲裁的方式处理争议具有悠久的历史，仲裁的最初形态可追溯到远古时代。后来仲裁这种解决争议的方式被国家以法律的形式确定下来，逐渐形成了较为完备的仲裁制度。目前仲裁已成为各国普遍接受或采用的一种解决争议的方式。

仲裁同调解和司法诉讼虽然都属于有第三者介入解决争议的方法，但仲裁又有其自己的特点。

仲裁与调解相比，相同之处在于两者都是以双方当事人的协议或同意为基础进行的。不同之处在于：（1）调解的进行，自始至终都需要双方当事人的同意，只要有一方不同意，调解就不能进行。而仲裁只要双方当事人合意达成仲裁协议，就产生法律约束力。争议发生后，即使一方当事人不同意仲裁，他方仍可以根据仲裁协议提起仲裁程序，仲裁庭也有权受理案件并进行仲裁。（2）在调解程序中，调解人只能对当事人进行说服劝导，无权自己做出决定，经调解达成的协议完全基于双方当事人的合意；而在仲裁程序中，仲裁人以裁判者的身份出现，可以独立自主地对争议的问题做出裁决，裁决无须征得双方当事人的同意，并且对双方当事人具有约束力。

仲裁与诉讼相比，相同之处在于两者的处理决定都是由第三者独立自主地做出，都对当事人具有约束力。不同之处在于：（1）法院是国家机器的重要组成部分，具有法定的管辖权，当事人一方向法院起诉，一般无须依靠双方事先的同意，有管辖权的法院就有权发出传票，传唤对方出庭（双方订有仲裁协议的情况除外）；而仲裁机构尤其是国际商事仲裁机构一般都是民间组织，没有法定的管辖权，只能根据双方当事人事先的仲裁协议受理提交给它处理的案件，如果双方当事人之间没有仲裁协议，任何一方以及仲裁机构都不能迫使另一方进行仲裁。（2）法院受理案件的范围是由法律规定的，法院可以审判法定范围内的任何事项，而仲裁审理的事项与范围都是由双方当事人事先约定的，仲裁人不得对当事人约定范围以外的事项进行仲裁。（3）在诉讼程序中，负责审理案件的法官由法院任命，诉讼当事人没有任意指派或选择法官的权利。法院开庭的程序、时间、地点也都由法院规定，当事人无权变更。而仲裁人、仲裁的程序、时间、地点都可以由双方当事人协商选定。

仲裁有如下三种类型：

（1）国际仲裁（International Arbitration）。作为和平解决国家与国家之间的争端的一种方法，国际仲裁系指当国家之间发生争端时，当事国根据协议，把争端提交给它们自行选择的仲裁人处理，并相互约定遵守其裁决的争端解决方式。1900 年设立于荷兰海牙的常设仲裁院（Permanent Court of Arbitration），即属处理这类国际仲裁事务的国际机构。国际仲裁属于国际公法研究的范围。

（2）国内仲裁（Domestic Arbitration）。这是各国以仲裁方式解决纯国内民商事争议的一种仲裁。国内仲裁不含有国际因素或涉外因素，这是它不同于其他类型仲裁的主要之处。许多国家都通过国内立法对国内仲裁加以专门规定。例如，根据我国 1994 年《仲裁法》，我国已在直辖市和省、自治区政府所在地的市以及设区的市设立了大量的国内仲裁机构。国内仲裁属于国内法的研究范围。

(3) 国际商事仲裁（International Commercial Arbitration）。国际商事仲裁属于国际商法的研究范围，也是本节的讨论对象。

（二）国际商事仲裁的概念和特性

1. 国际商事仲裁的概念

国际商事仲裁是含有国际因素或涉外因素的仲裁，是解决国际、跨国或涉外商事争议的仲裁，有时也称为国际经济贸易仲裁、涉外仲裁、国际仲裁或跨国仲裁（Transnational Arbitration）。

在理论和实践中，国际上对何谓“国际”和何谓“商事”尚无普遍接受的概念，各国的规定也有所不同。不过，一般认为应该对“国际”和“商事”两词作广义解释。1985 年《联合国国际贸易法委员会国际商事仲裁示范法》第 1 条的规定及其解释对这两个词作了广义的解释。

根据该示范法第 1 条第 3 款规定，国际仲裁包括：（1）其营业地在不同国家的当事人之间的争议的仲裁；（2）仲裁地和当事各方的营业地位于不同国家的仲裁；（3）主要义务履行地和当事各方的营业地位于不同国家的仲裁；（4）与争议标的关系最密切的地点和当事各方营业地位于不同国家的仲裁；（5）当事各方明确同意仲裁标的与一个以上国家有关的仲裁。该示范法的规定反映了国际商事仲裁实践对“国际”含义作广义解释的趋势，特别是显示出按照当事人的合意来确定什么是国际仲裁的倾向。

该示范法同时解释：对“商事”一词应作广义的解释，商事包括不论是契约或非契约性的一切商事性质的关系所引起的种种事情。商事性质的关系包括但不限于下列交易：供应或交换货物或服务的任何贸易交易；销售协议；商事代表或代理；代理；租赁；建造工厂；咨询；工程许可；投资；融资；银行；保险；开发协议或特许；合资经营和其他形式的工业或商业合作；客货的航空、海上、铁路或公路运输。

我国对何谓“涉外仲裁”并无明确的规定和解释。根据《最高人民法院关于贯彻执行〈中华人民共和国民法通则〉若干问题的意见（试行）》第 178 条第 1 款以及《最高人民法院关于适用〈中华人民共和国民事诉讼法〉若干问题的意见》第 304 条的规定，最高人民法院所理解的“涉外”，即法律关系的三要素中至少有一个要素与外国联系。据此可以推定，在我国，凡仲裁协议的一方或双方当事人为外国人、无国籍人或外国企业或实体，或者仲裁协议订立时双方当事人的住所或营业地位于不同的国家，或者即使位于相同的国家，但仲裁地位于该国之外，或者仲裁协议中涉及的商事法律关系的设立、变更或终止的法律事实发生在国外，或者争议标的位于国外等，都应视为涉外仲裁。但在我国仲裁界，有人主张借鉴《联合国国际贸易法委员会国际商事仲裁示范法》中对“国际”的定义，扩大“涉外”的内涵。此外，在仲裁实践中，中国仲裁机构对涉及香港、澳门和台湾地区的仲裁案件，比照涉外案件处理。

至于“商事”的含义，我国《最高人民法院关于执行我国加入的〈承认与执行外国仲裁裁决公约〉的通知》第 2 条作了解释：“根据我国加入该公约时所作的商事保留声明，我国仅对按照我国法律属于契约性和非契约性商事法律关系所引起的争议适用公约。所谓契约性和非契约性商事法律关系’，具体的是指由于合同、侵权或者根据有关法律规定而

产生的经济上的权利义务关系，例如货物买卖、财产租赁、工程承包、加工承揽、技术转让、合资经营、合作经营、勘探开发自然资源、保险、信贷、劳务、代理、咨询服务和海上、民用航空、铁路、公路的客货运输以及产品责任、环境污染、海上事故和所有权争议等，但不包括外国投资者与东道国政府之间的争端。”

2. 国际商事仲裁的特性

目前，国际商事仲裁已被广泛地用于解决各种国际民商事争议。之所以如此，是因为国际商事仲裁具有如下特点：

（1）国际性或涉外性。这是它同国内仲裁的主要区别所在。其国际性决定了它比国内仲裁更加灵活，并受到国际协议规范。

（2）自治性。国际商事仲裁是以当事人的自愿和协议为基础的，在国际商事仲裁中，当事人可以自由地选择仲裁事项、仲裁地点、仲裁机构、仲裁员、仲裁程序以及仲裁庭进行裁决时所适用的法律等。仲裁人处理仲裁案件的权利也来自当事人的同意。国际商事仲裁的这一特点是人们愿意采用其解决争议的重要原因。

（3）民间性。国际商事仲裁的仲裁人，特别是仲裁机构，一般都是非国家机关或非官方机构，这种民间性对那些对官方机构不信任的当事人来说，非常有吸引力。

（4）中立性。在国际商事交往中，不同国家的当事人都力图将其争议提交本国法院依照本国法律解决，因为他们互不信任对方国家法院的公正性。而在国际商事仲裁中，尽管仲裁人或仲裁机构是当事人选定的，但前者并不代表后者，而是居中评判是非，具有中立性。尤其是在国际上有一些仲裁机构本身不隶属于任何国家，仲裁案件可以中立于当事人所属国之外，不受任何一方当事人所属国司法制度和公共政策的影响。

（5）专业性。国际商事争议有时会涉及一些专门性或技术性的问题，需要具备专门知识的人去解决。在国际商事仲裁中，当事人可以自主选择有关争议问题专家充当仲裁员，从而有利于仲裁案件准确和迅速地解决。

（6）保密性。法院审理案件一般应公开进行，而仲裁案件的审理是不公开，这有利于争议当事人双方不将其工商业秘密和分歧公布于众。

（7）准司法性。国际商事仲裁虽然是以当事人的自愿和协议为基础的，但当事人一旦达成仲裁协议，即对当事人产生法律约束力，当事人必须将争议提交仲裁；同时，仲裁人作为裁判者有权无须当事人同意而做出对双方当事人有约束力的裁决；而且裁决做出后，一方当事人不履行裁决的，他方当事人可以向法院申请强制执行。仲裁的准司法性保证了仲裁的法律效力和严肃性。

（8）终局性。仲裁一般是“一锤定音”，仲裁裁决是终局的，不像法院诉讼那样采用两审终审甚至三审终审，因而有利于迅速解决争议，为当事人节省时间和费用。

当然，与诉讼相比，仲裁也有一些局限性，主要是缺乏诉讼的强制性、严密性和统一性。比如由于仲裁以当事人的自愿和协议为基础，故缺少第三人程序，仲裁人无权强迫那些可以最终对裁决的执行承担全部或部分责任的第三人加入仲裁程序，从而影响争议最终有效的解决。

二、国际商事仲裁机构

国际商事仲裁机构根据其组织形式的不同，可分为临时仲裁庭和常设仲裁机构两种。通常，提交临时仲裁庭进行的仲裁称为临时仲裁（Adhoc Arbitration），而提交常设仲裁机构进行的仲裁称为机构仲裁（Institutional Arbitration）。

（一）临时仲裁庭

临时仲裁庭是根据争议双方当事人的协议，在法律规定或允许的范围内，由双方当事人选出的仲裁员自行组成的仲裁庭。临时仲裁庭一般无固定的组织、地点、人员和仲裁规则，在审理争议并做出裁决后即行解散。临时仲裁曾经是仲裁的主要组织形式，现在仍被广泛使用。从立法上讲，有的国家仲裁法规定了临时仲裁，有的国家则对此未加规定。我国仲裁法对临时仲裁也未加规定。

（二）常设仲裁机构

常设仲裁机构是依据国际公约或一国国内法成立的，有固定名称、地址、人员及办事机构设置、组织章程、行政管理制度及程序规则，解决国际民商事争议的仲裁组织。与临时仲裁机构相比，常设仲裁机构对于保障仲裁程序的顺利进行和仲裁裁决的质量具有重要的作用，所以现在当事人一般都是将争议提交常设仲裁机构并按其仲裁规则进行仲裁。常设仲裁机构已成为现代国际商事仲裁的主要组织形式。值得注意的是，根据我国《仲裁法》，尚无临时仲裁存在的余地，所以当事人如欲在我国进行仲裁就必须选定常设仲裁机构。常设仲裁机构主要有以下几类：

（1）国际的常设仲裁机构。又可分为全球性的常设仲裁机构和区域性的常设仲裁机构。前者如1923年成立并设在法国巴黎的“国际商会仲裁院”（ICCICA）和根据1965年《关于解决国家与他国国民之间的投资争端的公约》设立的“解决投资争端国际中心”（ICSID）。后者如1939年设立的“美洲国家间商事仲裁委员会”。

（2）国内的常设仲裁机构。又分为全国性的常设仲裁机构和地区性的常设仲裁机构。前者如1892年在英国设立的“伦敦国际仲裁院”（LCIA）、1911年在瑞士设立的“苏黎世商会仲裁院”、1917年在瑞典设立的“斯德哥尔摩商会仲裁院”（SCC）、1922年成立的“美国仲裁协会”（AAA）等。上述机构都是蜚声国际的国际仲裁机构。后者如1985年成立的“香港国际仲裁中心”（HKIAC）。

（3）行业性的常设仲裁机构。这是设立在各行业协会中的各种专业仲裁机构。例如，英国伦敦谷物公会和伦敦橡胶交易所下面所设立的仲裁机构，荷兰咖啡贸易仲裁委员会等。

（三）中国的常设涉外仲裁机构

我国《仲裁法》对涉外仲裁机构作了专门规定。应该指出的是，目前我国涉外仲裁机构与国内仲裁机构在受案范围上已没有什么区别，两者均既可受理国际或涉外案件，也可受理国内案件。但历史最长，且国际影响较大的是中国国际经济贸易仲裁委员会（中国国际商会仲裁院）和中国海事仲裁委员会。

三、国际商事仲裁协议

在国际商事仲裁实践中，仲裁协议被认为是仲裁的基石，因为它既是任何一方当事人将争议提交仲裁的依据，又是仲裁机构和仲裁员受理争议案件的依据。

（一）仲裁协议的概念和类型

仲裁协议是指双方当事人愿意将他们之间将来可能发生的争议或者已经发生的争议交付仲裁解决的一种协议。

仲裁协议有如下几种类型：

1. 仲裁条款（Arbitration Clause）

它是当事人双方在签订合同时，在合同中订立的约定将可能发生的合同争议提交仲裁解决的条款，是现代民商事合同中经常采用的解决合同争议的条款。目前是仲裁协议最重要的表现形式。

对于这种在主合同中订立的仲裁条款，各国一般承认其具有相对的独立性，即仲裁条款不因主合同的变更、解除、终止或无效而当然失去效力。这种主张被称为仲裁条款自治说。我国《仲裁法》第19条第1款也明确承认了仲裁条款具有相对的独立性，规定："仲裁协议独立存在，合同的变更、解除、终止或者无效，不影响仲裁协议的效力。"

2006年9月8日起施行的最高人民法院《关于适用〈中华人民共和国仲裁法〉若干问题的解释》（以下简称《仲裁法司法解释》）第8条至第10条进一步规定，当事人订立仲裁协议后合并、分立的，仲裁协议对其权利义务的继受人有效，当事人订立仲裁协议后死亡的，仲裁协议对承继其仲裁事项中的权利义务的继承人有效，当事人另有约定的除外；债权债务全部或者部分转让的，仲裁协议对受让人有效，但当事人另有约定、在受让债权债务时受让人明确反对或者不知有单独仲裁协议的除外；合同成立后未生效或者被撤销的，当事人在订立合同时就争议达成仲裁协议的，不影响仲裁协议的效力。

2. 仲裁协议书（Submission to Arbitration Agreement）

它是争议当事人订立的将其争议提交仲裁解决的一种专门协议。这是一种传统的仲裁协议，现在在实践中当事人已较少采用这种形式的仲裁协议，因为大多数国际合同中已规定有仲裁条款。另外，在争议发生后，当事人往往因立场的不同和利益的冲突很难再达成一致的意见。

3. 其他类型的仲裁协议

它是指双方当事人在相互往来的函电（包括信件、电报、电传、传真、电子数据交换和电子邮件等）中，共同约定将他们之间已经发生或将来可能发生的争议提交仲裁而达成的协议。

（二）仲裁协议的基本内容

仲裁协议的内容应尽可能明确和具体，以确保仲裁程序的顺利进行。一般应包括以下几个方面的内容：

（1）提交仲裁的争议事项。《仲裁法司法解释》第2条规定，当事人概括约定仲裁事项为合同争议的，基于合同成立、效力、变更、转让、履行、违约责任、解释、解除等产

生的纠纷都可以认定为仲裁事项。

（2）仲裁地点。仲裁地点的选择对仲裁程序的进行至关重要。双方当事人选择在哪一个国家或地区仲裁就要受该国或地区法律的制约，特别是该国强制性法律的制约。我国当事人在涉外合同中订立仲裁条款时，在仲裁地点的选择上可考虑：①在中国仲裁。对于中国当事人来说，这是最理想的仲裁地点。②在第三国仲裁。如果当事人不愿意到对方所在国仲裁时，可以共同选择在第三国或地区的仲裁机构仲裁。另外，在以前的实践中也有些当事人喜欢采用在被诉人所在国仲裁的条款，即如果双方不能就在中国进行仲裁达成协议，仲裁条款规定在被诉人一方所在国的仲裁机构仲裁。但应特别注意的是，由于《仲裁法》颁布实施后，我国境内已设立了为数众多的地方仲裁委员会，如果再如此规定，事后如需在中国仲裁就很容易因仲裁地点或仲裁机构不明而发生争执，最后有可能导致根本无法执行原来的仲裁协议。如果双方当事人就仲裁机构达不成补充协议的，依据《仲裁法》第 18 条的规定，所涉仲裁协议将会被认定为无效，所以就目前我国的状况而言，不宜再作此种规定。

（3）仲裁庭的组成或仲裁机构。如双方同意由临时仲裁庭进行仲裁，应在仲裁协议中写明仲裁庭的组成；如同意提交某一常设仲裁机构进行仲裁，应写明仲裁机构的名称。

（4）仲裁程序规则。除上述内容外，当事人在仲裁协议中还可以约定其他与仲裁有关的事项，如仲裁裁决的效力、仲裁费用的分摊、放弃对裁决的上诉、仲裁适用的法律、仲裁使用的语言等项内容。当然如果是选择在常设仲裁机构进行仲裁，这些内容可省略，因为常设仲裁机构的仲裁规则中对这些内容一般都有明确规定，当事人只需在合同中写明仲裁机构的名称与仲裁适用的规则就可以了。我国《仲裁法》第 16 条第 2 款规定："仲裁协议应当具有下列内容：（一）请求仲裁的意思表示；（二）仲裁事项；（三）选定的仲裁委员会。"

中国国际经济贸易仲裁委员会推荐的示范仲裁条款为："凡因本合同引起的或与本合同有关的任何争议，均应提交中国国际经济贸易仲裁委员会，按照申请仲裁时该会现行有效的仲裁规则进行仲裁。仲裁裁决是终局的，对双方均有拘束力。"

（三）仲裁协议的法律效力

一项有效的仲裁协议，除了对有关当事人、仲裁员和仲裁机构、法院具有法律效力外，也使仲裁裁决具有强制执行的法律效力，是强制执行仲裁裁决的依据。国际公约和许多国家的国内立法都规定，如果一方当事人拒不履行仲裁裁决，另一方当事人可凭有效的仲裁协议和仲裁裁决向有关法院申请强制执行该裁决。而无效的仲裁协议是构成有关国家拒绝承认与执行仲裁裁决的理由之一。

[例 2] 中国 A 公司与美国 B 公司订立了向中国进口小麦的买卖合同，并订有在中国国际经济贸易仲裁委员会仲裁的仲裁条款。在该合同的履行过程中，双方发生争议，美国 B 公司于是在美国法院提起以中国 A 公司为被告的诉讼。对此，中国 A 公司提出异议。关于此案，以下说法正确的是（　　）

A. 美国 B 公司不应向美国法院提起对中国公司的诉讼，因为其有不向法院提起诉讼的义务

B. 美国法院应终止诉讼程序，因为仲裁协议具有排除法院管辖权的效力

C. 美国B公司可以向美国法院提起对中国公司的诉讼

D. 有关争议应提交中国国际经济贸易仲裁委员会仲裁

[答案] ABD。该题的知识点是关于仲裁协议及其效力。

（四）仲裁协议的有效性及其认定

一项仲裁协议欲产生法律上的效力，其本身必须有效。

（1）仲裁协议无效的情形。根据我国《仲裁法》第17条的规定，仲裁协议有下列情形之一的无效：约定的仲裁事项超出法律规定的仲裁范围；无民事行为能力人或限制民事行为能力人订立的仲裁协议；一方采取胁迫手段，迫使对方订立的仲裁协议。

在我国，如果仲裁协议内容不明确，也可能导致仲裁协议无效。根据我国《仲裁法》第18条的规定，如果仲裁协议对仲裁事项和仲裁委员会的约定不明确，当事人可以补充协议，如果不能达成补充协议的，该仲裁协议也是无效的。《仲裁法司法解释》也重点规定了确定仲裁协议效力的判断标准。在确定仲裁协议效力的问题上，司法解释坚持尊重当事人意思自治原则。据其规定，凡当事人自愿达成的仲裁协议，且能够执行的，一般应当确认该仲裁协议的效力。其第3条至第7条针对实践中因仲裁协议约定不明确而经常发生争议的几种情形作了明确的规定：①仲裁协议约定的仲裁机构名称不准确，但能够确定具体的仲裁机构的，应当认定选定了仲裁机构。②仲裁协议仅约定纠纷适用的仲裁规则的，视为未约定仲裁机构，但当事人达成补充协议或者按照约定的仲裁规则能够确定仲裁机构的除外。③仲裁协议约定两个以上仲裁机构的，当事人可以协议选择其中的一个仲裁机构申请仲裁；当事人不能就仲裁机构选择达成一致的，仲裁协议无效。④仲裁协议约定由某地的仲裁机构仲裁且该地仅有一个仲裁机构的，该仲裁机构视为约定的仲裁机构。该地有两个以上仲裁机构的，当事人可以协议选择其中的一个仲裁机构申请仲裁；当事人不能就仲裁机构选择达成一致的，仲裁协议无效。⑤当事人约定争议可以向仲裁机构申请仲裁也可以向人民法院起诉的，仲裁协议无效。但一方向仲裁机构申请仲裁，另一方未在《仲裁法》第20条第2款规定期间内提出异议的除外。

[例3] 我国甲公司与瑞士乙公司订立仲裁协议，约定由某地仲裁机构仲裁，但约定的仲裁机构名称不准确。根据最高人民法院关于适用《中华人民共和国仲裁法》的解释，下列哪些选项是正确的？（　　）

A. 仲裁机构名称不准确，但能确定具体的仲裁机构的，应认定选定了仲裁机构

B. 如仲裁协议约定的仲裁地仅有一个仲裁机构，该仲裁机构应视为约定的仲裁机构

C. 如仲裁协议约定的仲裁地有两个仲裁机构，成立较早的仲裁机构应视为约定的仲裁机构

D. 仲裁协议仅约定纠纷适用的仲裁规则的，不得视为约定了仲裁机构

[解析] 根据2006年的《仲裁法司法解释》第3条至第7条的规定，A、B两项显属正确。C项错误，如果约定的仲裁地有两个仲裁机构，双方当事人协商选择一个仲裁机构仲裁，若无法达成一致，视为仲裁协议无效。D项错误，因为根据新规定，仲裁协议仅约定纠纷适用的仲裁规则的，视为未约定仲裁机构，但当事人达成补充协议或者按照约定仲裁规则

能够确定仲裁机构的除外。

[答案] A、B。

[例 4] 中国甲公司和美国乙公司订立一项钢材买卖合同，约定因该合同的履行发生的一切纠纷在中国通过仲裁解决。后因美方供货迟延，甲乙产生纠纷，通过协商未达成任何协议，问：中国甲公司能否向中国国际贸易仲裁委员会申请仲裁？

[解析] 仲裁委员会约定不明确，事后又未达成补充协议，仲裁协议无效。

[答案] 不能。

此外，根据 1995 年 8 月 28 日《最高人民法院关于人民法院处理与涉外仲裁及外国仲裁事项有关问题的通知》，凡起诉到人民法院的涉外、涉港澳和涉台经济、海事海商纠纷案件，如果当事人在合同中订有仲裁条款或者事后达成仲裁协议，人民法院认为该仲裁条款或者仲裁协议无效、失效或者内容不明确无法执行的，在决定受理一方当事人起诉之前，必须报请本辖区所属高级人民法院进行审查；如果高级人民法院同意受理，应将其审查意见报最高人民法院。在最高人民法院未作答复前，可暂不予受理。

鉴于各国对仲裁协议的有效要件的规定尚存在一定差异，当事人在签订仲裁协议时，应当注意有关国家特别是仲裁地国和裁决执行地国法律对仲裁协议有效要件的规定，以避免因仲裁协议无效影响仲裁程序的进行或仲裁裁决的承认与执行。

（2）仲裁协议的法律适用。决定一项国际性仲裁协议的效力，法律适用至关重要。对于这一问题，国际上通常都是按照普通合同的法律适用原则来决定仲裁协议的法律适用。我国《仲裁法》对这个问题未作明文规定。1999 年后，最高人民法院的实践是，涉外仲裁协议的当事人可以选择适用于仲裁协议的法律，如当事人未作此项选择，则适用仲裁地的法律。但是，如果当事人既没有选择适用于仲裁协议的法律，仲裁地也尚未确定，如何处理，过去一直无明文规定。在实践中，有些法院在这种情况下按照最密切联系原则来决定仲裁协议的法律适用。《仲裁法司法解释》第 16 条对此作了明确规定：对涉外仲裁协议的效力审查，适用当事人约定的法律；当事人没有约定适用的法律但约定了仲裁地的，适用仲裁地法律；没有约定适用的法律也没有约定仲裁地或者仲裁地约定不明的，适用法院地法律。

（3）管辖法院。当事人请求人民法院裁定仲裁协议的效力，应由哪一级法院管辖，《仲裁法》没有明文规定。根据最高人民法院于 2001 年 12 月 25 日《关于涉外民商事案件诉讼管辖若干问题的规定》，确认涉外仲裁协议效力的案件的第一审管辖法院为：国务院批准设立的经济技术开发区人民法院；省会、自治区首府、直辖市所在地的中级人民法院；经济特区、计划单列市中级人民法院；最高人民法院指定的其他中级人民法院；高级人民法院。对国务院批准设立的经济技术开发区人民法院所作的第一审判决、裁定不服的，其第二审由所在地中级人民法院管辖。

四、仲裁程序中的财产保全与证据保全

仲裁委员会应当将当事人申请财产保全的请求提交被申请人住所地或其财产所在地的中级人民法院做出裁定。根据《最高人民法院关于适用〈中华人民共和国民事诉讼法〉若干问题的意见》第 317 条的规定，依照《民事诉讼法》第 256 条的规定，我国涉外仲裁机

构将当事人的财产保全申请提交人民法院裁定的，人民法院可以进行审查，决定是否进行保全。裁定采取保全的，应当责令申请人提供担保，申请人不提供担保的，裁定驳回申请。《仲裁法》第 68 条规定，涉外仲裁的当事人申请证据保全的，涉外仲裁委员会应当将当事人的申请提交证据所在地的中级人民法院。

五、国际商事仲裁的法律适用

国际商事仲裁适用的实体法一般由当事人选择确定，如果当事人未作选择，则适用仲裁庭认为合适的冲突规范所确定的实体法，或者仲裁地的冲突规范所确定的实体法，或者与案件有最密切联系的实体法。

对国际商事仲裁适用的程序规则，即仲裁规则，一般来说，当事人也可以自主选择，但是有些常设仲裁机构要求在其机构仲裁的案件适用自己的仲裁规则。

[例 5] 美国商人杰克逊与德国商人德尔在北京签订合同买卖中国纺织品，二人在合同中约定合同纠纷在日本东京依据日本法进行仲裁。后来发生纠纷，该纠纷应当适用何国法律？（　　）

A. 中国法律　　B. 美国法律　　C. 德国法律　　D. 日本法律

[答案] D。因为双方在仲裁协议中已经约定依据日本法进行仲裁。

六、国际商事仲裁裁决的撤销

对于中国的涉外仲裁裁决，当事人可以按照《仲裁法》第 59 条，在收到裁决书之日起 6 个月内，向仲裁机构所在地的中级人民法院申请撤销。根据《仲裁法》第 70 条，当事人提出证据证明涉外仲裁裁决有下列情形之一的，经人民法院组成合议庭审查核实，裁定撤销：（1）当事人在合同中没有订有仲裁条款或者事后没有达成书面仲裁协议的；（2）被申请人没有得到指定仲裁员或者进行仲裁程序的通知，或者由于其他不属于被申请人负责的原因未能陈述意见的；（3）仲裁庭的组成或者仲裁程序与仲裁规则不符的；（4）裁决的事项不属于仲裁协议的范围或者仲裁机构无权仲裁的。换言之，如果当事人能够证明涉外仲裁裁决存在前述任何一种情况，法院应裁定撤销该裁决；反之，法院应驳回当事人的申请。《仲裁法司法解释》第 18 条至第 20 条还进一步规定，“没有仲裁协议”是指当事人没有达成仲裁协议。仲裁协议被认定无效或者被撤销的，视为没有仲裁协议。当事人以仲裁裁决事项超出仲裁协议范围为由申请撤销仲裁裁决，经审查属实的，人民法院应当撤销仲裁裁决中的超裁部分。但超裁部分与其他裁决事项不可分的，人民法院应当撤销仲裁裁决。“违反法定程序”，是指违反《仲裁法》规定的仲裁程序和当事人选择的仲裁规则可能影响案件正确裁决的情形。另根据《仲裁法司法解释》第 24 条的规定，对于当事人申请撤销仲裁裁决的案件，人民法院应当组成合议庭审理，并询问当事人。

值得注意的是：（1）中国法院只能撤销本国的仲裁裁决，不能撤销外国的仲裁裁决。（2）申请撤销仲裁裁决，是胜诉方和败诉方都可行使的权利。这一点，和国际通行的实践是一致的。（3）在决定撤销涉外仲裁裁决之前，人民法院认为可以由仲裁庭重新裁决的，通知仲裁庭在一定期限内重新仲裁，并裁定中止撤销程序。如果仲裁庭拒绝重新仲裁，人民法院应当恢复撤销程序。（4）对于人民法院撤销仲裁裁决或驳回当事人申请的裁定，依照最高人民法院的有关司法解释，当事人无权提出上诉及申诉，人民检察院也不能提起抗

诉。（5）人民法院受理当事人撤销仲裁裁决的申请后，另一方当事人申请执行同一仲裁裁决的，受理执行申请的人民法院应当在受理后裁定中止执行。（6）当事人在仲裁程序中未对仲裁协议的效力提出异议，在仲裁裁决做出后以仲裁协议无效为由主张撤销仲裁裁决或者提出不予执行抗辩的，人民法院不予支持。当事人在仲裁程序中对仲裁协议的效力提出异议，在仲裁裁决做出后又以此为由主张撤销仲裁裁决或者提出不予执行抗辩，经审查符合《仲裁法》第58条或者《民事诉讼法》第213、258条规定的，人民法院应予支持。

一项涉外仲裁裁决被人民法院撤销后，当事人可以依据重新达成的仲裁协议申请仲裁，也可以直接向有管辖权的法院起诉。

[例 6] 中国公司与新加坡公司协议将其货物买卖纠纷提交设在中国某直辖市的仲裁委员会仲裁。经审理，仲裁庭裁决中国公司败诉。中国公司试图通过法院撤销该仲裁裁决。据此，下列选项中哪一项是正确的？（　　）

A. 中国公司可以向该市高级人民法院提出撤销仲裁裁决的申请

B. 人民法院可依“裁决所根据的证据不充分”这一理由撤销该裁决

C. 如有权受理该撤销仲裁裁决请求的法院做出了驳回该请求的裁定，中国公司可以对该裁定提起上诉

D. 受理该请求的法院在裁定撤销该仲裁裁决前须报上一级人民法院审查

[解析] A项应为向中院申请；B项属于实质监督，而法院对仲裁的监督一般属于程序监督、形式监督；C项应为不可上诉。

[答案] D。

[例 7] 关于我国涉外仲裁法律规则，下列哪些表述不符合我国《仲裁法》的规定？（　　）

A. 只要是有关当事人可以自由处分的权利的纠纷，就可以通过仲裁解决

B. 如果当事人有协议约定，仲裁案件可以不开庭审理

C. 仲裁庭在中国内地进行仲裁时，无权对当事人就仲裁协议有效性提出的异议做出决定

D. 由三人组成仲裁庭审理的案件，裁决有可能根据一个仲裁员的意见做出

[解析] A项错在有些争端在我国是不能通过仲裁方式加以解决的，如婚姻纠纷；C项错在仲裁机构和法院都可以就仲裁协议的有效性做出裁决；B项正确，仲裁区别于诉讼的很重要的一点就是仲裁强调当事人意思自治和保密性，所以仲裁一般都是不公开审理的；D项正确，因为仲裁员如果意见不同，可能会根据事先约定或仲裁规则以首席仲裁员的意见为准来做出裁决。

[答案] A、C。

七、国际商事仲裁裁决的承认与执行

在仲裁裁决做出后，当事人最关心的是裁决的执行问题。一般情况下，败诉方能自动履行裁决。在败诉方不履行裁决的情况下，胜诉方可主要通过两种方法使裁决得到执行，一是从商事或其他方面对败诉方施加压力，使其认识到不履行裁决将对自己不利，迫使败诉方为了以后的利益而履行裁决。二是向法院提出强制执行仲裁裁决的申请。这是因为仲裁庭本身没有强制执行裁决的权力，胜诉方只能通过法院强制执行裁决。一般是在被执行人住所或财产所在地国申请承认与执行。

（一）承认与执行外国仲裁裁决的国际公约

在国际联盟主持下制定于1923年的《仲裁条款议定书》、1927年的《关于执行外国仲裁裁决的公约》和在联合国主持下1958年于纽约签订的《承认及执行外国仲裁裁决公约》（又称《纽约公约》）是国际上有关国际商事仲裁的重要公约。其中1958年《纽约公约》实际上已取代了前两个公约，成为目前国际上关于承认与执行外国仲裁裁决的最主要的公约。我国于1986年加入了该公约，该公约已于1987年4月22日对我国生效。

1958年《纽约公约》主要有如下规定：

（1）缔约国相互承认仲裁裁决具有约束力，并应依照承认与执行地的程序规则予以执行，执行时不应在实质上比承认与执行本国的仲裁裁决规定更烦琐的条件或更高昂的费用。

（2）承认与执行外国仲裁裁决的条件。按照公约第5条第1款的规定，凡外国仲裁裁决有下列情形之一时，被请求承认与执行的国家的主管机关可依被执行人的申请，拒绝承认与执行：①签订仲裁协议的当事人，根据对他们适用的法律，当时是处于某种无行为能力的情况下；或者根据仲裁协议所选定的准据法，或在未选定准据法时依据裁决地法，该仲裁协议无效；②被执行人未接到关于指派仲裁员或关于仲裁程序的适当通知，或者由于其他情况未能在案件中进行申辩；③裁决所处理的事项不是当事人交付仲裁的事项，或者不包括在仲裁协议规定之内，或者超出了仲裁协议的范围；④仲裁庭的组成或仲裁程序与当事人之间的协议不符，或者当事人之间没有这种协议时，与仲裁地所在国法律不符；⑤裁决尚未发生法律效力，或者裁决已经由做出裁决的国家或根据其法律做出裁决的国家的主管机关撤销或停止执行。按照公约第5条第2款的规定，如果被请求承认与执行地国的主管机关依职权主动查明有下列情形之一时，也可以拒绝承认与执行：①依照执行地国的法律，争议事项不可以用仲裁的方式加以解决（例如，我国《仲裁法》第3条规定婚姻、收养、监护、扶养、继承纠纷以及依法应当由行政机关处理的行政争议不能用仲裁的方式加以解决）；②承认与执行该裁决违反承认与执行地国的公共政策。

（二）中国关于承认与执行仲裁裁决的规定

（1）中国仲裁机构涉外仲裁裁决在我国的执行。根据《民事诉讼法》第257、258条，《仲裁法》第71条以及《仲裁法司法解释》的有关规定，凡被执行人不能自动履行裁决，胜诉方可以向被执行人住所地或财产所在地的中级人民法院申请强制执行。当被执行人提出证据证明涉外仲裁裁决有下列情形之一的，人民法院组成合议庭审查核实后裁定不予执行：①当事人在合同中没有订有仲裁条款或者事后没有达成书面仲裁协议的；②被申请人没有得到指定仲裁员或者进行仲裁程序的通知，或者由于其他不属于被申请人负责的原因未能陈述意见的；③仲裁庭的组成或者仲裁程序与仲裁规则不符的；④裁决的事项不属于仲裁协议的范围或者仲裁机构无权仲裁的。另外，人民法院认定执行该裁决违背社会公共利益的，也得裁定不予执行。一方当事人申请执行裁决，另一方当事人申请撤销裁决，人民法院应当裁定中止执行。在这种情况下，被执行人应该提供财产担保。人民法院裁定撤销裁决的，应当裁定终止执行。人民法院驳回撤销裁决申请的，应当裁定恢复执行。如果人民法院裁定撤销或裁定不予执行的，当事人可以根据双方达成的书面协议重新申请仲裁，

也可以向人民法院起诉。

（2）中国仲裁机构仲裁裁决在外国的承认与执行。我国仲裁机构的仲裁裁决需要在外国承认与执行的，可分为两种情况：①如果该外国为1958年《纽约公约》成员国，则当事人应根据公约规定的程序和条件，直接向该外国有管辖权的法院提出请求承认与执行的申请，然后由该国法院对裁决进行审查，做出是否承认与执行的裁定。《纽约公约》现有120多个成员国，我国仲裁机构做出的涉外仲裁裁决在这些国家可依公约的规定比较方便地得到承认与执行。②如果该外国为非《纽约公约》的成员国，则当事人应当直接向有管辖权的外国法院申请承认与执行，由该国法院根据有关司法协助条约或其本国法律裁定是否承认与执行。

（3）外国仲裁裁决在我国的承认与执行。根据《民事诉讼法》第267条的规定，外国仲裁机构做出的仲裁裁决需要我国法院承认与执行的，应当由当事人直接向被执行人住所地或者财产所在地的中级人民法院申请，人民法院应当依照中华人民共和国缔结或者参加的国际条约，或者按照互惠原则办理。

由于我国已加入1958年《纽约公约》，因此对于在另一缔约国领土内做出的仲裁裁决应适用公约的有关规定。在适用公约的规定时，应注意我国作了两项保留：①互惠保留，即我国只对在另一缔约国领土内做出的裁决适用该公约。我国《民事诉讼法》与公约有不同规定的，按公约的规定办理。②商事保留，即我国仅对那些按照我国法律属于契约性或非契约性商事法律关系所引起的争议所作的裁决适用公约的规定。对于符合上述两个条件的外国仲裁裁决，当事人可直接向我国有管辖权的法院申请承认与执行。对于非缔约国领土内做出的仲裁裁决，需要我国法院承认与执行的，按照互惠原则办理。我国有管辖权的法院收到当事人的申请后，应按照我国缔结或参加的国际条约或《民事诉讼法》的有关规定进行审查，裁定是否承认与执行该裁决，如果认为符合承认与执行的条件，应当裁定承认其效力，并按照《民事诉讼法》规定的程序执行。如果仲裁地所在国与我国既没有缔结也没有共同参加有关国际条约，当事人向我国法院提出承认与执行裁决的申请时，当事人应该以该裁决为依据向有管辖权的人民法院起诉，由法院做出判决，予以执行。

当事人依照1958年《纽约公约》规定的条件申请承认与执行外国仲裁裁决的，受理申请的人民法院决定予以承认与执行的，应在受理申请之日起2个月内做出裁定，如无特殊情况，应在裁定后6个月内执行完毕；决定不予承认和执行的，须按1995年8月28日《最高人民法院关于人民法院处理与涉外仲裁及外国仲裁事项有关问题的通知》的有关规定，在裁定不予执行或者拒绝承认和执行之前，必须报请本辖区所属高级人民法院进行审查；如果高级人民法院同意不予执行或者拒绝承认和执行，应将其审查意见报最高人民法院。待最高人民法院答复后，方可裁定不予执行或者拒绝承认和执行。该审查意见应在受理申请之日起2个月内上报最高人民法院。

当事人应当在《民事诉讼法》规定的申请执行的期限内提出申请，我国《民事诉讼法》第215条规定，申请执行的期限为2年。

第三节 国际商事诉讼法

一、国际商事诉讼和国际商事诉讼法

（一）国际商事诉讼的概念和特点

国际商事诉讼，就一国而言，又称为涉外商事诉讼，系指一国法院在双方当事人和其他诉讼参与人参加下，审理国际或涉外商事案件的活动以及在这些活动中产生的诉讼关系。

国际商事诉讼具有如下特点。（1）国际商事诉讼是含有国际或涉外因素的诉讼。具体说来，诉讼中的涉外因素主要有：诉讼当事人中有居住在国外或具有外国国籍的法人或自然人；有关诉讼的客体是发生于国外的行为，或者有关的诉讼标的物位于国外。这些涉外因素的存在常常使得一个诉讼的某些环节或行为需要在国外进行，如有关诉讼或非诉讼文书需要送达到国外，或者需要在国外获取某些与案件有关的证据，或者需要到国外申请承认与执行法院的判决。（2）国际商事诉讼程序中的问题，一般适用法院地法解决，而不适用外国法。（3）调整国际商事诉讼的程序法既包括一国法院审理国内商事案件所适用的一般程序规范，也包括专门处理国际商事案件所适用的特殊程序规范。

（二）国际商事诉讼法的概念和特点

所谓国际商事诉讼法，系指调整法院和诉讼参与人在审理国际商事案件中所进行的各种活动以及由这些诉讼活动所产生的各种诉讼关系的特别程序规范的总称。

国际商事诉讼法具有如下特点：（1）国际商事诉讼法的调整对象为国际商事诉讼关系或涉外商事诉讼关系（含有国际或涉外因素的商事诉讼关系），而非一切商事诉讼关系。（2）国际商事诉讼法只是法院处理国际商事案件中的特殊问题时所适用的特别程序规范，而不是指法院审理国际商事案件时所适用的一切程序规范。法院在审理国际商事案件时也会适用审理国内商事案件的一般商事诉讼程序规范。（3）国际商事诉讼法的渊源既包括各国国内法中的相关规定，也包括国际上有关国际商事诉讼程序的双边或多边国际条约。

国际商事诉讼法主要包括以下几个方面的内容：（1）外国人的商事诉讼地位；（2）国际商事案件的管辖权；（3）司法协助（含外国法院判决和外国仲裁裁决的承认与执行）。

二、外国人的商事诉讼地位

外国人的商事诉讼地位是指根据内国法和国际条约的规定。外国人在内国领域内享有什么诉讼权利，承担什么诉讼义务。国际商事诉讼中的外国人包括外国自然人和外国法人。外国人在内国的诉讼地位是国际商事诉讼法首先要解决的一个问题。

（一）有关外国人商事诉讼地位的一般原则

外国人的商事诉讼地位经历了从排外到合理待遇等几个发展时期。目前国际社会的普遍实践是给予外国人同内国人同等的商事诉讼地位，即在商事诉讼方面赋予外国人国民待遇。因此，国民待遇原则（也称平等待遇原则）是有关外国人商事诉讼地位的一般原则。

但为了保证本国国民在国外也能得到所在国的国民待遇，各国一般都规定在赋予内国的外国人国民待遇时，以互惠或对等为条件，即该外国人本国对内国人也应在商事诉讼地位上给予国民待遇。

（二）外国人在中国的商事诉讼地位

（1）以对等为条件的国民待遇原则。根据我国《民事诉讼法》第 5 条第 1 款的规定，外国人、无国籍人、外国企业和组织在我国法院起诉、应诉，同中华人民共和国公民、法人和其他组织有同等的诉讼权利义务。这表明，依照我国法律，外国当事人在我国进行商事诉讼活动和我国当事人有同等的起诉和应诉的权利能力和行为能力，并享有进行商事诉讼活动的各项权利。同时，他们也必须像我国当事人一样承担诉讼义务。在我国进行商事诉讼的外国当事人不能只承担诉讼义务而不享有诉讼权利，也不能只享有诉讼权利而不承担诉讼义务，尤其不能享有特权。我国《民事诉讼法》第 5 条第 2 款进一步明确规定，外国法院对我国公民、法人和其他组织的民事诉讼权利加以限制的，我国法院对该国公民、企业和组织的民事诉讼权利，实行对等原则。因此，我国采取的是以对等为条件的国民待遇原则。

（2）当事人的商事诉讼权利能力与诉讼行为能力。当今世界各国和相关的国际公约都保证外国人可自由地向内国法院起诉的权利，而且即使没有国际条约的规定，根据国际惯例，也应该给予外国人在内国法院起诉的权利。我国对此无明文规定，我国学者一般认为，当事人的商事诉讼权利能力应依法院地法，即当事人是否有商事诉讼权利能力的问题应由法院地所在国的法律决定。至于当事人是否具有商事诉讼行为能力的问题，则应由当事人的属人法决定，但即使根据其属人法无商事诉讼行为能力，如果依法院地所在国的法律却有商事诉讼行为能力时，应当认定为有商事诉讼行为能力，即此时应依法院地法。

（3）诉讼费用担保。诉讼费用担保是指审理国际商事案件的法院依据本国诉讼法的规定，为防止原告滥用其诉讼权利或防止其败诉后不支付诉讼费用，要求作为原告的外国人或者在内国无住所的人，在起诉时提供以后可能由他负担的诉讼费用的担保。需要指出的是，此处的诉讼费用不包括案件的受理费，而是指当事人、证人、鉴定人、翻译人员的差旅费、出庭费及其他诉讼费用。

目前，如无条约义务，许多国家的法院在国际商事诉讼中都在不同程度上要求外国原告提供诉讼费用担保，只有少数国家不要求原告提供担保。对于诉讼费用担保，我国经历了从要求外国人提供担保到实行在互惠前提下免除诉讼费用担保的过程。另外，我国与一些国家签订的双边司法协助条约一般都包括互相免除缔约对方国民诉讼费用保证金的条款。

（4）诉讼代理。在国际商事诉讼程序中，各国立法都允许外国当事人委托诉讼代理人代为诉讼行为。但一般都规定，外国当事人如果想要委托律师代为诉讼行为，只能委托在法院地国执业的律师。此外，在国际社会的司法实践中还存在一种领事代理制度，即一个国家的驻外领事，可以依据驻在国的立法和有关国际条约的规定，在其管辖范围内的驻在国法院依职权代表其本国国民参与有关的诉讼程序，以保护有关自然人或法人在驻在国的合法权益。1963 年《维也纳领事关系公约》中肯定了领事代理制度，该制度已得到国际社会的普遍承认。

根据我国《民事诉讼法》及其有关司法解释，外国人在我国法院参与诉讼时，可以亲自进行，也有权通过一定程序委托我国的律师或其他公民代为进行。但需要委托律师代理诉讼的，必须委托我国的律师代为诉讼。涉外商事诉讼中的当事人，还可以委托其本国人为诉讼代理人，也可以委托本国律师以非律师身份担任诉讼代理人。另外，外国当事人还可以委托其本国驻华使领馆官员以个人名义担任诉讼代理人。最后，我国立法对领事代理制度也采取肯定态度。至于授权委托书，如果在我国领域内无住所的外国当事人委托我国律师或其他人代理诉讼，委托书是从我国境外寄交或者托交的，应当经过所在国公证机关证明，并经我国驻该国使领馆认证，或者履行我国与该所在国订立的有关条约中规定的证明手续后，才具有效力。

[例 8] 根据我国《民事诉讼法》及相关司法解释的规定，在涉外民事诉讼中，外国当事人可以委托下列哪些人作为其诉讼代理人？ （ ）

A. 中国律师　　B. 中国公民

C. 其本国驻华使领馆官员　　D. 其本国公民

[答案] A、B、C、D。

（5）司法豁免。依据《民事诉讼法》第 237 条的规定，对享有外交特权与豁免的外国人、外国组织或者国际组织提起的商事诉讼，应当依照我国有关法律和我国缔结或参加的国际条约的规定办理。这一规定涉及国家豁免、外交特权与豁免和国际组织豁免。《中华人民共和国外交特权与豁免条例》明确规定了外交代表享有民事管辖豁免，我国 1975 年加入的 1961 年《维也纳外交关系公约》对外交代表进行民事诉讼的司法豁免和例外作了规定。

为保障正确受理涉及特权与豁免的商事案件，最高人民法院于 2007 年 5 月 22 日下发《最高人民法院关于人民法院受理涉及特权与豁免的民事案件有关问题的通知》，决定对人民法院受理的涉及特权与豁免的案件建立报告制度，凡以下列在中国享有特权与豁免的主体为被告、第三人向人民法院起诉的民事案件，人民法院应在决定受理之前，报请本辖区高级人民法院审查；高级人民法院同意受理的，应当将其审查意见报最高人民法院。在最高人民法院答复前，一律暂不受理：①外国国家；②外国驻中国使馆和使馆人员；③外国驻中国领馆和领馆成员；④途经中国的外国驻第三国的外交代表和与其共同生活的配偶及未成年子女；⑤途经中国的外国驻第三国的领事官员和与其共同生活的配偶及未成年子女；⑥持有中国外交签证或者持有外交护照（仅限互免签证的国家）来中国的外国官员；⑦持有中国外交签证或者持有与中国互免签证国家外交护照的领事官员；⑧来中国访问的外国国家元首、政府首脑、外交部长及其他具有同等身份的官员；⑨来中国参加联合国及其专门机构召开的国际会议的外国代表；⑩临时来中国的联合国及其专门机构的官员和专家；⑪联合国系统组织驻中国的代表机构和人员；⑫其他在中国享有特权与豁免的主体。

（6）诉讼语言文字。我国法院在审理国际商事案件时，将使用我国通用的语言、文字，当事人要求翻译的可以提供，但费用由当事人自己负担。

三、国际商事案件管辖权

（一）国际商事案件管辖权的概念

国际商事案件管辖权是指一国法院根据本国缔结或参加的国际条约和国内法对特定的

国际商事案件行使审判权的资格。

国际商事案件管辖权在解决国际商事诉讼中具有重要意义：首先，确定管辖权是处理国际商事案件的前提条件。一国法院如欲审理某一案件，首先要确定自己对该案是否有管辖权，然后才能开始其他的程序，如诉讼文书域外送达、域外取证以及判决的域外承认与执行等。因此，国际商事案件管辖权是国际商事诉讼程序开始的前提。其次，管辖权的确定直接影响到国际商事案件的审理结果。在国际商事诉讼中，国际商事案件的处理以哪一个国家的法律作为准据法，是根据受诉法院的冲突规则选择的，而各国对同一问题规定的冲突规则有时又不相同，因此由不同国家的法院受诉，就可能会选择出不同国家的法律作准据法，最终使案件的判决结果也各不相同。这也是在国际商事诉讼中，当事人挑选对自己有利的国家的法院进行诉讼的动因。最后，一国法院对某一案件具有管辖权，是该国法院做出的判决能够得到有关外国承认与执行的基础。

（二）确定国际商事案件管辖权的原则

（1）属地管辖原则，又称为领土管辖原则或地域管辖原则，是指采用一些与地域有关的标志来确定法院对国际商事案件的管辖权，如以当事人的住所、居所、营业所、被告财产所在地、诉讼原因发生地、诉讼标的物所在地等在本国境内为行使管辖的依据。属地管辖原则是主权国家所享有的属地优越权在国际商事案件管辖权方面的体现。

（2）属人管辖原则，是指根据当事人的国籍来确定管辖权，例如有些国家规定，只要当事人一方具有本国国籍，本国法院就具有管辖权。该原则是主权国家所享有的属人优越权在国际商事案件管辖权方面的体现。

（3）协议管辖原则，又称为合意管辖原则，是指根据当事人共同选择管辖法院的协议来确定管辖权，即当事人合意选择处理其争议的法院对案件享有管辖权。目前各国一般都承认当事人协议选择管辖法院的协议的效力，但对当事人的选择有不同程度的限制，如当事人的协议不得违反本国有关专属管辖和级别管辖的规定。

（4）专属管辖原则，是指一国主张其法院对某些国际民商事案件具有独占的或排他的管辖权，不承认其他国家法院对这些案件的管辖权。各国民事诉讼立法一般将关于不动产、身份、婚姻家庭、继承方面的案件列入专属管辖的范围，但具体规定差异很大。

（5）平行管辖原则，又称为选择管辖原则，是指一个国家在主张自己对某些案件有管辖权的同时，并不否认其他国家法院对这些案件行使管辖权。

在实践中，各国对于管辖权的确定并不是仅仅依据其中某一个原则。一般来说，各国主要是依据属地或属人原则，同时采用平行管辖、专属管辖和协议管辖等原则。

（三）一事再理或一事两诉

一事再理、一事两诉又称为诉讼竞合。国际商事诉讼法上的一事再理是指已由一国法院审判过的案件又被另一国法院受理加以审判。一事两诉是指相同的诉讼当事人就同一诉由或诉讼标的在两个法院或两个以上国家的法院同时诉讼。一事再理或一事两诉是国际商事案件管辖权冲突的具体表现。

许多国家的商事诉讼法都明文规定，对于经终局判决裁判过的诉讼标的或诉由，当事人不得就同一诉讼标的或诉由再行起诉，也不得就已经起诉并正在审理的案件再行起诉。但在国际商事诉讼中，一些国家并不禁止一事再理或一事两诉，也就是说一些国家对依据本国法律有管辖权的案件会加以受理，而不会因另一国法院已经受理或者正在审理相同当事人就同一诉讼标的或诉由提起的案件而自己拒绝行使管辖权。解决国际商事诉讼中的一事再理或一事两诉的最好方法是制定解决国际商事案件管辖权的公约，同时，各国在立法和司法实践中也应该尽量自我抑制，于适当和必要时限制本国法院的管辖权，如采用“非方便法院”原则自己主动拒绝管辖。

（四）诉讼管辖权和仲裁管辖权

诉讼和仲裁是两种并行的解决国际民商事争议的方式。一般来说，如果国际民商事争议的当事人在合同中订有仲裁条款或事后达成仲裁协议，只要该仲裁条款或仲裁协议是有效的，该仲裁条款或仲裁协议便排除了法院的管辖，包括法院的专属管辖，当事人必须将争议提交仲裁机构仲裁解决，而不得向法院提起诉讼。我国《民事诉讼法》第 255 条明确规定：“涉外经济贸易、运输和海事中发生的纠纷，当事人在合同中订有仲裁条款或者事后达成书面仲裁协议，提交中华人民共和国涉外仲裁机构或者其他仲裁机构仲裁的，当事人不得向人民法院起诉。当事人在合同中没有订有仲裁条款或者事后没有达成书面仲裁协议的，可以向人民法院起诉。”而根据我国《仲裁法》第 26 条的规定，当事人达成仲裁协议，一方向人民法院起诉未声明有仲裁协议，人民法院受理后，另一方在首次开庭前提交仲裁协议的，人民法院应当驳回起诉，但仲裁协议无效的除外；另一方在首次开庭前未对人民法院受理该案提出异议的，视为放弃仲裁协议，人民法院应当继续审理。

（五）中国关于国际商事案件管辖权的规定

我国《民事诉讼法》有关涉外商事案件管辖权的规定主要有以下几个方面：

1. 普通地域管辖

我国《民事诉讼法》与大多数国家一样，也是以被告住所地为普通管辖的依据，即采用原告就被告的原则，凡是涉外商事案件中的被告住所地在我国，我国法院就有管辖权。如果被告的住所地与经常居住地不一致，只要其经常居住地在我国领域内，我国法院也有管辖权。以上被告包括自然人、法人和其他组织。自然人的住所地指户籍所在地，经常居住地指公民离开其住所至起诉时连续居住 1 年以上的地方。法人的住所地指法人的主要营业地或者主要办事机构所在地。但对于不在我国领域内居住的人提起的有关身份关系的诉讼，则可以由原告住所地或经常居住地的我国法院管辖。

2. 特别地域管辖

对于在我国领域内没有住所的被告提起的有关合同或财产权益纠纷，如果合同在我国领域内签订或履行，或诉讼标的物在我国领域内，或被告在我国有可供扣押的财产，或被告在我国领域内设有代表机构，则合同签订地、合同履行地、标的物所在地、可供扣押的财产所在地、侵权行为地或代表机构所在地法院均可以行使管辖权。另外，《民事诉讼法》第 26 条至第 33 条有关国内特别地域管辖的规定可类推适用于涉外商事案件。

[例 9] 根据我国《民事诉讼法》的有关规定，对于在中华人民共和国领域内没有住所的被告提起违约之诉，下列哪些人民法院可以行使管辖权？（　　）

A. 合同订立地人民法院　　B. 合同履行地人民法院

C. 与合同有最密切联系地人民法院　　D. 诉讼标的物所在地人民法院

[解析] C 项是个陷阱。涉外合同纠纷适用法律的连接点之一是最密切联系地，管辖权中却没有这一项。

[答案] A、B、D。

3. 专属管辖

我国《民事诉讼法》对专属管辖的规定有：（1）因不动产纠纷提起的诉讼，由不动产所在地人民法院管辖；（2）因港口作业中发生纠纷提起的诉讼，由港口所在地人民法院管辖；（3）因继承遗产纠纷提起的诉讼，由被继承人死亡时的住所地或者主要遗产所在地人民法院管辖；（4）因在我国履行的中外合资经营企业合同、中外合作经营企业合同、中外合作勘探开发自然资源合同发生的纠纷提起的诉讼，我国法院有专属管辖权。根据《最高人民法院关于适用〈中华人民共和国民事诉讼法〉若干问题的意见》第 305 条，依照《民事诉讼法》第 34 条和第 244 条的规定，属于中华人民共和国人民法院专属管辖的案件，当事人不得用书面协议选择其他国家法院管辖。但协议选择仲裁裁决的除外。因此，在我国，如果当事人选择以诉讼的方式解决争议，则当事人不得以书面协议排除我国法院的专属管辖权，但如果当事人选择以仲裁的方式解决争议，则其仲裁协议具有排除我国法院专属管辖权的法律效力。

[例 10] 英国凯英公司与我国贝华公司签订合同在我国共同投资建立中外合资经营企业。如果凯英公司与贝华公司之间就此合同发生争议，提起诉讼，依照我国法律规定，下列表述中哪一说法是正确的？（　　）

A. 可以在英国诉讼　　B. 必须在中国诉讼

C. 如果双方当事人在合同中选择英国管辖，我国法院就没有管辖权

D. 如果双方当事人在合同中选择第三国管辖，我国法院就没有管辖权

[答案] B。

4. 协议管辖

涉外合同或者涉外财产权益纠纷的当事人，可以用书面协议选择与争议有实际联系的地点的法院管辖。选择中华人民共和国人民法院管辖的，不得违反我国《民事诉讼法》关于级别管辖和专属管辖的规定。

根据《海事诉讼特别程序法》第 8 条规定，海事纠纷的当事人都是外国人、无国籍人、外国企业或组织，当事人书面协议选择中国海事法院管辖的，即使与纠纷有实际联系的地点不在中国领域内，中国海事法院对该纠纷也具有管辖权。

[例 11] 国际海上运输合同的当事人在合同中选定我国某法院作为解决可能发生的纠纷的法院。关于此，下列哪一选项是错误的？（　　）

A. 该协议不得违反我国有关级别管辖和专属管辖的规定

B. 当事人可以在纠纷发生前协议选择我国法院管辖

C. 如与该合同纠纷有实际联系的地点不在我国领域内，我国法院无权依该协议对纠纷进行管辖

D. 涉外合同或涉外财产权益纠纷的当事人可以选择管辖法院

[解析] 根据《民事诉讼法》第 242 条规定的第一句话，似乎 C 项正确。但根据《海事诉讼特别程序法》第 8 条的规定，C 项属错误选项。由于《海事诉讼特别程序法》属于特别法，《民事诉讼法》属于一般法，根据特别法优于一般法的原则，应考虑适用《海事诉讼特别程序法》的规定。A、B、D 三项显然符合《民事诉讼法》的规定。

[答案] C。

[例 12] 甲公司为一中国公司，乙公司为一新加坡公司，两公司于 2003 年 8 月签订了合作经营合同，在广州设立了双方合作经营的丙公司。该合同规定“与本合同履行有关的争议事项的解决应该在北京进行仲裁”。2004 年 9 月两公司由于在公司利润的分配上产生了争议，乙公司将争议提交中国国际经济贸易仲裁委员会进行仲裁。甲公司在第一次开庭前对仲裁委员会的管辖权提出了异议，理由是按照《民事诉讼法》的规定，中国法院对于在中国境内履行的中外合作经营企业合同引起的争议具有专属的管辖权。问：本案中中国国际经济贸易仲裁委员会是否有管辖权？（案例分析）

[答案]本案是一起涉外合作经营企业合同争议管辖权纠纷案，主要涉及我国《民事诉讼法》以及《仲裁法》的有关内容。《民事诉讼法》第 244 条规定：“因在中华人民共和国履行中外合资经营企业合同、中外合作经营企业合同、中外合作勘探开发自然资源合同发生纠纷提起的诉讼，由中华人民共和国人民法院管辖。”尽管《民事诉讼法》对于在中国境内履行的中外合作经营企业合同引起的争议具有专属的管辖权，但这并不排除当事人选择仲裁来解决争议。仲裁庭的管辖权来自当事人在合同中签订的仲裁条款或争议发生前、发生后所达成的有效的仲裁协议。

尽管当事人可以选择仲裁来解决他们之间的纠纷，但由于合营企业合同中的仲裁条款并没有约定仲裁机构，根据《仲裁法》第 18 条：“仲裁协议对仲裁事项或者仲裁委员会没有约定或者约定不明确的，当事人可以补充协议；达不成补充协议的，仲裁协议无效。”因此中国国际经济贸易仲裁委员会对本案没有管辖权。也就是说甲公司认为中国国际经济贸易仲裁委员会没有管辖权的异议成立，但其异议的理由却不正确。

5. 默示接受管辖或推定管辖

涉外民事诉讼的被告对我国法院的管辖权不提出异议，并应诉答辩的，视为承认我国法院有管辖权。

[例 13] 依照我国现行法律规定及司法解释，下列哪项判断是正确的？ （ ）

A. 对于在我国境内没有住所的外国被告提起涉外侵权诉讼，只有该侵权行为实施地在我国境内时，其所属辖区的中级人民法院才可以对该侵权诉讼行使管辖权

B. 我国法院可以根据当事人选择我国法院的书面协议对涉外民事诉讼行使管辖权

C. 对原本无权管辖的涉外民事诉讼，只要该诉讼的被告前来出庭应诉，我国法院就可以对其行使管辖权

D. 因在中国履行中外合资经营企业合同发生的纠纷，当事人只能向中国法院提起诉讼

[解析] C 项说只要被告前来出庭应诉，我国法院就可以对其行使管辖权，是不准确的。而 D 项错误更为明显，根据《民事诉讼法意见》第 305 条的规定，属于中国法院专属管辖的案件，当事人不得用书面协议选择其他国家法院管辖。但协议选择仲裁裁决的除外。也就是说，D 项中的纠纷当事人完全可以通过约定仲裁方式解决纠纷，并非只能向中国法院起诉。

[答案] B。

[例 14] 中国 X 公司与美国 Y 公司订立一项出口电器合同，约定有关该合同争议的解决适用《美国统一商法典》。X 公司负责安排巴拿马籍货轮运输，并约定适用《海牙规则》。该批货物在中国港口装船时因操作失误使码头装卸设备与船舶发生了碰撞，导致船舶与部分货物的损失。依照我国有关法律，下列哪一选项是正确的？（ ）

A. 该案应由中国该港口辖区中级人民法院管辖

B. 该案应由中国该港口辖区海事法院管辖

C. 出口合同的双方选择适用《美国统一商法典》的约定是无效的

D. 运输合同应当适用中国法

[解析] 根据《海事诉讼特别程序法》第 7 条第（1）项的规定，因沿海港口作业纠纷提起的诉讼，由港口所在地海事法院管辖。由于有上述特别法的规定，《民事诉讼法》第 34 条的规定即不再适用。故 B 项正确，A 项错误。根据《合同法》第 126 条第 1 款，涉外合同当事人可以选择合同应当适用的法律，除非法律另有规定，普通进出口合同的当事人可以约定合同适用何国法，本题中当事人双方约定适用《美国统一商法典》合法有效。同理，D 项也是错误的。

[答案] B。

6. 遵守国际条约的规定

目前我国参加的涉及管辖权的条约主要有：《统一国际航空运输某些规则的公约》和《国际油污损害民事责任公约》等。如果我国法律规定与公约的规定有不同的，除我国声明保留的条款外，应优先适用公约的规定。

7. 关于涉外民商事案件的集中管辖

为了提高涉外审判质量，最高人民法院于 2001 年 12 月 25 日发布了《关于涉外民商事案件诉讼管辖若干问题的规定》，采取了“集中管辖”或者“优化案件管辖”、“优化司法资源的配置”的方法，将以往分散由各基层人民法院、中级人民法院管辖的涉外民商事案件，集中由少数收案较多、审判力量较强的中级人民法院和基层人民法院管辖。该规定主要内容如下。（1）第一审涉外民商事案件由下列人民法院管辖：国务院批准设立的经济技术开发区人民法院；省会、自治区首府、直辖市所在地的中级人民法院；经济特区、计划单列市中级人民法院；最高人民法院指定的其他中级人民法院；高级人民法院。前述中级人民法院的区域管辖范围由所在地的高级人民法院确定。（2）对国务院批准设立的经济技术开发区人民法院所作的第一审判决、裁定不服的，其第二审由所在地中级人民法院管辖。（3）该规定适用于下列案件：涉外合同和侵权纠纷案件；信用证纠纷案件；申请撤销、承认与强制执行国际仲裁裁决的案件；审查有关涉外民商事仲裁条款效力的案件；申请承

认和强制执行外国法院民商事判决、裁定的案件。（4）发生在与外国接壤的边境省份的边境贸易纠纷案件，涉外房地产案件和涉外知识产权案件，不适用该规定。（5）涉及香港、澳门特别行政区和台湾地区当事人的民商事纠纷案件的管辖，参照该规定处理。（6）高级人民法院应当对涉外民商事案件的管辖实施监督，凡越权受理涉外民商事案件的，应当通知或者裁定将案件移送有管辖权的人民法院审理。

[例 15] 根据我国最新司法解释的规定，下列哪些涉外案件实行集中管辖？（ ）

A. 涉外合同和侵权纠纷案件　　B. 信用证纠纷案件

C. 申请撤销、承认与强制执行国际仲裁裁决的案件

D. 审查有关涉外民商事仲裁条款效力的案件

E. 申请承认和强制执行外国法院民商事判决、裁定的案件

F. 发生在与外国接壤的边境省份的边境贸易纠纷案件

G. 涉外房地产案件　　H. 涉外知识产权案件

[解析] 上述 8 类案件前 5 类适用上述规定实行集中管辖，后 3 类不适用。另外要注意，涉及我国香港、澳门特别行政区和台湾地区当事人的民商事纠纷案件的管辖参照上述规定处理。

[答案] A、B、C、D、E。

[例 16] 根据我国有关集中管辖的规定，第一审涉外民商事案件由下列哪些人民法院管辖？（ ）

A. 国务院批准设立的经济技术开发区人民法院

B. 省会、自治区首府、直辖市所在地的中级人民法院

C. 经济特区、计划单列市中级人民法院

D. 最高人民法院指定的其他中级人民法院

E. 高级人民法院

[答案] A、B、C、D、E。

[例 17] 最高人民法院《关于涉外民商事案件诉讼管辖若干问题的规定》中，明确了涉外民商事案件的诉讼管辖权限和范围，也规定了例外的情况。不适用上述规定进行集中管辖的涉外案件是：（ ）

A. 涉外房地产案件　　B. 边境贸易纠纷案件

C. 强制执行国际仲裁裁决案件　　D. 信用证纠纷案件

[答案] A、B。

四、国际商事诉讼的期间、诉讼保全和诉讼时效

（一）期间

在国际商事诉讼中，由于涉及国外的当事人或需要在国外完成一定的诉讼行为，诉讼期间一般需要较长时间，各国商事诉讼法规定的国际商事诉讼期间通常比国内商事诉讼期间要长。我国《民事诉讼法》规定，被告在我国领域内没有住所的，法院应当将起诉状副本送达被告，并通知被告在收到起诉状副本后 30 天内提出答辩状。被告申请延期的，是否

准许，由法院决定。另外，在我国领域内没有住所的当事人的上诉期、被上诉人的答辩期也都是 30 天，并且经法院准许还可以延长。而且，法院审理涉外案件的期间不受国内案件审理期间的限制。

（二）诉讼保全

诉讼保全是指法院在做出判决之前，为保证将来判决的执行对有关当事人的财产所采取的一种强制措施，如采取查封、扣押、冻结及要求当事人提供担保等方法。在国际商事诉讼中，特别是涉及贸易、运输和海事纠纷的案件，通常争议金额较大，诉讼时间长，所以更有必要通过诉讼保全制度确保将来的判决能得到承认与执行。各国商事诉讼法对诉讼保全制度均有规定。诉讼保全可分为诉前保全和诉讼中的保全。根据我国《民事诉讼法》的规定，在涉外商事诉讼中，法院只基于当事人的申请或在起诉前基于利害关系人的申请，裁定是否采取财产保全措施，并不依职权主动采取该类措施。而在国内诉讼中，我国法院可以依职权主动采取保全措施。在法院裁定准许诉前财产保全后，申请人应在获得准许后的 30 天内提起诉讼，逾期不起诉的，法院应当解除财产保全。

（三）诉讼时效

由于各国对诉讼时效期间长短、中止、中断或延长的事由、诉讼时效的客体和效力等方面的规定存在差异，因此在国际商事诉讼中，需要确定应适用哪一个国家有关诉讼时效的规定，即应确定诉讼时效的准据法。对于诉讼时效的准据法，目前各国的趋势是规定诉讼时效适用该诉讼请求的准据法。我国《最高人民法院关于贯彻执行〈中华人民共和国民法通则〉若干问题的意见（试行）》第 195 条也明确规定，涉外民事法律关系的诉讼时效，依冲突规范确定的民事法律关系的准据法确定，例如有关涉外合同关系的诉讼时效应该依据合同的准据法确定。

五、国际司法协助

（一）司法协助概说

1. 司法协助的概念

司法协助是指一国法院或其他主管机关，根据另一国法院或其他主管机关或有关当事人的请求，代为实施或者协助实施一定的司法行为。从当前各国的司法实践来看，司法协助涉及民商事诉讼、刑事诉讼和行政诉讼。这里专指民商事司法协助。关于司法协助的内容有狭义和广义的观点，狭义的司法协助只包括送达文书和调查取证，我国《民事诉讼法》采用广义的观点，即认为司法协助的内容包括：送达诉讼文书、代为询问证人、调查取证以及外国法院判决和外国仲裁裁决的承认与执行。

2. 司法协助的途径和履行

司法协助请求的提出一般通过以下几个途径：（1）外交途径，即请求国司法机关将请求文件交给本国的外交部，由本国的外交部转交给被请求国的外交代表，再由该国外交代表转交给该国国内主管司法机关，由该主管司法机关提供司法协助。这是比较普遍采用的一种方式，特别是在两国之间不存在司法协助条约的情况下，这一办法几乎是唯一可行的

途径。（2）使领馆途径，即请求国司法机关把请求文件交给本国驻在被请求国的使领馆，再由使领馆直接将有关文件交给驻在国有关主管司法机关，由该主管司法机关提供司法协助。这种方式在国际条约中采用的比较多，而且有的国际条约和国内立法还规定，使领馆有权把有关文书直接交给派遣国国民。（3）法院途径，即由请求国法院直接委托被请求国法院进行司法协助。不过采用这种方式必须以条约为基础，实践中采用这种做法的比较少。（4）中心机关途径，又称为中央机关途径。许多有关司法协助的国际条约都规定了中央机关的途径。它是请求国主管机关将请求事项直接或通过本国的中心机关提交给被请求国的中心机关，再由该被请求国的中心机关转交给其所属国的主管司法机关提供司法协助。我国缔结或参加的司法协助条约多指定我国司法部为传递司法协助请求的中央机关。

一般而言，被请求国提供司法协助的程序和方式是依照本国的法律进行，不适用外国法中关于程序问题的规定。如果请求国要求按特殊方式进行协助，而这种方式又不与被请求国的法律或公共秩序相抵触时，被请求国可以满足请求国的请求。

被请求国如果发现请求国的请求事项存在下列情况之一时，可以拒绝提供司法协助：（1）对有关文件的真实性有怀疑；（2）根据被请求国法律，被请求协助的事项不属于该国司法机关的职权范围；（3）请求事项与被请求国的主权、安全、公共秩序或基本利益不相容；（4）被请求代行的行为是被请求国法律所禁止的行为。

3. 中国关于司法协助的规定

我国十分重视国际民事司法协助。除了1991年民事诉讼法对司法协助问题作了专门规定外，截至2002年，我国已先后与38个国家签订了54个双边司法协助协定，1986年参加了《承认及执行外国仲裁裁决公约》，1991年参加了1965年海牙《关于向国外送达民事或商事诉讼文书和非诉讼文书公约》，1997年参加了1970年海牙《关于从国外调取民事或商事证据的公约》。此外，最高人民法院还先后发布了一系列司法解释。

根据《民事诉讼法》第260条至第263条的规定，关于司法协助的范围，我国法院和外国法院可以在我国缔结或参加的国际条约或互惠的基础上，相互请求进行司法协助，包括送达文书、调查取证、承认与执行外国法院判决和外国仲裁裁决以及进行其他诉讼行为。但外国法院请求协助的事项有损我国的主权、安全或社会公共利益的，我国法院不予执行。

关于司法协助请求提出的途径，应当根据我国缔结或参加的国际条约所规定的途径进行；没有条约关系的，通过外交途径进行。对于与我国既无条约关系又无互惠关系的国家的法院提出的司法协助请求，《最高人民法院关于适用〈中华人民共和国民事诉讼法〉若干问题的意见》第319条规定，与我国没有司法协助协议又无互惠关系的国家的法院，未通过外交途径，直接请求我国法院司法协助的，我国法院应予退回，并说明理由。此外，外国驻我国使领馆可以向其本国公民送达文书和调查取证，但不得违反我国法律，并不得采取强制措施。未经我国主管机关的准许，任何其他外国机关或个人不得在我国领域内送达文书和调查取证。

关于提供司法协助的程序，我国法院提供司法协助，依我国法律规定的程序进行，外国法院请求采用特殊方式进行的，也可以按照其请求的特殊方式进行，但请求采用的方式不得违反我国的法律。

[例 18] 某外国法院依照该国与我国缔结或共同参加的国际条约的规定提出司法协助请求，我国法院应该依照什么程序提供司法协助？（ ）

A. 依照国际惯例进行　　B. 依照我国法律规定的程序进行

C. 依照该外国法律规定的程序进行，但该程序不得违反我国的公共秩序

D. 在一定条件下，也可依照外国法院请求的特殊方式进行

[答案] B、D。考察的是司法协助的程序。

我国《民事诉讼法》第 263 条规定："人民法院提供司法协助，依照中华人民共和国法律规定的程序进行。外国法院请求采用特殊方式的，也可以按照其请求的特殊方式进行，但请求采用的特殊方式不得违反中华人民共和国法律。"基于该规定，本题应选 B、D。

（二）域外送达

1. 域外送达的概念

域外送达是指一国法院根据国际条约或本国法律或按照互惠原则将诉讼文书和非诉讼文书送交给居住在国外的当事人或其他诉讼参与人的行为。诉讼文书的送达是一种很重要的司法行为，是一国司法机关代表国家行使国家主权的一种表现，因此该行为具有严格的属地性。一方面，一国的司法机关在未征得有关国家同意的情况下，不得在该国境内向任何人实施送达行为；另一方面，内国也不承认外国司法机关在没有法律规定和条约依据的情况下在内国所实施的送达。因此，域外送达必须通过国际条约和国内法允许的途径送达。

2. 域外送达的方式

域外送达的方式主要包括：按照国际司法协助条约规定的方式送达、通过外交途径送达、委托本国使领馆代为送达、邮寄送达、委托当事人的诉讼代理人或亲属送达、公告送达。其中外交代表或领事送达，即内国法院将需要在国外送达的诉讼文书委托给内国驻该国的外交代表或领事代为送达，是国际社会所普遍承认和采用的一种方式。不过，采用这种方式进行域外送达的对象一般只能是本国国民，不能是驻在国或第三国的国民，并不得采取强制措施。另值得注意的是，并不是所有国家都采用上述各种送达方式，如有不少国家反对外国法院以邮寄方式向本国境内的当事人进行送达。法院进行域外送达时应当采用受送达人所在国接受的方式。

3. 我国 1991 年加入的《关于向国外送达民事或商事司法文书或司法外文书公约》（简称《海牙送达公约》）的重要内容

（1）第 2 条：请求书方式（中央机关方式）。各缔约国指定中央机关负责接收来自其他缔约国的送达请求书，并予以转递。请求书一般可由发出国驻外使领馆转交给该国中央机关。

（2）第 3 条至第 5 条：各缔约国司法机关可将文书直接向被请求国中央机关发出，无须认证，由该中央机关依其本国法的一般程序送达，或在不与其本国法律相抵触的情况下依申请者请求的特殊方式送达。中央机关可要求该文书以文书发往国的官方文字或其中之一写成，或译为该种文字。

（3）第 8 条：使领馆途径送达。缔约国有权直接通过其外交或领事代表机构向身在国外的人完成司法文书的送达，但不得采用任何强制措施。任何国家均可声明其对在其境内进行此种送达的异议，除非该文书须送达给文书发出国国民（中国即提出这种保留）。

[例 19] 葡萄牙法院欲通过其驻华使领馆向在中国的英国籍被告送达一开庭传票，依据《海牙送达公约》可否？

[答案及解析] 不可以。因为我国加入公约时提出保留，葡萄牙法院利用使领馆途径只能向在中国的葡萄牙公民送达。我国通过中国驻外使领馆进行域外送达时也一样只能向境外中国公民送达。当然如果通过前面中央机关途径送达时，则没有此限制。

（4）第 10 条：其他送达途径（我国均提出保留，不予接受）。

① 通过邮寄途径直接向身在国外的人送交司法文书；②文书发出国的司法人员直接通过送达目的地国的司法人员完成送达；③利害关系人直接通过送达目的地国的司法人员完成送达。

（5）第 12 条：送达费用原则上互免，特殊方式的费用申请方承担。

（6）第 13 条：拒绝协助送达的理由。送达将损害本国主权与安全。

一国不得仅根据下列理由拒绝执行：依其国内法，该国主张对该项诉讼标的专属管辖权，或其国内法不允许进行该项申请所依据的诉讼。

另外注意：《海牙送达公约》仅适用于向国外送达，如果受送达人外国公司在中国境内有驻华代表机构，则可以直接向该代表机构送达，并可以适用留置送达的规定，此时由于不属于域外送达，故《海牙送达公约》不适用。

4. 我国有关规定

除了《民事诉讼法》的一般性规定，这方面我国还有如下几个文件：

（1）最高人民法院、外交部、司法部 1992 年 3 月 4 日关于执行《关于向国外送达民事或商事司法文书和司法外文书公约》有关程序的通知（以下简称“外交途径通知”）。

（2）司法部、最高人民法院、外交部 1992 年 9 月 19 日联合发布《关于印发〈关于执行海牙送达公约的实施办法〉的通知》（以下简称“实施办法”）。

（3）最高人民法院、外交部、司法部《关于我国法院和外国法院通过外交途径相互委托送达法律文书若干问题的通知》（以下简称“法院委托通知”）。

（4）最高人民法院《关于向外国公司送达司法文书能否向其驻华代表机构送达并适用留置送达问题的批复》。

5. 外国对我国进行送达

（1）中央机关途径。

① 我国中央机关为司法部：司法部收到文书（无论外国驻华使领馆直接送交的还是外国主管机关或司法助理人员直接送交的）后，有中文译本的文书，应于 5 日内转给最高人民法院；对于用英文或法文写成，或者附有英文或法文译本的文书，应于 7 日内转给最高人民法院；对于不符合《海牙公约》的文书，予以退回或要求请求方补充、修正材料。

② 最高人民法院应于 5 日内将文书转给送达执行地高院；高院收文后，应于 3 日内转有关的中院或者专门法院；中院或者专门法院收文后，应于 10 日内完成送达，并将送达回证尽快交最高人民法院转司法部，司法部接到送达回证后，按《海牙公约》要求填写证明书，送交该国驻华使、领馆或该国主管当局或司法助理人员。

③ 对未附中文译本而附英、法文译本的文书，法院仍应予以送达。除双边条约中规定英、法文译本为可接受文字者外，受送达人有权以未附中文译本为由拒收。凡当事人拒收

的，送达法院应在送达回证上注明。

④ 不管文书中确定的出庭日期或期限是否已过，均应送达。如受送达人拒收，应在送达回证上注明。

（2）使领馆途径。

外国驻华使、领馆可直接向其在华的本国公民送达民商事司法文书，但不违反我国法律，不得对当事人采取强制措施。

（3）其他途径（外交途径）。

根据我国《民事诉讼法》第 261 条规定，对与我国没有条约关系（如《海牙公约》）的国家，可以通过外交途径送达。根据前述“外交途径通知”，具体程序如下：

① 由该国驻华使馆将法律文书交外交部领事司转递给有关高级人民法院，再由该高级人民法院指定有关中级人民法院送达给当事人。当事人在所附送达回证上签字后，中级人民法院将送达回证退高级人民法院，再通过外交部领事司转退给对方；如未附送达回证，则由有关中级人民法院出具送达证明交有关高级人民法院，再通过外交部领事司转给对方。

② 委托送达法律文书须用委托书。委托书和所送法律文书须附有中文译本。

③ 法律文书的内容有损我国主权和安全的，予以驳回；如受送达人享有外交特权和豁免，一般不予送达；不属于我国法院职权范围或因地址不明或其他原因不能送达的，由有关高级人民法院提出处理意见或注明妨碍送达的原因，由外交部领事司向对方说明理由，予以退回。

④ 我国法院对国外当事人送达，有关文书须附上送达委托书、对方国家允许的文字译本，并经本地高院审查，由外交部领事司转递。

[例 20] 甲国与中国均为 1965 年在海牙签订的《关于向国外送达民事或商事司法文书和司法外文书公约》的缔约国。现甲国法院依该公约向总部设在南京的东陵公司送达若干司法文件。根据该公约及我国的相关规定，下列判断何者为错误？ （ ）

A. 这些司法文书应由甲国驻华使、领馆直接送交我国司法部

B. 收到司法部转递的司法文书后，执行送达的人民法院如发现该司法文书所涉及的诉讼标的属于我国法院专属管辖，则应拒绝执行甲国的送达请求

C. 执行送达的人民法院如果发现其中确定的出庭日期已过，则应直接将该司法文书退回，不再向东陵公司送达

D. 东陵公司收到人民法院送达的该司法文书后，发现其只有英文文本的，可以拒收

[答案] B、C。

[例 21] 根据我国《民事诉讼法》和有关条约的规定，外国法院向位于我国领域内的当事人送达司法文书和司法外文书时，不能采用下列哪几种送达方式？ （ ）

A. 外交途径送达　　　B. 通过外交人员或领事向非派遣国国民送达

C. 邮寄直接送达　　　D. 司法程序中的利害关系人直接送达

[解析] C、D 两项不仅我国《民事诉讼法》没有规定，而且我国在加入《海牙送达公约》时提出了保留。

[答案] B、C、D。

6. 我国对外国送达

（1）根据我国《民事诉讼法》第 245 条的规定，我国对外国送达有 7 种途径。

[例 22] 我国某中级人民法院受理一起涉外案件，被告在外国经商，且在国内没有住所，试问根据我国《民事诉讼法》的有关规定，该院可以通过什么途径向被告送达有关的司法文书？（ ）

A. 依照我国与所在国缔结或者共同参加的国际条约中规定的方式送达

B. 通过外交途径送达

C. 被告具有我国国籍的，可以委托我国驻被告所在国的使领馆向该我国公民送达

D. 向被告委托的有权代其接受送达的诉讼代理人送达

E. 向被告在我国领域内设立的代表机构或者有权接受送达的分支机构、业务代办人送达

F. 被告所在国的法律允许邮寄送达的，可以邮寄送达

G. 不能用上述方式送达的，公告送达，自公告之日起满 6 个月，即视为送达

[解析] 参见《民事诉讼法》第 245 条。

[答案] 全选。

（2）最高人民法院《关于涉外民事或商事案件司法文书送达问题若干规定》（中国对外国送达）。

① 适用范围。

a. 受送达人：仅限于向在中华人民共和国领域内没有住所的受送达人。

b. 案件范围：民事、商事。

c. 文书范围：起诉状副本、上诉状副本、反诉状副本、答辩状副本、传票、判决书、调解书、裁定书、支付令、决定书、通知书、证明书、送达回证以及其他司法文书。

② 送达方式。

a. 受送达人在境内出现可直接送达。

第 3 条 作为受送达人的自然人或者企业、其他组织的法定代表人、主要负责人在中华人民共和国领域内的，人民法院可以向该自然人或者法定代表人、主要负责人送达。

b. 原则上可向诉讼代理人送达，除非受送达人明确拒绝。

c. 向代表机构、分支机构、业务代办人送达。

第 5 条 人民法院向受送达人送达司法文书，可以送达给其在中华人民共和国领域内设立的代表机构。受送达人在中华人民共和国领域内有分支机构或者业务代办人的，经该受送达人授权，人民法院可以向其分支机构或者业务代办人送达。

d. 有条约，依条约（第 7 条）。

e. 新送达方式。

第 10 条 除本规定上述送达方式外，人民法院可以通过传真、电子邮件等能够确认收悉的其他适当方式向受送达人送达。

f. 多种方式送达，依最先送达日期为准（第 11 条）。

g. 留置送达。

第 12 条 人民法院向受送达人在中华人民共和国领域内的法定代表人、主要负责人、诉讼代理人、代表机构以及有权接受送达的分支机构、业务代办人送达司法文书，可以适

用留置送达的方式。

③ 是否送达的认定。

a. 不能送达的认定。

第 7 条　按照司法协助协定、《关于向国外送达民事或商事司法文书和司法外文书公约》或者外交途径送达司法文书，自我国有关机关将司法文书转递受送达人所在国有关机关之日起满 6 个月，如果未能收到送达与否的证明文件，且根据各种情况不足以认定已经送达的，视为不能用该种方式送达。

b. 合法送达的认定。

第 13 条　受送达人未对人民法院送达的司法文书履行签收手续，但存在以下情形之一的，视为送达：i. 受送达人书面向人民法院提及了所送达司法文书的内容；ii. 受送达人已经按照所送达司法文书的内容履行；iii. 其他可以视为已经送达的情形。

[例 23] 某中国企业因与在境外设立的斯坦利公司的争议向我国法院提起诉讼。根据我国现行司法解释，关于向斯坦利公司有效送达司法文书的问题，下列哪些选项是正确的？（　　）

A. 法院可向该公司设在中国的任何分支机构送达

B. 法院可向该公司设在中国的任何代表机构送达

C. 如该公司的主要负责人位于中国境内时，法院可向其送达

D. 法院可向该公司在中国的诉讼代理人送达

[答案] B、C、D。

（三）域外取证

1. 域外取证的概念

域外取证是指基于国际条约或互惠原则，被请求国协助请求国调查案情、获得或搜集证据的活动。域外取证和域外送达一样，是行使国家司法主权的一种行为。与域外送达相比，域外取证具有更严格的属地性，如果没有证据所在地国的准许，是不能在该外国境内实施取证行为的。为了协调各国的取证制度，便于域外取证，国际社会为此缔结了大量的双边和多边条约。我国不仅在双边司法协助条约中对域外取证问题作了规定，而且还于 1997 年参加了具有广泛影响的《关于从国外调取民事或商事证据的公约》。

2. 域外取证的方式

域外取证方式主要包括：（1）代为取证，是指一国受理案件的司法机关向证据所在地国的司法机关提出请求，由后者代为进行取证。（2）领事取证，即通过本国驻他国领事或外交人员在驻在国直接调查取证，一般是向本国国民调查取证。这种取证方式为大多数国家所接受。但采取这种取证方式不得违反当地的法律，也不得采取强制措施。（3）特派员取证，即受诉法院委派专门的官员在外国调查取证。这一取证方式主要为英美法系国家所采用，大陆法系国家对此一般持谨慎态度。根据我国有关规定，我国原则上不允许外国特派员在我国境内取证，但在特殊情况下可特许外国特派员在我国境内取证。（4）当事人或诉讼代理人自行取证，这种方式主要存在于一些普通法国家尤其是美国。大多数国家对此种取证方式采取反对态度。根据我国有关规定，未经我国主管机关准许，任何外国当事人或其诉讼代理人都不得在我国境内自行取证。

对于在我国领域外形成的证据的效力，根据已于2001年12月6日通过并自2002年4月1日起施行的《最高人民法院关于民事诉讼证据的若干规定》第11条的规定，当事人向人民法院提供的证据系在中华人民共和国领域外形成的，该证据应当经所在国公证机关予以证明，并经中华人民共和国驻该国使领馆予以认证或者履行中华人民共和国与该所在国订立的有关条约中规定的证明手续。当事人向人民法院提供的证据是在香港、澳门、台湾地区形成的，应当履行相关的证明手续。其第12条还规定，当事人向人民法院提供外文书证或者外文说明资料，应当附有中文译本。

[例24] 根据我国1970年在海牙参加的《关于从国外调取民事或商事证据的公约》，我国允许的民事诉讼中域外取证的方式一般有哪些？（ ）

A. 取证请求书方式 B. 外交官、领事取证

C. 特派员取证，但我国原则上不接受这种方式，除非特别批准

D. 当事人或诉讼代理人自行取证方式

[解析] C、D项属英美普通法系部分国家的做法。A项也叫代为取证方式。C项虽然属于公约规定的方式，但我国对之提出保留。

[答案] A、B。

（四）外国法院判决的承认与执行

一国法院判决是一国司法主权的具体体现，一国法院判决要发生域外效力，必须经过他国对其既判力和执行力的认可。承认外国法院判决和执行外国法院判决是两个既有联系又有区别的概念：一方面，承认外国法院判决是执行的前提条件；另一方面，承认外国法院判决并不一定意味着要执行外国法院判决，有些判决只需要承认而不必执行。

1. 承认与执行外国法院判决的程序

各国在实践中主要有三种不同的做法：（1）经形式上的审查发给执行令的程序。（2）经实质性审查后发给执行令的程序。（3）重新起诉程序，即胜诉方须以外国法院判决为依据，重新向执行地国法院提起诉讼，如执行地国法院认为外国判决与本国法律不相抵触，则由执行地国法院做出一个与外国判决内容相同的判决，然后予以执行。我国采取上述第一种程序。

2. 承认与执行外国法院判决的条件

综观各国国内立法和有关的国际条约的规定，外国法院判决要获得承认与执行一般应具备以下条件：（1）原判决国法院必须具有合格的管辖权；（2）外国法院判决已经发生法律效力；（3）外国法院进行的诉讼程序是公正的；（4）外国法院的判决必须是合法取得的；（5）不存在“诉讼竞合”，如果外国法院判决与内国法院就同一当事人之间的同一争议所作的判决或内国法院已经承认的第三国法院就同一当事人之间的同一争议所作的判决相冲突，内国法院可拒绝承认与执行；（6）承认与执行外国判决不违背内国的公共政策；（7）判决地国和执行地国之间存在条约关系或互惠关系；（8）外国法院适用了内国冲突法规定的准据法，这一条件仅为少数国家所要求。

[例25] 现有一德国法院的判决在我国欲得到承认和执行，依照我国《民事诉讼法》的规定必须符合下列哪些条件，德国法院的判决才能得到我国的承认和执行？（ ）

A. 德国法院适用了我国冲突规范所规定的准据法

B. 德国法院判决的承认和执行不会损害我国的公共秩序

C. 德国法院判决已经发生法律效力

D. 德国与我国缔结或者参加了国际条约或有互惠关系

[答案] B、C、D。

3. 中国关于外国法院判决承认与执行的规定

（1）我国人民法院和外国法院做出的判决、裁定，要在对方国家得到承认与执行，可以由当事人直接向有管辖权的法院提出（在我国为被执行人住所地或财产所在地的中级人民法院），也可以由法院按照条约的规定或者互惠原则请求对方国家的法院承认与执行。

（2）请求承认与执行的判决或裁定必须是已经发生法律效力的判决或裁定。

（3）对于向我国法院申请承认与执行的外国判决或裁定，无论是由当事人直接申请还是由外国法院请求，我国法院都必须依照我国与该国缔结或参加的国际条约的规定，或者互惠原则进行审查。经审查，如果外国判决、裁定不违反我国法律的基本原则，或者不危害我国国家主权、安全和社会公共利益，裁定承认其效力，需要执行的，发出执行令。

另外，我国与许多国家签订的双边司法协助条约规定，原判决国法院必须有管辖权，审判程序公正，且不与正在我国国内进行或已经终结的诉讼相冲突。

最后，如果某国与我国既无条约关系也不存在互惠关系时，我国对该外国法院的判决是不予以承认与执行的。在此种情形下，当事人可以向我国法院起诉，由有管辖权的法院做出判决并予以执行。

[例 26] 中国法院就一家中国公司和一家瑞士公司之间的技术转让纠纷做出判决。判决发生效力后，瑞士公司拒不执行法院判决，而且该公司在中国既无办事机构、分支机构和代理机构，也无财产。关于该判决的承认和执行，下列选项中的哪些表述是正确的？（　　）

A. 中国公司直接向有管辖权的瑞士法院申请承认和执行

B. 中国公司向国际法院申请承认和执行

C. 由人民法院依照我国缔结或者参加的国际条约的规定，请求瑞士法院承认和执行

D. 由人民法院直接采取强制措施执行

[答案]A、C。考察的是中国关于外国法院判决承认与执行的规定。

《民事诉讼法》第 264 条规定：“人民法院做出的发生法律效力的判决、裁定，如果被执行人或者其财产不在中华人民共和国领域内，当事人请求执行的，可以由当事人直接向有管辖权的外国法院申请承认和执行，也可以由人民法院依照中华人民共和国缔结或者参加的国际条约的规定，或者按照互惠原则，请求外国法院承认和执行。”因此，A、C 是正确答案。国际法院的诉讼管辖权只涉及公法意义上的国家间的争端，且国际法院没有强制管辖权。因此，B 项错误。D 项中，因为一国法院的司法权的行使，尤其是强制执行权，通常具有严格的地域性，仅限于本国境内，本题中，由于该瑞士公司在中国既无办事机构、分支机构和代理机构，也无财产，因此人民法院不可能直接在境内采取强制执行措施，它又不能到别的国家直接采取强制执行措施，因此，D 项错误。

【能力测试·国际商事争议解决法】

一、判断题

1. 法院诉讼是强制管辖，仲裁也是强制管辖。（　）

2. 国际商会仲裁院是国际商会下设的常设仲裁机构。（　）

3. 仲裁协议的当事人无行为能力或者限制行为能力，签订的仲裁协议仍有效。（　）

4. 部分裁决是指对整个争议案已部分审理清楚，为了有利于进一步审理和做出最终裁决，仲裁庭在某一审理阶段做出某项暂时性的裁决。（　）

5. 当裁决生效后，一方当事人不履行的，另一方当事人可以根据中国法律的规定，向中国法院申请执行。（　）

6. 仲裁的裁决一般是终局性裁决。（　）

7. 仲裁机构是民间组织。（　）

8. 按照我国仲裁规则的规定，双方当事人必须在仲裁委员会的仲裁员名册中指定他们认为合适的仲裁员。（　）

9. 仲裁庭不能进行缺席审理和做出缺席裁决。（　）

10.《纽约公约》以互惠为基础，即两国之间必须首先缔结一项双边协议，然后才能在各自的管辖范围内实施该项公约。（　）

二、名词解释

1. 仲裁　2. 仲裁协议　3. 协议管辖　4. 一事再理
5. 集中管辖　6. 司法协助　7. 域外送达　8. 域外取证

三、问答题

1. 简述仲裁与诉讼的区别。

2. 简述仲裁协议的类型、基本内容及作用。

3. 简述我国对《纽约公约》的两点保留。

4. 简述仲裁协议无效的情形。

5. 简述仲裁裁决的撤销情形。

6. 简述司法协助的途径。

四、案例分析题

1. 某轻纺公司与加拿大太子公司签订了 CC960506 号销售合同，约定由太子公司销售普通旧机电 5000 吨给轻纺公司，每吨 348.9 美元。合同第 8 条明确约定：“凡因执行本合约所发生的或与本合约有关的一切争议，双方可以通过友好协商解决；如果协商不能解决，应提交中国国际经济贸易仲裁委员会，根据该会的仲裁规则进行仲裁。仲裁裁决是终局的，对双方均有约束力。”货物到港后，经商检查明：货物总重量为 4793.162 吨，“本批货物主要为各类废结构件、废钢管、废齿轮箱、废元钢等”。轻纺公司遂以太子公司侵权给其造成损失为由向该初审法院提起诉讼。太子公司在答辩期内提出管辖权异议称，本案当事人之间对合同纠纷已自愿达成仲裁协议，法院依法不应受理。该初审法院认为：本案是因欺诈引起的侵权损害赔偿纠纷。虽然原告轻纺公司和被告太子公司之间的买卖合同中订有仲裁条款，但由于被告是利用合同进行欺诈，已超出履行合同的范围，构成了侵权。双方当事人的纠纷已非合同权利义务的争议，而是侵权损害赔偿纠纷。故轻纺公司有权向法院提起侵权上诉，而不受双方所订立的仲裁条款的约束。因此裁定，驳回太子公司对本案管辖权提出的异议。第一审宣判后，被告太子公司不服，向上诉法院提起上诉。问：

（1）中国国际经济仲裁委员会是否有权就轻纺公司和太子公司的侵权损害赔偿纠纷做出仲裁？

（2）上诉法院应如何判决？为什么？

2. 1988年3月3日，河北省G进出口公司与意大利A公司签订了总金额为13亿意大利里拉的买卖功夫鞋的合同。在合同履行过程中，虽经数次修改，但意方3.7亿里拉的剩余货款一直未曾偿付。意方签订偿还货款协议后，在偿还到期日后仍然拒绝履约。河北省G进出口公司在多次催讨无效的情况下，根据合同仲裁条款的规定向中国国际经济贸易仲裁委员会提起仲裁，仲裁庭经过审理做出裁决。要求意大利A公司向河北省G进出口公司赔偿货款3.7亿里拉及其到实际支付日止的相应利息和有关办案支出、律师费、仲裁费等共计人民币7万元。但裁决做出后，意大利A公司并未在规定时间内执行上述裁决。问：河北省G进出口公司在上述情况下应该如何处理此案？为什么？（意大利为《纽约公约》成员）

3. 诺宝克货运服务股份有限公司（申请执行人）与中国某技术咨询服务公司（被申请人）因“M. V. 嘉顿门”号租船合同发生争议。申请执行人根据租船合同中的仲裁条款向伦敦海事仲裁协会申请仲裁。伦敦海事仲裁协会于1990年1月8日做出终局裁决。裁决生效后，被申请人未自动履行裁决内容。申请执行人委托中国某律师事务所律师全权代理申请执行，并于1990年2月26日向被申请人住所地北京市中级人民法院递交了申请执行书及有关的文书材料。北京市中级人民法院受理了申请执行人的申请，依法组成合议庭对该仲裁裁决进行审查，并裁定承认伦敦海事仲裁协会的仲裁裁决的法律效力，被申请人自接到裁定书之日起15日内履行伦敦海事仲裁协会的仲裁裁决。

提示：参见《中华人民共和国民事诉讼法》第267条及《纽约公约》。

问题：（1）北京市中级人民法院是否有权受理该申请执行案件？为什么？

（2）该申请执行案件应该适用什么法律？为什么？（英国为《纽约公约》成员）

4. 申诉人香港广金达贸易有限公司与被诉人美国 BOMAR COMMODITIES INC. 就1989年11月23日签订的锡锭售货合同的货款支付发生争议。中国国际经济贸易仲裁委员会根据合同中的仲裁条款依法组成仲裁庭，并于1991年8月28日做出了要求被诉人支付合同项下货款及其利息的仲裁裁决。由于被诉人收到裁决书后未自动履行，申诉人向美国新泽西州法院申请强制执行上述仲裁裁决。在法院审理过程中，被诉人提出反诉，要求申诉人赔偿双方之间其他几笔交易的损失。问：美国法院是否应该对被诉人的请求做出判决？为什么？（美国是《纽约公约》的成员国）

5. 我国上海市居民张某（女）与美国人David（男）于1998年1月在中国登记结婚。后因双方各方面差距太大，无法沟通，于是张某于1999年3月19日向上海仲裁委员会提出仲裁，要求与David解除婚姻关系。问：上海仲裁委员会是否应该受理该案？为什么？

6. 1997年5月2日，我国A公司与英国B公司签订一份买卖大米合同。合同规定，发生争议提交英国伦敦仲裁院仲裁。由于买方B公司对A公司所交货物提出质量异议并要求降价，在未得到A公司满意答复的情况下，B公司将争议提交伦敦仲裁院仲裁。仲裁院裁决A公司降价出售大米，并将B公司支付的多余货款退回。A公司对此裁决不服，遂向我国某中级人民法院提起诉讼。问：我国某中级人民法院是否有权受理该案？为什么？

7. 我国A公司与英国B公司于1998年11月4日签订一份购买大理石板材的出口合同，合同规定采用诉讼方式解决合同争议。合同签订后双方就有关问题再行函电磋商，并将争议解决方式改为仲裁方式。后双方因质量问题发生争议，A公司按照1998年11月4日签订的合同规定向法院提起诉讼，而与此同时B公司也向仲裁机构提起仲裁申请。问：A、B双方之间是否有仲裁协议？为什么？

8. 香港居民洪某与其他两家股东在香港成立了YL公司。1984年3月，YL公司与深圳宝安某公司签订了合资经营DG磁电有限公司的协议书和章程，合资生产加工录像带和录音带等，同年获政府批准。1985年，洪某要求退出YL公司。1986年12月，洪某在深圳聘请的律师，根据合资协议书中的仲裁条款以合资企业的另一方宝安某公司为被诉人，向中国国际经济贸易仲裁委员会深圳分会提出仲裁申请，要求被诉人偿付同意其退股而收购其股权的应付款项。问：深圳分会是否应受理该案？为什么？

9. 我国上海某公司与某外国公司签订一份合资经营合同，在上海市共同成立房地产开发公司，开发房地产项目。合同规定，合资双方发生争议，提交中国国际经济贸易仲裁委员会仲裁。在合资公司成立后，由于外方当事人未能按期投入其认缴的注册资金，双方发生争议。经各方当事人多次协商未能解决。于是，上海某公司向上海市中级人民法院提起诉讼，要求解除与外方当事人的合资合同。问：上海某公司是否有权向上海市中级人民法院提起诉讼？为什么？

10. 我国宁夏回族自治区某公司与韩国某公司签订一份借款合同。合同规定了借款数额、还款期限、借款利率等事项，但对争议解决方式及法律适用问题未作任何规定。由于在还款期届满后半年时，我国公司仍不能偿还全部借款，韩国公司即向中国国际经济贸易仲裁委员会提起仲裁申请，要求我公司偿还欠款及其利息。问：中国国际经济贸易仲裁委员会是否有权受理该案？为什么？

11. 我国A公司于1998年9月与某外国B公司签订买卖服装合同。合同规定："如双方发生任何纠纷，可将纠纷提交法院或有管辖权的仲裁机构仲裁。"合同订立后，在履行中，双方因货物质量问题发生纠纷，经协商各方同意解除合同，解除合同时B公司未提出任何异议。但不久之后，B公司向我国某仲裁委员会提出仲裁申请，A公司接到仲裁通知后参加了仲裁，某仲裁委员会做出了对A公司不利的裁决。事后，A公司认为，该案不应仲裁解决，理由是：（1）双方已经解除合同，不应再执行其中的仲裁条款。（2）A公司依照合同规定也可以选择到法院解决。问：

（1）合同已经解除，合同中的仲裁条款是否仍然有效？为什么？

（2）本案中的仲裁裁决是否有效？为什么？

（3）A公司能否在仲裁后就本案再向法院提起诉讼？为什么？

12. 1992年10月，深圳经济特区某贸易公司（以下称申诉人）与香港某贸易公司（以下称被诉人）签订一份购销800吨丙醇合同。合同规定：每吨1365美元，总价款109.2万美元；货物丙醇含量为98%，产地德国。如发生质量问题，买方于货到后的3个月内提出退货、换货和索赔。纠纷解决方式是在北京中国国际经济贸易仲裁委员会仲裁。合同订立后，货物于1993年1月如期运到广州，经广州商检局检验发现，丙醇含量仅为84%，且产地是美国。申诉人多次与被诉人交涉，但被诉人认为，该批货物已经运往广州，如再换货往返运费及销售会带来较大损失，因此不愿退货或换货。1993年3月申诉人遂向北京中国国际经济贸易仲裁委员会提出仲裁，要求索赔。申诉人选定了仲裁员，但被诉人在收到仲裁委员会的通知与附送的仲裁申请书和附件的副本后，未在规定的20日内选定仲裁员，也未向仲裁委员会主席提出代为指定1名仲裁员的委托，在这种情况下，仲裁委员会主席应申诉人请求指定了一位仲裁员，并指定了一位首席仲裁员，组成仲裁庭，按照该会仲裁规则对此案进行了仲裁，并裁决被诉人赔偿申诉人的经济损失109.2万美元。被诉人以未选定仲裁员为由向某人民法院起诉。问：

（1）申诉人与被诉人之间的仲裁协议属于哪种类型？为什么？

（2）申诉人与被诉人之间的仲裁协议是否有效？为什么？

（3）仲裁委员会是否有权受理该案并依照该案所述程序组成仲裁庭审理案件？为什么？

（4）某人民法院是否有权受理该案？为什么？

附录　能力测试参考答案

（注：仅对其中的客观试题给出了答案供参考）

第一章

一、判断题

1. ×　2. ×　3. ×　4. ×　5. ×

第二章

一、判断题

1. √　2. ×　3. ×　4. √　5. ×　6. ×

第四章

一、判断题

1. ×　2. ×　3. √　4. √　5. ×　6. √　7. √　8. ×

第五章

一、判断题

1. ×　2. ×　3. √　4. ×　5. √　6. √　7. √　8. ×　9. √

10. ×　11. ×　12. √　13. √　14. ×

第六章

一、判断题

1. √　2. ×　3. √　4. √　5. ×　6. √

7. √　8. √　9. ×　10. ×

第七章

一、判断题

1. √　2. √　3. ×　4. √　5. ×　6. √　7. ×　8. √　9. ×

10. √　11. √　12. √　13. √　14. ×　15. ×　16. √

第八章

一、判断题

1. √　2. √　3. √　4. ×　5. √　6. √　7. √　8. √　9. √

10. × 11. √ 12. √ 13. √ 14. √ 15. × 16. × 17. × 18. √

19. √ 20. ×

第九章

一、判断题

1. √ 2. √ 3. × 4. √ 5. √ 6. × 7. √ 8. √ 9. ×

10. × 11. √ 12. √ 13. √ 14. × 15. √ 16. √ 17. √

第十章

一、判断题

1. × 2. √ 3. × 4. √ 5. × 6. × 7. √ 8. √

9. × 10. √ 11. √ 12. √ 13. × 14. √ 15. ×

四、案例分析题

8. （1）① （2）① （3）② （4）① （5）② （6）② （7）① （8）① （9）③

9. （1）A （2）C （3）A （4）A （5）B （6）A （7）D

第十一章

一、判断题

1. √ 2. √ 3. √ 4. √ 5. √ 6. √ 7. √ 8. × 9. ×

10. √ 11. √ 12. √ 13. × 14. √ 15. × 16. √ 17. √ 18. ×

第十三章

一、判断题

1. × 2. √ 3. √ 4. √ 5. √ 6. √ 7. √ 8. √ 9. √

10. × 11. × 12. √ 13. × 14. √ 15. √

第十五章

一、判断题

1. × 2. √ 3. × 4. × 5. √ 6. √

7. √ 8. √ 9. × 10. ×

参 考 文 献

[1] 冯大同．国际商法[M]．北京：对外经济贸易大学出版社，1991．
[2] 王军．美国合同法[M]．北京：中国政法大学出版社，1996．
[3] 何宝玉．英国合同法[M]．北京：中国政法大学出版社，1999．
[4] 国际统一私法协会著，对外贸易经济合作部条约法规司编译．国际商事合同通则[M]．北京：法律出版社，1996．
[5] 田东文．国际商法[M]．北京：机械工业出版社，2008．
[6] 张万春．国际商法新论[M]．北京：法律出版社，2007．
[7] 王传丽．国际经济法案例教程[M]．北京：知识产权出版社，2001．
[8] 赵秀文，等．国际经济法概论[M]．北京：中国人民大学出版社，2000．
[9] 王传丽．国际经济法教学案例[M]．北京：中国政法大学出版社，1999．
[10] 姚梅镇．国际经济法概论[M]．武汉：武汉大学出版社，1989．
[11] 童宏祥，吴羽．新编国际商法教程[M]．上海：上海财经大学出版社，2007．
[12] 段素玲，王立群．国际商法[M]．北京：中国人事出版社，1999．
[13] 周磊．国际商法自学考试题解[M]．北京：中华工商联合出版社，1998．
[14] 覃有土．商法学[M]．北京：中国政法大学出版社，1999．
[15] 沈乐平．商法教程：法理与案例[M]．大连：东北财经大学出版社，2008．
[16] 张学森．国际商法[M]．上海：上海财经大学出版社，2007．
[17] 赵相林，曹俊．国际产品责任法[M]．北京：中国政法大学出版社，2000．
[18] 董安生．票据法[M]．北京：中国人民大学出版社，2000．
[19] 吴建斌．国际商法新论[M]．南京：南京大学出版社，2001．
[20] 蔡镇顺，等．国际商法研究[M]．北京：法律出版社，1999．
[21] 朱立芬．国际商法[M]．上海：立信会计出版社，2000．
[22] 曹建斌．国际商法引论[M]．南京：南京大学出版社，2001．
[23] 吴兴光．国际商法[M]．广州：中山大学出版社，2001．
[24] 曹祖平．新编国际商法[M]．北京：中国人民大学出版社，2002．
[25] 高永富．国际商法学[M]．北京：中国财政经济出版社，2002．
[26] 陆爽．国际商法[M]．重庆：重庆大学出版社，2002．
[27] 沈四宝，王军，焦津洪．国际商法[M]．北京：对外经济贸易大学出版社，2002．
[28] 熊琼．国际商法[M]．上海：立信会计出版社，2003．
[29] 姜作利．国际商法学[M]．上海：上海人民出版社，2003．
[30] 刘惠荣．国际商法学[M]．北京：北京大学出版社，2004．
[31] 屈广清．国际商法[M]．大连：东北财经大学出版社，2004．
[32] 洪庭展，党伟．国际商法简明教程[M]．大连：东北财经大学出版社，2004．
[33] 陈安．国际经济法[M]．北京：北京大学出版社，2004．
[34] 蔡四青．国际商法[M]．北京：科学出版社，2005．
[35] 曹建明，丁成耀．国际商法引论[M]．上海：华东理工大学出版社，2005．
[36] 党伟．国际商法[M]．大连：东北财经大学出版社，2005．
[37] 邹建华，等．国际商法[M]．第 4 版．北京：中国金融出版社，2000．
[38] 张圣翠．国际商法[M]．第 5 版．上海：上海财经大学出版社，2000．
[39] 王衍祥．国际商法[M]．上海：上海三联书店，2006．
[40]〔美〕理查德•谢弗等，著．国际商法[M]．邹建华译．北京：人民邮电出版社，2003．
[41] 沈四宝，等．国际商法论文集[M]．北京：对外经济贸易大学出版社，2005．
[42] Ray August. International Business Law: Text, Cases, and Readings[M]．北京：高等教育出版社，2002．